통일의 선택

한반도 평화 발전의 길

통일의 선택

한반도 평화 발전의 길

이 학 성

세종출판사

| 서언 |

미국을 중심으로 한 시대는 이미 막을 내리고 있고, 중국을 중심으로 한 동아시아시대가 본격적으로 시작됐다. 필자는 이미 20년 전부터 세계적 수준을 자랑하는 중국 및 해외 명문대학의 MBA, DBA 강좌에서 20년 후 중국은 미국과 어깨를 나란히 하는 경제, 정치대국이 될 것이라고 추상하였다. 그때 많은 학생들과 기업 고위층은 반신반의했고, 심지어 "이학성 교수님은 중국인이라서 중국 미래에 대해 긍정적인 자신감을 가지고 있다"고 의문을 제기하기도 했다.

당시 나는 단지 길리스, 포킨스, 로머, 스누들리스의 <발전경제학>, 폴 크루그먼의 <국제경제학>, 시몬 쿠즈네츠의 <각국의 경제성장> 학설과 토플러의 제3. 제4의 물결 속의 원동력 이론들만을 이용하여 예측하여 설명할 수 있었다. 하지만 지금은 중국이 세계 경제, 정치의 지위에 대해 의심하는 사람이 거의 없다. 2010년에 중국 총 GDP는 일본을 넘어섰고, 공업 제조업 GDP도 미국을 넘어 세계 제일의 제조 대국이 됨으로써 G2 시대가 열렸다.

그러나 우리는 이 눈부신 업적을 바로보고 있는 동시에 다가오는 많은 도전에 직면하고 있다. 우리는 중국 자체의 발전과 기회는 물론 미국의 도전과 경쟁을 주시할 뿐만 아니라, 나아가 주변의 한국, 일본, 러시아, 동남아시아 등 국가의 불안 요인을 분명히 알고 있어야 한다.

'후냉전시기'에 미국 아시아 태평양 균형 전략이 시행되면서 중국, 러시아, 일본 등 대국의 주목을 끌었고, 한반도는 이 지역의 전략요충지이고, 특수한 지정학적 환경으로, 중·미·일·러시아 게임의 주요 전장이 되었다. 급격하게 변화하는 국제, 지역 태세에 대비하여, 중·

미·일·러시아는 각자 기묘한 묘수를 내고, 적시에 대외정책과 국제균형 전략을 조정하고 안배하였다. 미국은 한반도에서의 막대한 군사지출을 감당하기 어려워, 미 · 일, 한 · 미 군사동맹 관계를 강화해 이 지역의 공공제품 지출을 계속 유지할 수밖에 없다. 중국에 있어서 이것은 천재일우의 좋은 기회이다. 중국의 입장에서는 미국이 이 지역에서 한국, 일본과 긴밀한 동맹관계를 유지할 이유가 없다. 중국은 한국, 일본과 정치 군사외교를 강화하여, 중국 국력 상승의 기회로 잡아, 한국, 일본과 중국의 무역흑자 및 무역액의 초과(한중, 중일 무역액은 이미 한미, 미일 무역액을 넘어섰다)를 잘 이용해야 할 것이다. 더욱이 트럼프 집권 이후 미국은 중국을 압박하고 있을 뿐만 아니라 한국과 일본에 대해서도 관세도 높였다. 트럼프는 미국의 우선적 전략을 제창하였다. 예를 들면 철강 무역에 25%의 관세를 추가 징수하고, 자동차, 가전제품도 덤핑방지관세를 징수하여, 한국과 일본의 국제무역에 심각한 도전을 가져왔다. 중국은 국제무역이라는 수단을 이용해 한일 양국의 신뢰를 얻고 경제적으로 양국에 이익을 주는 동시에 양국과 정치, 군사외교 관계를 강화하고 있다. 길핀이 '패권안정론'에서 분석한 것처럼, 국제 체제의 안정화는 정치, 경제, 군사, 기술에서 압도적인 우위를 차지하는 국가가 국제사회를 위해 안정적인 통화체계, 개방된 무역 체계와 신뢰할 수 있는 안전 체계 등 글로벌 공익(Global public goods)을 잘 제공할 수 있는지에 달려 있다. 이 글로벌 공익을 제공할 수 있는 사람이 있다면 그 사람이 바로 현재의 패권국(hegemon)이다. 그러나 글로벌 공익의 제공으로 초래된 한계 비용 증가와 한계 수익 감소의 법칙은 패권국 자신의 소모와 패권 쇠락의 결말을 맞았다. 길핀을 대표하는 새로운 현실주의의 정치경제관은 패권국의 최우선적인 정치, 경제 우위는 글로벌 공익을 제공하는 것이다. 이후 패권 체계를 세우고, 한계 비용이 점차 증가하고, 한계 수익이 점점 감소하면서, 패권국 국력이 점차 소모되고, 새로운 패권국들은 노패주의 패권에 도전하여 새로운 패권 체제를 세울 것이다.

한국도 더 이상 군사적으로 미국에 의지하고 경제적으로 중국에 의존하겠다는 판단으로 큰 대가 없이 이익을 가져가는 것은 불가능하다. 한국은 더 이상 역사의 전철을 밟을 수 없다. 이것은 한미는 군사동맹 관계지만 미래의 한국 경제발전에서 한국에 실익을 줄 수 있는 나라는 더 이상 미국이 아니라 중국이 될 것이라는 말이다. 한국 정부는 이 점을 깨달아야 한다.

인류 발전의 역사의 파도는 웅장하고 변화무쌍하다. 4대 고대 문명국에서 발전하여 중세기가 시작되면서 주로 한 나라를 중심으로 끊임없이 교체되고 발전하였다. 15~17세기의 포르투갈, 스페인, 네덜란드, 18~19세기의 프랑스와 영국, 20세기의 미국까지 대국의 흥망은 세계 역사 발전의 중요한 페이지를 이루었다. 21세기 중국의 굴기는 이미 국제관계에서 가장 확고한 발전 방향의 하나가 되었다. 미국은 이미 세계 발전의 중심에 선 지 100년이 되었지만, 중국의 굴기는 국제적으로 미국과 중국이 '투키디데스' 함정에 빠지지 않을까 우려된다.

브레진스키는 '장기적으로 보면 글로벌 정치는 일국의 패권 장악 역량의 상황과 점점 부조화를 이루게 된다. 이에 따라 미국은 세계 제1위 국가이자 유일하게 진정한 글로벌 초강대국일 뿐만 아니라 최후까지 남을 국가일 가능성도 있다. 민족국가가 점점 침투하고 있는 것은 물론 지식이 점점 널리 퍼지고 공유되고 있으며, 점점 국경의 제한을 받지 않기 때문'이라고 말하였다. 국제 체계는 개체의 국가에 대한 영향이 점차 강화되고, 어느 나라도 세계의 통합성이 가져온 구속에 적응해야 한다. 미국이든 중국이든 세계발전의 대세에 순응하여 자신의 이익을 취해야 한다.

조지프 나이는 다음과 같이 지적하였다. '우리가 관심을 갖는 문제 중 어느 것도 우리의 군사력 우위로 쉽게 해결할 수 있는 것이 없다. 만약 미국이 맡은 역할이 독주가 아니라 합창단 지휘라면 미국이 다스리는 평화는 더 오래 갈 수 있을 것이다. 현재의 미국이 그러하듯, 미래에 더욱 현대화되는 중국도 마찬가지다.' 이것은 21세기 세계의 리더 국가는 악대의 독주가가 아니라 합창단의 총지휘자여야 한다는 뜻이다.

월러스틴이 보기에 현대 세계 체계는 구조적 위기에 처해 있다. '이것은 매우 불안정하고 결말을 예측할 수 없는 시기다. 역사는 누구에게나 서지 않고, 변혁의 전망은 모든 사람의 행동에 달려 있다.' 후냉전시기에 세계는 이런 상태에 처할 수도 있었다. 질서 정연한 궤도에 들어가지 않았지만 통제를 잃지 않았고, 여기저기 불안과 갈등이 가득하지만 전체적인 균형을 유지하고 있었다. 21세기는 모겐소가 말한 '제로섬 시대'에서 로버트 라이터가 말한 '비제로섬 시대'로 바뀌었다는 것이다.

21세기의 세계 경제 중심이 중국의 굴기에 따라 동아시아 지역으로 전환되었고, 이 동아시아 지역의 핵심 지역은 바로 동북아시아다. 한반도는 동북아시아의 핵심 지역에 있다. 2018년 4월 27일 남북 정상회담이 순조롭게 진행되면서 한반도는 새로운 평화 발전의 서광을 맞았지만 이 서광이 얼마나 지속될 것인지 더 지켜볼 필요가 있다. 김대중 대통령의 햇볕 정책 후 얼마 되지 않아 한반도는 각종 힘의 게임에 휘둘려 정치 상황이 복잡하게 얽혀 있다. 언제 국면이 돌변하여 예측할 수 없는 결과를 가져올지 모른다. 지정학적으로 보면, 한반도는 세계 4강국에 둘러싸여 있다. 미국은 세계 제1의 군사, 경제 대국이고, 중국은 세계 제2의 경제체이며, 러시아는 세계 제2의 군사강국이고, 일본은 세계 제3의 경제체이다. 즉, 새우가 4마리의 고래에 시달리고 있는 것이다. 한반도 문제는 현재 국제관계의 중요한 과제로 떠올랐다.

한반도는 제2차 대전 이후 유일하게 냉전의 그림자가 사라지지 않은 지역이다. 이 지역은 남북 양측 합해 100만의 주둔병력이 군사적으로 대치하고 있을 뿐만 아니라 독특한 지리적 위치로 동양의 '발칸반도'라는 칭호를 가지고 있다. 한반도는 유럽아시아 대륙 동북 모서리에 위치해 있고, 동북쪽은 러시아와 접해있고, 북쪽은 두만강과 압록강을 경계로 중국 북쪽과 접해있다. 동남쪽으로는 대한해협을 사이에 두고 일본과 서로 마주 바라보고 있어, 지리적으로 동북아의 핵심 지역에 위치하고 있다. 그리고 유라시아 대륙에서 태평양으로 통하는 대륙 요충지이며, 일본열도가 유라시아 대륙과 통하는 천연 교량 역할을 하고 있다.

마이클 마자리는 '한반도가 북태평양에서 가장 전략적인 의미를 지닌 지역이라는 것은 논쟁할 여지가 없는 사실'이라고 말했다. 한반도는 마치 대륙이 태평양으로 뻗은 비수처럼 일본의 열도를 곧장 찌르는 형태이다. 한반도는 중국과 러시아, 일본과 지척에 있는 것 외에도 미국의 아시아태평양 지역에서 전략적 지점으로 그야말로 전세계가 한국을 관망하고 있고, 한국은 반도에 서서 세계를 관찰하고 있는 형국이다.

본 저서는 한반도를 중심으로 중국, 미국, 일본, 러시아 등 4강국이 한반도에서 펼치는 국가전략을 분석했다. 국제관계 이론에서 고전

현실주의, 현실주의, 신 현실주의, 신 자유제도주의와 후 현대주의의 이론 모델 및 국제 경제의 고전 경제학파, 신경제이론의 각종 경제 모델과 발전 경제학의 중국에서의 운용, 국제 정치의 시각뿐만 아니라 국제 경제 및 복합 정치 경제의 시각을 운용하여, 4강의 한반도에서의 정치, 경제, 군사, 문화 전략, 그리고 한반도 남북의 미래 통일에 대한 각자의 대응 전략을 분석했다.

현황 유지나 평화통일 혹은 무력 통일이 진정으로 한반도의 지속 발전과 안정을 추진하는 것일 수도 있다. 이것은 중·미·일·러시아 등 주변 대국 간의 외교적 게임에 달려있을 뿐만 아니라 남북 쌍방의 내부 게임에도 달려있다. 특히 김정은은 젊고 정권을 잡은 지 얼마 되지 않아 북한을 완전히 장악하기 전에 한반도의 안보 변수가 가장 크다. 본 저서는 한반도의 '민감성'과 '취약성'의 불균형 및 중·미·일·러시아가 이 지역에서 제공하는 '글로벌 공익'의 차이성을 기반으로 하여 국익론, 균형론, 패권안정론, 상호의존론, 복합성 의존론 등 국제 정치학의 원리를 운용하여, 필자가 수백 번 실시한 현지 조사 연구와 한국 정계, 기업, 대학에서 강연을 통해 발표한 내용을 한권의 책으로 엮었다. 여기에는 한반도에 대한 중·미·일·러시아의 전략적 요소 및 서로의 이해득실을 분석하고, 한반도가 현재와 미래 평화통일 발전 과정에서 4강국에 대응하는 전략적 선택과 도전 및 한반도 통일이 4강국에 미치는 영향에 대해 답하고 있다.

모겐소는 <국가간 정치>에서 국익의 기본적인 하나는 자국의 생존과 안전으로, 한 나라가 추구하는 이익은 그 실력과 일치해야 한다고 지적하였다. 국가 지도자는 자국 역량의 범위를 뛰어넘는 대외간섭을 해서는 안 되고 자국의 이미지에 맞춰 세계를 만들어서는 안 된다. 그렇게 하면 자신의 안전에 손상을 주고, 국익에 어긋나게 된다.

국가가 추구하는 이익을 국내에서 할 수 있는 범위 안에 한정하는 것은 모겐소가 외교정책이 합리적인지를 평가하는 데 사용하는 기준이다. 김정은은 이 점을 깨달은 듯 현재 생존과 안전을 위해 대국과 외교 전략을 벌이고 있다.

모겐소는 국제관계에서 국가 외교정책을 결정하는 것은 결코 객관적인 국익이 아니라 정책 결정자가 이데올로기를 사상의 틀과 관찰도구로 인식한 국익이라고 보았다. 이에 따라 이데올로기와 도의원칙은 어려 상황 하에서 국익과 상부상조하고, 융합하여 일체화 된다. 1945년 한반도 광복 이후 남북은 각기 다른 이데올로기 국가정부를 설립했다. 그러나 이승만, 김구와 김일성은 국가 민족의 이익을 토대로 본인의 이데올로기에 국한되지 않고, 평화통일의 길을 향해 나아갔다면 아마도 한반도는 분단되지 않았을 것이다.

중국은 미국에 이어 권력을 이어받는 동시에 국제 정치경제학을 열심히 배우고 계획을 잘 세워서 미국의 전철을 밟지 않도록 해야 한다. 이것은 국제 사회를 위해 소위 글로벌 공익을 제공하면서, 미국의 국력이 쇠할 때까지 기다려야만 세계 리더 지위를 가져올 수 있다는 것이 아니라, 중국의 국력을 믿고, 특히 5천년의 찬란한 문화 자원을 충분히 활용하여 세계를 새로운 '대동사회'로 이끌어나가야 한다는 것이다. 중국은 세계에서 가장 먼저 노예사회에서 봉건사회로 나아간 나라다. 경제, 정치와 문화의 발전이 오랫동안 세계에서 수위를 다툰다. 특히 한당성세(漢唐盛世)에서 명말청초(明末淸初)까지 천여 년 동안 국제관계에서 중요한 영향을 발휘했다, 다만 오랜 봉건사회가 오히려 중국의 지속적인 발전에 걸림돌이 되었다.

최초로 역사에 기록된 조공은 서기 57년(한광 무제 건무 중원 이년), 일본 야마타이코쿠 왕이 정식으로 사자를 파견해 '봉공조하(奉

贡朝贺, 공물을 바치고 조하다)', 광무제는 '광위노 국왕'을 하사한 것이었다. 명대에 이르러 외국 상인을 조공 사신단으로 맞았고, 중국에 조공 사신을 파견한 나라를 속국으로 삼아 중국을 중심으로 주변 각국을 포함한 동아시아 조공 체계인 봉건 시대를 형성하였다. 중국과 이웃나라가 국경 영토를 조정하고, 민족 갈등을 해결하는 중에 봉건적 국가 간 관계가 형성되었다. 즉 약소국가가 명의상 중국에 의존하는 봉건 왕조는 정기적으로 중국에 조공을 바친다. 하지만 중국은 천조 대국을 자처하며, 역사적으로 '박래후왕(薄來厚往, 적게 받고, 많이 준다는 의미)'의 외교 관례를 취하였다. '제번입공, 화이일통(諸蕃入貢, 和夷一統)'의 동아시아 봉공 체제와 서양의 식민 체제는 본질적으로 구별된다. 중국은 식민주의 국가도 아니고, 주변의 속국에 대해 식민통치를 한 적도 없다. 종실 간에는 사실상 조약 의무가 있는 정치 종속 관계가 존재하지 않는다. 중국은 일반적으로 속국의 내정에 간섭하지 않고 경제상으로의 조공 관계는 상징적인 의미만을 가지고 있다. 종종 중국은 '박래후왕'을 하고, 더 많은 답례를 함으로써 유무상통하는 통상과 문화 교류로 변한다. 이것 역시 중국의 '종속 제도'가 서양의 '식민주의'와 완전히 구별된다는 것을 반영하고 있으며, 중국 '예의지국'의 전통을 비침으로써 국제관계사에서 독특한 황제국-신하국 관계로 나타났다. 이것은 유럽인들이 신대륙을 발견한 뒤 이 지역의 야만약탈과 노예 통치한 것과는 본질적으로 구분되는 점이다.

지행(知行) 통일의 실천관은 중국 고전 철학의 핵심 이념 중의 하나다. 그것은 본체론의 의미를 가지고 있다. 중화전통 문화는 인성을 자연이 부여하여 '일생즉일성(日生则日成)'을 자강불식으로 받아들이것은 과정으로 보았다. 이 인성과 천도의 상호 작용 이론은 인성론의 중요한 성과이다. 선진(先秦)은 중화 문화의 생명력이 가장 활발한 시대였으며, 춘추전국의 제자 백가쟁명 상보는 중국 문화의 원천을 형성하였다. 중화문화는 세계의 대세를 깊이있게 밝혀 인류가 "천행유상, 불위요존, 불위걸망(天行有常,不为尧存,不为桀亡)[1]"임을 명시하였다. 중용의 변증사유는 우주만물이 끊임없이 발전하는 과정 중에 변화 속에서 끊임없이 생장하고 번영한다는 것을 인정하였다.

'천하위공(天下为公)', '대동세계', '사해지내개형제(四海之内皆兄弟)'의 사상과 오늘날의 세계화', '지구촌', '세계시민'의 관념과 공동체 의식은 본질적으로 상통하는 뜻이다. 이것 역시 중화문화의 '천하관'을 충분히 구현하였다. 중화 문화가 제창한 천하관(天下观)은 일종의 독특한 세계관으로, 노자는 "이천하관천하(以天下观天下)"이라고 했다. 그것은 서양의 국가와 국제적 사유 방식과 이론을 초월하였다. 그것은 국가가 아닌 천하를 출발점으로 삼아 세계를 사고하며, 자국의 이익만을 생각한다. '천하'의 개념은 "천, 지, 인"을 포괄한다. 이것은 완전무결한 의미상의 세계이고, 분할할 수 없는 글로벌 공공 공간과 자원, 인류와 그 거주 공간 및 세계 발전의 객관적 법칙이다. '예기 · 중용'은 "치중화, 천지위언, 만물육언(致中和,天地位焉,万物育焉)"이라고 기록하였다. 그것은 조화를 이루어야 천지를 바로 세우고, 만물이 성장할 수 있다고 강조한다. '치중화'는 중화 문화의 가장 중요한 특징이자 중화 문명의 정수이다. 중화 문화의 기본 정신은 우승열패의 악성 경쟁이 아니고, 목숨을 걸고 싸우는 전쟁은 더더욱 아니다. 그것은 바로 <중용>에서 말한 '만물병육이불상해, 도병행이불상패, 소덕천류, 대덕돈화(万物并育而不相害, 道并行而不相悖,小德川流,大德敦化)'이다.

---

[1] <순자, 천론>

현재 시진핑 주석이 제창한 '화해 세계'와 '일대일로' 건설이 바로 이 중국 고대 문화 전통이 구체적으로 구현된 것이다. 반면 트럼프가 주장한 '미국 우선정책'은 서양 전통 문화의 현실에서의 구체적인 운용을 반영하고 있다. 미래에 세계를 이끄는 주도자는 '대동 세계'를 실현하는 실천자여야 한다는 것을 예상할 수 있다. 동서양인의 사상 문화와 그 행위에 대한 차이의 근원은 그들이 다른 세계관, 인생관과 가치관에 있다. 그리고 이 3관 확립의 차이는 수용된 전통 사상 교육의 차이에서 기인한다. 동양은 '사서오경', '목자', '도덕경' 등 유가, 묵가, 도를 주류로 한 전통 사상 문화 교육을 받아들였고, 서양에서는 플라톤의 <이상국>, 아리스토텔레스의 <정치학> 등을 주류로 한 전통 사상 문화 교육을 받았다. 이것은 다른 사상 문화 교육이 오늘날의 다른 사회적 가치관, 인생관, 세계관을 형성했다는 것이다. 그렇다면 21세기는 누가 리드할 것인가? 가히 짐작이 가능하다. 그러면 근대 중국은 왜 동네북 신세가 되었나? 그 해석에 대해서는 의견이 분분하지만, 근본적인 원인은 중국의 선택에 있다고 하겠다.

나는 <21세기의 대국과 한반도>에서 세계 문명 중심은 근대에 들어서 평균 백년에 한 번씩 바뀌었다고 언급하였다. 15세기의 포르투갈, 16세기의 스페인, 17세기의 네덜란드, 18세기의 프랑스, 19세기의 영국, 20세기의 미국이 바로 당대 세계 문명의 중심이었다.

당연히 이것은 역사의 대체적 추세일 뿐이고 정확한 것은 아니다. 이것은 일본 미츠토모 유아사가 제기한 세계 과학 중심 전환과 여러모로 비슷하다. 유아사는 한 개 국가의 과학 성과량은 세계 과학 총량의 25%를 점유하고 있어, 세계 과학의 중심이라고 불릴 만하다고 제기하였다. 그 나라들은 차례대로 이탈리아(1540-1610년), 영국(1660-1730년), 프랑스(1770-1830년), 독일(1810-1920년), 미국(1920년 이후)이다. 이러한 현상을 소위 '유아사 현상'이라고 한다.

결국 세계 문명 중심의 전환이 좋든 세계 과학 중심의 전환이 끝나든, 역사 발전의 발걸음은 멈추지 않았고, 현재 세계인들에게 이야기하고 있다. 미국의 시대는 저물기 시작했고, 중국의 시대는 서막이 오르고 있다고! 이 역시 내가 다음에 쓰는 <일대일로와 한반도 평화 발전의 길>의 서언의 머리말에 쓸 내용이다. 이것은 미국 최대의 고민이고 현재 미국이 미중 무역 전쟁을 도발한 근원이기 때문이다.

중국이 '중국제조 2025' 계획을 제기했을 때부터 미국은 <스페셜 301조 보고서>를 발동하여, 무역보호주의의 명목으로 중국 경제 굴기와 산업 업그레이드에 검을 겨눴다. 이것은 명백히 미국이 중국의 전략을 억제하고 '사냥'하려는 의도를 나타낸 것이다.

여기에서 화제와 동떨어진 이야기를 한 마디 해보자. 우리는 현재 계속해서 해방사상, 개혁개방을 심화해야 한다고 이야기하고 있다. 사상 시장보다 더 개방된 것은 없기 때문에 더 사상을 해방할 수 있는 것이다. 하지만 현재 책 한 권 출판하기도 쉽지 않고, 해방사상을 이야기하는 것도 마찬가지이지만, 당신은 이야기해야만 한다. 출판사 편집자가 민감한 문제를 이야기하면 우리는 출판할 엄두가 나지 않는다. 그러면 민감하지 않은 문제면 무슨 의의가 있겠는가? 기억해야 할 것은 마거릿 대처는 그녀의 저서 <국가경영>에서 이렇게 말한 적이 있다. "중국은 초강대국이 될 수 없다. 오늘날의 중국 수출품은 TV이지, 사상 관념이 아니기 때문이다." 나는 중국이 진정한 사상 해방의 시기까지 기다리면 우리의 문명사상 역시 수출할 수 있고, 그 때가 되면, 중국은 세계의 맏형이 될 수 있다고 생각한다.

2021년 9월

한국 강남대학교 연구실에서

차 례

제1장

북핵 위기와 핵 외교전략

1. 북핵 문제의 유래

북핵 문제는 유래가 오래되었다. 관련 자료에 따르면 일찍이 1950년 후반에 북한은 이미 핵 기술의 연구를 시작했는데, 김일성은 "우리 국가는 약소하지만 다른 사람들이 가진 것을 우리도 반드시 가져야 한다"라고 말한 바 있다. 1956년에 북한과 소련은 <원자력 개발 지원 협정>에 서명하였다. 북한은 매년 소련에게 핵 기술자 수십 명을 파견하여 훈련을 받게 한다. 소련은 1962년에 북한을 도와 평양에서 90㎞ 떨어진 영변 지역에 영변원자력연구소를 설립하고 일부 핵 기술자들을 양성했으며, 동시에 1기 800킬로와트의 핵 원자로를 도입해 북한의 핵 기술 연구의 기본적인 규모를 갖췄다.[1] 미국 과학자 연합회 FAS가 발표한 자료에 따르면, 북한은 품질이 우수한 우라늄 4000톤을 채굴할 수 있는 광산을 보유하고 있다고 한다. 1965년 소련은 IRT-2M이라는 연구용 원자로를 북한에 제공하고, 1965년부터 1973년까지 해당 연구용 원자로에 풍도 10%의 고농축 우라늄 연료를 제공하였다. 북한은 1970년 핵연료 순환 연구를 중점에 두고, 1974년까지 IRT-2M에 대한 현대화 개조를 북한 독자적으로 진행

[1] 이상옥, <전환기의 한국 외교>, 한국생활과몽출판사, 2002. p.413

하였고, 출력은 8메가와트, 연료 풍도는 80%에 달하였다. 또한 잇따라 북한은 출력 2메가와트의 연구용 원자로를 연구하기 시작하였다. 1974년에 소련의 요구에 따라 북한은 국제원자력기구(IAEA)에 가입하였다.

냉전이 종식된 후, 1990년대 초부터 북한은 구소련과 중국의 유효한 원조를 잃었고, 안전한 주변상황이 빠르게 악화되었다. '핵 보유, 자주 국방', 이 말은 즉 핵무기 보유로 미국의 군사위협으로 국가 안보와 정권 안전을 옹호하여, 국가안전과 정권 안정을 유지한다는 말이고, '핵 보유, 자중(自重)', 즉 핵무기 보유로 한국과 균형을 유지하고, 경쟁에서 뒤쳐지지 않는다는 말이다. 북한의 3세대 지도자들은 여전히 독립자주적인 사회주의 선군정치를 고수하고 있어 국제무대에서 완전히 고립되었기 때문에 국민경제발전에 있어 거대한 장애에 직면하여 한국과의 격차가 점점 커지고 있다. '핵 보유, 자중(自重)'은 북한이 '강성대국'이 될 유일한 '왕패(王牌)'이자 , 정권 유지의 유일한 수단이 되었다.

1차 핵 위기 발생 후 북한은 비교적 '핵 보유, 안전'과 '핵 포기, 안전' 사이에서 결정하지 못하고 있다. 그러나 북한은 2009년 이후 북한 스스로 공개적으로 '핵 보유, 자주 국방'을 핵 억제력으로 발전시켜 대외 핵정책의 핵심 내용으로 삼겠다고 밝히면서, 과거 '핵무기 발전을 원하지 않는다'라는 입장을 버리고, 핵을 포기함으로써 국가안보를 보장하겠다고 약속하였다.

2012년 4월에 '핵보유국'을 정식으로 헌법에 삽입하고 이후 한반도 비핵화 회담에 다시는 참가하지 않겠다고 선언하였다. 이후 개최된 한반도 비핵화 회담에서 북한은 핵보유국의 신분으로만 참가하였고, 사실 과거 '4자 회담' 과 '6자 회담' 및 북미, 남북 등 다자 회담을 회고해 보면, 이 모든 사실은 모두 다음과 같은 과정을 분명하게 명시하고 있다. 북한이 핵무기를 개발하여 핵보유국이 되는 것은 기정사실로, 이제껏 바뀐 적이 없었고, 과거 행한 일체의 행위는 모두 이 목적을 달성하기 위해 연출한 작은 연극이었다. 작디작은 북한은 결국 세계 대국을 손 안에 두고 가지고 놀았던 것이었으니, 정말 전략적이었다고 할 수 있다. 천리 밖에서 승리를 거두었으니, 후생이 두려울 만하지 않겠는가! 그렇다면 왜 북한은 감히 이렇게 하였을까? 성공은 한 것인가?

이것은 역사와 현실, 국내와 국제 등 여러 요인들을 살펴야 한다. 1910년 일본 제국주의가 한반도를 집어삼킨 후 36년 간의 식민통치를 통해 한민족에게 씻을 수 없는 굴욕과 회복하기 어려운 경제적 손실을 주었고 마음에 깊은 상처를 남겼다. 지금까지 일본은 북한에 전쟁 배상금을 가지 않고 있을 뿐만 아니라, 침략전쟁이라는 역사적 범죄행위에 대해서도 참회하지 않고 있다. 게다가 역사를 왜곡하고, 야스쿠니 신사를 참배하고, 미국과 '미일 동맹'을 결성하여 북한에 대한 봉쇄와 억제를 행하고 있으며, 이것이 바로 북한이 일본 제국주의의 부활을 경계하고, 역사의 전철을 되밟지 않으려는 것이다.

북한 인민은 당연하다는 듯이 군비 건설을 강화하면서 모두 한결같이 적을 무찌르는데 마음을 같이하고 있다. 물론 핵 억제력은 자기 자신을 보호할 수 있는 가장 위력 있는 조치다. 북한은 2차 대전이 끝난 후 냉전시기에 미국과 소련이 세계를 제패하며 소련과 중국, 미국과 중국의 각종 충돌과 힘겨루기에서 소련과 미국이 함부로 대규모 전쟁을 일으키지 못했던 것은 중국이 원자탄과 수소폭탄 등 핵무기를 보유하고 있었기 때문이었다. 이 때문에 중국은 무사할 수 있었고, 생존 공간을 확장시키고, 또 자국의 염원에 따라 외교관계를 발전시켜 결국 개발도상국 중에서 유일하게 유엔상임이사국이 되었다. 이것은 북한의 입장에서 보면, 의심할 여지없는 깊은 깨우침이었고, 산교재였다. 사실, 한반도 핵 문제는 한국 전쟁(6.25전쟁)이 끝난 후 한국과 미국은 1953년 10월 <한미 공동방위조약>을 체결하면서부터 시작되었다. 이 조약은 미국이 한국에 무기한으로 군대를 주둔시킬 수 있는 권리가 있다고 규정하고 있다. 미국은 1958년부터 한국에 1000여 개에 달하는 여러 유형의 전술 핵무기를 배치하기 시작했고, 또한 지대지 탄도 미사일 발사기지 및 144개에 달하는 나이키 2형 지대공 탄도 미사일 발사장을 설치하였다. 북한이 정전 협정을 체결한 후부터 미국의 핵 위협이 줄곧 북한을 뒤덮고 있다. 미국은 이미 여러 차례 북한에 대해 핵 공격을 하겠다고 위협해왔다. 이 때문에 냉전시기 1950년 말부터 핵 기술을 연구하기 시작했고, 자원결핍과 전력부족 문제를 해결하기 위해 북한은 60년대부터 이미 원자력을 평화적으로 이용하기 위한 연구를 시작하였다. 영변 지역에 핵시설을 건설하여 핵 기술 연구의 초기 규모를 구축하고, 1985년 이전에 소련이 지원 건설한 영변 핵 원자로가 운행되기 시작하였다. 북한은 여러 해 동안 각고의 노력을 통해 우라늄 채굴에서부터 핵폐기물 처리까지 핵연료 순환 이용 기술을 구축하였다. 1985년 12월 북한은 <핵무기 확산금지조약>을 체결하였다. 1980년대 말 90년대 초 북한 경제는 계속 악화되었고, 특히 경직된 정치 시스템은 경제 발전을 저해하였으며, 끊임없이 악화된 국민경제는 북한 내 정치 분위기를 매우 심각하게 긴장시켰다. 북한 당국은 세습통치를 공고히 하기 위해 경제적 갈등을 완화하고 사회안정을 유지하고 핵무기의 개발을 대내적으로는 사회 안정을 유지하고 대외적으로는 국가의 안전을 보장하는 중요한 수단으로 삼았다. 미국 등 서양국가와의 외교 상에서 핵무기는 이미 중요한 거래 수단이 되었다. 북한에서 미사일 시험 발사, 미사일 수출 등 문제가 발생한 이후부터 한미 동맹과 미일 동맹은 모두 북한을 가상의 적으로 삼았고, 매년 군사 훈련을 수 차례 진행하고 있다 이것은 북한 사회의 안정과 경제 발전, 국가 안전에 심각한 위협을 가져왔다. 북한은 북한 내 사회안정을 유지하기 위해, 대외적으로 군사 역량의 균형을 이룰 수 있는 카드, 즉 핵무기 보유가 반드시 필요하였다. 1990년 4월 미국은 북한이 평안북도 영변 지역에서 핵실험을 진행하고 있는 것을 의심하고, 북한이 핵무기 개발 계획을 포기할 것을 공개적으로 요구하기 시작했고, 또한 국제원자력기구(IAEA)가 북한에 대해 핵시설의 전면적인 검사를 진행하도록 요청하였다. 북한 측은 성명을 발표해 핵무기를 개발할 의지나, 능력이 없고, 일련의 핵 사찰을 받는 것에 선결조건을 제시하였다. 예를 들어, 핵 사찰을 진행하려면 남북 양측이 동시에 조사를 진행해야 하는 등의 조건이었다. 북미 양측은 힘겨루기를 계속 하더니, 1991년 6월 11일 미국 국무원 바우처 대변인은 '미국은 북한과 다른 <핵무기 확산 방지 조약> 회원 국가에서는 핵무기를 사용하지 않겠다고 선언하고, 같은 해 9월 27일 미국 정부는 한국에서 모든 핵무기를 철수하겠다고 발표했으며, 같은 해 12월 한국에서 전술적 핵무기를 모두 철수시켰다. 1991년 11월 한국의 노태우 대통령은 <한반도 비핵화 및 실현을 위한 선언>'을 발표하였다. 첫 번째로 한국은 핵무기를 제조하지 않고 소유하지 않으며, 비축하지 않고, 배치하지 않고, 사용하지도 않을 것이라고 명확하게 밝혔다. 핵 에너지는 오로지 평화적 목적으로만 사용하고, '핵확산 방지 조약'과 이 조약에 따라 국제원자력기구와 체결한 '핵 안선 조치 협정'을 준수한다. 한국 내 핵시설과 핵자료가 국제적인 조사를 철저히 받을 것을 수용하고, 핵 폐기물 처리 및 농축 시설을 보존하지 않는다.[2] 같은 해 12월 31일 남북 양측은 <한반도 비핵화 공동선언>에 대해 가조인하고 양측은 핵무기에 대해 실험을 진행하지 않고, 소유하지 않으며, 비축하지 않고, 배치하지 않고, 사용하지도 않을 것을 선언하였다. 또한 양측은 핵 처리 및 농축우라늄 시설을 소유하지 않고, 선택한 핵 사찰을 상호 진행하며, 핵 문제에 관한 연합통제위원회를 설립하기로 하였다.

1992년 4월 북한은 또한 국제원자력기구와 <핵 안전 협정>을 체결했는데, 핵 사찰을 받고, 해당 핵시설을 국제원자력기구의 감독 하에 두기로 동의하였다. 또한 모든 핵시설과 핵자료를 핵무기 제조 및 다른 군사적 목적에 사용하지 않기로 하였다. 1992년 5월부터 1993년 2월까지 국제원자력기구는 북한에 대해 총 6차례의 핵 사찰을 진행했고, 북한이 핵무기를 보유하였다는 증거를 발견하지 못하였다. 이에 따라 남북 양측은 양국 핵통제위원회를 구성하였고, 이로써 한반도 핵무기 문제가 긍정적인 방향으로 중요한 발돋움을 하였다. 그러나 양측은 구체적인 핵 사찰 심사 대상 선정 불일치로 합의는 최종적으로 불발되었다. 남측은 '상호 대등 동수 원칙(相互对等同数原则)'을 채택하여 수시로 특별 사찰을 실시할 것을 주장했고, 북측은 '동시 의심 제거 원칙'을 내세우면서 미국이 한국의 핵무기, 핵기지에 대해 전면적인 조사를 진행할 것을 주장하였다. 남북 양측의 의견 차이는 앞으로의 핵 위기에 불씨를 심어놓았다.

1993년 2월 북한에 압박을 가하기 위해 미국은 '협동정신'을 강조한 연합 군사 훈련의 회복을 선언하였다. 북한은 한국과 <핵무기 확산 방지 조약>의 양자 협의 동결을 선언하고, 국제원자력기구의 사찰을 거부하였다. 북한 정부는 같은 해 3월 12일 유엔 안보리와 핵 확

---

2) 왕신옥, <노태우 대통령전>, 사회과학문헌출판사, 1992. p.25

산금지 조약국에 서신을 보내 정식으로 <핵무기 확산금지 조약>에서 탈퇴를 공식적으로 선언하고, 북한은 '준전시' 상태에 돌입하였다. 그 해 5월 11일 유엔 안보리는 찬성 13표, 기권2표로 '825호' 결의를 통과시켰고, 북한이 <핵무기 확산금지 조약> 탈퇴를 재검토할 것을 요구하였다. 그 다음날 북한 정부는 성명을 발표해 북한의 내정간섭과 주권 침해에 관한 유엔 '825호' 결의에 대해 단호히 반대하고, 미국은 이로 인해 발생한 결과에 대해 반드시 책임 져야 한다고 경고하였다.[3] 한반도 정세는 일순간 형세가 매우 긴박하고, 미국과 북한 양측은 핵 문제를 둘러싼 분쟁이 중대 국면으로 들어섰고, 처음으로 북핵 위기가 수면 위로 떠올랐다.

북핵 문제가 교착 상태에 접어들면서 중국 등의 국가의 적극적인 중재를 통해 북미 양국 대표는 1993년 6월 2일부터 11일까지 뉴욕에서 1953년 한국 전쟁이 끝난 이래 첫 번째 정상회담을 열었고, 양측은 회담에서 서로 조금씩 양보하였다. 미국은 북한이 핵시설을 개조해 평화롭게 전력 발전에 쓸 수 있도록 도움을 줄 것을 약속했고, 북한은 잠시 <핵 확산금지 조약>에서 당분간 탈퇴하지 않는 것에 동의하였다. 같은 해 7월 14일부터 19일까지 북미 양측은 제네바에서 제2차 고위급 회담을 진행하였으며, 북한은 국제원자력기구가 해당 영변 핵 원자로에 대해 사찰을 진행하는 것에 동의하였다. 미국은 북한이 해당 핵 발전 계획을 경수로 변경하여 흑연 원자로를 대체할 수 있도록 도움을 주는 것을 고려하고 있다. 북미 양측은 핵무기를 포함한 무력 및 이런 무력에 상당하는 위협을 가하지 않을 것을 보장하였고, 한반도의 비핵화, 평화와 안전을 보장하였다. 1993년 11월 11일 강석주 북한 외교부 제1부부장은 북한 핵 사찰 문제에 관해 '포괄적

3) 인민일보(人民日报), 1993.5.13

인' 해결 방안을 제시하였다. 미국 측은 이에 대해 긍정적인 반응을 보였다. 클린턴 대통령은 같은 해 11월 23일 '철저하고 전면적'인 해결 방안을 제시했으나 이 방안은 남북대화를 진행하고, 국제원자력기구의 보장 조치 준수하는 것을 그 전제 조건으로 하고 있다. 몇 차례에 걸쳐진 협의를 거듭하여 북미 양측은 1994년 2월 25일 '4단계 협정(四同步协议)'를 달성하였다. 한미는 1단계로 일시적으로 '협력 정신'을 강조한 군사훈련을 중단하였다. 2단계로 국제원자력기구는 북한에 대해 관리감독의 연속성을 유지 · 보장하는 시찰을 시작하였다. 3단계로 한반도 남북 양측은 특사를 교환하며 업무 접촉을 진행하였다. 4단계로 북미는 3월 21일 제3차 고위급회담을 개최하였다.[4)]

1994년 3월 미국과 북한은 핵 사찰 문제로 심각하게 대치했고 한반도는 다시 한번 긴장상태에 놓였다. 한국은 패트리어트 미사일을 배치하고 한미 연합 군사 훈련을 재개하기로 결정하였다. 같은 날 북한 외교부에서도 성명을 발표하고, 대표 파견 없이 1994년 3월 21일 개최하는 북미 제3차 고위급 회담에 참석하기로 결정하였다. 같은 해 3월 19일 판문점에서 열리기로 예정되었던 남북 실무회의를 중단하고, 북한은 더 이상 국제원자력기구의 사찰을 받지 않을 것을 선언하였다. 같은 해 3월 16일과 17일, 북한은 이틀 간의 방공 훈련과 등화관제를 실시하였다. 북측 조치에 대응해 클린턴 미국 대통령은 한국에 6개의 '패트리어트' 미사일 발사 기지를 배치하고 총 48개 발사대를 배치하기로 결정하였다. 같은 해 4월 18일 '패트리어트'미사일은 부산항에 운송되어져 왔다. 그 다음날, 미국 페리 국방장관 한국에 도착했고, 주한미군의 전쟁 대비 상황을 시찰하였다. 같은 해 5월 중순, 북한은 안전을 이유로 IAEA 기관의 인원이 현장에 없는 상황

4) 진봉군, 왕전검, <아태대국과 한반도>, 베이징대학출판사, 2002. p.100

에서 자체적으로 원자로 연료봉을 교체하였다. 북한과 IAEA 와의 협력 중단을 선언했고, 미국은 외교, 군사 및 경제 수단을 동원해 북한에 전면적으로 압박을 가하기 시작하였다. 북한도 호락호락하지 않고, 5월 31일 북한은 <핵 확산금지 조약>에서 탈퇴할 것을 다시 한 번 선언했고, 미국의 제제 조치를 선전포고로 간주하였다. 이후 미국의 카터 전 대통령의 중재로 미국과 북한은 제네바에서 제3차 고위급 회담을 열었다. 잇따른 협상을 거쳐 북미 양측은 마침내 10월 21일 <북한 핵 문제에 관한 포괄적(기본) 협정>에 공식 서명하였다. 이 포괄적 합의의 핵심 내용은 다음과 같다.

1. 워싱턴과 평양은 미국 주도의 국제기구를 통해 북한에 경수원자로를 2개를 건설하여, 북한의 흑연 원자로를 대신하여 북한에 에너지를 제공하는 것에 동의한다. 미국은 2003년 전까지 북한을 위해 총량 2,000메가와트의 경수로 원자력 발전소 2곳 건설을 주도한다.

2. 경수로 건설 기간 동안 북측의 핵시설 동결에 따른 에너지 위기를 완화시키기 위해 미국은 매년 북한에 50만 톤의 중유를 대체 에너지원으로 제공하고, 그 기간은 경수로 발전소가 완공될 때까지로 한다.

3. 북한은 흑연 원자로와 기타 관련 핵시설의 동결 및 최종 철거와 2개의 흑연 감속 원자로의 건설을 중지하고, 핵 연료 처리장 폐쇄에 동의한다.

4. 미국은 북한에 대해 핵무기를 사용하지 않는다고 약속하고, 북한은 조치를 취하여 한반도 비핵화를 실현하고, <핵 확산금지 조약>에서 탈퇴하지 않는다고 약속한다.

5. 미국과 북한은 각자의 수도에 상대국에 대한 연락처를 설립하고, 결국 양자관계를 대사급 외교관계로 격상시키는 것에 동의하였다.[5)]

---

5) '미북체결' <북핵문제 해결에 관한 포괄적 협의>, http://cycnet.com/history/today/0110

<북한 핵 문제에 관한 포괄적 합의>는 북미 양국은 전쟁의 경계에서 끌어들여 첫 번째 핵 위기를 해결하였다. 1994년 북미 <핵 포괄적 협의>를 체결한 후, 카터 전 미국 대통령은 개인적으로 북한을 방문했으며, 당시 북한 국가주석 김일성과 회담을 열었다. 양측은 북한 핵문제와 북한의 <핵 확산금지 조약> 탈퇴 및 유엔 제재 결의에 대해 심층적인 협상을 진행하였다. 이후 1994년 7월 초, 양측은 제네바에서 북미 제3차 고위급 회담을 시작하였다. 이번 회담은 북미 양측이 주목하는 일련의 중대한 문제에서 모두 중요한 진전을 이루었고, 양측의 쟁점 중 주요 분쟁을 해결하였다. 또한 1994년 10월 21일 <북미 핵 문제에 관한 포괄적 협의>를 체결하였다. 이 합의에 따르면 미국은 앞으로 10년 내에 북한에 약 40억 달러의 경수로 두 개를 제공한다. 1차 경수로가 건설되기 전에 에너지 보상을 위해 매년 북한에 50만 톤의 중유를 공급하고, 이로써 북한이 기존의 핵 계획을 동결시키도록 하였다. 그것은 5메가와트의 원자로, 두 개의 흑연 감속 원자로 연료봉 및 연료 후처리장의 폐쇄를 포함하고, 또한 5메가와트 원자로에서 뽑은 8,000개의 핵 연료봉을 당분간 안전하게 저장한다. <핵 확산금지 조약>의 회원국으로써, 북한은 규정하고 있는 모든 의무를 이행하고, 국제원자력기구의 정규 · 특별 사찰을 받는다. 미국은 북한에 대해 핵 억지력 및 핵무기를 사용하지 않고 북한이 조치를 취해 남북 양측이 한반도 비핵화에 관한 공동 성명을 실시할 것을 보장한다. <북미 핵 문제의 포괄적 합의>의 체결은 북미 양측 게임의 결과이고, 협의 요구에 따라 미국은 대북 제재완화를 선언하고, 북한에 대해 제한적인 경제 원조를 하고, 북한은 교환조건으로 핵실험과 미사일 발사를 잠시 중단한다. 한국과 일본은 모두 미국의 북핵 문제

/102104.htm]

해결 과정에서 배제되는 것을 걱정하였다. 특히, 한국은 북미가 한국을 제외하고 양자 회담을 진행하는 것에 대해 불만이 많았다. 미국이 봤을 때, <핵 포괄적 합의>의 선언에 따라 북한에 경수로를 건설하는 것은 반드시 한국과 일본의 협력이 있어야 한다는 입장이었다. 이것은 왜냐하면 경수로 건설에 거대한 자금이 필요하다는 것을 명확하게 알고 있었고, 책임을 공동 부담하기에 한국과 일본이 가장 적합하였기 때문이다. 이에 따라 미국과 한국, 일본 3국은 협력하여 <핵 확산 조약> 을 협력 이행하는 데 있어 모두 각자의 생각을 가지고 있었다. 1994년 11월 14일, 한미일 3국의 정상인 클린턴, 무라야마와 김영삼은 <핵 포괄적 합의> 실시에 관한 긴급 회견을 진행하고, 3국이 북한 에너지 개발기구 구성과 운영 부문에서의 협력 체제를 확인하고, 앞으로 열릴 워싱턴 회의를 위한 원칙적인 준비가 이뤄졌다. 같은 해 12월 워싱턴 회의에서 한미일 3국은 한반도 에너지 발전기구, 즉 KEDO를 뉴욕에 설립하기로 결정하였다. 북한에 제공하는 경수로는 한국 표준 모델을 채택하여 원자로 건설에서 한국이 중요한 역할을 하게 되었다.

1998년 KEDO 이사회의 한미일 3국은 북한의 경수로 사업에 대한 분담액을 확정하였다. 총액 46억 달러 중 한국은 32억 달러, 일본 10억 달러를 출자하고, 나머지 부분은 나머지 유럽연합 회원국이 분담하고, 미국은 매년 50만 톤의 중유 만 제공한다.[6] 이후 1998년 북한 미사일 사건의 영향으로 1999년 12월 15일이 되어서야 KEDO 는 비로서 북한과 경수로 계약을 체결하였다. 경수로는 2002년 8월 7일 정식 착공하였다.

<북미 핵 문제의 포괄적 합의>는 제2차 대전이 끝난 후, 북미 양국

6) <SIPRI연감1999 : 군비, 군축, 국제안보>, 세계지식출판사, 2000, p.677

의 관계의 획기적인 첫 번째 중요한 합의라고 할 수 있다. 이 합의를 통해 북미 양국 간의 상호 포용 및 양해를 어느 정도 이뤘고, 남북 핵 문제를 해결하는 데 첫걸음을 내딛었다. 북한은 이 합의 체결을 통해 핵개발 계획 동결, 경제적 이익 획득, 북미관계 개선 가능성을 가늠해 보았다. 북한은 <북미 핵 포괄적 협정> 체결이 독립 자주적 입장을 고수하고 남북평화통일정책을 견지한 결과물이라고 여겼다. 이것은 한반도의 평화통일을 촉진시켜 동북아 지역의 평화 발전을 보장하는데 있어 현실적인 의미가 있다. 1차 핵 위기의 발생부터 북미 <핵 포괄적 합의>의 체결에서 북한이 바로 가장 많은 혜택을 받은 가장 큰 수혜자라고 할 수 있다. 북한은 한국과 미국이 직접 교류하지 않고 목적을 달성했을 뿐만 아니라, 북한의 존재를 미국으로부터 인정받았고, 이후 지속적인 북한 존재의 유지를 위해 안전 보장을 제공받았고, 북한이 국제무대에서 고립된 국면을 상당 부분 개선하고 외교적으로 주도권을 장악하였다.

2001년 9월 11일 테러리스트들이 민간항공기를 납치하여 뉴욕의 세계무역빌딩을 습격하였다. '9.11'사건 이 발발한 이후, 미국 본토 불가침의 역사를 종결을 선언하였다. 미국의 안보관도 이에 따라 신속하게 변화하였고, 태평양과 대서양 사이에 있는 미국의 우월한 지리적 위치와 우월했던 지정학적 안보관도 깨졌다. '9.11'사건 이후, 새로운 안보 환경에 대해 부시 정부는 선제공격을 취하는 국가 안보 전략을 제시하였다. 2002년 5월, 부시 미국 대통령이 독일을 방문했을 때 '선제공격'이라는 개념을 처음 제기했고, 같은 해 6월 부시는 미국 서부군사 학교의 졸업생에게 연설을 할 때, 선제공격의 필요성을 더욱 강조하였다. 그는 강연에서 "반 테러전은 방어에만 의존하여 승리할 수 없다. 우리는 반드시 적을 공격하여 그 계획을 파괴하여,

가장 위험한 위협이 형성되기 전에 제거해야 한다" 고 지적하였다. 같은 해 6월 8일, 미군 참모 총장 연석회의 마이어스 의장은 미군은 테러와의 전쟁에서 신속하게 행동해야 승리할 수 있고, 반드시 선제공격을 해야 한다고 밝혔다. 2002년 9월 20일 부시 정부는 <미국 국가 안보전략 보고서>를 발표하고, '우리는 우리의 적에게 먼저 행동을 취할 수 없도록 하겠다'며 '선제공격'의 전략을 좀 더 명확하게 설명하였다. 이 보고서는 보복을 기초로 한 위협전략을 세웠기 때문에 '불량국가'와 테러주의에 대해서는 소용이 없다고 기술하였다. 국제법은 조치를 취해서 국가가 눈앞에 있는 공격의 위협을 제거할 수 있다는 데에 동의한다. 불량국가와 테러주의는 또한 대규모 살상무기로 미국을 공격할 준비가 되어 있으므로, 미국은 반드시 선제공격의 행동을 취해야 한다는 것이다. 미국 국가안보 전략의 제정은 부시 정부의 선제공격 전략을 공식적으로 확정하고 형성하였다는 것을 상징한다.

2003년 3월 20일, 미국은 유엔의 권한을 부여 받지 못한 상황에서 세계인들의 반전에 대한 염원으로 이라크와 전쟁을 일으켰다. 이번 전쟁은 선제공격 전략을 처음으로 실시하는 것이다. 이것은 선제공격 전략이 나온 지 반년 만에 전략적 이념으로 전략적 실천 방향으로 나아가고 있다는 것을 의미한다. 어떤 의미에서 보면, 부시 정부의 선제공격 전략의 제기와 실시가 제2차 북핵 위기에 대한 발생, 그리고 지속적으로 고조되는 데 있어 촉매제 역할을 하고 있다. 즉, 선제공격 전략의 제기, 형성, 시행 과정이 바로 북핵 위기의 발생부터 발전까지의 모든 과정이라는 것이다.

2001년 12월, 미국 국방부는 <핵 태세 평가 보고서>를 국회에 제출했고, 보고서에서는 미국이 과거 핵무기 위협에 대한 편협한 사고가 점차 바뀌고 있고, 군사전략의 방향은 핵무기와 재래식 무기의 병존이라고 지적하였다. 이 보고서에서는 어떠한 돌발 사태에 대해 핵무기 사용을 고려하고, 북한, 이라크, 이란, 시리아 등 국가가 돌발 사태에 휩싸일 수 있는 국가에 속한다고 명시하고 있다. 이것은 사실상 핵 공격을 받을 수 있는 목표라는 것이다. 2002년 1월 29일, 부시는 첫 국정 연설에서 북한이 미사일 기술을 수출하고 핵무기를 발전시키는 것을 근거로 북한, 이라크, 이란 등 국가를 함께 '악의 축'이라 칭하며, 그들을 세계 평화에 대한 위협이라고 말하고 있다. 또한 미국이 필요한 수단을 채택해 대규모 살상무기를 막겠다고 말하였다. 미국 국무원은 이후 발표한 <글로벌 테러리즘 상황 보고서>에서 북한을 테러리즘에 지원 국가 대열에 계속 포함시키고 있다. 부시 집권 후 북한은 미국 국무원에서 테러리즘국가 명단에서 북한을 제외시키고, 북한을 적대시하는 정책을 포기할 것을 줄곧 요구해 왔다. '9.11' 사건 발발 이전, 미국은 북한을 국무원에서 열거한 테러 지원국 명단에서 제거하는데 3가지 조건을 내걸었다. 그 조건은 바로 <국제 테러 공약>에 서명하고, 테러 활동을 공개적으로 규탄하고, 북한이 비호하는 일본 적군 소속 4명을 구류하였다.

2002년 10월, 두 번째 북핵 위기가 발발하였다. 같은 해 10월 3일, 부시 대통령은 대통령 특사 켈리를 북한에 파견하였다. 켈리는 회담에서 북한이 핵무기를 발전시키는 것에 관한 문제를 공식적으로 제기하고, 미국이 수집한 최신 증거를 제시하였다. 켈리 귀국 후, 보름 동안의 정보판정과 긴급협의를 거쳤고, 미국은 북한이 1994년 <핵 포괄적 합의>를 이행하지 않은 것을 이유로 미 · 일 · 한 유럽연합 4자를 통해 12월부터 북한에 대한 중유 제공을 중단하기로 선언하였다. 평양은 11월 17일 성명을 발표하고, 북한은 이미 미국의 핵 위협에 대처하는 핵무기를 포함한 강력한 군사수단을 가지고 있다고 선언하였다.[7] 북한 <노동신문> 2002년 12월 12일 발표에 따르면 미국은 1994년 북미 <핵 포괄적 합의>의 의무를 이행하지 않고 북한에 중유 제공을 중단하였기 때문에, 이에 북측은 핵 폐기 계획을 동결하고, 즉시 전력 생산에 필요한 핵시설을 건설 및 재개하기로 결정하였다. 얼마 되지 않아 북한은 이미 전력 생산에 사용한 핵시설 봉인을 해제하고, 국제 원자력기구가 설치한 감시카메라를 철거해 8000근이 사용한 핵 연료봉 8000개가 있는 저장고를 열어 영변 지역의 핵 연료봉에 신규 핵 연료봉을 추가하고, 국제원자력기구 핵 사찰 인원 2명을 추방하였다. 2003년 1월 10일 북한 정부는 <핵무기 확산금지 조약>에서 정식으로 탈퇴하였다. 북한은 북핵을 순수하게 평화의 목적으로 사용하고, 핵무기를 발전시킬 의도가 전혀 없으며, 한반도의 핵 문제는 반드시 북미 두 당사자가 협상을 통해 평화적으로 해결해야 한다고 선언하였다. 또한 북한은 <핵무기 확산금지 조약>에 재가입할 의사가 없지만, 만약 미국이 북한에 대한 적대정책을 포기하면 북한은 미국이 북한에 대한 핵무기 생산 여부를 확인하는 것을 허용할 수 있다고 밝혔다. 같은 해 2월 6일 북한 외무성 대변인은 미국이 만약 한반도에 병력을 증가시킨다면 북한이 선제공격을 발동할 가능성이 있다고 밝히면서, 만약 미국이 감히 한반도에 불을 붙인다면, 이번 전쟁은 핵 전쟁으로 변할 수 있다고 경고하였다. 2003년 4월 23일부터 25일까지 중국의 중재 하에, 중국, 북한, 미국이 베이징에서 3자 회담을 거행하였다. 회담에서 북한은 이미 핵무기를 보유하고 있다는 사실을 미국 측에 전달했으며, 같은 해 5월 9일 북한 중앙통신사가 <우리의 핵 억제 능력은 위협수단이 아니다>라는 제목의 기사

7) 신화사(新华社), 2002.11.17, 평양.

를 발표하고, 처음으로 스스로에게 이미 핵무기를 보유하고 있다고 공개적으로 인정하였다. 두 번째 북핵 위기 발발 이후, '핵 벼랑 끝 외교' 정책이 다시 북한이 미국과 맞서는 중요한 외교 카드가 되었다. 북한 지도자들은 자신의 위험한 처지를 정확하게 인지하고 있다. 한미가 허술한 틈을 타고 들어올까 봐, 북한 국민에게 유비무환을 강조하고, 한, 미, 일이 경거망동 하지 않을 것을 경고하면서, 또 다른 한편으로는 국제 여론을 조성하며 국제사회의 높은 관심을 불러일으켜 국제사회에서의 영향력을 강화시키고 있다. 북한의 이런 조치의 주요 목적은 과거의 조정 수단을 버리고 우선 국제 원조, 특히 식량 등 생활필수품의 국제원조를 구하기 위함이지, 미국 등 서양 세계에 도발이나 전쟁을 벌이기 위한 것은 아니다. 북한은 핵무기라는 이 특수한 수단을 보유하면 국가의 절대 안전이 보장될 수 있다고 생각한다. 북한은 핵무기개발을 통해 미국과의 협상 카드를 늘릴 수 있게 되고, 한편으로는 국제사회의 원조를 얻을 수 있다. 물론 인도와 파키스탄처럼 핵 보유국이 된 후 국제사회의 인정을 받고 진정한 핵 보유국이 될 수도 있다.

2. 북핵 위기와 6자 회담

2003년 4월 중국, 미국 및 북한이 첫 번째 3 자 회담을 마쳤다. 북한은 다자외교 형식으로 북핵 문제를 해결하는 데 동의하고, 4개월 후에 6자 회담에서 일련의 복잡하고 구체적인 문제에 대해 논의할 것을 동의하였다. 2003년 8월 1일 북한 외무성 대변인은 담화를 발표해, 북한이 이미 북핵 문제 해결에 관련해 한, 미, 북, 중, 일, 러의 6자 회담을 직접 개최할 것과 또한 이 틀에서 북미 양자 회담 실시 방안을 미국에 제기하였다. 이것은 6 자 회담의 준비 작업이 끝났다는 것을 의미한다. 2003년 8월 27일부터 29일까지 첫 번째 6자 회담이 베이징 댜오위타이 국빈관(北京钓鱼台国宾馆)에서 순조롭게 진행되었다. 북한은 회담에서 문제 해결을 위한 4단계의 포괄적 방안을 제시하였다. 내용은 아래와 같다.

1단계, 미국은 북한에 중유 제공을 재개하고 북한에 대한 인도주의적인 식량 지원을 대규모로 확대한다. 또한 북한은 핵 계획 포기를 선언한다.

2단계, 미국은 북한과 상호 불가침 조약을 체결하고 북한의 전력 손실을 배상한다. 북한은 핵시설과 핵자료를 동결하고, 이에 대해 검토할 수 있도록 허용한다.

3단계, 북미, 한일이 외교 관계 수립하고, 북한은 미일이 주목하는 미사일 개발 문제를 포괄적으로 해결하도록 한다.

4단계, 원조 건설 중인 경수원자로가 건설 추진과 동시에, 북한은 핵시설을 철거한다.[8)]

북측이 제기한 포괄적 제안은 공격을 방어로 삼는 전략으로, 북한이 핵 문제를 통해 미일과의 외교관계를 근본적으로 해결하려 하는 것은 '일석이조, 사량발천근(一石二鳥, 四兩撥千斤)' 외교전략의 집대성이라고 할 수 있다.

2004년 2월 25일부터 28일까지 베이징에서 제2차 6자 회담이 열렸다. 이번 회담에서는 <제2차 6자 회담 의장 성명>을 발표하였다. 6자 회담 서면 문건은 처음이다. 북한은 2차 6자 회담에서도 여전히

---

8) 북한중앙통신사, 2003.8.30

핵을 중요한 협상카드로 삼고, 미국이 대북 적대정책을 포기하는 것이 북한이 핵무기를 포기하는 데 있어 전제조건이며, 또한 미국에게 대북 안전 보장에 대한 공약을 내걸 것을 요구하였다.

제3차 6자 회담은 2004년 6월 23일부터 26일까지 베이징에서 열렸다. 이번 회담도 어느 정도의 진전을 거뒀다. 북측은 전 회담에서 표명한 핵 폐기의 기초 하에, 핵 동결을 위한 한층 더 구체적인 방안을 제시하였다. 그러나 이 회담은 실질적인 문제가 많이 관련되어 있고, 각 측, 특히 북미 간의 입장 대립과 관건적 차이가 두드러져 근본적으로 북미 양측이 원칙적 입장 문제를 해소하지 못하였다. 즉, 북한은 예상한 목적을 달성하지 못하였다.

제4차 6자 회담은 2005년 7월 26일부터 8월 7일까지, 그리고 9월 13일부터 19일까지 2단계에 걸쳐 베이징에서 개최되었다. 이 회담은 어느 정도의 성과를 거두어, <9・19공동성명>을 발표하였다.

1. 6자 회담에서는 한반도 비핵화를 평화적 방식으로 실현하고, 북측은 모든 핵무기 및 기존 핵 계획을 포기하겠다고 약속하고, <핵무기 비확산 조약>을 조속히 실현할 것을 거듭 표명하였다. 미국은 한반도에는 핵무기가 없고, 핵무기나 재래식 무기로 북한을 공격할 의사가 없다는 것을 명확하게 인정했고, 한국 측은 1992년 한반도 비핵화에 관한 공동선언에 따라 핵무기를 배치 하지 않겠다는 선언을 재차 확인하였다.

2. 6자 회담에서는 유엔 헌장, 취지,원칙, 그리고 공인된 국제관계 원칙에 따라 상호 관계 처리를 약속하고, 북미 양측은 상호 주권 존중 평화 공존하여, 조속히 관계 정상화를 실현할 것을 약속하였다. 북일 양측은 <북일 평양 선언>이 불행한 역사를 청산하고 관련 현안을 적절하게 처리하여, 관계를 조속히 정상화하기로 약속하였다.

3. 6자 회담에서는 양자 및 다자 방식으로 에너지 무역과 투자 분야의 경제협력을 추진할 것을 약속하였다.

4. 6자 회담에서는 동북아 지역의 지속적인 평화 안정에 동북아 지역에 공동으로 힘을 합쳐 직접 협상을 진행하고 한반도 영구 평화 체제를 설립할 것을 약속하였다.

5. 6자 회담에서는 약속 대 약속, 행동 대 행동 원칙에 따라 평화적인 절차를 취해, 단계별로 상술한 내용을 실현하는데 동의하였다.[9)]

<9·19공동성명>은 보편적인 구속력을 가진 구동존이(求同存异)의 문서로 각 측의 요구사항을 충족시켰고, 다음 단계의 지속적인 협상을 위해 공간을 개방하는 것을 보류하고, 한반도 비핵화 추진이라는 최종 해결을 위해 서면 기반를 다졌다.

제5차, 6자 회담은 2005년 11월 9일부터 2007년 2월 13일까지 베이징에서 열렸다. 이번 회담은 총 3단계로 진행하였다. 1단계 회의는 2005년 11월 9일부터 11일까지 베이징에서 개최되었다. 2단계 회의는 2006년 12월 18일부터 22일까지 베이징에서 개최되었다. 3단계 회의는 2007년 2월 8일부터 13일까지 베이징에서 개최되었다.

제1단계 회담이 끝난 후 1년도 안 된 2006년 10월 9일 오전 북한 중앙통신사는 북한이 이미 핵실험에 성공하였다고 발표하였다. 핵실험은 환경에 어떠한 방사성 오염을 초래하지 않았다. 북한 핵실험의 성공은 수년 동안 한반도 핵 문제를 위한 모든 국제적인 외교 노력의 실패를 의미하였다. 2006년 10월 14일 한미일 삼국이 유엔 안보리에서 북한을 제제하는 '1718호 결의' 공동으로 추진하였다. 이 결의는 북한이 모든 핵무기와 대규모 살상무기를 소각할 것을 요구한다. 모든 국가가 북한에 비 재래식 무기와 관련된 자료와 중형 군용장비 판

---

9) 신화망(新华网), 2005.9.30

매 및 양도를 금지할 것을 요구하였고, 각 국의 대(對)북한 수출입 화물에 대한 조사 허가를 요구하여, 북한이 비 재래식 무기를 획득하지 못하도록 하고, 북한에게 조건 없이 6자 회담에 복귀할 것을 요구하였다. 2006년 10월 19일 라이스 미국 국무장관 방한 시, 한국 정부에게 북한과의 가장 중요한 2가지 경제 협력 프로젝트, 즉 개성공업단지 프로젝트와 금강산 관광 프로젝트를 종료할 것을 요구하였다. 미국은 이로써 북한의 군비와 핵무기 발전을 억제하려 하였다. 그러나 한국 정부는 이 두 프로젝트가 북한이 시장화 개혁을 추진하는 중요한 시험 프로젝트라고 판단하여, 미국의 요구를 거들떠보지 않았다. 한미일 삼국은 북한을 제재하는 수위 문제에 있어서 뚜렷한 차이가 존재한다. 미국과 일본은 북한에 대해서 더욱 엄격한 제재 조치를 취하고, 북한에 출입하는 선박에 대해 단지 엄격한 조사를 진행하여, 북한이 수출입을 핵무기 발전 및 미사일 등 대규모 살상무기, 기술 발전에 이용하는 것을 방지할 수 있을 것이라고 주장하였다. 그러나 한국은 과도한 제제로 인해 한반도 정세가 더욱 악화되는 것을 걱정하고, 북한 선박에 대한 강제 조사를 주장하지 않고, 제한된 제재 조치를 취해 북한이 6자 회담에 복귀할 것을 강요하였다.

2006년 10월 19일 한국 외교통상부 장관 반기문, 일본 외상 아소 다로, 미국 국무장관 라이스는 서울에서 회담을 가졌다. 3국의 외교장관은 유엔 안보리 제1718호 결의안 등이 문제를 어떻게 이행할 것인지에 대해 협상을 진행했으며, 북한의 핵실험이 성공이든 성공이 아니든 3국은 모두 북한이 핵 보유국임을 인정할 수 없고, 북한의 핵보유에 대해 절대 용인할 수 없다고 입을 모았다. 또한 대화를 통해 북핵 문제를 해결해야 한다는 점을 다시금 확인하였다.[10] 중국 등 국

---

10) 신화사(新华社), 2006.10.19

가의 다자간 중재와 노력을 통해 제5차 6자 회담 제2단계 회의가 2006년 12월 18일부터 22일까지 베이징에서 열렸다. 이번 회담에서 한미일 3국 정상은 대북 협상에 대한 5가지 요구사항을 제기하였다.

1. 북한은 국제원자력기구(IAEA)의 사찰 인원이 핵시설 등에 대해 조사를 진행할 수 있도록 허용할 것을 요구

2. 핵 실험 기지 폐쇄

3. 모든 핵시설의 관련 상황 공개

4. 영변의 5메가와트의 핵 원자로 작업 중단

5. 2006년 발표한 연합 성명에서 규정된 모든 핵무기와 핵개발 계획을 포기하겠다는 약속을 기한 내 이행

더욱 높은 운용성을 갖기 위해 한, 미, 일 3국은 5개 조항 중의 첫 번째, 네 번째 조항을 초급 단계의 조치로 삼았고, 핵 정보 신고와 핵 폐기를 후속 절차로 삼았다.[11] 회의 참가국은 다자간 교섭과 협상을 거쳐, 제5차 6자 회담의 제3단계 회의는 2007년 2월 8일부터 13일까지 베이징에서 성공적으로 개최되었다. 3단계 회담은 한반도 비핵화 과정을 실현하는 새로운 이정표라고 할 수 있다. 이것은 한반도 비핵화 프로세스를 위해서뿐만 아니라, 또한 한반도 냉전 상태를 제거하기 위해, 동북아의 협력 안보 질서를 구축하는데 새로운 루트를 열었다. 회의 에서는 <공동성명 기초 행동> 문건, '2・13공동문건' 통과를 공동으로 체결하였다. 이 문서에서는 6자가 기초 단계에서 아래와 같은 행동을 취하는 것을 규정하고 있다.

1. 북한은 협상 체결60일 안에 반느시 영변의 주요 핵시설을 폐쇄 및 봉인하고, 국제원자력기구가 이 과정에 대한 조사를 진행하도록 허가한다.

---

11) 유명, <북한 핵실험과 6자 회담: 평가 및 전망>, <국제관찰> vol.3. 2007, p.68

2. 북한은 다른 각 측과 공동 성명에서 서술한 핵 연료봉에서 나온 플루토늄을 포함한 전체 핵 계획 목록을 밝힌다. 이렇게 하면 북한은 첫 회에 한국, 미국, 중국과 러시아로부터 5만 톤의 중유 또는 이와 같은 가치의 경제 및 인도주의적 원조를 받는다.

3. 북한은 완벽한 핵 계획을 제공한 후, 후속 단계에서 95만 톤의 중유 또는 이와 같은 가치의 원조를 지속적으로 받을 것이다.

4. 미국은 북한과 관계 정상화 협상을 시작하고, 더 이상 북한을 테러리즘으로 지목하는 절차를 진행하지 않을 것이며, 또한 대북 경제 제재와 <적국 무역법> 절차의 중지를 추진할 계획이다.

5. 북측과 일본은 <북일 평양선언>에 근거하여 양자 회담을 진행하며 조속한 한, 일 관계의 정상화를 이룬다.

6, 한반도 비핵화 건립 60일을 채운 이후, 6개국 외무장관이 회담을 개최해 협의 집행 상황을 확인하고, 또한 동북아의 안보협력 문제에 관해 다음 단계의 회담을 개최한다.

6자 제5차 회담 제3단계에서 북한은 평상시와는 다르게, 영변의 핵시설을 폐쇄 및 봉쇄하길 원했을 뿐만 아니라 또한 국제 원자력기구의 전면적인 사찰을 받아들이고 핵 계획의 완비된 목록을 제공할 것을 보증하였다. 이것은 6자 회담 참가국의 예상을 크게 벗어났다. 2006년 10월 9일 북한이 핵 실험 성공을 선언한 이후, 유엔은 북한 1718호 결의안 통과시켰고, 북한 경제가 전대미문의 위기에 직면하였다. 북한은 국제적으로 전대미문의 고립을 받았을 뿐만 아니라 국내에서도 큰 압력을 받고 있다. 북한은 이런 국내외 형세의 위협 아래 6자 회담이라는 플랫폼을 교묘하게 이용해 국내외 위기를 해소시켰다.

그러나 2007년 3월 19일 제6차 6자 회담이 시작된 이후, 북측은 영변 핵시설을 폐쇄하는 선결조건을 제시하였다. 즉, 북한은 HSBC은행에 동결된 2500만 달러 해제를 요구하였다. 북한측 대표는 3월 22일 오후에 철수하였고, 어쩔 수 없이 6자 회담을 휴회할 수밖에 없었다. 같은 해 4월 9일, 미국 6자 회담 대표단 힐(Hill)이 도쿄를 방문해 미국에 의해 동결된 북한 자금 문제를 어떻게 반환할 것인가에 대한 문제에 대해 일본과 협상을 진행하였다. 5월 주한 미국대사는 북한이 원할 경우, 핵 계획을 완전히 포기한다면, 미국 또한 북한과 평화조약을 정식으로 체결하고 싶다고 밝혔다. 6월19일 힐은 북한이 마카오에서 미국에 의해 동결된 2500만 달러가 북한의 러시아 은행 계좌로 전입됐다고 밝혔다. 이틀 후 힐이 평양을 방문하였다. 7월 14일 북한은 영변 핵시설을 폐쇄하였다. 2007년 9월부터 제6차 2단계 회담에서 6자 회담 이후 공동 문서 3부를 제정하고 통과시켰다. 즉, <공동 성명 제2단계 행동 실행>이다. 이 행동 로드맵은 6자 회담 진행과정을 크게 진전시켰다. 북측이 이미 영변 핵시설을 폐쇄하고, IAEA의 감독과 사찰을 받아들인 것을 감안하여, 미국은 2007년 9월 28일 북한에게 2500만 달러의 에너지 원조 지원을 승인하였고, 5만톤의 중유를 구매하였다. 같은 해 11월 1일 미국 핵 전문가들은 북한에 도착해 영변 핵시설 불능화에 참여했고, 이 외에도 한, 미, 중, 러, 일 등 5개국 외교관과 전문가들이 북한에 잇따라 도착하여, 북한 핵시설 불능화의 실제 조사 작업에 참여하였다. 이로써 한반도의 핵 문제가 어느 정도 완화되었다.[12]

2009년 초 한국은 이명박 대통령 당선 이후, 대북 강경 정책을 택했고, 남북 양측은 첨예하게 대립하면서 김대중 전 대통령의 '햇볕정책'과 노무현 전 대통령의 '공동발전 정책'이 모두 수포로 돌아갔다.

12) 신화망(新华网), 2007.9.29

북한 조국평화통일위원회는2009년 1월 30일 성명을 발표해, 남북간 정치, 군사적 대항을 중단하는 것에 관해 체결한 모든 합의를 폐지하겠다고 밝혔다. 같은 해 2월 17일 한국 국방부도 <2008년 국방백서>에서 북한을 '직접적이고 심각한 위협'이라고 지칭할 것을 선언했고, 3월 9일부터 20일까지 한미 양측은 한반도 남쪽에서 '핵심결정'이라는 연합 군사 훈련을 진행하였다. 북한중앙통신사에서는 9일 새벽, 북한 인민군 최고사령부에서 발표한 성명을 통해, 북한군은 고도의 경계를 유지하여, 적의 침입 시도를 차단하고, 당일 한국과의 마지막 군사 통신 노선을 차단하였다. 2009년 4월 5일, 북한은 무수단 발사장에서의 은하 2호 로켓을 발사했으며, 해당 로켓은 '광명 2호' 테스트 통신위성을 탑재하였다. 북한은 발사 성공을 선언하였다. 미국 군은 은하 2호 로켓 2급 부스터와 그 정상 부분은 모두 발사장으로부터의 3000~4000㎞ 거리의 태평양에 추락해, 어떠한 물질도 우주로 진입하지 못하였다고 발표하였다. 그러나 미국은 로켓 기술을 원격 미사일에 사용할 수 있다는 것을 결코 부인하지 않았다. 2009년 5월 25일 북한은 함경북도 길주 지역에서 제2차 핵 실험을 진행하였다. 이로써 북한 제3차 핵 위기가 터졌다. 유엔 안보리는 같은 해 6월 12일 1874호 결의를 통과시켜 이번 핵 실험을 규탄하고, 북한이 핵실험 또는 탄도 미사일 기술 발사 중지를 요구했고, 북한 관련 기구 및 개인의 해외 자산을 동결시키고, 북한에 대한 무기 및 관련 자료 운송을 금지하였다.

1차 핵 위기는 북한 핵 문제의 출현, 2차와 3차는 모두 북한이 직접 핵 실험을 진행한 것 이었다. 이 시기의 북한은 국내에서도 일련의 경제 개혁 현상이 나타났다. 북한 제12회 최고인민회의 제1차 회의가 2009년 4월 9일 평양에서 열렸다. 김정일은 북한 국방위원회 위원장으로 재발령되었다. 회의 후, 김정일은 전국에서 '인인쟁당(人人争当)' 150일 전투의 승리자 운동'을 주도하였다. 즉, 북한은 군사적 대항 정책을 견지해 국내 경제 건설을 한다는 것이다. 북한 통계에 따르면, 2008년 국가 예산 수입 계획 달성률은 101.6%로 전년보다 5.7% 상승했고, 지방예산 수입 계획의 117.1%를 달성했으며, 국가 예산지출 계획은 99.9%을 달성하였다. 그 중 국방지출은 국가 예산 지출 15.8%를 차지하였고, 경공업은 5.6% 상승, 농업지출은 전년보다 6.9%, 건설은 11.5%, 과학 기술 8%, 교육 8.2%, 문화3.2%, 위생 8%, 금속 등 기초 공업 부문 5.6%가 증가하였다.[13)]

2009년 6월 17일 오바마는 백악관을 방문한 이명박 대통령과 회담을 열어, 한반도에서 긴급 사태 발생 시, 핵 보호 우산을 포함한 모든 수단을 한국에 제공할 것을 약속하였고, 이에 북한은 안보리 1874호 결의와 한미의 압력에 대해 강경한 태도를 계속 유지할 것이라고 밝혔다. 6월15일 평양에서 10만인 집회가 열렸고, 1874호 결의에 대해 비난하고, 항의를 표했으며, 6월 25일 북한전쟁 발발 59주년 행사에서 약10만 평양시민들이 대규모 반미집회를 열었다. 이날 북한 <노동신문>은 장문의 평론을 발표해, 미국이 한국을 위한 핵 보호 우산을 제공하겠다고 했고, 미국의 이번 행동이 한국으로 하여금 북한의 '핵폭탄 소나기' 보복을 받게 됐다고 비난하였다. 7월 4일 미국 독립기념일 당일, 북한은 또 다시 7개의 탄도 미사일을 연속으로 발사했는데 사거리가 400~500㎞로 한국 전 지역을 충분히 뒤덮을 수 있었다. 7월 27일 북한 외무성 대변인은 북한이 북핵 문제 6자 회담에 참가하지 않고, 다른 대화 방식을 통해 이 문제를 해결될 수 있다고 재차 밝히면서, 북미 양측의 대화 방식을 암시하였다. 북한은 2009년

---

13) <북한개황>, 2010.1.13. http://www.fmprc.gov.cn/chn/pds/gilhdq/gj/yz/1206_7,

8월 인질 문제를 계기로 8월 4일 클린턴 미국 전 대통령을 북한에 초청하였다. 북한 방문 이튿날 미국 여기자 2명이 특사로 임명받아, 클린턴 과 함께 전세기로 북한을 방문하였다. 8월 16일 김정일은 북한을 방문한 한국 현대그룹 회장 현정은을 만났다. 김정일은 18일 북한 노동당 중앙서기 김기남을 단장으로 하여 파견한 북한 특사 조문단이 서울을 방문해 사망한 김대중 한국 전 대통령을 조문하였다. 2010년 설날 북한 <노동신문>, <북한 인민군>, <청년 전위> 3대 신문은 신정 사회론을 공동으로 발표했고, 한반도 및 지역 평화 안정 확보를 위해서 제일 중요한 핵심 임무는 북한이 미국과의 적대관계를 종식하는 것이며, 또한 한반도에서 지속적인 평화 체제를 구축하고, 대화와 협상을 거쳐 한반도 비핵화를 실현한다는 입장을 일관되게 견지할 것을 강조하였다.[14] 미국은 북한의 두 건의 제의를 거부했고, 북한은 여전히 핵 폐기라는 주장을 고수하고 있다. 미국 정부는 2010년 1월 11일 6자 회담 프레임에서 <북한정전협정> 당사국과의 회담 개최를 거부하고, 평화협정 체결 제의에 대한 토론에서 북한이 핵 공약을 먼저 이행해야 평화협정 문제를 협상할 수 있다고 말하였다.[15]

안보에 있어 북한은 '핵 보유, 자중'과 '핵 보유, 자주 국방'의 전략을 여전히 대외 정책의 중요 기조로 삼고 있다. 다른 한편으로는 북한이 한 번씩 핵 문제를 일으키긴 하지만 북한은 사실 핵 위기상황이 제어되지 않는 것은 원하지 않는다. 그들은 주로 핵을 통해 경제적인 실질적 혜택을 취하고, 핵을 통해서 국가 안전을 도모하는데 사용하고자 하는 것이다. 강경정책이든 완화정책이든 실질적인 측면에서

---

14) 2010.2.18, http://news.sina.com.cn/c/2010-01-02/101316868937s.shtml

15) 사래, '미국은 북한과 평화 회담을 진행하는 것을 거부한다', 신경보, 2010.1.13. A31

보자면 모두 자기 보호와 평화 추구에 사용되는 조치라는 것이다. 북한의 입장에서는 미국은 확실히 북한의 안전을 위협하고 있고, 북한은 어쩔 수 없이 이에 대해 반응한다는 것이다. 이것은 결국 북한이 지정학적인 평화를 깨트리도록 하는 결과를 낳았다. 특히 이것은 대국이 소국에게 설정해 주는 하나의 '국면' 인 것이다. 꼼짝없이 붙들리든, '번거로움을 만드는 자'가 되는지의 선택만이 있을 뿐, 북한에게 세 번째 선택은 없다. 북한은 주권 국가이기 때문에 후자를 선택할 수밖에 없는 것이며, 붙들릴 수 없다면 차라리 '번거로움을 만드는 자'가 되어야 한다는 것이다. 북한은 핵 보유를 통해, 심지어 원거리 공격 능력으로 미국의 국토 안보를 위협했고, 이로써 평등한 지위를 얻고자 하였다. 미국의 입장에서는 정책적으로 북한에게 핵무기를 포기하게 압박하는 정책이 오히려 북이 핵을 보유하게 했고, 중거리 원거리 공격 능력을 테스트하게끔 하는 등 목적과 완전히 상반된 결과를 초래하였다.

2011년 3월 15일 북한의 외무성 대변인은 북한이 북핵 문제 6자 회담에 무조건적으로 참여할 것이지만, 6자 회담에서 농축우라늄 문제를 논의하는 것은 반대한다고 밝혔다. 2012년 2월 23일 북한과 미국의 제3차 고위급 대화가 베이징에서 열렸으며 양측은 각각 북미 제3차 고위급회담 관련 합의를 발표했다. 북한은 북미 회담 기간에 핵실험, 장거리 미사일 발사 및 영변 농축 우라늄 활동을 일시적으로 중단하고, 또한 국제원자력기구는 북한이 농축 우라늄 활동 임시 중단에 대한 조사를 허가했다고 밝혔다. 미국 정부는 북한에 영양식품을 제공하고 북미 양국의 양자관계를 점진적으로 개선하기로 합의하였다.[16]

2012년 4월 13일 북한은 평안북도 철산군 서해 위성발사장에서

16) 샤리핑, <냉전 후 미국의 핵 전략 및 국제 핵 비확산 체제>, 시사출판사, p.365

첫번째 응용 위성인 '광명성 3호'를 발사했지만 이번 발사는 성공하지 못하였다. 이후 2012년 12월 12일 북한은 또 같은 장소에서 '은하 3호' 탑재 로켓을 발사시켰고, 두 번째 '광명 3호' 응용 위성을 탑재시켰고 이번 발사는 성공하여 위성이 예정된 궤도에 들어섰다. 이번 조치는 다시 한번 유엔 안보리회의 비난을 받았는데, 안보리는 북한이 유엔 제1718호와 제1874호 결의안을 위반하였다고 밝혔다. 중국은 북한이 평화적 우주 공간을 이용할 권리가 있다고 생각하지만 이 권리는 안보리의 관련 결의의 제한을 받았다.

미국 맥아 펀드회장 로버트 갈로치(Robert L. Gallucci)는 북한이 세 번째 지하 핵실험을 실시한 이후 "이것은 미국이 지난 20년 동안 추진해 온 북한의 비핵화 노력이 실패로 끝났다는 것을 의미한다"고 말하였다.

3. 지정학과 북핵 위기

한반도 지역은 동북아 전략적 요지에 위치하고 있으며, 동북아 해상의 교통 요충지이다. 동쪽으로 일본 큐슈(九州) 섬 간에 수역이 있는데 북한 해협으로 불리고 있고, 이것은 동북아의 문호이다. 한반도와 그 부속 섬은 해상의 전략적 의의를 가지고 있는데 주변 대국의 안보 이익과 관련되어 있다. 북부는 중국과 러시아를 접하고 있고, 동쪽으로는 동해(일본의 '일본해')이고, 남쪽으로는 대마도를 가지고 있고, 일본과 마주 바라보고 있으며 서쪽으로 중국 황해를 향하고, 중국과 바다를 사이에 두고 마주하고 있다. 한반도는 마치 강철 칼처럼 태평양 복부를 찌르고 있으며, 주변으로 중국, 러시아, 일본 등 대국과 밀접한 관련이 있으며 중요한 지정학적인 정세를 갖추고 있다.

이른바 '지정학적 이론'은 국제정치에서 가장 오래된 이론 중의 하나로, 현실주의 학파에 속한다. 고대 그리스 역사학자 헤로도토스는 그의 저서 <역사> 에서 지리와 정치의 관계에 대해 언급한 적이 있다. 중국은 일찍이 춘추전국시대, 즉 기원전 770~221년의 많은 정치가, 군사가, 사상가들이 인류 사회의 정치 군사활동과 지리환경 간의 상호 관계에 대해 깊이 이해하고 있었다. '지성학'은 그리스어에서 비롯된 것이며, 이것은 지구와 국가 및 양자 사이의 관계를 가리키지만 그 함축적인 의미는 이 뿐만이 아니다. 이것이 강조하는 국가개념은 단지 지구상에 존재하고 있는 일종의 상상만이 아니며, 지구에 속하는 각종 현상을 가리킨다. 그 특징은 지리적 공간의 일부이며, 다시 말하자면 이것은 특징 국가가 소위 차지하고 있는 지구 일부분과 지구 전체의 상호관계이다. 지역의 지리 및 정치 환경과 그것들이 구성하고 있는 물질 세계 및 인간 전체간에는 더욱 광범위한 관계가 존재하고 있다. 프랑스 18세기 철학자 인 몽테스키외(Baron Montesquieu)는 현대 지리학파의 창시자 중 하나라고 할 수 있다.(관련 자료는 육준원(陆俊元)의 '지정학적 정치의 본질과 법칙>, 시사출판사 2005년 판 참고).

지정학적 경제학은 냉전이 끝난 후에 나타난 새로운 국제관계 이론이며, 이를 주로 대표하는 인물은 에드워드 루트워크(Edward N. Luttwak)가 있다.(그는 1942년, 런던 경제대학을 졸업하고, 조지타운대, 예일대와 캘리포니아대 버클리 분교에서 공부한 적 있다. 그는 미국의 국가안전위원회 위원, 국무원 국방부 및 재정 금융기관의 고문을 역임한 바 있고, 전 미국 워싱턴 전략과 국제관계연구센터의 지정학 경제학 프로젝트 주임으로 미국 전략을 연구한 바 있다.) 그가 처음으로 제기한 지리경제학 이론은 걸프전 발발 전 미국 국회에서 있었던 한 청문회였다. 그는 냉전이 끝난 후 세계가 지정학적 경제시대로 진입하리라 생각하였다. 이것은 국제관계가 지정학에서 지리경제학으로 발전하는 것을 의미하는 것으로, 대체하는 것이 아닌 발전하는 것으로 생각하였다. 그래서 어떤 사람들은 이를 '포스트 지리경제학'이라고 부르는 사람이 있다. 그는 지리경제학은 일종의 전략으로 군사적 대항에 대해 완충 작용을 하였다고 강조하였다. 이 이론에서 주장하는 것은 다음과 같다. 첫째, 이데올로기의 차이는 이전보다 더 중요하다. 둘째, 지정학적 기준에서 정하는 상대나 적수는 지리경제학시대에서는 동시에 무역 파트너일 수도 있다. 셋째, 전 세계에 대한 가장 큰 위협은 이미 핵 전쟁의 위협에서 경제적 위기와 생태환경의 파괴로 전환되었다. 국제관계에서 '낮은 단계의 정치, 경제, 사회, 생태 등 문제'의 긴박성과 중요성이 처음으로 '고급 정치인 군사적 대항과 핵 위협'을 현저하게 뛰어넘었다. 그의 이 이론은 "국경, 경쟁과 협력을 뛰어넘어 새로운 시대를 개척하였다." 이로써 지리경제학은 세계화와 경제 일체화가 계속 심화되는 국제적인 배경 하에서 발생한 것이고, 이것의 핵심 관점은 바로 세계가 점점 상호 경쟁하는 경제 집단, 즉 일본이 이끄는 환태평양 경제구, 미국이 이끄는 서반구 경제구, 독일을 중심으로 하는 유럽 경제구 등[17])으로 발전하고 있다는 것이다. 분명, 루트워크 이론의 관점은 현재 한계가 있어 보인다. 예를 들어, "일본이 이끄는 환태평양 경제구'는 일찍이 20~30 년 전에는 정상 참작해줄 여지가 충분이 있었지만, 현재 환태평양 경제구는 미중 게임의 최대 접점지이다. 이 지역의 경제는 주로

17) 예세웅 등, <당대 서양 국제관계이론>, 복단대학출판사, p.400-401

중국이 주도하고 있다. 10년, 20년이 지나면 분명 중국이 세계 최대의 경제가 될 것이며, 향후 환태평양 지역은 미중 게임에서 어떻게 한층 더 확장될 것인지 관찰해 봐야 한다.

월러스타인(Immanuel Wallerstein) 세계 체계론에서 지리경제 개념은 한 지역이 전 세계의 지리적인 위치에서 국가간의 관계를 장악하는 것이다. 이를 통해 알 수 있는 것은 지리경제학과 전통적인 지정학적 이론은 완전히 다르다는 것이다. 이 이론에서는 땅의 개념은 시실 민족국가가 국가 영토를 지리적 함의에서의 경쟁 단위로 본다. 지리경제학자는 어떻게 지리적 차원에서 국제경쟁에서 국가의 자기 이익을 보호할 것인지 연구하고, 가장 본질적인 내용은 냉전 후 새로운 국제 환경에서 국가 간에 어떤 경쟁 관계를 가지고 있는지를 파악하는 것이다. 이에 따라 일부 학자들은 지정학적인 연구는 거시적 개념에서의 지리적 관계이며, 지리경제학자가 연구하는 것은 미시적 개념에서의 국제관계라고 여겼다.

한반도 총면적은 22만 ㎢이고 인구는 약 7,500만 명이다. 그 중 북한의 면적은 11.9만 ㎢이고 인구는 약 2,500만 명, 한국의 면적은 약 9.9만 ㎢이고 인구는 약 5,000만 명이다. 국토 면적을 보면 비핵화는 한반도 남북의 공동 이익에 부합하며, 지역 안전에 유리하다. 그러나 북한은 '선군 정치'의 지도하에, 미국 등 동맹국의 대북 군사 위협에 대항하기 위해 국력 강화를 위한 핵무기를 개발하는데 노력을 아끼지 않았다. 군사 전문가의 예측에 따르면 북한은 이미 핵무기를 보유하고 있는 국가로, 인도와 파키스탄과 같이 국제사회에서의 인정을 받을 수 있을지 더욱 관찰해 볼 필요가 있다.

냉전 종식 이후 한국 경제는 아시아에서 급격히 부상하여, 현재 이미 '아시아의 4마리 용' 가운데 가장 큰 용이 되었다. 2013년 말 한국 GDP 는 이미 1조2,000억 달러를 넘어 세계 15위권에 올랐고, 1인당 GDP도 2만5,000달러로 1996년 OECD 선진국 대열에 올랐다. 이와 비교해 보았을 때, 북한은 1994년 김일성 사망 이후 국민경제가 갈수록 나빠졌다. 비록 GDP 와 1인당 소득을 통계낼 수는 없지만 한반도 전문가들은 최소한 한국 경제규모가 북한의 40배에 달할 것이라고 예측하고 있다. 게다가 한국 인구는 북한의 2배이며, 특히 한미 군사동맹이 시시때때로 북한의 국가안보를 위협하고 있다. 미국 국가우주국 NASA가 발표한 한반도의 야간 영상을 보면 북한은 평양의 빛을 제외하고 나머지 국토는 어둠에 휩싸여 있다. 재래식 무기와 종합 국력이 현저하게 뒤쳐져 있는 북한의 입장에서 보면 시시때때로 불안함이 존재하고 있다. 이 때문에 북한은 핵무기 보유함으로써 남북 역량의 전환시키려는 방법을 선택하였다.

냉전 종식 후 미국은 국제 헌병의 역할을 담당했는데, "순아자창, 역아즉망(顺我者昌,逆我则亡)의 정책을 펼쳤다. 특히 '9.11사건' 이후 반테러를 이유로 북한에 대한 군사적 내정 간섭을 했는데, 예를 들어 부시 대통령은 2002년 1월 국정자문에서 이라크와 북한을 테러를 지지하는 악의 축 국가로 지정하였다. 특히 사담, 카다피의 멸망은 특히 북한의 김씨 일족을 자극하였다. 미국이 적대하는 이라크, 리비아 등의 국가가 핵무기 없이 죽기를 기다렸다는 것이 북한에게는 경종을 울린 것이다. 그들은 핵무기 보유를 국가 생사존망에 관련한 백년대계로 여겼다. 한편으로 북한이 핵무기를 보유한 이후 국방력은 질적으로 향상되었고, 지역 안보적 위치가 상대적으로 높아지면서 동북아 지역의 안전 불균형 상태를 개선하는 데 유리하게 작용했으며, 이것은 객관적으로 중국, 러시아 등 국가에게 스트레스와 부담을 덜어주는 결과를 낳았다. 다른 측면으로는 북한이 핵무기를 보유하면서, 동북아 지역의 군비 경쟁을 촉발하면서 이것이 동북아 지역의 안보 정세를 더욱 취약하게 할 가능성이 커지면서 미국에게 '아태 지역으로의 회귀'의 구실을 제공하였다.

1960년대, 미국과 소련, 및 기타 국가들은 협상을 통해 <핵무기 확산금지 조약(NPT)>에 합의하였다. 이것은 국제사회가 핵무기 제제와 사용 부분에 있어서 기초를 다졌다. <핵무기 확산금지 조약>은 핵 확산을 방지하고 핵무기 감축과 원자력 활성화의 평화적인 이용을 촉진히는데 목적이 있는 국제 협약으로, 1970년 3월 정식 발효되었다. 이 조약은 총 11개의 규정으로 되어 있는데, 주요 내용 다음과 같다. 첫째, 핵 보유 국이 어떠한 비핵국가에게 직접 혹은 간접적으로 핵무기나, 핵폭발 장치를 양도해서는 안 된다. 둘째, 비핵 국가의 해무기 제조를 돕지 않는다. 셋째, 국가는 핵무기를 수용하지 않고 핵무기를 연구개발 하지 않고 핵무기를 추진하지 않는다. 넷째, 핵 군비 경쟁을 중단하고, 원자력 에너지의 평화적인 사용을 위해서 기술협력을 제공한다. 이 조약은 1996년 4월 유엔이 개최한 체약국 회담에서 관련 조약을 무기한 연장하기로 결정하였다.[18)]

1985년 미국 정부의 관련 정세 자료에서 북한은 편재 평양 이북 90㎞의 영변지역에 별도의 핵 원자로를 건설하고 있다고 처음 공식 발표하였다. 미국 등 국가의 압력 하에, 북한은 1985년 12월 12일 <핵무기 확산금지 조약>에 가입하였다. 이것은 중요한 전략적 정책결정으로 보이며, 북한이 핵무기를 발전시키지 않겠다는 의무이자, 핵무기를 발전시키고 있는 인노, 파키스탄, 이스라엘과는 다른 노선을 걷겠다는 다짐으로 해석되었다. 3국은 현재까지 절대로 <핵무기 확산금지 조약>에 가입하지 않겠다고 결심하였다. 이 조약의 규정에 따

---

18) www.people.com.cn, 2003.1.11

르면, 회원국들은 반드시 IAEA에 의해 그 핵시설에 대한 사찰을 받아야 한다. 하지만 북한은 이 조약의 요구사항과 IAEA와 체결한 전면적인 관리 감독 협정을 거부하였고, 이것은 서양의 경계심을 끌어올리는 결과를 낳았다.[19)]

북한의 핵무기 보유가 중국 안보에 미치는 영향은 복잡하다. 북한 핵실험은 미국이 아시아태평양 지역으로 회귀하는 구실이 됨에 동시에, 일본이 다시 군대를 재무장하는 촉매제도 되었다. 이에 따라 동북아의 안보 상황이 더욱 복잡해지게 되었고, 이것은 중국 국가 안보에 불리하게 작용하였다. 2013년 3월 미국 국방장관 헤이글(Chuck Hagel)은 미국이 알래스카주 그리리립버에 14개 의 육상기지 발사대를 재배치 하겠다고 밝혔는데, 이로써 미국이 이 지역에 배치한 육상기지 발사대의 수는 44개에 달하게 되었다. 또한 미국은 괌 지역에 고공 지역 방어체제 THAD를 배치함으로써 북한 미사일의 위협으로부터 대응해 나갈 방침이라고 밝혔다. 뿐만 아니라 미국은 2004년 한국에서 철수했던 제23 화학 대대를 다시 한국으로 복귀시키고, 핵무기 및 생화학무기 등 대규모 살상무기에 대응할 수 있도록 할 방침이다.

2011년 12월 김정은이 북한 최고 지도자가 된 이후 국방과학기술 부분에서 연이어 역량을 과시하였다. 2012년 12월 북한은 광명 3호 위성을 성공적으로 발사하면서, 최소한 대륙간 탄도미사일 능력을 갖추고 있음을 입증하였다. 2013년 2월 북한의 제3차 지하 핵실험은 북한이 핵무기 기술 방면에서 급격한 발전이 있었음을 증명하였다. 이후 미국의 주도 하에 유엔 안보리가 역사적으로 한 국가에 대해 가장 엄격한 제제를 가하는 2094호 결의를 통과시켰고, 2013년 4

---

19) 방수옥, <전후 한국 외교와 중국>, 상하이사서출판사, p.305

월 초 이지스(Aegis)방공 시스템을 배치할 수 있는 구축함 2척을 서태평양 해역에 파견시켰으며, 이것은 한반도 지역의 긴장 국면을 극대화시켰다.

4. 현실주의 학파와 북핵 위기

행위주의 혁명은 미국 국제관계론자를 창조하였고, 그 중 가장 중요한 대표인물은 칼넬 다이치(1912-1992)이다. 그는 미국의 유명한 국제 정치학 교수이자, 과학 행위주의 학파의 주요 대표인물이다.(그는 1912년 7월 21일 체코에서 테어났다. 청년 시대는 프라하에서 법학과 정치학을 전공하여 박사학위를 얻고, 1948년 이민을 떠났다. 1951년 하버드 대학에서 다시 박사학위를 받았다. 이후 메사추세츠 공대와 예일 대학에 임용되었다. 1967년 하버드대 정치학과 교수가 되었다. 칼 도이치의 이론은 주로 과학 행위주의의 시각에서 일체화 이론, 소통 이론과 게임 이론을 체계적으로 제기하였고, 학술계에서는 이것을 '과학 행위주의 삼론'이라고 한다.) 그는 현실주의 학파가 전후 세계의 힘의 구조변화에 소홀한 것을 비판하며 균형을 강조하였다. 그는 복잡한 국제관계에서 일체화의 안전체계가 갈수록 그 중요성을 드러내고 있다고 제기하며, 1968년 출판된 <국제관계 분석>에서 이론적으로 일체화된 성격과 내포의 일체화와 상호의존하는 관계의 일체화를 설명하였다. 기본적인 특징은 하나의 전체적인 구성 부분 가운데 상당 부분 상호의존 관계가 형성된다는 것이고, 상호의존하는 단위 간의 특수 관계이다.

일체화는 네 가지 요소를 가지고 있다. 구역, 범위, 폭과 힘이다. 일반적으로 지역은 일체 화에 미치는 지역과 인구를 가리킨다. 범위는 일체화 관계에 미치는 행위의 각 방면을 가리킨다. 폭은 일체화 관계로 유지하는 장려와 징벌 폭을 가리킨다. 역량은 일체화 내 행위자가 가지고 있는 힘을 가리킨다. 이 네 가지 요소는 평화를 유지하고, 더 큰 수익을 얻고, 사회 진보를 촉진하고, 새로운 자기 인상을 실현한다. 일체화의 주요 형식은 정치 일체화와 경제의 일체화이다. 다이치는 일찍이 알기 쉬운 이론과 모형으로 게임론을 묘사한 학자다. 이후 '제로섬 게임', '비제로섬 게임', '치킨 게임 룰'과 '죄인의 딜레마 게임 룰'이 세상에 유행하며 충돌과 전략 문제를 연구하는 중요한 수단이 되었다.

제1차 세계대전은 비엔나 회의 이후 대국 균형 정책으로 유지되는 이른바 '유럽 백년 평화 국면'을 깨뜨렸고, 4년 6개월 간의 전쟁은 국제사회에 전례 없는 재난을 가져왔다. 이후 30개국, 15억 인구가 전쟁에 휘말려 사상자가 3,000만 명, 물자 손실은 예측할 수 없을 정도의 피해를 입었다. 인류 문명은 가장 큰 파괴를 당하였다. 제1차 세계대전은 국제관계 분야에서 유토피아주의의 이론을 낳았다. 이 이론은 두 차례의 대전 사이의 시기에 지배적 지위를 형성하였다. 그러나 이상주의 이론은 1930년대 히틀러 독일 집권 정치와 파시즘의 위협을 막지 못하였다. 서양 자본주의 대공황과 제2차 세계대전은 이상주의 이론의 파산을 선포하였다. 현실주의 학파는 바로 이런 배경 아래 30년대에 형성되어 40년대에 이르러 60년대에 국제관계 연구 분야에서 지배적 지위를 차지하고 있다. 그 대표인물은 모겐소, 아론, 케남, 키신저 등이다. 여기에서는 모겐소와 키신저의 핵심 관점 만을 논술할 것이다.

한스 모겐소는 공인된 유명한 국제관계 이론가이다. 스탠리 호프먼이 말하였다. "우리 학과에 기초를 다지는 아버지가 있다면 모겐소다."(모겐소는 1904년 2월 17일에 독일에서 태어났다. 1923-1927년부터 베를린대학, 프랑크푸르트대학과 뮌헨대학에서 법률을 전공하였다. 1931-1933년 프랑크푸드대 법대 보조교수로 재임하였고, 2년 후, 제네바로 정치학을 가르쳤다. 1937년 이후 미국으로 이주해 브루클린스대학과 캔자스시티대학에 재직한 적이 있다. 1943년 시카고내학으로 갔고, 같은 해 미국 국적에 가입해 정치학과 부교수와 교수로 진급하였다. 1950-1968년, 시카고대 대외정책연구정책주임으로 임명되었다. 모겐소는 일생 동안 많은 책을 집필하였다. 그중에서도 <과학인과 강권정치>(1946), <국가간 정치인 권력과 평화를 위한 투쟁>(1948), <국제정치의 원칙과 문제>(1951), <국가적 이익 방어>(1951), <정치의 어려움>(1958), <미국 정치의 목적>(1961), <20세기의 정치학>(1962), <미국의 새로운 대외정책>(1969), <진리와 권력>(1970) 등이 있다. 하지만 가장 큰 영향을 준 것은 1948년 저서 <국가간 정치>에 불과하다. 이 책에서 국제관계, 현실주의 이론을 성숙한 단계로 전면적으로 체계적으로 발전시켰고, 이것은 국제관계 이론의 이정표식 대작이다. 이 책에서 모겐소는 국제관계는 권력의 싸움에 처한 국가 간의 관계이며, 그 실질은 권력정치라고 제기하였다. 국제관계이론은 권력을 위해 투쟁하는 국가 관계의 분야이다. 그 핵심은 국제정치이고, 국제정치의 주제는 주권 국가 간의 권력 싸움이다.

모겐소는 평생 두 차례 세계대전을 겪었다. 유태인으로 독일에서 불행한 일을 겪은 그는 줄곧 사람의 본성은 악하다고 믿었다. 그는 천성적으로 이기적이고 인간의 이기적인 본성은 교육이나 인위적인 메커니즘을 통해 해소할 수 없다고 생각하였다. 이것을 국가로 확대하면 그는 개인의 권력 의지의 확대가 국가의 권력이라고 생각하였다. 개인이 하나의 집단이나 한 나라를 구성할 때, 개인 원래의 본성은 여전히 남아있다. 개인이 권력을 추구하는 본성이 국가로 확대될 때 권력의 경향이 더욱 두드러지게 표출되어 권력을 추구하는 힘도 더욱 커질 것이다. 이 때문에 국제사회에서 국가의 행위는 권력에 대한 추구에 휩쓸리는 것이다. 이런 권력에 대한 추구는 국제정치에서 두 가지 방면으로 표현된다. 첫 번째는 인간이 진행하는 전쟁이고, 두 번째는 인간이 진행하는 각종 외교 활동이다. 이 때문에, 모겐소는 국가 간 전쟁과 국가 간에 진행된 외교관계에 대해 본질적으로 말하자면 권력을 추구하는 각축관계에 불과할 뿐이라고 생각하였다. 이런 관계 방식은 고대에서부터 현재까지 여태까지 아무런 변화도 없었고, 미래에도 아무런 변화가 없을 것이다. 결론적으로, 모겐소의 정치철학의 본질은 인간의 본성은 이기적이고, 나라는 이기적인 사람으로 구성되어 있기 때문에 나라의 본질과 인간은 본국의 이익을 위해 권력을 추구하는 것이며, 서로 간에 의심과 불신을 피할 수 없고, 충돌과 전쟁에 이르게 된다.

한스 모겐소의 이론은 그 방대하고 심원하다. 여기서 우리는 국제정치 현실주의 이론 6개 원칙을 논평한다. 모겐소는 이 세계는 본질적으로 이익 대치와 이익 충돌의 세계이기 때문에, 도덕 원칙은 영원히 실현될 수 없을 것이지만, 끊임없이 각종 이익의 균형을 맞추고 끊임없이 충돌을 해결하여 그것에 최대한 접근해야 한다. 이에 따라 이 학파는 제약과 균형의 제도를 모든 다원화 사회에 적용되는 보편적인 원칙으로 삼는다.

1. 정치 법칙의 근원은 인성이고, 중국, 인도와 그리스의 고전 철학

은 이러한 법칙을 발견하려 노력한 이래로 인간성이 변하지 않았다. 그래서 정치이론 중에서 새롭고 독특한 것이 반드시 장점이 아니고, 연대가 오래된 것 역시 반드시 결점은 아니다. 만약 전대미문의 정치이론이 있다면, 사람들은 쉽게 그 정확성에 대한 의심을 품어, 비인정의 추론을 한다.

2. 권력 범주의 이익개념을 관찰자로 지식규범을 규정하고 정치학의 연구주제에 이성질서를 주입하면 정치에 대한 이론 분석이 가능하다. 정치인에게 있어 그것은 행동에 이성적인 구속을 제공하고, 외교정책의 놀라운 연속성을 가져왔다. 이에 따라 국제정치의 현실주의 이론은 널리 행해지는 두 개의 오류를 방지하고, 동기에 대한 관심과 이데올로기 경향에 대한 관심을 갖게 될 것이다.

3. 현실주의는 권력을 규성한 이익이라는 관건개념이 보편적으로 적용하는 객관적 범주라고 본다. 하지만 그것은 절대 이 개념에 영원히 고정적인 함의를 부여하지 않는다. 이익의 관념은 확실히 정치의 실질이며, 시간과 공간의 환경에 영향을 받지 않는다. 투키디데스는 고대 그리스에 기반한 경험을 바탕으로 "국가 간 혹은 개인 간에 이익의 일치는 가장 믿을 만한 유대"라고 말하였다. 19세기 솔즈베리 경은 이런 관점을 받아들였으며, 국가 간 유일하게 지속할 수 있는 연합 방식은 국가 사이의 이익 충돌이 없다는 것이라고 보았다.

4. 현실주의는 보편적인 도덕원칙은 추상적인 보통 형식 하에서 국가행위에 적용되지 않는다고 주장한다. 도덕원칙은 구체적인 시간 환경의 여과를 거쳐야 한다. 한 사람이 그 자신을 대표하면서 "세계를 파멸시켜도 정의는 반드시 널리 퍼뜨해야 한다"고 말할 수도 있을 것이다. 하지만 국가는 그것을 주재하는 국민의 명의로 이렇게 말할 권리가 없다. 개인과 나라는 보편적인 도덕 원칙, 예를 들어 자유라

는 도덕 원칙에 따라 정치행위를 판단해야 한다. 그러나 개인의 도덕적 권리는 이러한 도덕 원칙을 지키기 위해 자신을 희생하고, 나라는 도덕적으로 자유의 침해에 대한 비난으로 정치행동의 성공을 방해하는 데 비난할 권리가 없다. 사실상 성공을 선택한 정치 행위 자체가 국가 생존의 도덕 원칙이다.

5. 그리스의 비극작가들과 성경의 선지자가 통치자와 통치자의 주의를 일깨우는 것처럼 오만은 죄악의 원흉이다. 정치에서도 해롭다. 왜곡된 판단을 하기 쉽고 이런 왜곡된 판단으로 인해 일찍이 십자군의 광적인 정복을 하며 많은 민족과 문명을 훼손하였기 때문이었다. 이런 파멸은 이른바 도덕 원칙, 이상이나 하느님의 이름으로 진행되는 것이다. 권력이 규정하는 이익 개념은 도덕적 극단과 정치적 어리석함에서 구제할 수 있다.

6. 사상적으로 정치 현실주의자는 경제학자, 변호사, 도덕학자가 각각 영역의 독립성을 유지하고 있는 것처럼 정치분야의 독립성을 유지하고 있다. 현실주의자는 권력을 규정한 이익 개념에서 사고를 출발하고, 이것은 경제학자가 부를 규정한 이익 개념에서 출발하는 것, 변호사 행동과 법률 규정의 일치성에서 출발하는 것, 도덕학자가 행동과 도덕원칙의 일치성을 동일시하는 것에서 출발하는 것과 같다.

정치 현실주의는 인간성에 대한 다원적인 이해 위에 건립된다. 현실의 사람들은 '대리인', '정치인', '종교인' 등 다양한 사람의 종합체이다. 한 사람이 순수한 정치인이라면, 그는 야수가 될 것이다. 왜냐하면 그는 조금도 도덕적인 구속을 받지 않기 때문이다. 한 사람이 순수한 종교인이라면, 그는 성도가 될 것이다. 그는 세속적인 욕망이 없기 때문이다. 정치 현실주의는 인성이 많은 다른 측면을 가지고 있다는 것을 인식하고 사람들은 반드시 이 측면에서 인성 중의 어느 한쪽을 이해해야 한다고 본다. 국방건설과 국가안전 차원에서 보면 국가 간의 대립과 상호 방범이고, 무역과 금융의 각도에서 보면, 더 많이 볼 수 있는 것은 국가 간 니중유아, 아중유니(爾中有我 我中有爾)의 소위 '복합상호의존'이다. 여기에서도 우리는 다른 기능성 문제 영역에서, 다른 이론 범식과 해석으로 발전이 필요하다는 것을 어렵지 않게 볼 수 있다 즉, 모겐소의 국제 정치현실주의 6원칙도 구체적인 상황에 따라 구체적으로 분석해야 한다는 것이다.

모겐소의 6대 원칙은 전체적으로 국제정치를 모든 정치와 마찬가지로 최종 목표가 무엇이든 권력을 위해 투쟁하는 것으로 본다. 정치학은 다른 사회과학과 마찬가지로 자신만의 연구 주제가 있어야 한다. 정치학의 주제는 권력 크기로 확정된 이익이다. 권력 투쟁은 개인들 사이에서 한 사람의 힘이 다른 사람의 행동을 통제하는 것으로 나타난다. 국제사회에서는 한 나라가 다른 나라의 행위를 통제하려는 의도로 나타난다. 국가 외교정책은 응당 자국의 국익을 위함이며, 국가 권력을 유지, 확대, 표현하기 위함이다.

모겐소는 국가 이익의 근본 중 하나는 자국의 생존과 안전이라고 보았다. 한 나라가 추구하는 이익은 반드시 그 힘과 상응해야 한다. 국가 지도자는 자국의 국력이 달성할 수 있는 범위를 뛰어넘는 외교 간섭을 해서는 안 되고, 자국의 이미지에 따라 세계를 만들려고 하지 말아야 한다. 그렇게 하면 정반대로, 국익을 위반하게 된다. 국가가 추구하는 이익이 국력으로 가능한 범위 내에 있는 것으로 한정하는 것에 대해서 모겐소는 외교정책이 합리적인 기준인지의 여부에 따라 판단하였나.

5. 세력균형론과 북핵

역사적으로 보면, 세력균형 이론은 고대 그리스 시대로 거슬러 올라갈 수 있으며 데이비드・흄은 '세력균형에 관해서'란 책에서 많은 자료를 통해 증명하였으며며, 세력균형은 당시 테베와 아테네와의 패권 관계를 처리한 주요 수단과 정책으로, 점차 국제관계 영역의 고전 이론이 되었다. 고증에 따르면 이탈리아 정치가 베르나르도 루셀레(1449-1514)는 처음으로 체계적으로 세력균형 원리를 운용하여 이태리의 북부 메디시, 스투살스, 비스콘티와 이웃나라의 쟁탈 형세를 분석하였다. 이후 마키아벨리는 '군주론'에서 이탈리아 도시 국가 간의 쟁탈 충돌을 기록하며 "그들의 관심사는 균형이다"라고 말하였다.

17세기에 이르러 프랑스가 유럽을 제패하던 시기, 특히 1618-1648년 '30년 전쟁'을 거쳐 최종적으로 베스트팔렌 조약을 체결해 대국의 영토의 조정을 당시 대국의 힘과 비슷한 수준으로 상대적으로 균형을 이루었다. 18, 19세기, 영국, 프랑스, 러시아, 포르토갈, 오스트리아 5강 쟁탈은 모두 세력균형을 대외 정책의 기본 원칙으로 삼았다. 1648년 베스트팔렌 조약에서 1789년까지 파리혁명까지, 정치학자들은 세력균형 이론으로 발전한 '황금시대'라고 칭하였다. 영국은 그 해상 우세로, 때로는 러시아와의 연합을 반대하는 법으로, 때로는 독일 오스트리아가 러시아에 대항하는 법으로써 어떤 대국의 유럽대륙 제패를 막아, 세력균형의 중심을 잡는데 힘썼다.

1815년 비엔나 체계에서 1914년 제1차 세계대전의 발발까지, 유럽의 세력균형은 한 세기를 이어왔고, 역사는 제2의 세력균형에 '황금시대'에 진입하였다. 영국, 프랑스, 프로이센, 오스트리아 제국, 러시아 몇 개 대국이 유럽의 세력균형을 함께 지탱하고 있다. 이 시기에 전쟁은 최소한의 충돌로 약화되었고, 국가 간에는 주로 외교적 수단을 통한 거래로써 각자의 분쟁을 해결하였다. 제2차 세계대전이 끝났을 때, 유엔의 설립으로 사람들은 이 국제기구를 통해 국가 간의 관계를 조정할 수 있고, 균형 수단을 채택할 필요는 없다고 생각하여 이 서양 세력균형 이론은 일시적 소강상태인 적이 있었지만, 1950년대 초반에 이르러 세력균형 이론이 다시 고개를 들었다. 국제관계학의 현실주의 학파와 전통주의 학파는 세력균형 이론을 새로운 차원으로 발전시켰다.

모겐소는 파워 밸런스가 여러 분야에서 보편적으로 사용하는 개념이라고 지적하고 있으며, 그것은 일정 수량의 자주 역량으로 구성된 시스템의 안정상태를 나타낸다. 서양 정치의 권력 상호제어 사상과 삼권 분립의 정부 체제는 이런 사상의 기초 위에 세워진 것이다. 이 원칙도 국제정치로 확대할 수 있다. 국내 정치 다른 점은 국제정치시스템에서는 중앙정부가 통제하는 일체화 사회가 없다는 것이고, 이 때문에 국제사회의 안정과 그 구성 부분의 독립자유는 더 큰 수준에서 권력의 균형에 의존하는 역할을 하고 있다. 모겐소의 저술에서 권력의 균형은 일종의 힘이 분포되어 있는 객관적 상태를 가리키며, 국가가 자신에게 유리한 균형 상태를 만들기 위해 취하는 주관적인 정책과 행동을 가리킨다. 그는 균형을 이루는 5가지 방식을 분석하였다.

1. 경쟁 상대를 나누어 다스린다.
2. 영토강계나 식민지와 세력 범위를 재분별한다
3. 군비 경쟁을 한다.
4. 동맹을 맺는다
5. 어떤 대국이 양대 대항력 사이의 균형자를 맡는다.

이 5가지 방식에서 가장 중요한 것은 동맹을 맺는 것이다. 즉 국가 간 연맹을 통해 어떤 강권 국가나 다른 연맹에 대항하는 것이다. 모겐소는 유럽의 근대사에서 대국 사이의 균형을 유지하기 위해 폴란드의 독립과 영토를 희생을 대가로 삼은 것과 같이 권력 균형을 제약요인으로 삼는 심각한 결함을 강조하였다. 유럽의 다국적 체계만이 유럽체계를 유지할 수 있다. 대국이 유럽을 독점하려는 노력은 성공하지 못하였다. 이 역시 빈번한 전쟁의 발생을 대가로 삼은 것이다. 즉, 세력균형은 전쟁을 막지 못하는 경우도 있고, 오히려 전쟁을 통해 세력균형 유지를 한다(당연히 이것은 모겐소가 전쟁으로 세력균형을 취한다는 주장은 아니다). 한반도는 제2차 세계대전 이후의 폴란드와 독일처럼 남북이 각자의 독립적이며 서로 다른 이데올로기 국가 건립을 대가로 지불하여 분열하였다.

국제관계에서 국가 외교정책을 결정하는 것은 절대 객관적인 국익이 아니라 결정권자가 이데올리기를 사상적 틀과 관찰도구로 인식한 국익이다. 이로써 이데올로기와 도의원칙은 많은 상황에서 국익과 서로 협력하고 보완하여 하나로 융합된다. 이데올로기 형태를 단순히 성숙한 정치가들이 권력을 쟁탈할 때처럼 뜻대로 되는 도구로 생각하면 그 역할을 지나치게 단순화시킨 것이다. 그러나 이데올로기를 자신의 정치와 국가 운명을 지도자로 꼽는 것도 사실이다. 예를 들어 1945년 8월 15일 일본이 항복한 후 남북한은 미국과 구소련에 의해 각각 해방되고 이데올로기 국가정부를 건립하였으나, 당시의 이승만, 김구 또는 김일성이 민족 국가의 국익을 중요시했다면 통일된 한국을 건국할 수 있었을 것이다.

이데올로기는 권력투쟁의 변호에 이용당하며, 권력투쟁을 합법화, 합리화시킨다. 정치가가 권력 투쟁의 소용돌이 속에 깊이 빠져들면,

투쟁의 진정한 성질을 똑똑히 보기 힘들고, 항상 정치적 이데올로기라는 가면을 이용하여 사람을 무시하고, 정치가 본인과 대중들은 심리적으로나 도의적으로 이데올로기 위장 아래서 자국 권력을 추구하는 투쟁을 쉽게 받아들일 수 있다.

헨리 키신저(1923년 5월 27일 독일 펠트시에서 태어났다. 1938년 나치의 유태인에 대한 박해를 피하기 위해 그는 아버지와 가족을 따라 영국 런던에서 미국 뉴욕으로 이주해 조지 워싱턴 고등학교에 다녔다. 1941년에 미국의 제2차 세계대전 참전 선포에 따라 키신저는 입대하였다. 전후 그는 뉴욕주 정부의 장학금을 받고 하버드대 정치학과에 입학해 1950년에 우수한 성적으로 졸업하였고, 졸업 논문은 <역사의 의미>였다. 1950년 하버드 국제사무연구센터에 들어갔고, 1954년 박사학위를 받았는데, 졸업 논문은 <재건된 세계>였다. 이후 하버드 대학교에 임명되었고, 1962년 교수로 진급해 학생들의 호평을 받았다. 하버드대 20년 동안 키신저 국제정치이론을 위해 견고한 기초를 다졌으며, 이는 이후 정치를 위한 복선이 깔아둔 것이다. 1973-1977년 그는 미국 국무경에 임해 대통령 국가 안전사무 보조를 겸임하였다. 1977년 정단에서 탈퇴한 후 국제전략 무대에서 활약하였다.) 그의 이론에서, 우리는 단지 하나의 역사적 인물에 대한 그의 평가를 분명히 볼 수 있을 뿐만 아니라, 권력 정치가에 대한 그의 감상과 경복을 볼 수 있고, 동시에 외교 스타일에서도 그가 개인 외교와 비밀 외교의 특징을 강조한다는 점이 나타난다. 키신저는 일찍이 1960년대 말부터 세세가 군사양극에 들어가고 있지만 정치다극의 시대로 진입하고 있다고 제기하였다. 군사양극은 여전히 외교가 교착 상태에 빠지게 하는 주요 근원이다. 한쪽이 득이면 분명히 다른 쪽은 실이기 때문이다. 정치다극의 장점은 이런 외교의 제로섬 게임을 바꾸는 데 도움이 된다는 것이다.

그러나 그는 정치다극도 안정을 확보할 수 없다는 점을 동시에 지적하였다. 이것은 현실주의 이론의 뚜렷한 특징을 지니고 있지만, 그는 가장 먼저 양극에서 다극으로의 전환을 예측한 이론가이자 전략가이다. 키신저는 전통의 세력균형 판단 기준이 영토라고 생각한다. 한 나라는 다른 나라를 정복해야만 지배적 지위를 얻을 수 있기 때문에 영토 확장이 제지되면 세력균형이 유지된다. 지금의 상황은 다소 다르다. 힘의 성장에 따라 지배적 지위의 획득은 국내 발전을 통해 실현될 수 있다. 즉 한 나라가 핵무기의 보유를 통해 보유하고 있는 군사력은 다른 나라 영토를 정복하하여 얻는 것보다 더 크다. 아마도 북한의 정치인들은 행동으로 이 이론의 가능성을 증명하고 있을 것이다. 세력균형의 변화는 이제 한 나라 영토 안에 발생할 수 있다는 얘기다. 핵시대의 세력균형 문제를 왜 절박하게 연구해야 하는가? 키신저는 이러한 다극세계에서 미국은 힘과 세력균형을 외교 결정의 근거로 삼아, 세력균형의 기초에서 평화 구조를 설계하고, 세력균형으로 국제체계의 안정을 유지해야 한다고 판단하였다.

현실주의 학파는 마키아베리, 홉스와 로크 이후의 '자연 상태'의 분석에 관한 전통과 사상 이론을 계승하였고, 국제관계 이론은 똑같이 인간의 본성과 자연 상태의 법칙의 지배를 받고 있다고 여겼으며, 현실주의의 네 가지 기본적인 개념을 제시하였다.

1. 인간의 사욕과 생존의지는 정치적으로 권력에 대한 의지로 표현되고, 국가의 권력은 이런 이런 종류의 사람들의 권력에 대한 의지가 확장된 것이다;

2. 국제 사회가 무정부 상태에 있기 때문에, 국제 사회를 구성하는 주권 국가는 예외 없이 권력을 추구하고 있다. 국가 간 관계도 실질

적으로 특수한 권력 관계로 이루어져 있으며 국제정치는 결국 권력 싸움이다.

3. 각국은 자신의 이익을 추구하고 유지하는 것이 대외 목표이기 때문에, 충돌과 투쟁은 국제관계의 가장 기본적인 특징이며, 하나의 국가가 국제적으로 누리는 권력이 크면 클수록, 획득하는 이익도 많아지고, 권력이 작으면 작을수록 이익도 적어진다.

4. 권력과 이익은 대외정책에 영향을 주는 핵심 요인이며 정책 결정 과정에서 권력과 이익의 중요성은 도의와 이상의 중요성을 넘어선다.

마이클 스미스는 <현실주의 사상: 웨버부터 키신저까지>라는 책에서, "당대 현실주의학자를 이해하려면 웨버부터 시작해야 한다. 국제관계학자 중 웨버가 의외로 홀시당한 부분이 있지만, 우리가 언급한 학자 중 웨버는 사회 과학에 대한 공헌이 가장 크다."고 말하였다.[20]

마르크스 웨버(1864-1920)는 독일의 유명한 사회학자이자 철학자이고, 역사학자이며, 정치평론가이다. 비록 사회학자로 유명하지만, 정치에도 관심이 매우 많다. 웨버의 저서를 통해 우리는 그의 정치 사상이 권력의 이론에까지 영향을 미치는 것을 볼 수 있으며, 국제정치와 국제충돌에 까지 영향을 미치고 있음을 알 수 있다. 그가 보기에 이상주의자의 가장 큰 잘못은 그들이 정치를 도덕적 정치로 보는데 있다고 하였다. 웨버는 이상주의자가 이런 실수를 저지르는 것은 그들이 정치 현실을 인정하거나 받아들이기를 원하지 않고, 도덕만을 인정하며, 현실문제 연구를 거부하는 태도는 이상주의자와 국가 지도자들이 국가에 대해 책임을 지지 않고자 하는 무책임한 표현이라고 생각하였다. 위버는 모든 정치가 권력을 벗어날 수 없는 문제로,

20) Michael Smiths, "Realist Thought from Weber to Kissinnger", Louisia Stat University Press, 1986, p.15

모든 그러한 의도는 사람이 사람을 통치한다는 생각이 유토피아라는 것을 취소해야 하기 때문에, 이상주의 유토피아에 대한 호칭 역시 웨버에서 시작된 것이라고 생각하였다. 그는 국가는 인류가 거주하는 영토이고, 이 한정된 영토 안에서 국가는 성공적이고, 합법적이며, 독점적으로 무력을 행사하고 있다고 생각한다. 국가는 권력을 사용하는 유일한 원천으로 여겨진다. 그렇기 때문에 우리에게 있어서, 정치는 권력을 공유하는데 힘을 써야하는 것이고, 국가와 국가 간 또는 국가의 각 단체 내 권력의 분배에 힘써야 하는 것이다.

웨버는 국가와 국가 간의 관계는 경쟁의 관계라고 생각한다. 이런 경쟁의 관계는 불가피한 것으로, 국가는 항상 생존을 위해서 투쟁하는 이러한 법칙에서 벗어나지 못한다. 평화는 충돌성질의 변화에 지나지 않는다.

웨버의 국가와 국가 지도자에 대한 관점은 매우 독특하다. 그는 "모든 정치 구조는 자연스럽게 모두 비교적 약하고 비교적 강하지 않은 이웃을 선택하길 원한다. 모든 정치단체는 잠재적으로 명성을 추구하는 자이자, 동시에 모든 이웃들의 잠재적인 위협자이다… 불가피한 권력의 행사로 인해, 명성을 추구하는 요구가 어디서 나타나던지 간에 이 요구는 모두 평화에 대한 엄중한 정치적 위협에서 비롯되는 것이고, 이것은 모든 다른 명성 보유자들에 대한 도전이자 경쟁이다.[21]

이를 통해 알 수 있는 것은, 웨버는 국가가 크던지 작던지 관계없이 모두 상호안보 이익을 가지고 있으며, 작은 국가는 다른 국가가 자신을 얕보지 않을까 두려워하고, 큰 국가는 다른 국가가 자신들에게 도전을 해올까 두려워한다. 결국 웨버는 국가간의 관계는 충돌이

---

21) Michael Smiths, "Realist Thought from Weber to Kissinnger", Louisia Stat University Press, 1986, p.25

불가피한 관계라고 보고 있다. 웨버는 국가 지도자가 한 국가의 국제지위를 결정하는 가장 중요한 요소라고 생각한다. 그는 국가 지도자의 자질을 강조하면서, 도덕적인 문제를 제기하였다. 웨버는 도덕을 '절대적인 도덕'과 '책임적인 도덕'으로 구분하였다. 이른바 '절대적인 도덕'이란 당사자가 결과를 전혀 묻지 않고 목적만을 추구하는 것이다. 정의로운 절대적인 목적을 위해서는 옳지 않은 방법이나, 정당하지 않은 방법을 사용할 수도 있다. 그는 오늘날의 세계에서 우리는 목적과 수단을 언제나 정의롭게 유지할 수 없다고 강조했는데, 왜냐하면 우리가 사는 세계 자체는 도덕적으로 불합리한 세계이기 때문이다. 그가 보기에 '책임적 도덕'과 '절대적 도덕'의 구별은 '책임적 도덕'을 갖추고 있는 지도자는 자신의 행위의 결과를 볼 수 있고, 또한 그는 자신이 책임져야 할 부분을 받아들이기를 원한다. 즉, 이런 책임은 때때로 그가 받아들이고 싶지 않은 것도 있고, 그렇지 않은 것도 있다.

결론적으로 위버는 정치는 여태까지 폭력, 권력과 긴밀한 연관되어 있고, 정치의 가장 근본적이고 가장 중요한 수단이 바로 폭력이라고 생각한다. 그는 '초기의 기독교인들은 세계가 악마에 의해 통치되고 있는 것으로 알고 있었고, 정치에 종사하는 사람들, 다시 말해 권력과 힘을 수단으로 하는 사람들이 권력과 결탁하고 있다고 생각하였다. 그들도 이러한 사람의 입장에서 말하자면 아래와 같은 진단이 결코 사실이 아니며, 즉 좋은 행위의 결과는 반드시 가장 좋은 것이고, 나쁜 행위의 결과는 반드시 죄악이고, 실상은 항상 이와 반대였는데, 어떻게 헤도 이 짐이 보이지 않는 사람은 모두 정치적 베이비이다.[22]'라고 말하였다.

---

22) Michael Smiths, "Realist Thought from Weber to Kissinnger", Louisia Stat University Press, 1986, p.46-47

웨버의 이러한 철학관은 카를 마르크스와 엥겔스 철학 사상의 영향을 받았다. 그의 이러한 사유 방식은 훗날 국제관계학자에 대해 특히 전통적 현실주의론자의 근원이라 할 수 있는 국제관계 이론에 대해 인도적 역할을 하였다.

칼 다이치는 <국제관계분석> 중에서 "인류 문명이 향후 30년 동안 말살 당한다면, 그것의 흉수는 기근이 아니고, 전염병도 아니다. 그것은 바로 대외정책과 국제관계에 대한 것이다. 우리는 기근과 전염병을 이겨낼 수 있지만, 우리가 만든 무기의 위력과 민족국가로 표현되고 있는 웅위에는 대응할 수 없다,"라고 밝혔다.

중국의 전략가와 외교관은 미국이 장기간 태평양 지역에 주둔했지만 진정한 아시아 국가는 아니라고 지적한다. 워싱턴이 '범 아시아태평양 지역 일체화'의 확대를 위해서 꾸준히 노력하고 있는 것은 확실히 이 지역에서 중국의 궐기를 억제하기 위한 것이고, 그 목적은 이 지역의 주도국이 되기 위함이다. 중국의 전략가는 동아시아 경제의 일체화는 정치, 지리적, 문화를 막론하고 중국의 장기적인 전략적 이익에 부합해야 한다는 사실을 반드시 인지해야만 한다. 중국은 큰 포부를 가지고 기 동맹국 북한, 파키스탄 등 국가를 단결시킬뿐만 아니라, 한국, 몽골, 동남아시아 등과 같은 주변 중립국들과의 관계를 더욱 긴밀하게 해야 하며, 일본과 같은 '적대국'을 더욱 포용해야만, 진정한 동아시아 일체화를 이룰 수 있는 지도자가 될 수 있으며, 최종적으로는 미국을 태평양 동쪽 연안 밖에서 막아낼 수 있게 된다. 물론 이 미국과 적이 된다는 것은 아니다. 현재 가장 좋은 것은 미국과 친구가 되어 양 대국 관계를 강화하는 것이지만, 동시에 결국 미국이 세계 패권국 지위를 중국에게 쉽게 양도하지 않을 것이라는 사실을 명확하게 깨닫고, 중국은 이를 위해서 충분한 준비를 해서 세계를 이끌어 나갈 준비를 해야 할 것이다.

소련이 해체된 이후 중국은 국경 부근의 대부분 지역의 통로를 열어 물자와 인적 자원이 제한 없이 출경할 수 있도록 허용했지만, 물자와 인원의 유입에 대해서는 엄격한 통제를 실시하였다.

중국은 대다수의 이웃 국가에 비해 압도적인 인구 수와 굉장히 활발한 경제 활력을 가지고 있고, 물자와 인력의 외부 유입은 중국이 러시아, 북한, 중 아시아와 동남아시아 대륙 지역에 영향 범위를 확대하였고, 중국이 상술했던 지역에서의 경제적인 중요성과 정치적 영향력도 증가시켰다. 중국인 수백만 명이 현재 러시아 원동 지역에서 생활하고, 일하고 있다. 카자흐스탄, 키르기스탄, 라오스, 미얀마에서 활발하게 활동하고 있는 중국인들은 비록 숫자가 그렇게 많지 않지만 현지에서 중요한 역할을 하고 있다. 중국은 이들 국가의 주요 제품 수입국이 되었고, 또한 이들 국가의 저가 소비 제품과 투자 자본의 핵심 공급국이 되었다.

아론 프리드버그(Aaron Friedberg)는 <미중 아시아 빅게임)> 에서 "베이징은 이미 자신들은 북한 핵 프로젝트 다자 회담에서의 핵심 지위를 이용해 서울과 워싱턴에 영향력을 미칠 수 있다는 것을 깨달았고, 중국은 유일하게 미국이나 북한과 비교적 우호적인 국가이기 때문에, 자신을 양측 사이의 성실하고 믿을 수 있는 '중간자'로 묘사하였다." 라고 언급하였다. 그래서 중국은 회담의 진행 속도와 방향을 충분히 통제할 수 있다. 중국은 유일하게 북한과 한국과의 관계 모두 매우 밀접한 대국으로 남북통일이라는 문제에 있어서 결정적인 역할을 하고 있다. 한국과 중국은 사실상 매우 골치아픈 이웃국가인 북한이 있다. 일단 북한이 갑자기 붕괴되면, 양국은 모두 가장 직접적인 영향을 받게 될 것이다. 이런 상황에 입각해 봤을 때, 미국과 일본에 비해서 한국과 중국 양국은 북한에게 압력을 행사하는 것을(더욱 경계하는 것이다. 2003년 발발한 핵 위기 이후 중국과 한국은 더 많은 '공감대'를 형성하였다.

한반도 문제에 있어서 중국은 결코 이 절대적인 유리한 기회를 놓치지 말아야 하며, 더욱이 들러리로 전락해서는 안된다. 중국은 한반도 핵 문제를 주도적으로 적극 대처하여 남북의 화해, 한반도의 평화 통일을 위해 대국적으로 기여해야 할 것이다.

장기적으로 볼 때 중국이 추구하는 것은 북한과 한국 사이에서 어떤 형식으로든 최종 해결 방안에 조건을 만들기 위함에 있다. 션다웨이것은 이 나라 지도자의 언행이 신중하고, 공개적인 입장 표명을 하지 않았지만, 중국은 한반도를 자신들의 고유의 영향력으로 여기고 있다고 밝혔다. 미국이 라틴 아메리카를 바라보는 것처럼 중국은 미국의 군사적 간섭이 더 이상 이 나라의 통일을 가로막는 난제가 되지 않고, 또한 관련 동맹이 자연스럽게 해체될 수 있기를 매우 바라고 있다. 한반도 문제의 최종 해결은 더 큰 영향을 미칠 수 있는데, 아마도 미국이 계속 동아시아 지역의 군사를 주둔시키는 것이 합리적인지 여부에 대한 문제와도 연관되어 있기 때문에 이것은 한반도뿐만 아니라 일본, 동아시아 지역 전체를 포함하는 문제이다. 따라서, 북한의 위협이 사라지면 미국은 아시아 태평양 지역에서의 전략적 기반이 뒤흔들릴 수 있다는 것이다. 이번 남북한의 <판문점 선언>은 바로 이러한 여정의 시발점이 될 수 있다.

1996년부터 발생한 대만해협 위기로 중국 지도자은 중국 무장력의 약화와 군사장비의 노후화를 뼈저리게 느꼈다. 이에 따라 20세기 중반부터 중국인민해방군은 계획적이고 단계적인 중대한 군사 개혁을 단행하기 시작하였다. 전체 군사 훈련의 일부분으로써 베이징도 이미 병력을 배치하면서 "방지를 목적이긴 하지만, 필요 시 미국을 좌절시킬 수 있으며 또한 기타 외부 세력의 간섭을 엄격한 의미에서의 내정으로 간주한다. 미국 국방부 분석가는 어떤 경우에도 절대로 이런 사태의 발전 범위와 심각함 정도를 빠르게 확인할 수 없다. 하지만 세기가 교체되는 이 때 절대 간과할 수 없는 것은, 중국이 현재 펜타곤 계획입안자가 칭한 '미국을 직접 겨냥한 반개입 또는 지역 방지 능력'을 발전시키고 있다는 사실이다"[23]라고 밝혔다. 이번 대만에 대한 군사훈련 및 엄중한 입장은 중국 국력을 드러내 보이고 있는 것이다.

만약 20년 전 중국인민해방군이 적시에 정보를 얻는 능력이 부족하였다면, 심지어 본토와 가까운 지역의 상황도 전혀 알 수 없었다고 하면, 현재 미중 양측의 정세에 대한 인지 정도는 매우 근접해졌을 것이다. 얼마 지나지 않아 아시아 태평양 지역, 특히 동아시아 지역에서의 상황이 중국측에 유리해지기 시작했으며, 현재 중국은 자신의 정찰, 통신, 위성, 네비게이션 시스템을 보유하고 있으며, 동아시아의 어느 지역의 공군 기지, 연료창고, 항구, 무기고나 통신 시설이던지 수시로 조준할 수 있다. 동시에 공중 감시 시스템, 육상 초시거리 레이더, 무인 항공기 및 위장 소형 선박들은 모두 중국 해군이 해상 수백 ㎞ 밖의 수상함으로 추적할 수 있다. 외신 매체에 따르면 중국 해군은 이미 수중 정보 설비망을 설치해 접근 중인 미국 잠수함 위치를 확보하는 데 사용하고 있다.

미국이 동아시아 지역에서 군력을 유지할 수 있었던 것은 큰 범위에서 보면 그 지역의 몇 개 군사 기지에 의존하고 있어서인데, 대부분의 기지는 동맹국의 영토 안에 위치하고 있다. "1960년대 이후 베이징은 최소한 핵무기로 이런 목표를 타격할 능력을 갖고 있었지만,

---

23) 앨런 프리드버그, <미중아시아 빅게임>, 신화출판사, p.176

최근에 이르러서야 전통적인 기밀무기를 이용하여 목표를 효과적으로 공격하는 방법을 찾았다. 베이징은 이미 대만 인근 지역을 겨냥해 신속하게 효과를 볼 수 있는 공격 방식을 찾았다. 지금은 동북아 전체에 동일한 방법을 추구하고 있다. 중국 무기고 중의 중거리 탄도미사일과 순항미사일은 비행기 활주로에 터뜨려 포탄 구덩이를 만들 수 있으며, 항공기지를 부수고, 항구와 발전소를 폐용하고 통신망의 탄두를 절단시킬 수 있다. 사거리 및 타격 정밀도와 수량을 감안하면 이런 미사일들은 미국과 동맹국의 모든 지역에 속한 기지를 빠르게 공격할 수 있다. 과거와 다른 중요한 점은 이 모든 것이 핵 방사능의 유출이나 대규모 사상이 발생하지 않는 상황에서 이뤄질 수 있다는 점이다. 사실상 파멸적인 미국의 핵 반격이 사실상 일어나지 않도록 할 수 있다는 것이다.24)

중국은 최근 몇 년 동안 고속 및 무음으로 운행가능한 소형 신식 순찰 보트를 대량으로 건조하기 시작하였다. 이 선박들은 파도를 헤쳐나갈 수 있는 쌍동선 선체를 가지고 있으며, 빠른 속도의 항해를 할 수 있을 뿐만 아니라 긴 사정거리를 갖고 있는 초음속 반함 순항미사일을 보유하고 있다. 또한 중국 인민해방군도 이미 육상기지 반함 탄도 미사일을 배치했고, 육지와 공중 추적시스템으로 획득한 정보를 통해 인민해방군이 수백㎞ 밖으로 미사일을 발사하고 항공모함을 비롯한 고가치 군사 목표를 격중시킬 수 있다.뿐만 아니라 21세기에 진입한 이래로 랜드사(RAND Corp)의 최근 연구보고서에 따르면 중국 대륙의 정규 탄도 미사일은 대만과 미국 공군기지에 충분한 위협으로 작용하고 있다. 대만과의 공중전은 시작하기도 전에 이미 끝났다고 확신할 수 있다. 랜드사의 또 다른 연구에 따르면, 중국인민

24) 앨런 프리드버그, <미중아시아 빅게임>, 신화출판사, p.177

해방군은 중성자 탄약이 든 34개의 탄도 미사일만으로 오키나와 기지에 있는 75%의 비행기를 빠르게 격파, 파멸시킬 수 있고, 속수무책으로 당할 수밖에 없을 것이다. 또한 중국인민해방군의 전략가의 분석에 따르면, 중국의 현재 인터넷 기술은 심지어 전쟁이 시작되기도 전에 적의 방어시설을 파괴할 수 있다. 21세기 이후 미국과 중국의 인터넷 공간에서의 쟁탈전은 이미 그 서막이 올랐다. 사이버 전쟁에서 어느 쪽이 승리하든지 모두 전쟁이 시작하기 전에 이미 승리하였다고 말할 수 있는 충분한 이유가 있다. 중국은 20여년 간 지속적으로 투자한 반개입 전략이 이미 효과가 나타나고 있다.

"사실상 냉전의 종식될 때, 베이징은 이미 사정거리 1만3000㎞의 약 20개의 DF-5A형 대륙간 탄도미사일을 배치하기 시작하였다. 중국은 현재 신뢰할 수 있는 제2차 타격 능력을 모아 신형 대륙간 탄도 미사일 2개를 전쟁에 투입할 계획이다. 미국 대륙을 공격할 수 있는 지상 발사, 고체 연료 충전이 가능한 대륙간 탄도 미사일 DF－31와 DF-31A형 미사일 외에도, 인민해방군은 그것들과 타격 능력이 비슷한 잠수정에서 발사하는 JL-2형 미사일을 빠르게 배치할 예정이다. 두 종류의 신형 미사일은 최종적으로 여러 개의 탄두를 탑재할 수 있고, 이전 세대 미사일에 비해 적에게 쉽게 발견되지 않고, 요격이 어렵다. 중국이 상술한 이런 군사 배치를 진행하는 동시에 미국은 무기고의 규모 축소를 위해 노력하고 있고, 최종적으로 핵무기 제로라는 목표를 실현하겠다고 밝히고 있다. 이것은 양국의 무장 역량의 축소 속도가 다른 상황보다 더 빠르나는 것을 의미하는 것이다.[25]

---

25) 앨런 프리드버그, <미중아시아 빅게임>, 신화출판사, p.183

제2장

미중러일의 한반도 권력 투쟁

1. 미중 게임

소련의 해체로 인해20년 동안 긴밀했던 미, 중 협력관계는 하룻밤 사이에 갈라졌다. 1990년대 중반 이후, 세계에서 여전히 주도적인 지위를 차지하고 있는 미국과 급부상하고 있는 중국의 범태평양 지역에서의 영향력과 경쟁력이 점점 수면 위로 부상하기 시작하였다. 세계 발전사를 보면, 힘이 가장 강한 국가 즉 어떤 시기에 통치적 지위를 차지하고 있는 주도적 국가와 후발 주자인 신흥국가 간의 관계는 항상 불안정했고, 심지어 무력 충돌 발생 가능성이 항상 도사리고 있었다. 이미 통치적 지위를 확립한 국가는 자기 자신을 국제 질서의 수호자로 칭하는 경향이 강했고, 자신의 의지에 따라 자기 이익에 부합하는 국제 질서를 확립하고자 하였다. 또한 바로 이런 질서에 따라 그들은 가장 큰 국익을 획득할 수 있었다. 새롭게 부상하는 신흥 국가는 이러한 상황에 대해 속박과 심지어 기만을 느꼈고, 때문에 기존 국제질서에 반항하며 자기에게 유리한 국제질서를 다시 확립하기 위해 노력하였다.

그리스 철학자 투키디데스가 <베로펜니사 전쟁사>에서 언급했던 것처럼 스파르타는 아테네의 성장에 위협을 느껴 펠로폰네소스 전쟁을 일으켰다. 미, 중 관계는 '투키디데스' 라는 함정을 일정 부분 드러낸 것 같았다. 만약 중국이 현재의 발전 추세를 계속 유지하면 더욱 부유하고 강해질 수 있다. 하지만 서구식 자유민주국가로 체제가 변하지는 않았다. 그렇다면 현재 또는 머지 않은 미래에 중국과 미국의 의온화한 대치'는 언제든지 공개적이고 위험한 상황으로 발전되거나, 결국 충돌할 수도 있다는 것이다.

21세기에 진입한 이래 미중 관계는 미국이 마치 미중 관계의 정립을 국제 질서의 미중 분업 문세로 전환한 것처럼 보인다. 즉 미국은 정치, 군사 주도국이고, 중국이 경제 주도국을 맡고 있다는 것이다. 이것은 아마도 미국의 일방적인 계산일 것이다. 중국은 거대한 인구와 자연 자원을 가지고 있으며, 사십년(1978-2018) 간의 개혁개방을 거쳐 시장 주도의 소위 '중국식' 발전 노선을 채택하였다. 이 노선은 이미 유사 이래로 가장 장기적인 고도의 경제 성장 모델을 창조하였다. 그리고 중국의 굴기는 절대 15세기 포르투갈, 16세기 스페인, 17세기 네덜란드, 18세기 프랑스, 19세기의 영국과 같지 않다. 왜냐하면 이들 국가들은 당시 인구가 겨우 수백만 명, 많아봤자 수천만 명이었지만, 중국은 14억에 육박하는 인구를 가진 대국이다. 이뿐만 아니라 중국은 오천년의 문명 역사를 지니고 있고, 1880년대 미국이 영국을 대신하여 '세계의 공장'이 된 후, 미국은 자신보다 더 큰 경제몸집을 가진 상대와의 경쟁을 해보지 못했고, 이러한 잠재력이 있는 전략 상대를 만나보지 못했다. 새뮤얼 헌팅턴은 "19세기 이래 모든 강대국의 행위 방식은 모두 비슷하다. 즉 독단 전횡이며, 종종 파괴성을 지닌다."고 지적하였다. 그는 "영국, 프랑스, 독일, 일본, 소련과 미국은 고도의 공업화와 경제 성장을 경험한 동시에 대외 확장을 진행하였다."고 지적하였다. 새뮤얼은 중국에 대해서도 1990년대 초에 이미 "중국 역시 의심할 여지 없이 앞으로 숫비년 동안 이러한 단계를 밟아나갈 것이다."라고 예언하였다. 이 말은 정치학자 존 미어스하이머의 예언과 다르지 않다. 그는 "그 힘을 지속적으로 강화하다보면, 중국은 이웃 국가, 나아가 모든 지역의 지배를 모색하게 될 것이다. 게다가 만약 가능하다면 전 세계를 제패할 것이다. 중국은 마치 모든 잠재적 패권국처럼 맹렬하게 맹주 지위를 노릴 것이다."라고 지적하였다. 이것은 국제관계학의 숙명일지도 모르지만 중국은 예외일 수 있다. 왜냐하면 중국인이 바라는 이상적인 국가는 바로 '대동세계'이기 때문이다.

2. 문명의 충돌

1993년 미국 하버드대 교수는 새뮤얼 헌팅턴의 <외교계간> 잡지에서 <문명의 충돌>이라는 글을 게재해 처음으로 '문명의 충돌 이론'을 발표하였다. 이 글에서는 문명 간의 충돌이 세계 미래를 결정하는가에 대한 여부를 제시하였다. 3년 후 저자는 <문명의 충돌과 세계질서의 재건>으로 수정했고, 이론을 더욱 상세하고 체계적인 논증으로 만들어냈다. 그는 문명의 충돌이 세계 평화에 대한 가장 큰 위협이고, 문명을 바탕으로 국제질서를 재건하는 것이 전쟁을 막는 최상의 안전수단이라고 생각한다.[1)]

헌팅턴은 그의 저서에서 '포스트 냉전시대'에서 충돌의 기본 원천은 더 이상 이데올로기나 경제가 우선이 아니라 바로 문화라고 지적

1) Samuel Huntington, "The Clash of Civillizations," Foreign Affairs, Summer 1993

하고 있는데, 매우 자세하고, 체계적으로 서술하고 있다. 즉, 글로벌 정치의 주요 충돌은 다른 문화의 국가 간에 발생할 것이며 문명의 충돌이 전 세계 정치를 군림하게 될 것이라는 것이다. 그는 "세계 대전이 다시 발발한다면 이것은 모든 문명 간의 전쟁이 될 것이다"라고 말하였다.

헌팅턴이 볼 때, 문화와 문명은 국제관계에서의 가장 중요한 변수이고, 국제관계 중 국가 행위를 하는데 있어서 가장 중요한 심리적인 바탕이다. 그는 국가간의 충돌을 각국 문화 간의 충돌로 간주하고 있으며, 각국 문화의 배타성과 독립성으로 인해 서로 간의 충돌이 발생한다고 본다. 그 충돌 원인에 대해 그는 이렇게 요약하고 있다.

첫째, 문화간의 근본적이고 기본적인 차이로 인해 전쟁이 일어난다. 몇 세기 동안 문명 간의 차이는 가장 유구하고도 가장 격렬한 충돌을 일으킨 바 있다.

둘째, 세계는 점점 작아지고 문화 간의 갈등도 점점 심해지고 있으며 이로 인해 긴장 국면이 점점 두드러지고 있다.

셋째, 현대화와 사회 변천은 우리를 전통적이고 편협한 개성에서 해방시켰으며, 결과적으로 종교의 개입으로 공백을 메웠다.

넷째, 서양 사상의 가치관에 대해 반항심이 갈수록 커졌고, 이로 인해 문명의 충돌이 더욱 격화되었다.

다섯째, 정치와 경제에 비해 문화적 특성과 차이는 가변성 부족으로 협상이나 해결이 더욱 용이하지 않다.

여섯째, 경제 지역주의의 성장으로 인해 문명 이데올로기가 더욱 강화되고 있다.[2)]

---

2) Samuel Huntington, "The Clash of Civillizations," Foreign Affairs, Summer 1993

헌팅턴은 자신의 책에서 “문명은 인류의 마지막 부족”이라고 심층적으로 설명한 바 있다. 문명의 충돌은 바로 전 세계적 규모의 부족 간 충돌이다. 문명 간의 충돌은 일반적으로 두 가지 형식으로 나눌 수 있다. 하나는 지역이나 미시적 측면에서 서로 다른 문화를 가진 이웃국가나 한 국가 안의 다른 문명을 가진 집단 간의 충돌이다. 또 하나는 전 세계나 거시적인 측면에서 다른 문화를 가진 주요 국가 간의 충돌이다. 그는 집단 간의 전쟁은 상대적으로 지속적이고, 중단과 재개를 반복하고, 폭력성이 높고, 이데올로기의 혼란으로 인해 협상만으로 해결하기 어렵다는 특징이 있다. 헌팅턴은 역사적, 정치적인 시각에서 집단 간의 전쟁이 발발한 원인을 분석했는데, 그는 역사적으로 충돌의 유산, 테러로 인한 불안, 상호 증오의 역사적 기억 및 한쪽과 다른 한쪽의 정치, 경제, 사회적 스트레스에 있어서 모두 문화 간의 충돌을 일으킨다.

헌팅턴은 국가에 대한 사람들의 충성심은 냉전이 종식됨에 따라 문명에 대한 충성심으로 전이되어 갔다고 보았다. 포스트 냉전시기가 되자, 사람들 간의 가장 근본적인 차이점은 더 이상 이데올로기나 정치적 경제적 차이에 있지 않고, 서로 다른 문화 간에 발생하였다. 국가의 인정이나 충성심이 점점 더욱 큰 문화적 실체인 ‘문명’에 대한 인정이나 충성심으로 옮겨가게 되었고, 이러한 변화는 점점 서로 다른 세계 간의 질서로 옮겨갔다.

영웅이든 대중이든 모두 독특한 문화를 공유하게 되면 해당 국가와 동질감을 갖게 되는데 동질감은 큰 부분에서 문명 내부의 충돌을 완화시키기도 하고, 또한 문명간의 ‘안보문제’를 더 심화시키기도 한다. 다시 말해서, 포스트 냉전시기의 이데올로기와 초강대국 관계를 확정짓는 연맹은 문화과 문명으로 확정된 연맹에 있다는 것이다.

헌팅턴은 책에서 비교적 명확하게 서술하긴 했지만 그도 문명에 대한 충성도가 왜 핵심 역량으로 성장했는지, 왜 문화와 인종간의 관계가 더 이상 국가를 중요시하지 않고, 더 광범위한 문명이라는 관념을 중요시 하는지에 대해서는 답하지 않았다. 헌팅턴은 문명의 동질감으로 인해 "동일한 문명 내부의 충돌이 많이 줄어들게 될 것"이라고 밝혔다.

모든 것에 한계가 있다. 중동지역만 보더라도, 이슬람교 국가로 모두 하나의 문명문화권이다. 하지만 헌팅턴은 그들 사이의 충돌이 문명 간의 충돌로 해석하기 어렵고, 헌팅턴 본인도, "문명 충돌론은 20세기 초의 국정 정치를 이해하는데 도움이 된다. 하지만 그것이 20세기 중엽이나 21세기 중엽의 국제 정치를 이해하는 데 반드시 도움이 된다는 걸 의미하는 건 아니다"[3]라고 인정하였다.

국제에너지기구(IEA)에 따르면, 2013년 개발도상국의 석유 수요량이 처음으로 선진국을 넘어설 것으로 전망된다. 중국의 원유 수요량은 2012년 일 950만 배럴에 달했으며, 일 평균 540만 배럴에 이른다. 2030년까지 수요량이 1600-1700만 배럴에 달하고, 그 중 최소 1200만 배럴을 수입할 것으로 예상된다(OPEC <2012 세계석유전망>). 2013년 1월 유엔 무역과 발전회의는 제네바 본부에서 <글로벌 투자 추세 모니터링 보고서> 최신판을 발표하고, 2012년 개발도상국들이 유치한 외국 투자자들의 직접 FDI 투자총액이 6800억 달러에 달하여 처음으로 선진국을 넘어섰고, 전 세계 FDI 유치의 52%를 점유하였다. 군비 지출 면에서, 2012년 미국 군비 지출이 전 세계 점유율의 45.3%를 차지했고, 아시아 각국의 군비 지출도 2874억 달러에

---

3) Samuel Huntington, "The Clash of Civilizations and the Remarking of World Order", Simon and Schuster, 1996, p.14

달하며 처음으로 유럽을 넘어섰다.

사실,역사적으로 아시아를 위주로 하는 동방국가의 경제 총량은 오랫동안 서양을 선도하였다. 서양 국가가 세계 경제 총량에서 차지하는 비중은1500년 이후 신항로 개척, 공업혁명과 해외 식민지 점령이 이루어지고 나서야 상승하기 시작하였다. 제1차 공업혁명 이후 서양국가는 점점 발전해갔고, 1870년 즈음 마침내 GDP 총액이 전 세계 총량의 50%를 초과하였고, 세계의 균형이 비로소 서양으로 기울기 시작하였다. 이와 비교해 보았을 때, 기원전 221년 유라시아 대륙 동부에서는 이미 유사이래 최대의 통일 제국인 진(秦)나라가 출현했고, 경제역사학자 존스(E. L. Jones) "한 대제국이 고압적인 통치의 수단을 독점하고 있어서 선진 이웃국가의 위협을 받지 않았고, 옛 것을 유지하고 새로운 것을 거의 받아들이지 않았다. 높디 높은 황제는 자기 주관에 취해 논쟁의 여지없이 발전할 수 있는 길을 차단하였다."고 지적하였다. 최초의 탐험에서 남아시아와 아프리카 해안에 성공적으로 도착했지만, 명왕조 황제는 15세기 초 해금(海禁) 정책을 실시하여, 중국은 외부를 향해 자신의 영지를 세우지 않았고 오히려 퇴진하여 결과적으로는 소극적으로 유럽 침입자가 오기를 기다리고 있는 상황이 되었다. 고도의 집권 제국만이 할 수 있는 이런 놀라운 선택은 비 집권 국가에서는 나타나지 않거나 실시되지 않을 수도 있다. 존스는 "경제와 기술을 확보하고 있기 때문에 유럽의 분열은 절대로 침체상황으로 빠져들지 않을 것이라고 생각한다"고 말하였다.

산업화 이전에 중국, 일본과 인도의 생산액을 합치면 전 세계 총생산액의 50%에 달했고, 중국은 혼자서만 1/3을 차지하였다. 이에 비해, 유럽은 총 생산액의 1/4에 그쳤고, 중국이 전체 유럽보다 생산액이 높았다. 이 시대는 이제 다시 왔다. 1820-1890년 동안 아시아의 생산액이 전 세계 총 생산액의 비율이 50%에서 25%로 떨어졌고, 1952년이 되어서는 단지 12%에 그쳤다. 동양에 대한 서양의 우세가 점점 역전 불가능한 것처럼 보인다. 웨버는 중국의 상황을 연구한 뒤 "유가 사상이 사람들을 순종하게 하고, 호기심을 부족하게 하고, 이성적이지 않고, 불성실하게 하여 경제가 정체되게 한다"고 여겼다. 그러나 당대 학자들은 웨버가 유가문화의 방법을 비판하는 것을 인정하지 않았고, 종교가 서양에서 공업 발전을 위한 준비 방면에서 발휘한 효과를 강조하였다. 미국에서 저명한 인구 경제학자 리처드 이스털린은 "현대 경제 발전기원의 가장 직접적인 근원은 과학의 진보와 현대교육의 전파에 있다. 이것들은 역으로 지식인의 사상세속화, 이성주의와 유물주의의 산물이며, 또 문화 예술의 부흥과 종교개혁의 진화에서 온 것이다"라고 말하였다.

인류학자 재러드 데드몬(Jared Mason Diamond)은 그가 말한 '장기적 통일 상태의 중국'를 설명하려고 했을 때 을계곡의 2갈래의 길고 긴 항해 가능한 하류 체제를 공격하여, 동쪽에서부터 서쪽으로 중심을 연결하기 시작하여……. 북쪽에서 남쪽으로 이 두 하류의 갈래는 비교적 용이하게 중심을 연결할 수 있는데, 결과적으로 중국이 일찍이 두 고도의 생산능력을 갖춘 지역으로 발전시켰고, 이 두 지역은 긴밀하게 연결되어 결국은 단일 핵심 지구로 융합 발전 되어 갔다." 고 하였다. 아론 프리드버그(Aaron Friedberg)는 <미중아시아 빅딜>에서 "중국의 통일과 광활한 국토면적은 일찍이 중국을 우월한 위치로 올려놓았지만, 결국 발전을 억제하는 결과를 낳았다. 통일된 동방이 정체됨에 따라 사오 분열하고, 분쟁이 끊이지 않았다. 하지만 발명하고 창조하는데 능했던 서양은 빠르게 발전해 나갔고, 그런 유럽에 항상 행운이 따랐다."고 지적하였다. 19세기, 서양 대국들은 부와 기술 방면의 우위를 이용하여 아시아 지역에서의 영향력을 높여갔으며, 대부분의 지역에서 정치적 통제력을 세워나갔고, 서양은 협공으로 아시아를 포위하여, 사방팔방으로 아시아를 향해 전진해 나갔다. 19세기 중엽까지 영국은 인도의 대부분 지역을 점령했고, 동쪽으로는 미얀마, 말레이시아로 뻗어나갔다. 프랑스는 인도네시아 대부분 지역을 수중에 넣었고, 북쪽으로는 베트남, 캄보디아, 라오스를 휩쓸었고, 네덜란드도 이전에 제한적이었던 근거지를 밖으로 확장하여 인도양 반도 대부분의 지역을 삼켜버렸다.

1940년대 아편 전쟁을 시작으로 영국, 프랑스, 미국, 일본, 독일 등 서양 열강이 중국에 주둔하여 세력 범위 정하여, 식민 통치 실시함으로써 중국은 백년에 걸친 반식민, 반봉건 사회로 전락하였다.

2차 세계대전이 끝난 후 아시아 국가들은 잇달아 독립을 했는데, 일본은 처음으로 전쟁 패배의 그림자에서 벗어나, 1960~70년대 첫 번째 아시아의 기적이 되었으며, 1980년대 한 때 미국을 초월하기도 했었다다. 1980년대에 이르러 일본에 이어 한국은 '한강의 기적'을 다시금 일으켰고, 1988년 서울 올림픽을 성공적으로 개최했으며, 동방은사(东方隐士) 국가의 면사(面纱)에서 철저하게 벗어났다. 삼성, 현대는 이미 세계적으로 유명한 브랜드가 되었다.

중국이1949년 10월 1일 중화 인민 공화국을 설립한 것은 100여년 동안 서양 열강의 통치, 동방의 노예 역사의 종결을 의미하고, 우여곡절을 거쳐 탐색한 발전 노선으로 결국 1980년대에 이르러 동방에서 사자를 깨어나 마침내 21 세기 첫 10 년, 즉 2010년, 중국 국민 총생산이 세계 2 위인 경제대국이 되었다. 현재 미국은 여전히 세계 제일의 경제대국으로, 2012년 미국 GDP 는 16조 달러로, 중국의 약 2배에 해당하는 수치이고, 1인당 GDP는 5만여 달러로 중국의 8배 이상이다. 2012년 미국이 유치한 외국인 직접 투자 FDI는 1680억 달러로 세계 1위에 해당한다. 미국은 현재 여전히 글로벌 자본의 가장 이상적인 투자 대상국이다. 대외 투자 방면에 있어서, 2012년 미국의 대외 투자 총액이 3290억 달러에 달해, 세계 1위에 올랐다. 이 투자액은 서양 7국그룹 중 기타 6국의 대외 투자액 총액에 가깝다.

그러나 오늘의 미국 경제는 얼마나 강한가?

전체적인 발전 추세로 볼 때, 미국 경제가 전 세계에서 차지하는 비중은 점차 하락하였다. 2차 대진 종식 초기의 미국 경제총량은 전 세계의 50%였지만, 현재는 20%대로 하락하였다. 구매력 평가법 PPP 계산에 따라 2016년 중국 GDP가 미국을 넘어설 예정이다. 세계 500대 기업 중 2002년 미국 상위업체는 197개 업체에서 2013년 132개 업체로 줄어들었다. 이것은 다시 발하자면 비록 미국이 현재 여전히 세계 500대 기업 리스트가 가장 많은 국가이지만, 그 비중이 이미 40% 대에서 26%까지 떨어졌고, 미국 경제력의 상대적 쇠락으로 미국 패권의 근원이 근본적으로 약화되었다는 의미이다. 이뿐만 아니라 미국의 거대한 경제 총량은 무거운 재정적자를 짊어지고 있다. 오바마 대통령이 취임한 이후 미국 국채가 10조6000억 달러에서 16조 7000억 달러로 급상승하였다. 이것은 재정적자가 이미 GDP를 넘어섰고, 현재 모든 미국인들이 부담하는 국채가 이미 5만 4000달러에 이르렀다는 뜻이다. 중국 경제는 개혁개방 이후 30여년 이상 8%이상의 경제성장률을 유지하였다. 비록 그 경제총량은 미국보다 훨씬 낮지만 외환보유고는 이미 2006년 1조 달러를 넘어 그 해 일본을 제치고 최대 외환보유국이 되었다. 2013년 9월까지 중국 외환보유고는 이미 3조 6000억 달러를 넘어섰다. 이 숫자는 이미 선진국에 상당하며, 독일 GDP 총량보다 훨씬 높은 수치이다. 현재 거액의 외환보유는 중국 경제의 강력한 금융 리스크를 막는 능력을 나타내고 있는 것이다. 중국 정부가 현재 보유하고 있는 1조 3000억 달러의 미국 부채는 미국 정부의 입장에서 봤을 때, 이것은 이익이자, 일종의 위협이다. 만약에 중국 정부가 모든 미국 부채를 팔기로 결정하였다고 하면 달러에 대한 공격은 아마 치명적인 상황으로 치닫게 되는 것이다. 예를 들어 2008년 미국 금융위시 시기에, 만약에 중국 정부가 나쁜 마음을 먹고 미국 부채를 팔아버렸다면, 그렇다면 미국 경제는 상상할 수 없을만큼 대혼론에 빠졌을 수도 있었다. 그것은 뉴욕 상공에 원자폭탄을 몇 개 떨어뜨리는 것과 맞먹는 상황인 것이다.

중국의 굴기에 따라, 전세계에서 중국의 영향력은 지속적으로 상승하였고, 미국인들은 중국이 세계에서 미국의 위치를 대체하여 미국이 점점 주변화될 수 있다는 걱정을 하게 되었다. 아태지역에서 일본, 한국, 필리핀, 오스트레일리아 등 미국의 동맹국이든 동맹국가의 국제 무역이든 중국은 이미 이들 국가의 첫 번째 무역 파트너가 되었다, 이른바 정치, 군사는 미국에게 기대고, 경제 무역은 중국에게 기대는 게임 모델은 오래 지속되지는 않을 것이다. 아마도 미중관계는 멀지 않은 장래에 '투키디데스'의 함정에 빠지게 될 가능성이 높다.

리콴유 전 싱가포르 총리는 "21세기에는 아시아에서 주도권 쟁탈 경쟁이 펼쳐질 것이다. 왜냐하면 이곳은 성장하고 있기 때문이다. 만약 아시아에서 일정한 지위를 유지하지 못한다면 세계 지도자가 될 수 없다"고 지적하였다. 알렌 프리드버그도 <미중 아시아 빅게임>에서 제1차 세계대전은 아시아 민족의 자치에 대한 염원을 강화시켰고, 서양 국가들의 지배적 근간을 뒤흔들고, 유럽 대국이 동양에 대한 통제를 유지하겠다는 결심을 약화시켰다. 전쟁에서 전대미문의 유혈사태를 본 이후, 사람들은 점점 이런 화법을 받아들이기 시작하였다.

"유럽은 진정한 글로벌 문명이 정상을 대표하고 있으며, 내재적인 권리나 의무로써 타인을 통치하고 있다." 19세기 '즐겁고 자신만만했던 제국주의의 새벽'은 다시 돌아오지 않았다.

특히 1945년 제2차 대전이 끝난 이후 아시아 국가들은 잇달아 독립했고, 특별히 중국과 같은 대국들은 외래 세력의 속박에서 완전히 벗어나 '독립자주, 자력갱생'을 시작했고, '평화공존 5원칙'의 외교 전략을 전개하였다.

동아시아 경제의 기적에 관한 연구에서는, '전쟁 종식 이후 일본의 공업정책은 사회주의 계획경제와 비슷해지기 시작했다. 즉 소위 정부 주도형 경제발전 모델이었다. 1960년대 초기에 이르러 일본공업이 전쟁 발발 이전의 발전수준까지 회복되면서 일본 정부는 정부의 간섭을 낮췄고, 시장이 더 큰 역할을 할 수 있도록 하였다. 시장 주도의 일본식 경제 발전 패턴이 아시아의 첫 번째 기적을 창조하였다. 철강, 조선, 자동차, 석유 화학 공업 등의 주요 지주 산업은 유럽 수준에 근접 혹은 초월했을 뿐만 아니라 컴퓨터, 원자력 등 첨단 과학기술 분야에서도 유럽 선진국에 전혀 손색이 없었다'라고 밝혔다.

1960년대에 이르러 아시아 4마리 용인 한국, 싱가포르, 대만, 홍콩이 일본 성공 모델을 본보기로 '정부 주도'와 '수입 대체' 등의 정책을 통해 경제 성장률을 가속화했고, 제2차 아시아의 기적을 창조하였다. 특히 말레이시아, 인도네시아, 태국을 주로 하는 동남아시아 국가가 1980년대 수입 대체형 공업화에서 벗어나, 더욱 개방적이고 시장 지향적인 경제 발전 모델로 발선해 나갔고, 외국인 직접 투자를 많이 유치하여 세 번째 아시아의 기적을 창조하였다.

1949년 10월 1일 중국은 모택동을 핵심 지도자로 하는 중화인민공화국 수립 이후, 국가 주권을 철저하게 회복하고, 사회주의 건설의 길로 나아갈 것을 표방하였다. 하지만 경제통계 데이터에 따르면, 1952-1978년 중국의 경제성장률이 평균 4~5%에 달한다. 비록 이 성장속도가 중국에서 갈수록 늘어가는 인구와 1인당 평균 수입의 증가라는 목표를 만족시켰지만, 아시아 다른 국가의 발전 속도를 따라잡는 데에는 부족하였다. 이 시기에는 아시아 4마리 용이나 동남아 신흥국의 발전 속도가 이 성장률보다 훨씬 높았기 때문이다. 중국이 진정한 대국으로 발전하기 시작한 것은 1978년 12월 18일 중공11회 삼중전회 이후였다. 중국은 이후 몇 차례의 큰 개혁 조치를 잇따라 취하였다. 처음에는 중국도 정부를 주도 하에 시장 메커니즘을 조금 가미시켜 나갔고, 개혁 개방 10년 이후부터 정부 관여 및 시장 경제를 병행하여, 뚜렷한 효과를 거두었다. 중국 경제가 지속적으로 고속성장하여 전체적인 국력이 증강되면서 중국 지도자들은 시장 주도의 중국식 시장경제가 생산력 향상에 도움이 되다는 사실을 깨달았다. 그래서 1990년대부터는 시장 주도형 경제 발전 모델을 본격적으로 실시하여 뚜렷한 성과를 거두었다. 21세기에 진입한 이후 중국 지도자들은 서부대개발 전략, 남수북조(南水北调)공정 등 세계적으로 유명한 거대 공정을 시행하여 사회주의 국가가 국력을 집중하여 국가대사를 진행함에 있어서의 우월성을 충분히 보여주었다(자유민주주의의 자본주의국가에서 싼샤댐과 같은 공정을 시행할 때에는 반드시 현지 주민과 환경보호기구 측의 저항과 반대에 부딪힌다).

등소평의 개혁 개방은 '슈퍼 성장기'를 창조해냈다. 21세기까지 초반까지 지속적으로 성장했고, 지난 30여년 간의 개혁개방 기간 동안 중국의 GDP 성장률은 평균 9% 정도로 유지하였다. 중국의 범상치 않는 빠른 발전으로 경제 규모는 평균적으로 8년마다 2배씩 성장하였고, 아시아 국가에서 전례 없는 네 번째 기적을 창조하였다. 참

고(각국 성장률 비교표)

각국 성장 주기GDP 2배성장에 필요한 시간

영국	1780-1838년	58년
미국	1839-1886년	47년
일본	1885-1919년	34년
한국	1966-1977년	11년
중국	1987-1996년	9년

3. 패권 주기론

미중의 미래의 관계는 아마도 향후 상당 기간 동안 경쟁과 상호공존 할 것이다. 전체적으로 봤을 때 그 중 일부 요소와 힘은 지속시켜 나갈 수 있고, 양국간의 협력과 교류가 증진될 수 있다. 또 다른 요인은 아마도 두 대국 사이에 더 큰 경쟁과 충돌을 촉진시킬 수도 있다. 현재 일부는 예견이 가능하다. 두 대국 사이가 힘의 격차가 줄어들면서 양국 지도자들이 이성적이지 않거나 지혜롭지 않게 경쟁 수단을 선택한다면 투키디데스 함정에 빠질 수 있다. 서양 국제관계 이론에서 우리는 두 강국 사이의 충돌을 피하는 것이 어렵다는 걸 판단하는 것은 쉽지 않다. 본인은 미중은 10년 내에 대만과 남중국해 지역에서 충돌이나 전쟁이 발생할 가능성이 있다고 생각한다.

신 현실주의 패권 이론의 대표 로버트 그리핀(1930)은 미국 플린스턴 대학교 윌슨 국제관계대학의 교수다. 그의 연구 핵심 내용은 '안전, 권력 및 부'와 그것 사이의 관계이다. 그의 주요 이론 중에는

'3론'이 돋보인다. '3론'은 체제 변화론, 국제정치 경제학, 패권 쇠약론이다. '3론'에 대한 연구를 통해 그리핀이 얻은 결론은 바로 세계 역사가 끝이 없는 주기를 지니고 있는데, 패권 전쟁의 종결은 바로 한 패권 주기의 성장, 확장 및 최종 쇠퇴의 시작이다. 그가 제기한 패권 안정론은 경제학에서의 공산품 개념과 변경 원가 수익 분석을 통해 '패권은 확고하고 패권이 없는 것은 어지럽다'라는 신현실주의 패권 이론을 논증해냈다.

국제 체제의 안정 여부는 정치, 경제, 군사, 기술적으로 압도적 우위에 있는 국가가 국제사회를 위해 안정적인 통화 시스템, 개방된 무역 시스템, 신뢰할 수 있는 안전 시스템 등 글로벌 공익을 제공 여부에 달려있다. 예를 들어 역사적으로 '영국 통치 하의 평화' 및 전후(战后) 초기 '미국 통치 하의 평화' 등과 같다. 그러나 글로벌 공익 제공에 따른 한계 원가 증가 및 한계 수익 감소는 패권국의 자기 소모와 패권 쇠약의 결말을 가져왔다. 패권국이 국제공산품 제공을 원했던 것은 자신의 의지에 따라 운영할 수 있는 국제 제도 체계를 세워서 자국의 정치, 경제 이익의 최대화를 이루는 것이었기 때문이다.

그러나 한계 비용 증가와 한계 수익이 감소되는 경제 패턴 하에, 패권국들은 기존의 모든 것을 압도했던 정치, 경제와 기술적 우위가 점차 소모되어 갔고, 결국 수입보다 지출이 많은 수지 불능 상태에 빠지게 되었다. 이로 인해 어쩔 수 없이 패권 지위를 신흥 도전자들에게 양보할 수밖에 없었다. 이렇게 신 패권 대 구 패권 간의 전쟁을 야기하게 될 가능성이 생겨났고, 구 패권국이 자발적으로 신 패권국에게 자리를 양보하는 경우를 제외하고서는 갈등 유발 가능성이 있었다. 신 현실주의의 정치 경제관에 따르면, 패권국이 정치, 경제 모든 것을 압도하는 우위는 글로벌 공익 제공을 전제조건으로 한다. 패권 국가가 한계 비용이 점차 증가하고, 한계 수익 감소하는 상황에서 그 실질적 우위를 다 소모하고 나면 반드시 새로운 도전자에게 이것을 양보하게 된다는 것이다.

조지 모들스키의 '장기 파동 이론'과 그리핀의 '패권안정론'은 본질적으로는 그리 큰 차이가 없다. 모들스키는 전쟁이 세계 패권의 흥망성쇠의 키, 즉 의존하고 있는 필요적 조건을 순환시켜주고, 또한 이런 주기적인 변화는 필연적인 결과라고 생각한다. 그는 대국의 힘의 강약에 따라, 특히 한 나라의 해군 역량이 다른 대국의 해군 역량의 총합과의 비교를 통해 패권국이 확정된다고 생각하여, 500년 동안 국제정치를 5세기 주기로 나누었다(1495~2030년). 매 주기마다 세계 국가, 비정통성, 비집중성, 글로벌 전쟁 이렇게 4단계로 나눌 수 있다. 또한 매 주기마다 패권 국가가 있었는데, 즉 16세기 포르투갈, 17세기 네덜란드, 18세기, 19세기 영국, 20세기의 미국이다. 모들스키의 분류 기준과 그가 열거한 주기표로 판단해 보았을 때, 현재 국제정치체계는 제5주기의 세 번째 단계에 있으며, 즉 이것은 비집중적 단계이다.

사실 필자가 보기에 이런 종류의 구분은 결코 과학적이지 않다. 500년 간의 기나긴 역사의 세월 중에서 위에서 상술한 4개 국가 만이 독보적인 지위를 차지하였고, 세계의 패권국이었던 것은 아니다. 16세기 스페인, 18세기 프랑스, 20세기 초 독일도 모두 한때 패권을 차지했었던 적이 있다. 때문에 모들스키의 구분은 대체로 사람들에게 패권 주기의 사고를 제기한 것이라고 볼 수 있다. 이 밖에 미국 유명학자 월러스타인(Immanuel Wallerstein)도 '패권주기론'을 제기하였다. 이 이론은 국제체계에서의 세계 경제의 역할을 강조하고 있고, 세계경제의 지속적인 팽창, 경제 성장점의 확대와 지리적 확장이 국가 건설, 패권. 대국 전쟁의 가장 주요한 추진력이라고 보았다. 윌러스타인은 한 나라가 생산 총량, 상업 및 금융 세 방면에서 처해있는 국제적인 지위에 따라, 패권 주기를 네 개의 서로 다른 단계로 나누고 있다. 첫 번째, 패권 전성기, 두 번째, 패권 성숙기, 세 번째, 패권 쇠약기, 네 번째, 패권 상승기이다. 그는 '패권 주기론'을 국제충돌과 상호 결합시키는 것을 패권의 전성기와 성숙기에 국제체계가 질서정연해져 이 때가 대국간의 충돌이 가장 적고, 이에 반해 패권이 쇠약하고 상승기에 있을 때에는 새로운 도전하는 국가들이 끊임없이 출현했는데 이때는 국가 간의 경쟁이 치열해 대국간의 충돌이 가장 많고, 가장 강하다고 생각하였다. 경제는 패권의 흥망성쇠를 결정하는 주요 요인이기 때문에, 윌러스타인은 전쟁이 패권국이 경제적 우위를 유지하는 최종적인 수단이라고 여겼다.[4] 이 이론에 따라 판단하자면, 미국이 100년 동안 세계를 집권하고 난 이후 패권성숙기에서 패권 쇠약기의 방향으로 나아가기 시작했고, 중국은 이미 상승기에 접어들었다. 향후 10년 동안 전성기에 접어들게 될 것으로 보인다. 따라서 이 시기에 미중 충돌의 가능성이 가장 크다.

미국은 전세계적으로 패권적 지위를 이용하여 태평양사령부, 유럽사령부, 남방사령부, 북방사령부, 아프리카사령부와 중앙사령부 등 6개의 전략적 지역에 사령부를 설립하였다. 이들의 작전 반경은 전 세계를 아우르고 있다. 미국 국방부 2009년 <미군기지구조보고서>에 따르면 미군은 대외적으로 전세계에 미군기지 5,579개, 면적 2,900만 평방마일, 군사시설 54만 여개가 있고, 그 중 미군 본토 이외의 군사기지는 716개로 38개 국가와 지역에 분포되어 있다고 발표하였

---

4) Immanuel Wallerstein, "Tree Instancess of Hemeny in the History of the World Economy", International Journal of Comparative Socive Sociogy 24. 1983

다.(Department of Defense, Base Structure Report fiscal year 2009).

경제력으로 봤을 때, 미국은 2013년의 GDP가 17조 달러에 가까운 16조 8,000만 달러에 달했고, 1인당 GDP도 5만 달러를 넘어서, 2017년에 이미 19조 달러에 달하였다. 2013년 말 달러는 글로벌 무역 융자의 비중에서 전 세계 80% 이상을 차지하였다. 대외 직접 투자도 3,300여억 달러에 달해, 세계 1위를 차지했고, 2위를 차지한 일본의 3배에 달하였다. 2012년 미국이 유치한 외국이 직접 투자는 1,680억 달러로 계속해서 세계 1위들 차지하였다. 1901~2012년에 562명의 과학자가 노벨 물리학상, 화학상 및 의학상을 획득했고, 그 중 미국 국적의 과학자는 252명으로 45%를 차지하였다. 이 수치는 영국, 프랑스, 독일, 러시아, 일본 등 국가의 총액을 넘어 다른 국가를 크게 앞서는 것이다. 영국 <타임즈>의 통계에 따르면 고등 교육 2013년 글로벌 대학 순위에서 상위 200위 대학 중 미국 대학은 76곳이 포함되었다. 미국의 창의력은 보스턴 컨설팅회사가 발표한 <2012년도 글로벌 가장 혁신적인 회사>의 상위 50위 중에서 미국 회사가 21곳으로, 과학기술의 우위는 미국의 강대한 국방력의 기초이자, 경제혁신 활력의 원천이라고 할 수 있다.

현재 중국경제는 절대적으로 빠른 성장 속도로 미국을 쫓고 있다. 또한 2020년 전후로 미국의 경제총량을 뛰어넘을 가능성이 있지만, 이상 상술한 다른 지표는 미국에 비해 훨씬 뒤떨어진다. 따라서 두 대국이 진정한 패권 쟁탈로 들어가는 것은 아직은 시기 상조이다. 미국의 입장에서 보면, 세계정치경제에서 리더의 지위를 유지하려면 국제발전전략을 조정해야 할 필요가 있다. 중국과의 경쟁에서 협력할 수도 있고 억제할 수 있는 '양날의 검'이 있다. 중국의 입장에서는 앞으로 상당 기간 동안 국민 경제 발전 속도를 계속 증가시키면서 동시에 과학기술, 특히 원천 기술의 능력을 보완해야 한다. 사실 중국 GDP의 성장 속도와 수준에 비해, 중국의 국민소득 GNP 의 발전 속도가 상대적으로 비교적 느리다. 일본과 한국의 GDP 와 GNP 의 발전 속도와 수준을 비교해 보면, 중국은 반드시 국민이 날로 성장하는 생활 수요를 대폭 만족시켜, 물질 문화 수준을 제고해야 한다. 사실 중국은 지난 40년 간의 경제 성장은 중국의 독창적인 기적은 아니다. 왜냐하면 한국, 일본과 대만 지역 모두 30 년도 안된 기간에 1 인당 평균 GDP에서 중국을 훨씬 뛰어넘었고, 이미 중등 소득 함정을 넘어서 선진 경제체가 되었다. 하지만 중국이 중등 소득 함정을 뛰어넘을 수 있을지가 여전히 미지수다. 중국 경제가 향후 직면하게 될 도전은 일본이나 한국보다 훨씬 크다.

종합적으로 비교해 보면, 이전의 오래된 유럽 패권 국가인 포르투갈, 스페인, 네덜란드, 프랑스, 영국 등의 국가에 비해 미국은 광활하고 인구가 많은 나라로 경제, 정치, 과학기술, 교육, 문화, 군사 등 방면에서 전 세계를 선도하고 있으며, 전면적, 종합적, 실질적인 패권국가로, 과거 유럽국가들과 같이 세계 패권을 쉽게 잃어버리지 않을 것이다. 미국 국토 면적은 세계 네 번째로 크고, 자연 자원이 매우 풍부하다. 에너지 석유만 보면 석유 매장량이 42억 톤으로 중국의 두 배이다. 국제에너지기구(IEA)에 따르면 2020년까지 미국은 세계에서 가장 큰 석유생산국이 될 것으로 전망된다. 현재 미국의 석유 일일 생산량이 이미 890만 배럴에 달해, 세계 3위를 차지했고, 전 세계의 10% 가량을 차지하고 있다. 미국은 천연가스 매장량도 8조5000억 입방미터에 달하여 세계 5위에 올랐다. 미국의 석탄 매장량은 전 세계 1위로 2370억톤에 달하고, 전 세계의 약 27.6%를 차지하고 있다.(데이터 출처: <2013년 BP 세계 에너지 통계>)

국가 전략은 국가 실력의 함수이다. 최상의 국가 전략은 국가 실력을 극대화할 수 있고 국가 실력은 국가 전략 자원의 기초다. 한 국가의 종합 국력이 너무 약하여 가용 자원이 너무 적다면 전략적으로도 사용할 카드가 없고, 이것은 소위 '약소국 무외교'인 것이다. 2차 대전 전후, 특히 2차 대전 이후 유럽 국가들이 큰 전쟁의 상처와 손실을 입었을 때 미국은 적지 않은 이득을 보았는데, 일류의 국가종합국력을 보유하고 있었을 뿐만 아니라, 일류 국가발전전략도 갖추고 있었다. 미국이 전쟁 이래 100여년 동안 세계 패권 지위를 유지하고 있는 중요한 원인은 이 때문이라고 할 수 있다. 그러나 2001년 '9.11사건' 이후 미국인은 다시는 미국이 세계에서 가장 안전한 나라라고 생각하지 않을 것이다. 미국 정책 결정자는 과거를 돌이켜보고 베이징간의 갈등을 해소하고, 양측의 마찰을 피하려는 시도를 하기 시작하였다. 이것은 워싱턴이 베이징과 연합해서 테러리스트와 '테러 국가'에 대해 대응하기를 바라는데 있다. 이후, 상술한 문제의 긴박성이 다소 떨어지면서, 미국인은 베이징이 이런 문제를 대처하는데 얼마나 도움이 되는지 의심하기 시작하였다. 그리고 중국이 확장된 힘과 야심이 증가하고 있다는 증거들이 있다. 지난 20여년의 대부분의 시간 동안 중국 지도자들은 보편적으로 매우 소심하고 신중하여 다른 나라 특히 미국에 오해를 일으키는 행동은 피하고 있었다. 하지만 2008년 글로벌 금융위기 이후 중국 지도자의 언행은 이전보다 더 자신감이 높아졌으며, 더욱 강경하게 배척했으며, 기존의 국제 질서를 바꾸길 요구했고, 더욱 공개적으로 미국의 아태지역 '재균형전략'에 대해 질타하였다.

2011년 12월 18일 미군이 이라크에서 모두 철수하였다. 미국 현실주의의 대가인 밀슨 하이머는 "미국은 이미 전 방위적으로 쇠퇴하는 것을 더 이상 막기 힘들다"라고 말한바 있다. 미국 보스턴 대학 역사 및 국제관계 교수 앤드루 바체비치 역시 "이것은 미국의 원대한 전도의 결말을 상징한다"라고 생각하였다. 2,400여년 전의 아테네와 스파르타처럼, 오늘날의 미국과 중국은 지정학적으로 경쟁과 충돌이 상존하고 있을 뿐만 아니라, 사회제도와 가치관에서도 많은 차이가 있다. 과거와는 다른 것은 미중 양국은 경제적으로 상호의존하고 상호 경쟁하는 광범위하고 깊은 관계를 맺고 있다는 것이다. 미중 간에는 거대한 무역 적자가 존재하고, 거대한 전략과 안보상의 '신뢰' 적자도 존재하고 있다. 그러므로, 미중 양국 지도자들이 어떤 '신형 강대국 관계'를 수립하여, '투키디데스' 함정에 빠지는 것을 피할지가 양국이 직면한 최대 과제가 되었다.

4. 상호의존론

코헤인과 나이를 대표로 하는 신 자유주의 상호의존론에 의하면 국제정치와 경제 상호관계 이론의 정수는 복합 상호의존론에서 강조한 경제상의 상호의존적인 비대칭성이 국제정치권의 원천이라고 지적한다. 이 이론은 기존의 국제관계 중에서 균형 즉, 완전한 대칭을 이루는 상호의존은 거의 없고, 대다수 국가가 비대칭적인 상호의존 관계에서 대칭을 가늠하는 관건은 바로 민감성과 취약성 이 두 개념에 있다고 강조한다. 다시 말하자면, 민감성은 한 나라가 다른 나라의 정책 변화에 대한 반응의 속도가 빠르거나 느리다는 것을 나타낸다. 또한 취약성은 한 나라가 다른 나라의 정책 변화로 인해 반응을 나타낼 때 치르는 대가의 크기를 나타낸다. 민감성과 취약성 방면에서 우세한 국가가 타국에게 자신이 원하지 않는 일을 강제로 시키거나 영향력을 행사할 권리를 얻었다. 국제관계에서의 정치와 경제 상호 메커니즘이 매우 정확하게 보여준다. 즉 경제적으로 비대칭 상호의존 관계(우세국가가 민감성과 취약성 차이를 이용하여 열악한 국가로 하여금 자신의 의지에 굴복하게 하는 것) 불평등한 국제정치구조인 것이다. 신 자유주의 상호의존론으로 볼 때, 국제관계의 정치경제적 상호 경제의 핵심은 취약성과 민감성 가운데 비대칭적인 상호의존관계에서 형성된 취약성과 민감성의 차이가 국제정치권력의 기초를 구축한 데에 있다.

조지프 나이와 로버트 코헤인

조지프 나이는 1937년에 태어났다. 1958년 프린스턴 대학에서 공공관계학 학사 학위를 받았고, 1960년 영국 옥스퍼드 대학에서 철학, 정치학, 경제학 석사 학위를 받았다. 1964년에는 하버드대 정치학 박사 학위를 얻었고, 졸업 후 유학 교직을 맡아 현재까지 직을 맡고 있고, 하버드대 정치학 교수, 케네디정치학원 원장이다. 1993-1994년 클린턴 정부 전국정보위원회 의장, 1994-1996년 말 미국 국가안전사무 보조를 맡았다.

로버트 코헤인은 1941년에 태어났다. 1957년 그의 아버지가 가르치는 시카고대 부속 하머스쿨에 입학해, 1961년 하버드대 대학원 과정을 거쳐, 1965년 하버드대 정치하 박시를 졸업하였다. 논문은 호프만 지도하에서 완성하였다. 1996년 코헤인의 부인이 두크대 총장에 취임한 후 그는 같은 학교 교장으로 교직을 맡아왔다. 그의 주요 연구 과제는 상호의존론, 국제 제도와 전통적 균형 이론이다.

1977년 조지프 나이와 로버트 코헤인이 공동 집필한 <권력과 상호의존>은 70년대 서양 국제관계이론 신 자유주의 사조의 대표작이다. 그들은 전통적으로 전해내려온 '국가는 유일한 행위자'라는 주장을 버리고, 전후 국제사회에서의 국가 간, 그리고 다국적 관계의 발전으로 사람들은 국제적 차원의 여러 행위자들에 대한 연구를 더욱 중요시하고, 국경을 초월하는 상호 연계와 동맹관계, 상호의존에 대한 연구를 중요시한다고 생각하였다. '상호의존론'은 국가 간, 국가를 초월한 관계를 연구 대상으로 한다. 그들은 현실주의의 권력정치 이론과 과학행위주의 이론을 먼저 제시한 상호의존론을 유기적으로 결합해 고찰하고, 양자 간의 내적 연계를 더욱 분석하고, 또한 정치, 경제, 군사, 생태 등 방면에 있어서 종합 연구를 진행한 기초 상에 상호의존(complex interdependence)에 부합하는 신개념을 제시하였다. 그들은 복합 상호의존의 3가지 기본 특징을 가지고 있다고 보았다. "첫째, 여러 노선이 존재하는 사회적 관계이다. 이런 관계는 국제사회 내부의 상호 연락과 상호의존을 크게 증가시킨다. 둘째, 점점 더 많은 문제들이 국가 간 관계에 들어가는 의사일정이다. 국내와 국제 문제의 차이는 점점 작아지고 있다. 셋째, 균형 역량의 다원화 역할이 점점 두드러진다.[5)]

10년 후 이 책이 다시 출판될 때, 그들은 '권력과 상호의존의 재평가'라는 서문에서 처음으로 새로운 시기의 국제관계 이론의 세 가지 기본 원칙을 제시하였다. "첫 번째는 권력 취향을 견지하는 분석법이다. 두 번째는 복합 상호의존을 핵심 이론으로 하고 있다. 세 번째는 국제적 체제 변화에 대한 연구를 강화하는 것이다.[6)] 이 책에서는 상

---

5) Robert Keohance and Joseph Nye, "Power and Interdepence - World Politics in Transition"

호의존은 반드시 필연적으로 협력을 초래하는 것은 아니며, 일정한 조건 하에서도 충돌을 일으킬 수 있다고 명확하게 제시하고 있다.

1989년 로버트 코헤인의 또 다른 저서가 출시되었으며, 제목은 <국제제도와 국제권력: 국제관계 문집>이다. 이 책에서 그가 제기한 신 자유주의와 국제관계에 관한 이론적인 주장은 한 단계 더 발전하였다. 그는 세계 정치의 제도화가 각국 정부의 행위에 대해 큰 영향을 미칠 것이라고 생각한다. 국가 정책 결정과 행위는 협력과 분쟁 패턴에 대한 분석을 통해 더욱더 정확한 경계와 평가를 내릴 수 있다. 그는 이 논점을'신 자유제도주의(neoliberal institutionlism)'라고 여겼다. 이런 제도는 체계 구조분석과는 다르고, 다음을 포함하고 있다.

하나, 정부가 자신의 약속을 이행하고, 다른 나라가 협정을 준수하는지 관리감독 하는 능력을 상화하는 것. 둘째, 협상의 각 측이 정보 및 기회의 교류를 강화시키는 것. 셋째, 국제 협의의 일체성을 유지하는 것이다.

코헤인과 나이의 장기적인 협력은 권력과 상호의존, 다국적 관계, 국제제도와 정보혁명과 다른 각도에서 "세계 정치와 국제관계에 대해 신 자유주의의 설명을 해준다. 그들은 신 자유주의가 국제관계에 대한 분석을 함에 있어 더욱 전면적이고 정확하다고 강조하였다. 신 자유제도주의는 단순히 신 현실주의를 대체할 뿐만 아니라 게다가 내용과 형식상에서 완전히 혁신적이기를 바란다."[7]

상호의존론은 국제정치 경제학에서 이론적으로 가장 완벽한 이론으로, 정치와 경제가 가장 정교하게 결합된 이론이다. 이 이론의 창

---

6) Robert Keohance and Joseph Nye, "Power and Interdepence Revisitted, international Organization", Autumn 1987

7) Robert Keohance, "international Institution and Staate Power – Esays on International Relatio ns Theory", Westview Press, 1989, p.15

시자는 유명한 경제학자인 리처드 쿠퍼(Richard Cooper)이다. 따라서 쿠퍼가 상호의존의 이론 연구를 경제 상호의존론이라고 부르는 것은 쿠퍼의 연구가 주로 국가와 국가 간의 경제적 상호의존관계에 집중되었기 때문이다. 이후 로버트 코헤인(Robert O. Keohance)와 조셉(Joseph S. Nye)의 상호의존론은 국제 정치 권력의 관점에서 국가와 국가 간의 경제적 상호의존 관계를 연구하였다. 경제적 상호의존론으로부터 복합 상호의존론까지는 단지 이론적 차원의 발전과 심화가 아니며, 후자로부터 전자에 대한 개조이다. 국제 정치 경제학의 신 자유주의가 이미 '경제적 상호의존과 국제 평화'의 이론적 오점에서 벗어나 경제적 상호의존과 국제정치권력 사이의 이론적 교량을 성공적으로 건설하였다.

경제 상호의존론은 경제학자 쿠퍼가 국제경제의 상호의존관계에 근거하여 제정한 이론체계로, 쿠퍼가 2차 세계대전 이후 60년대 초까지 20년 동안 세계 경제의 각국 사이에는 상호 연락이 깊어지고 상호 영향이 빠르게 확대되는 사실에서 발견한 것이다. 1960년은 1913년에 비해 국제무역이 10배 가까이 확대되면서 국제적으로 자본 유동이 2배 가까이 증가했고, 국제 통신량이 7배 증가했고, 유학생 수는 14배 넘게 증가하였다. 이 통계 데이터는 2차 세계대전으로 단절되었던 국제경제연계가 다시 활기를 회복했고, 19세기 말부터 20세기 초까지 자본주의 발전의 전성기를 넘어섰다는 것을 보여주고 있다. 쿠퍼는 1960년대 각국 간에 사람, 재물, 정보 교류량이 급속하게 확대된 경제 현상에서 서로 의존하는 국제 조류 변화의 정보를 캐치하였다. 그는 <상호의존경제학: 대서양 국가의 경제정책>(The Economics of interdependence : Economic Policy in the Atlantiic Community)의 책에서 상호의존관계에 대해 "한 나라의 경제 발전과 국제경제발전 간의 민감한 반응 관계”라고 정의하였다. 그는 한 국가의 경제 발전과 다른 국가 경제 간의 민감한 반응 관계는 국가와 국가간의 관계를 정확히 파악 하는 것이 관건이라고 강조하였다. 국제경제에서 상호의존의 주요 문제는 다른 형식의 국제적 교류와 같이 국가와 국가 간의 경제 교류가 각지의 실정에 맞게 적절한 대책을 세워서 행동의 선택적 자유를 증가시키고, 또한 이런 종류의 자유를 제한한다. 쿠퍼는 날이 갈수록 확대되는 국제교류 방면에서 서양 국가가 직면하고 있는 새로운 문제는 바로 “어떠한 제한도 받지 않는 광범위한 국제 경제 협력이 가져올 여러 가지 장점을 누리는 동시에, 국가가 합리적인 경제 목표를 추구하도록 한다는 것이다”라고 말하였다. 이에 따라 그의 <상호의존 경제학: 대서양 국가의 경제정책>은 사람들에게 고전적 상호의존분석으로 여겨지고 있다. 몽테스키외의 명언 ’평화는 무역의 자연스러운 결과’와 비슷한다.

로버트 코헤인(Robert O. Keohance)과 조지프 나이(Joseph S. Nye)는 상속과 쿠퍼의 상호의존론을 발전시켰다. 이들은 공동 집필한 <권력과 상호의존: 변화 중의 세계정치>(Power and interdependence: World Polices in Transition) 및 후기 저서인 <패권 이후: 세계 정치경제 중의 협력과 분쟁>((After Hegemony: Cooperation and Discord in the World Political Economy, 1984)에서 상호의존론에 대한 새로운 해석을 내놓았다. 미국 국제 정치학계의 대표적인 인물 중 하나인 스탠리 호프먼이 칭송한 것처럼 “코헤인과 나이의 권력과 상호의존의 결합, 복합 상호의존의 제기는 두 국제관계 연구의 새로운 발전이나”라고 말하였다. 코헤인과 나이의 복합 상호의존론은 경제 상호의존에 대해 정치분석을 하고 있는데, 그 핵심은 국제관계 중 경제상의 상호의존성과 정치적 권력상의 상호 경쟁성 사이의 관계를 연구 토론하는 것이다. 그들은 민족국가는 반드시 가능한 국가와 국가간의 경제적 상호의존관계에 대해 인도 및 관리를 해야 하고, 국제정치상의 차이는 국제 정치권력의 기초이며 국제정치권력은 국제경제의 상호의존의 심화에서 비롯된다고 생각한다. 그들은 연구에서 국제정치상의 상호의존에 대해 분류를 진행했고, 민감성과 취약성 두 개의 개념을 제시했으며, 두 개념에서 출발해 민족국가가 상호의존하는 중 나타나는 경제적 차이를 정치권력의 과정, 방식에 대해 완벽하고 명확한 이론적 분석을 했으며, 이로써 상호의존론이 경제자유주의의 속박에서 벗어나 강한 생명력을 얻을 수 있었다.[8]

코헤인과 나이것은 대칭적인 상호의존관계든지 상호의존관계 및 비대칭적인 정도가 어떠하든지 간에 이것은 모두 행위의 주체가 다른 측의 민감성과 취약성 크기에 의해 좌우된다고 생각하였다. "민감성이 가리키는 것은 어떤 정책적 프레임 내에서 반응하는 정도, 즉 한 나라의 변화가 다른 나라의 변화를 초래하는 속도와 이에 대한 대가로 지불해야 하는 크기이다."[9] 현재 석유 가격 폭락이 러시아와 미국에 미치는 영향은 현저한 차이가 있다. 현재 석유 가격이 폭락하여 러시아와 미국에 대한 영향이 매우 크다. 현재 석유 가격의 폭락은 러시아에 미치는 영향이 매우 크다. 러시아 국가 내부적으로 루블이 평가 절하되고, 인플레이션이 심각해지는 등의 문제를 야기했다. 하지만 미국에 있어서는 그 영향이 미비 하였다. 취약성은 모든 국가가 외부적인 조건을 줄이고자 지불하는 대가가 클 때 나타나는데 이를 통해 정책적인 대가를 얼마나 지불하는지, 또한 이러한 대가를 감당

---

8) 번용명, <서양 국제정치경제학(제2판)>, p.34

9) <권력과 상호의존: 전환 중인 세계 정치>(Power and Interdependence: World Polices in Transion), p.12

할 정치적인 의지가 있는지 하는 것들이 모두 취약성을 가늠하는 지표가 된다.[10)]

현실주의는 충돌과 전쟁을 강조하며, 국가는 이익과 권력을 쫓는다고 생각한다. 하지만 자유주의는 협력과 안정을 강조하며, 나라는 자율과 자기통제 및 이성적인 것이라고 생각한다. 인류 사회가 집단생활을 하기 시작한 이래로, 인류는 전쟁과 평화의 상호 교환 속에서 살고 있다. 국제관계의 현실주의이론은 사람과 국가 및 국제사회의 어둡고 이상적이지 않은 일면을 드러냈고, 자유주의 이론은 사람과 국가 및 국제사회에서 비교적 밝고 이상적인 일면을 드러냈다. 이 두 가지 이론 체계는 국제관계에 확실하게 존재하는 두 현실, 즉 전쟁과 평화를 드러내 보여준다고 할 수 있다. 그것들은 다른 국제적인 시각에서 출발하면, 국가와 인류 및 국세사회의 한 방면을 보여주는 것이다. 현실주의 이론이 비록 전쟁과 충돌을 명시하긴 했지만, 국제관계의 평화적인 요소를 간과하고 있고, 자유주의 이론은 비록 평화와 안정을 말하고 있지만, 국제사회의 충돌과 전쟁적 요소를 소홀히 하였다. 따라서 만약 현실주의와 자유주의를 유기적으로 결합시킨다면, 그렇다면 사람과 국가 및 국제사회에 대한 인식은 아마도 더욱더 전면적이고 정확해질 수 있을 것이다.

신 현실주의와 신 자유주의는 두 가지 다른 세계관과 방법론을 대표하고 있다. 이것들은 비록 모두 사람, 국가와 국가간의 관계 세가지 측면에서 이론적 분석을 시도하고 있는데, 그 결론은 완전히 반대다.

우선, 인간에 관해서는, 신 현실주의는 전통적인 현실주의의 성악설에 관한 기본 관점을 계승했고, 사람의 본질에 대해 비관론적인 태

---

10) <권력과 상호의존: 전환 중인 세계 정치>(Power and Interdependence: World Polices in Transion), p.13

도를 가지고 있으며, 인간의 본성이 욕망에 의해서 악해지는 것이라고 여긴다. 인간의 동기가 자신의 욕망을 충족시키는 것이기 때문에 반드시 충돌과 전쟁은 일어나고, 이것은 결코 협력과 공존이 아닌 것이다. 인류의 충돌 심지어 전쟁이 자연스러운 것이라고 여긴다. 신자유주의가 전통적 자유주의에서 인성이 선하다는 관점을 버렸지만, 이것은 현실주의와 같이 인성이 죄악이라고는 여기지 않는다. 그들은 인간의 본성이 완벽하지 않고, 결점이 있어 취약하고 또 비이성적인 면도 있다는 것을 인정하지만, 또한 동시에 잠재적인 능력을 가지고 있어서 자신의 욕망을 통제하고 합리적인 환경에서 이성적으로 변할 수 있다고 여긴다. 사람은 현실 집단의 목적이 아니라, 사람 자체가 목적이다. 사람은 집단 생활에서 자신의 발전에 적합한 풍속, 규칙 및 가치관을 창조할 수 있는 능력이 있다. 사람은 이성적인 수단을 통해 사람과 사람 간의 충돌을 해결할 수 있다.

둘째, 국가에 관한 것이다. 신 현실주의는 사람은 자기 능력을 구제하지 않고, 자신 이외에 집단 및 국가 내에서만 이러한 소원을 이룰 수 있으며, 국가는 인간의 결점을 보완하였다고 여긴다. 사람은 충동적이고, 나라는 인격화된 것이다. 사람은 취약하고 국가는 강대한 것이다. 인간은 진정한 인격이 부족하지만 국가는 이성화된 것이다. 사람이 국가를 창조했지만, 국가도 사람을 만들었다. 그러나 국가는 이원성을 가지고 있으며 또한 잠재적인 비이성적인 일면을 나타내고 있다. 자신의 국익을 위해 다른 나라의 이익을 서슴지 않고 희생시킨다. 국가 간에 질서 정연하고, 공정하고, 공익을 꾀하는 국제적 구도를 세우기 어렵다. 신 현실주의는 국가가 완벽하지 않다고 생각한다. 불완전한 특성과 힘의 차이로 인해 국가는 살아남기 위해서 반드시 강대해야 하지만 또 모든 나라가 강성할 수 있는 것은 아니기 때문에 하나의 강한 국가가 국제질서를 유지해야 한다는 것이다. 이곳의 현실주의 이론의 대표적인 인물 중 하나인 그리핀의 패권안정론은 이 이론사상을 주체사상으로 삼았다. 신 자유주의는 고전자유주의의 국가에 대한 해석을 계승하였다. 국가는 사람들의 공동의 협정 아래 세워졌다. 주권의 근본은 국민이다. 국가는 대외적으로 주권 독립을 유지하고, 국가 내적으로는 개인의 권리를 보장하고 국민들의 수요를 충족시키는데, 따라서 공익은 반드시 사익의 기초에 세워야 한다. 국가는 사람이 필요성을 만족시키는 수단이다. 스스로가 결코 목적이 되지 않는다. 사람은 국가의 일부이며 이것은 일부를 위한 서비스가 아니라 전체를 위한 서비스이다. 신 자유주의자들이 주장하길, 국가는 완벽하지 않지만 이성이 존재한다고 하였다. 국가가 비이성적이라면 국제체계에서 어떠한 메커니즘을 세워 공익을 위반하는 행위를 제약할 수 없다. 신 자유주의는 상호 간에 이익이 충돌하는 국가와 국가가 협력할 수 있는데, 이것은 행위자들이 생각하기에 협력이란 그들의 정책이 진정한 혹은 잠재적 충돌에 처해있다고 생각할 때 이뤄지는 것이고, 평화롭고 조화로운 와중에 발생하는 것이 아니기 때문이다. 즉, 협력은 충돌에 대한 반응이다. 국제 매커니즘은 충돌에 대한 반응이자 충돌에 대한 제제이다. 총괄해 보자면, 국가의 이성적 본질은 바로 국제적 메커니즘과 협력의 기초이다.

마지막, 국가 간 관계이다. 국가 간의 관계, 전쟁과 평화의 문제에 있어, 신 현실주의는 기본적으로 비관론적인 태도를 지닌다. 전통 현실주의와 마찬가지로 신 현실주의는 국가 생존은 반드시 권력을 획득해야 한다고 생각한다. 모든 국가가 상대적으로 안전한 상태에 있어야만 국제 체계의 안정적인 국면이 형성될 수 있다. 그러나 전통적 현실주의와는 달리 새로운 현실주의는 권력이 목적이 아니라 바로 국가적 독립과 안보를 유지하기 위한 수단이다. 국가의 목적은 자신의 실력을 최대화하는 것이 아니라 어떤 한 국가 권력의 최대화를 막는 것이다.

신 자유주의는 체계 구조를 강조한다. 즉 글로벌 구조는 국제관계에 대해 매우 중요한 역할을 하고 있다. 구조는 국가와 국제사회의 행위를 결정한다. 무정부의 세계 질서는 구조에 중요한 사명을 부여하고 있다. 구조는 행위의 체제를 통제한다. 신 자유주의자는 평화와 글로벌 협력은 국제기구와 국제 시스템의 유지 하에 가능하다고 보고 있다. 그들은 국제적 충돌의 존재를 부인하지 않으나, 국제기구와 공식 혹은 비공식적인 국제 규칙으로 충돌과 전쟁을 피할 수 있고, 더 나아가 국가간의 협력을 강화할 수 있다고 생각한다. 또한 미래의 국제 사회는 분열된 것이 아니라, 단지 서로 거리가 떨어져 있을 뿐이고, 글로벌 구조 조정을 통해 세계 평화와 국제협력을 촉진할 수 있다고 본다.[11]

20여년 전 조지프 나이는 "신 현실주의와 신 자유주의 간의 분석이 과장되었다. 사실상 이 두 연구법은 서로 상호 보완할 수 있다. 현재 이미 국제정치 중 전통적인 현실주의와 자유주의 분야를 넘어설 때가 되었다. 두 전통 학파들은 모두 사람들이 국제 행위 이론에 대한 이해를 돕는 데 공헌하였다"고 지적하였다. 21세기에 접어든 이후 지식경제시대가 도래함에 따라 신 현실주의와 신 자유주의 이론을 완비하려는 노력이 계속될 것이다. 본질적으로는 그들은 국제체계 속의 대국관계를 관리하기 위해 견고한 이론적 기초를 제공했고, 호프만이 강조했던 것처럼 신 현실주의와 신자유주의는 미국 대외전략을 위해 신 이론적 사유 방법과 수단을 제공하였다. 이들이 제기한

---

11) 예세웅 등, <당대 서양 국제관계 이론>, 복단대학출판사, p.164-166

국제정치경제학, 협력이론, 패권안정론, 균형론, 국제기계론, 복합 상호의존론, 세계 체계론 등은 모두 국가 정책 결정과 실천에 대해 유력한 이론적 근거와 지도사상을 제공하였다.

사실, 세계 경제 일체화에 따라 국가 간의 운명은 서로 밀접하다. 예를 들어, 아세안 금융위기, 유럽연합의 금융위기, 미국 서브프라임 모기지론 위기에서 모두 나타나고 있는 것처럼, 국가 간의 관계는 단순히 국제정치나 세기의 주기로 한 국가의 발전에 필연적으로 나타나는 도전의 근원이 되는 패권국을 단정시을 수 없다. 현재 상황을 보았을 때, 대국간의 전쟁이나 세계대전의 가능성은 거의 불가능하다. 동시에, 21세기에 접어들면서 세계 다극화, 글로벌화의 추세가 나날이 뚜렷해지고, 세계는 '포스트 냉전 국제정치 질서체계'에 돌입하였다. 국가의 상호의존과 복합적인 상호의존도가 점점 커지고 있다. 비록 중국의 부상이 미국의 입장에서 보면 패권에 대한 도전이지만, 미중 경제 관계에서 보면 상호 보완성이 강하며, 미국 안에 중국이 있고, 중국 안에 미국이 있는 것이라 말할 수 있다. 이런 국가간 경제의 상호의존적인 현실은 대국 간의 충돌 및 마찰 발생을 억제하는 역할을 하였다. 이데올로기가 더 이상 국가 간 교류의 장애로 여겨지지 않고, 과학 기술이 빠르게 발전하고, 다국적 회사가 국가 간에 거액으로 투자를 함에 따라 각국 정부 지도자는 부득이하게 경제와 소프트 파워(첨단 과학 기술, 지식 정보)를 중요시 할 수밖에 없었고, 이를 통해 다른 국가를 통제하였다. 특히 서양 국가는 대외전략과 관련하여 어떤 목표를 설정할 것인지, 어떻게 타국에 대한 영향력을 장악할 것인지 하는 부분에 있어서 '포스트 냉전적 사고'를 취하였다. 다시 말하자면 시간과 공간의 변화에 따라 규율은 영원하지 않다는 것이다. 소위 국제정치 주기의 법칙도 마찬가지로 시간과 공간의 변화에 따라 조정해야 한다. 모델스키와 월러스타인의 '패권주기이론'의 한계성은 그들이 단지 500년 동안의 역사를 통해 '패권 도전국'에서 '패권국'이 되는 과정, 또는 실패한 역사로 종결되는 과정만을 보고, 국제정치 주기성 규율은 고정불변이고, 더 나아가 국제 시스템이 어떻게 변화하고 국제 사회가 어떻게 발전하는지 간에 모든 국가는 패권 국가와 패권 도전국이 번갈아 패권을 잡는 '불변의 법칙'에서 벗어나기 어렵다라고 생각하는 데 한계가 있다.

역사적, 정치적인 시각으로 국가 간 정치를 분석해보면 의심할 여지가 없다. 그러나 세계화와 세계 경제의 일체화가 빠르게 발전함에 따라 세계 주류는 이미 천지가 개벽할 만한 큰 변화가 발생했고, 평화와 발전은 미래 국제 정치의 전체적인 추세가 될 것이며, 지역과 일부 국가간에 발생하는 충돌 및 전쟁 또한 피하기 어렵게 될 것이다. 하지만 상술했던 이런 추세로 흘러가고 있기 때문에, 소위 '국제 패권 주기론'은 마땅히 더욱 중요한 요소 즉, 경제, 문화, 발전적 요소를 고려해야 한다. 백번 양보한다 하더라도 단지 국가 이익만 고려해 본다면, 대국 간 전쟁이 발발한다면 양측 모두 피해를 입게 되는 것이고, 모두 전멸하게 된다. 다시 말하자면, 누구도 전쟁을 통해 이런 상황이 빚어지는 것을 원하지 않는다. 왜냐하면 전쟁은 정치의 연장 선상이며, 이것은 곧 국가 이익을 최대화 하기 위함에 그 목적이 있기 때문이다. 대국 간의 전쟁으로 공동 전멸을 초래하였다고 하면 이것은 국가 권력의 최종 목적이 아닌 것이다.

2009년 오바마는 방중 당시 공개적으로 "미국은 강력하고 번영한, 성공한 중국이 국제관계에서 더욱 중요한 역할을 발휘할 것을 환영한다"라고 했다. 미중 양국은 '투키디데스'의 함정에 빠지는 것을 피하고, '신형 대국 관계'를 만들고, 국제 사회의 발전을 위해 모범 사례가 될 수 있다. 미중 간에는 경제적으로 깊은 상호의존도가 존재하고 있다. 이것은 이전의 대국 관계에서는 전례가 없었던 것으로, 예를 들어 냉전시기에 소동(苏东)그룹이 '경호회(经互会)'를 세웠고, 경제적으로는 서양 국가와 상당히 제한적인 관계를 유지하였다. 소련과 미국 간에는 지금의 미국과 중국이 경제적인 상호 연락을 취하는 것과 같은 관계가 없었다. 미국과 중국은 이미 두 대국의 유사 이래 쌍방의 무역액을 넘어섰다. 미중의 연간 무역액은 이미 5,000억 달러를 넘어섰다. 이것은 미국 국내 300~400만 개의 일자리와 관계되는 것뿐만 아니라 중국의 수천만 명에 달하는 일자리와도 관계된다. 이뿐만 아니라, 미중 양국은 세계적으로 최대 규모의 시장이며, 그 규모로만 보면 비록 미국의 현재 시장 규모가 여전히 중국보다 크지만, 중국은 5~6년 내에 그 시장 규모가 미국을 넘어서 세계 제1의 최고 시장이 될 것이다. 미중 양국이 서로 투자하는 규모 또한 굉장히 크다.

중국은 현재 약 1조 3,000억 달러의 미국 국채를 보유하고 있으며, 비 금융류의 투자도 급속도로 증가하고 있다. 미중 양국은 경제적 상호의존도가 역사적으로 미국과 소련, 독일과 영국의 수준을 웃돈다. 미국 보잉사의 경우, 향후20년 동안 중국에서 필요한 여객기가 5260대에 달하는데, 이것은 6700억 달러의 잠재적 시장이 펼쳐져 있는 것이다. 보스턴 컨설팅 업체에 따르면 2011년 중국의 중산층과 부유층은 약 1.48억 명으로, 2020년 이 수치는 4.15억 명에 달할 것으로 보인다. 미중 수교 33년 동안 쌍방 무역액이 180여 배로 늘어났고 2011년 4466억 달러에 이른다. 2012년 5000억 달러 돌파하였다. 최근 10년 동안 미국의 대중 수출이 468% 증가하면서 중국은 이미 미국에게 있어 가장 빠르게 성장하는 시장이 되었다. 국제금융위기 이후, 중국은 적극적인 조치를 통해 수입을 확대했고, 특히 미국으로부터의 수입을 확대하고 있는데 이로써 미국의 재정 압박을 줄였다. 2006~2011년 중국 정부가 매년 파견한 투자 무역 촉진단이 미국으로부터의 구매액은 1000억 달러를 넘어섰다.[12] 중국이 상하이에서 수입 박람회를 개최하는 것은 중국 정부가 수입 규모와 역량을 확대하기 위한 조치이다.

2013년 6월 중국 국가주석 시진핑은 미국 오바마 대통령과 미국 캘리포니아 써니랜즈(Sunnylands)에서 만났다. 미중 지도자가 교체된 이후 양국 원수가 처음 1:1로 마주한 것이다. 미국 측은 정성들여 써니랜즈를 회견 장소로 선택했고, 중국 지도자에게 고품격의 접대를 제공하였다. 미중 양국의 원수가 솔직하고, 가벼운 마음으로 대화를 진행했고, 이것은 전 세계 국민들에게 깊은 인상을 남겼다. 같은 해 7월 미중은 워싱턴에서 제5차 전략 및 경제대화를 열었고, 그 중 전략적 대화의 성과는 91종에 달하였다. 이것은 양국의 공동 이익의 광범위함을 충분히 설명하고 있고, 이로써 코헤인과 나이의 복합적 상호의존론도 증명되었다. 미중관계의 의의도 양자관계의 의의를 넘어 글로벌 통치와 세계 정치 경제 구조에 대해 매우 중요한 영향을 끼쳤다.

미중 양국의 세계 경제에 대한 공헌은 세계 다른 국가보다 훨씬 뛰어나다. 1980-2000년 미국의 세계 경제 성장에 대한 공헌도는 33.1%로 세계 1위에 올랐다. 동기간 중국의 세계 경제 성장에 대한 공헌률은 겨우 4.6% 였다. 21세기에 접어든 이후 중국은 세계 경제 성장에 대한 기여율이 급격히 상승했고, 미국을 대신해 세계 경제 성장의 가장 중요한 엔진이 되었다. 일본 무역진흥기구의 계산에 따르면,

---

12) 시진핑 방미 연설 : <미중 협력동반자 사이의 아름다운 내일>, 2012.12.15

2000~2018년 기간 동안 중국이 세계 경제 성장에 대한 공헌률은 21.1% 였고, 동기간 미국은 17.1% 였다. 미중 합계 기여율이 38.2%에 달하였다. 세계경제의 성장은 미국과 중국의 두 중요한 엔진과 밀접한 관련이 있다고 할 수 있다. 대외 무역 방면에서 2011년 중국의 미국 수출액이 3,240억 달러에 달했는데, 이것은 중국 수출 총액의 17.1%로, 중국 GDP 의 4.4%에 달하는 수치였다. 2012년 미국과 중국의 수출입 총액은 모두 3조 8,000억 달러를 넘었다. 세계무역기구 WTO 의 통계에 따르면 중국은 미국보다 156억 달러가 적었다. 2013년 중국 수출입 총액은 이미 미국을 넘어 세계 제1의 무역대국이 되었다. 현재 중국은 여전히 세계 제1의 수출대국이고, 미국은 세계에서 가장 큰 수입국이다. 중국과 미국은 이미 세계에서 절대 다수 국가의 가장 큰 무역 파트너가 되있다. 미중 간의 경제적 의존도 커지고 있다. 현재 미중 간의 무역과 투자 총액은 유럽연합과 미국의 무역과 투자 총액의 3분의 1에 달한다. 하지만 멀지 않은 미래에 미중 경제관계가 깊어지면서, 미중 간의 무역과 투자는 모든 나라와 지역을 넘어설 것이다. 세계가 진정한 태평양 시대를 맞이할 것이다. 전세계 정치 경제 구도는 미중 양국을 핵심으로 구축될 것이다.

미중 양국의 경제 분야를 보면, 중국은 이미 세계 공장이 되었지만 미국과 비교하면 글로벌 제조업의 업그레이드에 따라 미국 서비스 무역화 전략이 여전히 전 세계에서 200개국에서 글로벌 서비스 무역 1위에 랭크되고 있다. 강력한 서비스 무역 지위는 선진 산업 기초에 세워진 것이다. 중국은 산업체인이 완비되있음에도 불구하고 현재 중국 제조는 핵심 생산 및 핵심 부품상에서 기술이 떨어지고 낮은 장비 수준에 머물러 있다. 철강, 유색 금속, 석유 화학 공업, 전력, 석탄, 건축재 등 15개 업계 기술 수준이 일반적으로 7-8년 낙후되어 있고,

어떤 것은 심지어 20~30년까지도 낙후되어 있다. 미국은 고도로 발전된 서비스업을 보유하고 있는데, 10대 서비스업은 관광, 운송, 금융, 교육, 통신, 장비 설치 보수, 오락업, 정보 및 의료 보건을 포함하고 있다. 이런 서비스업 분야는 세계적인 경쟁력을 갖추고 있으며, 또한 글로벌 지적재산권과 금융, 공업품의 정가 권리의 우위를 이용하여 글로벌 고급 등급 가치의 체인인 글로벌 무역표준화 프로세스를 추진하고 있다. 이것은 반드시 제조업 경쟁 구도의 변화를 가져올 것이다. 중국에게 있어서 이것은 기회이자 엄청난 도전이다. 중국은 미국 산업과 더욱 협력하고, 일본이 남긴 시장 공백을 메워야 한다. 그러나 중국도 미국이 고급 장비 기계, 신형 재료, 대형 동력 설비, 고급 정밀 제조 등 산업 분야에서 2차 전쟁 이후 줄곧 세계 시장 50% 이상을 점령하고 있다는 사실을 명확하게 인지해야 한다. 특히 2009년 12월 2일 미국 오바마 대통령은 미국 경제가 지속적으로 지속가능한 성장 모델로 전향할 수 있다고 밝혔다. 즉 수출 주도형 성장과 제조업 성장을 함께 추진하면서 실체 경제로 복귀한다는 신호를 보냈다. '재공업화'는 이미 미국을 위해 세계 경쟁력을 재건할 만한 중요한 발전적 전략이 되었다.

코헤인과 나이의 복합적인 상호의존론의 구축 중 이미 관련 국가들이 상호의존적인 국제 시스템에서 얻는 이득의 대소에 주목하였다. 그들은 상호의존은 절대로 사람들이 상상하는 것처럼 의견 차이를 해소하여 공동의 이익을 형성하는 것이 아니라, 이와 반대로 경쟁을 배재하지 않아 충돌이 일어날 수도 있고, 지불한 대가가 얻은 이익을 초과하는 경우도 있다고 생각한다. 그들은 각 나라는 같은 상호의존구조에서 이익을 얻는 정도가 다르다고 본다. 어떤 나라는 중간에서 끊임없이 거대한 이익을 얻고, 어떤 나라는 중간에서 이익을 얻는 데 한계가 있다. 민족국가가 상호의존적인 관계에서 얻은 이익이 지불한 대가를 넘어서야 상호의존관계가 지속될 수 있다. 이와 반대의 상황에서는 서로 의존관계는 유지하기가 어렵다. 이에 따라 근본적으로 민감성과 취약성은 실질적으로 상호의존적인 관계의 대가, 이익의 척도를 가늠하는 것이다. 비대칭적인 상호의존관계로 인해 생성된 민감성과 취약성 차이는 상호 구도에서의 이익능력과 이익 정도를 결정하는데, 이로 인해 일부 국가가 다른 나라에게 원하지 않는 일을 강요하는 능력을 얻었다. 상호의존론은 국제정치권력의 원천과 권력을 행사하는 방식에 대한 새로운 해석이다.[13]

전통적인 국제관계 이론에서 보면 국가는 국제사회의 유일한 행위 주체다. 현재 다국적기업과 많은 비 정부 국제기구의 출현은 국제관계학의 새로운 연구 과제가 되었다. 국제행위 주체의 다원화는 국제 연구에서 통치 지위를 차지하는 베스트팔렌 체계에 대한 중대한 도전이다(베스트팔렌 체계는 1618-1648년 동안의 30년 전쟁 후 '베스트 팔렌 협약'을 바탕으로 세운 국제체계이다. 이것의 핵심은 바로 주권 국가는 모두 평등하다라는 원칙이다. 그러나 상호의존시대에서 국제질서를 추진하는 것은 주권국가 뿐 아니라, 각종 국제 조직과 비정부 간 국제기구도 있다. 이러한 비국가 행위체는 각국의 정치의 경제상의 상호의존 관계의 발전을 심화시키고 있다).

근본적으로는 경제적 상호의존론이던지, 복합적 상호의존론이던지 간에 모두 국제협력 추진, 전쟁 해결, 국제평화를 촉진시킬 것을 주장하고 있다. 하지만 경제 상호의존론자는 종종 자유주의적 색채로 충만해, 미래의 지구촌과 국제정원에 대한 동경으로 가득하다. 이것은 분명히 국제사회의 현실과 상당한 차이가 있다. 이에 비해 복합

13) 변용명, <서양 국제정치경제학(제2판)>, p.36-38

상호의존론자는 국제질서의 건설을 통해 국제협력을 추진하면 일정한 현실성과 가능성을 가질 수 있다고 주장한다.

본질적으로 말하자면 국제정치 구도이든 국제정치 변화의 과정이든 모두 '딜'에 가까운 환경과 특징을 나타낸다는 것이다. 이에 대해 유명한 국제정치학자 칼 도이치(Karl Deutsch)는 다음과 같이 논술하였다. 그는 국제정치의 다변성과 국가 이익의 유일성은, 각종 행위의 주체는 반드시 흥정, 상호 협상, 이의 득실에 따른 계산, 위험 분산 등의 방법을 통해 상호 윈윈하거나 비제로섬 게임을 하는 것이라고 생각했다.[14] 경제학에서 서술한 천 만 개의 개인의 이익을 위해 취한 행동한 결과는 시장경제를 형성했던 규칙적인 경쟁과 같고, 국제정치 영역 역시 같다. 각 행위의 주체가 자신의 이익을 지키기 위해 전개한 게임 행위는 '세계정부'와 같은 공동의 권위가 없는 상황 하에서 일정한 규칙과 질서의 건립하였고, 게임 진행의 조건 또한, 모종의 조건 하에서, 국제 제도 형성과 발전의 조건이 되도록 하였다.

국제제도도 환경, 조건에 따라 변화할 것이다. 국제행위 주체도 끊임없이 선택과 판단을 하고 자신의 정보 조건과 기본적인 목표를 수정 및 개정하면서, 자신이 국제 제도에서 얻을 수 있는 이익을 최대화 한다.[15]

중국의 급부상은 주요 대국의 힘의 균형을 바꾸었고, 기존의 국제정치경제질서에 충격을 가져다 주었다. 미중의 글로벌 게임에서 미국은 중국을 세계 패권의 최대 도전자로 보고 있고, 또한 미국이 주도하고 있는 국제질서의 '수정주의자'로 여기고 있다. 피터슨 국제경

---

14) Karl Deutsch, "The Analysis of international Relations", 3rd edition, Englewood Cliffs, N. J.: Prentiice Hall, Inc. 1988, p.143-160

15)(미) 제임스 도허티, 로버트 파르츠 그라프 주니어, <논란의 국제관계 이론>제5판, 염라학, 진한계 등 번역, 베이징세계지식출판사, 2003. p.605

제연구소 교수는 아빈드 수브라미니안(Arvind Subramanian)가 지적한 것처럼 역사적으로 강력한 권력을 교체한 것을 참고해 보면 최근 현재 국력이 커지고 있는 중국은 2차 대전 이후 미국이 세운 국제 정치 경제 시스템을 유지하는 것을 원하지 않고, 힘이 상대적으로 약화되고 있는 미국으로써는 자신의 능력만으로는 이 시스템을 유지하는 것이 어렵다. 따라서 수브라미니안은 미국과 중국의 세계 질서에 대한 협력과 충돌을 '골드버그 난제'라고 부르며, 이것을 해결하기 어려운 난제로 지적하였다. 그 이유는 비로 미국이 중국과 권력을 나누고 싶어하지 않는다는 것이다. 중국의 굴기에 따라 미중 경쟁의 무대는 더 이상 아태지역에만 국한되지 않고, 중동, 아프리카, 라틴아메리카, 심지어 극지방, 우주 및 인터넷 공간까지 확장되었다. 미국과 중국은 이미 전 세계를 무대로 전쟁하는 새로운 시대에 접어들었다고 할 수 있다. 후발 주자인 중국의 에너지와 원자재에 대한 수요폭발은 전세계의 에너지 위기를 초래하였다(국제에너지기구(IEA)의 데이터에 따르면, 중국의 원유에 대한 수요량은 2012년일 평균 950만 배럴에 달했고, 일 평균 수입량이 540만 배럴에 달한다. 2030년까지 일 평균 수요량이 1600~1700만 배럴에 이를 것으로 보이고, 그 중 최소 1200만 배럴을 수입해야 한다. 이것은 이란과 이라크의 일 생산량에 상당하는 수준이다). 세계 제1의 수출국이자 3대 투자국인 중국의 영향력은 이미 전세계에 미치고 있다. 그러나 미국은 여전히 세계에서 가장 중요하고 안전한 제품 공급자 즉 국제 공공제 공급자로서 전 세계적인 범위에서 군사력을 갖춘 국가로 전세계적으로 중요한 전략적 요충지와 해상 교통 요추를 통제하고 있다. 현재 중국은 여전히 '미국 통치 하의 평화'를 누리는 최대 수혜자인 것이다. 이것은 또한 중국의 경제 안보가 아직은 미국의 비위를 맞춰야 하는 취약한 위치에 처해 있음을 의미하고 있다. 중국 경제의 지속적인 발전을 보장하기 위해 중국은 중동, 아프리카와 라틴아메리카에서의 영향력을 더욱 강화시켰다. 세계 시장의 후발주자로서 중국 영향력의 확대는 미국의 전통적인 이익에 도전하는 것을 의미한다. '말라카 문제'를 해결하기 위해서 중국은 미얀마 국경에 가스관을 건설하고, 파키스탄의 과다르항을 운영하는 등 일련의 조치를 취하였고, 파나마 운하 경쟁에 있는 니카라과 운하 사업에서도 중국 자본의 그림자를 드리웠다. 아시아 투자 은행 AIIB와 '일대일로'에 대한 투자 및 건설은 중국에게 '딜'에서 사용할 수 있는 실질적인 카드를 늘려줄 것이다. 이것은 다시 말하자면 미중 양국의 지정학적인 정치 경쟁이 전 세계적인 서막이 오르고 있다는 것이다.

존 애덤스(John Quincy Adams)가 이렇게 말한 바 있다. "미국에게 있어서 자신의 정부 원칙을 다른 인류에게 강요해서는 안 된다. 즉 미국이라는 본보기를 통해 인류를 자연스럽게 흡수해야한다는 것이다. 사실 이것은 미국이 통상적으로 지켜온 원칙이기도 하다. 토머스 페인의 말을 인용하자면, 미국 혁명은 미국인들만을 위한 것이 아니라 전 인류를 위한 것이다. 그러나 미국의 정책은 일관되게 미국이 이미 실천에 옮겼었던 보편적인 원칙들이 불이나 검으로 사용되어서는 안 될 것이며, 성공의 모범 사례로 전 세계 각 국에 보여져야 한다."

"이런 생각은 우리로 하여금 우리 스스로가 인권에 대한 존중을 다른 나라에 강요하도록 했고, 특히 다른 국가가 인권에 대해서 존중하는 태도를 보이지 않을 때 처벌을 가하였는데, 이것은 얼마나 무모한 것일까. 아니면 무지하거나 무지한 것에 무모함을 더한 것일까."[16]

모겐소은 이어 말하였다. "인권 수호를 위한 외교정책에 있어서 2

---

16) 한스 모겐소, <국가 간의 정치>, 베이징대학출판사, p.292

가지 장애 요소가 존재하고 있다. 하나는 인권을 수호하는 것은 항상 가능한 것이 아니다. 왜냐하면 그것은 어떤 국가가 다른 국가와 교류하는데 있어서 중요한 의무가 아니기 때문이다. 다른 하나는 인권 추구는 다른 국가와의 다른 부분에서의 교류에 있어서 방해가 될 수 있다. 왜냐하면 다른 부분에서는 인권보다 더 중요한 것들이 있을 수 있기 때문이다." 미국이 다른 나라의 정치 외교에 간섭할 때 통상적으로 인권을 핑계로 외교적인 위협을 가한다. 대중 관계에서 있어서 미중 관계가 미국에 불리할 때 상황이 있을 때마다 항상 인권을 핑계로 중국에 외교적 압력을 가해왔다. 우리는 위와 같은 미국의 유명한 국제관계학사들의 말을 인용해 보았을 때 미국 인권 외교의 실체를 어렵지 않게 미국 유명 국제관계학자의 저작언론을 통해 미국 인권 외교의 실체를 알 수 있다.

5. 미국, 중국, 러시아의 강대국 간의 게임

러시아 민족은 세계 민족 가운데 숲의 능력자들이었다. 18세기 초 서유럽에는 이미 근대 문명 국가가 숲처럼 빽빽하게 들어섰지만, 러시아는 여전히 낙후된 농노제 국가였다. 피터 대제 때부터 소련은 초강대국이 되었는데, 겨우 두 세기 반이 걸렸을 뿐이었다. 자연 과학, 인문 예술 등 각 분야에서 국제급 대사를 배출했는네, 이것은 인류 문명사의 기적이라고 할 수 있다. 러시아는 두 대륙을 넘어 3개 대양에 인접하고 있다. 지정학적으로 이야기해 보면, 러시아는 많은 꼬리표를 달고 있다. 러시아는 유럽 국가이자 약 3분의 2의 국토가 아시아에 인접해 있고, 태평양 국가, 북극국가, 폴로의 연해국가, 흑해국가, 유라시아국가 등으로 불리고 있다. 소련 해체 이후 러시아는 내리막길을 걸었다. 국제 언론에서 러시아를 언급할 때 통상적으로 전형적인 국가나 신형 시장으로 부른다. 또한 어떻게 되었든 간에 러시아는 지금까지 한쪽을 점유하고 있었고, 세계 2위위 군사력을 보유하고 있다.

러시아는 현재 전형적인 에너지 수출국으로 경제에너지화의 경향이 매우 심각하다. 러시아의 수출 구조에서 에너지와 광산은 71.8%를 차지한다. 수입 구조에서 공업 제품은 80.7%를 차지한다. 2010년 러시아 정부의 수입은 약 4조1000억 루블로, 약 1370억 달러다. 그 중 50% 이상은 에너지 산업에 관한 세수입으로 주로 석유, 천연가스 수출에서 비롯되었다. 2012년 러시아의 1인당 국민소득GNP가 12700달러에 달했고, 이 소득은 중국 1인당 소득의 3배에 육박하고 있다. 세계은행의 기준에 따르면 러시아는 고소득 국가에 속한다. 하지만, 정치, 국제관계 등으로 인해, 현재 선진국 OECD 대열에 진입하지 못하고 있다(부자클럽).(WTO 데이터베이스에 따라 2012년 러시아 수출입 데이터 정리). 에너지와 광산 외에 러시아의 대외 수출이 가장 많은 것은 무기이다. 러시아는 세계에서 미국 다음의 두 번째 무기 수출국이다. 중국과 인도는 러시아 무기 수출의 양대 구매자이다. 소련 해체 후 15년 동안, 중국은 러시아 무기장비 누적액이 200여 억 달러에 이른다. 최근 들어 중국의 구매량이 줄어들면서, 인도는 러시아 무기장비의 최대 구매자가 됐다. 2012년 한 해 동안, 러시아의 군비 수입은 176억 달러로 그 중 60퍼센트가 인도에서 왔다. 2017년 중국의 GDP 는 122427.6억 달러로 러시아의 8배 이상(2017년 러시아 GDP는 14693억 달러)이고, 인구는 러시아의 10배로, 중국은 방대한 연구비 규모를 유지하고 있었고, 국방지출은 러시아를 이미 넘어섰다. 2013년 중국의 국방비 예산은 러시아의 약 1.5배에 달하였다. 중국은 국방력에서 러시아와의 격차가 갈수록 줄어들고 있고, 조만간 러시아를 넘어설 가능성이 크다.

미중, 러시아 역량 대비 추세가 현재 '2약 1강'에서 '2강1약'으로 전환되는 국면이다. 현재 중국과 러시아는 전략적으로 미국을 제어하는 태세에 있고, 미국과 연합하여 러시아를 제압하려고 한다. 그중 러시아의 실력 변화와 전략적 자세가 관건이 됐다. 지정학적인 정치 게임으로 봤을 때, 중국, 미국, 러시아는 이미 전통적인 '원교근공' 범주를 뛰어넘었다. 중, 러 이웃 양국은 긴 국경선을 가지고 있으며, 미국의 알래스카주와 러시아의 탐사가반도와 배링해협은 서로 인접하여 마주보고 있다. 이런 지정학적인 정치적인 관점에서 말하자면, 미국과 러시아는 이웃나라라고 할 수 있다. 전통적인 '원교근공'의 원칙에 따르면, 중국과 러시아, 미국과 러시아는 반드시 서로 경계해야 하며, 미중은 반드시 우호적인 관계를 유지해야 한다. 하지만 미국은 유일한 초강대국으로서 그 군사 최전방은 이미 중러 영토 국경과 가까운 방향에 배치되었다. 그래서 미국도 사실상 중국의 이웃나라다. 미국과 러시아의 이웃도 알래스카주에만 국한된 것이 아니라 동유럽, 중앙아시아와 자캅카스 지역 모두 러시아와 가까운 거리를 유지하고 있다. 미중 러시아 3국은 세계화 조건 하에서 '너안에 내가 있고, 내 안에 네가 있다' 관계라고 할 수 있는 것이다. 따라서 중국과 미국, 러시아 간의 거리는 더 이상 지리적인 위치에 달려있다고 할 수 없고, 교류하는 빈도수와 지도자의 주관적인 의지와 국익에 달려 있다고 할 수 있다.

현재 중국과 러시아의 쌍방적 무역액은 비교적 빠른 속도로 성장하고 있음에도 불구하고 중국 대외무역총액의 2% 가량이고, 러시아 대외무역액에서도 차지하는 비중이 10% 정도 밖에 안 된다. 상대적으로 이야기하자면, 중국은 경제적으로 러시아에 있어서 더욱 중요하다. 중국은 러시아의 두 번째 무역 파트너이고, 러시아는 중국의 10위권대 무역 파트너이기 때문이다. 그럼에도 불구하고, 중국과 러시아는 경제구조상 보완성이 강하며 특히 러시아의 풍부한 에너지와 광산자원, 그리고 비교적 선진화된 국방기술은 중국이 필요로 하는 것이다. 중국의 공업 제품, 투자 자본 및 풍부한 노동력 자원은 러시아가 필요로 하는 것이다. 중,러 경제협력이 심화되는 영역 공간이 매우 넓다. 미래가 어떻게 발전할지는 양측 정치 분야에서 협력하는 긴밀도에 달려 있다. 미국 러시아의 경제 관계는 비교적 소원하다. 2012년 러시아와 미국의 양자무역액은 겨우 400억 달러로, 러시아 대외무역총액의 4.6%를 차지하였다. 경제 구조적으로는 러시아와 미국 양국의 상호보완성도 약하다. 미국이 점점 에너지 독립의 방향으로 가고 있어, 가까운 미래에 미국이 에너지 수출국이 될 가능성이 크기 때문이다. 반면 무기 판매 시장에서 미국과 러시아는 뚜렷한 경쟁적 관계를 가지고 있다. 이에 따라 중국, 미국, 러시아 3국의 전체적인 경제 구조와 발전 추세를 통해 보면 중국과 러시아가 안보 관계를 발전시키는 것이 유리하고, 러시아가 미국의 편으로 넘어가는 것을 방지해야 한다. 그러나 앞으로 미중 사이의 경제가 서로 의존도가 깊어짐에 따라, 중국, 미국, 러시아 3국의 미래는 안개에 휩싸여 있다.

21세기에 미중 러시아 3국의 역량이 약해지고 강해지는 것은 중국, 미국, 러시아의 삼각 구도의 변수가 결정적인 요소이지만, 실력은 유일한 요소가 아니다. 중국, 미국, 러시아의 삼각 관계는 경제 상호의존도, 지정학적인 정치, 역사적인 유래, 전략적 의지 및 결정권자 개인적 소양 등의 여러가지 요소의 영향을 받는다. 삼국의 국력 변화 추세를 보면 미중 양국의 실력 격차가 끊임없이 줄어들고 있고, 러시아와 미중 양국의 실력 격차는 더욱 확대되고 있다. 중국에 큰 외부적인 방해 요인이 없다면, 현재의 경제 성장 속도에 따르면 2025년쯤 미국을 넘어 세계 제1대 경제체가 될 전망이다. 중국 과학기술과 군사 장비의 현대화에 따라 미중 종합국력의 격차는 더욱 축소될 것이다. 그러나 미국은 여전히 과학, 교육, 군사 등 분야에서 선천적으로 우위를 지니고 있으며, 미국은 상당히 긴 기간 동안 세계 정치 경제를 주도할 것이다. 러시아는 현재 경제, 금융 방면의 어려움을 겪고 있지만 러시아 지도자가 러시아와 세계 시장의 관계를 조정한다면, 러시아 경제 발전의 여지는 여전히 거대할 것이며, 더군다나 현재 러시아는 여전히 미국에 이어 세계 2위 군사강국이다.

중국, 러시아는 최근 몇 년 동안 안보 분야의 협력을 강화하였다. 이것은 큰 범위에서 보면 미국이 지정학적으로 중국, 러시아 양국에 대해 위협을 가하고 있기 때문이라고 분석된다. 미국의 '아시아태평양 재균형 전략'은 중국, 러시아의 아시아태평양 지역에서의 억제 전략이다. 미국이 중국 주변 지역에 군사 배치를 강화하고, 한미일, 미국, 싱가폴, 오스트레일리아 동맹, 미국, 필리핀, 대만 동맹 등 군사적 동맹 관계를 강화하고, 베트남, 말레이시아, 인도네시아 등 동맹 국가들과의 군사적 협력을 발전시키고, 러시아를 대신해 인도와의 군사적인 협력을 시도하는 등등은 모두 미국이 21세기 아시아 태평양 지역의 재균형 전략을 구상하는 구체적인 발길음이라고 볼 수 있다.

미국의 단계적인 압박 하에서 중국과 러시아 양국은 '상하이 협력기구'의 틀 하에서 안보 협력을 강화하였다. 2013년 3월 시진핑 중국 국가주석은 첫 방문 국가로 러시아를 지정했는데, 이것은 깊은 의미가 있다. 이에 러시아는 시진핑 주석에게 러시아 연방 무장 역량이 작전 센터를 참관토록 하여, 중러 전략적 협력 파트너 관계의 높은 수준과 양국 관계의 특수성을 실질적으로 나타냈다. 그 후, 양국은 같은 해 7~8월 연이어 '2013. 해상 연합 훈련', '2013. 평화적 사명'의 해상, 육상 군사 훈련을 2차례 실시했는데 전년보다 훨씬 더 큰 규모로 진행되었다. 이런 군사적 행동으로 안보 분야에서의 중국과 러시아의 협력은 충분히 미국의 '아 · 태 재균형'에 대응할 수 있었고, 미국의 억지력에 대해서도 반 억지력을 행사할 수 있었다.

전략적인 면에서 보면 러시아는 대국의 지위를 증진시키려는 '러시아의 꿈'을 여전히 버리지 않았고, 미국도 러시아 전략 공간에 대한 압박을 포기할 의사가 없었다. 이것은 중국, 미국, 러시아의 삼각관계는 쉽게 바뀌지 않고 당분간 지속될 것을 의미한다. 초강대국의 후예인 러시아는 그 군사력을 뒷받침 삼아 단기간 내 세계 '일급'에 대한 야심을 포기하지 않았고, 적어도 구 소련 지역에서 절대적인 우위를 유지할 수 있을 것이다. 러시아가 주도하여 설립한 '러시아, 벨라루스, 카자흐스탄 관세 동맹'과 '통일 경제 공간'처럼 러시아는 구 소련 지역의 세력 범위를 쉽게 양보하지 않을 것이다. 이에 따라 미국은 러시아가 경제 일체화라는 이름으로 구 소련 세력을 회복하고 있다고 비판하였다. 북대서양 조약기구는 여전히 우크라이나 등의 국가로 확장할 것을 포기하지 않았다. 우크라이나가 유럽연합을 서부 기지로 선택한 것은 러시아 전략적 마지노선에 대한 거대한 도전이었다.

그러나, 역사적인 근원에서 보면 중국, 러시아 관계의 기초는 사람들이 상상하는 만큼 튼튼하지 않고, 심지어 미중 관계보다 훨씬 더 취약하였다. 최근 들어 러시아는 중국에 막대한 피해를 입은 국가이기 때문이다. 정확한 통계는 아니지만, 러시아는 적어도 중국으로부터 150만 제곱㎞ 이상의 영토를 분할·점유하였다. 면적은 한반도 면적 8개와 같다. 이 지역은 에너지와 광산자원이 매우 풍부하다. 소련이 해체된 후 중국과 러시아 양국은 국경 문제를 성공적으로 해결했지만, 러시아는 여전히 중국에 대한 강한 경계 심리를 가지고 있다. 특히 러시아 원동 지역의 인구가 지속적으로 하락했는데, 통계에 따르면 1991년 이후 이 지역의 인구가 25% 감소한 것으로 집계됐다. 현재 이 지역 인구는 약 620만 명 정도이다. '중국 위협론'은 러시아에 내에서 줄곧 받아들여질 만한 여지가 있다. 사실 러시아 원동 지역, 예를 들어 흑룡강, 내몽골, 중러 국경 지역에는 이미 많은 중국인들이 러시아로 들어와 농사를 짓고 있으며, 많은 중국 상인들도 러시아 원동 지역에서 공장을 건설하고 많은 토지를 점거하고 있다. 이에 따라 러시아는 극동 지역에서 중국인들의 끊임없는 유입과 잠식을 걱정하고 있다. 그러나 현실적인 정치를 고려해 보았을 때 중국과 러시아 양국은 현재 정치, 안보 관계가 역사적으로 좋은 시기라고 할 수 있다. 미국의 위협이 시종 중러로 하여금 유엔의 상호 제어를 해야만 전략 목표를 달성하도록 하고 있기 때문이다. 이른바 "국가의 이익에는 영원한 친구도 없고 영원한 적도 없고 영원한 이익만 있다"라는 것이다. 만약 20~30년이 지나면 러시아에게 있어 중국에 대한 의미는 에너지 공급국에 불과 할지도 모른다. 중국의 굴기에 따라 종합국력이 높아지면서 중국이 러시아에 과거에 분할된 150만 제곱㎞의 국토에 대한 반환을 요구할 수도 있다.

6. 이론과 현실의 근거

패권안정론은 국제정치경제학의 핵심 이론일 뿐만 아니라 미국 외교 정책의 핵심 사상이다. 패권안정론의 초기는 찰스 킨델버거가 처음 만들었고, 로버트 그리핀이 이후 패권 안정론을 더욱 완비시켜 나갔다. 이후, 로버트 코헤인이 수정한 '후패권 협력론'이 바로 후패권주의다. 양자는 이론적인 형태에서 패권안정론의 범주에 속하지만 그 이론 명제는 주요 관점과는 비교적 큰 차이가 있다. 그리핀을 대표로 하는 패권안정론은 경제학에서 공공재 이론의 영향을 깊이 받았고, 패권안정론의 이론 구축 과정에서 국제 공공재 이론은 중요한 역할을 하였다. 코헤인과 나이가 제시한 민감성과 취약성 두 개념은 상호의존론을 일반적인 범의론에서부터 경제학과 정치학이 상호 결합된 이론학설로 승격시킨다면, 킨델버거와 그리핀이 제시한 국제 공공상품이론은 패권안정론을 위해서 이론적 내포를 도입했고, 국제적 경제우위를 국제 정치 권력으로 전환시키는 이론적 교량을 건설했으며, 국제관계에서 경제와 정치적 상호 작용의 내적 매커니즘을 명시하였다고 할 수 있다. 이것은 패권안정론이 순수한 역사주의, 경험적 실증주의에서 국제정치 경제학의 핵심 이론으로 전환되는 핵심 부분이다.[17)]

일반적으로 말하자면, 공공 제품은 국방, 외교, 치안, 도로, 교량 등 사회 인프라, 도로 표지판, 등대 등의 공공시설을 말한다. 이들 공공제들은 모두 비 분할성, 비 경쟁성, 비 배타성 및 '편승' 등의 문제를 가지고 있다. 킨델버거가 말한 국제 경제 시스템을 안정적으로 운영

17) 번용명, <서구국제정치경제학>제2판, p55-56

하기 위해서는 어느 한 나라에서 공공 제품을 감당해야 한다. 구체적으로 말해보자면, 국제 공공제는 다음과 같은 것들을 포함하고 있다. '안정적인 국제금융통화체제, 완벽한 국제자유무역체제, 대외경제의 불균형을 바로잡을 수 있는 국제적인 거시 경제 정책을 조정할 수 있는 협력, 공해상의 자유로운 운행, 도량형의 표준화와 국제 안보 보장 시스템 등이다.

세계 경제 시스템의 주도자로서 킨델버거는 이렇게 말한 바 있다. "국제 정부의 국제 정치 시스템이 부재한 상황에서 '무임승차'로 인해 발생한 공공제 부족은 더욱 심각하다. 왜냐하면 국제적으로 국내 중앙 정부에 상응하는 정부가 부재한 상황에서 무임승차와 같은 현상을 소멸시킨다는 것은 불가능한 것이기 때문이다. 그래서 국제 공공제의 공급은 여전히 공급부족 상황에 처해있다." 그리핀은 킨들버거의 이 사상을 계승 발전시켰고, 이런 상황에서 소위 패권국은 바로 국제 사회를 위해 국제 공공제를 제공하는 국가라고 제기하였다. 그는 국제 공공제를 제공하는 자는 세계 정부나 기타 국제 권위 기구가 아니라 바로 세계 정치 중에서 압도적인 우위를 차지하고 있는 초강대국이며 이들이 바로 국제 시스템의 패권국라고 지적하고 있다. 패권 국가는 거대한 경제적인 여유를 가지고 있기 때문에 국제 공공제의 거대한 비용을 감당 할 수 있기 때문이다.

그렇다면 패권국은 왜 공공제를 제공해야 하나? 이에 대해 그리핀은 "국제 공공제를 가장 좋아하는 국가가 자국의 이익이 극대화 되는 조건 하에서 공공제를 제공하고 비용을 전부 부남한다. 그러므로 19세기 영국의 패권 하에, 금본위제는 100년 가까이 이어졌고, 전후 미국 패권 아래 브레튼 우즈 체제가 국제무역과 금융을 30년 동안 지배할 수 있었다.

그리핀으로 대표되는 패권안정론은 경험상 이매뉴얼 월러스틴의 세계 체계론으로부터 직접적인 영향을 받았다. 월러스틴은 15세기 이래 국제사회의 치란흥쇠(治亂興衰)의 역사적인 고찰을 통해 세계 체계론을 만들었다. 그는 <현대 세계 체제>란 책에서 패권과 국제체계의 관계에 대해 상세하게 서술하였으며, 역사적으로 국제사회는 어느 시기든지 모두 패권국이 존재하고 발전을 유지한다고 하였다. 패권국의 출현, 즉 정치, 군사, 경제적으로 지배적인 힘을 갖춘 나라가 나타날 때마다 국제 체계는 안정되고, 국가 정치는 평화롭고, 세계 경제는 번영의 길로 나아간다. 일단 이런 패권국이 사라지게 되면 국제 사회는 불안해지고, 세계 대전이 발발할 가능성이 있다. 세계 경제가 즉시 혼란한 상황에 빠지게 될 것인데, 이에 대해 월러스틴은 '패권국이 있으면 안정하고, 패권국이 없을 때 오히려 혼란하다'는 명제를 명확하게 제시하였다. 월러스틴은 자본주의 체제가 세상에 나온 뒤, 국제 체제에는 이미 3대 패권 주기가 생겨났는데, 즉, 17세기 중엽의 네덜란드, 19세기 중엽의 영국, 20세기 중엽의 미국이 바로 그것이라는 것이다. 사실 15세기 이후 패권 국가는 이 3개 국가에 그치지 않는다. 15세기 포르투갈, 16세기 스페인, 18세기 프랑스, 19세기 초반 독일, 20세기 초의 독일, 20세기 중후반기의 소련 등도 한때의 패권국이었다. 그리핀은 공공제란 실질적으로 패권국이 패권을 유지하는 데 필요한 사유품이라고 말한 바 있다. 전후 미국이 시장을 개방한 것은 세계자유무역체제를 유지하기 위한 희생적 선택이었으나, 결과적으로 이 시스템을 통해 각 국 시장에 자연스럽게 진입할 수 있었고, 이에 상응하는 성과를 거뒀다. 미국은 자유무역체제의 순이익국이라고 볼 수 있다. 안보에 관해서는 미국은 더 큰 승리자이다. 미국은 전 세계의 안보와 안정을 위해 강력한 군비를 제공하고 있지만, 미국 군사력은 미국 정부의 수중에 있다. 세계 2차 대전 이후 미국이 참여한 전쟁 또한 미국 국내 경제와 정치에 입각하여 선택한 것이다.

그리핀은 <전쟁과 세계 정치 변화>의 책에서 현실주의의 방법을 활용해 세계 역사주기에서 변화의 시각에서부터 지난 2400여년 동안 서양 역사에 대해 비교적 상세한 분석을 하였다. 연구를 통해 그는 세계 역사가 끝없는 패턴적 주기라고 보았다. 패권전쟁의 종결은 바로 또 다른 패권의 성장, 확장, 결국 쇠퇴의 주기의 시작이라고 할 수 있다. 국제 정치의 이번 주기는 다섯 개의 각기 다른 체제적 단계가 있다.

체제를 바꾸려고 시도하는 국가가 없다는 것은 본 체제에서 취할 이득이 있다는 것이고, 체제가 안정적이란 뜻이다.

예상된 수익이 예측했던 것보다 크면 그 국가는 국제체제 바꾸려 할 것이다.

한 국가가 영토, 정치, 경제적 확장을 통해 국제체제를 바꾸려는 시도는 체제 변경에 들어가는 비용이 한계 수익과 같거나 크다고 생각될 때까지 계속된다.

체제를 계속 바꾸는 것, 즉 계속 늘어나는 원가와 수익이 균형을 이룰 때 현재의 경제적 비용을 유지하는 것은 현재 상태의 경제력을 지탱하는 것보다 성장이 빠를 수 있다.

만약 국제 체제의 불균형 문제가 해결되지 않으면, 체제는 변화가 발생할 수 있는데 이를 통해 힘을 형성하거나 힘의 재분배 및 재균형을 시도하는 것이다.[18]

국제 체제는 균형 상태에서 불균형 상태로 발전한 다음, 자연스럽

18) 예세웅 등, <당대 서양 국제관계 이론>, p.144

게 따라오는 긴장 상태의 완화로, 최종적으로 균형 상태로 돌아가는 것이다. 역사는 이런 주기의 변화에서 나타나며, 인류학회가 일종의 평화 전환 매커니즘을 만들 때까지 계속된다. 패권 주기 연구에 관해서는 미국 학자 조지 모더스키가 대표적인 인물이다. 그는 소련 경제학자인 콘트라디에프의 장파 이론에 근거하여, 기술 혁신으로 경제, 사회, 정치에 대한 영향이라는 관점에서, 패권의 순환 주기에 심도 깊은 연구를 진행하였다. 그는 패권 순환 주기가 대략 100년 정도 된다고 보았는데, 이것은 콘트라디에프의 경제 장파 주기 2개를 뛰어넘는 것이었다. 그는 패권국은 반드시 쇠퇴하고 또한 또 다른 패권국에 대체 될 수 있는 가능성을 제기하였다. 패권의 교체는 오직 전쟁의 방식으로 해결할 수 있다. 패권국의 가장 중요한 위협은 그가 창건한 국제질서 중에서 가장 빨리 발전하고 실력이 가장 비슷한 대국에서 비롯된다. 패권국과 도전국은 양자 모두 패할 수 있다.

'접촉을 통한 억제' 전략은 현재 미국이 중국에 취하고 있는 기본적인 자세다. 동아시아에 군사력을 더 많이 배치하고, 군사동맹을 강화하고, 대만에 무기를 판매하고, 기술 수출을 공개적으로 반대하는 등의 방법은 모두 미국이 중국의 의도에 대해 신뢰하지 않는다는 신호이고, 이러한 조치로 인해 중국이 포위될 수 있다는 점에서 중국 강경파의 고도의 경계를 심화시킬 것이다. 미중 어느 쪽이 먼저 행동을 취하던지 간에, 한쪽의 행동을 취하면 상대방은 반드시 대응을 할 것이고, 그러한 반응은 더 많은 반응을 일으켜, 결국 일촉즉발의 상황까지 갈 수 있다. 상업 분야에서는 서로는 각자가 상대방에 대한 의존을 줄여, 상대에 대한 배척 혹은 경제 전쟁에 직면했을 때의 손실을 낮추고 있다. 양측의 최초 목적이 무엇이든 미국과 중국이 설사 진짜 전쟁을 일으키지 않아도 신냉전 상태로 빠져 들어갈 것이다.[19)]

아마도 이번 미중 무역 전쟁은 그 전쟁의 시작일 수도 있다.

미중 무역 전쟁은 단기적으로 봤을 때 양패구상이 될 수도 있지만 장기적으로는 필수 단계이다. 미중 무역 전쟁은 미중 양국 경제 구조를 외향형 경제구조에서 내향형 경제 구조로의 전환 업그레이드를 강요하게 될 것이다. 이런 조정은 장기적으로는 양국 경제의 발전에 도움이 될 것이다. 또한 미중 경제무역관계의 재균형 및 국제 신경제 질서의 재배치에 도움을 줄 수 있다. 케인스는, '한 국가의 입장에서 말하자면 국내 투자가 가장 좋은 선택다. 왜냐하면 국내에 투자하면 위험을 피할 수 있기 때문에 실패하더라도 무엇인가를 남길 수 있게 되고, 또한 이것 이외에도 국내에 투자하면 산업구조 전환형으로 업그레이드를 추진할 수 있다'고 지적하였다. 또한 더 중요한 것은, 무역 분쟁을 피할 수 있다는 것이다. 따라서 국내 투자는 자신의 발전에 유리할 뿐만 아니라 산업공동화를 피할 수 있고, 새로운 질서 안정에도 도움이 된다. 반면 해외 투자를 선택하면, 국내 산업공동화뿐만 아니라 경제성장이 정체하며 쇠퇴할 수 있다. 예를 들어 1990년대의 일본과 같이 말이다. 또한 국가 간 무역 마찰을 야기할 수 있고, 결국 무역 전쟁을 일으킬 수도 있으며, 심지어 국가 간의 전쟁까지 유발할 수 있다.

오랫 동안 많은 경제학자들은 미국 첨단산업의 이동과 아웃소싱은 미국 경제에 유리하다고 생각하며, 그들은 새로운 것, 더 높은 기술 수준의 프로젝트가 신기하게도 미국에 나타날 것이라는 것을 믿고 있지만, 사실은 이렇지 않다. 반면 첨단산업의 이동과 아웃소싱에 따라, 많은 첨단산업도 잇따라 이동되거나 아웃소싱으로 옮겨졌다. 왜냐하면 비교 이익 학설이 작용하기 때문이다. 다국적기업은 자신의

19) 앨런 프리드버그, <미중아시아빅게임>, p.94

이익을 위해 차라리 저렴한 외국노동력으로 비용을 절감하고 자체 생산 효율을 높여 이익의 극대화를 꾀하고 있다. 이런 식으로 발생한 결과는 국내 생산 효율을 높이지 못하고, 국내 생산력도 정체되게 할 수 있다는 것이다. 역사적으로 선진국들이 쇠퇴의 길로 나가는 것은 해외로 투자 방향을 선회하는 것과 직접적인 관계가 없지 않다. 예를 들어, 영국이 19세기에 산업 효율을 중심으로 영토가 아닌 무역 제국을 만들었다. 그러나 1870년 이후 영국은 왕성했던 시기에서 쇠퇴하기 시작했고, 그 원인은 자본의 대량 유출과 대외투자의 규모의 증가에 있다. 었1870~1913년 동안 영국의 대외 투자 증가율이 250%에 달하였다. 1913년 영국 대외투자액은 40억 파운드에 달했고, 이것은 영국의 최근 상반기 저축액에 상당하는 수치이다. 제1차 세계대전이 시작되었을 때 영국은 토지 외에도 자산의 대부분이 해외에 있었다. 의심할 여지 없이, 대외투자의 이익은 단기적으로 국내투자보다 훨씬 높지만, 장기적으로는 영국과 세계경제구조에 모두 큰 영향을 미친다. 그 결과는 미국의 부상과 번영을 일으켰다. 최근 미국 자본의 대량 해외 투자 및 산업의 대량 해외 이동과 아웃소싱 역시 미국 경제의 쇠퇴와 정체를 가져올 것이다. 마치 20세기 초 영국처럼 말이다. 왜냐하면 미국 제조업의 대량 이동은 미국 내 산업 공동화 현상을 초래하였기 때문에, 미국 본토에서 생산한 물건이 갈수록 적어지고 있고, 농산물 및 다른 국가에서 생산할 수 없는 첨단 제품을 제외하고, 미국의 소비는 거의 수입에 의존하고 있다. 미중 간의 무역 적자는 바로 이 때문이다.

그렇다면 미국은 영국의 전철을 다시 밟는 것은 아닐까? 나는 반드시 그런 것만은 아니라고 생각한다. 왜냐하면, 미국 국토면적과 인구 규모 모두 영국보다 많고, 게다가 세계 각국 엘리트이 모두 미국으로 이민을 왔기 때문이다. 미국의 입장에서 산업이동과 해외 투자의 빈틈을 크게 보완할 수 있다. 고, 기술 인재의 도입은 기술 혁신과 발전에 도움이 되며, 국내 시장의 경쟁력을 크게 높여 미국 산업의 첨단화에 대한 지속적인 발전에 추진력을 불러 일으킬 수 있다.

동일하게 중국의 입장에서 말해보면 현재 중국이 설립한 아시아투자은행과 '일대일로' 건설은 중국 산업 구조 업그레이드와 국내 투자과잉 문제를 해결하는 데 유리하다. 하지만, 반드시 전철을 밟지 않도록 잊지 말아야 한다 자본이 해외에서 유리한 투자 기회를 찾게 되면 반드시 해외 투자의 발걸음을 가속화 시킬 것이다. 이것은 국내 산업의 구조조정을 가속화 할 수 있지만, 동시에 국내의 경제 성장률의 하락을 유발할 가능성도 있다. 또한 중국 정부는 '일대일로' 건설을 촉진하고 국내 산업구조를 높이것은 동시에 과도한 해외 직접투자의 중복을 예방해야 할 필요가 있다. 국내 '서부 대개발'에 대한 투자 자금을 충분히 보장하고, 국내외 과잉자본(잉여자본)을 파악하여 '일대일로' 건설에 합리적으로 투자해야 한다. 이렇게 해야 중국 경제가 지속가능한 발전을 할 수 있는 동시에, 중국 대외 정치 영향력을 확대할 수 있다.

'일대일로' 건설을 실질적으로 실시하려면 반드시 강력한 자본 보장이 뒷받침되어야 한다. 그래서 아시아투자은행 설립은 일대일로의 자본 원천에 그 목적이 있다고 할 수 있다. 일대일로의 연선 국가는 기본적으로 발전이 기대되는 빈곤한 후진국이기 때문에, 기초 인프라가 매우 낙후되어 있다. 중국이 만약 해상과 육시 두 방면에서 미국이 이미 점령한 구역을 피하고 싶다면 반드시 새로운 루트를 개척해야 한다. 이 새로운 경로상의 국가들이 대부분 개발도상국이기 때문에 도로, 항구, 공항 등의 인프라 건설을 반드시 해야 한다. 아시아

투자은행은 아시아 인프라 건설의 공공성 수요를 정확히 파악했고, 각국의 협력을 위한 이익 공통점을 찾아냈다. 1997년 여름 아시아 금융위기 이후 서양국가들은 자본을 철수시켰고, 위기를 전가하여 아시아 각국에 심각한 손실을 초래하였다. 아시아 투자은행의 설립은 잠재적 금융위기를 회피하기 위해 아시아 스스로 처리할 권리가 있다는 것이다.

중국은 현재 표면적으로 경제성장이 안전정이고 건전해 보이지만, 구조조정의 압력과 경제적 하락에 대한 압력이 매우 크다. 전자 상거래 추진 등 몇 개의 신경제성장점은 아직은 중국 경제가 받아들일 수 있는 구간적 운행을 보장하지 못한다. 국내 통화를 긴축해야 하는 현실이 존재하고 있다. 중국은 현재 심각한 상품 역류현상까지 나타나고 있다. 이것은 해외 상품의 대량 유입 및 해외 기업들의 대규모 자금 철수를 포함한다. 아시아 투자 은행의 설립은 아시아 자본의 외부 유출을 줄일 수 있고, 또한 투자자본의 효율을 높일 수 있어, 중국이 난관을 극복하는데 분명한 긍정적인 의미가 있다. 또한, 동남아시아와 원동 지역이 중국에서 전이해 오는 노동 밀집형 제조업을 순서대로 잘 받아들일 수 있게 하기 위해서 고효율 자본의 운용 플랫폼을 제공하고 있다. 국제 금융 체제의 족쇄를 끊어내는 동시에 지역 국가의 광범위한 지지를 받으면서 중국 주도의 아시아 각국의 경제 나아가 정치를 주도하고, 세계 제일이 되기 위한 전반적인 전략과 위안폐 지역 결제 구축을 위해 강력한 금융보장체제를 마련하였다.

인민폐 지역 결제을 더욱 발전시켜야 하기 때문에, 특히 SDR(특별인출권)에 가입한 후, 중국 위안화는 각국의 외환 보유에 필수 화폐가 되었다. 미국이 한국, 일본과 같은 전통적인 미국 동맹국들을 포함하여 무역장벽을 더욱 공고히 하며 단일 무역제재를 진행할 때, 중국은 주변 국가들의 자국 화폐 상호 교환 협의를 가속화하여 인민폐 주도의 아시아 인프라 투자은행을 확립하여 세계경제의 대화권을 크게 가속화할 것이다. 아시아 인프라 투자은행의 설립은 중국이 대국에서 강국으로 변모해가는 이정표인 것이다.

국내의 실질적인 수요를 보면 중국 서부 인프라 건설은 속도를 높여야 한다. 이것은 아시아 인프라 투자은행의 처음 목적과 부합하는 것이다. 서부 인프라 건설 속도를 조속히 향상시키고, 서북 철도선과 고속도로망을 건설하는 등 일련의 프로젝트는 중국의 단기 목표이다. '일대일로' 건설은 중국이 동부에서 서부로 뻗어나가, 유라시아 대륙을 가로지르고, 태평양의 서해에서 대서양 동해까지 가는데 반드시 거쳐야 하는 필수 도로이다. 아시아 투자 은행을 통해 서부로의 자본 이동을 효과적으로 운용할 수 있다.

19세기와 20세기 역사 과정을 되돌아보면, 새뮤얼 헌팅턴은 "영국, 프랑스, 독일, 일본, 미국, 소련 등 모든 대국은 산업화와 경제 고속 발전을 빠르게 실현하는 동시에 몇 년간 외부로 확장하고, 자신의 권위를 공고히 유지하여, 제국주의 정책을 실시하였다"고 밝혔다. 중국과 관해 헌팅턴은 다음과 같은 결론을 내렸다. "미국은 해당 국가 경제와 군사력 향상이 관련 정책에 대해 상응하는 영향력을 미칠 것이라는 것을 믿지 못할 이유가 없다."는 것이다. 또한 그는 중국이 지역 패권을 추구하는 것은 급속한 경제 발전의 자연적 산물이 될 수 있다고 생각한다.

물론 중국이 헌팅턴이 묘사한 것과 같은지는 확실치 않지만, 글로벌의 고도 발달과 세계 다극화 추세가 뚜렷해지는 현대 사회에서 중국 지도자들은 이미 역사적 사건에서부터 지나치게 자신감이 넘치는 굴기 국가는 통상적으로 분열과 반대를 불러일으킬 수 있다는 것을 인식하기 시작하였다. 이러한 인식은 중국 정부는 미국의 패권적 지위에 쉽게 도전하지 않을 것이라는 것, 최소 10년 동안은 숨을 죽이고 고개를 숙이고, 각종 패권 유혹을 제어해야, 역사적 전철을 다시 밟는 걸 피할 수 있다는 것을 충분히 경고하고 있는 것이다. 그러나 중국의 굴기는 이미 정해진 역사가 되었고, 그 독보적인 역사는 사람들에게 믿을만한 이유를 제공하였고, 그 이유는 유구한 역사와 찬란한 문명의 역사적 우위를 찾아서 회복해야 하는 것이다. 많은 역사학자들이 최근 지적한 것처럼 중국이 굴기하고 있다고 말하기 보다 중국은 현재 자신이 소유하고 있었던 지역의 패권 지위를 회복하고 있다고 해야 한다. 중국은 진한시대 이래 당송시대까지 1500여년 동안 세계 패권국의 지위를 차지했고, 원청 시대의 패권국 지위에 이르기까지는 반드시 역사학자에 의해 평가되어야 한다.

중국은 40년 동안의 개혁 개방을 거쳐 국력이 대폭 향상되었다. 중국은 명목 GDP가 이미 13조 달러에 이르렀다. 대외 무역은 이미 미국을 넘어 세계 최대 무역국이 되었다. 중국은 현재 세계에서 가장 큰 철강 생산국이다. 2016년 중국은 조강을 8.1억 톤 생산하여 전 세계 50% 이상을 점유했으나, 1990년에는 겨우 9%밖에 점유하지 못했다. 2017년 6월 말까지 중국은 이미 고속도로 13만㎞를 건설하였고, 2017년 말 12만7000여 ㎞의 철도를 운영하였고, 그 중 고속철도는 25,000㎞에 달하였다. 2017년 중국 발전기 설비 용량은 17억 7천 킬로와트시로 세계 1위에 올랐다. 제12차5개년(125) 계획에 따르면 민영 공항을 50개 신설해, 230개에 달할 예정이다. 미국발 '서브프라임 모기지 위기'와 '유럽 주권 채무' 위기 이후, 전체 자본주의의 세계경제가 주춤하고 있다. 미국을 선두로 하는 선진국은 자국 경제를 진흥시키기 위한 '재공업화' 전략을 내놓았다. 유럽과 아메리카, 일본은 모두 제조업이 대규모로 개발도상국으로 전이되는 것은 자국 경제의 공동화를 초래한 주범이며, 경제 위기 능력 약화를 방어하는 중요한 원인 중 하나라고 보고 있다. 이에 따라 유럽, 아메리카과 일본은 공업화 차원에서 '탈공업화'에서 '재공업화'로 정책 채택을 전환하여, 제조업을 다시 부흥시키고 일자리를 창출하였다. 현재 영국, 프랑스 제조업의 GDP비중 증가치은 11%이고, 미국은 13%, 일본은 19%이고, 독일은 21%로 제일 높았다. 금융위기에서 선진국들은 독일이 위기 방지 능력이 가장 강하다는 것을 확인했으며, 이 때문에 미국 오바마 정부는 '재공업화'를 미국 부흥전략의 핵심 콘텐츠로 삼았다. 미국 정부는 2009년부터 <미국 제조업 발전법안>, <미국 제조업 진흥 프레임>, <선진 제조업 파트너 계획>, <선진 제조업 국가 전략 계획> 등 일련의 법안을 잇따라 내놓고, 수출 2배 증가를 위한 5개년 계획 등 여러 정책들로 미국 제조업의 부흥을 촉진시켰다. 해외 생산 능력을 본토로 옮기는 회사에 대해 세수 혜택을 주고, 공장 설립의 원가를 낮춰 제조업의 회귀를 유도하였다. 다국적 기업이 최대 생산 기지로 삼는 중국은 노동력 원가가 끊임없이 상승하고 있어, 선진국의 제조업 기업들은 '귀향'을 시작하였다. 예를 들어, 미국의 제네럴 일렉트릭(General Electric)은 세탁기, 냉장고, 가열기 생산 공장을 중국에서부터 미국 켄터키로 옮겨왔다. 독일 Bredenes회사도 일부 생산 라인을 본토로 옮기고 난 이후 독일 본토에서 70~80%의 제품을 생산할 계획이다. 프랑스 장난감 업체 Meccano회사도 일부 생산량을 프랑스 본토로 옮겼다. 일본 OMRON 회사도 2014년부터 본토의 전자 혈압기 생산 라인을 재가동 시키기로 결정하였다. 미국 보스턴(Boston) 컨설팅 회사의 <미국 제조업의 재개: 어떻게 제조업은 미국으로 다시 돌아오기를 원하는가>의 조사에 따르면, 100여 개 미국 제조업 업체를 대상으로 조사를 진행하였는데, 3분의 1이 회귀할 계획을 가지고 있으며, 그 중 연간 소득이 100억 달러 이상인 기업 48%가 본토로 회귀할 계획을 가지고 있는 것으로 나타났다. 이러한 현상은 '세계의 공장' 중국에 적지 않은 충격을 안겨 줄 것이다. 하지만 이것은 도전이자 기회가 될 것이고, 중국 산업 구조조정에도 좋은 기회가 될 것이다. 그리고 중국 산업 업그레이드와 산업의 세대 교체, 즉 단순 가공형 기업에서 원천기술 개발업체로 나아가는데 유리할 것이다.

역사적으로, 주변 지역의 불안정한 정세는 중국의 안정에 영향을 줄 수 있다. 이웃나라 정세가 안정되고 중국과의 관계가 우호적이라면 중국도 이를 통해 이익이 얻게 될 수 있다. 중국 주변의 육지와 해양 지역은 중국이 안보를 수호하고, 발전을 모색하는 생명지구를 구성하였다. 이 지역들은 반드시 외부의 잠재적인 위협으로부터 중국을 보호하는 '보호막'이 되어야 한다. 그들도 중국 경제 성장 수요를 만족시키고, 긴밀하게 조직된 경제지구를 형성함으로써, 중국이 화물 및 자본을 대외적으로 수출하고, 주요 물자를 수입하는데 있어 방해가 되지 않아야 한다.

주변 환경을 잘 정비하는 것은 중국 대외 관계의 중요한 부분이 될 것이다. 미국이 계속 서쪽으로 확장하는 것은 중국의 안전에 있어 심각한 위협이 되고 있다. 미국은 이 지역에서 자신의 군사력을 유지하고 전통 동맹국와의 관계를 강화하고 있으며, 인도, 베트남, 미얀마 등의 국가와 새로운 군사적 동맹 관계를 건립하고자 시도하고 있다. 워싱턴은 아시아에서 계속 중국 위협론을 퍼뜨리고 있으면서, 중국이 이웃 나라와 불협하고 마찰이 발생되기를 바라면서, 이 지역 관계에 참여할 핑계거리를 만들어, 아시아에서 군사적 주둔을 확보할 수 있기를 바라고 있는 것이다.

중국은 현재 아직 힘을 갖추지 못하여, 미국과의 정면 충돌을 원치 않는다. 지도자들은 우회 전술을 선택했는데, 미국이 이미 건설한 아시아 지역의 쌍방적 군사동맹에 도전을 가하지 않고, 기존 지역의 메커니즘 속에서 행동하고 있다. "하지만 동시에 최종적으로 공격할 수 없는 위치로, 공고한 전략적인 위치로 격상시키기 위해 노력하고 있는 중이다."

제3장

한반도 내 남북전쟁과 평화

1. 한반도 역사 변천 및 개요

'동국여지승람(東國輿地勝覽)'에서는 한반도에 대해서 "나라를 동방에 세우고, 먼저 태양의 밝은 빛을 가장 먼저 받는다는 뜻으로, 옛 이름이 조선이다."라고 언급한 적이 있다. 이것은 해석하자면, 한반도가 동방에서 이른 새벽 가장 먼저 태양의 붉은빛을 누린다는 뜻으로, 한국을 '아침 햇살이 맑은 나라'라고 불렀다. 이름처럼 한반도의 하늘은 매우 맑고 밝다.

고고학 고증에 따르면 약 70만 년 전 한반도에는 인류 활동의 흔적이 있었다. 한국은 고조선, 단군 조선, 고구려(신라, 백제), 고려, 후고려, 조선 등의 연대를 겪었다. 한당 이래 중국 유가 문화의 영향이 깊다. 세종대왕이 문자를 창제할 때까지 중국 한자를 계속 사용해 왔다. 중국 주변에서 한국은 중국 한자를 직접 이용하는 유일한 나라다(일본은 한자의 구조를 바꾸고, 한자를 히라가나와 카타카나로 개편하여 사용하며 '일본어'라고 부른다). 이에 따라 조선은 중국 '천조대국(天朝大国)'의 영향을 깊이 받았다. 조선은 일반적으로 중국인들에게 중국 북방의 가장 중요한 '속국'이라고 여겨졌다. 명, 청 두 개 왕조 기간, 조선은 중국 최대의 조공국이었고, 모든 속국 중에서도 관계가 가장 긴밀하였다. 통계에 따르면 1637-1894년 북경에 507명의 조선사찰단을 파견했고, 중국도 169명의 사찰단을 조선으로 출사하였다.[1)] 중국이 봉건속국체계로 '많이 주고 적게 받는'의 조공 정책을 펼쳐왔기 때문에, 하사하는 조공의 내용도 그들의 선물보다는 항상 많았고, 조선은 중국 왕조와 교역 왕래를 하기를 원하였다. 이런 속국관계를 통해 조선왕조는 무역왕래에서 실제적인 혜택을 많이 받았을 뿐만 아니라, 많은 부분에 있어서 외부의 무력침공의 위협을 피할 수 있었다. 오랫동안 조선은 천조 내국의 비호 아래 성장해왔지만 조선 자체의 역사도 끊임없이 진보하였다.

서기 1 세기 전후로 한반도에서 고구려, 백제, 신라 3국이 등장하였다. 고구려는 한반도의 북부(지금의 북한 대부 및 장백산 일대)에 위치하고 있고, 백제는 한반도의 서남부(현재 전라남북도, 충청남북도), 신라는 반도의 동남부(현재의 경상남북도)에 위치하고 있었다. 기원 7세기 중반 이후 고구려, 백제, 신라 간에는 오랫동안 계속 된 힘겨루기로 인해 종합국력의 격차가 갈수록 커졌고, 더 이상 3국이 함께 존재할 수 없게 되었다. 신라는 군사, 경제, 외교 등의 우세를 이용하여 660년 당나라와 연합하여 백제와의 전쟁을 일으켰으며 663년에 백제를 멸망시켰다. 이후 668년 신라가 당나라와 다시 연합하여 고구려를 멸망시켰다. 이후 신라와 당나라는 한반도에서의 갈등이 점점 두드러졌고, 결국 신라가 당나라 군대를 반도에서 쫓아내며 676년 신라가 한반도를 통일해 250여년을 통치하였다. 서기 918년 6월 태봉국이 시중 왕건이 정변을 일으켜 스스로 왕이 되어 국호를 고려로 바꾸었다. 이후 한반도에서 고려, 신라, 후백제3국 국면이 다시

---

1) (미)비정청 · 류광경 편저, <케임브리지 중국 만청사(하권)>, 중국과학출판사, 1985. p.123

나타났다. 지난 18년 동안의 삼국의 각축을 거쳐, 고려가 결국 신라와 후백제를 병합하고, 통일 왕국을 세워 450여년을 통치하였다. 1392년 이성계가 고려의 공양왕을 내쫓고 이씨 왕조가 조선을 건국하여 518년에 달하는 통치를 시작하였다.

1895년 갑오 중일 전쟁이 발발하였고, 중국이 패하면서, 일본은 청나라를 몰아내고 조선을 장악하였고, 이후 1904년 일,러 전쟁을 통해 러시아를 조선에서 몰아내었다. 일본이 동아시아 지역에서 차례대로 승리하면서 일본은 조선에 대한 야심을 드러내기 시작하였다. 1905년 11월 일본은 이토 히로부미를 조선에 파견하여 '을사조약'을 체결할 것을 강요하였다. 주요 내용은 다음과 같다.

일본 정부는 도쿄의 외무성을 통해 조선 대외관계와 사무를 지휘하고, 일본의 외교대표와 영사는 외국에 있는 조선의 국민과 그들의 이익을 보호한다.

조선 정부는 일본 정부를 거치지 않고 어떠한 국제적 조약과 협정을 체결해서는 안 된다.

일본 정부는 조선 국왕 하에 총독을 배치하고, 일본 정부를 대표하여 관련 외교 사무를 관리하도록 한다.

이 조약을 통해 일본은 조선의 외교 사무를 완전히 장악하였고 조선을 일본의 속국으로 전락시키기 시작하였다. 이후 조선은 대규모의 반일의병운동을 일으켰고, 일본이 조선에서 식민통치를 하는데 심각한 타격을 줬다.

1910년 8월 22일 일본은 조선과 강제로 <한일합병조약>을 체결하였다. 조약의 규정 내용은 다음과 같다.

- 조선의 통치를 영구적으로 일본에 양보한다.
- 일본은 조선왕실의 존칭, 존엄 및 명예를 존중한다.

이로써 조선은 일본의 식민지로 전락하였다. 이후 조선 자산계급의 민족주의자들은 민족독립군을 조직하여 중국의 동북과 러시아 원동 지역에서 항일투쟁을 계속하였다. 특히 1919년 1월 22일 조선국왕 고종 이희의 급사는 조선인들의 분노와 광범위한 동정을 불러일으켰으며, 같은 해 3월 1일 서울에서 대규모 반일 시위가 일어났는데, 이것이 바로 '3・1운동'이다. '3・1운동'은 중국의 '5・4 운동'의 자극제가 되었으며, 중국과 조선 양국 국민이 일본의 식민통치에 항일투쟁하는 신호탄이 되었다.

1931년 9월 18일 일본은 중국 동북을 침략하는 '9.18사변'을 일으켰고, 중국군과의 전쟁을 위해일본은 조선인들에 대한 약탈 강도를 높여야만 하였다. 김일성을 위시로 한 조선항일 의용군이 중국과 조선의 국경 지역에서 치열한 항일 운동을 벌였고, 1934년 항일 의용군이 조선인민군으로 확대되었다. 1937년 6월 4일 김일성은 인민군을 이끌고 조선 보천보의 일본 경찰서를 습격했고, 일본 침략자들의 오만한 기세에 심각한 타격을 입혀, 조선인민들의 항일 투지를 극대화시켰다. 또한, 김구를 비롯한 자산계급의 임시정부가 1919년 중국 상하이에 '대한민국 임시정부'와 '한국독립당'을 설립하여 중국에서 항일 무장투쟁을 견지했으며, 1932년 4월 29일 이 당 조직의 윤봉길 의사가 상해 홍구공원에서 폭탄으로 일본 주상하이 사령관 시라가와 대장 등 일본 고관들을 폭사시킴으로써, 중국과 조선 양국 국민들의 항일에 대한 사기를 높였다. 이후 1938년 10월 중국 무한에서 조선민족혁명당을 위주로 조선 의용대를 창설했고, 항일 무장투쟁을 벌였다. 중국의 항일 무장투쟁에서 조선인들이 중요한 공헌을 하였다고 말할 수 있다.

1943년 2차 대전이 전환기로 접어들어 세계 반파시즘의 힘이 부단히 커져갔다. 같은 해 11월 22~26일 이집트의 카이로에서 미, 중, 영 3국 정부 정상이 참석한 국제회의를 열고, <카이로선언>을 체결하였다. 또한 같은 해 12월 1일 테헤란 회의(Tehran Conference)가 끝날 때쯤 "일본은 무력이나 탐욕으로 얻은 모든 토지를 내놓고, 우리 3대 동맹국 이념에 따라, 그리고 조선인들을 강제 노역에서 해방시키기 위해 조선의 자유 독립을 결정하였다"고 선언하였다.[2)]

1945년 7월 17일부터 8월 2일까지 미국, 소련, 영국 3국 정상은 독일 포츠담(Potsdam)에서 2차 대전의 마지막 회의를 개최하였다. 3국은 일본에게 무조건적인 항복을 촉구하는 <포츠담 선언>을 발표했고, 그 중 8개 조항의 규정인 <카이로선언>의 조건은 반드시 실행해야 했고, 일본의 주권을 혼슈, 홋카이도, 규슈, 시코쿠와 쓰시마 섬으로 국한하였다.[3)] 이 선언에서는 조선이 자유 독립권을 얻어야 한다고 거듭천명하였다.

2. 2차 대전 후의 남북관계

한반도는 2차 대전 후 유일하게 냉전 그림자가 사라지지 않은 지역이다. 이 지역은 백만의 남북 주둔병이 군사적 대치를 하고 있을 뿐만 아니라, 독특한 지리적 위치로 동양의 '발칸반도'라고 불리고 있다. 한반도는 아시아 대륙에서 동북 모서리에 위치하고 있고, 동북쪽으로는 러시아를 접경하고 있고, 북쪽으로는 두만강, 압록강을 경

2) <국제조약집 1934-1944>, 세계지식출판사, 1961. p.407
3) <국제조약집 1945-1947>, 세계지식출판사, 1959, p.78

계로 하고 있고, 중국의 북쪽과 인접하고 있으며, 동남쪽으로는 대한 해협과 일본을 마주보고 있다. 지리적으로는 동북 아시아의 핵심 지역이며, 유라시아 대륙에서 태평양 대륙으로 통하는 육로 통로의 요충지이자, 일본열도가 유라시아 대륙으로 통하는 천연 교량이다. 마이클 마자리가 편찬한 <한국1991. 평화로 통하는 길>이라는 책에서 "한반도는 북태평양에서 가장 전략적인 의미를 가진 지역으로, 이것은 논쟁할 여지가 없는 사실이다"고 말한 바 있다. 한반도는 대륙이 태평양으로 뻗은 비수처럼 일본의 열도를 곧장 찌르고 있다. 한반도는 중국과 러시아, 일본이 지척에 있는 것 외에도 미국이 아시아태평양 지역에서의 전략적 지점으로, 그야말로 전세계가 한국을 관망하고 있고, 한국은 반도에 서서 세계를 관찰하고 있는 형국이다.

2차 대전 종료 직전, 1943년 2월 미국과 소련은 얄타(Yalta)에서 비밀 협정을 체결해 북위 38°선을 경계로 각각 출병시켜 대일 한반도 작전을 전개할 것을 규정 하였다. 1945년 8월 15일 일본 항복 후 남북 측은 각각 1948년 8월 15일과 1948년 9월 9일에 대한민국 정부와 조선민주주의 인민공화국 정부를 설립하였다. 이것이 한반도 남북 분열의 원천이 될 줄 누가 알았겠는가? 어느덧 60여년이 지났다. 하지만 남북한은 여전히 심각한 대치 상태에 있다.

1950년 6월 25일 한국전쟁이 발발했고, 1953년 7월 27일에 이르러 정전 협정을 체결하였다. 3년여 간의 전쟁으로 같은 민족인 남한과 북한의 적의가 증가하였을 뿐만 아니라 많은 국가들이 이데올로기 선생의 소용돌이에 휘말렸다. 통계에 따르면, 미국이 이끄는 '유엔군'과 '한국군'은 200여만 명이 참전했고, 중국의 인민 지원군과 북조선 군인의 수는 300여만 명에 이르렀다고 한다. 1950년대 초부터 80년대 말까지 한반도는 시종일관 동서양 2대 진영이 대치하는 최전선이 되었다. 냉전이 종식된 이후 오늘까지 '냉전'의 그림자가 여전히 한반도 상공에서 맴돌고 있다.

1972년 닉슨의 성공적인 중국방문과 중일 관계정상화 이후 한반도 남북 양측은 장기간 형성된 교착 상태를 깨고 본격적으로 접촉하기 시작하였다. 양측 적십자회 대표도 공개적으로 협상을 진행하였다. 그러나 이후 박정희 부인 암살 사건으로 양측은 더욱 불신하고 양보하지 않으면서 협상의 결론은 흐지부지됐다.

1980년 10월 조선민주주의 인민공화국 노동당은 제6차 대표대회를 열었고, 회의석상에서 김일성은 남북통일 문제에 대해 '자주, 평화통일, 민족대단결' 세가지 원칙을 통일조국의 기본 강령으로 삼았다. 이후 북한은 또 '연방제'로 국가 통일을 실현하고 '하나의 민족, 하나의 국가, 두 가지 제도, 두 개의 정부를 기초로 하는 연방제'를 내세웠다.[4] 즉, 북측과 남측은 상대방의 사상과 제도를 승인하고 인정하는 기초 하에, 북측과 남측이 동등한 자격으로 참가하는 민족통일정부를 세우고, 민주 통일 정부 하에서 북측과 남측은 동등한 권한과 의무로 지역 자치를 실시하며 '고려 연방 공화국'를 세우고 민족국가의 통일을 실현한다는 것이다.

1982년 1월 한국 전두환 대통령은 양측이 참가하는 한반도 통일계획을 제시하면서 민주공화국을 위한 헌법 제정을 제시하였다. 북한은 전두환 대통령의 계획은 타당성이 없어 고려할 만한 가치가 없다고 여겼고, 100명의 양측 정치가가 참석한 연석회의를 열어 북한이 제기한 연방공화국의 건의를 논의할 것을 제시하였다. 그러나 이 두 방안은 실행되지 못하였다. 북한이 제시한 '연방제'에 비해, 한국에서는 '국가연합제'를 통해 민족 국가통일을 실현할 것을 제안하였다.

---

4) <오늘의 북한> 월간, 1995.8, p.41

이들의 차이점은 ‘국가연합제’는 비교적 느슨하고, 연방제는 비교적 긴밀하다는 것에 있다. 또한, ‘국가연합제’는 중앙기구가 없고 그 회원국의 사무를 지배할 권리가 없으며, ‘연방제’로 구성된 중앙정부는 회원국의 사무를 관할할 권리를 가지고 있다.

1989년 베를린 담장이 무너지고 냉전이 종식되자 한국 정부는 ‘북방 정책’을 추진하기 시작하면서 러시아, 중국과 잇따라 외교관계를 맺었다. 특히, 1991년 9월 남북한은 유엔에 가입했고 남북이 서로 인정하지 않는 대립관계에서 서로 공존하는 관계로 발전하였다.

같은 해 12월 남북 양측 총리는 <남북 화해, 상호 불가침 및 협력 교류에 관한 협약서>를 공동으로 체결하였다. 협약서는 상호 신뢰를 확립하는 조치와 우발적 무장충돌을 방지하는 방법을 규정하고 있다. 그러나 1992년 시작된 북한의 ‘핵 위기’는 남북 관계를 다시 긴장시켰는데, 특히 1994년 7월 8일 김일성의 사망으로 같은 해 7월 25-27일로 예정되어 있던 평양에서의 김영삼과 김일성의 정상회담이 좌절되고 남북대화가 중단됐다.

프랑스 통신사 AFP서울의 1998년 9월 27일 기사에 따르면, 한반도 남북 양측은 군사분계선 양측에 총 100여만 군대를 배치하고 세계적으로 군사배치 밀도가 가장 큰 지역이 되었고, 군비경쟁, 무장대치가 매우 심각한 상황이다. 한국국방부 백서에 따르면 1998년 북한 무장부대의 총 인원수는 116만명, 한국군 총 병력은 69만명으로, 주한미군 3만7천명까지 더하면 총 병력이 188만7천명에 달한다고 한다. 한편 양측 모두 방대한 규모의 예비군 인원을 보유하고 있는데 북쪽에는 745만 명, 남쪽에는 304만 명으로 국민 모두가 병역의 의무를 가진다고 말할 수 있다.

미국 <뉴욕타임스> 1994년 2월 6일 기사에 따르면, 북한이 38선에서 60마일 떨어진 곳에 대포 8400여 개와 로켓 발사대 2400개를 배치하였다. 김일성 서거 이후, 평양은 전면적으로 군사훈련을 강화했고 10만 명의 특수작전부대를 조직하였다. 현재 그 규모가 이미 2배로 늘어난 20만 명에 달하며 군비 지출이 GDP 의 30% 정도를 차지한다.

한국국방부 백서 통계에 따르면 한국은 1996년부터 2001년까지 군비 총 지출이 1450억 달러로 연평균 군비 지출액이 240억 달러에 이른다. 매년 40억 달러의 최신 무기 장비를 외부에서 구입할 계획이다. 1992년부터 1997년까지 5년 동안 한국은 총 273차례의 각종 군사 훈련을 진행했고, 두드러지는 특징으로는 미군 참여 횟수가 점차 늘어나고 있다는 점인데, 1992년 5차례였던 것이 1996년 26차례로 늘었고, 1998년 10월 27일 8만5천여 명이 한미 연합 군사 훈련에 참가했는데, 이것은 1992년 '협력 정신'에 바탕을 둔 군사 훈련 이래로 최대 규모의 한미 연합 군사훈련이었다.

한반도 남북관계는 정치와 군사방면에서 긴장 태세를 보이고 있지만 경제교류 방면에서 어느 정도의 진전을 거두었다. 한민족통일원에서 1996년 발표한 <한반도 통일에 관한 백서: 평화와 협력>에 따르면, 한반도 남북 양측의 무역이 1988년 10월 시작됐다. 1989년 한반도 남북무역액은 1,800만 달러에 그쳤으나 이후 매년 증가하였다. 1991년 남북무역액은 처음으로 1억 달러를 돌파하였다. 이후 1992년부터 1994년까지 3년 동안 남북 무역액은 1억 6천만, 1억 7천만과 1억 8천만 달러였다. 1995년에는 남북 무역액이 2억 8700만 달러에 이른다. 한국은 중국, 일본 다음으로 북한의 3대 무역 파트너가 되었다.

1998년 한국 <korea Focus> 제2기 기록에 따르면 1997년 남북 무역액은 3억 2000만 달러였다. 한국이 북한에서 수입한 것은 주로 철광, 금광, 아연광과 농산물, 임산물, 수산물 등이 있다. 한국이 북한으로 수출하는 것은 북한에서 가공하는 방직품의 원재료 외에도 기계, 전기, 설비, 농산물 등이 있다. 양측 거래 품종은 기존의 25종에서 27종으로 증가했으며 무역구조도 단일화에서 다원화 방향으로 발전하였다.

1996년 간접무역액이 한반도 양측 전체 무역액에서 차지하는 비중이 91.4%에 달했는데, 홍콩은 남북 양측 무역의 제1대 중간 항구이다. 그 다음으로 중국, 일본, 호주 순이다. 그러나 한반도 남북 경제거래와 협력은 계속 돌발적인 사건이 발생하여 장애가 되고 있다. 예를 들어, 1996년 9월 북한이 잠수함을 한국 강릉 연해수역으로 진입시켰다가 좌초된 사건이 발생했고, 이로써 양측은 다시 한번 연락마비 상태가 되었다.

1998년 2월 김대중은 한국의 제1대 대통령 자리에 올랐고, 취임연설에서 "필요 시 북한 지도자 김정일과 회담을 열 수 있길 원한다"고 명확하게 밝힌 바 있다. 개각 이후 공포한 '햇볕 정책'으로 대북 정책에 있어서 역대 정부 중 처음으로 북한을 '가장 위험한 적'이라는 인식을 바탕으로 '대항'을 핵심으로 하는 정책적 기조에서 북한을 '가장 가까운 상대로', '화해'를 취지로 하는 북방정책 목표로 전환하였다. 같은 해 6월, 김대중 대통령은 방미 기간에도 북한을 적대시하지 말고 서울과 워싱턴이 함께 '햇볕 정책'을 이뤄나갈 것을 호소하였다.

북한에서는 '햇볕 정책'이 마치 '평화 발전'을 꾀하는 것으로 여겼고, 1999년 6월 '서해교전' 사건은 북측과 남측의 '화력 정찰'로 보았다. 하지만 김대중의 '햇볕정책'의 본질을 확인한 후부터는 그제서야 안심하고 '삼키지 않는다, 봉쇄하지 않는다, 자극하지 않는다, 무너뜨리지 않는다'는 '햇볕정책'의 '4불' 정책을 받아들였다.

사실 김대중의 '햇볕정책'에 앞서 북한 경제는 이미 자립할 수 없는 악성 빈곤 상태에 빠져들었다. 자료 통계에 따르면 그 동안 북한은 이미 9년 연속 마이너스 경제 성장률을 보였는데, 마이너스 성장률이4~5%에 달하였다. 그 중 식량 기근이 가장 심각하였다. 북한의 식량 생산은 평년에도 자급자족할 수 없는 상태로, 연평균 100만 톤 정도가 부족했고, 흉년 때마다 그 부족 분은 더욱 커졌는데 적어도 200~300만 톤 정도는 되었다. 식량 부족으로 인해 때로는 1인당 일 평균 정부 식량 배급량이 150g 정도 밖에 안 된다.[5] 이것은 약간 2차 대전 시기의 레닌그라드(Leningrad) 주민들과 비슷하다!

김대중은 대통령 취임 이후, 북한에 대한 인도주의적인 원조와 '정경분리' 원칙의 기초에서 경제 무역 교류를 더욱 확대하였다. 1998년 5월 한국은 또 7,700억 원의 식량을 북한에 무상지원했고, '작은 천사'라는 이름의 한국 어린이 공연단이 북한을 12일간 방문해 공연을 하였다. 한반도는 한층 더 부드러운 분위기를 형성하였다. 같은 해 6월 정주영 현대그룹 총재는 현대자동차 100대와 소 1,000마리를 이끌고 판문점을 통해 북한을 방문해 남측 기업이 북한에 입주하는 첫 사례가 되었고, 현대그룹은 1999-2030년 금강산 종합개발계획을 세웠는데, 그 투자총액이 13억 6천 만 달러에 달하였다. 그러나 1999년 6월 한반도 남북 양측 해군이 황해에서 충돌 사건이 발생했고, 남북관계의 발전에 다시 한 번 돌풍이 휘몰아쳤고, 김대중의 '햇볕 정책'은 한국에서 야당의 맹렬한 비난을 받았다.

그럼에도 불구하고 김대중 대통령은 민주 투사이다. 2000년 6월 13일 김대중 대통령은 평양을 방문하고 김정일과 회담을 진행하였

---

5) 장봉, <경제가 하락을 멈추고 상승하지만, 회복하기에는 갈 길이 멀다 : 1999-2000년 북한 경제 정세 분석과 예측>, <동북아 연구> vol.1. 2000

다. 6월14일 오후부터 6월15일 새벽까지, 김대중과 김정일은 제2차 회담을 거행했고, 회담 이후 <남북공동선언>에 초안을 잡고 서명하였다.

1. 남북 양측은 국가 통일 문제는 국가의 주인인 우리 민족이 상호 연합한 힘으로 스스로 해결한다.

2. 남북 양측은 남측이 제시한 통일된 연방제 방안과 북측이 제시한 초보 단계의 연방제 방안 실현에 공통성이 있다고 판단하고, 양측은 앞으로 이 방향으로 통일 과정을 추진하기로 결정한다.

3. 남북 양측은 2000년 '8 · 15'를 앞두고 이산가족 방문단을 교환하고, 사상범의 장기 구류 문제 등 인도주의 문제를 조속히 해결한다.

4. 남북 양측은 경제협력을 통해 민족 경제를 균형 있게 발전시키고, 사회, 문화, 체육, 보건, 환경 등 각 분야의 협력과 교류를 강화하고 상호 간의 신뢰를 증진시키기로 결정한다.

5. 남북 양측은 합의사항을 조속히 실천에 옮기기 위해 빠른 시일 내 당국 간의 대화를 시작하기로 결정한다.

한반도 남북 정상회담은 한반도 문제의 해결을 위한 역사의 첫 걸음을 내딛었고, 이 순간은 영원히 역사에 기록될 것이다. 남북 정상도 이로써 특별한 영예를 얻었고, 김대중은 김정일과 함께 비정부기구(NGO)가 수여한 2000년도 국제평화상을 받았고, 김대중 대통령은 2000년도 노벨 평화상을 수상하며 한민족의 첫 수상자로 대대로 이름을 남길 것이다.

한반도 남북 정상회담은 전 세계가 21세기에 진입한 이래로 첫 번째 대사가 되었고, 국제사회는 즉각 보도하며 높은 평가를 내렸다. 같은 해 6월 14일, 러시아 외교부는 북한과 한국의 첫 회담은 한반도 긴장 상태의 완화에 유리하고, 한반도 남북 양측은 민족화해와 협상의 원칙 상에서 통일 대업을 완성해 아름다운 미래를 개척할 것이라고 공표하였다. 같은 날 미국 클린턴 대통령도 남북 양측의 정상회담의 성과에 대해 '매우 만족'한다고 발표했고, 양측이 <남북공동선언>을 체결한 것은 한반도 남북 양측이 화해를 향해 나아가는 고무적인 발걸음이라고 지적하였다. 6월 15일 중국 외교부는 성명을 발표해, 한반도 남북정상회담이 역사적 의미를 지닌 중대한 사건으로, 이것은 한반도 평화 안정을 유지하는데 기여할 것을 믿는다고 밝혔다. 같은 날 일본 모리요시로(森喜郎)총리는 연설을 발표해서 남북 양측 정상들은 <남북공동선언>은 평화를 향한 첫 개혁이라고 했으며, 동아시아 신세기가 곧 올 것이라는 것을 암시하였다.

2002년 12월 19일 한국 전국민의 투표를 거쳐 노무현이 대한민국 제16대 대통령으로 당선됐다. 노무현은 '새로운 희망'을 대표했는데, 평범한 서민 출신 노무현이 당선은 기적이었다. 그는 김대중의 '햇볕정책'의 합리적인 내용을 바탕으로 자신만의 '평화번영정책'의 길을 걸어갔다. 노무현은 전체적으로 독재의 색채가 짙은 한국 환경에서 성장한 신세대 정치가로서 한국의 정치적 폐해에 대해 비교적 깊은 인식을 가지고 있어서, 이에 따라서 '민족의 권력 정치 개혁개념'을 제기하였다. 그 구체적으로는 국민들의 정치생활에 대한 참여를 확대한다. 당정 분리를 실행하고 정당 생활의 민주화, 선진화를 꾀한다. 실제 국가 정권의 분화를 이룬다. 권력 기관의 책임성 강화, 자율성을 향상시킨다. 인사 제도의 공정화, 능력주의 정신을 진정으로 이룬다. 권력 남용을 방지하고 권력 기관의 상호 견제를 강화시킨다.

노무현은 한국 경제가 이미 중산층 시대에 진입했고, 시대적 수요에 적응하기 위해 새로운 이념, 새로운 전략, 새로운 목표로 경제의 빠른 발전을 촉진해야 한다고 보았다. '3신(新)' 경제 정책은 다음과 같이 개괄할 수 있다.

1. 새로운 이념인 시장경제질서를 완벽하게 하고, 불필요한 정부 통제를 제거하고, 재벌을 개혁하고, 기업운영 투명도를 높인다. 이전의 경제성장만을 강조해 왔던 것을 경제 성장과 성과 분배를 조정하는 방향으로 변화 시켜, 성과 분배가 더욱 합리화 될 수 있도록 한다. 이런 정책은 비록 노동자들로 하여금 어느 정도의 혜택을 받았긴 하지만, 경영자와 재벌은 크게 만족하지 못하였다.

2. 새로운 전략, 즉 농업의 전략적 산업 지위를 계속 유지하고 IT 산업을 발전시킨다. 한국의 농업 비중이 이미 7% 낮고, WTO 에 가입했기 때문에 농민 소득을 보장할 수 있게 안정적인 발전을 할 수 있도록 농업의 전략적인 산업 지위를 계속 유지해야 한다. 또한 부가가치가 높은 IT 산업을 새로운 시기의 핵심산업으로 삼고, IT미디어 단지 및 국제기술협력 센터를 설치하였다.

3. 새로운 목표, 즉 세계 경제의 경쟁력 원천에 적응하기 위해 제조업에서 서비스업, 특히 지식 밀집형 산업으로 이전한다. 또한 자체 결합을 통해 OECD 회원국이 되고 세계 10위의 금융강국으로 거듭난다.

노무현 대통령은 비록 김대중 대통령의 '햇볕 정책'을 계승했으나, 개혁을 단행했고 자신만의 '대북 정책'인 '평화 번영 정책'을 제시했는데 그 내용은 다음과 같다.

1. 남북 화해와 협력을 촉진해 남북 군사회담 메커니즘화 추진한다. 남북 정상회담 등의 각종 조치를 통해 지속적인 평화적 기반을 다진다. 외교를 강화하고, 동북아 평화협력 분위기를 조성한다. 협상 방식으로 북한의 핵 문제와 미사일 문제를 해결한다.

2. 남북 문제와 미사일 문제를 해결하기 위한 협상 사항을 철저히

이행한다. 남북 문제에 관한 실질적인 협력을 심화한다. 군사적 신뢰를 강화한다. 동북아 평화와 협력을 위한 구상을 제시하고 적극적으로 추진한다.

3. 평화협정을 체결하고 국제적으로 보장한다. 평화체제로의 전환 유지와 함께 각종 조치를 추진하는 실시한다. 남북 경제공동체를 진정한 실현하고, 단계적으로 군비 통제를 강화한다. 동북아 평화협력체제를 구축하고 실현한다.

노무현 대통령의 당선은 한국의 '3김', 즉 김영삼, 김대중, 김종필 등 옛 1세대 정치가들의 종식과 '전후 시대'의 시작을 의미하며, 한국 민주주의 정치및 사회가 혁신적인 발전을 하고 있다고 생생하게 증명하는 것으로 기념비적이고, 현실적인 의미를 가지고 있다는 것을 증명하였다. 그러나 유감스러운 것은 노무현은 집권 과정에서 한국 역대 대통령들이 내건 '반부패청렴' 구호에서 벗어나지 못했는데, 결국 마지막에 '반부패스캔들'의 오물을 뒤집어쓰고 자신과 측근의 명예를 위해 절벽에서 자살하였다. 비장하고, 안타깝다.

3. 북한의 '신경제 정책'과 '선군 정치'

1945년 10월 소련의 지지 하에 북한은 '북한 공산당 북조선지국' 설립했고, 1946년 2월에 김일성을 핵심을 하는 북한임시위원회를 세웠다. 1947년 2월 김일성을 위원장으로 하는 조선위원회가 설립을 선포하였고, 같은 해 9월 8일 <조선민주주의인민공화국헌법>을 통과하였다. 1948년 9월 9일 김일성을 수장으로 하는 조선민주주의인민공화국이 평양에서 설립을 공포하였다.

조선민주주의 인민공화국 국토면적은 12만2,767㎢로 한반도 전체 면적인 22.336만 ㎢의 55%를 차지한다. 인구는 약 2,400만 명이다. 한반도는 남북으로 길이가 약 1,100㎞로, 동서로는 좁은데, 가장 좁은 곳은 200㎞이고, 가장 넓은 곳은 320㎞이다. 80%의 육지가 고원과 산지에 속하며 단지 20%만이 평원이다.조선 해안선 총 길이는 약 2,495㎞이다. 서북으로는 중국과 국경을 마주한 거리가1,416㎞에 달하고, 동북으로 러시아와 19㎞를 접하고 있나. 북한은 1945년 광복 이후 1946년 3월 23일 <20조항 정부 요강>을 반포하였다. 그 중 제 11 조항에서는 '일필자가나 일본, 매국노, 계속 임대 임대사업을 하고 있는 지주의 토지를 몰수하고, 소작제도를 폐지하고, 몰수한 토지 전부를 농민들에게 농민 소유로 무상 분배해 수고. 또한 국가가 관리하는 모두는 관개업 시설에 속한다'[6] 같은 해 8월 10일 북한은 일본 국가, 일본 법인, 개인사업자 및 조선민족반역자의 모든 공장, 광산, 발전소, 철도운송, 은행, 우체국, 상업 등의 기관을 무상으로 몰수하고 국유화하는 법령을 선언하였다. 1947년부터 북한은 국민경제건설 계획을 실시했지만, 이후 한국전쟁으로 어쩔 수 없이 중단됐다.

전쟁이 끝난 후 1957년부터 북한 국민경제 첫 5개년 계획(1957-1961)을 시작으로 1961년부터 7개년 계획을 실행하고 1970년이 되어서야 완성하였다. 1971년부터 6개년 계획을 시행했고 1976년 완성하였다. 1978-1984년부터 두 번째 7개년 계획 실시했고, 1987-1993년까지 세 번째 7개년 계획을 실시하였디. 북한은 사회수의 건설 과정에서 독립 자주적이고 자력 갱생으로 또 하나의 '천리마 운동'을 실시하였다.

---

6) <김일성 저작선집(제1권)>, 평양조선외국어출판사, 1976, p.29

통계에 따르면, 1947-1984년까지 북한공업 생산액 평균 증가율은 17.3%로 집계됐다. 1984년 공업 총생산액은 1946년의 431배에 상당한다. 식량 생산량은 1946년의 5.6배이다. 1인당 국민소득이 65배 늘었다. 1인당 국민소득은 1986년 240달러에 달하였다.[7] 1987년 4월 북한에서 제8회 최고인민회의 제2차 회의를 개최했고, <국민경제발전에 관한 3차 7년계획(1987-1993)>을 통과하였다. 이 계획의 기본 임무는 국민경제의 주체화, 현대화, 과학화를 계속 유지하고, 사회주의의 물질적 기초를 더욱 공고히 하여 인민생활수준을 더욱 향상시키는 것이다. 1987-1993년 동안, 공업 생산총액의 연평균 성장률이 4.9%로, 구체적인 국민 경제지표는 다음과 같다. 발전량은 1,000억 킬로와트, 석탄 1.2억 톤, 강철 1000만 톤, 유색 금속 170만 톤, 시멘트 2200만 톤, 화학 비료 720만 톤, 방직품 15억 톤, 수산물 1500만 톤, 식량 1500만 톤, 간석지 개간 누적 규모가 30만 헥타르에 달한다. [8]

1994-1996년 북한에서 3개년 계획을 실시하기 시작했고, 북한의 정부 당국의 소식에 따르면 모든 계획이 원만하게 완성되었지만 실정은 그렇지 않았다.

북한은 1994년 김일성 서거에 3년 동안의 자연재해까지 겹쳐 역사상 전례 없는 경제적 어려움을 만나 많은 사람들의 주거지를 잃고 거주할 곳 없이 떠돌아다니는 사태가 발생하였다. 이점을 감안하여, 북한은 1995년부터 전례를 깨트리고 국제사회에 식량 문제를 해결할 수 있도록 원조를 제공해줄 것을 요청하였다. 북한은 2,400만 인구 중 3분의 2가 도시에서 거주하고 있으며, 단지 3분의 1만이 농촌에

---

[7] 차진화, <중국 주변 경제권>, 중국 경제출판사, 1999, p.351

[8] <North Korea in Transition and Policy Choices>, Kyungnam University Press, p.91-93

살고 있지만, 전체 인구의 50%가 농업에 종사하고 있다. 북한의 80%의 국토가 고원 산간지대에 속하기 때문에 경작할 수 있는 토지가 제한적이고, 게다가 북한은 연간 눈이 내리지 않는 기간이 6개월 뿐이며, 북한의 농업용지는 약 180만 헥타르에 달하고, 그 중 30만 헥타르는 곡식 재배하는 곳에 사용한다. 이것은 과일, 뽕나무를 포함한다. 20만 헥타르는 채소 재배에 사용한다. 65만 헥타르는 옥수수를 재배하는데 사용한다. 60만 헥타르는 벼를 심는데, 5만 헥타르에 밀 재배에 사용한다. 4만 헥타르는 감자 등 재배에 쓰인다. 이상의 통계 수치에서 우리는 북한의 식량 재배에 사용되는 면적이 160만 헥타르에 불과하고, 이 땅들은 모두 비교적 척박한 고산 용지에 속하고, 수토유출이 심각하다(PH5-7유기 영양물은 0.5% 밖에 없다)는 것을 쉽게 알 수 있다. 1995년 북한 정부 당국은 처음으로 대외석으로 그 식량 생산량이 376만 톤에 달한다고 발표하였다. 이것은 첫 6개년 경제계획이 끝날 때(1976년)의 800만 톤, 둘째 7개년 경제 계획 종료 시(1984년)의 1,000만톤, 제37년 동안의 경제 계획 동안의 계획 종료시(1993년)의 1,500만톤과 차이가 매우 크다. 1998년 3월 2일 북한 정부는 대외적으로 식량 수요량을 627만톤으로 발표하였지만, 실제 생산량은 214.8만톤으로 412.2만 톤이 부족한 수치이다. 반면 한국 통일부의 추측에 따르자면 1998년 식량 수요량은 638만톤이었는데 하지만 1997년 북한의 실제 생산량은 348만톤에 그쳤다. 북한의 권위 있는 인사에 따르면 북한의 식량 부족은 매년 약 300만 톤 정도라고 한다. 식량 등 생활필수품의 부족은 국민 경제 발진에 악영향을 미쳤다.

한국은행에 따르면 지난 몇 년 동안 북한 경제는 줄곧 마이너스 성장으로 추산되고 있다. 북한 1인당 국민소득은 1990년의 1,064달러에서 1997년에 741달러로 떨어졌다. 같은 시기 한국 1인당 GNP 는 9,511달러였다. 1997년 북한의 국민 총 소득은 117억 달러다. 북한은 1990년대 이후 선천적 자연조건의 제한과 김일성의 서거 이후 3년 동안의 자연 재해는 인민들의 최초의 필수품인 식량의 부족 문제를 심각하게 초래했고, 북한 경제발전의 큰 장애가 되었다. 그러나 우리는 북한 정부는 지속적인 경제 하락을 전환하기 위해 적극적인 조치를 취하고 있다는 사실하고 있다. 예를 들어 북한이 1991년 나진과 선봉 지역에 우선 자유무역구역을 설립하고 적극적으로 외자를 유치하여 북한에 투자하였다. 자유 무역지구를 철저하게 처리하기 위해 북한은 나진과 선봉지역에 621 제곱 ㎞의 토지를 확충해 인프라 건설에 착수했는데, 예를 들어 항구 확장, 도로, 통신 시설 건설 등이다. 총괄적으로 말하자면, 북한이 현재 직면하고 있는 난제는 결코 단순한 경제 과제가 아니기 때문에 시스템 자체적인 깊이 연구를 해야 한다.

2002년은 북한경제정책의 중요한 한 해였다고 할 수 있다. 2002년 7월 1일 북한 내각은 정부 형식으로 대규모의 경제 정책들을 반포했고, 새로운 시기의 경제 질서를 정식으로 조정했고, 두 달 후 신의주 특별 행정 지구를 설립하겠다고 선언하였다.

한쪽 측면에서는 새로운 시기의 경제 질서를 조정하고 있는데 그 내용은 주로 다음과 같다.

1. 도시 근로자의 임금 수준과 농촌 농산물의 인수 가격을 대폭 높이고, 이익 재분배 부분의 평균주의적 경향을 파괴하고, 현행 임금 수준 90~260원을 1500~6000 원으로 향상시켰는데 이것은 평균 임금을 15~20배 높인 것이었다. 과학자, 대학 교수, 고급 군사장교, 및 육체 노동자, 유해 노동자, 위험 근로자의 임금 수준을 중점적으로

높였다. 이들의 평균 임금은 일반적으로 4000~6000원 수준이다. 농산물의 수매 가격을 전면적으로 제고시켰는데, 쌀을 예로 들자면 킬로그램당 수매 가격이 기존의 0.8원에서 킬로그램당 44원으로 오르며, 약 55배나 올랐다.

2. 생활필수품 가격을 전면적으로 조정했고, 의무교육, 공공 의료 두 가지 시스템을 바꾸지 않는다는 전제 하에서 공공시설, 전기 수도 가스비 및 주택 사용료를 포함해 국가는 상품에 대해 최고 한도제를 실시한다. 예를 들어, 공공시설 사용료는 버스, 지하철 이용료를 기준으로, 사용료를 기존의 0.1원(1회당)에서 2원(1회당)으로 인상하였다. 환율은 달러를 기준으로 기존의 1달러: 2.21원에서 1달러: 150원으로 조정하였다.

3. 상품 분배 부분의 증표 공급 시스템을 없애고, 상품과 화폐 사이의 자유교환을 실현한다.

4. 국가는 서비스 분야에서 일부 일자리를 늘리고, 임금 인상으로 발생하는 일자리 수요를 충족시킨다.

한편, 경제 특구를 증설하고 이로써 지역 개방 구조를 완비한다. 북한의 특구 건설은 1990년대 초에 최초로 시작됐다. 첫 번째로 설치된 특구는 나진 선봉경제 무역지대이다. 이 지역은 두 번 확장하였고, 총 면적이 746제곱㎞에 달한다. 특구 건설 10여년 동안, 국가에서 비교적 대규모의 투자를 하지 않은 상황에서 이미 북한에 1억 5,000만 달러의 외환수익을 제공하였다. 나진 선봉경제 무역구는 북한의 동북 모서리에 위치하고, 중국과 러시아와 접해있다. 2002년 9월과 11월 북한 정부는 기존의 특구를 기준으로 세 개의 경제특구를 두 번에 나누어 증설하였다. 처음으로는 2002년 9월 12일 반포한 <신의주 특별행정구역법>의 형식으로 특별 행정구를 설립하여, 법률 규정에 의

거하여 기존의 신의주 시의 북 신의주를 획출하고, 외가 의주군, 철산군 등 일부 지역 총 합계가 132제곱㎞로 신의주 특별행정구로 설치하였다. 이 지역 단위는 2개 구역으로 나눴는데, 북 신의주 35개 동 중 31개 동 및 교외 8개리 중 4개리, 외가의주군 3개리 중 1개 부분 구성되어 있으며, 면적은 82㎢(북한 지방 행정 단위 동은 중국 도시의 거리에 상당하고, 리는 중국 농촌의 촌에 해당하고, 군은 중국의 현에 상당함)에 해당한다.

또 다른 하나는 연주군 중 2개 리의 한 부분으로, 철산군 중 2개 리의 일부분으로 구성되어 있으며 면적은 50제곱㎞이다. 지역 내 자본주의 제도와 생산 방식을 허용하고, 50년 동안 변함없이 유지하도록 한다. 비 북한국민을 최고행정장관으로 선발하여 해당 지역으로 파견하여 기존 국가 기관과 국민의 2/3에 달할 수 있도록 하며, 해외 자본이 해당지역에 투자하는 것을 허용한다. 특별 행정구에 입법권, 행정권, 사법권을 부여한다. 특별 행정구는 국가 권한범위 내에서 자신의 명의로 대외 업무를 볼 수 있고, 심지어 특구 여권을 발행할 수 있고, 심지어 자신들의 지역권, 지역 마크를 가질 수 있다. 이것은 명확하게 홍콩식 중국 특구를 모방하는 특구이다.

한편 2002년 11월 북한정부는 설립한 금강산 관광지와 개성공단 등을 발표됐다. 1998년 현대그룹의 아산주식회사와 북한 아세아 태평양 평화위원회가 공동으로 부담하는 금강산 관광개발사업, 북측은 거의 영가 비용이 투입되는 상황에서 5억 달러의 외환수익을 가볍게 얻었다. 금강산 관광 사업은 순조롭게 진행되고, 그 해 관광선의 첫 출항을 실현하였다.

개성공단 건설도 한국 현대재단, 아산 주식회사, 북산 아세아 태평양 평화위원회가 2001년 8월 공동으로 체결한 협의에 의해서 시작되었다. 2001년, 한국 아산 주식회사는 한국 토지개발회사와 함께 예정지에 대한 현지 고찰과 계획 설계에 착수하였다. 결국 개성시의 자남동 등 12개 동, 판문군(板门郡) 3개 리의 일부 지역(총 면적 약 60제곱㎞)의 공업단지로 지정해 한국 기업의 투자를 유치하는 주요 공업단지로 만들었다.

2002년 7월 1일 북한 내각 정령(政令)은 임금 인상, 물가 인상을 주요 내용으로 하는 경제 질서를 조정하는 조치를 전면적으로 내놓았다. 하지만 그 결과 임금, 물가이 대대적인상승으로 인해 화폐 유통량이 크게 늘어났고, 이것은 더 나아가 화폐 발행량을 증가시켜 북한이 1,000원(북한 화폐)의 거액 화폐를 발행하게 하였다. 북한의 <노동신문> 보도에 따르면, 북한은 전국적으로 발행기간 10년짜리 인민생활국채를 발행하고, 발행 총액을 발표하지 않았지만 국채 금액의 구성을 밝혔다. 그것들은 각각 500원, 1000원, 5000원으로 구성되어 있다. 통계에 따르면, 2003년 4월 말까지 쌀은 킬로그램당 기존의 44 원에서 130원으로 상승했으며, 육류는 킬로그램당 130원에서 260원으로 상승했고, 명태는 마리당 90원에서 180원으로 상승하였다. 달러에 대한 북한 돈의 환율은 기존의 1달러 대 150원에서 1달러 대 1000원으로 배로 상승하였다. 인플레이션의 증가로 인해 식량 공급 방식은 어쩔 수 없이 국가에서 설립한 식량 사정국 전문 경영으로 구매를 통제하고 판매를 통제할 수밖에 없었다. 또한 쌀 구매 제한제를 실시하여 1인당 20킬로그램만 살 수 있었다.

이번 경제 질서 조정 조치는 경제 발전 규율을 완전히 위반한 것으로, 실패로 막이 내렸다. 이론적으로 임금과 물가의 상승은 양자 상승 폭을 유지하고 공급 불균형에 영향을 미치지 않아야 인플레이션을 일으킬 수 있다. 하지만 북한의 실제 상황은 크게 다르다.

첫째, 증권 제도의 폐지했고, 이것은 실력자들이 대규모로 구매하거나 상품을 적재할 수 있도록 하였다.

둘째, 경제적 조건이 부족한 가운데 상품의 극도로 부족해 공급 능력이 제한받게 되었고, 생산 관계가 변화하지 않고 생산력이 발달하지 않는 상황에서 단기간 공급 확대를 실현하기가 쉽지 않았다. 인플레이션의 발생은 단순히 드러난 문제 중의 하나이며, 사회적 원가 압력이 더욱 커지면서 새로운 문제가 출현하는 것을 막을 수 없게 될 것이다.

1980년대 말부터 동유럽과 전 소련의 사회주의 진영이 서로 잇따라 와해되었는데 이것은 북한에 큰 충격을 가져왔다. 1989년 베를린의 장벽이 무너짐에 따라 같은 해 루마니아에서 22년 동안 장기 집권했던 치오세스쿠가 결국 자신의 군대에 체포되었고, 군사법정에서 사형에 처하였다. 1990년 알바니아당의 총 서기 알리아는 군대의 압박으로 하야하였다. 1991년 구 소련 고르바초프도도 옐친에 의해 쫓겨났다. 동유럽과 소련의 거대한 변화는 북한 정부에 큰 심리적 충격을 안겨 주었다. 김일성은 동유럽 사태가 북한에서 재연될 것을 매우 우려했고, 군권에 대한 통제를 더욱 강화시키기 위해 군권의 전환을 빠르게 이전시켰는데, 자신의 아들 김정일에게 충분한 시간을 주고 군권을 장악하게 했고, 1991년에 인민군 최고사령관의 지위를 김정일에게 넘겼다. 1992년 헌법 개정을 통해 국방위원회를 신설하였고, 김일성이 직접 위원장을 임명하였으며, 김정일이 부위원장을 맡았고 김정일에게 원수의 계급을 수여하였다. 1년 만인 1993년 4월, 김정일은 직접 국방위원장에 취임했고 조선인민군의 '최고사령관'이 되었다.

1994년 7월 8일, 김일성의 갑작스런 병세 악화는 북한이 정치적

과도기에 진입하였음을 상징하였다. 당시 김정일은 이미 일찍이 후계자로 선정되어 '특별한' 권력을 갖고 있었긴 하지만, '영수'의 지위는 없었다. '일국불가일일무군(一国不可一日无君)', 일국은 하루도 군주가 없어서는 안 된다는 통상적인 관례에 따라, 김정일은 순조롭게 국가주석과 당 서기의 지위에 취임했지만, 김정일은 영수의 자리에 급하게 올라가는 것이 아니라, 먼저 3년 동안 애도하며 '인덕(仁德)' 정치를 내놓았고, 정부 기관의 변화를 동결시켰다. 그러나 이러한 정치적 과도기의 특징은 권력의 효과적인 승계를 이루어 내지 못하면 질서의 진공 상태가 나타날 수 있다는 점이다. 때문에 사회 질서의 진공상태로 인해 파멸이 초래되는 상황을 방지하기 위해, 군사 권력의 강제 통치를 실행하는 것은 효과적인 선택이라는 것은 의심의 여지가 없다.

김정일은 "혁명군은 혁명주체의 핵심 역량이자 주력군이다. 군대는 인민이고 국가이고 바로 당이다." 라고 지적한 바와 같이, 군대의 중요성을 보여주기 위해, 북한은 헌법 개정을 통해 국방위원회를 국가특별 기구로 설립했고, 위원회 위원장에게 국가 상징적 법률지위를 부여하였다. 다른 한편으로는 사회 계층 질서의 조정을 통해 군인의 지위를 더욱 돋보이게 했는데, 즉 공업인, 농업인, 지식인 자제들의 군인 계층을 하나의 단위으로 삼아 열거했고, 공업인, 농업인, 지식인을 3대 계층 위에 두었다. 선군 지도와 관리 방식으로 영수가 군대를 장악하고, 군대를 통치하는 방식으로 전체 사회를 추진하였다. 자료 통계에 따르면, 1995년 초부터 2002년 까지 7년 동안 김정일 국방위원장은 행정 18만 ㎞, 크고 작은 군사단위 700여 개를 방문했고, 현장 지도를 통해 군인들의 사기를 북돋우고 지도자에 대한 충성을 얻었다. 북한 정부가 보았을 때, 사회주의 진영이 해체된 이후에 제국주의와의 전쟁의 최전선에 직접 나서게 되었다. 즉 좌우익도 없고, 후방도 없기 때문에 '전 국민 무장화, 전국 요새화'라는 기조 하에, 상비군의 현대화 건설과 억제력을 갖춘 전략적 무기의 연구 개발을 강화시켜 나가야 했다. 즉, 설사 국가 재정이 아무리 어려워도 제한적으로나마 국방비 지출을 보장할 수 있어야 한다는 것이다. 북한의 실제 군비 지출은 GDP의 25% 이상에 달한다. '선군정치'를 제창하는 것은 군인을 사회 발전의 선도로 삼고,'군혼'을 '국혼'으로 삼는 것이며, 군인 정신으로 국민들을 응집시키는 것으로 한마디로 정의하자면 '총대에서 정권이 나온다'는 것이다.

전후 동아시아의 신권위주의 정치 발전의 경험은 권력의 상대적인 집중을 통해 강력한 조치를 취할 수 있었을 뿐만 아니라 이러한 조치들이 성실하게 이행될 수 있도록 했는데, 이 때문에 거침없이 맹렬하게 일부 사회 난제를 돌파할 수 있었다. 이것은 이미 사람들이 광범위하게 토론하는 또 하나의 정치 패러다임이 되었다. 북한의 '선군정치' 구조적 특징으로 보자면, 북한의 정치적 특징은 본질적 의미에서의 군인정권과는 차이가 있고, 신 권위주의적인 특징에 훨씬 가깝다.

4. 북한의 새 시대 - 김정은 시대

북한은 세계에서 가장 신비롭고 가장 주목 받고 있는 나라 중의 하나다. 이 고도의 부호화된 국가는 자체적으로 그 나라만의 부호를 만들고 있다. 수천 만 명의 무용수가 함께 공연한 <아리랑>은 북한이 외부 관람객에게 보여준 가장 중요한 국가 이미지 중 하나이다. 가지런하게 절도 있는 춤 동작은 외부 세계에 통일된 집단의 힘을 보여주었다. 주체 사상 탑과 김일성의 동상은 격식 있는 방식으로 정신적인 힘을 응집시켰다. 북한을 참관한 대부분의 사람들은 지정된 농가와 유치원에서 세계에서 '가장 행복한' 가정과 '가장 건강하고 활발한' 아이가 있다는 것을 깨닫게 될 것이다. 이것이 바로 북한이라는 이 나라가 사람들에게 처음으로 주는 인상이지만, 하지만 사람들이 알고 싶은 것은 이런 신비한 것이 아니라 자연스러운 모습일 것이다. 이들 부호를 제외하고 외국인들이 북한 사람들에게 접촉하기 어렵고, 이 글로벌 시대에 그들은 자신들의 세계에서 유별나게 독립적으로 행동하고 있다.

'북한 인민 경애하는 영수', '21세기의 태양'인 김정일은 2011년 12월 17일 사망했고, 북한 인민들에게 비할 수 없는 비통한 마음을 가지고 오는 동시에 새로운 시대인 김정은 시대가 도래하였다. 그의 아버지인 김정일은 1980년에 후계자로 결정되어 14년 동안의 '단련'을 거친 후 북한을 관리하기 시작하였다. 김정은의 후계가 상당히 빠르게 진행된 것으로 보인다. 신화사의 보도에 따르면 2010년 9월 29일 노동당 대표회의가 폐막되고, 김정은은 김정일에 버금가는 북한 노동당 중앙군사위원회의 부위원장 및 노동당 중앙위원으로 선정되었다. 그 전날 그는 고모 김경희와 함께 대장으로 임명되었다. 김정은은 북한 지도 고위층 서열에 정식으로 들어서기 전에 김정일의 후계자는 언제나 구름 낀 산에 안개가 덮여 있는 것 같았다. 김정남, 김정철, 김정은 모두 외부에서 추측하는 명단 중에 있었다.

비록 김정은은 노동당 중앙정치국에 진출하지 않았지만 '선군정치'를 실시한 북한은 당대회 이후 매체 보도에서 밝히길 김정은은 정치국 상위 5위 명단인 김정일, 김영남, 최영림, 조명록, 이영호 뒤를 잇고 있었다. 2010년 10월 8일 중국 중앙방송국 보도에 따르면 북한 최고인민의회 상임위원회 양형섭 부위원장은 김정은이 북한의 제3대 지도자가 될 것이라고 증명했고, 이또한 북한 정부 당국에서 처음으로 이 소식을 확인해 준 것이었다. 11월 6일 북한 중앙정치국 상임위원회 겸 국방위원회 제1 부위원장 조명록이 사망하였다. 치상(治丧)위원회 명단에서 김정은 이름이 처음으로 김정일 다음 자리에 위치하였다. 이것은 김정은이 북한에서의 위치가 2위로 격상된다는 것을 뜻하는 것이다.

김정은에 대한 홍보도 동시에 진행했는데, 북한 당국의 홍보 자료에 따르면 "김정은은 정치, 경제, 문화, 역사와 군사에 모두 정통하다. 짧은 2년 동안의 스위스 유학 시절에 영어, 프랑스어, 독일어, 이태리어(이탈리아어) 등4개의 외국어를 익숙하게 익혔고, 게다가 중국어, 일어, 러시아어를 열심히 배우고 있는 중이다. 그의 이런 천재성은 어릴 때부터 바로 나타났다. 세 살 때, 그는 조부인 김일성이 쓴 한자시 <광명성찬가>'를 외워서 써낼 수 있었다. 3 살에 총 쏘는 것을 배웠고, 9살 때 사격 할 때 이동하면서 목표를 맞힐 수 있었다. 3살 때부터 운전을 배웠으며, 만 8세가 되지 않았을 때부터 차를 몰고 차량 통행이 많은 길이라던지, 굽어진 토사 비탈길 도로 약 120㎞를 운전해

안전하게 목적지에 도착하기도 하였다. 또한 6살부터 승마를 배우기 시작했고, 승마 기술이 기수보다 훨씬 뛰어났다. 김정은은 못하는 운동이 없었고, 특히 농구는 일반적인 프로 선수보다 뛰어났다.

언론 보도에 따르면, 김정은의 주도 하에 북한은 간부의 부패 문제를 대대적으로 정비하기 위한 조치를 취하기 시작했고, 뇌물 수수료 받고, 민중들을 모반하고 도망간 간부 15명을 체포하였다. 대부분의 간부들은 이 때문에 벌벌 떨었고, 긴장 국면이 조성되었다. 동시에 북한은 노동당 창당 65주년을 기념해 15만·명의 죄수를 대규모로 사면했고, 이런 것들이 김정은의 대장의 '대도은덕(大度恩德)' 덕분이라는 것을 강조하였다. 또한 이날 북한은 집집마다 술과 고기와 곡식을 분배하였다. 김정은도 경제와 민생에 관한 담화를 끊임없이 발표하면서 "국민경제가 3년 안에 1960년부터 1970년대 수준까지 회복하게 될 것인데, 쌀밥을 먹고, 고기 국을 마시고, 기와집에 살고, 비단 옷을 입는 수준으로 회복하게 될 것이다"고 말하였다. '쌀밥, 고기국'은 김정은의 조부 김일성이 예전에 제기한 적이 있는 구호이다.

한국통일연구원과 조선일보사가 공동으로 개최한 '후 김정일 시대 : 북한 정세와 국제협력' 세미나가 18일 한국 서울에서 열렸다. 한국 전문가들은 보편적으로 김정은 체제가 변화할 발생할 가능성은 낮다고 보고 있고, 외국 학자들은 북한이 '돌변'할 가능성이 높다고 보고 있다.

통일 연구소 박정은 선임 연구원은 "북한의 기득권 집단은 후계자 김정은이 자신들의 기득 세력을 가장 안전하게 보징해 줄 수 있을 것으로 보고, 김정은에 충성을 다하였다. 게다가 김정은은 공안과 감찰 부문을 장악하고 있었기 때문에 누구도 그에게 반역을 꾀하는 것이 어렵다고 생각한다"고 말하였다. 세종 연구소 수석연구원 정성장도

"김정은은 김일성의 친민본색(親民本色)과 김정일의 권위주의적인 리더십을 겸비한 인물이라고 말하였다. '너무 젊다'라는 선입견으로 볼 수 없다는 것이다."

러시아의 세계 경제 국제관계연구소(IMEME) 부소장 와시리 미헤예프는 "김정은은 북한의 주요 집단의 이익을 조율하는 임시적인 성격의 인물이다. 김정은 정권이 3~5년 더 지속될 가능성이 크지 않다"고 말하였다.

후계 체제를 확립했던 2009년 초부터 사망했던 2011년 12월 3년 동안 김정일의은 과연 어떤 생각을 했던 걸까? 지난 3년 동안 김정일을 가장 안타깝게 했던 문제는 아마도 자신이 죽고 난 후에도 아들이 순조롭게 후계자로 계승할 수 있는 조건을 만들 수 있을 것인가 하는 문제였을 것이다.

김정일이 김정은을 위한 후계체제를 어떻게 만들어 나갈 것인가는 장성택의 역사적 행보에 따라 분석할 수 있다. 김정일은 1995년부터 선군 정치의 길로 들어서면서 군의 지위를 당의 위치보다 더 높였다. 이것은 김정일이 1970년대와 1980년대에 당을 중시하는 상황과 뚜렷한 대비를 이루는데, 집권자로서 한 세력에 지나치게 의존할 수 없었다. 군부는 1995년 선군 정치 이후 지속적으로 영향력을 확대해왔고, 2004년 고영희에 대해 개인적으로 숭배하는 등 제일 처음으로 권력의 세습을 제창하였다. 고영희는 김정일의 세 번째 아내이자 김정은의 생모이다. 때문에 만약 군부가 후계자 선정에도 영향력을 행사할 수 있게 된다면 이것은 집권자에게 매우 위험한 일인 것이다.

김정일은 2005년부터 시작해서 당의 세력을 대대적으로 육성하였고, 이로써 군부의 영향력을 약화시켰다. 이 과정에서 장성택은 2006년 복직했고 중요한 역할을 맡았다. 군부를 견제하기 위해 당 세력을 부상시키는 일은 2010년 9월 개최된 당 대표대회에서 기본적으로 완성하였다.

장성택을 핵심으로 하는 민간당 간부 세력은 1995년 이후 선군 시대에 격상되었던 군부 경제, 정치적 영향력을 약화시킬 계획을 세웠다. 민간당 간부 세력은 한편으로는 2007년 미국과 비핵화 협상을 추진했고, 같은 해 10월 한국과 제2차 정상회담을 개최하였다. 당시 한국은 노무현 대통령이 재임하고 있었다. 이와 동시에, 당 간부 세력은 내부적으로 계획경제를 강력하게 강조하고, 시장 활동을 엄격히 세한하고 있었다. 장성택도 행정부 부장으로 승진하였다.

김정일과 민간당 간부 세력의 국가 전략 기본 구상은 내부적으로 반개혁과 공안 통치를 강화하고 외환 사업을 크게 발전시킴으로써 체제를 유지하는 데 필요한 외환을 벌어들인 것이있다. 빈간당 간부 세력은 외환 자금의 출처를 장악하는 것을 통해 국가 경제를 지탱하고 김정일 수중에서 승계 체제의 주도권을 가지고 올 계획을 가지고 있었다.

장성택을 핵심으로 한 민간당 간부 세력은 2010년부터 오래된 국가 전략을 개정하고 다시 추진하였다. 내부에서 반개혁을 강화하고, 공안 통치 전략을 변화시키지 않았지만, 외환사업의 협력 대상을 한국에서 중국으로 바꿨다.

2010년 6월 최고인민회의가 열릴 때 선군시대의 주요 공신들이 대거 숙청당했고, 군부도 대대적으로 물갈이를 하였다. 한편 2010년 9월 열린 당대표대회에서 중앙당을 정돈하였다 선군 시대에 뜻을 이루지 못했던 장성택 진영의 인물들이 잇달아 중용되었다.

김정일은 한편으로는 군부의 영향력을 약화시키기 위해 장성택을 비롯한 민간당 간부 세력을 지지했지만, 다른 한편으로는 양측 모두를 압박하는 것을 잊지 않았다. 김정일은 김정은을 후계자로 확정한 뒤 김정은을 군대에 대한 감시기관인 당 총 정치국에서 경험을 쌓도록 하였다.

분석에 따르면, 김정은 시대의 북한은 김경희와 장성택 부부를 제외하고는 감시기관을 통제하고 있는 '권력 4인방'이 있었다. 이들은 각각 국가 안전 보위부 제1 부 장관 우동측, 인민보안부 장관 이명수, 노동당 조직 지도부 제1차장 김경옥, 총정치국 제1 부국장 김정각이다. 한 소식통은, "김정은은 이 4명을 통해 체제 감시기구를 제일 먼저 장악하였다"고 전하였다.

소식통에 따르면 김정은은 2009년 1월 후계자로 지명된 뒤 공안과 국민통제 업무를 담당하는 국방위원회 행정국에서 '후계 훈련'을 받은 것으로 알려졌다. 특히 2010년 9월 '태자' 책봉식에 상당하는 노동당 대표대회 개최 즈음, 국가 안전보위부(반대 의사 인사에 대한 압수수색), 인민보안부(인민 감시), 조직지도부(간부 감시), 총 정치국(군대 감시)의 '4대 감시기관'의 책임자는 모두 자신의 측근으로 바꾸었다.

5만여 명의 보위부를 장악하고 있는 보위부 제1부 부장 우동측은 김정일과 김정은 앞에서 '충성 맹세'를 하였다. 그는 2009년 4월 최고인민회의에서 국방위원회 위원에 당선돼 첫 번째 보위부 출신의 국방위원이 되었다. 우동측은 김일성 대학을 졸업하고 2009년 대장으로 승진 한 이후 1년 만에 2010년 4월에 대장 군사 계급을 수여 받았다. 그는 2011년 9월 노동당 중앙군사위원회 위원에 또 다시 당선됐다.

이명수 인민보안부 장관은 일전에 총참모부 작전국장을 역임했었던 적이 있었다. 소식통에 따르면, 그는 2007년 공안기구를 담당하는 국방위원회 행정국 국장으로 임명된 이후 2009년 초부터 김정은의 후계훈련을 책임졌다고 한다.

이명수는 2012년 4월 인민보안부 부장으로 승진해 23만 여 명의 보안위원을 지휘하였다. 보위부와 보안부는 현재 '김정은의 후견인', 노동당 행정부 장관(중앙 군사위원회 위원 겸임)인 장성택이 전권을 책임지고 있다.

군 간부 감찰권을 보유한 제1부 부장 김경옥은 2011년 9월 김정은과 함께 대장 계급을 받았고, 중앙군사위원회 위원이 되었다. 소식통에 따르면, 이용하와 김경옥은 각각 2011년 5월 기이한 교통사고로 인해 사망한 1부장 이제강과 같은 해 4월 심장마비로 사망한 제1부 부장 이용철 후보를 대신하였다. 이제강과 이용철은 장성택과의 사이가 그다지 좋지 않았던 것으로 알려졌다.

군대에서 반 김정은파 체포를 책임지고 있는 총 정치국 제1부국장(중앙군사위원회 위원 겸임) 김정각은 이영호(중앙군사위원회 부위원장)와 함께 '신(新)군대'로 평가되는 핵심 인물로 일찍부터 평가됐다.

김정일이 사망 한 뒤 김정은은 4대 감시기구를 통해 제일 먼저 시국을 장악하였다. 한 소식통은 이날 "북한 당국은 현재 각종 소문을 퍼뜨리는 시장의 통제를 대폭 강화하고 있다"고 밝혔다. 또한 소식통에 따르면, 2012년 이후 한 때 활발했던 시장은 이로 인해 크게 위축되었고, 쌀 등 생활필수품의 가격이 최근 폭등세를 보이고 있다.

한 탈북자는 "최근 북한 내부에서 통화가 불가능하다. 대규모 감찰조가 각지로 파견됐다는 소문이 있다"고 밝혔다. 일본 <요미우리신문>'는 20일 "김정일 사망 이후 당국이 5명 이상의 집합을 금지하였다"고 보도하였다.

2009년 11월부터 12월까지 북한이 보위부 제1부 부장 우동측과 당시 인민 보안부 부장을 맡고 있던 주상성이 잇달아 베이징으로 파견되었다. 중국의 한 소식통은 "우리가 알고 있는 바에 따르면 당시 중국측과 탈북자 문제를 논의하였다"고 전하였다.

북한의 군 계급은 모두 6개 등급으로 나누는데, 그 중 원수는 대원수, 원수, 차수로 나뉜다. 개국 영수였던 김일성은 대원수였고, 원수는 혁명 원로인 이을설, 차수는 인민군 참모총장인 이영호였고, 차수는 다시 대장, 상장, 중장, 소장으로 나뉘었다. 바꿔 말하자면, 김정은이 '상급자에게 명령하는' 상황이 발생한 것이다.

하지만 김정은을 후계자로 적극 추천한 장성택은 현재 여러 직책을 겸직하고 있는 것으로 알려졌다. 그는 공안업무를 담당하고 있는 행정부장이자 국방정책 제정에 참여한 국방위원회 부위원장이며, 동시에 나진선봉과 황금평 특구 개발을 담당하는 북, 중 공동지도위원회의 북한측 위원장으로 대외투자와 외자유치 방면에서 큰 권력을 가지고 있다.

특히 2010년 당대회에서 최용해 당 비서, 이영수 당 장관, 문경덕(음) 평양시장 책임비서, 지재룡(음) 주 중국 대사 등 장성택 주변에서 가장 가까운 사람들이 속속 중앙정치무대에 올랐다.

이 또한 권력을 쥐고 있는 장성택이 수중에 있는 권력을 김정은에게 순순히 넘기지 않겠다라는 의도가 있다는 관측도 있다.

김정일이라는 거대한 권력 공백 상황에서, 김정은에게 장성택 부위원장은 견실한, 배후에 있는 동력이 될 수도 있지만, 한편으로는 이러한 과정에서 가장 큰 경쟁 상대가 될 수도 있다.

12월 19일 북한문제 전문가들은 "김정일 위원장이 자신이 대권을 장악하기 전인 20여년 동안 권력투쟁과 창조적인 업적을 통해 자신의 권력을 세웠고, 김정은은 최대한 빨리 독자적으로 행동해야 하고,

스스로 단독으로 업무를 담당해야 한다."고 밝혔다. 그는 또한 예측하길 "상대적으로 대외적 요인보다 내부적인 권력투쟁이 도리어 김정은의 가장 큰 위협이 될 수 있다"고 하였다.

결론적으로, 김정일의 갑작스런 사망은 북한에 많은 불확실 요소를 가져 왔고, 선대의 노선을 계속 고수해야 하는 등과 같은 힘들고 어려운 상황이 김정은 앞날에 드리워져 있었다. 부친 김정일의 '선군정치, 총대에서 나오는 평화, 총대에서 나오는 건설' 등과 같은 이런 '총대 철학'을 치국 지도 사상으로 삼았으며, 핵 원자로 건설을 계속해 나가면서 '핵 억제'의 길로 계속해서 나아가야만 하였다. 핵 위협을 통해 국내외 어려움을 해결하고, '주변화'되지 않겠다는 목표를 달성하고, 미국 등 주변 국가와의 거래 카드를 좀 더 강화하게 된다면 북한은 더욱 고립될 것이며, 북한 주민들의 생활은 더 큰 악몽에 시달리게 될 수도 있다. 그러나 이렇게 하는 것도 북한에 유리할 수도 있다는 점에서 북한의 핵 문제가 인도와 파키스탄의 길을 따라갈 수도 있다는 것이다. 즉 북한이 결국 핵 문턱을 넘어 핵 보유국가가 된다는 것이다. 만약 이렇게 되면 한국, 일본 심지어 대만, 베트남도 이를 따라갈 수 있고, 이것은 중국, 미국 등 주변의 핵 강국에 모두 불리한 것이다. 따라서 중국은 양자나 다자 회담을 통해 북핵 문제를 평화적으로 해결하기 위해 노력하고 있다. 미국도 북한에 대한 군사적 공격을 할 수도 있지만, 현재 국제정세를 보면 미국이 여러 요소의 제한을 받고 있기 때문에 군사적 공격을 실시할 가능성은 비교적 적다. 미국이 전쟁을 일으키면 중국이 입는 피해가 가장 크고, 이로써 중국이 정치, 군사, 경제적으로 어려움을 겪을 수도 있다. 러시아 푸틴 대통령은 대국적인 구호를 내걸고 한반도 지역 문제에 적극적으로 참여함으로써 자신의 존재를 과시하고 있다. 참여를 통해 전쟁을 억제하고 지역의 전략적 이익과 지정학적인 정치 경제 이익을 도모하며, 또한 미국과의 관계에서의 카드를 키워가고 있는 것이다. 따라서, 김정은 시대에 만약 계속 이전 세대의 길을 가게 된다면, 이것은 두 번째 '인도, 파키스탄 모델', 즉 핵 보유국이 될 수 있고, 극단 지역에서 평화 발전의 길로 나아갈 수 있다.

반대로 김정은 시대에 만약 '평화, 협력'이라는 발전 모델을 선택할 시, 국내에서 계속 정치 사상 교육을 강화하면서 국민들의 응집력과 구심력을 증강시키고, 군 건설을 계속 강함으로써 정권의 지속적 안정을 유지하려고 한다 하더라도, 이와 동시에 중국처럼 개혁 개방 정책을 채택한다면 국가 핵심 과제가 경제 건설 개발로 전환되어 남북대화, 무역, 투자자, 협력 창구가 잇따라 열릴 수 있다. 한국의 투자와 기술을 도입하고 남북 관계를 개선하며 국가 정세가 안정되는 상황이라면 미국, 일본 등 서양 국가들도 해당 지역에서의 자국의 전략적 이익을 위해 북한과 외교 관계를 맺을 것이다. 그 때가 되면 중국, 미국, 일본, 러시아 등도 북한이라는 '마지막 처녀 지역(개발되지 않은 지역)'에 앞다투어 투자하려고 할 것이다. 북한은 동북아 지역의 독특한 지리적 우세를 충분히 이용할 수 있으며, 국가는 작지만, 국가의 소질은 비교적 우세한 장점을 충분히 발휘하여 남북 격차를 크게 줄이고 남북관계를 개선하여, 결국 민족국가의 평화통일을 실현할 수 있다.

모겐소의 <국가간 정치>에서 '핵전쟁의 가능성은 국가 권력의 근원인 영토면적의 중요성을 더욱 강화시켰다. 만약 핵 위협을 믿는다면 국가는 공업과 인구 중심 및 핵이 배치되어 있는 영토를 분산시킬 필요가 있다. 핵 파괴 면적은 영국과 프랑스 등의 전통적으로 영토가 상대적으로 작은 국가들은 이런 국가들에게 신뢰 가능한 핵 위협을 가하는 것은 매우 불리한 영향을 가져올 수 있다. 그래서 영토가 대륙에 준하는 영토 면적을 가지고 있는 국가, 예를 들어 미국, 소련, 중국과 같은 나라들만이 핵 강국의 역할을 감당할 수 있다' 고 지적하고 있다. 따라서 북한과 같이 이렇게 면적이 협소한 국가는 핵을 포기하는 것이 국가 안보 보장에도 유리할 뿐만 아니라 유엔의 여러 각종 제재를 피할 수 있으며 또한 본국이 핵 타격을 받지 않고 핵 폭발의 연쇄적인 반응을 피할 수 있으며 결국 안보 위협에서 벗어날 수 있게 된다.

2018년 4월 27일 남북한 최고 지도자인 문재인과 김정은이 <판문점 선언>을 체결하였다. 이것은 새로운 남북 대화 시기가 도래하였다는 것을 상징한다. 남한과 북한의 지도자가 연내 전쟁 상태를 종결시키고, 한, 북, 미 또는 한, 북, 미, 중 회담을 추진하기로 동의하였다. 또한 남북 양측은 개성에 남북 공동 연락사무소를 설립하기로 동의하였다. 이번 <판문점 선언>의 주요 내용은 다음과 같다.

1. 남북은 획기적으로 양자 관계를 전면적으로 개선하고, 남북의 공동번영과 자주 통일의 미래를 앞당겨 맞이한다.

2. 남북은 한반도의 군사적 긴장을 완화하고, 전쟁 위험 요소를 제거하기 위해 공동으로 노력한다.

3. 남북은 한반도에서 견고한 평화체제를 구축하기 위해 적극적으로 협력하고, 한반도의 현재와 같은 비정상, 정전 상태를 종결시키며, 견고한 평화 체계를 세우는 것은 불변의 역사적 사명이다.

2018년 5월 25일 문재인 대통령은 북한 김정은 위원상을 38선 북측에 있는 '통일각'에서의 만남을 요청했고, 최근 발생한 문제에 대해 의논했으며, 북미 회담의 성공적인 개최를 촉구하기로 하였다. 이것은 남북 간 국제문제와 남북 양측 문제에 대해 남북 지도자가 수시로 1:1로 만나 회담을 진행하고 우호적인 협상을 진행할 수 있음을 의미한다. 이로써 남북 긴장 국면은 크게 완화되었고, 남북한의 평화적인 발전에 유리한 플랫폼을 열었다.

5. 남한의 정치적 전환 및 주한 미군의 통합 문제

정치 시스템에서 권위적인 통치로부터 민주적인 정치로의 전환은 통상적으로 민주화 서열을 따르는데 즉, 권위적인 정권의 붕괴, 민주적인 정권의 창건에서부터 민주 정권의 공고함으로 이어지는 것이다.

한국은 1961년 박정희의 군사 쿠데타 이후 30여년 중 최규하의 짧은 통치 시기(1979-1980)를 제외하고는 줄곧 군인 출신의 대통령이 집권하였다. 군인은 사회 각계에서 큰 세력을 가지고 있어서 전체 사회를 군사화하는 정도가 매우 심하였다. 오도네는 '역사 구조 분석(history structural analysis)'을 활용하여 '오씨 이론'이라고 불리는 관료적이며 권위주의적인 모델을 제시하였다. 그는 전통적인 관료들이 경제 발전에 직면한 병목을 해결할 힘이 없어서, 이에 불만이 있는 사회 계층들을 고도로 운용하고, 정부는 민간 사회를 용인하는데 지불하는 비용을 신속하게 제고해야 할 필요가 있었는데 이렇게 용인하는 비용이 억제하는 비용보다 확실히 높아, 계층 억제를 통해 정부 능력을 제고시키자고 주장하는 관료적인 권위주의가 출현하였다. 박정희의 군사 정권은 강렬한 민족주의적 색채를 갖고 있었고, 경제를 발전시키려는 갈망과 부패하고 효율이 낮은 문인 정치에 대한 불만이 바로 정변을 이끈 원동력이었다. 이를 위해 박정희는 대통령 취임한 이후 권위적인 통치의 정치 모델과 '경제제일'이라는 발전 전략을 확립하였다. 국가의 모든 에너지와 자원은 모두 생산량 증대와 수출 확대에 집중시켰다. '이성, 효율, 안정'이라는 구호 하에 관료 권위주의 정권이 한국에서 탄생하였다. 그러나 이런 권위주의 통치 발전 패턴으로 한국은 경제성장을 추진하고 사회를 전환시키는데 있어서 심각한 대가를 지불하였다. 경제와 정치의 불균형 및 불협화음은 앞으로의 정치적 위기 더 나아가 경제 위기의 중요한 근원이 됐다.

박정희, 1917년 11월 14일 한국 경상북도 선산군 구미의 가난한 농민 가성에서 태어났다. 7남매 중 막내였다. 그는 어려서부터 총명하고 성격이 매우 강인하였다. 1932년 초등학교를 졸업할 때, 치열한 경쟁을 거쳐 대구 사범학교에 입학하였다. 이곳은 일필자가 운영하는 학교였는데, 80% 이상의 학생은 일필자가었고 모든 교과 과정을 일본어로 가르쳤다. 박정희는 1등으로 학교에 입학하였다. 또한 재학 기간 중, 그는 체력을 강화하고 선천적인 부족을 보완하기 위해 육상과 펜싱 두 과목을 특별히 수강하였다. 1937년 박정희는 대구 사범학교를 졸업한 뒤 문경사립초등학교로 임용되었다. 1940년 봄에 교사 직을 사직하고 군대에 입대하였고, 이름도 타카키마사오로 개명하여 만주국 육군 군관학교(滿洲國 陸軍軍官學校)에 입학하였다. 1942년 그는 일본 관동군 육군 사관학교 본과로 편입하였다. 이후 일본 육군 사관학교로 추천받아 입교하였고, 계속 학업을 이어나갔는데 결국 전교 3등의 성적으로 졸업하였다. 1944년 졸업 후 위만 제6방면 군 제8중대 육군 소위로 파견되었다. 그는 토벌대를 거느리고 중국 하북성 순화옥전(遵化玉田)현 일대에서 중국의 항일 군민을 학살하고, 중국 항일군과 100여 차례의 전투를 벌였다.

1945년 8월 일본이 투항한 후 그는 베이징으로 도망쳐 국민당 중앙군 시스템의 대한광복군 제3부대에 참가하였다. 1946년 6월 천진에 미함 LST를 타고 귀국했으며, 같은 해 9월 서울의 조선경비사관학교(육군 사관 학교 전신)에 입학해, 12월 제2기로 졸업하였다. 졸업 후 학교에 남아 교관으로 지내다가 이듬해 9월 상위로 진급하였다. 그 동안 박정희는 친형 박동희(한국노동당 책임자 중 하나)의 영향을 받아 비밀리에 노동당에 가입하였다. 1948년 10월 제14단 참모장으로 역임하고 있을 때 이 사단의 애국 장교의 '여수봉기'에 참여한 이후, 봉기 실패로 박정희는 사형을 선고를 받았다. 옥에 있는 동안 변절하여, 그의 형이 속해 있는 노동당 당원이 나간 다음 박정희도 석방되었다. 한국 전쟁 기간 동안 한국군 제9사단 참모장, 육군 본부 작전국 차장, 제2군 포병사령관 등 보직을 역임한 후, 정전 이후 준장으로 승진했고, 또한 미국 보병학교 고급 군사반으로 파견되어 1년을 공부했고, 귀국한 후 사단장, 부군단장을 맡았다. 1958년 소장으로 진급하였다. 1959-1961년 제6군관구 사령관, 육군본부 작전 참모 차장, 제2집단군 부사령관 등을 맡았다. 1961년 5월 16일 미국의 지지 하에 군사 쿠데타를 일으켰다.[9] 박정희는 취임 이후, 국가 안전을 이유로 민주 내각제를 종식시켰다. 그는 국가 민족의 부강과 통일을 실현하려면 반드시 국민경제를 발전시켜야 한다고 굳게 믿었고, 따라서 '경제발전 제일'이라는 전략적 구호 및 '선(先) 건설 후(后) 통일' 전략 방침을 제시하였다. 박정희는 집권기간 동안, 1962년부터 5년 발전 계획을 잇따라 실시했고, 한국의 종합 국력을 크게 강화시켰고, 한국이 동아시아의 경제강국으로 발전하는데 있어 건설한 경제적인 기초를 다졌다.

1954~1968년 미국은 베트남에서 규모가 점점 더 커지고, 대가가

[9] 방수옥, <전후 한국 외교와 중국>, 상하이사전출판사, 2011. p.162-163

점점 더 커지는 전쟁에서 참패하여 철군했는데, 이 전쟁으로 5만여 명의 미국의 젊은 생명이 목숨을 잃었다. 박정희는 미국으로부터 한국 안보에 대한 약속을 얻어내기 위해 미국 정부의 강력한 촉구 하에 우리 군을 베트남으로 파병하였고 미국의 작전을 지원하도록 하였다. 1964년 9월부터 1973년 3월까지 2개 보병 사단과 1개 해군 육군 사단 및 기타 후방 인원으로 약 5만여 명을 파병시켰다. 베트남 전쟁에서 한국 병사들의 사상자는 5,500여 명에 달하였다. 한국은 베트남전 기간 동안 비록 어느 정도의 인명 피해를 대가로 지불했지만, 이를 통해 획득한 경제적인 원조는 한국의 건국 초기의 경제 건설과 발전에 중요한 자금적 근원이 되었다. 1965~ 1973년 동안 한국은 적어도 10억 달러의 외환을 얻었고, 두 번째 경제 개발계획에 필요한 외자 문제를 해결할 수 있었으며, 이로써 국민 경제성장률 12%의 고속 성장을 실현하였고, 경부고속도로 및 공항, 항구 등 기초건설에 유력한 자금 지원을 제공할 수 있었다. 또한 1966-1970년 동안 한국은 매년 미국으로부터 3억 3,600만 달러의 군사 원조를 얻었다.

한국의 권위적 통치에 대한 자유화의 목소리가 가장 처음 나온 때는1979년 10월 박정희가 암살되는 시기로 거슬러 올라 갈 수 있다. 그러나 군 강경파의 간섭 및 권위적인 통치그룹 내부의 갈등과 투쟁으로 인해 권위적인 통치의 자유화는 좌절되었다. '6월 항쟁'은 한국이 권위적인 통치에서 민주 정치를 향해 나아가는 직접적인 원인이 되었다. 1987년 6월 29일 여당 개혁파의 대표 인물인 노태우는 유명한 '6.29 민주화 선언'을 발표하였다. 반대파가 만족할 만한 요구를 통해 민중운동을 세지하고, 여야가 연합하여 결국 권위 체제가 한국에서 붕괴하였다. 1987년 10월 한국 국회는 새 헌법 개정안을 통과시켰고, 이것은 처음으로 여야 간의 정식 합의를 기초로 하여 개정된 헌법이다. 신 헌법은 서언에서 민주건국의 기본 이념을 강조한 것 이외에도, 가장 큰 변화는 대통령을 직선제로 선출하기로 결정했고, 임기는 5년으로 연임할 수 없도록 규정하였다. 동시에 대통령이 긴급 상황과 국회를 해산할 수 있는 권력을 폐지했고, 국민이 정치적적으로 자유 권리를 한층 더 확대하였다. 이것은 언론, 출판, 집회, 결사, 결당 및 선거의 자유를 포함한다. 새 헌법의 제정과 반포는 한국이 정치 전환 과정에서 새로운 헌정 체제를 위해 기초를 다졌다.

슘페터는 민주주의를 '정치 결정에 도달한' 제도로 정의하였다. 이 제도는 개인이 경쟁적으로 국민의 표를 얻어 정책 결정의 권리를 획득할 수 있다. 현대 민주국가에서 가장 강력한 결정자 중 다수는 공평, 자유, 성실, 정기적인 선거를 통해 국가는 민주 정권을 가질 수 있다. 1987년 12월 16일에 개최한 제13대 대통령 선거에서 한국 전후 정치 역사상 정권의 평화적인 교체와 전환을 실현하였다. 이것은 한국의 민주정치의 전환이 이미 실질적인 진전을 이룬 것을 의미한다.

한국헌법은 1948년 7월 반포한 이후 9차례나 개헌하였다. 매번 개헌의 중심 주제는 기본적으로 헌법 정치 체제를 명확하게 하는데 있었고, 이것은 필경 대통령 중심제를 세울 것인지, 아니면 책임 내각제를 설립할 것인지의 문제이다. 새 헌법은 대통령에게 폭넓은 권력을 부여했으나 관련 정치 모델의 논쟁으로 묻혔다. 한국 학자 김호진은 비록 이론적으로 내각제가 대통령제에 비해 더욱 낫지만, 한국의 정치, 경제, 문화, 사회적 적합 정도로 보았을 때, 최소한 현재 대통령제는 이상과 현실, 민주성과 효율성이 조화를 이룰 수 있는 가장 좋은 정치적 형태라고 보았다. 한국의 김영삼 전 대통령도 남북 긴장과 대립 상태에 처해 있던 한국에 있어서 대통령제가 가장 적합하다고 여겼고, 그는 강력한 지도력을 발휘할 수 있었다. 그는 내각제를 실행하는 것이 정경 유착을 초래하고 부패가 다시 만연해질 수 있어 '파벌정치'가 민주주의를 도태시킬 수 있다고 우려하였다. 한국 헌정 체제의 발전은 마땅히 현존하는 대통령 중심제와 가능한 책임 내각제의 양방향 차원에서 이성적인 접합점을 찾는 방향으로 나아가는 것이다. 한국은 정치적 형태를 전환하는 과정에서 만들어낸 것이 단지 가장 기본적인 민주주의의 틀이었을 뿐이고, 민주적 가치와 민주 원칙을 포함하는 민주정치의 성숙과 발전은 반드시 엘리트와 대중 계층 모두에게 적용되어야 하며, 또한 모든 정치 과정 및 국민들의 일상적인 정치 행위 중에 반영되어야 한다.

2003년 6월 한미 양국의 합의한 협정에 따르면 미국은 2011년 전까지 2단계에 걸쳐 주한 미군의 기지 이전 및 병력 재배치를 실시한다고 명시되어 있다.

1단계는 군사분계선 인근 지역의 미군 기지를 동두천의 개막지와 의정부의 홍운기지로 이전하고, 이 과정에서 약 6,000~7,000명의 미군이 옮겨간다. 첫 번째 단계를 실시하는데 3년 정도 소요되었다. 2단계는 한강 이북의 미군, 주로 제2 기계화 보병사단을 한강 이남의 새로운 지역인 울산과 평택으로 이전하는 것이다. 이전 후 미군 기지는 41개에서 23개로 줄어들었다. 이에 따라 정부는 최소 50억~70억 달러의 이전 비용을 지불하고, 60여헥타르의 토지를 새로운 미군 기지로 삼았다.

미국의 이러한 일련의 조치는 한반도에서 수시로 발생할 수 있는 전쟁에 대응하는 능력을 끊임없이 강하하기 위함에 그 목적이 있었고, 또한 큰 범위에서는 남북 군사분계선에 있는 미군들의 잠재적인 위험을 완화시키는데 그 목적이 있었다. 이 좁은 지역에서 조선인민군은 세계 최고의 화력 밀집도와 병력 집중도를 배치하고 있고, 또한 포병 등 육지전 역량도 기본적으로 자동화를 실현하였다. 조선인민군의 병력 배치는 기본적으로 서중동경(西重东轻) 이고 남중북경(南重北轻)을 보이고 있다. 38선 에서부터 5개 군이 남북 방향을 따라 세로로 밀집된 계단식 방어 진지를 구축하고 있고, 동시에 북한은 서해안에 대량의 장갑 부대를 배치해 전쟁이 발생하면 북한 인민군이 기습 태세로 미군을 빠르게 공격함으로써 미군 지원 부대가 도착하기 전에 유리한 상황을 만든다는 지도방침에 따라 군사행동을 전개한다. 이 방침에 따르면, 북한은 현역 부대의 70%인 80만 명의 군사, 8000개의 대포와 2000대의 탱크를 군사분계선으로부터 160㎞까지 구역에 배치함으로써 인민군이 어떤 때, 어떤 장소, 어떤 상황에서도 사전 배치 필요 없이 돌발성 기습을 할 수 있는 능력을 갖추었다. 그동안 군사분계선 남쪽 전선에 있었던 미군 제2기계화 보병 사단 및 주한 미군 사령부는 북한 인민군 원격 포의 사격 범위 안에 있었다. 일단 한반도 전쟁이 발생하면 가장 먼저 타격을 받을 수 있는 타깃으로, '총알받이 부대'였던 것이다. 이에 따라 주한 미군의 최선선 부대를 북한 화포 사거리 밖인 한강 이남지역에 배치하도록 하여 주한미군의 안전 지수를 크게 높일 수 있었을 뿐만 아니라 전쟁의 초기 중대 손실에서 벗어날 수 있었고, 또한 원거리 위치확인 시스템 및 공중전 우위를 충분히 이용할 수 있게 되었으며, 북한 인민군에 대한 정밀 공격을 할 수 있게 되었고, 필요시 이라크 전쟁에서의 전략을 다시 사용함으로써 특수부대를 북한 내 북한 지도자가 있는 지역까지 침투시켜 '참수행동'을 진행해 가장 단 기간내에 가장 적은 대가로써 전쟁을 종료시킬 수 있도록 한 것이었다.

주한 미군의 이번 재배치 계획은 군사기지에 대한 이전과 집중 뿐 아니라 무기장비의 강화와 업그레이드까지 포함하고 있으며, 구성 및 역할 정립에 있어서도 중대한 전환이 발생하였다. 구조가 더욱 세밀해지고, 장비는 더욱 정교해졌지만, 어떤 의미에서는 평화 부대의 역할도 겸하고 있다. 미국은 무력 위시력을 끊임없이 강화시켜 나가는 동시에 외교 등 비무력 억제 수단도 적극적으로 강화시키면서 진압전략의 전면화를 도모하고 있다. 한반도의 갈수록 복잡해지는 국면에 대응하기 위해 미국은 빠르게 반응하고, 원거리에서도 목표를 정확하게 조준하고 타격시킬 수 있도록 주한 미군을 배치하고, 단기간에 승리할 수 있는 정예부대를 확보하겠다는 결정인 것이다. 만약 전쟁이 발생하면 미국은 전술 비행기, 순항 미사일 및 전략 폭격기 등 모든 공중 역량를 동원해 북한에 대규모로, 깊이 파고들어, 고강도 전략의 습격을 실시할 것이다. 타격 목표는 주로 북한 인민군의 중앙지휘소, 방공 시스템, 공항 및 항만, 핵시설, 물자 비축센터, 주요 공업시설 등이며, 최단 기간 내에 북한 인민군의 생존 기반을 파괴하고, 생산 기반을 파괴하여 전쟁을 지속할 능력을 약화시킬 것이다.

냉전 이후 미국은 본토 전략 기지에서 점점 전 세계의 주요 지점으로 전략 기지망을 건설하고 있는데 그 중 동북아 지역의 군사 시스템은 3가지 방공 라인으로 분류할 수 있다. 첫 번째, 주한미군 기지. 두 번째, 주일 미군 기지. 세 번째, 괌 및 하와이. 현재 미국은 아시아태평양 지역에 80개의 군사기지에 병력은 약 30만 명, 미군 현역 총 병력의 1/5 수준이고, 주로 해군과 해병대로 구성되어 있다. 현재 두 군대 인원만 20만 명으로 아시아태평양 지역에 있는 주둔 미국 총 병력의 2/3에 상당하며, 전투기 1400대, 잠수함 170척, 공중에는 14개 전술 전투기 중대, 육군은 주로 두 개의 보병사단과 다른 유관 작전지원부대를 보유하고 있다. 이것은 미군의 전 세계 병력 배치 중에서도 비교적 특별한 것이다(주한미군은 육군 약 2만7천명, 공군 8700명,

해군 300명이 있다). 주한 미군의 이번 재배치는 아시아태평양 지역이 미국에 대한 전략적 지위를 한층 강화하는 것 외에 기존의 미국을 글로벌 분포하는 차원의 군사전략구조를 네트워크형 군사전략 공간으로 바꾸는 데 있다.

그 동안 미국이 세계 특히 동북아지역에서 추진한 외교전략은 적대국 간의 충돌을 격화시켜 그들이 미국과 우선적으로 밀접한 관계를 맺도록 하여 미국의 국익을 수호하는 것이었다. 한국, 중국, 일본, 러시아 사이에는 서로 다른 갈등이 존재하고 있고, 4개국의 양자관계가 상대적으로 4개국 간의 관계보다 더욱 긴밀하기 때문에, 미국은 동북아시아의 전략 구도와 상호 역량의 대비로 볼 때 뚜렷한 우위점을 차지하고 있는 것이다. 그러나 모든 일에는 예외가 있다. 동북아 지역에서 유일하게 효과적으로 구속할 수 없는 곳이 바로 북한인 것이고, 북한의 입장에서 보면 가능한 한 빨리 미국과 직접적이고 안정적인 공식 대화 더 나아가 외교관계를 수립하는 것이 북한 외교전략의 핵심 중의 핵심이다. 중국은 자신의 국가 이익과 지역 및 세계 평화라는 관점에서 한반도 비핵화에 대한 6자 회담을 적극적으로 제창하고 이끌었으나, 얼음은 하루 아침 언 것이 아닌 것처럼 북핵 위기는 한번의 협상으로 해결할 수 있는 것이 아니었다. 6자 회담은 비록 어느 정도의 효과를 거두었지만 근본적으로 현재의 교착 국면을 바꾸지 못했고, 더 중요한 것은 6자 회담을 촉구했던 중국과 미국의 목적은 한반도 문제를 위한 다자 회담을 진행하는 것이었지만, 북한의 입장에서 보았을 때 미국과의 양자 회담이 훨씬 더 많았고, 중국은 회담에서의 역할이 다소 제한적이었다.

6. 남북관계가 통일에 대해 미치는 영향

제2차 세계대전이 끝난 후, 한반도 남북이 각각 국가를 설립했고, 1948년 8월 15일 남쪽에 대한민국이 설립되었다. 1948년 9월 9일, 북쪽에 조선민주주의 인민공화국이 성립되었다. 한반도 남북이 분열될 때부터 국가 민족 통일을 쟁취하려는 노력을 시작하였다. 그것은 대체로 아래의 몇 가지 발전 단계를 겪었다.

1. 한반도가 각각 국가를 설립한 후 1960년대 말까지 양측은 무력으로 상대방을 소멸시키거나 상대방을 흡수하려고 하였다. 특히 1950년 6월 25일부터 1953년 7월 27일까지 한국전쟁은 이러한 상황이 현실화된 역사이다.

2. 1970년대부터 국제정세, 특히 중국, 미국, 소련 3국 관계의 변화로 인해 대화가 국제 사회의 주류가 되었다. 이러한 배경 하에 남북관계에도 전환기가 나타났다. 대화는 통일을 찾는 새로운 모델이 되었다. 이 기간에 남북은 <7・4 공동성명>을 통과시켰고 처음으로 자주, 평화, 민족대단결의 통일 3대 원칙을 제시해 외부 간섭이 없는 상황에서 평화통일의 실현을 강조하였다. 그러나 미국, 중국, 소련의 관계가 복잡해지면서 냉전의 대치 상황은 여전했고, 남북한의 분열은 여전히 양대 진영이 대치 및 균형을 유지하는데 있어서 필수적인 요소였다. 이에 따라 대화를 통한 통일을 실현하려는 노력은 결국 실질적인 진전을 이루지 못하였다.

3. 1990년대 들어 구소련의 해체에 따라 사회주의 진영의 몰락으로 냉전이 종식되었다. 한반도의 남북 군사대치 국면은 여전히 냉전 종료 이전 상태에 머물러 있다. 하지만 북한과 한국의 종합 국력의

격차가 커지면서 한국이 한 때는 '흡수통일'을 통해 국가민족의 통일 준비를 실현하려고 시도했지만 실제로는 뜻대로 되지 않았다. 이 시기에서 남북관계는 어떤 의미에서 흡수와 반 흡수의 정치적 투쟁이라고 말할 수 있다. 결국 90년대 후반 남북관계는 냉전 이후 가장 낮은 수준으로 추락하였다.

4. 21세기 이후 특히 2000년 6월 13일 김대중 대통령과 김정일위원장은 평양에서 역사적으로 처음으로 남북 정상회담을 거행하였다. 이것은 분열된 한반도와 한민족 전체에 있어서 이정표적인 시대적 의의를 가지고 있다. 남한의 입장에서 보자면, 독일 통일의 경험, 교훈 및 미국과 북한의 핵 주도유도 문제에 대한 첨예한 충돌은 한국으로 하여금 미국의 전략적인 의도에 스스로 전쟁의 위험에 빠지게 할 수도 있었다. 북한의 입장에서 보면 미국과의 관계 개선에서 남한과의 역량 대결로 변화하는 불리한 국면은 사실상 비현실적이고, 긴장 국면을 초래할 수 있으며, 이것은 결국 북한 발전에도 불리하게 작용할 수 있다고 보았다. 비록 남북 양측이 그 동안 자기 위주의 통일 목표를 버리겠다는 의지를 명확하게 드러내지 않았지만, 최고한 통일의 초보적인 단계에 대해 이미 많은 공감대를 이루었다. '6 · 15'<남북 공동선언>에 잘 나타나 있다.

(1) 남북 양측은 "국가 통일 문제는 그 나라의 주인인 우리 민족이 상호 연합한 역량으로 자주적으로 해결해야 한다"고 결정한다.

(2) 남북 양측은 "남측이 제시한 목적은 통일된 연방제 방안과 북측이 제시한 초급 단계의 연방제 방안은 상호 공통성을 갖고 있고, 양측은 앞으로 이 방향으로 통일을 추진하기로 하였다"고 밝혔다.

(3) 생략

(4) 남북 양측은 "경제협력을 통해 민족경제를 균형 있게 발전시키

고, 사회, 문화, 체육, 위생, 환경 등 각 분야의 협력과 교류 강화를 통해 상호 간의 신뢰를 증진시키기로 하였다"고 밝혔다.

(5) 생략

<공동선언>은 북측이 제시한 연방제 방안의 초급 단계와 남측이 제시한 3단계 통일 방안의 첫 단계에 공통성이 있다고 긍정하였다. 구체적인 내용은 바로 양측이 평화 공존을 찾고, 새로운 통일 모델 즉 평화적, 점진적, 자주적, 통일 패턴을 탐색하고 실천하기 시작하는 것이다. 강대국의 간섭을 받아들이지 않고 양측이 신 화해와 협력 상호 통합의 과정을 거쳐 국가민족 통일을 실현해야 한다고 강조하였다.

5. 이명박 대통령 시절부터 남북 관계가 급전환 하기 시작했는데, 특히 2010년 3월 26일 밤에 발생한 '천인함 사건'은 한반도 구도에서 현재 유지하고 있는 위태로운 균형을 깨고 한반도를 전쟁의 소용돌이로 몰아 갔다. 한미는 대북 압박을 강화하고 빈번하게 연합 군사 훈련을 진행하여, 결국 지역 내 해상 안보 문제 발생 시기를 앞당겼다. '천안함 사건'으로 한국의 해군 장병 46명이 사망하였다. 3월 29일 북한은 '천안함'이 한반도 군사 분쟁 해역에서 발생된 사건이 아니라고 발표했고, 한국은 비 군사 구역에서의 행동이 지역의 안보를 위협하고 있고, 이것은 <한반도 군사 정전 협정>을 위반한 행동이며, 한국이 현재 반(反) 북한 심리전을 펼치고 있다면서 이런 행동이 '예측 불가능한 결과'를 낳을 수 있다고 지적하였다.[10] 5월 24일 이명박 대통령은 '천안함 사건'에 대한 대국민 발표에서. 북한 선박이 한국 임해에 진입하는 것을 금지하며, 남북 무역, 협력과 교류를 중단하고 관련 국가 협상 후 해당 사건을 유엔 안보리에 상정하겠다고 밝혔다.

---

10) 중국일보망(中国日报网), 2010.3.29

5월 25일 북한 조국 평화통일위원회 대변인은 평양에서 발표를 통해 한국에 대한 8가지 조치를 선언했는데, 즉 남북 관계를 전면적으로 동결하고, <남북 상호 불가침 협정>을 폐지하며, 남북 협력을 전면중단한다고 밝혔다. 이로써 양국의 긴장 관계는 점점 심화되어 갔고 한반도의 안보 환경은 빠르게 악화일로를 걸었다.

이와 동시에, 미국과 일본 모두 한국을 지지하는 언론을 발표하고, 북한에 대해 경제, 군사 등 제재를 실시할 것이라고 밝혔다. 나날이 긴장되어가는 한반도의 상황에서 5월 28일 원자바오 중국 총리가 한국을 방문했고, 이명박 대통령과의 회담 시, 중국은 책임 있는 나라로 한국과 다른 국가에서 진행하는 연합 조사 및 각 측의 입장을 중요하게 여기며, 객관적이고 공정하게 판단하여 입장을 결정할 것이라고 밝혔다. 이명박 대통령은 중국에게 '북한이 잘못을 인정할 수 있도록 적극적인 역할을 해 줄 것"을 요청하였다.[11)]

8월 26일부터 30일까지 북한 지도자 김정일은 중국을 비공식 방문해, 한국 국내 한중관계에 돌연 긴장 국면이 나타났다. 한국 언론은 사설을 통해 북,중 밀월 관계가 한반도의 긴장을 더욱 심화시키고 장기화시키고 있다고 밝혔다. 중국과 북한의 친밀한 관계는 북한을 '신속한 중국화'하여, 한반도의 통일 비용을 크게 증가시키게 될 것이다. 보도에서는 중국의 대북 정책은 한반도의 정세를 더욱 긴장시켰다고 밝혔다.[12)]

한반도가 고도로 민감한 시기에 처해 있는 가운데, 한국과 미국은 황해 해역에서 연합 군사훈련을 진행하겠다고 선언하였다. 미국은 핵 동력 항모인 '조지 워싱턴호'를 이 해역에 진입시킬 계획이었다.

---

11) 워싱턴포스트, 2010.5.8

12) "김정일 방중에 대한 미, 일, 한의 복잡한 시선", 환구시보, 2010.8.30

2010년 7월 8일 중국 정부는 이에 대해 공개적으로 반대 입장을 밝혔다. 2010년 11월 23일 한반도에서 '연평도 포격 사건'이 발발하면서 한반도 정세는 다시 한 번 전쟁이 발발할 수 있다는 긴장된 기운이 돌았다. 11월 28일부터 12월 1일까지 한미는 대규모 해상 군사 훈련을 거행했고, 그 규모와 강도는 역대 최고를 기록하였다. 12월 19일 유엔 긴급 회의를 소집하여 현재 한반도 정세에 대해 논의하였다. 중국 상주 유엔 부대표 왕민은 현재 한반도는 일촉즉발의 상황으로, 고도로 복잡하고 민감하기 때문에 만약 한반도에서 유혈충돌이 발생하면, 우선 한반도 양측의 국민을 비롯해 남북 동포의 잔인한 민족 비극을 빚어낼 수 있으며, 지역 평화 안정은 파괴되고 결국 주변 국가를 재앙에 빠져들게 할 수 있다.[13](이후 북한은 상당한 자제적인 태도를 보였는데, 북한은 국제 사찰단이 북한의 핵시설로 복귀하는 걸 허락하였고, 한국의 미사일 훈련에 더 이상 공격을 가하지 않고, 남한, 북한, 미국 3자로로 구성된 군사 위원회를 설립하는데 동의하였다. 또한 한국, 북한의 군사적 핫 라인을 설립하겠다고 밝혔다. 이명박 대통령도 "우리는 다른 선택을 할 수 없고, 6자 회담이라는 외교적인 방식으로 북핵 문제를 해결해야 한다"고 밝혔다.[14]

여러 정황으로 보았을 때, 지역의 안정을 지키는 것이 각 측의 공동의 이익에 부합하는 것이며, 시대 발전의 큰 흐름인 것이다. 남북 양측은 모두 대규모의 군사적 충돌이나 더 나아가 전쟁이 발생하는 것을 원하지 않는다. 왜냐하면 어떤 측도 전쟁을 통해 이익을 얻지 못하기 때문이다. 계속된 긴장 국면은 각 측이 이 지역 내에서의 이익 경쟁과 전략적 상황을 드러내 보여줬다. 미국은 한반도의 긴장 국

---

13) 신화망(新华网), 2010.12.20

14) 2010.12.28, http://www.dongfangtime.com/newsu show.aspxil=25748

면을 통해 이 지역 내에서의 역량을 다시 확인하고 강화할 것을 원하고 있지만, 대규모의 군사 충돌이 발생하는 것을 원하지 않는다. 일본은 한반도 문제와 관련해서 더 많은 영향력을 발휘하고 싶어 하지만 한반도의 상황이 악화되는 것은 일본의 국가 안보 이익에 불리하다. 중국과 러시아는 한반도와 국경을 접하고 있어서 지역의 평화와 안보는 각 지역의 변경 지역 안보와 직결되는 문제이다. 따라서 안정에 대해 각측이 공감대를 형성하고 있는 상황에서 한반도는 비록 앞으로도 분쟁이 일어날 수 있긴 하지만 전체적으로 안정된 형국에서 근본적인 변화는 발생하지는 않을 것이다.

남북 통일 문제는 우선 남북 양측의 관계 개선을 전제로 주변 국가들이 보았을 때 남북 양측이 자주적으로 민족의 운명을 결정할 수 있는 시기에 진행되어야 할 것이고, 최소한 김대중 대통령 때처럼 각 분야의 교류와 협력을 통해 서로의 신뢰를 강화해야 마지막으로 통일의 방향으로 나아가게 될 수 있을 것이다. 그렇지 않으면 남북 양측은 점점 주변국의 간섭을 받게 되어 민족 국가의 통일에 불리하게 작용할 수 있다.

7. 지정학적인 환경 요소가 통일에 미치는 영향

한반도는 중국, 러시아, 일본 3대 강국 사이에 위치하고 있으며, 2차 대전 후 미국이 아시아에 군대를 주둔시킨 것은 한반도가 세계 4대 군사 강국 가운데 있다는 것을 말해준다. 주변환경과 국제적 요인으로 볼 때 많은 요소들이 한반도의 점진적인 평화적 통일을 지지하고 있다. 세계적인 범위 내에서의 냉전 구조는 이미 해체됐으며 동북아 냉전 구조도 결국 해체될 것으로 예상되면서 남북 양측은 무력 통일을 추구하는 강대국에 대한 지지를 저버리게 되었다. 점진적인 평화와 발전은 시대의 요구사항에 부합하며, 주변 강대국의 이익에도 부합된다. 그러므로 점진적인 화해와 통일은 가장 현실적인 수단이다.

한국의 독특한 지정학적 정치관계로 인해 한중 양국은 비록 유구한 우호적인 교류의 역사를 갖고 있었지만, 1990년 냉전이 끝난 후에야 수교할 수 있었다. 역사적으로 적대국이었던 일본, 미국 보다 각각 20년, 13년 후에 비로소 수교를 하였다.(일본은 1972년, 미국은 1979년에 중국과 수교하였다.)

1992년 한중 양국이 수교한 이래로 무역액이 50억 달러에서 3천여 억 달러로 상승하였다. 매 년 왕래하는 인구 수가 700만 명에 이른다. 50여 개의 항로, 매주 760편의 항공편이 한국과 중국를 왕래하고 있다. 2004년 중국은 이미 한국의 제1대 무역국과 투자국이 되었다. 한국은 중국의 제3대 무역 파트너가 되었다.

중국과 미국은 한반도 문제에서 공동적인 이익을 가지고 있기도 하고, 심각한 차이점을 보이기도 한다. 6자 회담 등 한반도에 관련한 협력이 최근 들어, 미중 관계에 긍정적인 요소가 되고 있다. 하지만 중국은 미국이 북한문제를 빌미로 TMD를 배치하는 것에 경계심을 가지고 있으며, 미국도 중국이 한반도에서 영향력이 확대되는 것을 원하지 않기 때문에 전략적으로 견제하고 있는 상황이다. 21세기에 들어, 중국의 종합 국력이 현저하게 강화되었다. 미국의 세계 패권 양상은 심각한 도전에 직면하였다. 세계는 G1 시대에서 G2 시대로 진입할 것이며 미국은 아시아태평양 지역의 주도적 지위를 계속 유지하기 위해 중국을 방어하고 제압해야 하는 것이다. 이 때문에 미국은 일련의 조치를 취했는데 내용은 다음과 같다.

1. 한일 군사동맹 관계를 강화한다.

미국은 두 개의 섬 사건(연평도와 조어도)를 이용하여 한일 관계를 재강화하였다.

2. 남해 문제를 크게 문제를 삼는다.

중국 남해 해역의 분쟁 개입을 시도해 국제화하고 복잡하게 한다.

3. 동맹국과 연합국 끌어들이기

미국은 '동남아 우호 조약'을 체결했고, '10+3'협력 참여를 시도하며, 상주 외교 기구를 파견한다.

중국의 이웃으로서 한국은 미국의 의도를 정확하게 인지할 수 있었다. 미국이 아시아태평양 지역의 협력의 발걸음을 가속화하는 것은 이 지역에서 매년 5천억 달러 이상의 화물과 서비스를 수출하고 있고, 아시아태평양 지역에서의 경제적 연대가 결국 미국의 국가 이익에 있어 매우 중요하기 때문이다. 특히 한반도의 긴장 상황 즉, 북한이라는 적대적 세력의 존재는 미국이 아시아태평양 복귀하는데 유리한 핑계거리를 제공해 주었고, '아시아태평양 전략'의 실시를 위한 절호의 기회를 가져다 주었다. 한국은 자국의 핵심 이익에서 출발해 중한 및 한미관계를 잘 처리했고, 결국 민족국가의 평화적 통일을 이루기 위해 충분한 준비를 하였다. 한미 군사동맹 관계를 계속 유지할 뿐만 아니라 중국과 계속해서 경제 무역 교류를 확대해 나가면서, 쌍방의 상호 소통을 증진시키고, 한국이 더 이상 미국만 상대하는 완고하고 보수적인 친구가 아니라는 것을 중국에게 보여주었다. 한국은 완벽히 독립적인 국가 발전 전략으로 한중, 한미 관계를 처리하였다. 한국의 미래 국가 안보는 이런 전략적인 능력 발휘에 달려 있다. 한국의 정책 결정자는 반드시 이런 부분의 중요성을 인식해야 할 것이다. 이것은 민족 국가의 미래 발전 명운과 관계하고 있다.

러시아와 미국의 이익 쟁탈의 핵심은 결코 이 지역에 있지 않다. 러시아 과학원 북한연구센터 주임 타신코(Tkatsinko)가 지적한 것처럼 한반도 문제에서 러시아가 해야 할 일은 다음과 같다.

1. 북한 민주주의 인민 공화국 및 한국과의 정상적 관계를 발전시킨다.

2. 북한이 한국에서의 미군 철수에 관한 요구사항을 지지한다.

3. 한반도 내의 평화 제창을 지지한다

4. 남북 양측 관계를 간섭하지 않는다.

5. 한반도 정세가 악화되었을 때 중국 및 지역 내 다른 나라와 협의한다.

그러나 러시아는 미국의 NMD 배치를 반대하는 차원에서 북한과의 접촉과 협력을 강화하고 있고, 이에 대한 영향은 미국으로서도 간과할 수 없다. 특히 북러 관계에서 보면, 과거 고르바쵸프가 취임한 후 북한과 소련의 전통적 우의를 저버렸고, 북한과 러시아의 관계는 좋지 않은 방향으로 흘러갔다. 하지만 푸틴이 취임한 이후 러시아와 북한의 관계는 개선되었고, 러시아는 한반도 지역 문제에 적극 참여할 뿐만 아니라, 지정학적인 전략적 의미도 모색하고 있다.

일본은 미국이 반도 문제를 이용하여 지역 안보 협력을 강화하는데 있어 주요 동맹국이기도 하지만, 자국이 한반도 문제 협상테이블에서 배제된 것에 대해 불만을 가지고 있다. 이것은 각 강대국들이 모두 최대한 남한과 북한 양측 모두와 가능한 한 우호관계를 유지하거나 대화하고 싶어하며, 양측의 균형적인 외교를 추진하길 원하고 있으며, 남북 양측이 한반도 문제에 있어서 동일한 입장을 내는 것을 더욱 중요시하기 시작하였다는 것을 의미한다. 이것은 한국과 북한이 기존 진영인 강대국에 대한 의존도가 낮아졌다는 것을 보여준다. 강대국과 남북 쌍방의 정책 경향은 해당 지역의 다극화 발전을 촉진시킬 것이다. 각 강대국의 한반도에서의 손익계산이 날로 복잡해지고 있다.

이에 관한 상세한 상황은 제4장에서 분석하도록 한다.

제4장

남북한과 대국 간의 게임

<조미수호통상조약> 으로부터 6·25전쟁에 이르기까지 이조 말기부터 19세기60년대까지 한반도는 영국, 프랑스, 독일, 일본, 미국, 러시아 등 열강의 침략을 받았다. 미국은 일찍이 다섯 척의 군함을 보내 조선을 공격하였으나, 결과적으로 조선에 의해 격파되었다. 미국은 일찍이 6·25전쟁 이전부터 한국에 대해 관심을 갖기 시작하였다. 한반도와 미국의 관계는 1882년 5월 체결된 <조미수호통상조약>으로 거슬러 올라간다. 미국정부는 1844년에 청나라와 외교관계를 수립한 후 10년 뒤인 1854년에 일본과 외교관계를 수립하였다. 미 행정부가 한반도를 본격적으로 주목한 것은 1871년으로, 당시 미국은 청정부에 특사를 파견하여 조선과 외교관계를 맺을 것을 요구하였다. 1882년 5월 20일, 조선전권대사 신헌과 미국전권대표 슈펠트(Robert W. Shufeldt)는 청나라 사신 마건충, 정여창의 참석 하에 정식으로 조약을 체결하였다. 이로써 미국은 서양세계에서 가장 먼저 조선과 조약을 체결한 나라가 되었다. <조미수호통상조약>의 핵심은 미국이 조선을 독립국가로 인정해 주고, 다른 열강의 위협을 받을 경우 '반드시 협조하고, 이를 조정해야 한다'[1)]에 있으며, 이 조약에 따라 미국은 조선 내 통상권과 영사 재판권은 물론 최혜국 대우

1) <한·미 관계 수교 100년사>, 한국 동아일보, 1982. p.62-64

등의 특권을 갖게 됐다.

그러나 미국은 <조미수호통상조약>의 규정과 달리 조선이 위협을 받았을 때 필요한 보호조치를 취하지 않았다. 그 예로, 일본·중국·러시아 등이 한반도에서 전쟁을 벌였을 때, 조선은 미국의 개입을 요청했지만 미국은 조선의 안보와 독립에 전혀 관심을 기울이지 않았다. 제2차 세계대전 이후 반파시즘 전선이 확대됨에 따라 미국정부는 비로소 전후 일본의 아시아태평양지역 식민지 처리 문제를 고심하기 시작하였다. 미국의 아시아태평양지역 전략상 미국은 반드시 아시아태평양지역에 있는 일본의 식민지를 박탈하고, 이 지역의 해상교통 요충지를 통제하여 미국의 국가 이익을 최대한 확보해야 하였다. 이에 따라 미국은 1945년 12월 미·소·영 3국 외무장관 회의에서 한국의 신탁통치에 관한 구상을 내놓았다. 미국의 구상에 비추어 소련도 두 가지 방안을 제시하였는데, 결과적으로 3국 외무장관은 소련의 방안을 기초로 하여 전후 조선의 독립적 지위 취득을 약속하는 일부 협의를 달성하였다. 전쟁 후, 미국은 정식으로 일본을 대신해서 한반도 남부를 신탁통치 하였으며, 1948년에는 대한민국정부 수립을 도왔다. 또한, 미군의 한반도 남부 군사 관제를 종결함과 동시에 <한미 잠정 군사 협정>, <한·미 재정 및 재산 이양에 관한 협정>, <한미 군사 원조 협정>, <한미 군사 고문 협정>, <한미 공동 방위지원 협정> 등 5개 군사협력 협정을 체결하여, 한국군에 대한 미국의 통제권과 지휘권을 계속 유지하였다. 이로써 미국의 정치적 지지와 군사·경제적 지원 확보가 한국외교의 최우선 과제로 떠올랐다.

1943년 얄타회담에서 소련과 미국은 북위 38°선을 군사분계선으로 삼아 한반도의 일본제국주의 척결을 분담하기로 결정하였다. 1945년 8월 15일 일본의 무조건 항복 선언 이후 남북에 완전히 다른 이데올로기의 정부가 탄생하였는데, 남측은 1948년 8월 미국을 등에 업은 이승만이 대한민국 정부를 수립하였고, 북측은 1948년 9월 소련을 등에 업은 김일성이 조선민주주의공화국 정부를 수립하였다.

1950년 6·25전쟁이 터졌고, 그해 8월 미국은 '유엔군'을 참전시켰다. 1950년 9월 15일, 미군의 인천상륙 이후 전쟁의 판도가 순식간에 바뀌어 북한은 연이어 패퇴하고, 한미연합군은 단숨에 서울을 탈환하였다. 연합군이 9월 29일 서울을 탈환한 이후, 중국은 지속적으로 한·미 연합군에게 38선을 넘지 말 것을 경고하였으나, 맥아더 장군은 중국이 출병할 것이라고 전혀 생각하지 않았기 때문에, 중국의 경고를 허세로 치부하고 전쟁을 중국으로까지 확대하기로 하였다. 그리하여 1950년 8~9월, 미군전투기가 몇 차례 중국 동북영공을 침입하고 압록강대교를 폭파하였는데 지금까지도 끊어진 다리가 남아있다.

3년 3개월 에 걸친 6·25전쟁에서 미국은 육군의 3분의 1, 공군의 5분의 1, 태평양 함대의 주력을 투입하였고, 15개국의 지원을 받은 미국의 '유엔군'과 한국군 병력은 약 200만 명에 달했으며, 200억 달러의 군비와 7,300여만 톤의 군용 물자가 투입되었다. 같은 해 10월, 중국도 미국에 대항하여 북한을 지원하고 자국을 보호하려는 목적으로 6·25전쟁에 참가하여 막대한 인력·물력을 투입하였고, 소련도 군사 물자를 지원하였다. 1953년 7월 27일 정전협정이 체결됨에 따라 한반도의 남과 북은 '자본주의 진영'과 '사회주의 진영' 대립의 최전선이 되었다.

한국전쟁을 통해 미국은 중국의 군사력과 전략적 경고의 신빙성을 충분히 인식하게 되었다. 중국의 새 정권은 국제사회에서의 입지를 공고히 다졌으며, 위상도 확연히 높아져, 이로써 장기적인 평화적발전의 국제환경을 조성하였다. 그러나 미국과 중국 양국은 6·25전쟁에서 모두 막대한 대가를 치뤄야 했고, 다시는 이런 전쟁이 일어나지 않도록 해야 한다는 점을 뼈저리게 깨달았으며, 이러한 인식은 미중 양국 지도자들의 전략적공감대 및 최종저지선으로 자리 잡았다.

한국전쟁의 발발로 미국은 소련을 우두머리로 하는 사회주의 진영의 한반도 적화 시도를 명확하게 인지하였고, 이로써 미국이 연합한 소위 15개의 유엔군이 한국을 지원하여 제2차 세계대전 이래 가장 규모가 크고 가장 치열한 6·25전쟁에 참전하였다. 휴전 후인 1953년 8월 8일 미국과 한국은 워싱턴에서 <한·미 공동방어조약> 초안을 체결하였는데, 주요 내용에 '체약국 양측은 어느 한쪽의 정치적 독립이나 안전이 외부의 무력위협을 받는다고 인정될 때 함께 논의한다. 체약국 양측은 무력 공격을 막기 위해 단독 또는 연대, 자조나 공조 등의 적절한 방법을 유지·발전시킨다' 등의 내용을 포함하였다.

그 중, 조약 제2 조는 '태평양 역내에서 체약국 어느 일방에 대한 무력에 대해, 현재 각자 행정통제 하의 영토 또는 이후 체약국 일방이 합법적으로 다른 일방의 행정통제 하에 속해있다고 여기는 영토의 공격은 자국의 평화와 안전을 위협할 수 있으므로, 각자의 헌법절차에 따라 조치를 취하여 공동의 위협에 대응한다'고 규정하였으며, 제3조는 "대한민국은 미국이 양자가 합의한 대한민국 영토 내 및 그 부근에 육·해·공군 부대를 배치할 권리를 준다"고 규정하였다.[2)]1954년 12월 미 상원이 다수결로 이 조약을 비준함으로써 한국은 미국의 동아시아 전략체계에 정식으로 편입되었다. 이 조약으로 대한민국은 건국 이래 해결하지 못했던 난제, 즉 국가 안전보장 문제를 해결하였을 뿐만 아니라, 미국으로부터 막대한 경제적·군사적 지원을 받았다. 통계에 따르면, 미국은 1948~1961년에만 100억 달러 이

2) <미중관계자료총집>, vol.2 상권, 세계지식출판사, 1961. p.1249-1250

상의 물자(대부분 밀가루 및 식품)를 한국에 제공한 것으로 집계됐으며, 그중에는 미국이 한국에게 제공한 1945년부터 1948년까지의 경제적 원조 4억 3,400만 달러,1949년부터 1953년까지의 각종 원조 6억 3,700만 달러, 1954~1961년 미국과 유엔이 무상으로 제공한 20억 8000만 달러의 원조가 포함되어 있다.

제2차 세계대전은 미국을 초대국의 지위에 올려놓았으며, 미국에 전례 없는 번영을 가져다주었다. 민주국가의 무기공장으로서 미국의 생산기적은 1939년 860억 달러, 5년 후 1987억 달러로 믿기지 않을 정도다. 미국은 당시 전 세계 무기의 45%, 물품의 약 50%를 생산했고, 전 세계 선박의 3분의 2를 건조하였다. 미국의 대외무역은 세계 무역의 3분의 1을 차지하며 매년 140억 달러에 달하였다. 또한, 트루먼 대통령은 미국은 세계경제의 거인'으로서, 오직 미국만이 전후 세계의 부흥을 지원할 수 있다고 여겼다. 시사평론가와 대중여론도 '20세기는 미국의 세기'라고 입을 모았다.[3)]

1. 북핵 위기와 미국 대응 전략

1971년 9월 25일 중·일 국교 정상화와 1972년 2월 21일 미국과 중국의 '상하이 공동성명' 발표로 양 진영의 분위기가 다소 느슨해지기 시작했지만 여전히 냉전 상태였다. 그러다1989년 베를린 장벽 붕괴와 1991년 소련의 붕괴로 냉전 종식이 선언되면서 한반도 남북관

3)(미)도널드 화이트(서조우 등 번역), <미국의 흥성과 쇠약>, 강소인민출판사 , 2002. p.19-22

계도 완화될 조짐을 보였다. 1991년 12월 13일, 남북은 화해와 불가침에 관한 기본합의서를 체결하여, 남북 관계가 전환점을 맞이하는 듯하였으나, 우호적 국면은 오래가지 못하였다. 1992년 여름부터 시작된 북핵 위기로 한반도 긴장이 고조되었고, 북한의 핵무기 개발 의혹을 둘러싼 미국과 북한의 지루한 줄다리기가 시작되었다.

1994년 6월, 지미 카터 전 미국 대통령이 방북해 당시 북한 지도자인 김일성과 회담을 가짐으로써 긴장국면이 완화되고 위기가 진정됐다. 주목할 만한 것은 평양이 그의 핵 카드를 이용해 워싱턴과 양자 대화의 물꼬를 트는 데 성공하였다는 점이다. 냉전 이후 '핵 논쟁'으로 이어져왔던 북미관계는 1992년 양측 입장이 첨예한 대립으로 치달으면서 전쟁의 일촉즉발 위기에 놓였으나, 이후 국제사회, 특히 지미 카터 전 대통령이 중재에 나서면서 북·미는 협상 테이블로 돌아왔다. 북미 갈등은 1994년 제네바에서 '핵기본합의서'를 체결한 것을 계기로 수그러들었다 .이후 7~8년간 북·미 관계가 진전되어 미국 국무장관과 북한 지도자 특사의 상호 방문이 이뤄졌다.

그러나 부시 대통령이 취임 후 북한을 '악의 축'으로 지정해 다시 핵문제를 야기하고, 동시에 북핵문제의 해결을 '완전하고 검증 가능하며 되돌릴 수 없는' 경지로 규정하였다. 이처럼, 북·미 관계는 부시 시대에 뚜렷한 반전을 보였다. 1994년 10월 21일, 미국과 북한은 여러 차례의 협상을 거쳐 드디어 핵문제에 관한 기본협의를 달성하였다. 합의서에 따르면 북한은 건설 중인 원자로 건설을 포기하는 대신, 워싱턴으로부터 40억 달러 상당의 경수로 2기를 짓는 사업을 돕겠다는 약속을 받았다. 이후 평양은 서울을 제쳐두고 미국과의 양자간 계약협상을 따내기 위한 대미 전략을 한층 강화하였다. 사실 평양이 미국과 조약을 체결하려는 속내는 북·미 관계 개선을 통해 남북

대결구도에서 북한이 불리한 국면을 전환하고, 이를 통해 중국・러시아와의 관계 개선에 따른 성과를 상쇄함으로써 남한의 '흡수통일'을 막고 자신들의 안전을 확보하려는 것이었다. 또한, 조약 체결을 통해 미군을 한국으로부터 철수하도록 미국에게 강요함으로써, 한국에 대한 군사적 우세를 견지하고, 한반도를 자신들의 통제하에 두려는 장기적인 목적도 있었다.뿐만 아니라, 미국과 서양의 대북 경제봉쇄를 완화하고 더 많은 대외 원조를 지원받아 동북아에서 북한의 위상과 영향력을 높이려는 의도도 있었다.

북한은 경제적 지원과 안전보장을 얻기 위해 핵무기를 개발하고 싶었지만 경제력 부족과 기술력 부족으로 어려움을 겪으면서, 경제력 보강을 위한 경제질서 조정으로 선회하였다. 이처럼 북한은 빈약한 경제력과 체제 불안정 문제를 다시금 드러내 보이며, 물질적 원조 확보와 안전 보장 문제의 시급한 해결을 거론하였고, 결과적으로 '우둔한 고양이와 꾀 많은 쥐의 싸움'을 통해 10억 달러의 원조와 여러 차례의 식량 지원을 받아 적잖은 이득을 챙겼다. 북한이 핵 카드를 만지작거리면서 미국과 '불가침조약'을 다시 체결하려는 움직임을 보이것은 것은 미국을 포함한 국제사회의 안전 보장과 자금 지원을 얻어내 정권의 공고함과 지속성을 유지하기 위한 것이었다. 40년대 말 분단 이후 북한이 미사일・핵무기를 개발한 이유 중 하나는 군사력 향상으로 경제력 저하로 인한 한반도 힘의 불균형을 완화하고, 위협력이 높은 핵무기를 개발해 남한과 국제사회와의 대화 카드를 강화하겠다는 것이었다. 그러나 미사일・핵무기 개발에 필요한 막대한 자본 투입은 북한의 경제 발전과 인민의 생활 향상에 영향을 미칠뿐만 아니라, 한반도 통일을 더욱 어렵게 만들었다.

최근 미국의 대북정책은 주로 다음과 같다.

(1) 한반도에서 전쟁이 발발하는 것을 막는 것이다. 아태지역이 미국의 글로벌전략에서 차지하는 위치는 나날이 상승하고 있다. 최근 몇 년 동안 아시아태평양경제가 신속히 발전함에 따라 미국 대외전략의 중점은 아태지역으로 이동하고 있다. 1960년, 미국과 아시아-태평양 지역의 무역액은 유럽과 미국 무역액의 절반에도 미치지 못했지만, 1980년에 이르러서는 미국과 유럽의 무역액을 넘어섰으며, 1992년에는 미국무역총액의 40%를 차지하였다. 이것은 미국과 유럽의 무역액보다 50%가 넘는 것으로, 세계 각 지역 중 1위이다. 빌 클린턴 전 미국 대통령은 한 연설에서, "미국의 미래는 세계에서 경제성장이 가장 빠른 아시아 · 태평양 지역과 관련돼 있으며, 미국은 이 지역과 긴밀한 관계를 구축해야 한다"고 지적한 바 있다. 미국이 아시아태평양시장을 개척하고보다 많은 경제이익을 추구하려면 반드시 아시아태평양지역의 경제적 안전을 실현해야 한다. 따라서 아시아 태평양 지역의 평화와 안정을 지키는 것이 미국의 국익에 부합하고, 한반도의 긴장 완화는 미국의 아시아태평양 전략이 최우선으로 해결해야 할 과제다. 이런 점에서 미국은 중유 제공과 식량 지원 등으로 북한을 평화협상의 장으로 끌어들여 긴장 완화를 추진해 '연착륙'시킨다는 기본 방침을 갖고 있다.

(2) 지정학적으로 통일된 한반도는 미국의 안보에 위협이 될 수 없다. 되려 통일된 한반도는 아시아 세력균형에서 중요한 역할을 할 수 있고, 아시아 국가 간 힘의 균형을 유지하는 것은 경제적 · 군사적 측면에서 미국에 유리할 수 있다. 또한 미국은 통일 후 한반도가 미국식 민주와 기본적인 자유를 보장하는 정치제도를 갖기를 원한다. 인간의 존엄을 보장하고 자유경제를 기초로 하는 시장경제체제를 구축하여 미국과 일반적 국가관계가 아닌 특수한 전략적 관계를 유지하

길 바란다. 이와 반대로 동북아에서 미국을 견제하는 새로운 세력이 나타나는 것을 바라지 않으며, 한반도 통일 후 미국을 반대하는 적대적인 정부가 출현하는 것은 더욱 바라지 않는다.

(3) 미국은 현재 한반도의 즉각적인 통일은 불가능하며 통일의 조건도 성숙되지 않았다고 보고 있다. 남북한의 경제 격차가 클뿐만 아니라, 체제, 관념 등도 현저히 다르기 때문에 당장 통일이 되면 혼란이 생기기 쉽다. 만일 한반도가 단기간에 통일된다면 미국은 한국에 미군을 주둔해야 할 명분이 없어지게 되고, 이것은 미국이 동북아에서 더 이상 특수한 안보적 역할과 영향력을 발휘하지 못하게 됨을 의미한다. 미국은 한국과 일본에서 미군을 철수할 것이고, 이것은 동북아에서의 미국의 전략적 의미에도 영향을 미칠 것이다. 그밖에도, 현재 한국은 미국의 6번째 무기 수입국인데, 한반도가 통일되면 한국에 대한 미국의 무기 판매가 크게 줄어들 것이다. 북쪽의 경제 재건을 위해 한국이 재원을 비축할 가능성이 크기 때문이다. 또한 한국은 AIIB 가입과 '일대일로(육상해상 실크로드) 프로젝트'의 합류와 건설을 통해 통일 후 중국·러시아와 하나로 이어지는 대륙국가로 거듭날 수 있기 때문에, 그때가 되면 미국의 중요도가 크게 낮아질 것이다.

2. 〈한미공동방어조약〉에서 미국의 '아태 재균형'전략에 이르기까지

1949년 1월, 미국은 한국과 수교하였다. 그리고 1953년 10월, 미국과 한국은 <한미 공동 방어 조약>을 체결하였는데, 조약의 규정에 따르면, '공동의 위험'에 대응하고 '공동 방어'를 발전시키기 위해, 미국은 한국에 육군, 공군, 해군을 배치하고 한국군사역량의 유지 및 발전을 도울 책임이 있으며, 한국에 대한 안전보장 의무를 다하고 한미 양국은 긴밀한 관계를 유지해야 한다. 이데올로기로 갈린 냉전 구조 속에서 한국은 동북아에서 빼놓을 수 없는 미국의 전략적 동반자가 되었으며, 미국은 한국에 대량의 군사 및 경제적 원조를 제공하였다. 1946년부터 1976년까지 미국이 한국에 제공한 경제 및 군사 원조 총액은 127억 달러 이상으로, 한국은 아시아 국가 중 미국의 경제 원조를 가장 많이 받는 나라라고 할 수 있다. 이러한 지원은 한국의 생존과 경제 회복에 중요한 역할을 하였다. 또한, 1965년 이전까지 미국은 줄곧 한국의 최대 무역 파트너였다. 미국은 한국의 주요 자금·기술 공급국일 뿐만 아니라 한국 제품의 최대 시장이었다. 당시 한국 제품은 전체 수출액의 40% 가량을 미국 시장에 의존하였다. 미국은 전략적인 차원에서 한국에 대한 지원을 아끼지 않았고, 한국도 자신의 필요에 따라 미국의 아시아·태평양 정책에 적극 협력하였다. 미국의 요구 하에 한국은 1965년 남베트남에 출병하여 월남전쟁에 참가하였으며, 총 5만여명의 한국군대를 월남에 파견하여 참전하였다. 이에 대한 대가로 한국은 미국으로부터15억 달러의 무상 원조를 받았다. 이처럼 한미관계는 이익을 바탕으로 상호의존, 각자가 필요한 것을 취하는 구도로 전개되었다. 한국은 전후 30여년 동안 아시아에서 일어섰다. 가난하고 낙후된 나라에서 번영하고 풍요로운 아시아의 네 마리 용이 된 데는 미국의 지지와 도움이 필수적이었다.

그밖에 한국은 주변국의 힘이 대체로 균형을 이룰 때 한반도의 안전이 보장된다고 판단하였는데, 미군이 동북아에서 철수하면 이런 힘의 균형이 깨지고 한국의 안보가 위협받을 수 있다. 따라서 동북아 지역의 힘의 균형과 지역 안정유지는 한·미 양국의 전략적 이익의 공통점이 되었고, 이로써 느슨해진 한미동맹은 어느 정도 공고해졌다. 미국은 이미 한국으로부터의 점진적 철군 계획을 중단했으며, 한국에 남아있는 병력은 육군 1개, 공군 작전부대 1개 등 3만 7천명 안팎이다. 또한, 미국은 한국에 위협적인 군사 시설과 장비를 배치하여 위기에 대한 미군의 대응 능력을 증강시켰다. 결과적으로 한·미 양국은 공통의 전략적 이익을 바탕으로 한반도와 동북아 군사 역량의 균형 및 지역 안정의 유지를 위해 오랫동안 안보관계를 확립해 왔나. 한미 양국의 군 고위급 인사는 빈번하게 왕래하는데, 미국 국방장관 합참의장 등 미군 고위층은 매년 한두 차례 방한 한다. 또한, 양측은 매년 정기적으로 안보 협의회를 열어 군사 협력의 긴밀성을 확보하고, 한국군의 대북 예방 능력 향상을 위해 미군은 부단히 신진적인 군사 장비를 한국에 제공하였다. 그 중에는 P-3C 대잠 초계기, F16 전투기 및 신형 항공기 생산 기술, 독침 방공 미사일, E-767 공중조기 경보기 등을 포함하고 있으며, 최근 미국측은 F35형 5세대 전투기 제공을 약속하였다.

모겐소가 그의 저서 <국가 간의 정치>에서 지적한 바와 같이 국내, 국제 정치를 불문하고 모든 정치는 1. 권력 유지, 2. 권력 확장, 3. 권력 과시 등 세가지 기본적인 유형으로 나타난다. 이 세 종류의 정치 유형과 세 가지 유형의 국제 정책이 서로 대응 한다. 만약, 한 나라의 외교정책이 자신의 이익 도모에서 권력 분배로의 전환이 아닌 권력 유지를 꾀한다면, 그 국가가 추구하는 것은 현상유지 정책, 즉 권력 유지이다. 만약, 한 나라의 외교 정책 목적이 기존의 권력관계 변화를 통해 실제보다 더 많은 권력을 얻는 것이라면, 다시 말해, 그 국가의 외교정책이 꾀하는 것이 권력 지위에서의 유리한 변화라면, 그 국가가 추구하는 것은 제국주의 정책, 즉 권력 확장이다. 만약, 한 나라의 외교정책이 권력 유지와 증대를 위해 자신이 가지고 있는 권력을 과시한다면, 그 국가가 추구하는 것은 위상 정책, 즉 권력 과시이다.

현상유지정책의 목적은 역사상 어떤 특정한 순간에 존재하는 권력 분배 유지에 있다. 현상유지 정책이 국제정치에서 수행하는 기능은 보수정책이 국내 사무에서 발휘하는 기능과 같다고도 여겨진다. 현상유지정책의 참고모델로 삼는 특정한 역사적 순간은 대부분 전쟁이 끝난 후였다. 전쟁이 끝난 뒤, 권력 분배는 법률의 형식으로 평화 조약이 포함되었다. 이것은 평화조약의 주요목적이 전번 전쟁에서 승리와 패배로 인한 권력변동을 법률조문으로 고정시키고, 새로운 권력분배의 안정성을 법적으로 보장하는데 있기 때문이었다. 이처럼 현상 유지정책의 전형적 역할은 전면적 전쟁을 종식시킨 평화적 해결방안을 수호하는 것이다. 가령, 1953년 7월 27일의 <한반도 정전협정>이 이미 지금의 한반도 시국과 맞지 않기 때문에 새로운 형식의 종전협정으로 이를 대체하여 한반도에 새로운 전쟁위협이 발생하지 않도록 해야 할 것이다.

여기서 반드시 명확하게 짚고 넘어갈 것은, 모겐소의 현상 유지 정책은 특정한 역사적 순간에 존재하는 권력의 분배를 목표로 할 뿐, 결코 그 어떠한 변화도 무조건적으로 반대를 뜻하지 않는다는 것이다. 즉, 변화 자체를 반대하는 것이 아니라 2개 또는 2개 이상의 국가간 권력 관계를 역행하는 변화를 반대할 뿐이다. 이번 한반도 핵 위기 해결 과정에서 봤듯이, 미국은 줄곧 남북이 미국을 제쳐두고 중국 등 다른 나라와 핵 문제 해결을 도모할까 염려했었다. 이와 반대로 중국 역시 한반도 핵 문제에서 소외당하지 않기 위한 방안을 마련하고 있었다. 지금의 평화회담 진행 과정을 보면 주로 일본이 소외되어 있다.

제2차 세계대전이 끝 난 이후 한미 관계는 줄곧 한국 대외 관계의 버팀목이었다. 이것은 한국이 미국의 도움을 받아 건국(한국 건국 초기에 미국은 각종 명목으로 무상 또는 유상 수십억 달러를 지원하였다)을 이룬 이유도 있겠지만, 더욱 중요한 것은 동북아의 특수한 구도 및 한반도 분단의 상황에서 북한의 군사적 위협에 대응하기 위해 한국은 미국에게 의존할 수밖에 없었기 때문이다. 비록 한국의 GNP와 1인 당 GDP는 북한을 훌쩍 뛰어넘었지만, 북한은 휴전선 인근에 대규모 군사와 5500문의 대포를 배치해 한국 정치・경제・문화의 중심인 서울을 겨누고 있다. 때문에 1953년 휴전 이후 한미 양국은 <공동 방어 조약>을 체결하여 지금까지 유지해왔으며, 60 여년이 넘는 시간 동안 한미 양국은 미국의 글로벌 전략 조정과 탈냉전의 새로운 동북아 구도를 유지해왔다. 이명박 정권이 들어선 이후, 실용주의 외교의 핵심인 한미군사동맹을 강화하고, 한미일 안보 조율 메커니즘을 한층 더 강화하였다. 또한, '21세기 전략적 마스터플랜'을 제정하였고 한미 양국의 가치 동맹, 신뢰 동맹, 평화 구축 동맹' 수립을 건의하였다. 이명박 정부가 주장하는 21세기 한미 전략 동맹의 원칙은 군사안보 동맹의 범주를 넘어서는 한・미 동맹이며, 자유민주주의와 시장경제 가치관을 기초로 하는 정치적 상호신뢰, 경제협력과 공동대응의 한반도 평화체제 구축이다.

1990년대부터 세계 정치지형의 변화와 한국의 종합국력의 향상에 따라 한국은 자주국방을 적극적으로 추진해 왔다. 1991년 3월, 미군이 맡아온 조선군사정전위원회 '유엔군'측 수석대표로 한국군이 교체됐다. 같은 해 10월, 육군 1 사단은 미 보병 2 사단이 맡고 있던 판문점 지역 경계임무를 넘겨받아, 이때부터 38선의 최전선방위는 전부 한국군이 맡게 되었다. 또한, 1992년 7월 1일 한・미 야전집단군 편제를 폐지하고 그 예하 부대를 한국 제3 집단군 지휘에 귀속시켰다. 1992년 12월 1일, 한국군 장성이 처음으로 한미연합사 지상군사령관과 한미연합군 특수작전사령부 사령관, 한미연합해병대 사령관을 맡았다. 그리고 1994년 12월 1일, 한국군은 주한 미군 사령부로부터 한국군에 대한 평시 작전권을 넘겨 받았다. 한국군은 군의 건설을 더욱 강화하고 향후 군사형세의 전환에 적응하기 위하여 최근 몇 년 동안 신식 무기 장비의 연구와 도입에 박차를 가해 해군, 공군의 군사력을 대대적으로 발전시켰다. 그리하여 국방예산에서 차지하는 해・공군 군비의 비중은 50%에서 60%로 늘었고, 현재 한국 해・공군 군사력은 세계 6위권이다. 결과적으로 한국 경제가 부상함에 따라 한민족의 자존심과 자신감 향후 미국과의 협력에서 보다 평등한 관계를 추구하려 할 것이다. 그러나 미국은 지속적으로 강대국의 패권주의경향을 완강하게 표현할 것이며 쌍방의 갈등은 그치지 않을 것이다. 그러나 한반도 남북이 통일될 때까지 남북 군사력 균형 유지를 위해 한국은 여전히 미국에 의지해야 하며, 미국이 한국 대외정책의 기반이 될 수밖에 없음을 부인할 수 없다. 반면, 미국 역시 지속적으로 한국을 군사기지로 삼아 동북아시아에서 미국의 이익을 지킬 것이다.

2002년 10월 북핵 위기가 터진 이후 북핵문제는 나날이 심각해져 국제사회의 관심사가 되었다. '3자 회담'과 4차례의 '6자 회담'을 거치면서 '북핵 문제의 평화적 해결, 한반도 비핵화 실현'을 강조하는 원칙적 합의가 이뤄졌지만, 관련 당사국, 특히 북・미 간 이견은 여전히 뚜렷하며 북핵 위기는 해소되지 않고 있다. 냉전이 끝난 후, 미국 국내에서는 국가 전략에 대한 길고 격렬한 논쟁이 이어져왔으나 총체적인 틀과 원칙은 이미 기본적으로 확정되었고, 전략적 의도와 목표 또한 명확해졌다. 즉, 미국 유일한 초강대국 지위 및 세계 정치・경제・군사・문화 질서의 주도적 지위 유지를 취지로 삼고 막강한 종합적 역량을 이용해, 한미 동맹, 미일 동맹' 등 각종 동맹 관계에 의지하여 전 세계 및 지역 사무에 대한 통제권과 주도권을 유지하고, 세계 사무에 대한 지도적인 역할을 발휘, 미국 주도 하의 글로벌 위상 및 지역 질서의 새로운 '경쟁자'와 '도전자' 출현 방지, 대량살상무기와 미사일 기술의 확산 억제, 새로운 군사기술 및 그 성과의 개발과 응용 방지(본문에서는 주로 NMD와 TMD를 뜻한다), 국제 테러리즘 등 '비대칭 위협'에 대한 대응 등을 꾀하는 것이다, 미국의 애슈턴 카튼, 윌리엄 페리가 <방어적 방어: 미국의 새로운 안보 전략>에서 지적한 바와 같이 핵무기를 보유한 북한과 군사 대국으로 부상한 중국 모두 미국에겐 충격을 줄 수 있다. 이에 미국은 일방적인 군사적 우위의 유지 및 강화 외에도 한국, 일본 등 나라와 안보 동맹을 강화 하여 북한과 중국을 견제하고 있다.

다른 한편으로 냉전 종식 후 양대 군사집단이 더 이상 대치하지 않고 평화와 발전이 현재 세계적 대세가 되었다. 그러나 지역적 영토 분쟁과 민족・종교 등의 갈등으로 인한 충돌은 여전히 존재하며, 때로는 국부적 전쟁이 발생하기도 한다. 또한 새로운 핵보유국 탄생 방지는 탈냉전시기 국제사회의 평화와 안전을 위한 우선적인 과제가 되었다.

북한은 1980년대 중반 이후 외교 전략에서 핵 카드를 꺼내지 않은 적이 없다. 북한은 1985년 소련의 거듭된 촉구로 핵확산금지조약(NPT)에 가입하면서 미그기를 비롯한 현대식 무기를 대거 얻어냈고, 1992년 IAEA와 핵안전협정을 체결함으로써 한국에 있는 미국의 전략적 핵무기를 모두 철수시켰다. 1993년 북한의 핵확산금지조약 탈퇴 선언으로 촉발된 1차 북핵 위기는 미국을 압박해 북한의 현실적 요구를 직시하게 하였다. 그리고 이듬해 제네바 기본합의를 이끌어 냈을 뿐만 아니라, 경수로 2기 건설과 연간 50만 톤의 중유 제공을 포함한 다양한 지원도 얻어냈다. 북한의 이와 같은 거래는 국내 경제 압박의 완화를 위한 것이었지만, '경제화를 위한 정치적 양보'라는 단순한 인식은 북핵 위기의 주된 원인이 되었다.

1993년 북한이 IAEA의 사찰 요구를 거부하고 핵확산금지조약(NPT) 탈퇴를 선언하면서 1차 북핵 위기가 촉발되었다. 미국 등이 NPT 틀 안에서 북한이IAEA의 사찰을 받을 것을 요구하는 결의를 유엔 안보리에 제출하였다. 이에 중국은 반대하진 않았으나 기권표를 던졌다. 또한 중국은 한미와 북한이 협상을 통해 북핵 문제를 해결하도록 힘썼으며, 여러 차례의 적극적 참여와 중재 등, 북핵 위기 해결을 위해 필요한 노력을 기울였다. 이처럼 중국 등 여러 국가의 노력과 당사국 간의 여러 차례 협상을 통해 미국과 북한은 마침내 1994년 제네바 기본합의에 서명하였다. 그러나 이 합의는 한반도 핵 위기를 일시적으로 완화시킨 것일 뿐 사실상 한반도 안전을 위한 새로운 보장이 된 것은 아니었다.

1998년 8월 31일 북한은 함경북도 화대군에서 태평양을 향해 일본 상공을 통과하는 대포동 1호 3급 중거리 미사일 한 발을 발사하였는데, 사정거리는 1300㎞ 가량 되었다. 이에 일본과 서양 국가는 강하게 반대하였지만, 북한은 위성을 탑재한 3단 로켓의 시험발사에 불과하며 로켓이 궤도 진입에 실패하였다고 밝혔다. 그러나 이 중거리 미사일 시험발사로 한미일은 북한 미사일의 위력을 다시금 확인하게 되었다. 왜냐하면 이 사정거리는 일본 전역은 물론 미국의 서태평양 주요 군사기지까지 포함하기 때문에 북한의 장거리 타격 능력 발전은 비확산 체제와 지역 질서에 대한 엄중한 도전으로 여겼다. 이후 1998년 12월 미국이 북한의 금창리 지하 핵시설을 질타하면서 북・미 관계 가 다시 교착 상태에 빠지게 되었다. 1999년 3월 중순 북・미는 마침내 미국 검사단의 북한 금창리 지하 핵시설 조사에 대해 합의하였으며, 5월 하순 미국이 전문가 팀을 파견하여 현지 사찰하였으나, 북한의 핵 협정 위반 및 핵무기 개발의 증거는 발견되지 않았다.

2002년 10월, 북한이 우라늄 농축 프로그램을 추진하고 있다고 주장해 2차 북핵 위기가 촉발되었다. 북한의 NPT 탈퇴 선언 이후 탕자쉬안 중국 외교부 장관은 북한을 방문해 북한의 이러한 행위를 반대한다는 뜻을 분명히 밝혔다. 또한 첸치천 중국 부총리는 2003년 3월 비밀리에 방북하여 북한이 미국과 협상할 것을 권고하였다. 그해 7월 다이빙궈 외교부 부부장은 중국 국가주석의 친서를 가지고 다시 북한을 방문해 북한이 미국과 회담할 것을 요구하였다. 이처럼 중국의 적극적인 중재와 당사국 간의 타협을 통해 마침내 '3자 회담'과 '6자 회담'이 성사되었다.

그러나 2005년 6월, 미국은 북한에 대한 금융제재를 가하기 시작하였고, 북한은 이에 미사일 발사로 답하였다. 심지어 2006년 7월 북한은 미사일 7발을 발사 하였다. 이러한 심각한 상황 속에서 미중 양국은 유엔의 북한 미사일 발사문제와 관련한 제1695호 결의를 추진하여 북한의 행위를 저지 하였다. 그러나 북한은 이를 무시히고 2006년 10월 9일 국제사회의 바람과 역행하는 핵실험을 감행하였다. 이에 대해 유엔은 제1718호 결의를 재차 통과시켜 북한의 행위를 처벌하였다.

그러나 2009년 4월 5일 북한은 대포동 2호 대륙간 탄도미사일을 발사하였는데, 북한은 이를 은하 2호 3단 로켓이라고 부른다. 이에 유엔 안보리는 4월 14일 의장 성명을 발표하여 북한의 장거리 로켓 발사 행위가 유엔 결의 1718호를 위반하였다고 공개적으로 규탄하였으나 북한은 더욱 강경하게 대응하여 5월 25일 2차 지하 핵실험을 실시하였다.

미국의 강력한 요구에 따라 중·러 등 안보리 회원국들의 찬성 하에, 6월 12일 북한 핵실험을 규탄하기 위한 유엔 안전보장이사회 제 1874 호 결의안이 통과되었다.

2012년 12월 12일 북한이 평안북도 철산군 서해에서 발사한 은하 3호 로켓이 광명성 3호 인공위성을 예정 궤도에 성공적으로 안착시켰다. 국제사회는 이를 북한의 위성 발사를 가장한 장거리 탄도 미사일 실험이라고 판단하였고, 명백한 의도적 안보리 관련 결의 위배라고 했지만, 북한은 자국의 우주 기술 개발이라고 반박하였다. 그리고 2013년 1월 23일 유엔 안보리는 북한에 대한 제2087호 결의를 만장일치로 통과하였으나, 북한은 더욱 강경하게 반격하였다.

2013년 2월 12일 북한은 함경북도 길주군 봉계에서 제3차 핵실험을 진행하였다. 이 핵실험의 위력은 더욱 강력해져, 핵무기의 소형화, 경형화, 실전화 능력을 거의 완성하였다. 이것은 북한이 이미 미국 본토를 타격하는 핵미사일 능력을 갖추었고 핵무기 실전 배치 단계로 나아가는 것을 의미하며, 미국 등 서양 국가가 가장 걱정하는 결과였다. 제3차 핵실험이 가져온 가장 큰 충격은 북핵 문제가 정형화된 변화에서 벗어나 북한이 이미 핵보유로 더욱 강해졌다라는 사실이다. 현재 북한이 진심으로 핵 포기 협상에 나설 것이라 믿는 나라는 없으며, 북한이 핵 문제에 대해 진정성 있는'거래'를 할 것이라는 믿음도 없다. 이로써 북한의 제3차 핵실험은 북한이 핵무기의 실전 배치 단계를 향해 중요한 한 발을 내디뎠음을 의미한다.

2003년 8월 27일 설립된 6자 회담 메커니즘은 2005년 2월 10일 북한이 핵무기를 보유하고 있는 것을 인정하고 '6자 회담' 을 무제한 연기하겠다고 밝혔다. 또한, 총 3개의 문건을 통과시켰는데, 첫 번째 문건 '9·19공동성명' 은 한반도 비핵화 목표 실현, 즉 북한의 모든 핵무기 및 기존의 핵 계획 포기를 규정하였다. 또한, 미국은 북한을 공격하거나 침입하지 않는다는 원칙도 포함되어 있었으나 이와 관련한 더 구체적인 행동 문건의 확보가 필요한 시점에서 6자 회담이 중단되었다. 두 번째 문건 '2·13합의' 는 목표 실현의 첫 번째 행동, 즉 북한의 영변 핵시설 봉쇄 및 폐쇄와 모든 핵계획 목록 논의를 규정하였다. 이에 대한 보상으로 미국과 일본은 북한과 회담을 가지고 관계를 개선하고, 중·미, 러, 일, 한 등 5개국은 북한에 100만 톤의 중유를 제공하기로 하였다. 그러나 이 문건은 구체적이고 명확할 뿐만 아니라, 시간제한이 있었기 때문에, 각측의 실질적 이행은 규정 시간을 크게 초과하였고, 그 중 핵심적 부분, 가령 북한이 다른 나라와 핵문제를 논의하는 일은 시종일관 성공하지 못하였다.

결국 각 측은 세 번째 공동 문건, '10·3 합의' 에서 이에 대해 더욱 명확하게 규정하였는데, 즉 2007년 12월 31일 전까지 북한이 세가지 공약(영변 핵시설 기능화, 모든 핵계획에 관한 완전하고 명확한 신고, 핵확산을 하지 않겠다는 다짐)을 이행하는 것이다. 또한, 행동 대 행동의 원칙에 따라 기타 5자는 북한에 100만 톤의 중유를 제공해야 하며, 미국은 북한을 테러리즘 국가와 적국 무역법 명단에서 제명하는 절차를 진행해야 한다.

그러나 20년 동안 많은 인력과 물자를 투입한 각 측의 노력에도 불구하고 2005년 북한은 공식적으로 핵무기 보유 및 6자 회담 무기한 참가 중단을 선언하였고, 북한은 핵실험국에서 핵무기 보유국으로 변하였다 이로써 한·미·중·일·러는 급격히 변화한, 예측 불가능한 국가를 맞닥뜨리게 되었으며, 북한의 진정한 비핵화 실현은 결코 쉬운 일이 아니라는 것을 깨닫게 되었다. 지난 20여년간 각 측의 비핵화 노력을 통해 우리는 향후 나타날 가능성이 있는 몇 가지 상황을 분석해볼 수 있다.

우선, 6자 회담 재개를 통해 국제사회가 보상의 방법으로 북한의 핵포기를 끌어내 핵문제를 해결하는 것이다. 이것은 가장 이상적인 비핵화 방법이지만 그 가능성은 크지 않다.

둘째, 국제사회가 효과적인 조치를 취해 북한의 핵무기를 통제하는 것이다. 통제 불가의 위험이 발생하면 국제사회의 역량으로 안전한 상태로 만드는 것이다. 이를 위해 각 측의 노력과 협조가 필요하며, 발생할 수 있는 핵위기를 일관적으로 대응해야 한다. 또한, 국제사회가 관련 법률과 법규를 만들어야 하지만 아직까지 부재인 상태이다.

셋째, 북한을 제한적 핵보유국이 되도록 하는 것이다. 미국 랜드연구소의 몇 년 전 보고서에 따르면 미국은 직접 북한과 협상을 해야 한다고 밝혔다. 북한이 핵확산을 하지 않고 미국 본토를 위협할 수 있는 원격 미사일 폐쇄를 약속한다면 미국은 북한을 핵보유 국가로 인정하고 북한과 전략적 동반자 관계를 맺어 북한의 핵무기를 주변국가 위협용으로 만들 수 있다. 이 대담한 예측에 근거가 없지 않다. 2009년 여름 김정일은 평양을 방문한 클린턴과의 회담에서 미국이 북한을 원조하면 북한이 중국을 대항하는 가장 견고한 보루가 될 것이라는 뜻을 내비쳤다. 하지만 이것은 미국에게 있어 양날의 검이다.

만약 북한이 단거리 핵탑재 기술만 개발한다면, 미국에겐 '단날의 검'이겠지만, 북한이 몰래 장거리 대륙간 미사일을 개발하거나 중국과 함께 원격 핵탑재 기술을 발전시키면 이것은 미국에게 치명적이기 때문에 미국은 북한의 요구를 받아들일 수 없었다.

마지막으로 북한이 시대에 발맞춰 국제사회에 융합되고 정치안정을 유지하여 경제발전에 힘 쓸뿐만 아니라, 현재의 국제제도와 질서를 지키는 수호자와 건설자가 되어 개혁개방의 전제조건 하에 핵무기를 보유한다면, 국제사회는 더할 나위 없는 이상적인 방법으로 북한의 핵 발전을 억제할 수 있게 된다. 이것은 국제사회가 북한 핵개발의 철저한 실패를 제재하게 되는 것을 의미한다.

사실6 자 회담 당사국들은 그 이해관계가 복잡하고 모두 자신의 계획이 있다. 많은 사람들이 북한의 핵무기는 미국을 겨냥한 것이고, 북한이 말한 것처럼 핵 억제력은 미국의 침략을 막기 위한 것일 뿐, 다른 나라와 무관하다고 생각한다. 그러나 누군가가 도난을 막기 위해 입구에 폭탄을 설치한 것처럼, 먼저 피해를 보는 것은 강도가 아닌 이웃일 수 있다. 북한의 핵무기는 최소 10년 안에 미국에게 위협이 될 수 없기 때문에 미국은 북 핵 문제에 서두르지 않는다. 그저 차근차근 대규모 살상무기 확산 방지 성명을 규합하고, 서명국과 해상 훈련을 계속하여 북한의 핵확산이 미국에게 영향을 미치지 않도록 방지한다.[4] 다시 말해, 미국보다 더 급한 것은 동아시아 각국이다. 미국의 입장에서 향후 대북 정책 목표는 기존의 핵 포기, 비핵화에서 핵확산 방지로 바뀌어야 하며, 핵기술이 제3국이나 테러집단에 넘어가지 않도록 힘을 쏟아야 한다. 이렇게 한다면 한반도 긴장 상태를 완화할 수 있을 뿐만 아니라 동아시아 각국이 핵 경쟁을 벌이는 것도 피

---

4) 황대혜 편저, <변화 중의 동아시아와 미국>, 사회과학문헌출판사, p.221

할 수 있다. 때문에 제3차 북한 핵실험 이후 얼마 되지 않아 미국 상원 외교관계위원회는 로버트 메난드스(Robert Mnendez)가 제시한 <북한 핵 확산 및 다른 용도로의 사용 방지 법안>을 비준하였다.[5)]

지난 2018년 4월 27일 남북정상이 판문점 회담을 갖고 '판문점 선언'을 발표한 이후, 남북정상은 연이어 판문점 양측에서 두 차례 비공식 회담을 가졌다. 이것은 한반도 남북 모두 한반도의 안전과 현재의 안정적 상황을 지키는 데 힘쓰고 있다는 사실을 증명해 준다. 또한, 김정은 위원장은 중국을 비공식 방문하였는데, 시진핑 주석과의 두 차례 만남에서 양국의 전통적 우의를 강화하였을 뿐만 아니라, 향후 미국 트럼프 대통령과의 협상을 위한 카드를 늘려 괄목상대할 만한 외교기술이라는 세간의 평가를 받았다. 왜냐하면 중국 비공식 방문과 남북 정상의 두 차례 판문점 회담 모두 예상치 못했던 김정은의 외교정책이기 때문이다. 이것은 한반도 문제에 있어 중국이 주변화되지 않도록 했을 뿐만 아니라, 한국이 추구하는 김대중 대통령의 '한민족 문제는 한민족 내부에서 해결해야 한다'라는 취지에 유리한 플랫폼을 제공함과 동시에 한반도 문제에서 한국이 수동적인 역할에 처하지 않도록 하여 한국에 대한 미국의 외교적 압력을 덜어주었다.

모겐소가 <국가 간의 정치>중의 '제국주의 정책을 인지하고 대항하는 법'에서 언급한 바와 같이, 한 국가가 채택한 정책은 반드시 현존하는 모든 권력분배의 내부조정 기술에 이용하여 최대한의 이득과 최소한의 손실이라는 목적을 달성해야 한다. 기존의 권력 분배를 뒤집으려는 제국주의에 대해서는 적어도 억제 정책으로 대응해야 한

---

5) 113th CONGRESS 1st SESSION, S. 298, AN ACT TO prevent nuclear proliferation in North Korea, and for other purpose, http://www.gpo.gov/fdsys/pkg/BILLS-113s298es/pdf/BILLS-113s298es.pdf

다. 억제 정책의 장벽은 중국의 만리장성이나 프랑스의 마지노선처럼 유형적이거나, 1945년 소련 세력 범위와 서양 세계의 군사분계선처럼 무형적일 수 있다. 장벽은 사실상 제국주의 국가에게 '여기까지다, 여기서 한 발자국만 넘어와도 전쟁이 일어날 것'이란 경고인 셈이며, 이것은 고대 중국의 성인 공자가 말한 '知止' 라는 뜻과 일치한다. 현재 국제 정세에서 볼 때, 북한이나 미국 모두 경솔하게 전쟁을 언급해서는 안 된다. 북한은 더 이상 핵실험으로 국제사회의 인내심을 시험해서는 안될 것이며, 미국 역시 북한이 평화의 손길을 내밀었을 때에도 '제재'로만 일관해서는 안 된다. 쌍방 모두 '知止' 해야 한다. '유약함과 두려움에 처한 타협은 무익할 뿐만 아니라 치명적이며 실력에 기반한 타협은 관대하고 고상하다. 또한 세계 평화로 가는 가장 확실한, 아마도 유일한 길일 것이다.' 이것은 1950년 12월 14일 윈스턴 처칠이 하원에서 한 유명한 연설이다.

3. 일본과 한국의 관계

한반도와 일본은 바다를 사이에 두고 위치해 있는데, 이러한 지정학적 요소로 인해 양국 간에는 '특수하고 숙명적인' 관계가 형성되었다. 예로부터 일본은 해적, 침략자할 것 없이 무수히 한반도를 침략하고 약탈하였다. 특히 이씨 왕조 말기인 1910년, 일본은 조선을 침입하여 518년 간 조선을 통치한 이씨 왕조를 무너뜨렸을 뿐만 아니라 한반도를 일본의 식민지 국가로 전락시켜 36여년 통치하기에 이른다. 2차 세계대전 이후 일본은 무조건 투항을 선언하고 이로써 한반도의 식민통치를 끝냈다. 이후 한반도 남북은 각각 대한민국 정부와 조선민주주의 공화국 정부를 수립하였고, 한반도 남북 양측은 냉전의 희생물이 되었을 뿐만 아니라 냉전의 전방 진지가 되었다.

1950년 6월 25일, 한국전쟁이 발발되면서 미국을 위시한 유엔군이 참전함에 따라, 일본은 '연합군' 기지가 되어, 막대한 부를 축적하였다. 즉, 6·25전쟁이 일본의 전후 부흥에 절호의 기회를 제공한 것이다. 일본은 연합군 전쟁 물자와 기지 공급을 통해 오늘날 경제 부흥의 초석을 다졌다.

미국은 대북 군사 행동에서 주일 군사 기지를 충분히 이용했으며 일본은 미군전쟁 물자조달을 통해 경제회복의 절호의 기회를 얻었다. 또한 6·25전쟁이 일어나기 전에 미국은 이미 일본에서 전쟁 준비를 하고 있었다.

1. 군사 기지 건설을 강화하였다. 1949년 하반기부터 미국은 일본의 경제력과 노동력을 동원해 오키나와 군사기지 건설을 강화하였다.

2. 1949년 가을부터 일본의 군사물자 비축을 대량으로 늘리고 일본의 일부 중공업, 화학공업 분야의 대기업을 미군의 관리 하에 두고 군수품을 생산하였다. 또한 미군의 일본 군수품과 무기 주문이 급격히 증가하면서 같은 해 11월 일본 최대의 무기공장-사가미하라 육군 무기제조 공장에서도 무기를 생산하기 시작하였다.

3. 1949년 9월부터 주일 미군이 실전 훈련을 강화해 실전 능력을 강화하였다.

4. 일본에게 재정적으로 전쟁준비를 하도록 강요하였다. 1950년 일본의 국채 상환비는 그 전해에 비해 1배 증가했으며 723억 엔에 이른다. 미국은 이 돈을 맥아더의 비준을 거쳐 6·25전쟁에 사용하도록 종용하였다. 전쟁이 시작되자 맥아더는 일본에 경찰예비대를 만드는

데 필요한 200억 엔의 비용을 이 돈에서 지출하도록 명령하였다.6)

조선전쟁은 일본 수출무역의 성장을 극대화시켰다. 1950년 하반기와 상반기만 비교해봐도 일본 수출액은 55% 증가하였다. 또한 1950년 6월부터 1951년 말까지 일본 대외무역총액은 2.8배 증가하였다. 대외무역이 증가함에 따라 일본의 외환보유가 급격히 증가하면서 1952년 일본 특수 수입은 2억 8천만 달러로 그 해 외환수입의 66.8%를 차지하였다. 특수 주문과 수출 증가가 일본 상업에 신속하게 생기와 활력을 불어 넣어주었다 뿐만 아니라 1500억 엔에 가까운 재고품이 순식간에 팔렸고, 수많은 백화점 건물이 세워지고 옷감, 식량 배급제가 사라졌으며, 공업 및 농업 생산 지수가 급격히 반등하였다. 광공업 생산은 1950년 10월 이미 전쟁 이전의 수준에 이르렀으며, 농업 생산은 1952녀에 전쟁 이전 수준의 111.2% 에 달하였다. 또한 1951년 국민총생산은 152억 달러로 전쟁 이전 수준의 119.4% 에 이른다. 이렇듯 한국전쟁 중 일본 군사기지의 역할이 여지없이 발휘되었고, 한국전쟁은 일본 전후 경제발전의 중요한 분수령이 되었다.7)

6·25전쟁이 끝난 후 미국은 한국을 지원하는 경제적 부담을 일본에 전가하기 위해 적극적으로 한일 개선 관계를 추진하기 시작하였다. 그러나 36년에 달하는 일본의 식민지 통치로 는 한국은 일본 군국주의에 대한 적대감을 품고 있었고, 여러 차례의 한일 회담은 실질적인 진전을 이루지 못하였다. 전쟁 이후 한·일 양국은 14년 동안 한일 국교 정상화 협상을 진행하였는데, 7차 회담을 거치고 나서야 1965년 6월 22일 마침내 도쿄에서 <한일기본조약>을 최종적으로 체

6) 관남 등, <전후 일본 정치>, 항공공업출판사, 1988, p.139

7) <21세기 초 일본 동아시아 정책>, 중국 사회과 일본 연구소 외교연구실, 세계지식출판사, 2010, p.23

결하였고, 국교가 정상화되었다. 수교 협상은 주로 대한민국 정부의 성질, 1910년 '한일합병조약' 등 과거 조약의 효력, 재산 배상 청구권 및 재일 한국인의 영주권 등에 대한 문제를 다뤘고, <한일기본조약>은 강화조약의 성질을 띠고 있었다 한반도에 사실상 두 적대 정권이 존재하는 상황에서 일본 정부가 한국만 합법적 정부로 삼아 계약을 체결한 것은 객관적으로 북한을 부정하는 효과를 불러 일으켰다. 이것은 한반도 통일에 걸림돌이 되었을 뿐만 아니라 이 지역의 긴장 상태를 더욱 높였다. 또한 한일 국교정상화 과정에서 양국이 역사 문제를 회피하는 처리 방식은 훗날 양국 관계에 갈등의 씨앗이 되었다.

1960년대 한국의 박정희 대통령이 집권하기 시작하면서 한일 관계에 변화의 바람이 불었다. 박정희 대통령은 국익을 출발점으로 삼고, 일본의 경제 원조를 구하기 위해 전쟁 배상 문제에 대해 한걸음 물러나 일본이 경제 원조의 형식으로 전쟁 배상 문제를 해결할 것을 요구하였다. 그 당시 한국에 대한 미국의 지원이 지속적으로 줄어서 한국의 경제 발전은 심각한 제약을 받고 있었는데, 미국의 원조는 1957년 3억 7백만 달러에서 1959년 2억 2000만 달러로 감소하였다.[8)]

1955년 이후 한국 수입의 70%를 미국이 차지하고 있었고, 미국의 한국 원조가 줄어들면서 한국은 다른 조치로 경제적 공백을 메워야 하는 상황이었다. 그러다 1958년 미국은 무역적자가 나타나자 재정 긴축 정책으로 불황에 대응했는데, 이러한 상황에서 한일 양국은 긴밀하게 협력할 수밖에 없었다. 1960년 7월 한국은 일련의 대일 무역 확대 조치를 취해 일본의 한국 수출은 1959년 6200만 달러에서 1960년 1억 달러로 증가했으며 1961년에는 1억 2500만 달러까지 증가하였다. 또한 한국의 대일 수출도 1959년 1200만 달러에서 1960년

8)(일) 이정식, <전후 한일관계사>, 중앙공론사, 1989, p.64

2200만 달러로 늘었다. 이러한 통계 데이터는 미국의 원조정책 변화에 따른 압박과 자국 경제 부흥의 필요성이 한국정부가 대일관계 정상화를 적극적으로 추진한 주된 원인이었음을 객관적으로 보여준다.

일본의 경우, 1960년대 일본 경제의 고속 발전에 따라 해외 시장 확장의 필요성을 강하게 느끼게 되었는데, 한국은 일본의 이웃 국가일 뿐만 아니라 미국의 '화해'압박이 더해져 한국을 전후 투자의 가장 이상적인 국가라고 판단하였다. 당시 동남아시아 각국의 문맹률은 80%에 달했던 반면 1962년 한국 어린이의 진학률은 88%, 문맹률은 8.7% 에 불과해 교육수준이 일본에 못지 않았다.[9] 따라서 일본은 한국에서 높은 수준의 저렴한 노동력을 얻을 수 있었다.

이외에도 일본의 한국투자는 한일 경제협력을 촉진할 뿐만 아니라, 일본의 국가안전 보장과 한국 정세 안정과도 밀접한 연관이 있었다. 왜냐하면 일본은 북한의 공산주의 세력이 한반도 남부로 확장되고 일본 본토에까지 영향을 미칠 것을 우려하였기 때문에 한국을 공산주의 세력의 침투를 방어하는 장벽으로 간주하였다. 일본은 한반도에서 일본과 긴밀한 협력관계를 유지하는 안정세력이 있다는 것이 일본 국방의 필요조건이라고 판단하였다. 1964년 9월 일본 내각조사실의 한 문장에서 지적한 바와 같이, 남한이 일본해의 입구를 막고 있는 것이 일본의 안전에 매우 중요하다.따라서 일본 외교정책의 가장 중요한 목적은 남한을 적대세력에 넘겨서는 안 된다는 것이다.[10] 이러한 국제환경과 한일 양국의 전략적 수요에 근거하여 한일 양국은 상호 관계를 개선시켜 최종적으로 '한일기본조약'을 체결하였다.

1967년부터 한국은 일본으로부터 40억 달러에 가까운 경제 지원

---

9)(일) 외무성 아시아 본부 편저, <조선사관>, 일본 국제문제연구소, 1964. p.81
10)(일) 야마모토 츠요시, <우호와 적시>, <세계> 임시 증간호, 1991. 4. 1.

을 받았고, 두 번째와 세 번째 '5개년 계획'을 완성하기 위한 충분한 외자를 얻었다. 한일관계 정상화는 한국에 무상원조, 유상원조와 민간대출을 가져다 주었다. 일본의 자금 기술은 끊임없이 한국에 유입되었고, 일본의 자금이 미국의 자금을 대체하여 한국 경제 발전의 주요 외자 공급원이 되었다. 예를 들어 1967년부터 1972년까지 한국의 두 번째 '5년 계획' 시기에 일본의 투자자본은 전체 외자의 50% 정도를 차지하였다. 또한 1973년 상반기 일본은 한국 투자 총액 중 같은 기간 한국 외자 투자 총액의 94%를 차지했으며, 한국의 일부 대형 공사 프로젝트도 일본의 자금과 기술을 대량 지원받았다. 특히 현재 철강 업계에서 세계 1위를 차지하고 있는 포항제철의 경우 일본 자금과 기술로 성장하였다. 물론 일본 기업도 이로써 거액의 이윤을 얻었다.

1960년대 초부터 80년대 말까지 최근 30년간 한국이 도입한 외자와 기술은 거의 절반 가까이 일본에서 왔다. 한국은 일본에서 대량의 설비와 중간제품을 수입할 뿐만 아니라 '수출 가이드형 전략', '기술 성장 전략' 등 일본의 경제 발전 모델을 참고하기도 하였다. 한국은 일본의 선진 과학기술을 도입함과 동시에, 자국의 과학 기술 수준을 높여 산업 구조를 바꾸고 발전시켜, 현대 중공업그룹, 삼성전자그룹 등의 경우 현재 모두 일본 동종업계의 기술수준을 넘어섰다.

1990년 5월 노태우 대통령이 일본을 방문한 당시, 일본 천황과 총리는 각각 노태우를 만나 '애석하다'와 '사죄' 등의 말로 역사적으로 한국을 침략한 행위에 대해 심각한 반성을 표하였다. 회견 당시 노태우 대통령은 "일본이 솔직하게 잘못을 인정하고 반성과 사과를 했으니 관대하게 받아들여야 한다"고 말하였다.[11] 양국은 회담을 거쳐

[11](일) 시사사, 1990. 5. 21

상호 간의 경제 협력을 확대하고, 정치적 협상을 강화하여 오랜 기간 동안 중단된 각료 회의를 복구하기로 하였다. 이후 1991년 1월 일본 총리 가이후 도시키가 한국을 방문해 노태우 대통령과 만남을 가졌다. 양측은 한반도와 국제정세의 변화에 따라 서로가 외교 시야를 넓히고 상호 신뢰의 기초에서 동북아와 전반적인 차원에서 국제문제에서 역량을 발휘할 수 있는 양국 관계를 구축해야 한다고 입을 모았다. 양측은 '한일관계 새 시대'에 대한 원칙에 대해 합의를 이루어 파트너 관계를 강화하여 아시아태평양 지역의 평화와 발전에 기여하기로 하였다. 또한 글로벌 문제 해결을 위해 공동으로 노력하고, 한일 양국이 각 분야, 각 차원에서 전면적이고 우호적인 새로운 시대로 진입하기 위한 정치적 기초를 다졌다.[12] 한일 간의 밀접한 협력 관계는 미국의 아시아태평양 발전전략과 한일 각각의 자국 이익의 필요로 '밀월기'가 있었지만, 한국 국민경제가 급속하게 발전하고 세계적 국가로 발돋움하면서 한국 국민들의 민족적 자신감과 국가 자부심이 고취되었다. 그밖에도 한국 국민의 민족 독립 의식은 예로부터 매우 강한데, 최근 몇 년 동안 일본 일부 정치인들의 한국 침략역사에 대한 부주의한 발언과 야스쿠니신사 참배는 일본에 대한 불편한 감정을 불러일으켰다.뿐만 아니라 역사적 문제를 제외하고도 한일은 영해, 영토 문제에서 심각한 갈등을 빚고 있다. 그 중 가장 두드러진 것은 한국 동해, 북위 37도 17분, 동경 131도 55분에 위치한 섬의 주권 문제다. 이것은 면적이 0.186 제곱 ㎞에 불과한 작은 섬으로 한국은 '독도'라고 부르고 일본은 '죽도'라고 부른다. 두 나라는 각각 이 섬의 영토, 영해주권을 주장하고 있으며, 현재 이 섬은 한국의 실질적

12) <21세기 초 일본 동아정책>, 중국 사회과학원 일본 연구소 외교연구실, 세계지식출판사, 2010, p.29

통제 아래에 있다. 1996년 한일 간에 이 섬을 둘러싸고 분쟁이 일어나 일촉즉발의 상황으로 치닫기도 했었다.

1998년 2월 김대중이 한국 대통령에 당선된 후 한일 관계는 새로운 진전을 맞이하게 되었다. 특히 1998년 10월 김대중 대통령이 일본을 방문하면서 한일 관계가 크게 바뀌었다. 김대중은 한국 역사상 네 번째 일본을 방문한 대통령이다. 방일 기간 중 김대중 대통령은 아키히토 천황과 오부치 게이조 총리와 각각 회담을 갖고 '21세기 한일 파트너십' 공동 성명을 체결하였으며, '행동계획'도 채택하였다. 이 계획의 구체적 협력내용은 다음과 같다.

1. 해마다 최소1회 한일 정상회담을 개최한다.

2. 내각 구성원 간담회를 조속히 개최하고 방위 교류를 확대 및 강화한다.

3. 일본은 한국에 30억 달러의 수출입 은행 대출을 제공한다.

4. 2002년 월드컵 축구 경기를 성공적으로 개최하기 위해 서로 협력 및 교류한다.

5. 청소년 교류를 확대하고 학술, 문화 교류의 내실을 다진다.

김대중 대통령은 일본 정부의'깊은 반성과 진심 어린 사과'와 30억 달러의 긴급대출을 받았다. IMF 관리 하의 금융위기를 극복하기 위한 자본 원조를 확보한 것이다. 김대중의 일본 방문은 한일 관계를 급격히 발전시켰고, 한일 양측이 체결한 <행동계획>은 정치, 경제, 외교, 안보, 문화 등 5대 분야, 43개 부문에서 협력을 강화하기로 결정하였으며, 이것은 양국 관계 역사상 큰 진보였다. 또한 일본은 한국과의 협력을 통해 한반도 문제와 관련한 여러 행사에 적극 참여하고 동북아시아 지역에서 발언권이 강화되기를 희망하였다. 왜냐하면 이로써 경제대국의 지위를 강화할 수 있을 뿐만 아니라 이를 계기로 이 지역에서 정치대국의 지위를 강화해 결과적으로 중국의 부상을 누그러뜨리기 위해서이다. 이 시기에 한일 관계 발전은 어느 정도 진전이 있었지만, 아베 정부의 출범에 따라 한일 양국은 역사문제로 마찰을 빚었고, 일본의 우익세력이 강성해짐에 따라 한국은 일본 군국주의의 부활을 경계하기 시작하였다. 박근혜 대통령이 당선된 이후 거듭된 일본 총리와의 회담 거부는 한일 관계가 다시 냉각되었음을 보여준다.

4. 일본과 북한의 관계

2차 대전이 끝난 후 일본은 패전국으로 한반도에서 철수하였다. 이후 북한은 조선민주주의인민공화국을 세웠고, 중국과 구소련은 각각 북한 건국 초기에 본격적인 외교관계를 맺었다. 1953년 7월 27일 <정전 협정>이 체결된 이후 북한은 자본주의 진영에 맞서는 사회주의 진영의 최전선 보루가 되었다. 삼팔선은 동서 양대 진영의 경계선이 되었다. 1965년 일본이 한국과 체결한 '한일기본조약'에서 일본은 한국만을 한반도의 유일한 합법정부로 인정해 북한과는 대화의 문을 닫았다. 그러나 시장을 확대하기 위해 일본은 한일 관계에 영향을 미치지 않는 선 안에서 북한에 접근하려 노력하였는데, 일본은 대북 관계에서 주로 정경 분리 원칙을 취하였다. 한편으로는 한국과 우호협력 관계를 유지하고, 또 한편으로는 북한과 경제 위주의 왕래를 강화하였다. 이 시기의 국제 환경도 일본의 대북 정책 조정에 전환기를 가져왔는데, 특히 닉슨의 성공적인 중국 방문으로 인한 미국의 아시아태평양 지역 전략 조정은 일본에 압력을 줌과 동시에 공산주의 국가 외교정책을 조정하는 계기가 되었다.

1972년 일본과 중국이 관계를 정상화하면서 일본 정치권과 재계에서는 대북 관계 개선의 동향이 나타났다. 1971년 11월 16일 자민당 의원을 비롯한 약 240명의 일본 국회의원은 '북일 우호 연맹'을 설립하였다. 또한 1972년 1월 대표단을 평양에 파견해 조선국제무역촉진회와 무역협정을 체결하였다. 이 협정의 주요 내용은 '1976년 양국 무역액을 1억 5000만 파운드까지 늘리고 도쿄와 평양에서 무역박람회를 개최하고, 상호 무역 대표기구를 파견한다' 등이 있다.[13] 이 협정은 북일 양국이 향후 정부간 왕래를 위한 발판이 되었다.

그럼에도 불구하고 50년대 중반부터 70년대 초반까지 북일 양국이 접촉할 기회가 두 차례 있었다. 1955년 스탈린의 죽음과 함께 평화를 촉진시키는 여건이 형성되었고 이 국제 정세를 겨냥한 북한 외교장관은 "북한이 북일 관계 설립과 관련된 모든 문제에 대한 구체적인 토론에 참여하고 싶다"고 밝혔다. 그러나 일본은 이에 반응하지 않았다. 그리고 1970년대 초반 미국 대통령 닉슨의 방중 후 미중 관계와 중일 관계가 정상화되기 시작하였다. 북한 남북적십자회의 회담을 시작으로 김일성은 일본 '아사히 신문' 기자와의 인터뷰를 통해 "물론 일본과 외교관계를 맺기를 기대하고 있지만 초기 단계에서는 조일 사이에 자유로운 무역 왕래와 문화교류, 뉴스 기자들의 교류가 있어야 한다"고 말하였다. 이에 일본 측은 "국제정치의 추세와 남북대화의 진전을 감안하여 일본은 경제, 문화, 체육 분야에서 북한과의 교류를 확대할 것"이라고 말하였다. 그리고 1972년 일본은 '일조 수출입 상사'를 설립하였는데, 이것은 일본 대북 무역 창구의 역할을

[13](일) 이정식, <전후 한일관계사>, 중앙공론사, 1989, p.109

발휘하여 전후 북일관계 발전을 도모한 첫 번째 사례가 되었다.

1972년 9월 5일 북일 양국은 일본에서 '일조 문화 교류협회'를 설립하고, '문화 교류협정'을 체결하였다. 이에 따라 많은 북한 문화계 인사들이 잇따라 일본을 방문했으며, 일본은 재일 북한인들이 귀국하여 가족과 상봉할 수 있도록 허락하였다. 또한, 1972년 4월 일본은 재일 조선총련 부의장 이계백 등 6명의 재입국 수속을 비준했고, 같은 해 7월에는 북한인 초등학교, 중학교, 고등학생 51명의 재입국 수속을 비준하는 등, 북일 교류 활동이 활발해졌다.[14]

1974년 1월 오히라 외무상은 국회 연설에서 북한과 교류할 필요성을 다시 강조하였으며, '한반도의 자주, 평화통일과 영구적인 안정을 바라고, 일본 정부는 한국과의 관계에서 국민을 기초로 다방면에서의 관계를 발전시키고 있다. 또한, 북한과의 관계에서는 국제정세의 변화와 남북대화의 진전을 고려해 경제, 문화, 체육 등 분야의 교류를 진행할 예정이다'고 밝혔다. 이후, 일본 정부는 국회 외교 연설에서 한일 관계가 언급될 때마다 북한과의 교류 발전의 중요성을 강조하였다. 그리고1974년 8월, 기무라 외무상대리의 발언을 계기로 일본의 대북 관계 개선 분위기가 전례없이 무르익었다. 기무라는 '한국은 한반도의 유일한 합법정권이 아니며, 북한에도 합법적 정권이 존재한다. 또한 일본은 한국이 무력으로 북한정권을 통일하는 것을 원하지 않는다 왜냐하면 일본의 안전은 한국의 평화와 안전이 필요할 뿐만 아니라 한반도 전체의 평화와 안전이 더 필요하기 때문이다'라고 지적하였다.[15] 이것은 이 시기 일본의 대북 정책에 근본적인 변화가 발생했지만, 그 교류는 경제적 측면에 치우쳐 있음을 여실히 보여

---

[14](일) <출입국관리 통계연보>, 1972

[15](일) <세계> 임시 증간호, 암파서점, p.161

준다. 이처럼 일본의 대북 정책은 정경 분리의 원칙을 시종일관 견지하고 있었다.

1980년대 말 냉전이 끝나고 한국의 대북 태도가 바뀌면서 남북 관계에 훈풍이 불기 시작하였다. 1988년 7월 7일 노태우 대통령은 북방외교 기본방침인 <민족의 자존과 통일번영에 관한 특별선언>, 즉 소위 말하는 7 · 7선언을 발표하였다. '한국은 북한과 우호관계를 유지하는 중국과 소련과의 관계를 개선할 것이며, 이를 토대로 북한을 남북대화의 장으로 끌어들여 한반도 평화 안정과 남북 통일을 위한 발판을 마련할 것이다. 또한, 북한이 책임감 있는 회원국으로서 국제사회에 기여하고 북한사회의 개방과 발전을 추진해 한국이 북한과 미국, 일본의 관계개선에 도움을 줄 수 있기를 희망한다' 등이 주요 내용으로 담겨 있다.[16] '7 · 7선언'은 한국이 남북을 각각 독립된 국가로 간주하는 주변국의 인식을 기꺼이 받아들였음을 보여주며, 한국의 대일 관계 개선에 대한 태도가 바뀌었음을 의미한다. 이러한 한미 양국 전략의 전환은 두말할 것 없이 일본의 대북 신정책에 기회와 여지를 제공하였다.

일본 정부도 대북 적대관념을 바꾸기 시작하였다. 1989년 3월 다케시다 노보루 일본 총리가 한 차례 연설을 통해'조선민주주의 인민공화국'이라는 칭호를 사용하고 과거의 침략에 대해서도 유감을 표하였다. 북한도 이에 북한에 구금된 일본 선원 두 명을 돌려 보냈다. 이러한 분위기에서 1990년 9월 일본 자민당의 핵심인사인 가네마루 신과 사회당 부위원장 다나베 마코토를 단장으로 한 일본 양당 대표단이 평양을 방문하였다. 방문 기간동안 김일성은 3차례나 대표단을 만나 조선노동당과 일본 양당 대표단이 공동으로 '3당 연합성명'을

16) <한나라 공동번영한 민족 공동체>, 노태우 대통령연설문집 vol.3. 1991년, p.18

발표하였다. 이것은 1945년 일본이 투항하고 한반도에서 물러난 후 양국 여당이 가진 첫 공식만남으로, 이로써 북일 관계는 진전되기 시작하였다. 이후 양측은 1991년 1월부터 1992년 11월까지 8차례 수교 협상을 진행하였다. 그러나 북일 국교 정상화 협상 과정 중 적잖은 갈등이 불거졌는데, 주된 문제로 관할권 범위 문제, 전쟁 배상 문제, 핵조사 문제, 재북 일본 여성 가족 상봉 문제 등이 있었다.

협상이 시작됐을 때, 북일은 전후 배상 및 관할권 범위 문제를 둘러싸고 치열한 논쟁을 벌였지만, 제3차 협상부터 북한은 이런 문제를 양보하거나 회피하는 태도를 취하면서, '선 수교 후 협상'을 제의하였다. 그러나 일본은 협상과정에만 온 신경을 쏟고, 정작 결과에는 관심이 없었기 때문에, 시종일관 강경하고 타협하지 않는 태도를 보였다. 일본은 당시 국내외 정세를 전혀 파악하지 못한 모습을 여실히 보여줬는데, 미국의 정책조정은 결코 일본이 먼저 북한과 수교를 맺는데 동의하는 수준에 이르지 않았고, 게다가 한국의 대북 정책은 노태우 정권 이후 더욱 퇴보하여 남북관계는 교착 상태에 빠져 있었다. 따라서 일본 정부도 북일 수교의 최종 결정을 내릴 수 없었다. 게다가 북일 대화를 가장 적극적으로 추진했던 가네마루 신이 '사가와규빈 뇌물수수' 혐의로 정계에서 탈퇴하였다. 가네마루 신과 같이 북한을 방문했던 다나베 마코토도 사회당 위원장을 사퇴하였다. 이처럼 북일 협상에 핵심적인 영향력을 가진 인물들이 잇따라 정치를 떠나면서 북미관계발전은 난항을 겪게 되었다.

1994년 제네바 협의의 체결에 따라 북일관계도 개선되기 시작하였다. 1995년 3월 북한은 와나타베 미치오 전 외무상을 단장으로 하는 일본의 집권 3당 대표단을 평양에 초청해 조선노동당과 공동으로 <북일 관계 정상화에 관한 협의>를 체결하였다. 이 합의에서 '불행한 과거를 청산하고 국교정상화를 조속히 실현하기 위해 적극 노력하겠다'고 밝혔으며, 이것은 양국의 수교 정상화 협상을 위한 발판을 마련해 주었다. 그리고 북측의 요구 하에 1996년 일본은 북측에 50만 톤의 식량을 제공해 북한의 기근 극복을 도왔다. 같은 해 3 월 과 12월, 쌍방 은 베이징에서 외무과장급 접촉을 하였고, 1997년 11월 자민당 총무회장, 일본 연합 집권3당의 모리 요시로를 단장으로하여 평양을 다시 방문해 양국 외교 관계 정상화를 꾀하였고, 논란이 되었던 일본여성의 가족상봉 문제에 합의 하였으나, 북한이 1998년 8월 31 일 발사한 대포동 인공위성(일본은 미사일이라고 주장함)이 일본 상공을 비행하면서 양국관계는 다시 좌초되었다.

1998년 김대중이 한국 대통령에 당선되었는데, 그는 취임연설에서 '북한이 미국과 일본, 한국과 우호적으로 교류하는 것을 지지할 것'이라고 분명히 밝혔다. 같은 해 6월, 김대중은 미국 방문 때도 북한과 미국, 일본의 관계가 개선되기를 바란다고 언급하였는데, 그는 이런 관계가 개선되면 북한이 점차 바뀌고 개혁개방할 가능성이 있다고 판단하였다. 김대중의 방미 방일 및 북한에 대한 햇볕정책이 실시됨에 따라 일본 정부도 대북 정책을 적극 추진하였다. 1999년 12월 일본은 초당적인 의원 대표단을 구성하여 평양을 방문해 북일 양측은 양국 관계 개선과 발전을 위한 3가지 원칙을 세우고, 국교정상화 예비회의를 열었다. 이후 북일 양국은 2000년 4월과 8월 이후 정상화된 9차와 10차 공식 회담을 가져 한때 중단된 북일 관계 발전에 큰 걸음을 내딛었다. 2002년과 2004년 고이즈미 일본 총리는 두 차례 북한을 방문해 전후 북한을 방문한 최초의 일본 수상이 됐다. <북일 평양 선언>에서 양국은 역사적 문제와 일본인 납치 문제를 이성적으로 검토하겠다고 밝혔다. 2004년 5월 22일 고이즈미 총리는 북한에 두 번째 방문을 진행해 김정일 위원장과 재차 회담을 가졌으며, 이것은 북미 관계 개선에 새로운 계기와 희망을 가져왔다. 이날 정상회담의 주요 내용은 다음과 같다. 북일 양측은 '평양 선언'을 계속 이행한다. 북한은 납치자 가족의 귀국에 합의한다. 북한은 행방불명의 납치된 일본인을 재조사할 것이며, 일본도 조사에 참여한다. 일본은 인도주의적 차원에서 북한에 25만 톤의 식량과 1천만달러에 해당하는 약품을 제공한다. 양측이 <평양선언>을 준수한다는 전제조건 하에서 일본은 경제제재를 하지 않는다. 북한은 6자 회담을 추진하기 위해 노력한다. 이로써 평양선언은 북일 수교정상화 협상을 주도하는 지도적 문건이 되었고, 국제사회는 북일 관계 정상화가 머지 않다고 여겼다.

그러나 2006년 7월 북한은 미사일을 시험적으로 발사하였다. 이에 대해 일본은 자국의 안전이 위협을 받는다는 이유로 북한에 일방적인 제재를 실시하기로 결정하여, 10월 14일부터 북한선박의 일본항구 체류 금지를 포함한 북한제품과 북한인 입국의 전면적 금지 등 6개월 간의 제재를 실시하였다. 북일관계는 다시 급격히 경색되었고, 특히 2006년 9월 아베가 일본 총리로 당선된 이후 급격히 떨어지는 지지율을 높이기 위해 북한에 칼끝을 겨누었다. 그는 2007년 1월 5일 열린 기자회견에서, "납치 문제를 해결하지 않으면 일본은 북한과 국교정상화 하지 않을 것이다"라며, "북한을 압박 하면서 대화를 통해 납치 문제를 해결해야 한다"고 말하였다.[17] 또한 아베내각은 유엔 안보리에서 대북 제재 결의 과정에서 촉매제 역할을 하였다. 이에 대해 북한은 성명을 통해 '일본이 태도를 바꾸지 않으면 대화와 협상은 무의미 하다'고 밝혔다.[18] 그리고 이후에 발생한 북미 2차 핵위기

17) 중신망(中新网), 2007.1.5

는 결국 북일관계 정상화를 가로막았다.

종합적으로 보면, 북일 관계의 완화와 단절은 북미관계와 관련이 없지 않으며, 한반도 내 남북관계의 완화 및 단절과 직접적인 연관이 있다. 두 차례의 북미 핵위기가 북일관계의 단절을 직접적으로 초래하였고, 김대중의 햇볕정책은 북일관계를 완화시켰다. 구체적인 내용은 다음과 같다.

첫째, 미일동맹은 미국의 아시아 태평양 전략의 핵심적 요소 중 하나이다. 미국은 미일 동맹 관계 강화를 통해 일본 주변 외교정책에 대한 간섭을 지속적으로 강화하여 일본의 독립외교를 방임하지 않겠다는 의도다. 적어도 일본 외교정책이 미국의 통제 하에 있는 한 마치 부처님 손 안의 손오공과 같이 일본은 너무 멀리 갈 수 없을 것이다. 미국은 한반도를 아시아태평양 전략의 중요한 지점으로 삼고 있기 때문에 일본이 한반도 문제의 주인공이 되도록 두지 않을 것이다. 일본은 그저 미국에 협조하여 미국의 아시아태평양 전략 포석에서 한 알의 바둑알 역할을 수행해야 할 뿐이다. 한편, 북한은 <노동신문>의 논평을 통해 '일본은 북일 문제에 있어 자주성과 주관 없이 부화뇌동하고 국익을 잊었다. 이러한 일본의 역대 권력자의 정치적 태도가 북일관계를 개선하려 한 일본의 선견지명이 있는 정치가의 노력을 물거품으로 만들고 말았다'라고 지적하며 일본의 정곡을 찔렀다.

둘째, 북일 관계는 한반도 남북관계의 영향을 받는다. 왜냐하면 북일관계는 한국이라는 요소를 배제하고 논할 수 없기 때문이다. 냉전의 잔재로 남북은 두 개의 국가로 나눠졌고, 남북관계가 변화되는 각각의 시기와 단계에서 제3자에 대한 요구사항은 늘 달랐다. 한일은

---

18) 중국신문망(中国新闻网), 2007. 6. 27, http://www.chinews.com.cn/gj/yt/news/200706-27/96766764.shtml]

비록 비교적 빨리 외교관계를 구축하여 관계를 정상화시켰지만 한국은 일본의 대북 관계 발전에 이중 심리를 가지고 있다. 즉, 북일관계가 지나치게 긴밀해져 뒷전으로 밀려날 것을 걱정하면서, 또 한편으로는 일본이 북한에 지나치게 강경한 태도를 취해 한반도 평화통일에 지장을 줄까 걱정하는 것이다. 또한 남북한은 같은 뿌리를 타고난 한민족이며, 과거 일제 식민주의의 식민 통치를 겪었다. 일단 민족의 국익에 관련된 문제, 가령 독도, 위안부, 야스쿠니 신사 참배 등의 문제를 건드리게 되면, 남북은 한민족으로써 같은 목소리를 내게 될 것이다. 그밖에도, 북일 관계 자체만 봐서도 북일 양측의 관계 정상화는 각자의 이익에 도움이 된다. 일본의 경우, 지정학적 요소으로 인해 한반도의 평화와 안정, 전쟁의 발발이 일본의 국익에 매우 중요한 영향을 미친다. 일본은 1980년대에 이미 영향력 있는 경제대국이 되었지만, 경제대국의 명성에 걸맞은 정치대국의 꿈은 이루지 못하고 있었다. 한반도는 세계 강대국 지정학의 한가운데 놓여 있고, 일본은 정치대국이 되려면 한반도 문제에서 반드시 성과를 내야 한다. 만약 미중러처럼 한반도 문제에 발언권을 갖고 싶다면, 일본은 주동적으로 북한에 접근해야 하며 남북한 모두에게 입지력을 갖춰야 한다. 이를 위해 일본은 1970년대 이후부터 경제와 정치에서 북한과 어려운 힘겨루기를 이어왔다. 1990년대 말까지 북한이 외국 기업과 체결한 160여 개의 계약에서 일본은92.4%를 차지하여 절대적인 위치에 있었다. 그러나 북일 양국이 정식 외교 관계를 맺지 않았기 때문에 양자무역에는 많은 어려움이 있었고 일본은 시종일관 북한시장을 점령할 수 없었다. 현재 북한 시장의 절대다수 제품은 주로 중국산이다.

일본 전략가들은, '지리적 위치로 보면 한반도는 마치 아시아 대륙에서 뻗어 나온 비수와 같이, 일본열도의 복부측면을 찌르는 형태이다. 따라서 한반도에서의 정치적 전략과 긴밀한 관계 유지는 일본 국방의 필수적인 조건이다'라고 지적하였다. 이런 인식을 바탕으로 냉전시기에 일본은 한국을 북쪽세력에 대항하는 완충 지대로 간주하였다. 냉전이 끝난 후 일본은 한반도 정세에 관한 핵무기 문제, 미사일 시험 문제, 한반도 평화통일 진정 문제 등 그 어떠한 문제도 자신의 안위와 관련된 중대한 문제로 여기고 높은 관심을 기울이고 있다. 일본 국내 여론의 주장처럼 일본은 한반도가 지금과 같은 분열상태를 유지하길 바라며 결코 평화통일되는 것을 원치 않기 때문에, 남북한에 등거리 외교를 취하여 한반도 통일의 움직임을 최대한 통제해야 한다. 왜냐하면 통일된 한국은 일본의 강력한 경쟁 상대가 될 것이며 일본의 국익에 부합되지 않기 때문이다.

북한이 사거리 1000㎞의 '노동1호' 미사일 발사 이후, 일본에서는 가장 선진적인 미사일 방어 시스템을 배치해야 한다는 목소리가 더욱 높아졌다. 1999년 7월 27일 일본 내각회의는 1999년판 <방위백서>를 통과시켰다. 이 <방위백서>는 '북한이 연구개발한 미사일은 이미 일본을 비롯한 동아시아 지역의 안전보장에 가장 큰 불안요인이 되었다. 사실 북한은 이미 일본전역에 도달할 수 있는 미사일 생산 기술을 보유하고 있다. 따라서 관련 체제를 확보하고, 북한의 미사일 발사 준비 작업과 관련한 정보를 충분히 수집하고 분석할 필요가 있다.'고 지적하였다. 일본 내각회의는 방위청 내부에 중요 군사사태 대응 회의를 설치하고 2002년에 자체적인 정보 수집위성을 구비하기로 결정하였다.뿐만 아니라 일본은 북한의 위협을 강조해 군비 예산을 늘려 군사대국으로 향한 발걸음을 가속화하였고, 북일관계는 다시 긴장감이 형성되었다. 또한, 북한이 핵 확산 조약 탈퇴를 선언한 후, 일본은 대북 정책에서 미국과의 협조에 더욱 신경을 쓰고 북한과의 관계에서는 여전히 북핵 개발문제의 철저한 해결을 선제조건으로 내세워, 북한에게 끊임없이 압박을 주었다. 특히 일본의 정치대국을 꿈꾸는 우익 정치인들은 '북핵 문제'를 핑계 삼아 군비를 확충하고 공공연히 야스쿠니 신사를 참배하였으며, 2차 세계대전 당시 일본 제국주의가 저지른 악행을 부정하였다. 일본 내 우익세력은 여전히 당시 군국주의의 조선침략은 '합병'이며, 일본의 식민통치가 조선의 개발적 경제적 효율을 가져다 주었다고 주장한다.

북핵 문제를 포함한 한반도 문제에서 주도적인 역할을 하는 것은 여전히 미국과 한국이다. 한미는 북일 관계 정상화가 그들을 앞서가는 것을 결코 원치 않으며, 일본의 대북 지원과 원조가 정치적 이익의 고려를 제외하고는 상응하는 경제적 대가를 전제로 삼도록 한다. 북일관계 정상화가 가속화되면, 북한에 대한 전쟁 배상 문제가 조속히 시행되어야 하는데, 이 경우 일본은 180억 달러의 대가를 지불하고 북일관계를 정상화하게 될 것이며, 이것은 분명 일본의 경제적 부담을 가중시킬 것이다.

현재 일본은 한미에서 벗어나 북한을 단독으로 대응하지 못하고 있다. 미국과의 동맹관계는 외교정책의 초석이기 때문에, 일본은 여전히 한미와 같은 정치적 노선을 취하고 있다. 따라서 북미관계가 개선되어야 북일 관계도 완화될 수 있다. 북일관계의 개선은 상당 부분 북미관계와 남북관계 진전의 제약을 받기 때문에 한반도 문제에 있어서 일본은 아직 마음대로 휘저을 수 없다.

북일 관계에서 북한의 경우, 1989년 베를린 장벽의 붕괴로 냉전이 종식되자 동서양 2대 진영의 최전선에 서 있던 북한은 놀라움을 금치 못하였다. 특히 전 사회주의 국가 루마니아 대통령과 알바니아 대통령의 결말은 북한의 지도자들에게 상당한 충격을 주었다. 1990년과 1992년 러시아와 중국이 차례로 한국과 외교관계를 맺으면서 북러, 북중 관계는 이미 과거의 이데올로기로 나눠진 동맹관계가 아니라 정상적인 국제 외교관계가 되었다. 한반도의 새로운 국제 정치 정세에 대응하려면 북한은 반드시 새로운 외교전략을 취해야 한다. 그리고 북일 관계 정상화는 그 중 하나의 전략이다.

1990년대부터 북한경제는 줄곧 마이너스 성장에 처해 있었으며, 엎친 데 덮친 격으로1994년 김일성의 사망과 3년간 지속된 자연재해로 북한은 정전 이래 최악의 식량난을 겪게 되었다. 그리하여 북한은 부득이하게 민족과 역사적 숙적인 일본을 향해 경제 원조를 요청하게 되었다. 1980~90년대 여일조교총연합회(현재 약 70만 북한인들이 일본에 살고 있으며, 그들 중 대다수는 2차 세계대전 종료 전 노동자로 일본으로 이끌려 온 조선인들의 후손이다. 이들 조선교민은 정치적 가치관에 따라 남북 양국 정부에 각각 분류되었는데,교민 중 약 50만 명이 한국 정부를 선택하였고, 20만 명 북한 정부를 선택하였다)는 북한 자금 원조의 중요한 공급원 중의 하나였다. 그러나 '북한 핵위기'에 따라 일본은 재일'조선총련'이 북한에 자금을 제공하는 것을 제한하기 시작했고, 북한은 자금줄을 유지하기 위하여 일본과의 관계를 완화시켜야만 하였다. 북일 관계 정상화 실현은 한미 등 외부 요인을 제외하고도 각자 내놓은 관계정상화의 선제조건을 반드시 해결해야 하는데, 일본은 비핵화를 선제조건으로 제시하고, 북한은 과거 청산의 입장을 고수하고 있다. 북한은 1910년~ 1945년의 조선 식민통치에 대한 전쟁배상과 1945년 이후 북한이 당한 손해에 대한 보상을 요구하였다. 그러나 일본은 북한이 1945년 이후 겪은 손해에 대한 보상을 거부하고 전쟁배상 액수에 대해서도 양측의 견해가 엇갈렸다. 북한은 180억 달러의 전쟁 배상을 요구했고, 일본은 1965

년 한국과 이 문제를 해결했던 패턴인 '경제협력자금'의 형식으로 40억 달러를 지원하겠다고 주장하였다.

북일관계 정상화 프로세스의 또 다른 장애물은 바로, 일본 우익세력의 조선 침략 역사에 대한 인식 문제다. 일본의 우익세력은 아직까지 침략과 식민통치를'합병'이라고 부른다. 1996년 7월, 당시 하시모토 류타로 일본 총리의 야스쿠니 신사 참배는 북한의 강렬한 반대를 불러일으켰다. 조선중앙방송은 '일본 총리가 야스쿠니 신사를 참배하는 것은 조선인민과 아시아의 다른 국가 인민들에 대한 모욕이며, 이를 결코 용인할 수 없다'고 평하였다. 일본의 역사에 대한 올바르지 못한 인식은 줄곧 북한과의 정치관계 개선을 방해하는 큰 걸림돌이었다. 조선외교부 대변인은 1997년 1월 10일 북일 관계에 관한 서면 발표를 통해, 일본이 과거를 청산하지 않으면 북일 수교 정상화는 언급할 수 없으며, 자신의 죄에 대한 진심 어린 사과와 철저한 청산은 가해자가 피해자에게 마땅히 이행 해야 할 정치와 법률 상의 책임이며, 도덕적 의무 이행의 문제라고 지적하였다. 또한 일본이 유엔 안보리 상임이사국이 되기를 희망하는 문제에 대해 북한 유엔 대표단은 유엔은 일본이 과거의 죄에 대해 보상 하도록 해야 하며, 유엔 안보리 상임이사국 자리를 두고 일본을 거론할 때가 아니라고 명확히 밝혔다.

결과적으로 북일관계 정상화는 양국 간의 노력뿐만 아니라 상당부분 북미 및 남북관계, 나아가 동북아 및 한반도 미래 정세에 달려 있다. 미국의 유화된 대북 정책과 한국의 강경화된 대북 정책은 북일관계에 새로운 변수를 가져왔다. 북일 양국은 2008년 6월 11일 베이징에서 국교 정상화 작업팀 회의를 열어 어느 정도 성과를 얻었다. 북한은 생사불명의 납치 피해자에 대한 재조사에 나설 것을 약속하고, 1970년 일본항공 '요도'호 여객기 납치자들의 인도 문제에 대한 협력을 바란다고 밝혔다.('요도'호는 1970년 3월 31일 일본 적군파 조직의 조직원 9명이 탑승한 하네다 공항을 출발하여 후쿠오카로 향하던 항공편명으로, 일본 적군파가 총129명의 비행기 승객과 승무원 모두를 인질로 납치해 평양으로 갈 것을 요구하였다. 이것은 일본에서 발생한 첫 납치 사건으로 후쿠오카 공항에 도착한 뒤 23명의 탑승객이 석방되었고, 이후 비행기는 북한공항으로 위장된 한국 김포공항으로 착륙해, 이를 눈치 챈 용의자가 3일 동안 안에서 문을 잠그고 나오지 않았다. 비행기는 4월 3일 평양에 도착했으며, 9명의 납치범이 국제 수배를 받았고 이들 소속 중 전 적군파 핵심인물인 다미야 다카마로 등3명이 사망하고, 나머지 2명은 귀국 후 체포돼 유죄 판결을 받았다) 일본 정부는 북한이 인질 납치 문제에 대한 입장을 바꿨다고 판단하고, 북한에 대한 경제 제재를 일부 해제하여, 여객선 '만경봉 92'호를 포함한 북한선박의 입항과 물자 하역, 북한국적자의 입국, 사람 간의 왕래 및 전세기 착륙 등을 허용하였다.

북일 신뢰 위기의 발생 역시 북한측의 책임도 있지만 일본 정부의 문제 처리방식과 밀접한 관련이 있다. 북핵문제 해결은 국제적 우선과제로 북한에게도 모든 문제 해결의 전제조건이기도 하다. 어떻게 한미일 및 6자 회담의 틀 안에서 대화와 압력을 시행해야 할 것인가에 대해, 일본은 이성적 고찰의 문제에 직면하였다. 지금까지 일본 정부는 지나치게 국익에 치우쳐 북일 관계 문제에 있어서도 과도하게 미국의 눈치를 보는 바람에 북일 관계는 교착상태에 빠져 진전의 기미가 보이지 않고 있다.

북일관계가 정상화되면 일본의 경우 우선 정치적으로 '전후 처리'의 최종적 완결을 의미하며, 한반도 문제에 있어 발언권이 크게 강화될 것이며, 미중러 등 대국과 함께 한반도 평화통일 과정에 참여하게 될 것이다. 이것은 일본의 정치대국 목표 실현에 유리한 조건을 만들어줄 것이다. 그 다음으로 경제에 있어 일본의 자금과 기술적 우위를 발휘해 북한 시장을 점령할 수 있게 될 것이다. 공장의 투자 및 건설과 경제 무역 협력을 통해 동북아 시장 점유율을 확대하고 일본 국내에 필요한 광산 자원 문제를 해결할 수 있을 것이다. 북한의 경우, 무엇보다 정치적으로 일본과 수교한 것 자체로 국제적 고립에서 벗어나 국제적 생존공간을 넓히게 되고, 이와 동시에 이번에 발생한 '나비효과'가 국제관계로의 융합으로 가는 발걸음의 속도를 높여줄 것이다.뿐만 아니라 경제적으로는 일본의 직접투자와 일본 교포 총련의 자금 원조를 받을 수 있을 뿐만 아니라 일본의 전쟁 배상금으로 얻을 수 있는 금액 또한 적어도 50억 달러는 될 것이다. 이 기억의 배상금을 받게 된다면 붕괴 직전에 놓여있는 북한경제의 상황이 크게 개선되고 향후 개혁개방에 활력을 불어넣을 것이다.

북일관계 정상화는 상당부분 동북아와 한반도 정세의 발전에 달려있다. 북일 관계가 일단 정상화되면 북한의 국내개혁과 대외관계에 새로운 변화를 가져다 줄 것이며, 한층 완화된 한반도 정세 및 동북아시아 지역의 안정과 발전이 새로운 기회를 창출해낼 것이며, 이것은 동북아 지역 전략 구도가 재편됨을 의미한다. 일본은 한반도 문제에서 미중러 등 대국과 함께 힘겨루기를 하게 될 것이며, 북한도 이 기회를 빌려 대외개방 역량을 확대해 한반도 평화통일 프로세스를 촉진시킬 가능성이 크다.

5. 러시아와 한반도

2차 세계대전의 반파시즘전쟁이 곧 승리하기 직전, 미소영 3국 정상은 알타에서 만나 한반도 해방과 전후 문제에 대한 비밀협의 후 소련의 대일 선전포고를 결정하였다. 그리하여 극동지역에서 한반도 북부의 일본군을 공격하고, 미국은 한반도 남부에서 상륙하여, 미소는 각각 북위 38도를 군사분계선으로 삼아 남북에서 주한 일본군을 협공하였다. 그리고 한반도의 북반부와 남반부를 인계 받아, 3년이 넘는 미소 신탁통치의 과도기를 거쳐 한반도 남측은 1948년 8월 15일 대한민국 정부를 수립하였고, 북측은 1948년 9월 9일 조선민주주의 인민공화국 정부를 설립하였다. 이로써 전후 한반도 남북 분치의 정치 구도가 구축되었다. 남북은 각각 각자의 맹주와 정치, 경제, 군사상의 긴밀한 동맹 관계를 구축하고, 미국은 대한민국을 유일한 합법정부로 인정하고, 소련은 조선민주주의인민공화국을 유일한 합법정부로 인정하였다. 이때부터 1980년대 말 냉전이 끝날 때까지 남북정부는 동서 양대 진영의 전방 진지를 담당하였다.

기나긴 냉전시기에 구소련은 '사회주의 대가족'과 극동전략으로 얻을 수 있는 이익의 필요성을 기반으로 총체적으로'친북적남'의 한반도 정책을 채택하였다. 북한을 지원해주고, 이로써 미국과의 아시아 세력 범위 쟁탈전에서 북한을 전략적 완충지대로 삼아 미국이 아시아태평양 지역에 있어 구소련의 극동과 시베리아 지역에 직접적인 위협 형성을 완화하였다.

구소련은 한국전쟁 기간에 북한과 중국인민지원군에 대량의 군사장비와 전략물자를 지원하였을 뿐만 아니라, 북한의 국가 경제건설과 과학문화영역 재건에 많은 지원과 도움을 주었다. 1950년대 후반 구소련의 북한에 대한 전쟁 원조금 상환 요구과 브레즈네프의 집권 시기의 몇 차례 북한과 소련 위기 이후, 안드로파프 집권 때부터 북한과 소련은 동맹 관계를 회복하기 시작하였고, 특히 1980년대 중반 소련은 북한에 몇 개의 대형 기업과 핵발전소를 건설하는 데 도움을 주었다. 평양은 미그기 23과 미그기 29전투기, 그리고 SU-25대공미사일, 방공미사일 등 선진적인 방공시스템 장비를 얻어 북한 공군 전투력을 크게 향상시켰다. 이 기간에 소련은 북한의 최대 무역과 경제적 동반자로 거듭났다. 그리하여 소련 무역액은 북한 대외 무역 총액의 60% 이상을 차지하였고, 1980년대 중반은 양국의 관계가 가장 긴밀했던 시기였다. 양국은 경제, 군사 분야에서 비교적 활발히 교류하고 발전하였을 뿐만 아니라 과학 기술, 문화 분야에서도 상당히 광범위하고 빈번하게 교류하며 양국 국민의 이해와 우의를 증진시켰다.

하지만 1985년 고르바초프가 등장한 이후 '신사고 관념'을 내놓았다. 1986년 미소 최고 지도자 회담이 아이슬란드의 레이캬비크에서 열렸는데, 이것은 사실상 동서 2대 진영의 화해의 장이었고, 이때부터 전 세계가 완화된 새로운 시기를 맞이하게 되었다. 고르바프초는 적극적으로 미국과의 관계를 개선함과 동시에 오랜 기간 동안 유지해 왔던 한반도의 '친북적남' 정책 조정에 착수하였다. 그리하여 1988년 서울올림픽을 계기로, 구소련은 북한의 강렬한 반대를 무시하고 1000여 명의 대규모 올림픽 대표단을 올림픽에 참가시켜 한국과의 경제 무역 왕래를 추진하고 양국 관계 개선을 도모하였다. 또한 공교롭게도 같은 시기에 노태우 대통령 역시 북방 정책을 발표하여 소련과 중국 등 사회주의 국가들과의 관계를 개선하기 위해 노력하였다. 고르바초프의 '신사고'와 노태우의 '북방 정책'은 40여년간 이어져온 한국과 소련의 적대관계를 해소하여, 양국은 마침내 1990년 9월 30일 정식으로 외교관계를 수립하였다.

1990년부터 1991년 한국과 소련 양국은 정상회담을 세 차례 열었고, 이러한 갑작스런 변화는 북한의 강렬한 불만을 불러일으켰다. 조선중앙방송은 이에 '소련은 사회주의를 배반하였다. 공공연히 조선의 분열을 도모하는 행동에 참여하였고, 자신의 약속을 이행하지 않고, 배신과 변절, 비정의와 전횡의 길로 나아갔다'라고 평하였다. 그리고 이후 구소련의 북한유학생들을 모두 소련에서 소환하였다. 북한 언론은 소련의 이 같은 처사가 25억 달러를 위한 반역이라고 공개적으로 비난하였으며, 구소련은 북한이 스탈린주의의 잔재라고 하였다. 이후 구소련은 북한에 대한 선진 무기와 군사장비 등 군사적 지원을 점차 중단하였다. 소련이 해체된 후, 옐친이 이끄는 러시아와 북한의 관계는 더욱 악화되었고, 러시아는 점진적으로 북한에 대한 각종 원조를 취소하였다. 또한, 과거 평양에서는 북한화폐로 러시아 수입화물의 비용을 지불할 수 있었지만, 1991년부터 러시아가 대북무역에서 석유 관련 수당을 취소하고 북한에 세계 시장의 가격에 따라 달러 또는 유로로 지불할 것을 요구하였는데, 이것은 수중에 경화가 얼마 되지 않은 북한에 큰 타격을 주었고, 북한의 전체 대외 무역 축소 비율이 북한 경제 전체의 수축 속도보다 더 빨랐다. 그리하여 북러 무역은 1990년 27억 달러에서 1991년 3.67억 달러로 급격히 줄었으며, 북한이 러시아에서 수입한 석유도 41만 톤에서 1991년의 4만 톤으로 떨어졌다. 당시 러시아는 북한 대외무역의 50%를 차지하고 있었기 때문에, 북러무역의 급락은 북한의 경제에 심각한 영향을 미쳤다. 게다가1993년 러시아가 북한에 35억 달러의 채무 상환을 요구하여 양국 관계는 더욱 긴장되었고, 북한과 소련이 40여년간 이어

온 동맹 관계가 파열되기 시작하였다. 1993년 러시아는 북한에 1961년 체결한 <소조 우호 협력조약>의 취소를 공식적으로 통지하였고, 양국 관계는 급격히 냉각되었다.

1990년 9월 30일 소련과 한국이 정식 외교관계를 맺은 지 얼마 되지 않아 소련이 해체되었고, 소련의 명맥을 이어 출범한 러시아의 국력은 크게 하락해 2류 국가로 전락하였다. 러시아는 경제정치의 전면적인 전환 시기에 놓여 있었는데, '친서양' 전략으로 국가 발전의 모든 활로를 서양 국가의 경제 원조에 의존했으며, 미국 등 서양 선진7개국은 400억 달러를 지원하여 새로운 'G8 동반자 관계'를 구축할 것을 약속하였다. 또한, 러시아는 아시아에서 일본, 한국 등 아시아태평양 경제협력개발기구 구성원들과 동반자 관계를 맺고 경제 무역 협력을 발전시켜 원조금을 취하였다. 이처럼 러시아가 냉전 이전의 '친북적남'에서 '중남경북(重南輕北)'의 외교전략을 바꾼 배경에는 깊은 정치적 경제적 원인이 있다.

첫째, 구소련이 해체되고 러시아가 성립한 이후 새로운 국제 외교안보전략을 둘러싸고 러시아 내부에서 두 가지 상반된 정책관념이 나타났다. 하나는 코제레프 외무장관을 대표로 하는 '대서양 주의'이고, 또 하나는 두마 국제위원회 주석인 루킨을 대표로 하는 '유라시아 주의'이다. 첫 맞대결에서 대서양 주의는 우위를 차지하게 되었는데, 신생의 러시아는 민주와 시장경제를 실행하기 위해선 서양 국가와 그 조직기구와 동맹관계를 맺어야만 미국 등 서양 선진국의 경제 지원을 받고 서양 문명세계로 귀환해 경제 부흥의 목적을 이룰 수 있다는 주장은 당시 러시아 대통령 옐친의 지지를 받아 러시아 외교정책의 지도사상으로 확정되었다. 이에 따라 고르바초프 당정 시기인 1991년 12월 25일 소련이 이미 국제법 주체로 존재하지 않았던 이날 부시 미국 대통령은 러시아를 구소련의 계승자로 인정하고 전면적인 외교관계를 맺고 싶다고 선언하였다. 당시 러시아가 추진한 것은 서구의 지지를 중심으로 하는 '대서양주의'의 친서 외교 노선이었다. 그러나 친서양 외교전략은 러시아 지도층이 원하는 만큼의 효과를 거두지 못하였다. 러시아는 분명 서양 국가와 본질적인 차이가 있기 때문이다. 미국을 비롯한 서양 국가들은 러시아를 새로운 동맹국으로 보지 않았고, 러시아에 약속한 400억 달러의 원조도 실질적으로 150억 달러 지원에 그쳤다. 러시아는 이를 대가로 전통적인 동맹을 많이 잃었기 때문에 러시아가 한반도 문제에서 범한 과오는 단순히 어떠한 구체적 외교정책의 실수라기보단 당시 러시아 전체 외교전략의 판단미스와 연결지어 종합적으로 분석해야 한다. 한마디로 '대서양 주의'채택으로 버린 것은 전통 우방동맹이며, 잃은 것은 세계에 대한 러시아의 영향력이다.

둘째, 러시아는 1993년 초 서양으로 편향된 대외정책으로는 전통적 동맹과 우방을 잃을 뿐만 아니라 국익에 손해를 끼칠 수 있다는 사실을 인지하게 되었다. 러시아는 러시아가 서양 선진국에 완전히 받아들여지지 않았다고 판단하고 좌절감을 느꼈고, 반면 서양의 각국 정부는 너무 많은 대출금을 주어 러시아 정부가 외채를 짊어지고 있어야 할 판이라고 보고 있다.뿐만 아니라 냉전이 끝나고 난 후, 북대서양 조약기구(NATO)가 바르샤바 조약기구의 해체와 함께 와해되기는 커녕 되려 동쪽으로 확장되면서 러시아의 안보는 더욱 큰 위협을 받게 되었다. 북대서양 조약기구의 세력의 동쪽 확장 공세로 폴란드, 체코, 헝가리는 북대서양 조약기구에 가입하였으며, 이로써 나토는 동쪽으로 약 600여 ㎞ 더 세력을 넓히게 되었다. 이와 반대로 러시아는 48만여 제곱㎞의 완충 지대를 잃었고, 나토의 군사력은 러시아의 문 앞까지 다가왔다. 이번 북한의 핵포기는 어쩌면 구소련의 전철을 밟게 되는 것일지도 모른다. 따라서 중국 정부는 동맹인 북한에게 미국을 완전히 믿어선 안된다고 경각심을 심어줌과 동시에, 미국을 비롯한 서양 세력의 한반도 침투를 경계해야 한다.

나토의 동쪽으로의 세력 확장은 러시아에게 절박하고 현실적인 새로운 위협을 가져다 주었고, 소련 해체 전후로 기존의 연맹공화국들이 독립하여 주권국가가 되면서, 러시아 주변의 지정학적 상황에 큰 변화가 생겼다. 구소련의 붕괴는 러시아의 지정학적 지위에 큰 타격을 주었고, 러시아는 새로운 지정학적 환경에 마주하게 되었다. 특히 러시아의 유럽 지역 전략공간이 크게 축소되었는데, 그 면적은 2,400만 ㎢에서 1,707만 ㎢로 줄었고, 서부 국경은 이미 이반 4세 시대의 규모로 되돌아갔다. 서부는 러시아 전통의 지정학적 전략 중점지역인데, 러시아는 동유럽과 구소련 연방 공화국 등 국가로 구성된 완충지대를 상실하였으며, 2000여 ㎞에 이르는 방어 전방, 전략 요지, 해안방어시설과 중요한 출해구를 상실해 수도 모스크바가 완전히 드러나 전방진지가 되었다.

2004년 3월 29일 에스토니아, 라토비아, 리투아니아, 루마니아, 불가리아, 슬로바키아, 슬로베니아 등 7개국이 공식적으로 나토에 합류하였다. 이로써 북대서양조약은 발트해와 흑해로 러시아를 단단히 둘러싸게 되었고, 러시아의 발트해 해상경계는 75%, 흑해 해상경계는 78% 줄어 러시아는 중요한 항구와 군항 기지를 상실하게 되었다. 또한 남부와 동부 주변에서 러시아는 천㎞의 이슬람 원리주의와 범돌궐주의의 침투를 막는 완충지대를 잃었다. 그 중, 가장 비극적이고 치명적인 타격은 남캅사스 지역의 국경이 19세기 초의 수준으로, 중아시아 지역의 국경이 19세기 중엽의 수준으로 되돌아갔다는 것이었다. 러시아의 육상국경은 2만여 ㎞이며, 그 중 60% 는 구소련 연방 공화국과 맞닿아 있지만, 합법적으로 나눠진 국경은 20%에도 못 미쳐, 전체적으로 러시아국경의 70% 이상은 무보장 상태에 놓여 있다.[19)]

그러나 미국은 이데올로기 대립의 종결로 대륙 국가에 대한 지연적 전략 통제를 포기하지 않았다. 정반대로 미국은 위축되고 무기력해진 러시아를 기회로 삼아, 북대서양 세력의 동쪽 확장 등 새로운 형식으로 '지연적 역량의 공백'을 대신하였다. 또한, 목적, 계획, 절차에 따라 러시아의 지정학적 공간과 실력을 봉쇄, 압박하고, 지연적 이점을 쟁취하여 러시아가 '유라시아 대륙의 절대적인 대국'의 지정학적 목표를 이루지 못하도록 하였다.[20)] 게다가 동부 러시아는 한미일 군사동맹의 협공에 직면해 러시아는 어쩔 수 없이 중국, 북한과 함께 새로운 동맹을 이루어 한미일의 위협에 맞서게 되었다. 이를 위해 러시아와 중국은 21세기의 전략적 동반자 관계를 맺고 중국과의 동부 국경 문제를 해결하였으며 양국 간에 평화와 우호 및 안정된 국경을 형성하였다.뿐만 아니라 러시아는 몽골, 북한과 전통적 우호관계를 강화하고 에너지 및 기술에 대폭 지원하여 한미일의 군사적 위협을 어느 정도 상쇄시켰다.

이런 좌절감은 러시아 민족주의의 대국의식을 크게 자극하였다. 민족의 이익 우선과 경제 우선과 같은 일련의 대외관계의 새로운 원칙이 러시아 대외정책의 조정 방향으로 떠올랐으며 특히 아태국가와의 경제 정치관계를 중요시하기 시작하면서 서쪽도 살피고 동쪽도 살피는 '쌍두 독수리' 외교정책을 시행하게 되었다(동서 모두 고려

19) 강진군, <러시아 국가안전문제 연구>, 사회과학문헌출판사, 2009, p.9-11
20)(미) 브레진스키, <운우유악>, 번역출판사, 1991. p.61

하는 외교정책과 러시아 국가 문장의 쌍두 독수리 그림이 닮아 '쌍두 독수리' 전략이란 비유가 생겼다).

러시아는 '친북적남'과 '중남경북'을 거쳐 남북을 모두 중요시하는 방향으로 한반도 외교전략을 조정하였고, 이로써 러시아의 '유라시아주의'가 새로운 배경과 환경에서 부활하였다. 신유라시아주의는 러시아가 위기에서 벗어날 수 있는 유일한 출구가 유라시아 사상으로의 회귀라고 여긴다. 즉, 아시아, 유럽 이 두 대륙에 걸쳐져 있는 지리적 장점을 이용하여 구소련 지역에서 유라시아 동맹을 구축하는 것이다. 이 사상을 바탕으로 러시아는 '하나의 핵심'인 독립국가연합과 '두 가지 중점'인 유럽과 미국, 아시아태평양을 내용으로 삼는 전방위적인 외교전략을 세웠다.

냉전이 끝난 후 세계는 '일초다강(一超多强)'의 다극화 추세가 나타났다. 미국은 유일한 초강대국으로서 유럽뿐만 아니라 아시아태평양 지역에서 발휘한 패권주의 공세는 이미 러시아의 지역 전통과 그 전략적 이익에 위협적인 도전이 되었다. 그렇지만 미국이 이미 아시아태평양 지역에서 주도적 지위를 확립한 것을 고려해봤을 때, 러시아가 아시아태평양 지역에서의 전통적인 지정학적 영향력을 회복하려면 심지어 미국과 함께 지정학적 전략을 취할지라도 반드시 다른 나라와 힘을 모으는 연합의 길을 가야 한다. 이 전략을 바탕으로 러시아는 아시아태평양 외교, 특히 강대국 정상 외교를 적극적으로 펼치고 있다. 또한 러시아는 자원적 우위를 발휘하기 위해 중국, 한국, 일본 등 아시아 태평양 국가와 연합하여 자원 개발과 공유의 경제 발전 전략을 제정하였다.

러시아는 세계에서 석유, 천연가스, 석탄 자원이 가장 풍부하고 생산력이 가장 강한 나라 중 하나이다. 러시아의 석유 매장량이 세계 석유의 총 매장량의 10% 정도를 차지한다. 러시아의 '2020년까지의 에너지 발전전략'의 예측에 따르면 러시아의 석유 저장량은 약 440억 톤이다. 또한 국제 석유계에서 가장 권위있는 미국 'Oil & Gas Journal'의 통계 수치에 따르면 2005년 1월 1일 러시아가 확인한 석유 저장량은 600억 배럴로, 약 76.9억 톤으로 집계되었다.[21] 또한 러시아는 세계 최대의 산유국으로, 연간 생산량이 세계 총생산량의 10%를 차지하며, 누적 석유 생산량은 이미 156.6억 톤에 달한다. 러시아의 연간 석유 생산량은 3.3~3.4억 톤의 수준으로 세계 Top 3의 수준이다.[22] 그밖에도 러시아 국가통계국에 따르면, 2004년 러시아 석유 채굴량이 4.59억 톤에 달하며 2005년은 4.78억 톤, 2006년은 4.8억 톤, 2007년은 4.91억 톤, 2008년은 4.8억 톤을 기록하였다. '2020년까지의 러시아 에너지 전략'에 따르면 2012년 러시아 석유 생산량은 2005년의 4.7억 톤에서 5.9억 톤으로 증가할 것이라고 지적하였다. 현재 러시아는 세계 2대 석유 수출국이다. 석유 최고 수출량은 2.5억 톤 이상으로 석유 수출은 국가 외환수입의 40% 가량을 차지한다. 철도를 통해 중국에 수출한 러시아의 석유량은 2004년 900만 톤, 2005년 1000만 톤, 2006년 1030만 톤, 2007년 1500만 톤에 달한다.[23] 2004년 중국 석유 생산량은 1.75억 톤, 2010년은 1.9억 톤으로, 전문가들은 2020년 전후로 중국의 석유 수입량이 3억 톤을 넘어 세계 제1의 석유 수입국이 될 것으로 전망하였다. 2004년 러시아의 석유 생산량은 4.59억 톤으로 중국 생산량의 2.6배이다. 또한

21) '러시아의 석유 저장량은 도대체 얼마나 큰가', http:ww.ddce.gov.cn/html/20060508141920121187.html

22) '러시아 국가에너지 정책', 2006.4.10, http:/ cncoin.com/Newsu _ 101107.html

23) '러시아의 철로를 통한 중국 석유수출의 급성장', http://gov.finance.sna.com.cn/zsyz/2007-03-15/9982.html

2004년 러시아의 석유 수출량은 2.5억 톤으로 2020년 석유 수출량은 3억 톤에 달할 것으로 예상된다. 이것은 중국의 석유 수입량과 맞물려 러시아는 의심의 여지없이 중국의 중요한 석유 수입 파트너가 될 것이다. 북한의 경우 자국에서 기름 한 방울도 나지 않기 때문에 수입국의 다원화로 국내에서 날로 늘어나는 석유 수요를 충족시켜야 한다. 이와 함께 러시아와 한국이 제정한 에너지 협력 발전 전략 중의 석유파이프는 한반도 전역을 관통하여 한국 남부의 울산과 부산에까지 연결된다. 이러한 목표를 실현하려면 반드시 북한 국경 내에 석유관을 설치해야 하는데, 이 에너지 발전계획은 북한에게 있어 매우 큰 도전이자 기회이다. 이 프로젝트를 통해 북한은 연간 1억 달러 이상의 통관료를 받을 수 있을 뿐만 아니라 러시아, 한국과의 경제협력을 강화하여 현재의 고립 국면을 개선할 수 있기 때문이다.

이 외에도 러시아는 세계에서 천연가스 자원이 가장 풍부하고 생산량이 가장 많으며 소비량이 가장 큰 나라다. 러시아의 천연가스는 이미 확인된 저장량만 해도 48.14조 입방미터로, 전 세계 채굴량의 40% 가량 차지하고, 연간 채굴량은 4,950-5,970억 입방미터로 세계 총채굴량의 25%를 차지한다.[24)]

러시아의 천연가스 매장지는 시베리아 지역에 주로 분포되어 있으며, 이 지역의 확인된 저장량은 러시아 전체의 80%가량에 달한다. 그 다음으로는 볼가-우랄구, 코미 자치공화국, 북캅카스 등이 있다. 러시아 천연가스관의 총 길이는 이미 20만 ㎞를 넘어, 주요 간선은 서시베리아 각 가스전에서부터 유럽 지역으로 연결되어 있으며, 관로는 동유럽과 서유럽으로까지 뻗어나갈 것이다. 현재 러시아는 중국과 한반도에 천연가스관을 설치하고 있다. '2020년까지의 러시아

---

24)(러)스 르자닌, <국가에너지정치와 외교>, 화동사범대학출판사, 2005. p.22

에너지 전략'에 따르면 러시아 천연가스 생산량은 2005년의 약 6,000억 입방미터에서 2020년 9,000억 입방미터로 늘어날 것으로 예상된다. 러시아는 현재 세계 최대의 천연가스 수출국으로 매년 약 2,000억 입방미터의 천연가스를 수출하고 있다. 중국과 한반도는 모두 천연가스가 부족한 나라이다. 미래 경제 규모가 커지면서 가스의 수요량도 계속 상승할 것이다. 게다가 러시아 천연가스 산지는 중국과 한반도와 멀지 않아 지리적 이점이 있어, 현재와 미래의 중국, 한국, 북한은 러시아 천연가스 수출의 중요한 목적지이다.

또한 러시아는 석탄 매장량도 매우 풍부한데, 80% 이상의 석탄 매장량이 시베리아에 집중되어있다. 석탄 자원의 총매장량은 6조 톤 이상이며, 러시아 석탄 생산량의 90% 는 국내 소비에 사용된다. 2000~2020년 연평균 생산량은 매년 2.5% 증가할 것이며, 증가량 중 일부는 EU의 석탄 수요를 충족시키는 것 외에도 독립국가연합에 공급된다. 2004년 러시아의 석탄 수출량은 7200만 톤으로, 그 중 아시아에 1000만 톤을 수출한다. 특히 2015년부터 북한 청진철도가 개통됨에 따라 매일 북한에 석탄자원을 제공해 북한의 국내 위기를 크게 완화시켰다.

아태지역 시장을 한층 더 개발하고 아태 지역과의 경제 협력을 발전시키기 위해 러시아는 아시아태평양 경제의 단일화에 적극적으로 참여해 아시아태평양 경제협력개발기구(APEC) 에 점진적으로 스며들려 한다. 북대서양 조직기구의 동쪽 확장에 대면하여, 냉전시기 구소련의 전철을 피하기 위해 아시아 태평양 지역 국가와의 관계를 완화하는 전략을 채택한 것이다. 중국, 일본, 남북한, 베트남 등 국가와의 관계 개선을 통해 아시아태평양 지역의 안보협력 등에 참여하는 등 아시아태평양 지역에서 러시아의 지정학적 안보 환경이 뚜렷하게 개선되었으며, 이 지역에서의 영향력을 어느 정도 회복하였다. 그럼에도 불구하고 러시아는 한반도 문제에 있어 이 지역의 정치와 경제 문제에서 밀려난 듯한 위협을 느낀다. 게다가 러시아의 한반도 북부 지역에 대한 전통적인 영향도 점점 미국으로 옮겨지고 있다. 러시아 과학원 극동연구소의 한 유명 학자가 지목한 것처럼 러시아와 북한의 우호관계를 경솔하게 훼손해서는 안 될 것이다. 이미 경험한 바와 같이, 북한정책에 대한 이데올로기화는 러시아 국익에 부정적인 영향을 끼친다. 북한과의 경제 무역 왕래와 문화 교류 감소와 중단은 러시아에 중대한 물질적 손실을 초래했는데, 매년 북한과의 경제 무역 감소로 야기된 물질적 손실은 적어도 4억 달러 정도이다. 또한, 평양과의 정치 관계가 소원해지기 때문에 모스크바는 한반도 정세의 발전에 영향을 끼칠 수 없어 서울의 유의미한 파트너가 될 수 없게 된다. 그밖에도, 러시아 자국 내에서 남북한 모두를 중요하게 고려하는 남북 등거리 외교를 주장하는 목소리가 높아지면서 러시아는 정치, 경제, 외교, 군사, 문화 등 북한과 각 방면에서의 관계를 복구하기 시작하였다. 그리하여 러시아는 각자의 국익 보호를 기초로 북한과 정상적인 국제적 외교관계 수립을 원하였다. 북한은 미국과 한국으로부터의 압박을 해소하고 러시아의 지지와 이해를 구하기 위해 대화의 문을 다시 열었으며, 러시아도 북한과의 관계 회복의 중요성을 점차 인식하게 되었다.

1995년 하반기부터 러시아와 북한 양국 관계는 비교적 크게 개선되어, 양측 고위 지도자들의 왕래가 빈번이 이어졌다. 1996년 4월 평양에서 북러 정부 간 무역 협상이 개최되어, 쌍방은 경제 무역, 경공업, 임업, 건축, 광산 개발, 합자회사, 나진-선봉특구와 북한에 러시아 석유 제련소 건설 등 8개 분야에서 협력 협의를 맺었다. 구소련 해체

이후 4년의 시간이 흘렀지만 러시아의 경제 상황은 여전히 좋지 못하였다. 그런 상황에서 러시아는 북한에 대규모 경제 원조를 제공하기로 결정했고 이것은 러시아가 북한과의 관계 회복을 중요하게 생각하고 있음을 보여주었다. 이후 1997년 1월 러시아 부외무장관 카라치는 러시아가 북한과 완전히 정상적인 군사 기술 협력을 도모하기로 결정하였다고 발표하였다. 이 협력은 북한에 무기를 제공할 뿐만 아니라 무기의 부품 제공, 군사 대표단 교환과 장교 훈련을 포함하였다. 같은 해 7월, 러시아 부외무장관 아파나시예프는 '북한과 전통적 우정을 회복하길 희망하며, 연말 전에 새로운 우호조약을 체결하여 북한에 자금을 제공해 북한이 구소련에게 진 20억 달러의 채무 상환을 돕겠다'고 재차 언급하였다. 러시아가 북한에 대한 영향력을 회복하려는 목적은 바로 미국 및 일본이 북한과 관계를 개선하는 것을 견제하고, 동북아 지역에서 미국의 영향력을 약화시켜 한반도 문제에서 더 큰 발언권을 쟁취하는 데 있었다.

1996년 4월 16일, 한미 양국은 남북한, 미국, 중국의 4자 회담 개최를 제의하였다. 러시아는 4자 회담에 러시아가 포함되지 않은 것에 대해 불만을 표시하지 않고 한반도 평화 문제를 논의할 국제회의를 열어야 한다고 주장하였다. 이 국제회의는 남북한, 중국, 미국 외에도 러시아와 일본을 포함해 6자 회담의 성질을 띄었다. 일찍이 '4자 회담'이 거론되기 전에 러시아는 이른바 '3단계' 해결 방안을 제시했었는데, 그 구체적인 내용은 아래와 같다.

1단계, 북미교섭을 통해 한반도의 안전 구조 전반에 대해 잠정 협의한다.

2단계, 남북 고위회담을 열어 한반도 평화체제 문제에 대한 초보적 합의를 도출한다.

3단계, 남북 및 미중러일 6측이 참석한 국제회의를 열고, 유엔 및 기타 국가의 참관인이 참석하여, 회의에서 남북 쌍방이 정식으로 한반도 평화체제 협의를 체결하고 기타 참가국이 이 협의에 대해 국제적 보증을 한다.

그러나 이 방안은 북한의 동의도 얻지 못하고 미국과 한국의 이해를 얻지도 못하였다. 이것은 러시아가 역사상 러시아와 한반도가 밀접한 관계가 있다고 강조할 뿐만 아니라 현재와 향후 문제의 해결에 대해서도 수수방관하지 않을 것이라는 걸 보여준다. 모스크바는 서울과의 관계에서 이득을 얻고 평양에 대한 영향력을 유지하고 싶어 한다. 왜냐하면 평양과 필요한 관계를 유지해야만 모스크바가 한반도 문제에서 목소리를 낼 수 있기 때문이다. 또한 한반도 남북과의 관계 유지와 발전은 러시아가 경제, 정치, 군사, 안보 등 각 방면에서 종합적 이익을 얻는데 도움이 된다.

러시아의 최종 목표는 환태평양 지역에서의 지정학적 영향력을 확대하는 것이다. 현재 러시아의 핵능력은 전략 로켓군, 미사일 핵잠수함 부대와 전략공군 등 모두 세 부분으로 나눠볼 수 있다. 앞서 언급한 '삼위일체'의 전략적 핵능력을 통해 러시아는 전세계 2위의 핵무력국으로 군림할 수 있었다. 그중 전략 로켓군은 러시아 핵역량의 핵심으로써, 실력이 가장 우수하고, 러시아 전략 핵능력의 60%를 장악하고 있다. 그 다음으로 미사일 핵잠수함 부대로 35%의 전략 핵능력을 갖고 있으며, 전략공군은 5%의 전략 핵능력만 갖고 있다. 1999년 말 러시아의 전략적 핵능력 장비의 각종 핵폭탄두는 6,240개로써, 소련 해체되지 않았을 때 보유했던 수량인2.1만 개의 3분의 1에도 못 미치만, 현재 러시아의 전략 핵능력은 러시아가 여전히 최강의 핵대국이며, 세계에서 유일하게 미국과 핵으로 겨룰 수 있는 국가임을 보여준다. 러시아의 삼위일체 전략적 핵능력은 2009년 1월 1일을 기점으로 총 1250건의 탑재 도구와 3,909개의 핵탄두를 갖추고 있다.[25)]

영국 '제인국방주간(Jane's Defence Weekly)'의 보도에 따르면, 러시아군의 가장 큰 문제는 장비 수준이 매우 낙후되었다는 것이다. 러시아군의 현역 장비 중 20%만이 현대화되어 있고, 나머지 80%는 이미 노후되었다. 반면 서양 국가의 장비 현대화 정도는 70% 이상이다. 기갑병은 러시아군이 가장 자랑하는 병종이자 서양국가가 가장 견제하는 대상인데, 현재 러시아 기갑병의 2.1만 대의 탱크 중 서양 국가의 탱크와 그나마 겨룰 수 있는 모델은 겨우 100여대의 T-80U형 과 T-90 형으로, 나머지는 이미 노후한 T-55형, T-62형, T-64형, T-72형 탱크다. 러시아 공군의 상황도 낙관적이지 않다. 1,800대의 현역 전투기 중 1,200여 대의 기체가 노화되어 다른 비행기에 부품을 제공하는 용도로만 사용되고 있으며, 하늘을 날 수 있는 나머지 600대의 전투기 중 50% 이상이 엔진 교체가 필요한 상황이다. 서구의 기준으로 봤을 때, 러시아 공군의 현역 전투기는 기본적으로 시대에 뒤떨어지고 기술 수준이 10년 이상 낙후되어 있다. 과거 러시아 국가 안보의 버팀목이었던 전략 로켓군은 현재 500여 개의 핵미사일을 보유하고 있으며, 그 수는 여전히 급격하게 줄어들어, 매년 평균 2~3개 사단을 감축하고 있으며, 한 사단당 약 40세트의 핵미사일 발사 시스템을 갖추고 있다. 러시아 국가전략연구소 전문가가 기안한 '러시아군의 위기'에 따르면, 2015년까지 러시아의 핵능력은 300개도 되지 않는 육상기지와 해상기지 대륙 간 미사일만 남을 것이며, 핵폭탄두도 600개가 채 되지 않을 것이라고 지적하였다. 또한 전문가들은 이런 상황에서 미국은 비핵 능력으로 러시아의 모든 핵능력을 파괴할

25) 강진균, <러시아 국가안전문제 연구>, 사회과학문헌 출판사, 2009, p.65

수 있는 힘을 갖추고 있을 것이며, 남은 러시아 미사일 역시 미국의 탄도미사일 방어시스템을 뚫을 수 없다고 지적하였다.[26)]

한반도는 특수한 지리적 전략적 의미를 가지고 있기 때문에 러시아는 지속적으로 한반도에 대해 관심을 쏟을 것이다. 러시아는 이 지역에서의 미국의 영향력과 침투력을 제어할 수 있길 바라는데, 러시아에게 있어 이 지역은 아시아 태평양 지역으로 진입하는 데 매우 중요하기 때문이다. 러시아는 경제 세계화와 지역그룹화의 양방향 발전 상황에서 지역 경제그룹에 참여하지 못하면 세계화의 궤도에서 이탈하는 것과 다를 바 없다고 인지하고 있다. 현재 동아시아 국가의 경제는 빠르게 발전하고 가시적인 성과를 거두어 빠르게 성장하는 세계경제의 중요한 엔진이 되고 있다. 러시아는 극동과 시베리아의 자원 이점을 이용해 동아시아 경제의 단일화 과정에 적극적으로 참여해야 한다는 것을 알고 있다. 1999년 3월 러시아의 부외무장관이 북한을 방문해 북한과 새로운 우호협력조약을 체결한 것이 바로 그 증거이다. 일단 러시아와 북한의 관계가 뚜렷하게 개선되면 러시아는 한반도의 정세변화에서 중요한 역할을 할 가능성이 크다. 2000년 통과한 <러시아 연방외교정책 구상> `은 러시아가 한반도 문제 해결에 평등하게 참여하여 남북 양국과 균형있는 관계를 유지하는 것이 업무의 핵심이라고 지적하였다. 러시아 외무장관도 러시아가 두 국가로 나뉜 한 민족의 화해를 추진하고 한반도의 안전과 안정을 강화할 뿐만 아니라 나아가 건설적 역할을 할 가능성이 있다고 지적하였다. 러시아와 평양, 서울의 상호 협조는 러시아에게 있어 한반도 문제 해결을 두고 미중일과 함께 대화를 한다는 중요한 의미가 있다.[27)]

---

26) ‘러시아전문가 보고서, ‘2015년 러시아의 핵능력은 국가를 보호하기 어렵다’, <생활보(生活报)>, 2008.2.14.

2000년 이래 조정된 '남북병중(南北並重)' 정책은 러시아와 북한의 상호 협조, 상호 신뢰와 협력 관계를 촉진시켜 한반도 문제에 있어서 러시아의 발언권이 강화되었다.

구소련은 한반도 분열을 야기한 당사자로, 비록 표면적으로는 한반도 통일을 지지하는 입장을 견지하고 있지만 속으론 한반도가 분열 상태를 유지하고 평화통일이 되는 것을 바라지 않고 있을 것이다. 미소 대립과 동서 냉전의 배경에서 남북통일은 한반도와 동북아시아 지역의 미묘한 이익균형을 깨뜨리고 예상치 못한 복잡한 상황을 야기할 수 있기 때문이다. 그러나 냉전이 끝난 이후 러시아는 새로운 국제적 추세인 평화와 발전의 환경에서 한반도의 통일을 반대할 이유가 없는 것 같다. 많은 러시아인들은 민주, 중립, 통일된 한반도가 러시아의 국익에 부합될 것이라고 믿는다. 통일된 한반도는 러시아의 경쟁 상대가 될 수 없고 러시아에 전략적 위협을 야기할 수 없기 때문이다. 한반도의 통일은 러시아가 중재자로써 한반도 문제에 참여할 수 있는 기회를 제공할 뿐만 아니라, 러시아가 동북아와 아태지역의 지정학적 영향력을 확대할 수 있게 해준다. 또한 통일된 한반도는 주변의 강대국, 특히 역사와 민족의 숙적인 일본에 대한 강한 상호 제어 역할을 할 것으로 기대된다. 이것이 바로 러시아가 바라는 통일 후 한반도 정치구도이며, 물론 통일 후 한반도와 러시아가 우호관계를 유지하고 주변 강대국들이 지역의 주도적 지위를 꾀하는 것을 제지하는데 러시아와 협력한다라는 전제조건이 있어야 한다.

한국전쟁이 끝난 후 체결된 <정전협정>은 법적 의미에서 결코 평화협정이 아니다. 이 협정은 한반도 남북 전쟁 상황을 바꾸지 못하고 되려 정전 상태를 확정하였다. 따라서 한반도 평화체제의 재구축이

---

27)(러)이만노프, <러시아 신외교-대외정책 10년>, 당대세계출판사, 2002. p.111

아젠다로 거론되었다. 평화 체제의 구축은 사실상 한반도 질서의 재배치와 다름없다. 이렇게 되면 누가 평화 체제를 구축하느냐가 매우 민감하고 중요한 문제가 된다. 2003년 러시아는 원하던 대로 6자 회담 프레임에 참여하게 되었다. 몇 차례의6자 회담 기간 중, 러시아는 대부분 해결 방안을 제시하고 건설적 역할을 발휘하였다. 러시아는 한반도 평화통일 프로세스에 있어서 오직 미중러 3국만이 외부적으로 한반도 통일 프로세스를 보장할 수 있다고 여긴다.

과거 구소련은 북한에 원자력 평화 이용 기술을 양도하고 북한의 핵실험 원자로 건설을 도왔기 때문에, 국제사회는 보편적으로 러시아가 북핵 문제의 해결에 대해 일정한 발언권을 가졌다고 간주한다. 2002년 북미 핵갈등이 일어난 이후 러시아는 다양한 자리에서 한반도의 비핵화를 지지한다는 주장을 밝혔으며 한반도 비핵화 합의를 지지하였다. 2003년 5월 30일 후진타오 주석이 러시아 방문 기간에 발표한 '중러 연합성명'에서 '중러는 한반도 비핵화 지위를 보장하고 핵 확산금지 조약을 준수하며, 조선민주주의 인민공화국의 안전을 보장하고 북한의 사회경제발전에 유리한 조건을 만들어야 한다'고 밝혔다.[28]

모겐소가 <국가 간 정치>에서 지적한 바와 같이 제국주의의 세 가지 목표는 정치적으로 조직화된 지구촌, 즉, 세계 제국의 지배이다. 이것은 기본적으로 대륙 범위 내의 제국이나 패권이어도 되며, 엄격한 지역화의 권력적 우세여도 된다. 이것은 제국주의를 세계 제국, 대륙제국, 지역 제국 등 세 가지 형태로 나눌 수 있다는 뜻이다. 또한, 제국주의가 그 통치 구역의 지배 시 취하는 주요 수단으로 군사 제국주의, 경제 제국주의와 문화 제국주의로 나눠볼 수 있다. 군사 제국

28) 인민일보(人民日报), 2003.5.28

주의는 가장 뚜렷하고 오래되었으며, 가혹한 제국주의 형식으로 전형적인 군사정복이며, 그 예로 몽골 제국, 로마제국 등이 있다. 경제 제국주의는 중상주의와 자본주의 확장 시기의 산물이다. 경제제국주의는 한편으론 제국주의 국가와 다른 나라의 권력 관계를 바꾸어 상황을 뒤집고, 또 다른 한편으로는 영토정복이 아닌 경제적 제재로 목표를 달성한다. 그 예로, 중앙아메리카 일부 공화국의 미국 수출에 대한 의존 등을 볼 수 있다. 본문에서 강조하고 싶은 것은 바로 문화제국주의이다. 문화 제국주의는 주로 사람들의 마음을 정복하고 컨트롤하여 양국 간의 권리관계를 바꾸는 수단이다. 만약 정치적 이데올로기 형태가 제국주의의 목표와 일치하는A 국의 문화가 B 국의 정책 결정권자의 마음을 정복한다면, A국은 군사정복과 경제통제보다 더 철저한 승리를 거두고 군사정복자와 경제지배자보다 더 안정된 기초에서 패권적 지위를 다질 것이다. 그러나 현실에서 이런 상황은 극히 이례적이며, 문화제국주의는 일반적으로 이렇게 완전한 승리를 이루지 못한다.

제2차 세계대전 이후 경제제국주의와 문화제국주의가 정부의 모든 활동에서 차지하는 비율이 크게 증가하였다. 이러한 배경을 살펴보자면, 군사 제국주의 자체가 내포하고 있는 자멸의 핵전쟁의 위험성 때문에, 공개적으로 대규모 군사 제국주의를 추구하는 것은 더 이상 이성적인 외교정책의 수단이 아니다. 현재 강국강권(强國強權) 확장의 주요 방법은 바로 경제와 문화방식으로 군사방식을 대체하는 것이다. 또 한편으로, 식민제국이 대량의 약국으로 와해되면서, 그중 많은 나라들은 생존을 위해 외부 지원에 의존할 수밖에 없었다. 이것은 제국주의 국가들이 경제와 문화적 수단으로 그 권력을 확장하는데 새로운 기회를 만들어 주었다. 신흥국가의 빈곤과 나약함이 패권국에게 경제와 문화 수단으로 세력을 확장할 기회를 제공한 것이다. 게다가 핵전쟁의 감당하기 어려운 리스크은 이런 기회를 이성적 판단에 의한 필연적 선택으로 만들었다.[29] 사실 한반도의 현재 정세는 한반도 내부의 문제지만 남북의 노력만으로는 부족하다. 주변 중·미·일·러시아, 특히 미국과 중국이 그간 한반도 정치, 군사 문제에 있어 깊이 엮여 있기 때문이다. 따라서 한반도 문제의 처리에 있어서 모겐소의 충고를 명심해야 할 것이다. 모겐소는, '이 문제는 다른 국가의 외교정책 성질 및 이 외교정책에 대한 자국의 대책과도 관련이 있다. 다른 한 나라의 외교정책이 제국의 것인가? 바꿔 말해, 그 정책은 기존의 권력 분배를 뒤엎을 방법을 강구하는 것인가, 아니면 기존의 총체적 틀에서의 조정을 기대하는 것인가. 이 문제에 대한 대답은 국가의 운명을 결정한다. 잘못된 답은 치명적인 위험이나 실질적인 파멸을 의미한다. 답이 정확하다는 전제에서만 이를 바탕으로 이뤄낸 외교정책이 성공할 수 있기 때문이다'라고 지적하였다.

6. 한반도 통일이 강대국에 미치는 영향

1989년 베를린 장벽이 무너지고 1991년 소련의 해체되면서 냉전은 종결됐지만 , 냉전의 종결은 국가와 지역 간의 충돌의 종결을 의미하진 않는다. 반대로 냉전의 종결은 냉전이 국제관계와 인류의 생존 및 발전에 미치는 영향을 즉각적으로 없애지 못하였다. 국가 간의 충돌과 전쟁의 위험은 여전히 전 세계에 존재하며, 중동 지역의 긴장

29) 한스 모겐소, <국가 간의 정치>, 베이징대학출판사, p.91-100

국면를 제외하고도 미국이 아태지역으로 돌아와 이른바 '아시아태평양 재균형 전략'으로 한반도에서 중러일과 이 지역의 전략적 배치와 외교 중재를 둘러싸고 신경전을 벌이고 있다. 이와 같은 국제적 상황 속에서 한반도 남북관계와 중·미·일·러시아에 대해 어떤 대책을 강구하느냐가 한국이 앞으로 해결해야 할 중대한 과제이다.

1992년 8월 24일 한중 수교 이후, 경제 무역 관계가 빠르게 발전하고 문화 교류가 날로 확대되면서 정치관계도 점점 강화되고 있다. 이러한 상황에서 한국은 미국과 군사동맹 관계를 유지하면서 중국과도 우호적인 경제 무역 관계를 유지해야 하였다. 한반도는 고래 사이에 끼어 있는 작은 새우처럼 강대국의 작은 움직임에도 큰 타격을 받게 된다. 강대국의 틈바구니에서 생존하기 위해 한국은 국력이 약소했던 당시 강대국에서 가장 큰 나라와 협력하는 이른바 '사대주의' 전략을 취해 강대국의 제도를 받아들이고 강대국의 비호(명청 시기처럼) 를 받게 된다. 하지만 2차 대전이 끝난 후 한반도가 남북으로 분열되면서 한국에게 가장 이상적인 국가 안보전략은 주변 4대국과 우호관계를 유지하는 것이었는데, 그래야만 더 많은 외교적 자율성과 선택의 여지가 있었다. 그러나 국제환경이 급변하면서 한국은 4대국과 동등한 우호관계를 유지할 수 없게 되었다. 특히 미국이 태평양지역에 진출한 이후 미중 관계는 비교적 민감해졌으며, 미일 동맹의 강화에 따라 중일, 러일, 미러 관계가 복잡하게 얽혔다. 이로 인해 한국인은 상대의 눈치를 살피는 능력을 훈련하여 강대국과의 관계를 컨트롤하고, 자국의 현재 이익에 부합하면서도 국가의 장기적 이익에 해가 되지 않는 정책을 제정하였다. 예컨대 1970년대 초 미국과 일본이 중국과의 우호관계를 회복하였을 때 한국 정부는 즉시 대북정책을 바꾸었다. 즉, 불타협, 비접촉, 불인정에서 북한에 대화를 요청하였고, 한 달 만에 평양에서 적십자 회담을 열었고, 1972년에는 북한과 '7 · 4 남북 공동 성명'을 체결하였다.(그 내용으로는 첫째, 통일은 반드시 외세세력에 의존하지 않고 외세세력이 간섭하지 않는 상황에서 자주적으로 실현되어야 한다. 둘째, 통일은 평화적인 방법으로 이루어져야 하며 상대방에 반대하는 무력행동을 취하지 않는다. 셋째, 사상과 이념 및 제도의 다름을 초월하여, 민족의 대단결을 추진해야 한다. 등등이 있다). 이 선언은 평화자주와 민족대단결로 통일된 3원칙이었으며, 한국은1971년 8월 소련과 중국에 처음으로 수교의 뜻을 표시하였다. 한국의 이런 태도 바꾸기는 사실 비난할 일이 아니다. 강대국 사이에서 살아남으려면 온갖 지혜를 다 짜내어 융통성있게 대응해야 하기 때문이다.

한국의 역사를 살펴보면, 두 개의 뚜렷한 특징이 있다. 첫째, 기원진 7세기 한반도에 통일 국가가 형성된 이후부터 제2차 세계대전이 끝날 때까지, 한동안의 세력 다툼을 제외하면, 줄곧 통일된 국가를 유지하며 오랜 시간 분열국면이 나타나지 않았다. 둘째는 모든 왕조의 통치 시기가 비교적 안정되고 길다. 신라의 통치기간은 992년에 달해 '천년 신라'라고 불린다. 또한 고려의 통치는 474년에 달하며, 이 씨 왕조의 조선 통치는 518년에 달한다. 이처럼 한국이 역사상 장기적으로 안정된 통일을 유지할 수 있었던 민족적, 지리적, 전통적 문화요소가 있기 때문이다. 민족적으로 보면 한국은 세계적으로 흔치 않은 단일민족국가이기 때문에 민족 갈등으로 인해 지역 간의 충돌과 전쟁이 일어나지 않았을 것이다. 지리적으로 보면 한국의 국토는 반도로써, 산이 많고, 동서 지역이 상대적으로 협소하다. 또한, 남북이 상대적으로 길고, 온도 차가 비교적 커서 상호 보완성이 강하다. 때문에 경제, 정치할 것 없이 상호의존성이 큰 덕분에 평화공존이 이루어졌다. 문화적 요인으로 보면 서기 1세기 한자가 조선에 전해진 이후로 한자는 조선의 통용문자가 되었다. 조선의 세종대왕시대에 한글을 발명했지만 20세기 초에 이르러서야 한글이 한자를 대신해 공식 문자가 되었다. 게다가 오랫동안 중국 유교사상의 영향을 받아 조선 국가 내부의 결집력과 친화력이 강화되었다.

김대중 대통령은 그의 저서 <21세기의 아시아와 평화>를 통해 다음과 같이 말하였다. '한민족은 1300여년의 통일국가체제를 유지한 민족이다. 이것은 세계에서 전례가 없는 것이며, 그 후의 50년은 반으로 나눠진 50년이다. 이로써 우리 민족의 역사가 굴곡졌지만 영원히 무너지기 전에 우리는 그것을 복원시켜야 하며, 이것이 바로 통일이다. 우리의 통일 기조는 민족주의이다. 남북이 반으로 나눠어진 것은 계급의 이해관계도, 지역차별도, 문화차이도 아닌 외부세력에 의해서 이다. 우리도 모르는 사이에 38선을 경계로 남과 북으로 나눠어졌기 때문에 우리 민족은 스스로의 힘으로 한반도를 원상복귀 할 권력과 책임이 있어야 한다. 이를 이루려면 민족주의를 바탕으로 문제를 고려해야 한다. 외세는 우리의 의사도 묻지 않고 우리를 갈라놓았다. 따라서 우리의 통일은 사실상 분열의 과실을 해소하고 모든 것을 제자리로 돌려놓는 작업이며, 민족의 생존과 번영을 위해서라도 결코 뒤로 미룰 수 없는 일이다. 더욱이 앞으로 아태시대가 시작될 때 통일된 한국은 중추적인 역할을 할 수 있을 것이다.[30]

2000년 6월 13~15일 김대중 대통령은 북한을 방문해 북한 지도자 김정일과 정상회담을 가졌다. 이것은1945년 한반도 분열 이후 남북 지도자들의 첫 만남이었다. 그 주요 의제는 다음과 같다. 첫째, 정치 군사문제이다. 한국은 남북 화해와 평화 공존을 위한 평화선언을 발

30) 김대중, < 21세기의 아시아와 그 평화>, 베이징대학출판사, 1994. p.249

표해야 한다고 주장하였다. 둘째, 경제 협력 문제이다. 한국은 철도를 설치하여 남북철로를 개통하는 등 경제 협력 사업 방안을 제안하였다. 셋째, 남북 이산가족 상봉 문제의 해결 및 체육문화 교류 협력 등의 문제이다. 김대중 대통령은 남북정상회담을 통해 북한이 국제적으로 고립된 환경에서 벗어날 것이라고 굳게 믿었다. 남북 양측이 이전의 수동적인 태도를 바꿔 한반도 문제에서 주도적인 역할을 발휘하면 주변 국가도 지지와 도움을 줄 것이다. 이 정상회담을 통해 양측은 '6・15남북 공동 선언'을 체결하였다.

2003년 2월 25일 노무현이 한국 제16대 대통령으로 취임한 이후, 김대중 대통령의 '햇볕정책'을 계승해 새로운 '평화번영정책'을 제시하고, 2007년 10월 2-4일동안 북한을 방문하였다. 노무현은 김정일과 두 차례 정상회담을 가졌고, 쌍방은 8가지 내용을 포함한 <남북관계발전과 평화번영을 위한 선언>에 서명하였으며 양측이 한반도의 평화 체제 구축과 대화 강화, 경제와 인도주의협력 확대를 위해 노력하여 민족의 공동번영과 자주통일을 위한 새로운 시대를 열겠다고 선언하였다.

그러나 2001년 9・11사건으로 한국의 대북 관계는 심각한 영향을 받았다. 특히 2008년 2월 25일 이명박이 취임한 이후 한미 동맹 관계를 복구하기 위해 한미 양국 관계를 21세기 전략동맹 관계로 끌어올렸다. 반면 대북 관계에서는 지난 2대 정부를 비판하며 김대중의 햇볕정책과 노무현의 평화번영정책을 완전히 부인하였다. 그리하여 지난 2대 정부가 대북에 시행한 정경 분리, 원조가 선행되는 융합 노선을 개정하고, 북측이 핵 계획을 포기하는 전제조건 하에서 원조를 지원할 것을 주장하며 소위 '비핵, 개방, 3000'의 구상을 제시하였다. 이명박 정부는 한미, 한일 한미일 동맹을 강화함과 동시에 실용주의 외교 전략을 추진하였다. 그는 21세기 한미 전략동맹의 원칙은 군사안보동맹을 뛰어넘어 한미동맹을 자유민족주의와 시장경제가치관을 바탕으로 한 정치 신뢰, 경제협력, 한반도 문제에 공동으로 대처하는 평화체제 수립의 관계를 구축하는 것이라고 밝혔다. 한미 동맹의 지위 재지정을 통해 한미 양국은 전면적인 전략적 협력동반자 관계를 맺었고, 한국은 21세기 외교전략을 위한 기초를 다졌다. 이명박의 이 정책은 북한이 주장하는'자주, 화해, 협력, 민족, 공조'의 정책에 전혀 부합하지 않았으며, 결국 김대중이 제창한 남북평화통일 사상을 철저히 매장시켰다.

냉전이 끝난 후 평화와 발전은 세계 2대 시대적 주제로 자리잡아, 전 세계 지역경제 단일화와 안보 메커니즘의 물결이 일어났다. 그러나 동북아 지역의 환경은 이와 같은 국제 환경과는 달리 기타 지역과 다른 자체적 특징이 많이 나타났는데, 구체적으로 지역 안전의 취약성, 정치적 협상의 간접성, 지역 협력의 한계성, 협조적 발전과 협조의 어려움 등으로, 이 지역의 난제가 되었다.

동북아 지역의 총체적 안보질서가 평화와 안정에 유리한 방향으로 전환할 수 있을 지의 여부는 한반도 정세의 발전에 직접적인 영향을 미친다. 또 다른 한편으로 한반도 정세의 발전 방향도 미래 동북아 안보질서의 형성에 큰 영향을 미칠 것이다. 따라서 중국, 미국, 일본, 러시아 4대국은 모두 한반도 정세의 발전 동향을 각별히 주시하고 있으며, 모두 한반도 정세가 자국의 안보 이익에 불리한 결말을 가져다 주는 결말로 끝나는 것을 원치 않는다. 그밖에도, 한반도 남북은 자신의 국익에 기초하여 각각 강대국과 밀접한 관계를 유지하고 있는데, 이것은 한반도 질서의 구축 역시 주변국에게 일정한 견제작용이 있다는 것을 보여준다.

중국에 대한 영향

일반적으로 남북 화해는 중국에게 가장 유리하다고 여겨지는데, 남북 관계의 완화는 중국이 경제건설에 필요한 평화롭고 안정적인 주변 환경을 확보하는 데 도움이 될뿐만 아니라, 중국이 남북 쌍방과 3자 관계를 유지 및 발전시키는 데에도 유리하여, 1992년 한국과의 수교로 북한과의 관계에 나타난 난처한 국면이 어느 정도 해소되기 때문이다. 중국은 남북 양측과 모두 정상적인 외교관계를 맺고 있기 때문에 양측 사이에서 특수한 역할을 발휘하여 동북아 안전 문제에서 중국의 발언권을 높일 수 있다.

오랫동안 중국은 독특한 역사적 지위와 북한과의 전통적 관계에 의존해 평화공존 외교정책을 통해 한반도 정세를 완화시켜 남북 화해를 촉진시키는 데 적극적이고 특수한 역할을 하였다. 남북 통일이 되면 긴장 상태가 해소되어, 중국과 북한의 특수관계도 이미 과거가 되어, 중국 전체의 외교전략을 볼 때 한반도 문제를 해결하는 외교카드가 줄어들고, 지역 대국으로서의 중국의 지위가 큰 영향을 받게 될 것이므로, 많은 안보전문가들은 4개국 중에서 중국이 가장 한반도의 통일을 원하지 않을 것이라고 생각한다. 통일 후 중국은 친미 성향의 자본주의 한국과 국경이 직접 맞닿게 될 것이다.

설령 미군이 한반도 북부에 주둔하지 않아도 한미, 미일 동맹을 감안하면, 이 지역의 전략적 역량의 재조합도 중국에게 불리하다. 통일 전 미일의 한반도 주요 전략적 관심이 북한에게 가 있다면, 통일 후 초점은 중국으로 옮겨가게 될 것이다. 그리하여 중국이 앞으로 동북아시아 지역에서 시행하는 그 어떠한 군사 행동도 동북아시아서의 미국의 이익에 손해를 주는 건 아닌지 판단하는 고찰의 대상이 될 것이다.

또 통일 후 한반도와 중국은 영토 문제에서 많은 분쟁을 일으킬 수 있다. 우선 1960년대 저우언라이가 중국 정부를 대표하여 북한국가 주석 김일성과 체결한 <북 · 중 국경조약>은 백두산 천지를 양국 국경의 경계로 삼았는데 한국은 줄곧 이를 인정하지 않고 있다. 때문에 통일 후 한국이 백두산 천지에 대한 소유권 탈환을 요구할 가능성도 있다. 한민족은 백두산이 민족의 발원지이며 민족의 성산이라고 여겨왔다. 이에 중국 정부도 일찌감치 백두산 지역을 연변 조선족 자치주 관할구에서 길림성 정부관할로 옮겨왔다.

둘째, 한국은 19세기 말 20세기 초에 서명한 협의에도 이의를 제기하였다. 가령, 1887년 청왕조와 조선왕조가 체결한 <제2차 국경 협의>와 1909년 일본이 조선을 대표하여 중국과 체결한 <두만강> 합의 등이다.

셋째, 한국은 42,700제곱㎞(한국 영토 9만9,800㎢의 42.79%), 200여 만 인구 가운데 80여만 조선족이 거주하는 연변지역이 한국 주권 범위에서 속해야 한다는 요구를 할 것이다. 한반도 통일 후 영토 문제는 분명히 양국 외교의 중요한 의제가 될 것이며, 만약 양국 지도자가 극단적 민족주의를 적절하게 통제하지 못한다면 영토 문제에 대해 실질적이고 역사를 존중하는 태도를 취할 수 없게 되며, 편협한 민족적 국익이 주도적인 지위를 차지하게 되어 양국 관계의 안정적인 발전을 심각하게 저해할 수 있다. 그렇게 되면 한중 간의 마찰이 미국 등 강대국의 간섭을 끌어올 수도 있게 된다.

한반도 통일은 중국에 많은 문제뿐만 아니라 상당한 이점도 가져올 수 있다. 둘로 나뉘었던 한반도 외교정책이 하나로 합해지면서 중국은 오랜 시간 동안 한반도 남북한에 균형 외교를 해야 했던 곤혹스러운 처지에서 벗어나게 된다. 또한 장기간 난항을 겪었던 UNDP 개발사업의 협력도 순조롭게 진행될 것으로 보인다. 한반도의 통일은 중국으로 하여금 보호장벽(순망치한, 脣亡齒寒)을 잃게 함과 동시에 무거운 짐을 벗고 홀가분하게 한반도와 육해공에서 전방위적이고 입체적인 교류를 가능하게 하여 양측 모두 이익을 얻을 수 있다. 물론 이것은 통일 후 한국이 '친미'일지, '친중'일지 봐야 아는 일이다. 필자는 중국이 통일 후 한국을 중국쪽으로 끌어올 능력이 충분하다고 생각하며, 한국이 친미노선을 선택하고 중국을 적대적으로 대할 거라 걱정할 필요는 없다고 본다. 그때가 되면 중국의 경제력과 정치저 지위 보누 미국을 뛰어넘을 것이고, '일대일로' 건설은 한국이 유라시아 대륙으로 통하는 새로운 항로가 되어, 한반도와 유라시아 대륙의 경제, 외교, 무역, 에너지를 위한 새로운 길을 열게 될 것이다. 그렇게 되면 문재인 대통령의 한반도 신경제 구상과도 맥락을 같이 하게 된다.

미국에 대한 영향

미국의 관점에서 봤을 때, 미국이 가장 관심을 갖는 것은 핵무기, 미사일 기술 개발 및 한반도 주둔군 문제다. 이 문제들은 정상회의에서 직접적으로 언급되진 않았지만, 이 때문에 미국은 외교적으로 수동적인 국면에 처해 있다. 미국은 '핵미사일 카드'와 '북한 위협론'으로 북한과 한반도를 곤경에 빠뜨렸지만, 미국의 이익은 챙긴 최상의 방책이었다.

한반도의 통일은 미국에게 다음과 같은 4가지 부정적인 영향을 줄 것이다.

1) 한국은 더 이상 미국의 전략적 의도를 온순하게 따르는 '어린 파트너', '작은 동맹국'이 되지 않을 것이다.

2) 한반도 통일 후 미국이 한반도에 군을 주둔할 이유도 충분치 않아져, 미군의 한반도 군사통제력이 심각하게 약화될 것이다.

3) 미군은 불가피하게 군사 지휘권을 완전히 한국에게 넘겨줄 것이다. 미군의 철수는 이 지역에 대한 안정성과 균형성 및 주도적 영향력을 크게 약화시킬 것이다. 이와 동시에 주일미군의 지위와 장기간 미국에 의지해온 일본의 안보정책도 크게 흔들릴 것이다.

4) 통일 후 한국은 북한의 핵 능력을 계승해 미군 철군 후 지역 강대국의 군사력을 위협할 것이다. 만약 한국이 핵능력을 갖기로 결정하면 미국은 한국의 전략을 철저히 통제할 수 없게 되며, 미국의 핵 불확산 정책과 일본 통제도 위태롭게 될 것이다.

7. 일본에 대한 영향

일본은 한반도 문제에서 중요한 영향을 끼치지 않는다. 최근 몇 년 동안 일본은 적극적인 전략을 취했으나, 남북 정상회담 등에서 일본은 중국과 한국으로부터 유효한 정보를 얻지 못하였다. 이에 일본 여론은 한반도와 일본 국익의 밀접한 연관성을 강조하며, 과거의 무책임한 미국 의존적 전략을 벗어나 냉전시대의 틀을 뛰어넘는 다자외교의 현실을 직시하고, 지역의 평화와 안정을 위한 발언권을 쟁취해야 한다고 지적하였다. 그러나 북한 핵 문제 해결 과정에서 일본은 일본인 납치 사건 해결을 요구하였으며, 이것은 북핵 문제를 빨리 해결하고 싶어 하지 않는 일본의 속마음을 내비쳐 보였다. 사실 일본의 목적은 '한반도 카드'를 통해 동북아 지역의 사무 주도권을 획득하고

'핵 위기'와 '북한 위협론'을 핑계 삼아 군비를 확장하고 동북아에서의 정치적 지위를 격상하는데 있다.

통일된 한국은 대규모 파괴적 무기를 포함한 군사력을 가지게 될 것이다. 육해공 공격력을 제외하고도 잠재적 핵무기와 미사일 위협 능력도 갖추게 된다. 한국의 군사력이 강해지면 동북아의 전략 균형이 깨지게 되고, 동북아 지역의 새로운 군비경쟁이 일어날 것으로 보인다. 통일 후 한국의 종합국력이 강화됨에 따라 한민족주의의 결집은 정부의 통제 범위를 넘어 일본 우익그룹의 격렬한 반발을 불러일으켜 양국의 정상적인 국제관계도 깨트릴 수 있다. 또한 특정 상황에서 국부적 충돌이나 전쟁이 일어날 가능성도 배제할 수 없다.

한중 양국은 역사상 밀접한 관계가 있었기 때문에, 통일 이후 중국이 언젠가 한반도 전체에 영향을 확장하고 일본 해상 운수에 위협을 줄 수 있다. 또한 한국은 반대로 중국의 세력을 이용하여 일본을 압박하고 중대한 문제에서 일본이 양보하게끔 할 수도 있다. 이러한 관점에서 봤을 때, 일본은 한반도 통일을 가장 원치 않는 나라일 가능성이 높다.

8. 러시아에 대한 영향

한반도 문제에 대한 러시아의 영향력은 구소련에 비할 순 없지만, 푸틴이 등장한 이후 한반도에 대한 관심을 크게 높였다. 러시아와 한반도를 통해 극동 지역의 안보 확보 및 한반도 사무의 참여를 통한 국제적 영향력제고 등의 이익을 취할 수 있다. 남북 화해와 러시아의 동북아 안보전략환경 건설 강화의 궤를 같이하여, 효과적으로 남북 양측의 루트를 이용하고 한반도 사무에 개입하는 것은 이미 러시아의 중요한 외교적 방향이 되었다. 그 예로, 한반도 동해안을 따라 울산, 부산으로 이어지는 천연가스 배관공사는 남북한 양측의 동의를 얻어야만 예상 목적을 달성할 수 있다.

1990년 러시아는 기본적으로 한반도에 대한 전통적 영향력을 잃었는데, 모스크바와 평양의 관계 악화로 러시아가 한반도 중요 문제에 참여할 수 있는 권력을 박탈당했기 때문이다. 그러나 한반도 통일 이후 러시아는 일정 범위 내에서 잃어버린 영향력을 회복할 수 있을 것이다. 한국이 러시아를 통해 중국과 일본의 한반도에 대한 영향력과 전략 경쟁을 제한할 수 있기 때문이다. 러시아의 경우, 한반도에서 비핵, 통일의 안정된 국가가 나타나는 것이 가장 좋으며, 한국을 통해 중국과 일본의 세력확장에 맞설 수 있게 되길 바란다.

또한, 통일 후 한국은 러시아가 갖고 있는 풍부한 자원을 충분히 이용할 것이다. 한반도를 가로지르는 운송 문제가 해결되면, 러시아 시베리아 철도는 한반도 철도와 직접적으로 연결돼 양측의 지리적 거리를 크게 단축시켜 무역적 상호 보완이 이루어진다. 천연가스, 석유와 같은 러시아의 풍부한 자원은 청진, 평양, 서울, 울산, 부산 등 한반도 전역으로 끊임없이 수출될 것이다. 또한 한국 농민들도 러시아에 가서 농장을 개설할 수 있다. 그렇게 되면 러시아 극동 지역은 한국인의 새로운 화원이 될 수 있다. 러시아인들도 한국의 투자와 선진적인 기술을 도입해 극동 지역의 경제를 부흥시킬 수 있을 것이다. 미중일러가 한반도에서 얻을 수 있는 이익으로 볼 때, 러시아는 한반도 통일을 가장 희망하는 나라일 것이다.

2018년 4월 27일 한반도 양측 정상은 판문점에서 한반도 평화발전의 길을 열어 중요한 회담을 열었다.한국청와대 핵심 인사는 이날 진행된 청와대 수석비서관과 보좌관 회의에서 남북 정상회담 때 한반도 신경제구상에 관한 그림과 동영상자료를 북 국무위원회 위원장에게 전달하였다고 밝혔다.

한반도 신경제 구상의 주요 내용은 아래와 같다.

1. 한국의 부산, 울산항에서 북한을 거쳐 원산, 함흥, 청진부터 러시아의 블라디보스토크 – 모스크바 – 산피터부르크 동부 선로;

2. 한국의 여수, 목포, 인천, 조선의 남포, 평양, 신의주부터 중국의 단동, 베이징, 서안, 우루무치에서 동유럽, 중유럽, 네덜란드 루담항의 서부 선로

3. 가로로 삼팔선은 한국의 인천을 거쳐 조선의 개성을 거쳐 한국의 강릉, 조선의 원산이다.

한반도 새로운 경제 구상의 기본 구조는 H 형 철도 교통망과 고속도로 인터넷의 중요한 항구도시와 주요 대도시가 공동으로 형성되는 경제, 정치, 물류 네트워크다. 한반도 매체는 최근 2018년 5월 27-28일 남북 교통부 장관이 판문점에서 서울을 경유하여 평양으로 연결되는 고속도로를 설치하는 업무회담을 진행하고 있고, 단기간내에 남북 철도망을 복구하겠다고 보도하였다.

한반도 새 경제 구상은 비교적 강한 실천적 의미를 지녔지만 구체적으로 북미회담의 결과와 양측 관계자의 한층 더 커뮤니케이션에 대한 보완이 필요할 것이다.

제5장

중국과 한반도

1. 중국과 한반도의 역사 연원

중국과 한반도는 1300여 ㎞의 국경을 맞대고 있는데, 북으로는 두만강, 남으로는 압록강 하구까지 이어진다. 국경이 서로 접해있어, 육로와 수로의 교통 모두 편리하다. 요녕반도와 산동반도는 또 한반도와 바다를 사이에 두고 서로 바라보고 있다. 의미를 부여하자면, 중국과 한반도는 '순치상의, 순망치한'에 비유할 수 있을 것이다.

예로부터 양국민들 간에는 서로 문화를 교류하고, 풍속이 비슷하여, 감정이 서로 융화되었다. 역사에 따르면, 한중 양국의 관계는 기원전 11세기 주 무왕이 기자를 고조선제후로 봉하였고, 기자 전설이 널리 전해져왔다. 기원전 7세기, 중국 춘추 시기의 제나라는 일찍이 고대 조선에서 '호피(虎皮)' 를 수입한 바 있다. 중국은 청동기, 도자기 등을 수출하였고, 이것은 한중 양국 사이에 진행된 가장 빠른 국제무역이었다. 중국 남북조 시대에는 고대 조선의 음악이 중국에 전래되었고, 이 시기에는 중국에서 성행하던 도교도 한반도로 전파되고, 동시에 불교도 중국에서 고대 조선으로 전파되었다. 특히 중국 한자가 한반도에 전해져 고대 조선정치, 경제, 사회, 문화의 발전에 매우 중요한 의미를 가지고 있다. 문자의 기록이 없으면 역사를 기록

할 수 없고, 문명고국이라고도 칭할 수 없다(남북한은 5천년 문명의 역사를 가진 고국이라고 자칭한다. 왜냐하면 그들은 한자로 자국의 역사를 기록했기 때문이다).

한반도 삼국시대 때 한자는 이미 보편적으로 운용되고 한시도 널리 전해졌다. 한반도 각지에서 국학을 설립해 '주역', '상서', '춘추', '예기', '좌전' 등을 교과서로 채택하였다. 당태종 시기에 홍문관을 설립하여 고려, 백제, 신라, 고창, 토번 등의 인사들이 입학해 중국 고전 경학을 배웠다.[1] <동문선>에 기재된 바에 따르면, 당대 조선에서 중국으로 들어온 유학자가 매우 많았다. '진사들은 당에 담고, 장경초에는 김운경자가 있고, 신로빈으로 모두 두사례찬에 이름을 올렸다. 이로부터 천우종까지, 빈공과에 등극한 사람은 50명이다.'[2] 조선문학사에 많은 걸출한 인재들이 중국 유학 사상의 양성 교육을 받았나. 그 중 시인 최치원(서기 857-)이 가장 유명하다.그는 열두 살에 당나라로 유학와서, 17세에 급제하였으며, 잡시, 부 및 표주 총 28권을 지었으며, 그 중 부 500수가 한 권, 5언 7언체시 100수 한 권, 잡시부 30수 한 권을 지었다. 최치원은 시구에 조예가 매우 높았고, 문필이 걸출하여 문장으로 이름을 널리 알렸다. 그는 시부로 유명할 뿐만 아니라 그의 표주 <격황소서>는 당제국을 위해 황소군을 토벌한 혁혁의 전공을 세웠다. 한자, 한문과 한시는 한반도에서 1300여년을 풍미하며, 백대 조선문학사를 배출해 오랫동안 뛰어난 성취를 이룬 조선한문학자를 낳았다. 특히 명성이 높았던 조선 고대 4대 시인은 신라의 최치원, 고려의 이규보와 이계현, 조선의 신위였다. 이들은 고대 조신문학사에서 일대 분종으로, 최치원은 '동양문학의 조상'으로

---

1) 이병재, <국사 대관 · 삼국의 문화>

2) <송봉사이중부환주서>, <동문선> vol. 84

불리고, 이규보는 '조선의 이태백'으로 불린다. 이기현은'조선의 한시종'으로 불리고, 신위는 '조선의 시불'로 불린다. 이것은 바로 조선과 중국 양국 문화 교류의 역사적 증거이다.[3]

근대에 들어서 한중 양국 국민들은 모두 제국주의의 침략과 압박을 당하여, 외래침입의 방어하여 민족 해방과 국가 독립을 위해 서로 지원하여 깊은 민족적 우의를 맺었다. 1910년 8월 22일 일본은 조선을 강제로 병합하여 조선을 일본의 식민지로 삼았고, 이때부터 많은 조선의 애국지사가 중국 동북지역과 관내지역으로 망명하여 조선민족의 독립과 해방을 위해 중국 광활한 땅에서 일본제국주의에 대항하는 항일무장 단체를 세워 36년 간 결사적으로 반일 구국투쟁을 진행하였다. 이 기간 동안 조선과 중국의 국민들은 선혈로 응결된 우정으로 빛나는 역사의 장을 썼다.

1920년 조선 애국지사가 중한호조사를 설립하였다. 상하이, 장사, 베이징, 무한, 성도, 광주 등지에서는 중한호조사, 중한국민상조사, 중한연합회, 중한청년협회 등이 설립되었다. 이 중 가장 먼저 설립된 것은 모택동, 하숙형, 조선혁명지사 이우량, 황영희, 이기창 등이 발기해 1921년 3월 17일 장사에서 설립된 중한 호조사다. 마오쩌둥은 통신부 중방주임, 허쉬형은 홍보부 중방주임에 임명되었다.[4] 같은 해 4월, 선양 등 또 조선혁명지사 이기창 등과 우한에서 중한호조사를 설립하였다.[5] 이후 안칭, 상하이, 광저우 등지에서도 많은 중한호조사를 조직하였다. 각지에서 설립된 중한호조사들은 중국과 조선이 연합하여 각종 행사를 적극적으로 전개해 온 국민들의 적극적인 호

---

3) 채진초, <중국시화와 조선시화>, <조선학-한국학총서>, p.213
4) <일본침략하한국 36년사>(6), p.84
5) 임육남, <시백고전>, 1924.2

응을 얻었고, 조선의 독립운동을 대대적으로 지원하였다. 또 상하이 천두시우는 상하이 공산주의 소조를 준비할 때 조선혁명지사 안모 등을 초청하였고, 조선혁명가 김가풍, 버크, 안모 등이 상하이 공산주의 소조에 참석해 사회주의 청년단을 세웠다. 1922년 7월 중국 공산당이 제2차 대표대회를 열고 <선언>을 발표하여 일본 통치 하에 있는 조선인들의 비참한 처지와 일본이 고려인들의 피땀을 착취하고 더욱 횡포를 부려 2000만 고려 농민이 굶주림에 처해 죽어가는 상황을 지적하였다.[6)]

제1차 국공합작 이후 광동은 광명의 상징으로, 중국 혁명의 중요한 기지가 되었다.많은 조선혁명 청년들이 광저우에 왔다. 금산의 추억에 따르면 1925년 가을 광저우에 있는 조선인들은 60명에 불과했지만, 1928년 광저우에 있는 조선혁명지사는 800명 이상이었고, 그 중에서도 대부분은 조선혁명가의 정화였다. 그들은 각각 8・1난창 봉기와 광저우 봉기에 참가했고 이를 위해 소중한 생명을 바쳤다. 황포사관학교는 수립 이후에도 많은 조선혁명지사가 가입하였다. 불완전한 통계에 따르면, 황포사관학교 3기 5명, 4기 24명,5기 5명, 6기 9명, 총 43명, 조선혁명청년 43명이 황포사관교에 합류하였다. 그들은 졸업 후 각각 중국 북벌의 정예가 되었다.[7)] 1925년 광저우 혁명 근거지를 통일하고, 제국주의와 반동 군벌 세력을 토벌하기 위해 두 차례의 정벌을 하였고, 예팅 독립단에 양린을 대표로 하는 조선청년이 있었는데, 독립단 제3대대장을 맡았다.[8)] 북벌 전쟁에 참가한 조선청년은 작전에 임함에 있어 용맹하였고, 희생을 두려워하지 않았으며, 중

---

6) <중국문제지침> vol.2. p.109-114

7) <백의동포의 영상>, 요녕민족출판사

8) <주사제 회고록>, 인민출판사, 1979, p.39

국 혁명에 중대한 공헌을 하였다.

1927년 '4·1 2' 반혁명 쿠데타 이후 북벌에 참가한 200여 명의 조선혁명 전사들은 바로 우파 군대에서 이탈하였는데, 광저우 봉기 시 특무영 회원 200명 중 150명이 조선혁명자로 이름을 올렸다. 이 특무영의 임무는 반동 무장을 감시하고 노동자의 활동에 맞추는 것이었다. 150명의 조선혁명지사는 사허를 공략하여 승리하였지만, 역포위당하였고, 포위전쟁에서 용감하게 전투를 벌이다 모두 전사하였다. 광저우 봉기 시 많은 조선혁명지사는 지도부의 중임을 맡았다. 최용건은 특무영 2중대장, 김성숙은 제4군관교도단 제2대대 5중대 중공담당자, 박영은 예팅의 군사고문, 김산은 무장노동자농민부 위원, 김평형, 문순구는 장발규 경호팀장 등에 임명되었다. 어쨌든, 조선혁명지사는 광저우 봉기에 큰 공헌을 하였다. 중화인민공화국이 성립한 후 광저우 봉기에서 거룩하게 희생한 조선혁명지사를 기리기 위해, 광저우에서 중조혈의정기념비를 세웠다. 당시 광저우 봉기의 지도자인 예젠잉이 비문을 썼다.

1927년 12월 11일, 광주 노동자 계급과 혁명 사병들은 중국공산당의 지도 하에 장렬한 무장봉기를 일으켰다. 봉기에 참가한 혁명 사병 중, 150여 명이 조선 청년이었고, 그들은 중국 전우와 의기를 높여, 어깨를 나란히 하고 전쟁에 임하였으며, 마지막으로 사하에서 기지를 사수하다가 대부분 용감하게 희생하여, 위대한 무산계급 국제주의 정신과 용맹스러운 혁명 영웅의 기개를 표현하였다.

광저우 봉기의 조선 동지는 천추에 길이 빛나리!

중조 양국 국민의 전투 우의가 영원토록 변치 않으리![9]

1919년 3월 1일 조선에서 폭발한 '3·1반일 애국 운동'은 같은 해

---

9) 최홍빈, <중국공산당과 조선독립운동>, <조선학-한국학총서>, p118

중국에서 폭발한 '5 · 4애국운동'에 긍정적인 영향을 끼쳤고 효과적으로 상호 호응하였다. 조선항일 애국 영웅 안중근은 하얼빈 기차역에서 이토 히로부미를, 조선의 반일 의사 윤봉길은 상해 홍구공원에서 일본 주둔사령 시라가와 대장 등을 사살하여 일본 제국주의를 대항하고, 민족투지 불사르는 후대에 길이 남을만한 공헌을 하였다.

전면적인 항전 이후 관내 지역에 있는 주요 조선인부대는 두 개였다. 하나는 한국 광복군으로 1940년 9월 17일 중경에서 창설되었다. 일본을 무너뜨려 설욕과 복수를 하고, 광복이 목표였다. 광복군은 창설 후 시인에 간부 양성반을 설립하여 수백 명의 간부를 배양하였다. 건군 초에 여섯 개의 지대로 분할하였고, 후에 세 개의 지대로 변경하였다. 그 지역은 각각 산시, 쑤이위안, 장쑤, 안후이, 샨시, 장시 등 광범위한 지역이였다. 1942년 광복군 주력은 화북에 진입, 적진 깊숙히 들어가 일본군에게 심한 타격을 주어 일본군을 크게 놀라게 하였다. 또 다른 부대는 조선의용군으로 1938년 10월 10일 무한에서 창설되었다. 처음 창설할 때 대원들은 겨우 140명에 불과해 사단으로 편성된 후 한국광복군 제1부대로 개편되었다. 이후 충칭, 낙양 등지에서 온 조선의용대 일부 전사들은 1942년 1월 7일 연안에서 조선의용군을 창설하였다. 이 군대는 성립 후 즉시 지루위(冀鲁豫)와 진차지(晋察冀), 타이항산(太行山) 등 세 지역으로 가서, 직접적으로 적군 점령지역에 침투하여 후방 유격전을 펼치고, 일본군을 와해시키고, 항일 근거지 기층 정권의 건설 활동에 참여하였다. 중국 인민의 항일 무장 투쟁에서 한국 의용군이 용감하게 나아가 장렬하게 희생하였다. 조선 혁명 전사들을 보호하기 위해 중공중앙은 팔로군에게 조선의용군을 보호하고, 치열한 전투에 직접 참가하지 못하도록 지시하였다. 한편 18집단군 정치부의 이름으로 <조선의용대 열사법 기념

방법>을 제정하여 조선의용대 열사의 영웅적인 행적을 해방구 소학교 교과서에 수록하였다.[10)]

2차 대전이 끝난 후, 미국과 소련은 알타협정에 따라 북위 38°선을 경계로 각각 한반도 대일 작전을 위해 출병하였는데, 이것이 한반도 남북 분열의 시작이 될 줄 누가 알았을까? 1948년 8월 15일 북위 38° 선 이남으로 대한민국 정부를 설립하였고, 1948년 9월 9일, 북에는 조선민주주의 인민공화국이 설립되었다. 같은 해 10월 6일, 북중 양국 정부가 정식으로 외교관계를 맺고, 한국 정부는 중국 대만의 국민당 정부를 일방적으로 인정하였다. 1950년 '6 · 25 ' 한국전쟁이 발발하여 8월 미국을 비롯한 이른바 '연합군 '이 참전하였고, 10월 중국 인민지원군은 '항미원조 '를 내세우며 참전하였다. 1953년 7월 27일 정전협정을 체결하였다. 한반도 남북 국민들은 전쟁으로 참혹한 대가를 치렀고, 그 막대한 손실을 입었다. 이때부터 한반도 남북은 분열과 대치 상태에 돌입하였다. 중국 정부는 냉전이 끝난 후, 1992년 8월에야 대한민국 정부와 정식으로 외교관계를 맺었다.

1949년 10월 6일 북중이 정식 수교한 이후 이때부터 냉전시기에 양국 역사의 신기원을 열었다. 1950년 '6 · 25 ' 한국전쟁이 발발한 후, 10월 중국은 '항미원조, 보가위국(抗美援朝, 保家衛國) ' 을 목적으로, 300만명에 달하는 지원군을 파병하였고, 원조 물자는 당해 중국 총생산액의 45%를 차지한 것으로 추산되고 있다. 요컨대 건국한지 1년밖에 안 된 중국에 대해 '항미원조 ' 는 그야말로 특별한 행동이다. 중국은 이 전쟁에서 거액의 물자와 비용을 쏟아부었을 뿐만 아니라 백만 명의 젊은 중화자녀들의 소중한 생명을 희생시켰다.

---

10) 해방일보 1942. 7. 31;모리카와 아키라, <조선독립동맹의 설립과 활동>, <조선민족운동사연구> vol.1. 1884

중화인민공화국 정부는 1950년 6월 25일 발발한 한국전쟁을 시작으로 1953년 말까지 중국 정부는 원조한 모든 물자와 비용을 모두 무상으로 북한 정부에 제공하기로 결정하였다. 또 중국 정부는 1954년부터 1957년 4월까지 인민폐 8조원을 무상으로 조선민주주의인민공화국에 제공하기로 하였다.[11]

1950년 중국의 대북 무역 총액은 651만 달러였다. 1987년, 중국의 대북 무역총액은 이미 5.3억 달러에 이르렀으며, 이것은 1950년 무역액의 82배이다.[12] 1970년대 중국 석유 채굴량이 대폭 증가하면서 석유 위주의 광산물의 대북 무역의 비중이 뚜렷하게 상승하였고, 문화 방면에서 양국은 과학, 교육, 체육, 의약, 출판, 영화 문예 등의 분야에서 교류가 활발하게 이루어졌다.

중국 특색 사회주의는 덩샤오핑이 1979년에 제시한 '중국식 현대화의 길'이다. 이 개념, 사상, 논리적 발전은 11회 삼중 전회 이후 중국 공산당이 사회 전체가 어지러운 가운데 이루어낸 실질적인 성과이다. 개혁 개방 후, 덩샤오핑 중국 특색 사회주의 이론의 지도 하에서 중국 정부는 줄곧 공유제와 사유제가 결합된 새로운 발전 패턴을 추구하고, 사회주의 계획 경제체제에서 사회주의 시장 경제체제로 전환되었다. 중국 정부는 한반도에 대한 문제에서도 실질적으로 노선 전환을 하였다. 냉전시기에 중소는 북한을 자신의 영향권으로 끌어들이기 위해 서로 치열한 경쟁을 벌였고, 북한은 중소 간의 갈등을 이용해 이른바 서커스 외교를 진행하였다. 소련과 북한 관계가 순조롭고 밀접한 경우, 북중 관계는 미덥지 않다. 소련과 북한 관계의 균열이 발생할 때, 북중 관계는 비교적 밀접한 상태를 보였다.

---

11) <중화인민공화국 대외관계문서집> vol.2. p.164

12) <중조관계통사>, 길림인민출판사, 1996, p.1219

마오쩌둥 시기 항미원조와 대북 형제의 우호 시기를 겪었지만, 1966년 문화대혁명 폭발 이후 소련 후르시초프의 퇴진에 이어 브레즈네프가 등장하면서 북중관계에 틈이 뚜렷하게 벌어지기 시작하였다. 문화대혁명과 국제정세의 국면이 돌변하자 북중관계가 회복되기 시작하였다. 1980년대 고르바초프의 등장에 따라 북소관계는 더욱 멀어지고, 북중관계는 더욱 긴밀해졌다.

1980년대 중반, 북한은 한중 양국의 접촉을 전면적으로 반대하는 입장을 갖고 있었다. 1980년대 말부터 90년대 초까지 베를린의 담장이 무너지고, 소련이 해체됨에 따라 북한은 한중 간의 직접 무역과 무역대표처의 상호 설립을 받아들일 수밖에 없었다. 소련의 해체는 북한 정치 군사와 경제의 강력한 동반자가 사라지는 것을 의미하기 때문이다. 이러한 변화는 바로 중국의 대북 영향에 대한 절호의 기회이다. 1980년대 말기 북중 무역액은 비교적 낮았지만, 1991년 무역액은 12.8% 증가하였고, 1992-1993년에는 무역액이 17.1% 와 31.7% 증가해 총 무역액은 7억 달러와 9억 달러의 무역액을 기록해 신기록을 세웠다.13)

역사를 돌아보면 기원전 고조선부터 20세기 말까지 중국은 한반도에 대한 영향력이 가장 큰 나라였다. 15세기 북한의 세종대왕이 한글을 발명하기 전까지 1500여년 동안 중국의 한자는 줄곧 한반도에서 서면어였고, 한글 발명 후 상당 시기 동안 한자는 한반도의 공식 문자로 사용되었다.뿐만 아니라 중국 유학과 인도의 불교도 모두 중국 대륙에서 한반도에 유입되었고, 특히 유교사상이 북한 사회에 깊은 영향을 주었고, 한반도에서 오랜 동안 핵심 가치관으로 전해내려왔다.

---

13) <북한과 중국의 경제 관계 분석>, 한국 민족 통일연구원, 1994.12. p.32

1) 냉전 후 중국과 한반도

1991년 북한민주주의인민공화국과 대한민국이 공동으로 유엔에 합류하면서 중국과 남북 양국이 정치적 관계의 균형 유지를 위한 유리한 조건이 만들어졌다. 1992년 8월, 중국과 한국이 수교를 맺어, 중국은 한국과 발전 관계를 맺는 동시에, 북한과 전통적인 우호관계를 계속 유지하고 있다.

1995년 북중 쌍방 무역액은 5억 5000만 달러였고, 1996년 중국과 북한의 무역액은 5.66억 달러, 대북 수출액은 4.97억 달러, 수입액은 0.69억 달러였다.[14]

두만강 유역은 중국의 길림성과 러시아의 극동 프리모르스키 지방, 즉 북한의 함경북도의 삼국 경계지점에 위치하고 있다. 두만강 지역의 국제협력개발을 통해 두만강 유역의 낙후상태를 개선하고, 중국과 북한, 러시아 등과의 우호관계를 다져 동북아시아 지역의 평화와 번영을 촉진시킬 수 있다. 두만강 지역은 북한대외경제교류의 가장 중요한 통로로, 두만강 지역의 개발을 촉진시켜 북한대외무역, 신흥산업의 개발을 이끌어 북한 동해안 세계무역을 촉진하는 중계항으로써, 북한이 경제적 어려움에서 벗어나 국민경제발전을 촉진시키는 데 매우 유리하다. 유엔 두만강 지구 개발 프로젝트의 발전(UNDP) 과정에서, 북중 양국의 경제 발전이 새로운 경지에 도달할 것이다. 반면 한반도에서 전쟁이 일어나면 중국의 가장 중요한 공업지구 중 하나인 동북 삼성 수도 베이징 및 천진은 직접적으로 위협을 받을 것이다. 중국 정부는 한반도가 불안정한 요소가 있다는 것을 깨닫고 한반

14) <중국 해관 통계 연감>, 중국해관총서

도의 긴장을 완화시키기 위해 한반도의 긴장을 완화시켜 남북한의 상호 화해를 촉진하고 있다. 중국 정부는 한반도의 통일은 한반도 전체 국민들의 일이며 한반도의 통일은 외래세력이 간섭하지 않는 조건 아래 한반도 내 국민이 스스로 해결해야 한다고 여겼다. 중국 정부는 최근 남북한 대화, 교류 조건을 위해 6자 회담, 4자 회담을 베이징에서 거행하고 있으며, 중국은 이런 편의 제공을 통해 남북 쌍방의 화해 촉진을 바라고 있다.

90년대에 들어서면서 냉전 구도가 붕괴되면서 한중 양국 관계는 역사적 변화가 일어났다. 1992년 8월 한중은 마침내 공식적인 외교관계를 맺고 양국 관계사의 새로운 지평을 열었다. 1990년대 들어 한국 경제는 20여년 간 고속 성장을 이룩한 뒤 안팎으로 어려움을 겪었다. 국외에서는 세계 정치 구조의 변화에 따라 글로벌 경제 환경도 격변하였다. 세계 경제는 이미 한편으로는 자유무역을 확대하고, 다른 한편으로는 무역보호의 이중 구조를 강화하였다. 국제 경쟁이 더욱 치열해진 것이다. 한국은 외향형 경제체로 수출 주도의 경제를 발전시켜 국제무역에 대한 의존도가 강하다. 세계 경제 일체화, 지역 집단화 추세가 빨라지는 환경 하에서, 한국은 한편으로는 미국, 일본, 유럽 등 서양 국가의 보호무역주의와 농산물 위주의 농업 시장의 개방 압력에 직면하였고, 다른 한편으로는 저렴한 노동력시장으로 경쟁하는 동아신흥국과의 경쟁에 직면하였다. 중국은 방대한 시장, 풍부한 자연자원, 저렴한 노동력을 보유하고 있어 한국에 있어 굉장히 매력적인 요소를 가진 국가이다. 한국 정부와 기업계 인사들은 중국과의 경제 협력 발전이라는 현실적 의의와 깊은 역사적 의미를 잘 인식하고 있다. 한국경제기획원 대외경제국 국장 김호식이 지적한 중국과의 협력은 21세기 문을 여는 대외경제전략의 핵심이 될 것이다.

정치적인 방면에서는 중국을 21세기 선진국과 함께 세계정치질서를 주재하는 주요 국가 중 하나로 본다. 바로 이 인식의 기초 위에서 중국과 '협력 동반자 관계'라는 것이다. 한국과 중국의 외교관계 수립・발전은 한중 양국의 전략적 핵심 이익에 부합하는 셈이다.

노태우 한국 대통령의 중국 방문을 시작으로 한국 역대 대통령들이이 중국을 잇따라 방문하였다. 1995년 11월, 중국 국가주석 장쩌민의 한국 방문을 시작으로 한중 양국 관계는 점점 좋은 방향으로 발전하였고, 양국은 많은 국제 사무에서 공감하며 공동 행보를 보이고 있다.

1) 동북아 지역의 평화와 안정 등 중대한 문제에서 양국은 공동의 정치적 안보 이익을 가지고 있다. 냉전이 끝난 후 동북아 지역은 줄곧 불안한 상태에 처해 있었다. 낡은 질서는 이미 깨졌고, 새로운 질서는 아직 세워지지 않아 모든 지역이 중요한 역사적 전환기에 놓여 있다. 일본의 우익 군국주의 세력이 고개를 들면서 이 지역은 갈수록 국제적으로 군사 문제가 초점이 되고 있다. 위태롭고 불안정한 한반도 정세는 지역의 평형과 안정을 위협하고 있다. 이런 특유의 지역 안보 요인들로 인해 한중 양측이 양호한 전략 협력 관계를 유지하고 있고, 개혁의 순조로운 진행을 보장하기 위해 양측 모두 안정적이고 조화로운 지역의 국제환경이 조성되기를 희망하고 있다.

2) 국제사무에서 한중 양국은 협력과 합작을 강화하고, 지역의 안정과 평화와 번영에 기여하고 있다. 한반도 평화통일 문제에 대해 한국 정부는 중국과의 협력관계를 한층 더 발전시키기를 희망하며, 중국은 한반도 통일에 유리한 긍정적인 반응을 보이고 있다. 중국은 남북 양측이 평화 협상 방식의 분쟁 해결을 일관적으로 지지하고 있다. 중국이 이웃 나라가 내란, 분열, 충돌이 중국에 유리하다고 생각하지

않는다. 반면 중국은 한반도 평화와 안정에 유리한 조치와 결정을 반기고 독려하고 있다. 이것은 중국이 적극적으로 반도 문제를 중재하는 4자 회담과 6자 회담을 진행하는 것과 같은 것이다.

3) 한중 양국은 서로 근본적인 이해충돌이 없다. 역사상 중국과 한반도는 같은 유교 문화권으로, 장기간 양국은 같은 한자를 사용하고 같은 문화가치관을 가지고 있기 때문에 양국은 많은 문제에서 쉽게 공감할 수 있다. 어떤 구체적인 문제에서 쌍방은 마찰을 피할 수 없겠지만, 양국은 모두 "구동존이"하고, 자제할 수 있다. 전략적 관점에서 양국 관계의 중요성을 인식하고, 한중관계의 발전에 영향을 끼치지 않는 기본적인 방침을 가지고 있다. 한중 양국은 독립자주적 외교정책을 시행하며 양자관계를 발전시키는 데 있어서는 어떠한 제3자의 견제도 받지 않는다. 한중 정치관계의 우호는 양국 경제, 문화 등 분야의 협력과 발전을 더욱 촉진시킬 수 있다. 한·중 양국은 70년대 말·80년대 초부터 홍콩을 통해 간접무역을 진행하였는데, 처음에는 무역액이 크지 않았다. 한중 무역액은 1981년 7500만 달러에서 1982년 1억 달러에 달했으며, 이후 매년 증가하여, 1985년 한중 무역액은 6억 4600 달러에 달했다. 중국 올림픽 대표단이 88 서울올림픽에 참가하면서 한국에서는 중국 열풍이 일어나 1988년 한중 무역액이 30억 달러에 이르렀다. 같은 해 10월 한국 교통부는 중국 관광 금지령을 해제하였다. 1990년 10월, 한중 양국은 무역 대표 사무소를 상설하는 것에 동의하였다. 1991년 말 양국은 한중 무역협정에 정식으로 서명하였다. 한중 수교 후 양국 무역은 급격히 발전하였다. 한중 무역액은 1992년 64억 달러에서 1996년 200억 달러로 증가하였다. 1997년 한중 무역은 235억 4700달러에 이른다. 중국은 미국, 일본에 이어 한국의 제3대 무역 파트너가 되었고, 한국은 이미 중국의

4대 무역 파트너가 되었다. 2004년 중국은 미국을 제치고 한국의 제1대 무역 파트너가 되었다.투자 방면에서 한국의 대중국 투자 총액은 수교 시기 6000여만 달러에서 1997년 26.6억 달러로 증가하였고, 당해 한국 해외 총투자의 19.4%로 중국이 한국 최대 투자 대상국으로 떠올랐다.

1994년 3월 한중 양국은 문화협력협정 체결 이래로, 한중 양국 간의 정상문화, 예술교류에 대한 제도적 보장뿐만 아니라 교육, 학술, 언론, 스포츠, 청소년 교육 등 광범위한 분야에서의 협력 내용을 규정하였다. 협정 서명 이후 한중 양국 학자들은 각 학술 분야에서 학술 상호 방문, 강학, 공동 연구, 상호 유학생 및 연합 연구 토론회 등을 열었다.

김대중 전 대통령은 1994년 11월 9일 상하이 복단대 강연에서 "우리는 몇 년 동안 정치, 경세, 사회 등 모든 분야에서 밀접한 협력관계를 유지하고 있는 중국과 큰 사랑을 갖고 있다"고 밝혔다. 한중 수교 후 양국 관계는 각 분야에서 전면적으로 전개되었으며, 현저한 후발주자 이점을 보이고 있다. 1998년 11월, '21세기를 향한 동반자 관계'를 확립한 이후 2003년 '전면적인 동반자 관계'로 재차 상향하였다. 한중 수교 연합 공보를 첫 번째 문건으로 삼는다면 2003년 연합 공보는 강령적인 문서로, 이 문서는 양측 수교 연합 공보에서 제시한 원칙에 대해 거듭천명하였고, 수교 10년 간의 발전에 대해 긍정적으로 평가하며, 쌍방 관계 성격의 위치에 대해 '전면'이란 두 글자를 늘렸다. 두 글자의 차이지만 의미는 크다. 그 중 가장 중요한 것은 정치 분야의 협력을 강조한 것이다. 한중 관계의 회복은 수교 후 양국의 정치, 경제, 문화 관계의 발전을 포함하며, 이른바 '정경 분리'의 원칙 아래 경제 무역 교류를 초점으로 양국 정치 분야의 교류와 발전을 더욱 확장하는 것이다. 국제경제정치화 경향이 갈수록 두드러지면서 아태-동북아 지역의 경제 협력, 안보메커니즘 탐구, 한반도 평화통일 체제 및 통일 문제 등에 대해서는 이미 의사일정을 제시하였는데, 이 문제들은 모두 정치적 분야의 밀접한 협력, 상호 조화를 통해야만 공감대를 형성할 수 있다.

김대중은 1924년 1월 6일, 전라남도 신안군 하의도 후광촌의 이장 가정에서 태어났다. 4형제 중 둘째였다. 그는 고려대학교 본과를 졸업하고 경희대학교 대학원을 다녔다. 1954년 목포에서 무소속 인사로 제3대 국회의원 선거에 출마한 뒤 파란만장한 정치생활을 하였다. 1960년 이후 제 5. 6, 7, 8, 13. 14대까지 총 6차례 국회의원에 당선되었고, 세 차례 대통령에 도전하였다. 박정희와 전두환 집권 시절 납치, 연금, 사형까지 선고받았지만, 그는 시련을 겪고 불요불굴하며, 고희를 넘어 네 번째 대통령 경선에서 승리하여 한국 제15대 대통령으로 당선되었다. 그의 일생은 고난의 일생과 분투의 일생이라고 할 수 있다. 세 차례의 대통령 경선에서 실패했을 뿐만 아니라, 목숨을 잃을 뻔한 적이 세 차례였고, 두 차례의 해외 망명, 여러 차례 수감까지 겪었다. 그는 러시아 모스크바 국립외교대 정치학 박사, 미국 에메리대학교 법학과 명예박사, 호주 시드니 국립대 법학 명예박사, 중국 남개대학교 사회과학원 명예교수 등의 영예를 받았다. 그는 한국 역사상 드물게 시야를 넓게 가지고, 앞을 널리 내려다보며, 민족통일 대업을 자신의 소임으로 삼았다. 그리고 자신의 정적뿐만 아니라 전두환, 노태우에게 망개일면망개일면(網開一面)하였고, 북한에 '햇볕정책'을 실시하여 남북관계를 크게 개선해 노벨평화상을 받았다. 무엇보다 그는 집권 시기에 동아시아 금융위기를 극복해 국내 금융위기를 성공적으로 극복하였다.[15)]

한중 양국의 '한풍(韓風)' 과 '한류(韓流)'는 양측의 이해가 더욱 깊어지며, 신뢰를 증진시키는 데 도움이 된다. '한류'와 '한풍'은 각각의 문화, 예술 분야의 매력을 가리키지만 '한류'와 '한풍'의 교류가 넓어지면서 한중 양국의 정신적 교류가 물류, 인구 유동량의 증가와 정치적, 안보 등 중대한 문제로 이어지고 있다.

냉전이 끝난 후 국제관계 발전의 두드러진 특징은 동반자 관계의 '열'이다. 국제관계에 대한 양자관계는 친선관계로 선린관계, 동맹관계, 파트너관계 등 다른 명칭으로도 불린다. 호칭의 다른 반응은 쌍방 관계의 서로 다른 위치에서 생각해야 한다. 동반자 관계는 강대국 관계 조정에서 먼저 일어났다. 미국과 러시아가 1994년 성숙한 전략 동반자 관계를 맺었고, 중러는 1996년 전략협력 동반자 관계를 맺었다. 미중은 1997년 건설적 전략적 동반자 관계를 맺었고, 러일은 1997년 상호 신뢰 동반자 관계를 맺었고, 중일은 1998년 우호협력 동반자 관계를 맺었다.

동맹관계는 대국을 중심으로 대국의 의지에 따라 공동의 대상 목표를 겨냥해 형성된 군사, 정치, 경제 체계다. 동반자 관계는 국가의 크기, 강대국과 약소국에 상관없이 사무에 있어 동등한 발언권을 가지고, 공동의 정치, 경제와 안보 이익을 도모하며, 기본적으로 제3국의 간섭을 받지 않는다. 선린관계의 동반자 관계는 인접의 이점이 있지만, 그다지 평등한 메커니즘은 아니다. 결론적으로, 현재 국제관계 발전은 이미 동반자 관계 시대에 접어들었고, 동반자 관계의 질적 규정성은 동반자 사이의 평등, 비동맹, 제3국을 겨냥하지 않는다는 점이고, 이 점은 냉전시기 대국 간의 동맹과 적대와 비교하면 국제 발전사의 큰 진전이 있었다고 할 수 있다.

---

15) 이학성, <IMF 단속 5년 후의 한국 경제>, <세계경제연구>vol.3. 2003

여러 해 동안 외교 실행을 거쳐 중국 차세대 지도자들은 1997년 새로운 상황에서 안보 전략 이론의 재설계 문제를 정식으로 제시하였다. 2년 후, 1999년 3월 26일, 장쩌민 중국 국가주석은 제네바 군축회의에 참석해 '보편적인 안보관'을 중국 신 안보이론의 핵심 관점으로 삼는다는 관점을 명확히 제시하였다. 보편적인 안보관은 최근 국제적으로 나타난 공동안보, 평등 안보, 협력 안보, 상호 안보, 종합 안보 등 안보관의 합리적 핵심을 광범위하게 받아들이고, 협의적인 단순 군사안보관은 배제하였다. 중국이 안보와 관련한 주장과 입장을 고려하여 제시한 새로운 안보관인 보편적 안보관은 정치적 안보, 의식형상태 안보, 환경 안보, 군사 안보를 포함하고 있다. 그 범위는 국내 안보, 지역 안보, 국제안보, 세계안보를 포함하고 있으며, 추구하는 목표는 지속적 안보이다. 중국은 평화공존 5원칙을 국제안보의 기본 규범으로 삼아 평화 안정, 공정, 합리적인 국제질서를 근본 목표로 삼고 있다고 대외적으로 주장하고 있다. 평화공존 5원칙은 주권과 영토를 존중하고 상호 불가침, 상호 내정 불간섭, 평등 상호 이익, 평화공존을 가리킨다. 안보를 주장하는 것은 종합적인 것이며, 두가지 방면의 함의를 포함하고 있다. 하나는 군사안보, 경제안보, 정치안보, 문화안보 등 복합적 결합이다. 다른 하나는 군사, 경제, 외교, 문화, 홍보 등 각종 수단으로 국제적 안보를 수호하는 것이다. 이 주장은 냉전 후 안보 내포와 외연을 계속해서 확대하는 것에 대한 객관적 반영이다. 안보개념에 대한 이해는 더 이상 군사 영역에 국한되지 않고 정치, 경제, 문화 등 각 분야로 확대되어, 더욱 종합적 안보를 중시하게 된다.

중국은 평화 공존 5원칙을 제창해 158개국과 외교관계를 맺고, 200여 개의 국가와 지역과 경제무역, 과학기술, 문화교류와 협력을 진행하였고, 모든 이웃나라 및 주변 국가와 선린 우호관계를 맺고, 절대다수 나라와 역사적으로 이어져 온 국경 문제를 해결하였다. 21세기를 전망해본다면, 지역의 충돌은 여전히 지역과 세계평화를 위협하는 주요 위협이 될 것이다. 패권주의와 그것이 추진한 신간섭주의는 여전히 세계 불안을 위협하는 주요 화근이다. 보편적 안보관은 이런 안보 정세를 겨냥하여 자국의 안보를 지키기 위해 힘써 협력하고 공동으로 지역의 안보와 전 세계안보를 보호해야 한다는 것을 강조하는 것이다. 즉, 한 나라가 타국의 안보를 위협하고 손상시킴으로써 자국이 안보를 보장할 수 없다는 것이다. 다른 지역과 다른 지역의 안보가 불안하다면, 자국과 지역의 안보도 결국 실현되지 못하고 지속적으로 보장할 수 없을 것이다.

2. '후냉전시기'의 중국과 한반도

중국 국토 면적은 960만㎢이고, 육지와 바다가 넓다. 북쪽에서 남쪽까지 한대, 온대, 난온대, 아열대, 열대 등 많은 기후대가 펼쳐져 있고, 동북아와 동남아의 두 지역을 포함하며, 해안선은 1만8천여㎞에 달한다. 즉, 중국은 육지 대국이자 해양 대국이다. 유엔 해양조약의 규정에 따르면 중국은 300만 ㎢의 해양국토(중국 육지 면적의 3분의 1가량)를 보유하고 있다. 해역 내에는 5000여 개의 섬이 있고, 총 면적은 8만여 제곱㎞에 이르며, 이 섬들은 매우 높은 경제적 가치가 있을 뿐만 아니라 중국 대외개방의 지점과 군사 전략 요지이다. 중국 정국 안정은 아시아 태평양 및 동북아 평화 안정의 중요한 요인이다.

중국의 인구와 면적은 아시아태평양 지역에서 큰 비중을 차지하고 있기 때문에 중국의 안정은 아시아태평양 지역과 동북아시아에 미치는 영향에 대해서는 굳이 언급할 필요도 없다. 1990년, 덩샤오핑은 "중국이 불안정한 것이 국제 문제라면, 그 결과는 상상하기 어렵다"고 지적하였다. 중국은 동북아 및 아시아태평양 지역의 강대국이며, 유엔 안보리 상임이사국으로서 아시아태평양 지역 및 동북아 여러 충돌 문제에서 대체불가능한 역할을 하고 있다. 예를 들어 동북아에서 가장 첨예한 한반도 문제에서 중국은 중대한 국익이 걸려있다. 하지만 위기에 휘말려 직접적으로 충돌하는 입장이 아닌, 양측의 정치적 입장을 대변할 수 있는 영향력을 가진 유일한 나라로, 남북 쌍방의 소통, 연락과 완충의 역할을 할 수 있다.

중국과 한반도는 북쪽 두만강에서 시작하여, 남쪽 산동반도 중국 동부의 광대한 지역까지1300여㎞의 공동 국경을 가지고 있는데, 반도를 중심으로 하는 외부 강권 세력의 방사 범위 안에 위치해있다. '순치상의, 순망치한'으로, 그 의미는 한반도가 중국에 대해 안보 완충지대의 작용을 하고 있다는 의미이다.

우선 남북관계가 완화된다는 것은 완충지대의 안정을 의미하는 것으로, 중국에 양호한 주변환경이 조성된다는 것이다. 그 다음으로 남북 쌍방이 내부 연계 운영, 배타성 증강에 힘쓰고, 미일 동맹이 중국 주변 포위권의 구축에 힘을 쏟는 것은 일종의 배척이다. 남북 갈등의 완화와 해소가 내부 갈등의 발생으로 전이될 수 있다. 한반도 내부 발언권의 제고와 민족의식의 강화에 따라 내재되어 있는 중국 영토에 대한 욕망이 점점 증가할 것이다. 중국 동북의 요녕, 길림, 흑룡강 3성은 한민족들이 광범위하게 분포하고 있으며, 그들은 대부분 19세기 중엽 이후 한반도에서 이민을 온 후 중화민족의 대가족이 되었다.

한반도 민족의식의 증강에 따라 해외 동포에 대한 관심이 커질 것이다. 김대중 전 대통령이 집권 시기에 한국 정부는 해외 동포의 '3적 문제' 를 제기하였다(3적은 출신 민족, 국적, 본적을 가리킴).

한반도 내부 통일의식의 강화와 한반도 내향화 추세 발전에 따라 자주의식이 점점 강해지고 있다. 이것은 오랜 기간 동안 한반도 정세를 좌우하는 외부 요소의 영향이 상대적으로 낮아지고 있다는 것이고, 이것은 중국에게 불리하다기보다는 유리한 면이 있다. 다른 강대국들이 한반도 정책의 취향을 주도하고 간섭하려고 하는 것과 비교하면, 중국은 '내정에 간섭하지 않고', '사익을 도모하지 않는', 위화감이 가장 적은 한반도 정책을 유지하고 있기 때문에 갈등이 비교적 적고, 공감 영역이 비교적 크다. 건국 이래 중국의 한반도 정책은 '이데올로기 형태에 따라 사무를 구분한 것은 시비가 없는 판단'의 전환을 거쳐 중국의 한반도 정책이 실질적이고 성숙해지고 있음을 나타내고 있다. 현재 중국이 시행하는 '한반도 평화와 안정 유지', '건설적 역할 발휘'의 정책은 한반도 문제의 본질을 잡았고, 동시에 중국이 일관적으로 제창하는 평화공존 5원칙에도 부합된다. 그러나 '건설적 역할 발휘'라는 정책은 교묘함에도 불구하고 다소 모호하다. '건설적 역할'은 조언을 하는 역할로, 상대적으로 보수적으로 이해되며, 중국이 한반도 문제에 대해 목소리가 약해질 수 있기 때문이다. 세계의 강대국 이미지의 수립은 자국이 있는 지역 사무에서 점차 주도적 지위를 차지하여 발전하는 것으로, 중국 역시 세계 강대국의 경로에서 벗어날 수 없다.

한반도 구도의 변동은 필연적으로 주변 열강(중국, 미국, 일본, 러시아)의 참견을 불러일으킬 것이며, 4대국도 기회를 놓치지 않고 한반도에 영향을 끼쳐 자국에 유리한 방향으로 발전시킬 것이다. 이에 따라 중국이 자국의 이익을 최대화할 수 있는 한반도 정책을 제시할 수 있을지의 여부는 한반도의 외교 플랫폼에서 중국이 진정으로 정치대국의 실험기지가 될 수 있을지의 여부로 검증될 것으로 보인다.

통일 후 한반도의 전략은 아직 많은 변수가 존재할 때, 미중 양국은 그들이 속으로는 한반도의 통일을 완전히 지지할 수 없고, 현황유지에 만족한다는 것이다. 한반도 통일 문제에 대해 미국이 가장 관심을 갖는 것은 반도의 평화통일이 아니라, 어떻게 한국 주둔군을 유지하고, 중국과 러시아에 대비하여, 아시아 태평양 지역의 전략적 우위를 유지하는 목적에 도달하느냐의 여부이다. 미국의 입장에서 보면, 미국을 이탈한 한반도는 상상할 수도 없고 받아들일 수도 없다. 철군을 하게 되면 힘의 공백을 피할 수 없고, 강력한 경제와 군사력을 보유한 국가 간의 불안정성은 신 군비 경쟁으로 이어질 수 있고, 이것은 지역 안정과 글로벌 경제에 모두 악영향을 끼칠 것이고, 미국은 아태 지역 전략 배치에 혼란을 겪게 될 것이다.

반면 한반도 국가들에게는 남북은 반드시 한반도 운명을 결정하는 것은 자신들이지 다른 어떠한 나라도 아니라는 입장을 견지하고 있다. 자주성을 더욱 강조하는 동시에 한반도 통일 프로세스를 남북 주도의 궤도에 올려놓아, 지금의 대국이 주도한 진흙 탕 속에서 헤쳐나아가야 한다. 미국이 한민족의 희생을 최고의 이익으로 전세계와 지역 전략의 이익을 충족시키려는 의도를 견지한다면, 결국 한국의 지지를 잃게 될 것이고, 이것은 본질적으로 미국의 아시아태평양 지역에서의 존재와 건설적인 역할 발휘에 불리하게 작용할 것이다. 중국은 중립을 지킴으로써, 통일된 한반도는 미국을 향해 유리한 입장에서 좀 더 광범위한 것, 즉, 지역 안정과 발전을 기초로 비재건 세력범위의 시야에서 출발하여 지역 다변 안보 매커니즘을 건립하도록 노력해야 한다고 표명할 수 있다. 중국의 전략적 목표는 아태지역에서 미국을 배척하는 것이 아니라 상호 협력을 통해 전략적 안보 메커니즘을 구축하고, 서로 다른 이익을 가진 대국들이 이 지역에서 충돌할 가능성을 해소하는 것이다.

발전 수요, 주권 수요와 책임 수요 모두 중국이 한반도 문제에서 대국 전략적 사고를 가지기를 요구하고 있다. 중국의 입장에서는, 한반도 문제는 결국 미국과 일본 문제라는 것이다. 미국과 일본의 입장에서는 한반도 문제는 결국 중국 문제다. 삼자 간의 갈등과 복잡한 현실 상황은 한반도 남북 화해와 통일 프로세스 침체의 외부 요인이 된다. 그들은 한반도에서의 이익이 같지 않고, 영향력은 되지 균형적이지 않지만, 반도 정세를 안정적으로 유지해야 한다는 기본적인 입장에서는 일치하였다. 사실 어떤 외부 역량도 한반도 안정 및 화해를 자신의 이익과 동일선상에 놓아두기에는 모자람이 있다. 어떤 대국도 자국의 이익을 희생해 반도의 평화와 통일을 촉진시키지 않는다는 얘기다. 객관적이고 현실적인 태도로 한반도의 통일을 바라보면, 편협한 양측의 입장과 제로섬 게임의 기계적인 사고를 최대한 피하는 것은 근본적으로 각자의 이익에 유리하고, 역사의 발전 추세에도 부합한다. 최근 몇 년 동안의 사태 변화는 중국은 이미 한반도 사무에서의 역할이 갈수록 중요해지고 있지만, 동시에 중국이 '한반도 통일'이라는 역사적 기회를 제때 잡지 못해, 한반도 통일 과정에서 더욱 적극적인 건설적 역할을 발휘할 수 없다면, 한반도에서의 전통적 권익을 잃을 뿐만 아니라 동북아의 새로운 구도를 재창조할 좋은 기회가 결국 영향력이 있는 다른 강내국이 될 수 없다는 것을 보여주고 있다.

이번에 김정은이 중국을 두 차례 비공식 방문한 것에 대해 세계가 주목하며, 세인들은 김정은을 재평가하고 있다. 그리고 그와 문재인 대통령의 '판문점 선언'은 한반도 평화 발전의 서막을 열었다.

3. 미중 게임 사이에 끼인 한국

한국은AIIB에 합류할까, THAAD를 배치할까?

중국이 주도하고 있는 AIIB에 가입할지, 미국의 THAAD 배치 요구에 응할지는 현재 한국 정부 앞에 놓여 있는 두 가지 국가전략과제이다. 이른바 AIIB는 2013년 중국 국가주석인 시진핑이 동남아 방문 기간에 건립을 제안한 아시아 인프라 투자은행이다. 이후 2014년 10월 24일 중국 인도 싱가포르 등을 비롯한 21개의 창시회원국인 재무장관과 권한대행이 베이징에서 서명한 <아시아 인프라 투자 은행을 건설하는 정부 간 프레임 비망록>에서 공동으로 아시아 인프라 투자은행 즉 AIIB를 설립하기로 결정하였다. 하지만 아시아의 주요 경제체인 일본, 한국, 인도네시아의 불참에 세계의 이목이 집중되었다. 최근 인도네시아는 '아시아 인프라 투자은행' 가입을 선언하였고, 호주는 아시아태평양 지역의 주요 경제체로 '아시아 인프라 투자은행' 가입을 고려하고 있다. 오스트레일리아 전 총리 밥호크도 AIIB에 가입하지 않는 것은 어리석은 결정이었지만, 이 결정은 쉽지 않았다고 밝혔다. <오스트레일리아 재경관찰>은 커리 미국 국무장관이 2014년 10월 20일 인도네시아 수도인 자카르타에서 인도네시아 대통령의 취임식에 참석했을 때 단도직입적으로 토니 아버트 호주 총리에 대해 AIIB에 대한 태도를 표현했다고 보도하였다. 커리는 AIIB의 성질이 모호하고, 투명하지 않으며, 세계은행과 아시안은행 등급의 환경보호와 인권 기준에 부합되지 않는다고 생각하였다. 그리고 커리는 개인으로써 호주 총리에게 AIIB와 '멀리 거리를 둘 것'을 요구하였다. 사실 미국의 우려는 예상했던 일이다. 중국의 굴기는 미국이 아태지역에서의 러더십의 위기를 초래할 수 있기 때문이다.

여러 해 동안 국제 화폐 기금 조직인 IMF와 세계은행은 모두 유럽과 미국이 주도하고 있었다. 이 두 국제 금융 기구의 최고 지도자 선임에는 '세습제'를 실시한다. 세계은행 행장은 가장 큰 주주인 미국이 시녕한다. 미국이 행장의 인선을 좌우하는 것이다. IMF 회장은 60여년 간 유럽인들이 맡았다. 어떻게 개혁해도 미국의 한 표 거부권에 영향을 줄 수 없다. 그리고 아시아에서는, 일본이 경제대국으로 부상할 때 미국과 합작하여 아시아 개발은행을 창건하였다. 1966년 설립된 이래 아시아 개발은행 행장은 9회 연속 일본의 대장성, 재무성, 일본 은행의 고관이 역임하였다. 중국도 증자 등을 통해 더 많은 아시아개발은행의 투표권을 희망했지만, 아시아 개발은행은 2014년 5월 연회에서 관련 제안을 보류하였다. 중국이 주도한 AIIB의 직접적인 도전 대상은 49년 역사를 가진 아시아 개발은행이다. 아시아개발은행의 과거와 현재의 주요 업무는 여전히 인프라 건설이기 때문이다. 아시아 개발은행은 일본이 주도한 아시아은행이 직접 항목 입찰, 구매, 계약서 수여와 건축 활동의 감독에 직접 참여하여, 프로젝트 선별에서 아시아 개발은행에서 자신이 인정하는 정부와 협력을 선택하였다.

중국이 주도한 '아시아 인프라 투자은행'의 대출 조건은 더 유연하고, 수요를 기반으로, 아프리카의 콩고와 앙고라 등과 같은 국가는 인프라 대출을 통해 대량의 계약을 체결하였다. 아시아 인프라 투자

은행 비망록에 따르면 아시아 투자은행의 법정 자본은 1000억 달러다. 앞서 중국 재정부 장관 로우지웨이(楼继伟)는 중국 최종출자 비율이 반드시 50% 에 달할 필요는 없다고 밝혔다. 참여 국가가 많다면, 중국 출자 비율이 줄어들 수 있다. 그러나 경제 가중치에 따라 계산하면, 중국은 여전히 최대주주이다. 중국은 아시아투자은행에서 절대적인 주도권을 차지하고 있다고 할 수 있다. 세계은행의 미국과 아시아 개발은행의 일본과는 뚜렷한 대비를 이루고 있다.

중국 정부가 아시아투자은행을 주도하기로 결정한 것은 글로벌 전략적 의도와 깊은 관계가 있다. 국내적으로 볼 때, 중국 경제는 30여 년간 지속된 고속성장 이후 2014년부터 GDP 의 증가 속도가 현저하게 줄어들어, GDP 성장률이 7.4%를 기록하였고, 2015년에는 7%의 증가폭도 유지하기 어렵다. PMI 지수는 이미 50 기준선에서 오랫동안 힘겹게 버티고 있다. 동남연해 원제조업은 이미 포화 상태가 되었고, 산업 업그레이드에 급급하다. 여러 현상들로 인해 중국은 신속히 자본을 수출하고, 국내 모순을 이양하여, 지속적으로 확대된 국내 수요 증가를 유지해야 한다.'아시아 인프라 투자은행'은 금융 플랫폼으로 자본수출과 노동력의 해외 이동을 순조롭게 진행할 수 있다. 그 중 가장 현실적인 프로젝트가 바로 '일대일로'이다.

'일대일로'는 2013년 9월 7일, 중국 국가주석인 시진핑이 카자흐스탄에서 처음으로 '실크로드 경제 벨트'의 공동 건설을 제기하였다. 한 달 후, 시 주석은 인도네시아에서 "21세기 해상 실크로드"를 제기하였다. '일대일로', 즉 One Belt and One Road이다. 중국은 고대 중국의 예전 영광을 계승할 수 있으며, 아시아와 유럽 대륙을 잇는 7천여㎞의 비단길을 다시 복구할 수 있다. 일대일로는 국내 대규모 펀드 투자, 지방정부의 부채, 생산에너지 과잉, 실물경제 전환 등 국내 모순을 크게 완화할 수 있을 뿐만 아니라, 육로를 개척하여 미국의 해상 봉쇄와 억제를 피해갈 수 있다. '일대일로' 지역은 46억 인구가 살고 있을 뿐만 아니라 경제 총량도 20조 달러를 넘어선다. 인구와 경제규모는 각각 세계 63%와 33%를 차지하고 있다. 지역 내 대부분 국가가 개발도상국이기 때문에 중국의 과잉자본과 노동력 수출에 유리하다. 현재 중국의 해외 자산총액은 6조 29억 달러에 달하며, 외환 보유액도 4조 달러에 이른다. 금융 리스크를 피하기 위해 중국도 리스크를 분산할 필요가 있다. 이러한 '일대일로'는 중국 과잉 생산성을 소화하고, 인민폐 국제화를 추진할 수 있을 뿐만 아니라 개발도상국에서 중국의 위망을 높이고, 중국의 에너지와 식량 안전을 보장할 수 있다. 예를 들어 중국-파키스탄 경제 회랑을 통해, 석유를 파키스탄의 과다르항에서 육로로 신강 카슈가르까지 직접 운송할 수 있다. 이것은 말리카 해협을 도는 것보다 85%의 운송 비용을 줄일 수 있다.

국제적으로는 중국이 지역 정치 우위를 충분히 발휘하는 데 도움이 된다. 21 세기 상반기는 미소 게임, 미일 게임 등 여러 차례의 강대국의 게임이 있었지만, 미중이 의심할 나위 없이 가장 중요한 양극 게임을 벌이고 있다. 왜냐하면 중국은 세계에서 가장 많은 인구를 가지고 있고, 세계 최대의 외환 보유를 하고 있을 뿐만 아니라 세계 패권국의 전통 역사도 지니고 있기 때문이다.

1500년 중국 GDP 총량은 전 세계의 약 25%를 차지하였고, 1600년에는 전 세계 점유율의 약 29%, 1820년에는 약 33%를 차지하였다.(중국 GDP 총량이 전 세계 점유율 비율에서 크게 하락한 것은 1840년 아편 전쟁 이후부터로, 1870년 17.1%, 1913년 8.8%, 1978년에는 1.8%까지 하락하였고, 2010년 이후 10% 이상을 차지하기 시작하였다).[16] 그래서 미래의 글로벌 패권국이 이 두 나라의 게임에서 결정될 가능성이 가장 높다. 국제정치의 일반적인 관례에 따르면 신구 제국의 충돌은 일반적으로 전쟁의 숙명에서 벗어날 수 없다. 포르투갈과 스페인, 영국과 프랑스 등이 바로 그 단적인 예이다. 그러나 경제 세계화의 물결에 따라 전 세계는 평화와 발전이 주류가 되었다. 미중의 경제는 더 이상 분리되기 어려워졌다. 네 안에 내가 있고, 내 안에 네가 있다고 할 수 있다. 두 대국 간의 무역 거래는 전 세계에서 가장 많다. 이번 미중 무역전쟁은 바로 이 역사의 숙명의 재현이다. 미중 간의 게임 결과는 미래의 국제 신질서를 다시 결정할 것이다.

중국은 개혁개방의 심화에 따라 갈수록 글로벌 경제에서 벗어날 수 없고, 중국이 자본주의 체계를 진정으로 융합시키려면 세계금융 시스템을 우선 융합해야 한다. 2001년 중국이 WTO에 가입하면서 중국이 자본주의 경제 체제 융합의 서막이 시작되었다고 할 수 있다. 하지만 중국 자신의 이익은 미국 주도의 금융체제에서 최대화될 수 없고, 게다가 국내 빈부 격차가 커지고, 노사 갈등도 두드러졌다. 덩샤오핑이 외교 문제에서 도광양회(韬光养晦)정책을 실시한 이후 중국은 미국의 근본이익을 침해하지 않는다는 전제에서 화해를 추구했다. 하지만 WTO나 IMF, 아시아 개발은행을 막론하고, 중국이 주도국이 될 수 없었다. 마치 진중샤, 린이푸 등의 학자가 예전에 제시한 대로 중국은 미국의 마셜 플랜을 본받아, 자본수출 형태로 글로벌 범위에서 인프라 건설을 진행해야 한다. 중국은 세계은행과 아시아가 개발은행에 가입하는 형식으로 자본수출을 시도했으나 효과적인 반응을 얻지 못하였다. 예를 들면 TPP는 미국이 중국을 봉쇄한 일종의 형식이다. 미국의 TPP를 겨냥한 중국은 2013년부터 아시아인프라 투자은행을 계획하였으며, AIIB는 중국 자본 확장 중 중요한 부분이

16) 자료출처 : 신재부망(新财富网)

될 것이며, 미국이 주도한 TPP와 일본이 주도하는 아시아개발은행에 대항하게 될 것이다. 이것도 바로 미국이 가장 걱정하는 것이다. 이에 따라 미국은 동맹국이 가입하는 것을 막는 동시에 어떻게 하면 이 조직에 참여하여 이익을 얻을 것인지를 고려하고 있다. 만약 중국이 미국처럼 거부권을 갖고 있지 않다면, 미국과 그 동맹국도 가입할 가능성을 배제할 수 없다. 그래야만 미래에 '일대일로'와 아시아의 굴기 과정에서 이익을 나눌 수 있기 때문이다.

지금까지 50여 개국이 '일대일로' 전략에 참여한다는 것을 명확히 밝혔다. 이것은 아시아 유럽 대륙에서 최소한 절반의 국가가 이 전략에 참여하고 싶다는 것을 분명히 나타내는 것이며, 계속해서 증가 추세를 보이고 있다. 일대일로의 전략적 목표는 정치적 상호신뢰, 경제융합, 문화 포용의 이익 공동체, 운명공동체와 책임공동체이다. 즉, 중국은 아시아 유럽 대륙을 비롯한 세계 각국에서 상호 이익, 운명, 책임공동체를 구축할 것이다. 이것 역시 중국이 일관적으로 창도하는 세계 다극화로 영원히 패권을 앞세우지 않는 세계 신질서다. 만약 '일대일로'를 이루고 AIIB를 설립한다면 중국은 일대를 뜻하는 러시아, 동남아, 남아시아, 중앙아시아, 동유럽 등의 국가와 공동으로 관련 전략을 설계할 것이다. 그 영토가 차지하는 면적은 아시아 유럽 대륙 전체의 80% 이상이 될 것이고, 게다가 AIIB에 서유럽 회원국이 가입하여 그 영향력이 전무후무할 것이다. 이것은 금융뿐만 아니라 지정학적으로 미국을 직접적으로 제압하는 아시아시아 태평양 재균형 전략이다.

2010년 미국 아시아 태평양 재균형 전략을 수립하여 중국을 전방위적으로 억제하려고 하고 있다. 중국 동부에서 '해공 합동전술훈련'이라는 구실로 한미일 군사훈련을 실시하여, 중국을 제1열도선 내에서 봉쇄하였다. 서부에서는 인도에서 러시아까지 남북으로 중국을 억제하는 '신 비단길'을 건립하려고 노력하고 있다. 만약 중국이 더 이상 전략을 조정하지 않는다면 미국에 의해 고립되어 죽을 수도 있는 상황이다. 이 위기에서 2013년 9월과 10월 시진핑은 카자흐스탄과 인도네시아에서 '실크로드 경제지대'와 '21세기 해상 실크로드'의 전략 구상을 내놓았다. 이후 다방면으로 분위기가 조성되어 이 지역 각국의 열렬한 호응을 이끌어내었다. 시진핑의 '일대일로' 전략 구상은 미국의 육지와 해상의 포위 계획을 깨고, 미국이 중국을 봉쇄하는 전략적 의도를 해소하였다고 할 수 있다. 이것은 당연히 미국이 가지고 있는 아시아 유럽 대륙에서의 패권 지위의 끝이 올 수도 있다는 것을 의미한다.

물론 각국 학자들은 상당히 다른 관점을 갖고 있다. 2014년 3월 18일 한국 방송국'TV 조선'은 미국 이른바 전 CIA 요원 Mike Lee는 "한국은 미국 전략적 의도에 따라 THAAD를 배치해야 한다"고 논평하기도 했었다. 중국이 이에 대해 이의를 제기할 때 Mike Lee는 "한반도에서 다시 한 번 전쟁이 발생한다면 미국은 24시간 내에 중국 대륙의 9억 명의 생명을 파괴할 것"이라고 하였다. 친미파 인사들은 근본적으로 중국 전략의 의도를 모르고 있고, 역사 상식도 부족하다는 것을 짐작할 수 있다. 지금 미중 간에 전쟁이 있을 리가 없다는 것은 전쟁이 있어도 그가 말한 것처럼 되지 않을 것이다. 왜냐하면 1950년 10월, 중국은 건국 1년 만에 미국과 전쟁을 해본 적이 있기 때문이다. 당시 중국은 할 일이 산더미 같았고, 핵무기가 하나도 없었으며, 그럴 듯한 재래식 무기도 없었다. 그런 역사적 조건 하에서 중국은 미국의 도전에 잘 대처했뿐만 아니라 객관적으로 평수를 이뤘는데, 이미 핵무기와 선진 무기를 보유하고 있는 현대화 중국 군대는 말할 필요가 없을 것이다. 하지만, 우리는 한국에 있는 친미 인사들을 어렵지 않게 볼 수 있다. 그들은 종종 미국의 힘을 과대평가하고, 중국의 힘을 과소평가한다. 2018년 4월 TV조선에서 '군사전문가'는 "만약 중국 항모전단이 중국 항모전단과 교전하게 된다면, 중국 항모전단은 30분 이내에 미국 항모전단에 의해 격파당할 것"이라고 논평하였다.

중국 사회경제가 지속적으로 발전하려면 반드시 일대일로의 발전전략을 진행해야 한다. 이 점에서 결코 위축되지 않고, 미국인의 눈치를 보지 않아야 한다. 그렇지 않으면 중국은 중등소득함정에 빠질 가능성이 높다. 세계는 하루 빨리 중국이 대국의 중임을 맡아야 할 필요가 있다. 미국 패권 세력이 약해지면서, 점점 증가하는 글로벌 공익의 수요를 만족시키지 못하고 있기 때문에 한 나라가 나서서 이 책임을 맡아야 한다. 현재 EU는 경제력이 어느 정도 있지만 주권 국가가 아니기 때문에 이 책임을 질 수 없다. 나머지는 일본과 러시아는 주권국가이지만 국제공산품의 규모와 실력이 부족하다. 인류 역사의 발전에서 보면, 중국 굴기는 중국이 역사적 사명을 짊어지는 것을 의미하고, 또 세계가 중화자녀에게 미룰 수 없는 역사적 책임을 맡기는 것이다.

그러나 중국의 굴기는 기득권자인 미국의 도전을 초래할 것이다. 미국은 일대일로의 건설 경로를 분석하여, 이미 중동 지역에 각종 함정을 숨겨 놓았다. 예를 들어 미국은 이스라엘에게 이란과 시리아를 공격하게 하여, 중국의 의도를 막으려는 뜻을 숨기고 있다. 현재 중국은 이미 개혁 개방 초기의, 자급자족적, 폐쇄적인 국가가 아니다. 중국은 이미 세계 제1의 무역대국이 되었고, 중국 경제는 이미 전 세계 경제와 상호 보완 체계 네트워크를 형성하였다. 이에 따라 중국은 새로운 시장을 확장하여 전 세계 곳곳을 향해 나아가야 한다. 그리고 일대일로의 건설에서 이란은 중동과 유럽으로 향할 때 반드시 거쳐야 할 지역이다. 해상 비단길이 미국 해군에 의해 봉쇄되면 중국은 러시아에게 의존하여 먼 길을 돌아가야 한다. 이처럼 중국은 세계와 왕래하는 대외개방 대외통로가 러시아인들의 손에 달려 있다. 장차 중러 관계에 문제가 생기면 중국은 러시아의 통제에서 벗어나기 어렵다. 현재 러시아가 이란과 시리아 정세에 개입하는 것은 이 지역의 석유 대동맥을 통제하기 위해서다. 러시아는 현재 세계 최대 산유국으로 연간 생산량이 7억 톤을 돌파했으나, 석유 가격의 발언권은 미국과 OPEC(석유수출국기구)에 의해 오랫동안 통제되어 왔다. 그래서 러시아가 더욱더 불공평하다고 느끼고 있다. 이라크, 이란, 시리아는 페르시아만과 가깝고, 상대적으로 미국과 러시아는 지척에 있기 때문이다. 러시아는 중동 정세를 간섭해야 미국과 이 지역의 분쟁에 맞서, 세계 석유 가격의 발언권을 얻을 수 있다.

이에 따라 중국은 '일대일로' 건설을 할 때 미국과 러시아의 의도를 분명히 깨닫고 러시아가 자신의 전략 파트너라는 것을 믿기보다는 중동 전략 게임에서 스스로 길을 열어나가야 한다. 육로로 유럽으로 가는 통로는 카스피해 남쪽 연안의 이란, 이라크와 시리아를 정상적으로 통과하지 못하기 때문에 러시아의 국토에 의존해야만 동유럽, 중유럽과 서유럽에 도착할 수 있다. 그리고 해상 교통요로는 이미 미국 제3. 제 7함대 및 제11항모전단이 통제하고 있고 인도양의 아이젠하워항모전단은 광활한 태평양 및 인도양 해상에서 중국 '일대일대'의 동쪽과 남쪽의 뚫려있는 포위망을 철저히 봉쇄하였다. 중국이 인도양에 진주해 있는 소형분함대와 대륙 본토의 주력은 미군과 그 동맹군에 의해 철저히 분할되고 격리되었다. 중국 본토의 해군과 공군은 만리 밖 지부티와 파키스탄 과다르항에 주둔하여 아덴만을 보호하는 데 역량을 쏟아붓고 있어, 페르시아만 입구에 있는 소형 분함대의 지원을 받을 수 없는 상황이 매우 안타깝다.

중국은 인구 대국이기 때문에 원유 공급이 수요를 따라가지 못하여 해상 석유 운송량은 전체 중국 석유 수입량의 80% 이상을 차지한다. 미국의 해상 봉쇄를 돌파하기 위해 중국은 해상의 돌파구를 찾아내야 하며, 일대일로 건설을 위해 해상통로를 뚫어야 한다. 필자가 판단하건데, 현재 국제정세를 보면, 중국은 인도 및 중동의 이란, 시리아 등의 국가와 외교관계를 강화할 가능성이 있고, 이 국가들과 경제적 이익을 나누는 동시에, 정치, 군사적 전략적 협력을 도모하는 것이 해상 일대 건설을 위한 길이다. 국제정치관점에서 지역성 권력 균형 시스템은 지배 시스템과 연결될수록 독립 활동의 기회가 적어지고, 그럴수록 지배적인 권력 균형이 될 수 있는 국부표현이 될 뿐이다. 1866년 전쟁의 결과는 프로이센과 그 뒤를 이은 독일이 오스트리아에 대한 영구적인 우세를 얻어, 두 나라 간의 권력 균형을 무너뜨렸고, 독일은 유럽에서 지배 지위를 차지하고 있다. 이때 유럽의 권력 균형의 역할 중 하나는 최소한 오스트리아의 독립을 유지하여, 강력한 이웃국가의 침범에 대항하는 것이다. 이 영구적인 유럽의 이익을 바탕으로 첫 세계대전 이후 승리한 협약국은 법률과 경제와 정치적 조치를 찾아 독일과 오스트리아의 합병을 막았다.[17] 이것은 제2차 대전 때 중국을 침략하여 모든 아시아 지역을 점령하기 위하여 일본이 조선을 합병하였고, 이것은 권력 균형의 포석으로 자리 잡았다. 제2차 대전 이후 한반도가 일본 제국주의의 점령을 받지 않고, 2개로 분단되어 2개의 서로 다른 이데올로기 국가가 된 것이 두 진영의 분수령이 된 것과 비슷하다.

---

17) 한스 모겐소, <국가 간의 정치>, 베이징대학교출판사, p.237

제2차 세계대전 이후 권력 균형의 천칭이 이미 유럽에서 미국과 소련으로 이동해 간 것처럼 오늘의 권력 균형 시스템도 이미 이동하기 시작하였다. 세계 정치 천칭 양단의 주요 저울추는 이미 미국과 중국으로 바뀌었다. 현재 국제정치학설에서는 대부분 '다극세계'를 인정하고 있지만, 본인은 그것이 그저 국제정치학자의 자위적인 이상일 뿐이라고 생각한다. 글로벌 경제의 총액 중 미국과 중국이 차지하는 비중이 제3자보다 훨씬 높아, 제3자의 몇 배에 해당하기 때문이다. 미중 양국의 경제 총생산액은 이미 전 세계에 가까운 50% 에 육박하였다. 앞으로 10년 안에 중국 경제총생산액은 미국을 넘어설 가능성이 높아 글로벌 경제 총액의 점유율의 3분의 1을 넘어설 것으로 보인다. 역사적으로 한 나라가 세계 패권의 경제지표가 되는 것은 일반적으로 그와 일치한다. 그렇기 때문에 국제정치경제학의 관점에서 현재 '다극세계'라고 말하지만 '양극세계'는 이미 멀지 않았다. 아니, 세계는 이미 '양극세계'에 돌입하였다.

한국은 미국의 군사동맹국으로서 미국의 눈치를 보는 도잇에 경제이익을 추구한다. 현재 중국은 한국의 최대 무역 파트너일 뿐만 아니라 한국의 최대 해외 시장이다. 정경 분리를 시행하여 양면으로 이득을 얻는 외교정책에서 한국의 수익은 적지 않다. 그러나 THAAD를 배치하는 문제는 미중 양국이 양보하지 않고, 중국은 경제적 이익을 볼모로 삼아 한국의 THAAD 배치에 대해 엄중한 교섭을 하고 있다. 미국은 군사 동맹국으로 한국을 압박하고 있다. 한국 정부는 THAAD 배치는 한국의 내정이라고 선언했지만, 결국 미중 두 대국의 게임 결과에서 벗어날 수 없다. 미국의 입장에서는 THAAD배치는 일석이조의 효과가 있다. 첫 번째로 북한의 핵탄두 저지가 가능하고, 두 번째로 중국 내의 군사 기지를 관측할 수 있다. 그러나 중국의 입장에서는, THAAD의 배치로 중국의 북방 군사기지가 미국의 감시 범위에 완전히 노출됐을 뿐만 아니라 THAAD의 방어 시스템으로 인해 북한의 미사일 타격력을 완전히 마비되었다. 미래 6자 회담과 중국의 대(對)일본 동북아 전략에 있어 불리한 위치에 놓여진 것이다.

한국 내에서도 두 개의 파벌로 나뉜다. 친미파는 한국이 THAAD를 배치하면, 북한의 핵 공격을 방어할 수 있을 뿐만 아니라 한미 군사동맹을 더욱 공고히 하고, 강화할 수 있다고 주장한다. 자주파는 THAAD 배치를 단호하게 반대하다. THAAD 를 배치하는 것은 북한과의 교류를 완전히 차단할 뿐만 아니라 한중간의 우호관계를 크게 약화시킬 수 있기 때문이다. 이것은 반드시 한국 경제에 중대한 손실을 가져 올 것이다. 현재 한국이 아시아 인프라 투자은행에 참여하는 것은 중국과 양자협력 강화와 중국에 해외 시장을 확장하는 데 유리하고, 특히 일대일로 건설을 통해 많은 이윤을 얻을 것이다. 반면 한국에 THAAD 를 배치할 경우 심각한 경제적 부담은 물론 중국과의 관계가 멀어지고, 북한을 도발하는 구실이 되어, 한국에겐 재난으로 다가올 수도 있다.

4. 외교관의 자질과 국가의 권력

모겐소가 <국가간 정치> 에서 "이 모든 요소들이 북한의 운명에 영향을 미쳤다. 북한은 중국과의 인접한 지리적인 위치 때문에 대부분의 역사에서 자치국가로 살아남기 위해 강대국인 이웃의 통제와 개입에 의존하였다. 또한 중국의 권력이 약하되어 북한의 자치 지위를 유치하기 어려운 시기에는 다른 국가 특히 일본이 한반도에서 발판을 마련하려고 시도했다. 기원전 1 세기 이후, 북한의 국제적 지위는 대체로 중국의 최고 지위나 중일 간의 경쟁에서 결정되어 왔는데, 7세기 조선의 통일이 바로 중국이 개입한 결과이다. 13세기에서 부터 19세기 중국 권력이 쇠약해지기 전까지 조선은 중국의 지배를 받아왔다. 즉 중국과의 관계는 종주국과의 관계였으며, 정치, 문화적으로 중국이 조선을 이끌었다. 일본이 조선 침략 이후 지속적인 성공을 거두지 못하자 16세기 말부터 일본은 중국의 요구에 반대하며 스스로 조선을 통제하고자 시도했다. 1894~1895년 중일 갑오전쟁에서 승리한 이후 일본의 바람은 실현되었다. 이 후, 러시아의 도전을 받았는데, 1896년부터는 러시아의 영향력이 지배적이었다. 조선 통제를 위한 일본과 러시아의 다툼은 1904~1905년에 벌어진 러일 전쟁에서 러시아가 패배하며 끝이 났다. 이에 따라 일본이 조선 통제의 주도권을 갖게 되었는데, 이 또한 세계2차대전에서 일본이 패배하며 종식되었다. 그 이후 미국은 일본을 대신해 러시아의 대북 야망에 맞서게 되었다. 중국은 한국 전쟁에 참전함으로써 북한에 대한 전통적인 영향력을 회복했는데, 이것은 2000년 동안 북한의 운명이 주로 북한 통제에서 우위를 점하고 있었던 한 국가에 의해 결정되거나, 두 국가의 경쟁에서 비롯된 권력 균형에 달려있었기 때문이다"라고 지적하였다.[18)]

여기에서 본 저자는 위에서 언급한 모겐소의 견해가 개인적인 관점일 뿐이며, 강권 정치의 산물이라는 점을 명확히 하고 싶다. 한반도는 역사 이래로, 모겐소가 말한 것처럼 계속 대국의 지배를 받았거나, 종주국과 속국의 위치에 처해 있었던 것이 아니다. 기원전 1세기 전후로 한반도는 고구려, 백제, 신라 3국이 잇따라 나타났다. 7세기

18) 한스 모겐소, <국가 간의 정치>, 베이징대학교출판사, p.214-215

중반에 접어든 이후, 고구려 백제, 신라는 오랫동안 경쟁을 해왔는데, 신라는 군사, 경제, 외교 등의 우위를 이용해 당나라와 연합하여 서기 660-663년에 백제와의 전쟁을 일으켰고, 이후 기원 668년 백제를 흡수한 다음 서기 668년에 당나라와 재연합하여 고구려를 흡수하였다. 그 후, 신라는 또 다시 당나라 군대를 한반도에서 쫓아내고, 676년 신라가 한반도를 통일하면서 250여년 동안 통치했다. 서기 918년, 왕건이 구왕조를 전복하고 고려를 세웠는데, 고려의 통치 기간은 450년에 달하였다. 1392년 이성계가 고려 왕조의 공양왕을 몰아내고, 이씨 왕조 세웠는데 국호를 조선으로 했고, 통치기간은 518년에 달했다.

물론 한국이 각 왕조마다 크고 적게 주변국의 영향 특히 중국의 정치 제도, 문화의 영향을 많이 받은 것은 사실이다. 한국이 때때로 '천조인국(天朝人国)'인 중국의 속국이었지만, 중국이 지금까지 한반도를 점령하거나 통치한 적이 없다. 한반도 국가의 각 왕조는 모두 대국으로부터 독립적인 존재였다. 다만 근대에 이르러 이조 말기인 1895년 이후 세계 각 열강의 침략과 점령을 받았고, 1910년 끝내 일본이 한반도를 완전히 삼켰고, 35년 동안 일본의 식민지로 전락하였다. 중국도 이와 비슷한 상황이 있었지만, 본서에서는 더 이상 언급하지 않도록 한다.

파머스톤은 다음과 같은 명언을 남겼다. "균형의 지배자 간에는 영원한 친구도, 영원한 적도 없다. 다만 영원한 이해관계가 있을 뿐이다. 다만 영원한 국가 이익이 있을 뿐이다."권력의 절대성을 믿거나 혹은 특정 권력의 구도가 영구성을 갖고 있는 것을 당연하게 여기는 것, 이러한 모든 경향의 근원은 국가 간 권력 관계가 능동적으로 끊임없이 변화하고, 인류의 지혜가 추구하는 명확한 답안을 형식으로 하는 확실함과 안전함 사이에 차이가 존재하고 있다는 것이다. 이러한 오류를 피하기 위해, "국제 정치 관찰자들은 창의적인 상상력이 필요하다. 이러한 상상력은 일시적인 우세 권력이 쉽게 가져올 수 있는 미혹력의 영향을 받지 않고, 역사발전에 필연적인 미신에서 벗어나 동태적인 역사가 부여한 변화의 가능성을 받아들일 수 있다. 이런 창조적인 상상력은 가장 높은 사상적 성취를 얻을 수 있을 것이고, 그것은 바로 현존 권력관계의 겉에서 미래의 싹을 발견하는 것이고, 실제가 무엇인지에 관한 지식을 아마도 무엇인지에 관한 예감을 결합하는 것이고, 또 모든 이러한 사실, 징조, 미지의 요소를 미래의 가능 추세에 대한 항해도로 정련하는 것으로, 이 항해도는 곧 발생할 사실과 너무 큰 편차가 있을 정도는 아니다.[19]

우리는 역사를 통해 어떤 특정한 역사 시기에 권력의 정점에 있는 국가가 종종 그 권력은 잠깐 혹은 상대적이라는 사실을 쉽게 잊어버리는 것을 어렵지 않게 볼 수 있다. 이것은 이런 국가들이 종종 자신들이 얻은 우세가 절대적인 성격을 지니고 있기 때문에 자신이 우둔하지 않고, 해야 할 일을 잊지 않는다고 하면 영토를 잃어버리지 않을 것이라고 생각하기 때문이다. 과거 세계 최강의 로마제국, 몽골제국이 그랬고, 근대의 독일, 일본도 마찬가지다. 이 나라들은 자국의 우위 권력이 단지 일부분만 그들 자신의 자질에 달려있다는 것을 무시 혹은 직시하기를 원하지 않고(히틀러는 게르만인은 가장 우등 민족이라고 여기고, 일본 군국주의는 야마토 민족이 아시아 최우등 민족이라고 생각한다), 또 다른 부분은 자국과 서로 대립하는 다른 나라의 자질에 달려 있다.

국가의 자질에 관해서는 한 나라의 외교관의 자질보다 더 중요한 것은 없다. 모겐소의 <국가 간의 정치>에서 "국가 권력을 구성하는

19) 한스 모겐소, <국가 간의 정치>, 베이징대학교출판사, p.195

모든 요소 중 외교의 자질이 가장 중요하지만, 이것은 매우 불안정한 요소이기도 하다. 한 나라의 국가 권력을 결정하는 모든 기타 요인들은 국가 권력을 만드는 원재료인 것 같다. 한 국가의 외교적 자질은 이러한 다른 요소들을 하나의 유기체로 결합시킨다. 그것들에게 방향과 힘을 실어주고, 실제 권력을 주어 깊이 잠들어 있는 잠재력을 일깨운다. 외교는 일종의 예술이다. 외교는 국가 권력의 다른 요소를 운용하여, 최대의 작용으로 국제 정세에서 가장 직접적으로 국가 이익과 관련된 그 문제들에게 영향을 준다"라고 지적하였다. 이번 김정은의 외교 예술은 그에 대한 사람들의 잘못된 상상을 깨었고, 세인들은 그에 대해 새로운 인식을 갖게 되었다.

정부가 외교정책과 정책을 실현할 수 있는 권력을 균형화하면, 그것은 국가 권력의 다른 요소 사이의 균형을 찾아야 한다. 한 나라는 그것이 풍부한 자연자원과 많은 인구를 갖거나 거대한 공업기지를 건립하였고, 군사력을 키웠기 때문에, 반드시 최대한의 국가 권력을 획득해야 한다. 이 권력 자원들을 장악하고 그 수량과 질을 충분히 동원해야만, 권력의 최대화를 얻을 수 있다. 즉, 정부는 이 자원들을 효과적으로 배치해야 국가에 유리한 외교정책을 성공적으로 제정할 수 있다는 것이다. 한중 양국 정부 외교관의 표현을 관찰해봤을 때, 본인은 줄곧 양국 외교관의 여러 자질 요소, 예를 들어 언어 능력, 역사, 문화, 국제 정치 경제 등의 지식 범위를 제고할 필요가 있다고 생각해왔다. 현재의 외교관 주은래 총리 같은 품위 있는 외교관을 찾기가 매우 어렵다. 외교부의 지속적인 우수한 인재 양성은 국가 권력 및 국제사회의 영향력을 높이것에 매우 중요한 의미를 가지고 있다.

제6장
역사와 문화의 융합

1. 역사적 시각으로 본 강대국의 굴기

역사적 시각에서 볼 때 중국의 굴기의 가장 큰 특징은 평화와 발전이다. 이것은 인류 역사상 범상치 않은 기적이다. 세계사를 돌이켜보면 서양의 굴기 과정은 거의 대부분 약탈과 침략 전쟁의 역사였다.

15세기 이래 포르투갈 · 스페인 · 네덜란드 · 영국 · 프랑스 · 독일 · 일본 · 러시아 · 미국 등 세계 9개의 강대국이 차례로 일어선 역사가 이를 보여준다.

이베리아반도 서남부에 위치한 포르투갈은 면적이 9만 2,391㎢. 인구 약 1,010만명으로 국토와 인구 모두 한국보다 작다. 바로 이 중국의 100분의 1도 안되는 면적과 인구를 가진 작은 나라가 당시 100만 명도 안되는 인구로 인류 대항해의 서막을 열었다. 그리고 15세기에 기적처럼 서유럽에서 가장 부유한 국가로 굴기하여, 당시 스페인과 함께 전세계를 분할하였다. 당시 스페인을 포함한 전 유럽이 외부로 뻗어나간 가장 중요한 원인은 부의 약탈과 소위 말하는 영혼의 탐구 때문이었다. 당시 부는 주로 금, 은, 향료를 일컬었으며, 영혼의 탐구는 교회의 대외확장을 가리킨다. 14세기 초에 출판된 <마르코 폴로 여행기>는 동방으로 나아 가려는 유럽인들의 강렬한 충동을 부추

겼다. 추측에 의하면 15세기 중엽부터 16세기 초까지의 50~60년 동안 포르투갈은 서아프리카로부터 흑인노예 15만 명 이상을 약탈하였고 매년 직경 3.78cm, 금함량은 98.9%인 약 17만의 금화를 수입하여 그 약탈의 규모를 충분히 짐작해 볼 수 있다.[1)]

1840년, 영국의 대중 아편전쟁 발발.

1848년, 유럽의 거의 모든 지역에서 혁명과 분쟁 발생.

19세기 말, 영국, 프랑스 등 서양 국가의 아프리카 분할 완료.

1853년, 영국, 프랑스, 터키, 러시아의 크림전쟁 발발,

1858년, 프랑스 인도지나 침범, 7년 후 인도지나에 대한 통제 실현.

1860년, 영국과 프랑스 제2차 대중 아편전쟁 자행, 베이징 점령, 원명원 약탈 및 소각.

1846~1847년 미국이 멕시코와의 전쟁에서 캘리포니아를 비롯한 광활한 토지와 자원 획득.

1861년 미국 남북전쟁 발생

1867년 미국의 대규모 인디언 살육 시작, 강제 추방과 살육을 통한 대량의 토지와 자원 획득.

1870년, 중국인이 아이다호주 인구의 3분의 1 차지, 미국의 동서철도 건설을 도왔으나 흑인과 마찬가지로 중국인은 토지와 자유가 없었음.

이처럼 서구의 빠른 굴기를 일군 '황금더미(초기엔 자본 축적)'는 다른 나라와 식민지 국민들의 피와 희생으로 쌓아올린 것이라 할 수 있다. 그러나 중국의 굴기는 일반 국가의 굴기와 다르다. 세계 인구의 5분의 1을 차지하는 인구 대국의 굴기이자, 5천년의 유구한 역사와 광활한 국토를 자랑하는 고대 문명국가의 부흥이다.

---

1) 당진 편저, <대국굴기>, 인민출판사, p.32

2001년부터 중국정부는 정식으로 5천년 문명 고증을 시작하였는데, 이것은 중화 문명의 기원과 초기 발전에 대한 종합적인 연구 프로젝트로, '중화 문명 탐원 프로젝트'로 약칭된다. 이 프로젝트가 시작된 이후로 저장성 양저문화, 산시성 도사, 산시성 석묘 등 많은 유적지가 대규모로 발굴되어 풍부한 고고학적 자료로써 중화의 5천년 문명을 실증하였다. 탐원 프로젝트의 연구팀은 지금으로부터 5800년 전후에 황하, 장강 중하류 및 서쪽 랴오허강 등의 지역에서 문명의 기원이 나타났고, 5300년 전부터 중화의 각 지역이 문명의 단계로 들어섰고, 또한 3800년 전, 중원지역은 더욱 성숙된 문명형태를 형성하고 사방으로 문화적 영향력을 전파하여 중화문명의 핵심구역이자 선도자가 되었다고 판단한다.

중화문명 탐원 프로젝트가 이룩한 또 하나의 중대한 성과는 중화문명의 다원일체 구도 형성에 대한 총체적인 인식 형성과, 중화 문명의 다원일체, 관용성, 지속성 등의 총체적 특징을 증명해 보였다는 것이다. 연구에 따르면 다원일체 문화 배후의 각 지방은 그 문명의 기원과 초기 단계에서는 각자의 환경 기초, 경제, 사회 메커니즘 및 종교와 사회적 의식 등에서 차이가 존재하는 다원화 구조를 보였으나, 장기적인 상호 교류를 통하여 단점을 보완하고 관용성을 발휘하여, 궁극적으로 이리두 문화로 대표되는 문명의 핵심으로 하, 상, 주 3대 문명이 탄생되었다. 이것은 중화문명의 기원과 초기 발전이 다원일체의 발전과정임을 설명해준다.

구체적으로 말하자면, 중화문명은 자체적 발전과정에서 외래문명의 영향을 적극적으로 흡수하였다. 가령, 서아시아 · 중앙아시아 등지의 밀 재배 기술, 황소 · 면양 등 가축의 사육, 청동 제련 기술 등이 점차 중화문명과 융합되어 발전해 왔다. 탐원연구에 따르면, 중화 문명은 사실 황하, 장강과 서요하 유역에 산재한 수많은 지방 문명의 총체이며, 그 규모는 그 어떤 세계의 다른 고대 문명보다 훨씬 크다고 한다. 중화문명의 기원에서부터 지금으로부터 3,800년 전, 약 1,000여년에 이르는 긴 시간을, 문헌 및 전설에서 유독 이 시기를 '천하 만국'이라고 표현한다. 즉, 1,000여년의 시간 동안 각 지방의 문명은 각자의 발전방식과 특징을 가지고 있었지만 끊임없는 교류를 통해 서로 융합되고 하나의 커다란 추세를 형성하였다. 그리하여 결국에는 중화문명이라는 큰 물결을 이루었고 하남의 이리두로 대표되는 중원지역에 모여들었다. 5000년 중국 고대 문명의 발전 역사를 살펴보면, 전쟁으로 인한 병합과 분열이 있긴 하지만, 총체적으로는 각자의 다른 점을 존중하면서도 각 민족이 서로 융합된 한자 표기와 중화 문명을 향유하는 한 뿌리의 역사를 가지고 있다. 이것은 세계고대문명의 고대국가 중에서 유일하게 오늘날까지 전승되어온 위대한 문명국가이다.

18세기 산업혁명시기의 영국 본토 인구는 겨우 1,000여만 명으로, 오늘날 중국의 그 어떤 대도시보다도 적다. 또한, 19세기 프랑스혁명시기에도 인구가 2,000여만 명에 불과하지만, 중국은 현재 14억 인구를 가진 대국이다. 그러나 중국은 이러한 불리한 조건에서도 전쟁과 약탈 없이 자국 내에서 대규모 산업혁명과 사회혁명의 모든 문제를 소화하였을 뿐만 아니라, 대부분의 인민과 전 세계 국민들에게 실제적인 이익을 가져다 주었다.

예를 들어 1997년 7월 2일 시작된 동아시아 금융위기의 영향을 받아 한국의 만기 외채 상환유예 비율은 1997년 1월 87%에서 1997년 11월 59%로, 환율은 1997년 9월 말 달러당 915원에서 1997년 12월 24일 달러당 1965원으로 크게 떨어졌다. 또한, 외화비축은 1997년 7월말의 224억 달러에서 1997년 12월 18일의 39억 달러로 줄었으며,

주식시장 종합지수는 1997년말의 647.1에서 1997년 12월말의 376.3으로 하락하였다. 뿐만 아니라 1998년 GDP 성장률은 -6.7%로 국가 대외 신용도가 급락하였다. 그러나 한국은 2001년 8월 23일 IMF의 모든 차입금 195억 달러를 3년 앞당겨 갚아 세계에서 가장 빨리 차입금을 갚은 나라가 되었다. IMF의 수혜국에서 재원 공여국이 된 한국의 경상수지는 1997년 82억 달러의 적자에서 2000년의 60억 달러의 흑자로 바뀌었다. 또한 외국인의 직접투자는 1997년의 70억 달러에서 2001년의 119억 달러로 상승하였으며, 외환보유액은 1997년 12월 39억 달러에서 2002년 10월 1170억 달러로 급증하면서 단숨에 세계 5위의 외환보유국이 되었다. 그밖에도 한국의 GDP 대비 대외채무 비율은 2002년 9월 28.7%로 세계은행이 정한 대외채무 안전선 기준(세계은행 기준 30% 이내)에 달했으며, 단기외채 비중도 계속 줄어 1999년 3분기부터 채무국에서 채권국으로 바뀌면서 채권액이 늘었다.[2)]

한국이 동아시아 금융위기에서 가장 먼저 일어설 수 있었던 것은 무엇보다 여러 가지 자국에 유리한 조치를 취했기 때문이다.

(1) 외화, 금융 시장 안정을 위하여 외환보유액 부족 문제 조속히 해결

(2) 금융, 기업, 공공, 노동 등 4대 부문에 대한 구조조정 진행

(3) 정보통신과 첨단기술산업을 통한 새로운 성장기반 구축

(4) 대외무역정책과 수출입상품구조 조정

이 외에도 더 중요한 사실은 중국이라는 거대한 해외시장을 활용해 수출을 통한 외화 창출 증대와 외환보유고 부족 감소, 취업 확대 및 노사갈등 완화 등을 꾀하여 신속히 IMF 터널을 빠져나갈 수 있는

2) 이학성, <IMF 관리 5년 후의 한국경제>, <세계경제 연구> vol.3

유리한 외부환경을 조성했기 때문이다. 만약 그 당시에 중국이라는 광대한 해외시장이 없었다면 한국이 짧은 기간에 금융위기에서 벗어나는 것은 불가능했을 것이다. 중국시장은 한국이 신속히 금융위기를 극복하고 IMF의 통제에서 벗어나 새롭게 일어설 수 있었던 가장 중요한 외부 환경이었다.

또한, 2007년 미국에서 시작된 세계 금융위기로 미국 경제는 큰 타격을 받았었다. 이 시기에 중국은 막대한 외환보유액을 바탕으로 미국 국채 구매의 큰손이 되었으며, 동시에 세계 거대 은행의 중요한 자금원이 되었다. 흔히 미국 국채시장에서의 중국의 행동을 가격적인 측면에서 주목하느라 기본적인 문제를 놓치는데, 바로 중국은 미국의 중요한 자금공급원이며, 중국의 무역흑자와 외화비축확대 등 경제적 특징이 미국경제의 운용에 아주 중요하고 적극적인 의의가 있다는 것이다.

제11차 5개년 시기부터 중국 경제는 안정적이고 비교적 빠른 성장을 유지해왔으며, GDP 연평균 성장률은 11.2%로 제10차 5개년 시기의 연평균 성장속도보다 1.4% 높았다. 지난 5년간 중국 GDP 연평균 성장속도는 세계경제의 연평균 성장속도보다 7.6% 높았으며, 신흥경제국과 개발도상국에 비해서도 4.7% 높았다. 특히 2007년 미국의 서브프라임 모기지(비우량 주택담보대출) 사태 이후 중국은 세계 경제성장의 가장 중요한 엔진이 되어 2007~2010년 세계 경제의 평균 성장률을 0.65% 포인트 끌어올렸다. 2009년 미국 · 일본 · 유럽 3대 경제권이 모두 큰 폭의 마이너스 성장(각각-2.6%, -6.3%, -4.1%)을 하면서 각각 0.7% 포인트씩 끌어내려 2차 세계대전 이후 처음으로 마이너스 성장(-0.6%)을 기록한 반면 중국은 9% 이상의 고성장을 유지하면서 세계 경제를 0.56% 포인트 끌어올렸다.

미국은 지역의 기득권자로서 한반도의 '통제할 수 있는 위기'를 이용해 지역적 우위를 계속 유지하려 한다. 반면 중국은 뒤늦게 굴기한 국가로서 역내 국가들을 끌어들여 경제 협력을 촉진하고 안보 대결 국면을 줄여 미국의 영향력을 약화시키는 고차원적인 협력체제(예를 들어 6자 회담)를 구축하려 한다.

한반도 주변국들은 통일 후 한국이 미국과 일본측에 서서 중국과 러시아를 견제할지,새로 굴기한 중국측에 서서 힘의 균형을 맞출지 관심이 높다. 물론 통일 이후 한반도는 어느 한쪽으로 치우치지 않는 국가발전 전략을 채택해 독립적이고 자주적으로 세계 정치무대에 등장할 수도 있다. 통일 후 한반도가 중립 노선을 취하면 동북아 지역의 정치 구도에 큰 변화가 생길 수 있다. 이 지역에서 미국의 영향력은 현저히 줄어들어 더 이상 견제자와 지도자로 동북아 문제에 참여하는 것이 아니라, 보다 건설적인 자세로 경제협력과 외교 교류에 적극적으로 참여할 것으로 예상된다. 그때가 되면 한·중·일 3국이 과거사 문제를 근본적으로 해결하고 진정한 화해를 이룰 수 있을 것이다. 통일 후 한국은 중국을 등에 업고 일본에 과거문제 청산을 요구할 수도 있고, 반면에 일본과 연대해 중국을 견제할 수도 있다. 중국은 한반도가 평화통일로 갈 수 있는 가능성을 고려하여 통일 이후의 한반도에 대한 국가전략을 준비할 필요가 있다.

현재로써는 남북 정상회담과 북·미 정상회담이 모두 중국을 주변화시킬 가능성이 있다. 현재 북한과 한국·미국이 관련되어 있는 정전협정을 종전협정이나 평화협정으로 바꾸자는 문제 역시 중국을 제외하고 북·남·미 3자 평화협정을 체결한 가능성도 있다. 그러나 김정은 위원장의 두 차례 비공식 중국 방문은 중국에게 절호의 기회를 주어 한반도 평화발전 과정에 참여하게 되었다. 앞으로 중국은 남북정상회담뿐 아니라 한반도 신경제구상에도 적극 참여해야 할 것이며, 이를 위해 진정한 한반도 전문가·학자를 전폭적으로 지원해 정부가 신뢰할 수 있는 전면적이고 전략적인 정책결정의 근거를 제공받아야 한다.

러시아의 전략적 중점은 유럽 이외에도 극동 지역이 있다. 러시아는 자원 부국으로서 동북아 지역에서의 영향력이 급상승할 것이며, 그때가 되면 자원(석유·천연가스·삼림·토지·해양 등)이 한 국가의 지속적인 발전을 제약하는 가장 중요한 요인이 될 것이기 때문에 러시아는 결국 진정한 의미의 지역 내국이 될 것이다.

타임즈 오브 인디아가 2010년 12월 26일 발표한 '새로운 문명의 충돌 속에서 굴기할 동방'이라는 제목의 평론은 21세기가 펼쳐짐에 따라 경쟁적 구도에 놓여있는 4가지 문명(서양 문명, 중국의 유교, 인도 문명과 이슬람 문명)이 역사를 만들어 낼 것이며, 새로운 문명의 경쟁이 미래 국가와 지역 간의 균형 구도를 결정할 것'이라고 밝혔다. 또한, 2010년 9월 14일, 미국 시사월간지 애틀란틱이 발표한 '용과 아메리칸 드림'의 기사는, '미국 통치의 세기에서 세계의 강대국들은 줄줄이 미국에게 무릎을 꿇어 그 수가 6개에서 3개로, 2개에서 1개로 줄었다. 역사는 지금도 멈추지 않고 앞을 향해 나아가고 있으며, 강대국의 수는 1개에서 2개, 또는 더 많이 늘어날 수도 있을 것이다. 중국의 굴기는 미국의 이념에 철저히 도전하게 될 것이며, 역사는 꼭 한 방향만으로 흐르지 않을 수 있다'라고 언급하다.

현재 중국은 세계 경제 성장을 이끄는 중요한 엔진이 되었다. 바로 이러한 시각에서 볼 때 중국의 굴기와 그 발전 패러다임의 의의는 예사롭지 않다. 특히 아시아인프라투자은행(AIIB)과 '일대일로'의 시행은 중국의 세계적인 영향력을 지속적으로 높여줄 것이다.

2. 중화 문화 잠재력과 영향

중국의 급속한 굴기와 더불어 중국 문화도 번영과 부흥의 시대에 들어서기 시작하였다. 이러한 번영 및 부흥의 심도와 폭, 강도 역시 오직 문화자원이 풍부한 나라만이 가능하다. 브레진스키는 '경제글로벌화는 특히 세계 선진지역에서의 거의 모든 정해진 가치표준의 대규모 붕괴를 야기하였고, 따라서 세계는 전면적인 정신적 위기의 시대로 접어들었다"고 하였다. 중국의 발전과 더불어 갈수록 많은 사람들이 그 원인을 분석하려 하고 있으며, 거의 모든 학자들은 중국의 발전모델과 굴기의 핵심요소 연구를 시도하고 있다.

네덜란드의 저명한 문화학 전문가 호프스테드 교수는, '문화는 어떠한 개체적 특징이 아니라 같은 교육과 생활 경험을 가지고 있는 많은 이들이 공유하는 심리적 절차'라고 말했다. 그래서 같은 지리적 환경, 물질적 생활양식과 사회조직 형식이 같은 문화를 형성한다. 중국문화의 다양성 역시 중국이 해납백천(海納百川 - 바다는 천하의 강물을 다 받아들인다)의 문화적 포용성을 가지고 있음을 보여준다. 중국 문화는 '천인합일(天人合一)'을 숭상해왔다. 중국 문화의 유(儒)·도(道)·석(釋)은 상호보완적 관계로, 유가(儒家)·법가(法家)·묵가(墨家)가 공존하며 다원일체의 사상구도를 나타낸다.

지난 30여년간 중국과 서양 문화의 충돌로 대다수의 중국인들은 문화적 자신감을 상실하기는 커녕, 오히려 자국 문화를 새롭게 자각하게 되었다. 이것은 국가의 전방위적인 대외개방상황에서 형성된 문화적 자각으로서, 그 의의가 범상치 않다. 중국인들이 다른 문화를 포용할 수 있었던 까닭은 유구한 문명역사뿐만 아니라 자신이 살고 있는 나라에도 수천, 수만 가지 방언이 있으며, 방언마다 모두 자체적 문화배경을 가지고 있기 때문이다. 게다가 중국에는 아직도 56개 민족간의 차이가 있으며, 상하이 사람, 광둥 사람, 푸젠 사람, 모두 중국인이지만, 많은 생활 습관과 사고방식에서 나타나는 차이점은 독일인, 프랑스인, 이탈리아인 간의 차이점 못지않다. 상하이 사람들의 방언을 광동, 푸젠 사람들은 알아듣지 못하고, 푸젠 사람들의 방언은 중국 전역의 모든 사람이 알아듣지 못한다. 비록 그들은 모두 중국인으로 중국어를 하지만, 상대방의 방언은 알아듣지 못한다. 중국의 각 지역간에 언어소통이 가능한 것은 그들이 모두 중국의 한자문자를 통용하기 때문이다. 게다가 이러한 차이는 모두 중화 문명의 '군자화이부동(君子和而不同 - 군자는 화합하나 부화뇌동하지 아니한다)'의 틀 안에서 상부상조하여 이익을 도모할 수 있다.

예를 들어 중국인들의 본문화에서 파생된 식생활 문화, 양생 문화, 여가 문화도 다른 문화와는 비교할 수 없을 정도다. 중국 음식문화의 경우, 비록 중국과 프랑스 모두 풍부한 음식문화를 보유하고 있으나 중국음식은 크게 8갈래로 나눌 수 있으며, 그 중 한 계통의 다양성만 해도 프랑스 전체 음식의 다양성을 넘어선다. 중국 그 어느 곳이나 길거리 음식점만 해도 수십 가지 음식을 만들어 낼 수 있지만, 미국의 경우, 거의 대부분의 음식점이 감자튀김을 곁들인 햄버거가 고작이며, 대여섯 가지 메뉴만 있어도 나쁘지 않을 정도다.

한자는 중국인들에게 무한한 문화 자원을 얻게 하였다. 가령 한자의 경우 강, 하, 호, 해, 양(江, 河, 湖, 海, 洋) 등 물과 관련된 모든 것에 '삼수변'을 더한다. 또한, 금속과 관련된 모든 것에 '쇠금변'을 붙이것은데, 예를 들면 철 · 동 · 석 · 은 · 알루미늄 등이다. 중국은 서로 다른 모든 것에 대해 공통점을 찾고자 한다. 즉, 구동존이(구동존이(求同存異)이다. 이에 반해, 서양 문화의 가장 큰 특징은 '구이(求異)', 다름을 찾는 것이다. 모든 물건에 그에 맞는 단어를 만들어내야 하기 때문에, 서양의 간행물을 읽으려면 일반적으로 2만개의 어휘가 필요하다. 그에 반해 중문 간행물을 읽을 때엔 2~3 천 개의 단어만 알고 있으면 된다. 게다가 이 2~3 천 개의 어휘는 변화무쌍하게 조합할 수 있어 중국어는 세계에서 표현능력이 가장 풍부한 언어중의 하나가 되었다. 중국어는 세계에서 사용자수가 가장 많은 언어이며, 그 영향력은 중국이 세계 최대의 경제체, 최대의 무역국, 최대의 여행객 수출국이 됨에 따라 전세계로 뻗어나갈 것이다. 세계 각국에 널리 분포돼있는 공자학원은 중국문자는 중국의 굴기와 더불어 중국의 가장 큰 소프트파워 중의 하나가 될 것이라고 밝혔다.

국외의 많은 사람들은 늘 중국인들이 종교신앙이 부족하다고 걱정한다. 심지어 어떤 이들은 중국사람은 신앙심이 없다고 말한다. 사실 세계사를 조금이나마 파악하고 있는 사람들은 인류역사상 종교충돌로 인하여 무수한 전쟁이 일어났으며, 기독교 각 교파 및 기독교와 이슬람교 사이의 충돌만 해도 수천년 넘게 이어져, 수많은 비극을 빚어냈다는 것을 알고 있다. 그러나 이러한 충돌은 지금도 여러 형태로 계속되고 있다. 소위 말하는 서구문명의 굴기란 단지 산업화, 도시화, 민주화, 세계화의 과정일 뿐만 아니라 노예화, 식민화, 인종학살, 세계대전, 지역충돌, 약육강식의 과정이기도 하다. 서구문명의 물질문화 축적은 식민약탈의 원시적 축적을 배제할 수 없다.

중국인 모두가 종교 신앙을 가지고 있는 것은 아니다. 사실 중국인들의 문화와 신앙은 중국의 문자에 내포되어 있다. 한 중국인이 한자를 배우고 200여 개의 성어와 명언을 듣고, 말하고, 읽고, 쓸 수 있기만 한다면, 중국 문화의 기본 요소는 자연스레 그들의 몸 속으로 스며들 것이다. 그는 자연스럽게 사람 된 도리, 예를 들어, 다른 사람과 함께 선을 행하고 자신의 힘으로 생활을 꾸려 나가며, 근검절약과 자강불식, 일심협력, 가화만사성, 군자 화이부동, 소인 동이불화 등등을 많이 배우게 된다. 한 중국인이 해외에서 살다 보면, 중국문화의 이러한 기본신조가 얼마나 소중한가를 절실히 느끼게 될 것이다.

결론적으로 중국은 다양함이 공존하는 하나의 커다란 세계이다. 만약 고대 이집트 문명, 메소포타미아 문명, 고대인도 문명, 고대 그리스, 로마 문명이 모두 지금까지 지속되어 현대 국가로 전환되었다면, 이들 '고대문명국가의 부흥'으로 불렸을 것이다. 만약 오늘 수십 개국으로 구성된 이슬람 세계의 전통과 현재가 결합하여 하나의 통일 된 국가가 된다면, 아마도 이것은 10여 억 인구를 가진 '고대문명의 굴기'로 일컬어질 것이다. 만약 고대로마가 분열되지 않고 현대국가의 형태로 발전하였다면 유럽도 상당한 규모의 '대문명 국가' 였을 것이다. 그러나 오늘의 세계를 살펴보면 수천년의 오랜 문명과 현대국가의 형태를 함께 갖춘 나라는 중국뿐이다. 외세의 몇백년에 걸친 통치에도 오히려 그들을 중화민족으로 융화시킨 파란만장한 역사를 겪어온 중화민족이 5천년 동안 일궈낸 통합의 문명은 인류역사상 가장 위대한 유형, 무형 문화재라 할 수 있다.

중국은 과거에 서양을 수천년 앞 선 세계 경제 문화 및 무역의(한 당송 시기) 중심이었으나17 세기 이후부터 서양에 뒤쳐지기 시작하였다. 오늘날 중국은 서양국가를 다시 따라잡으려 하고 있으며, 이미 여러 분야에서 넘어서려고 하고 있다. 중화 문명은 대부분의 서구문명을 흡수하여 다양성을 꾀하였을 뿐만 아니라, 자체적으로 축적해 온 문화적 역량도 포기하지 않았다. 가령, 인도불교가 중국불교로, 마르크스주의가 중국에서 중국화 된 마르크스주의로 변했듯이 말이다. 중국은 세계의 모든 문명 요소를 포용하여 자신을 다채롭게 발전시킬 것이다. 마치 중국 문인들의 가정이나 사무실에 '해납백천(海纳百川)'이라는 현판이 걸려 있는 것처럼 말이다.

오늘날 아시아 국가의 최대 무역 파트너는 중국이다. 한국이 IMF 시기 경제 침체에서 벗어날 수 있었던 것과 일본이 경제 쇠퇴에서 살아남을 수 있었던 것 모두 중국 시장의 성장과 무관하지 않다. 또한 중국은 빠른 속도로 미국을 제치고 라틴아메리카 주요 국가의 최대 무역 파트너가 되어 라틴아메리카의 경제 부흥을 이끌었다. 게다가 중국의 아프리카의 무역과 투자도 지속적으로 증가하여 아프리카 경제에 활력을 가져다 주었다.뿐만 아니라 유럽의 경우 2010년 수출 지향형 경제의 독일이 유럽의 부흥을 이끄는 견인차가 되었는데, 바로 이 시기에 중국은 독일 제품의 최대 수입국으로서 독일 경제의 부흥을 촉진하였다. 오늘날 미국이 2008년의 서브 프라임 모기지 위기에서 벗어날 수 있었던 것 역시 중국이 미국 국채를 대량으로 매입하였기 때문이다. 중국식의 굴기는 오랜 시간 축적된 문화와 떼어내어 볼 수 없다. 타임즈 오브 인디아는 지난 2010년 12월 26일에 발표한 '새로운 문명의 충돌 속에서 일어선 동양'이란 제목의 칼럼에서, '중국의 굴기는 강력하고 역사적 뿌리가 깊은 유교 문명세력을 형성할 것이며, 그 영향력은 태평양을 넘어서 아프리카까지 확대될 것'이라고 하였다.

2010년 11월 19일 홍콩 다공바오(大公报)는 논평을 통해 '유럽의 대(大) 갈등, 미국의 대(大) 통제력 상실, 중국의 대(大) 문명, 이 '3대(大)가 3세기의 3대 발전 방식의 거대한 차이를 나타냈을 뿐만 아니라, 3대 발전 모델과 3대 문명 유형의 거대한 차이를 보여준다. 유럽의 라인란트 자본주의 모델, 미국의 앵글로색슨 모델과 중국 아시아 종합 모델은 생산방식, 발전효율, 심지어 문명류 형에서 거대한 차이를 보이것은데, 이 세 가지 차이점은 즉 유럽의 귀족식 나태함, 미국의 카우보이와 중국의 농부식 겸손함으로 결정되었다고 할 수 있다. 유럽, 미국, 중국의 차이는 한마디로 대(大)문명의 차이다. 또한, 문명사의 관점에서 발전모델을 고려했을 때, 신구 모델 비교 시 전체적인 실효성을 중시한다는 것을 어렵지 않게 발견할 수 있다. 유럽에서는 주권 채무 위기가 보편적으로 나타나며, 미국의 과소비와 가상 경제는 역사적 쇠퇴에 맞닥뜨렸으며, 중국도 폐해가 적지 않지만 14 억 인구를 가진 대국이 30년 동안 지속적이고 급속하게 발전하면서 전반적인 안정을 유지한 것은 인류 역사상 전례가 없으며, 대문명사의 관점에서 문명의 발전을 살펴보면 오늘날 인류문명에는 천지개벽할 만한 거대한 변화가 일어났음을 쉽게 알 수 있다. 이 같은 변화는 20세기에 통용되었거나 주류라는 불렸던 관점이나 방법, 행위가 오늘날 모두 시대에 뒤떨어지고, 수구적이며, 경직된 것으로 또는 문명 발전의 굴레로 전락할 수 있음을 시사한다. 서양은 현재 중국을 재인식하는 중이며 그 과정은 이제부터다.

지난 몇 세기 동안, 중국은 인근 중소 국가들과 책봉과 조공을 특징으로 하는 느슨한 시스템을 구축했었다. 이러한 지역체계는 중국을 중심으로, 또한 유교의 예의문화로 통일하였지만, 영토와 통치에는 관여하지 않았다. 중국은 동아시아 및 세계에 대한 문명 전파에 있어 적잖은 공헌을 하였다. 관료 체제에서 예절문화, 생산기술, 의학 및 음악 등에 이르기까지, 유럽 대륙에서는 교황과 신성로마제국을 중심으로 한 종교정치 시스템이 구축되었다. 그러나 이 체계의 정치와 정신적 체제가 와해됨에 따라 이 지역의 국가 간 정치도 크게 변모하였다. 물론 이 시기에 유라시아대륙을 가로지르는 몽골제국 및 아프로-유라시아를 가로지르는 오스만제국은 문명을 정복하고 궤멸시킴과 동시에 새로운 제국문화를 확립하였다.

중국은 세계에서 가장 일찍 노예사회로부터 봉건사회로 나아간 국가였으며, 정치 · 경제 · 문화의 발전으로 동아시아를 천년 넘게 주도했었다. 춘추전국(약 기원전 800년) 으로부터 당송(약 1100년)에 이르기까지, 특히 한나라와 당나라의 전성기에는 동아시아 및 세계 문명의 발전에 중요한 역할을 발휘하였다. 역사적 기록이 있는 조공은 서기 57년으로, 즉 서한 광무제 건무 중원 이년, 일본 야마타이코쿠 대왜왕이 정식으로 사자를 낙양으로 파견해 '봉공조하(封贡朝贺)'를 하였고, 광무제는 일본을 '한위노 국왕'으로 하사하였다. '여러 속국들의 조공과 화이(華夷) 통일'이라는 동아시아 조공 체계는 서양의 식민주의의 체계와 근본적인 차이가 있다.

중국의 이러한 종속적 국제관계 역시 비록 불평등 한 관계지만, 고대 사회에서는 존재의 합리성과 필연성을 가지고 있었다. 중국 유가에서 기원한 예의 문화 전통은 줄곧 종속국 관계의 사상적, 정치적 기초였으며, 공통된 유가의 예의문화를 유지하는 것은 예로부터 이러한 특수한 관계를 유지하는 힘이었다. 중국은 단 한번도 서양의 식민주의자들처럼 주변지역을 식민지로 삼아 식민통치를 한적이 없다. 즉, 양자 간에 사실상 조약상의 의무를 포함하는 정치적 종속관계가 존재하지 않았다는 것이다. 중국은 일반적으로 속국의 내정을 간섭하지 않았으며 경제상의 조공관계는 상징적 의의만 가질 뿐이었다. 뿐만 아니라 중국은 일관되게 적게 받고 많이 돌려주었는데, 더 많은 회사품을 보내어 유무상통한 통상과 문화교류를 진행하였다. 가령, 1368년 명나라 수립 이후 주원장은 원나라의 속국 무력 통제를 회유정책으로 바꿨다. 그리하여 고려 · 일본 · 안남(지금의 베트남) 등 주변 15개국을 '불침범국'으로 규정하였고 종주국과 속국의 관계는 신복, 납공, 책봉, 회사 등으로 유지하였다. 주원장은 속국의 부담을 덜어주기 위해 고려, 안남 등 속국들에 대해 3년에 한 번씩만 조공을 바치고 너무 후하지 않아도 된다고 명하였으며, 되려 명나라가 회사품을 통해 '후왕박래(厚往薄來)'의 원칙을 시행하였다.[3)]

그밖에도, 명나라 시기 정화(鄭和)의 대항해는 유럽보다 거의 100년을 앞섰는데(콜롬버스는 1492년, 정화는 1405년), 그 주요 목적은 황실의 권위를 널리 알리고, 조공체제를 공고히 하고 확대하는 것으로, 서구 열강처럼 결코 식민 점령과 식민 통치를 실시하지 않았다. 즉 중국의 기나긴 봉건예치통치(封建禮治統治)는 문명을 전파함과 동시에 자신을 기만하고 남을 속여왔다. 중국 역사에서 통일된 예치문화는 '왕이 오랑캐를 다스리지 않는 한 오는 자는 막지 아니하고, 가는 자는 잡지 아니한다'라는 관용적 태도를 보여준다.[4)] 역내의 여러 나라, 여러 민족들이 자발적으로 체제 안으로 들어오도록 유도함과 동시에 서양 문물 학습을 방해하기도 하였다.

마키아벨리는 인간의 본성이 악하고 이기적이며 권력과 명예, 부를 추구하는 것이라고 여겼다. 인간의 욕심은 끝도 없고 변덕스럽다 보니 상습적 충돌과 약탈이 잦아지고, 끊임없는 쟁탈전을 막기 위해 나라가 생겨난 것이다. 그는 그의 저서 <군주론>에서 군주는 어떠한 도덕준칙에도 구속되어서는 안되며 효과의 유불리만 생각하고 수단의 해로움은 고려할 필요가 없다고 주장하였다. 일단 자신의 약속을 지키기 위해 자신의 이익에 손해를 끼치는 상황이 발생하면 배신과 기만, 위선, 음모, 계략 등의 수단으로 자신의 통치 지위를 공고히 해

3) 서동일, <조선조 사신들의 눈에 비친 중국형상>, 중화서국, p.36

4) 语出何休, <춘추공양전해고> vol.2. 은공 2년

야 한다는 것이다. 게다가 그는 군주란 인간적이면서도 야수적인 면모와 법률적이면서도 폭력적인 면모를 동시에 갖추어, '사자'와 '여우'이 두 가지 역할을 해내어야 하며, 사나움과 교활, 폭력과 기만을 겸비한 이중적 성격을 지녀야 한다고 지적하였다. 또한, <군주론>은 군주는 주변 약소국의 보호자가 되어야 하지만, 그들의 세력이 커지지 않도록 제어해야 하며, 그 어떤 경우에도 강력한 외국인이 득세하는 것을 용납해서는 안 된다고 하였다. 그리고 군주가 세력을 공고히 하기 위해서는 전쟁에 전념해야 하며, 그렇지 않으면 국토를 잃게 된다고 지적하였다(존 F. 케네디, 전쟁명언). 마키아벨리의<군주론>의 핵심적 특징은 권력을 중시하고 모든 군주 및 국가의 이익을 출발점으로 삼으며 인간의 본성에 대한 비관론을 그 철학의 원천으로 삼고 있다는 것이다. 군주론은 모겐소 등으로 대표되는 현대의 서양 국제관계학자들에게 직접적인 영향을 미쳤으며, 이들은 국가간 정치는 '패권자가 있으면 안정되고, 패권자가 없으면 혼란해진다'는 권력 및 패권에 기대어 이뤄져야 한다고 주장하였다.

중화문화는 세계의 흐름을 깊이 있게 제시한다. 일찍이 순자는 천지의 운행에는 변하지 않는 규칙이 있으며, 이 규칙에 순응해 다스리는 자는 길할 것이요, 이를 거스르면 흉할 것이다(天行有常,不为尧存,不为桀亡)라고 하였다.[5] 이러한 중용(中庸)의 변증법적 사유는 우주만물이 끊임없이 진화하는 과정을 겪게 되며,변화를 통해 발전하고 끊임없이 번성해 간다는 것을 수긍한다. 중화 전통 문화의 천하관(天下觀)과 오늘날의 세계화, 세계인의 관념과 생각은 본질적으로 일맥상통한다. 그 예로, 천하는 공공의 것이며, 세계는 하나이며, 세상 모든 사람이 형제이다(天下为公, 世界大同, 四海之内皆兄弟) 등을 볼

5) 순자, <천론>

수 있다.

중화문화의 천하관은 독특한 세계관이다. 노자의 '이천하관천하(以天下觀天下)'는 일찍이 2500년 전에 이미 서양국가와 국제사고방식을 뛰어넘었다. 그는 국가가 아닌 천하를 출발점으로 삼아 세계를 사고하며, 자국의 이익만을 생각한다. '천하'의 개념은 천(天) ·지(地) ·인(人)을 포함한 완전한 의미의 세계이며, 하나의 불가분한 글로벌 공공 공간과 자원으로써, 국가간 및 국제 질서의 범주를 넘어섰다. 이쯤되면 그는 인류의 미래세계를 예측했다고 할 수 있다. 현재 세계에는 약 200여 개의 나라와 지역, 다양한 민족문화가 존재한다. 이렇게 세계는 복잡한데 한가지 문화 척도와 가치관으로 모든 민족문화를 판단한다는 것은 어불성설이다. 중국의 전통문화는 인류가 물질적 문명을 추구함과 동시에 대자연과 조화롭게 공존해야 한다는 것을 보여주었다. 이것은 미래 글로벌 사회가 실현해야 하는 지속적인 평화와 균형 발전의 궁극적인 목표다.

<예기·중용>은 '치중화, 천지위언, 만물육언(致中和,天地位焉,万物育焉, 중화의 도를 실현하면, 천지가 제자리를 찾고, 만물이 순조롭게 생장한다)'이라고 하였다. 즉, 조화를 이루어야 천지를 바로 세우고, 만물이 성장할 수 있다는 것이다. 중화문화의 정수는 서구의 약육강식, 악성 경쟁이 아닌 <중용>에서 말하는 '만물병육이불상해, 도병행이불상패, 소덕천류, 대덕돈화(万物并育而不相害, 道并行而不相悖,小德川流,大德敦化, 만물이 같이 자라면서도 서로 해치지 않고, 길이 나란히 뻗었어도 서로 어긋나지 않으며, 작은 덕이 시냇물처럼 흐르고 큰 덕이 만물의 화생을 도탑게 한다)'이다. <논어·학고>의 '예지용, 화위귀(礼之用和为贵, 예의를 차림에 있어서 화합이 중요하다)'와 같은 도리이다. 이것이 바로 중국이 제창하는 '평화적

공존의 5개 원칙'의 철학적 기초이다. 노자의 '도가도, 비상도,, 명가명, 비상명(道可道,非常道,名可名,非常名, 도는 도라고 말할 수 있으나, 그건 한결같은 도가 아니다. 이름은 이름이라 할 수 있으나, 그건 한결같은 이름이 아니다)'의 경우 그 의미가 더욱 깊다. 또한, '상선약수, 수선리만물이부쟁, 처중인지소악, 고궤우도. 거선지, 심선연, 언선신, 정선치, 사선능, 동선시. 부유부정, 고무우.(上善若水、水善利万物而不争,处众人之所恶,故几于道。居善地,心善渊,与善仁,言善信,正善治,事善能,动善时。夫唯不争,故无尤)[6]'란 구절의 뜻을 보면 다음과 같다. 수양이 있는 사람은 물과 같다. 물은 만물을 기르면서도 그 어떤 것과도 갈등을 빚지 않는다. 모두가 기피하는 곳에 있기에 진리에 더욱 가깝기도 하다. 거주지를 선택에 능하고 사상적으로 침착할 줄 알며, 사이 좋게 지내고 서로 사랑할 줄 알며 언사에 신중하고 신용을 잘 지키며, 일을 처리함에 있어서 능력을 발휘하고 행동함에 있어 시기를 잘 포착하며 탐하지 않기 때문에 원한을 불러일으키지도 않는다. 이와 같은 사상은 중화문화의 정수라 할 수 있다.

2012년, 중국의 문화산업 총생산액은 4조원을 돌파하였는데, 그 중 전통적인 관광산업과 교육훈련의 비중이 비교적 크게 나타나 각각 46%와 17%에 달했다. 2013년은 지난 10년 동안 중국 경제가 가장 심각한 도전에 직면한 해였으나, 문화산업과 레저관광, 예술품 투자는 가장 유망한 3개의 산업으로 꼽힌다. 2008년 1인당 GDP 가 3천 달러를 돌파해 세계 최대 인구 국가에 패션의 시대가 도래하였으며 2010년 1인당 GDP 4천 달러를 달성은 진정한 의미의 여가 문화시대가 열렸음을 의미한다. 2014년 중국 해외여행객은 1억 3,000만명에 달했다. 국가관광국의 예측에 따르면 2015년 중국 국내관광객

---

6) 노자, <도덕경> 제8장

은 33억명, 2020년 50억명을 돌파하게 된다.

국제 세금환급 기구 글로벌 블루(Global blue) 데이터에 따르면 2011년 중국인의 세금 환급액은 프랑스 전체 환급액의 4분의 1로 세계 1위였고, 그 다음으로 러시아 · 일본 · 미국 순이었으며, 불과 5년 전만해도 일본 · 미국 · 러시아 · 중국 순이었다. 2012년 중국인의 해외여행 소비는 미국을 제치고 세계 1위에 올랐다.

1930년 미국의 경제위기가 가장 심각한 시기에 유명한 비지니스 잡지 포춘(Fortune)이 탄생하였다. 그리고 미국이 1929~1933년 대공황을 겪을 때 할리우드는 오히려 발전을 가속화하였다. 일본의 경우 1970년대에 경제위기를 겪은 후 애니메이션 산업이 급속도로 발전하였다. 아시아 금융 위기 이후, 한국의 문화 산업이 급격히 두각을 드러내어 '한류'가 전 세계를 휩쓸었다. 조지프 나이(Joseph Nye) 교수는' 정보화 시대에는 자본, 자연사원, 심지어 땅까지도 부가 아니다. 오늘날 투자 촉진형 경제는 이미 막바지에 이르렀다. 우리는 반드시 혁신 촉진형 경제와 지식 촉진형 경제로 전환해야 하며, 이것은 새로운 발상과 지식이 필요하다' 라고 지적하였다. 전 세계 창의적 경제는 하루 220억 달러를 창출해내고 있으며 5% 대의 성장세를 이어가고 있다. 몇몇 국가의 경우 그 성장 속도가 더욱 빠른데, 영국의 경우 12%, 미국은 14%에 달한다. 미국 문화산업 생산액은 이미 미국 GDP 총액의 18~25%를 차지한다. 한국의 게임, 일본의 애니메이션, 미국의 영화 모두 자국의 철강산업을 앞질렀다.

중국은 5천년의 문명역사를 가진 오래된 나라로서, 문화적 잠재력은 의심할 여지가 없다. 2011년 10월 18일 제17기 6차 선회가 문화산업 발전 추진을 결정하고 난 뒤, 문화부 부장은, '2004~2010년 전국 문화산업 부가가치의 연평균 성장률이 23% 안팎이며, 2010년 전국 문화산업의 부가가치는 1조 1,000억원을 돌파하였으나 국내총생산액의 2.78%에 불과하였다. 그러나 일부 성, 시의 문화산업의 부가가치는 이 지역 총 GDP의 5%를 초과하여 이미 지역의 기간 산업으로 자리잡았다. 예컨대 베이징의 경우 2012년 문화산업이 베이징 GDP의 12.6%를 차지하였다.

문화 창의 산업이란 창조자의 지혜와 기술, 재능에 의지해, 첨단기술의 힘을 빌려 문화자원에 대한 창조와 업그레이드를 진행하여, 지적재산권의 개발과 운용을 통해 고부가가치 제품을 생산하는 부의 창출과 취업 잠재력을 가지고 있는 산업이다. 유네스코는 문화 상품, 문화 서비스, 지적 재산권 등 세 가지를 문화창의산업으로 꼽았다.[7)]

판권 제품의 경우 2010년 미국의 전체 수출액이 1340억 달러인 반면, 중국은 76억 9000만 달러에 그쳤다. 세계 최대 미디어 엔터테인먼트 기업 중 하나인 디즈니는 매력적인 상업 브랜드다. 세계 10대 국제 브랜드 중 랭킹 5 위를 차지하였으며, 브랜드 가치는 600 억 달러를 넘어섰다. 디즈니의 사업영역은 미디어, 관광, 네트워크, 의류, 완구 등 많은 분야를 아우르고 있다. 현재 전세계적으로 미국 캘리포니아, 미국 플로리다, 일본 도쿄, 프랑스 파리, 홍콩, 중국 상하이 등에 각각 6개의 디즈니랜드가 있다.

2008년 오바마 대통령은 당선 연설에서, "오늘밤 우리는 우리 민족의 진짜 실력은 단순히 무력과 부에서 기인한 것이 아니라, 이상적인 역량, 즉 민주, 자유, 기회 및 영원히 굴하지 않는 희망에서 비롯되었다는 것을 다시 한번 입증하였습니다"라고 말하였다. 중국을 되돌아 보자. 여기에 중국의 각종 저급한 콘텐츠물이 큰 값으로 팔지 못하는 근본 원인이 있다. 일부 폭력적이고 색정적인 콘텐츠와 전자 게

7) 석술사, <중국 각 계층 부의 보고>, 규슈 출판사 p.248-249

임은 비록 짧은 시간 내에 크게 인기를 끌 순 있지만, 끝까지 지속될 수는 없다. 왜냐하면 그것은 핵심 가치가 부족하고, 대부분 대중의 가치에 위배되기 때문이다. 이 외에도 문화 분야에 대한 중국의 강도 높은 권력 독점이 '백화제방 · 백가쟁명(百花齊放, 百家爭鳴, 누구든 자기의 의견을 피력할 수 있다)'을 크게 가로막고 있다. 예컨대 해외의 블록버스터 영화를 들여올 때, 단 한곳의 중국영화사가 독점한다. 또한, 많은 창작물이 이데올로기의 제한을 받아 영상물 심사는 민간 기업보다 더욱 엄격하게 실시되며 중국을 대표하여 세계로 나아가는 문화 기업도 대부분 국가의 주류의 가치를 반영하는 국유기업이다. 중국은 문화상품 건설의 전반적인 가능성과 발전에 영향을 미치는 체제적 장애물을 없애고, 국유 경영형 문화 기업을 민영 및 다양한 기업형태로 바꾸어야만 중국 특색을 갖춘 문화를 계승하고 발전시킬 수 있다. 지금 중국은 지적재산권 보호에 있어 세계적으로 가장 취약한 나라 중의 하나이다. 2009년 WTO의 국제 지적재산권 사건에서 중국이 피고인 케이스가 60%에 이른다. 그러나 19차 당대회 이후로, 중국정부는 시진핑의 중국특색의 사회주의 발전모델을 제기하였고 지적재산권에 대한 보호강도를 점차 높여 중국문화산업의 발전 계획을 펼치고 있다.

문화 창의 산업의 핵심적 요소는 사람의 자질, 즉 혁신적 사고방식을 지닌 사람이다. 지금 중국 문화 창의 산업에서 가장 부족한 요소 역시 혁신적 사고방식을 갖춘 사람이다. 문화산업의 창의적인 인재, 경영관리 인재, 기술개발 인재, 특히 문화를 이해하고 경영능력을 갖춘 복합형 인재는 중국의 미래 문화산업을 위해 절실하게 필요하다. 아이디어는 생각이 폭발하는 과정으로서 개개인의 반짝이는 발상에서 시작된다. 이러한 반짝이는 발상을 진주처럼 정교하게 다듬은 목걸이만이 높은 상업가치를 창출할 수 있다. 중국에게 부족 한 것이 바로 이러한 아이디어의 원천이다. 진짜 끔직한 것은 현재 우리에게 닥친 어떠한 금융 위기가 아니라, 상상력이 결여되어 청춘의 활력에 불을 지필 수 있는 환경을 상실했다는 것이다.

일본 와세다 대학의 한 교수는, '일본은 습관상 강자에게만 굴복한다. 2차 세계대전 때 일본을 굴복시킨 것은 미국 뿐'이라고 언급한 바 있다. 때문에 일본은 중국에 머리 숙여 사과 하지 않을 것이다. 이러한 해석은 중국인들의 입맛에 맞지 않지만 적어도 한가지 사실을 분명히 깨닫게 해준다. 즉, 일본인을 고개 숙여 사과하게 하려면, 그들로 하여금 승복하게 만들어야 한다. 이를 위해서는 총 GDP에서 일본을 제치고, 1인 당 국내총생산(GDP)에서 일본을 따라잡아야 하며, 특히 문화 수준에서 일본을 넘어서야 한다. 당나라 번영기에 일본인들이 중국에 대해 대단히 감복했듯이 말이다. 지금도 당나라 문화의 영향을 나라, 교토 등의 고성에서 어렵지 않게 찾아볼 수 있다.

중국 상하이와 일본 도쿄를 비교해보자. 두 도시 모두 아시아의 유명한 국제도시이지만, 도쿄의 경우 지하철이나 식당 모두 사람들의 시끄러운 소리가 들리지 않는다. 그에 반해 상하이 지역의 경우, 두 사람 이상만 있다면 장소와 상관없이 바로 시끌벅적하고 귀가 매우 피곤해진다. 일본의 각 지역을 거닐다 보면, 아무렇게나 버려놓은 쓰레기나 타액을 찾아볼 수 없으며, 신호를 무시하고 길을 건너는 행인도 없다. 1964년 도쿄 올림픽 당시, 개막식에 10만 관중이 몰렸지만, 행사 후에 그 어떤 종이부스러기도 남지 않았다. 2008년 베이징 올림픽의 경우, 거의 같은 수의 관객이 개막식을 보기 위해 몰렸으며, 그들이 남긴 각종 쓰레기로 청소부는 꼬박 며칠을 청소해야 했다. 또 다른 예를 들면, 2011년 일본 후쿠시마에서 대지진이 발생하여 도쿄에도 강한 지진이 느껴질 정도였다. 당시 도쿄 지하철 안의 모든 사람은 3 시간에 걸쳐 질서 정연하게 빠져나갔으며, 단 한 명의 사상자도 없었을 뿐만 아니라, 종이 부스러기 하나 남기지 않았다. 이에 반해 2014년 12월 31일 상하이 와이탄의 천이광장에 관등행사를 보기 위해 몰려든 사람들 중 36 명이 압사하여 사망한 사건이 발생하였다. 만약 지진이 발생한 상황이었다면 상상하기도 끔찍하다.

또 다른 예를 들자면, 필자가 서울에서 길을 물어본 적이있었다. 한 중년의 남자가 모 대학으로 가는 길을 상세하게 알려주었을 뿐만 아니라, 상당한 시간을 할애하여 대학의 기본 상황을 자세히 설명해 주었다. 같은 상황으로, 상하이에 처음 갔을 때, 기차역에서 길을 물었는데, 그 사람은 뜻밖에도 길을 물어보면 2 위안을 내라고 했다.

이러한 실제 경험을 통해 우리는 중국이 '문화대혁명'의 세례를 받은 이후 중국의 전통적 미덕을 거의 잃어버렸다는 것을 알 수 있다. 이를 회복하려면 오랜 시간이 필요할 뿐만 아니라, 사회 제도를 대대적으로 바꾸어 사회 문화의 새로운 기풍을 수립해야 할 것이다. 왜냐하면 유교는 철학이나 종교가 아닌 사상적 문화이기 때문이다.

문화란 무엇인지에 대해 량샤오성(梁曉聲) 선생은, '마음속에 뿌리내린 수양, 깨우칠 필요 없는 자각, 절제가 전제된 자유, 남을 생각하는 선량함'이라는 4마디의 명언을 남겼다. 이 4마디 말을 통해 본인은 해외 유학부터 상해에서의 생활까지 20년간의 시간 동안 겪었던 생활의 사사로운 일들이 생각났다. 일반적으로 해외에서 대중교통을 이용할 때에는 사람들의 말소리가 낮았는데 반해, 상하이사람들 특히 상하이의 중노년 여성들은 옆 사람이 듣지 못할 까봐 걱정이라도 되는 듯 말소리가 매우 크다. 그들은 전혀 다른 사람의 감정을 고려하지 않을 뿐만 아니라, 다른 사람을 배려하는 선량함은 전혀 찾아볼 수 없다. 많은 상하이의 중노년 여성들은 뼛속에서부터 우월감을 가지고 있는데, 무릇 나쁜 일은 모든 외지인 탓이라고 생각한다. 사실 한 사람에게 교양이 있는가 없는가를 판단할 때 우리는 그의 출생지가 어디지, 학력이 높은지 낮은지를 보지 않는다. 문화는 마음속에 뿌리박은 수양이기 때문이다.

어부들의 경우, 해외의 경우, 한 그물을 쳐서 잡은 물고기 중 작은 물고기가 있으면 모두 바다에 돌려보내지만, 중국의 어부들은 거의 이렇게 하지 않는다. 한 번은 중국의 친구들과 한국의 제주도를 여행한 적이 있었는데, 우리가 어촌에 산책을 갔을 때 해변에 낚시꾼이 아주 많았다. 한 중국 친구가 가까이 다가가 관찰한 뒤, "낚시꾼들 발밑에서 헤엄치는 물고기가 많은데 왜 그물로 건져 올리지 않느냐"고 물었다. 그러자 그는 웃으며, "우리는 낚시를 하러 온 것이지 고기를 잡으러 온 것이 아니다"라고 말했다. 그러면서, "당신들 중국인이죠?"라며 한마디 덧붙였는데, 그 당시 나는 두 볼이 빨개져서 무슨 말을 해야 좋을지 몰랐다. 문화란 무엇인가? 이것이 바로 문화다. 문화는 절제를 전제로 하는 자유다.

잊지 못할 이야기가 또 있다. 사촌 동생이 한국에서 생활한지 벌써 십여년이 되었는데, 중국에 있을 때 그는 장소를 가리지 않고 담배를 피고 술을 마셨었다. 한번은 둘이서 동해안의 해변을 산책했는데, 내가 먹다 남은 아이스바를 무심코 던지자, 사촌 동생이 얼른 집어 들고서는 멀리에 있던 쓰레기통에 버렸다. 평범해 보이는 이 행동이 꽤나 인상적이었다. 그는 많이 달라져 있었다. 이것은 생활환경이 한 사람의 문화적 수준을 만들어준다는 것을 보여준다. 문화란 무엇인가? 이것이 곧 문화이다. 생활 속의 작은 것, 남을 위한 배려가 곧 문화다.

중국 경제가 아무리 발달하고 돈이 많아도 그에 걸맞은 문화적 소양이 없으면 무시당한다는 말을 하지 않을 수 없다. 최근 중국인 여성 관광객 2명이 일본 식당에 갔다가 요란하게 식사하는 바람에 다른 손님들을 불편하게 만들어 가게 주인에게 쫓겨난 일도 있었다. 한・일의 문화 예의는 중국으로부터 계승되었는데, 중국은 오히려 이를 계승하고 발전시키지 못한 채 이웃나라에 추월당한 것은 부끄러운 일이다. 따라서 유교 문화가 동북아 국가에 끼친 영향을 거울로 삼아야 한다.

(이하 제3절은 수로 아버지 이홍순 교수의 논문 요약과 저의 졸견입니다.)

3. 한일에서의 유학사상문화의 전파와 영향 비교

역사를 살펴보면 고대 중국은 동양 각국 중 선진국가였고, 한국과 일본은 중국에 크게 뒤졌었다. 앞선 자는 필연적으로 뒤쳐진 자에게 영향을 주고, 뒤쳐진 자는 필연적으로 앞선 자를 따라 배우게 되는 것은 역사발전의 법칙이다. 따라서 중국 전통문화의 주체인 공자와 유가사상이 한국과 일본에 전해진 것은 당연한 수순이었다.

유가사상이 한국과 일본에 전파된 시간을 보자면, 한국이 일본보다 먼저 중국유학사상문화를 받아들였다. 연구에 의하면, 1세기 초부터 일부 조선인들은 <시경>, <서경>과 <춘추> 등을 암송하였다고 한다.[8] 고대 문헌의 기록에 따르면 중국 진나라 말기, 한나라 초기에 전란이

8) <조선 약사> p.46

일어났을 때 옌런위만(燕人衛滿)은 천여 명의 난민을 거느리고 고조선으로 귀순하였다. 고조선의 준왕은 그를 신임하고 총애하여, 박사로 명하고, 규를 하사하고, 백리를 봉하여, 서쪽을 지키도록 하였다.[9] 기원전 109년 한 왕조는 고조선에 대한 전쟁을 벌였으며 1년에 걸쳐 고조선을 전멸시키고, 낙랑, 임둔, 진번, 군등 등의 4 군을 설치하였는데, 역사적으로는 이를 한(漢) 사군 이라고 일컫는다. 한 사군을 설치함으로써 중국의 선진문화가 대량 유입되었기 때문에 한조에서 지배적인 위치에 있었던 유가 사상도 필연적으로 전해졌다. 이로써 유교가 한국에 전파된 시기는 대략 기원전 2세기, 늦어도 기원전 109년으로 추측해 볼 수 있다.

그러나 역사 기록에 따르면, 유교의 광범위한 전파는 3국(고구려 · 백제 · 신라) 시기에 이루어졌다. 유가 사상을 가장 먼저 받아들인 것은 중국과 가장 가까운 고구려로, 소수림왕 2년(372년)에 고구려는 유교 교육 기관인 태학과 서당을 세웠다. 태학은 고구려의 최고 학부로써, 5경과 3사 등 유가의 경전과 중국의 사서를 전파하고, 특권 귀족 자제만을 모집하여 국가 관리로 양성하였다. 지방에는 서당을 설립하여 지방 귀족과 평민의 자제들을 모집하여 5경 3사와 양궁을 가르쳤다.

백제도 고구려와 비슷하다. '그 책에 오경자사가 있고, 또 소를 표하고 중화의 법에 따랐다(其书籍有五经子史,又表疏并依中华之法).'[10] 백제는 건국 초기부터 유학을 받아들였고, 4세기에는 이미 완벽한 유교 교육 기관을 갖추고 있었다. 그리하여 근초고왕 29년(394년)에 백제는 박사 칭호를 받았다.

---

9) <사기 · 조선 열전>

10) <구당서>, 동이백제, p.149

신라는 한국의 동남쪽에 위치하여 삼국 중 비교적 늦게 발전하였고, 유학사상문화도 6세기에 전파되었다. 이로써 알 수 있듯이, 유학은 약 기원전 2세기에 처음으로 한국으로 전파되었으나, 광범위하게 전파되기 시작한 것은 기원 4세기 이후의 일이다.

일본의 상황을 살펴보자면, 학술계의 견해가 같지 않은데, 중국의 학술계는 일반적으로 일본오진 천황 16년(285년), 백제의 왕인 박사가 일본으로 건너갈 당시 <논어>, <천자문> 등을 가지고 가서, 한자문화와 유가학설이 일본으로 전해진 것으로 본다. 이에 대해 일본 학계는 또 다른 견해를 보이고 있다.

우선 그들은 한자와 유교가 함께 전해졌다는 데에 부정적 입장을 취하고 있는데, 한자가 먼저 전해지고, 유학은 그 후에 전해졌다고 판단하기 때문이다. 일본의 학자 아베 요시오는 '일본인은 결코 이 시기에 한자 또는 한문을 받아들인 것이 아니다. 고고학적 자료에 따르면 왕망에 의하여 제작된 낡은 화폐가 무덤에서 발굴 됐는데, 이 옛 화폐의 제작 시기는 기원 7년 정도다. 따라서 정확히 언제 전파되었는지는 알 수 없으나, 그것은 이미 아주 오래 전에 일본에 전해졌다. 또한, '한위노국왕(漢委奴國王)'이라는 유명한 금인(겐로쿠 시대에 후쿠오카현에서 발굴 된 것)의 훈독법으로 보아, 기본적으로 '한위노국왕'의 금인으로 단정 할 수 있다. 이것은 기원 57년 후한 광제가 일본에 증정한 금인이다. 때문에 때문에 일본인들은 이미 오래 전부터 한자 또는 한문을 접촉했다고 판단한다'고 밝혔다.[11]

뿐만 아니라 왕인이 일본으로 건너간 년대에 대해서도 각각 말이 다르다. 어떤 이것은 기원 377년경으로, 어떤 이깃은 405년으로 판단한다. 한국 사학계도 일반적으로 기원 4세기 후반이라고 본다. 결

11) <유교의 변천과 현황>일본어 판, p.26

과적으로 대다수는 왕인이 일본에 유학을 전파한 시기를 기원 4세기 후반 또는 5세기 초라고 본다.

또한, 왕인이 천자문을 가지고 왔다는 것에 대해 일본 학계는 모두 부정적인 입장을 취하고 있다. 아베 요시오는 '천자문'으로 불리는 이 책이 당시 중국에서 아직 편찬되지 못했기 때문에, 그 시기에 '천자문'이 전파되었다는 설은 믿을 수가 없다고 지적하였다.[12]

그럼에도 불구하고 유가 사상을 처음 일본으로 전파한 것은 백제의 왕인 박사라는 점은 의심할 여지가 없다. 그러나 전파 범위가 매우 좁아 조정의 왕후 간에 국한되었다. 6세기에 들어선 후, 백제의 단양이 박사, 오경 박사 고안무 등이 체천황 7년(513년)에 방문한 것에 이어, 5경 박사인 왕류귀, 역박사 앙도량 등이 긴메이 천황 15년(554년)에 방문하여 5경 문학을 가르쳤다. 이로 알 수 있듯이 초기 유학의 일본 전파는 한국을 거쳐 한국 학자들에 의하여 이뤄졌다. 일본이 중국으로부터 직접 유학을 전해 받은 것은 6세기 후반기, 즉 스이코 황제 시기(592-628년)이다. 섭정한 성덕태자는 많은 귀족 청년들과 승려들을 당나라로 유학 보내 학업을 마치고 귀국한 그들에게 유학을 가르치도록 하였다. 유가사상이 일본으로 전파된 시기는 한국보다 수세기 늦다. 전파 경로로 볼 때, 일본은 한국을 통해 비로서 유학을 접하게 되었다. 일본 에도시대의 유명한 철학자 오규 소라이것은 '일본은 왕인이 있었기에 한자를 알게 되었고, 기비노 마키비가 있었기에 5예와 6예를 정비할 수 있었다. 또한, 스가와라 미치자네가 나타나고 나서야 읽을 수 있는 문학과 사학이 생겼으며, 훌륭한 한자를 쓸 수 있게 되었다. 그리고 후지와라 세이카가 나타나고 나서야 하늘과 성인에 대해 이야기할 수 있었다. 따라서 이 네 명은 중국 문화를

12) <유교의 변천과 현황>일본어 판, p.25-26

들여온 대표적 인물로써 대학에서 제사 지내야 할 인물들이다.'라고 하였다.[13)]

한 나라가 선진국의 사상문화체계를 학습하고 받아들이것은 과정은 단순한 이식과정이 아니다. 그것은 어느 나라나 모두 자체적으로 구체적인 사회경제 조건과 계급관계가 있고 독특한 사상문화전통과 풍속이 있기 때문이다. 따라서 같은 중국의 공자와 유교 사상이지만, 한국과 일본에 미치는 영향과 사회적 역할은 서로 다르다.

첫째, 철학적・윤리적 측면에서 볼 때, 한국은 공자의 유교사상과 전적(典籍)을 비교적 포괄적이고 완전하게 도입하었다.

유가의천명론에 관하여 보자면, 한국의 <삼국사기>와 <삼국유사>는 "나라의 흥망은 하늘에 있는데, 하늘이 고려를 싫어하지 않는 한, 내가 어찌 바라보겠느냐"는 중국 유가의천명론을 반영하고 있다.[14)] 또한 동중서의 '천인감응(天人感應)'이라는 신학적 연유론을 받아들여, '삼국사기'는 자주 '신작집(神雀集)', '백호출(白狐出)', '흑와두(黑蛙斗)' 등의 기이한 현상으로 국가의 흥망성쇠와 임금의 죽음, 전쟁의 승패 전조를 나타냈다. 예를 들어 "흰 기운이 왕궁 서쪽에서 일어났는데 마치 비단을 펼쳐 놓은 것 같았다. 가을 9월, 임금이 돌아가셨다(白气自王宫西起,如匹练,秋九月王薨)[15)]"라던지, '11년 여름, 큰 가뭄으로 곡식 말라 왕이 친히 횡악에 제를 올리고, 비가 내리길 빌었다(十一年夏,大旱,禾苗焦枯,王亲祭横岳,乃雨)'등 모두 유가의 윤리관과 관련있다.[16)] 한국 유학자들은 효(孝) 사상을 특히 중시한다. 효(孝) 란 선천적인 것으로 누구나 지켜야 할 절대적 준칙이

13) <유교의 변천과 현황>일본이 판, p.29
14) <삼국이사> vol.1. 진흥왕
15) <삼국유사> vol.25. 백제본기제3
16) <삼국유사> vol.25. 백제본기제3

다. 한국 유학자들이 효를 각별히 중시하는 것은 당시 한국의 사회경제적 여건과 관련이 있다. 기원 전후로 한국은 남자가 밭을 갈고 여자가 옷을 짜는 자연경제를 기초로 봉건국가를 건립하였다. 가정을 생산단위로 하는 자연경제는 효도사상으로 가장의 권위를 수립하고 생산과 생활 질서를 수호해야 했다. 통치계급은 이러한 효사상을 이용하여 이를 충으로 확대시켜 충효가 일치한 윤리관으로 자신의 통치적 지위를 옹호하였다. 이 때문에, 한국의 봉건 통치 계급은 유교교육과정에 있어서 논어, 효경의 학습을 특히 중시하여 봉건 윤리관을 세웠다.

일본은 다르다. 당시 일본은 한국에 뒤져 봉건제를 만들지 못했다. 사회역사적 조건의 한계로 한국처럼 공자의 유교사상을 포괄적으로 받아들이지 못하고 단편적인 '천인감응'론을 받아들였고, 재난이 닥치자 천황은 '자책'하였다. 한당의 경학이 일본에 전파될 당시, 공자와 유교사상이 발전하지 못하여, 충효 같은 이론은 불교의 인과보응설 등 교리에 눌려 널리 보급되지 못했다.

둘째, 유교 사상이 사회 이데올로기에서 차지하는 위상에 비춰 볼 때 한 · 일 양국은 사정이 달랐다.

앞서 설명한 바와 같이, 한국식 봉건 제도는 확립 및 발전 초기에 이미 유가사상을 도입하였다. 갓 정치무대에 오른 봉건통치계급은 이데올로기 형태에 있어 자연히 새로운 요구사항을 가지게 되었고, 따라서 통치계급이 유교사상을 재빨리 이용하여, 치국의 근본으로 자리잡게 되었다.

그러나 봉건제가 확립되지 않은 일본의 경우, 유교사상은 한국처럼 보편화되지 않았다. 초기에는 궁정내부의 황족자제들과 일부 상류층 귀족들 사이에서만 전파되었고 독립적인 사상체계로 인정받지 못하였다. 그래서 유교가 주도권을 잡지 못했고, 한국처럼 사상가들이 많이 배출되지 않았다.

셋째, 유교와 불교의 관계로 볼 때 한・일 양국 사정에도 차이가 있다.

한국은 삼국에서 고려에 이르기까지 유・불 양가가 독자적인 사상체계를 유지하였다. 역대 유가의 대가 최승로, 최충 등은 정도는 다르지만 어느 정도 불교를 배척하는 사상을 가지고 있었고, 고려 말, 이조 초기의 '척불양유(斥佛揚儒)'를 선동하였다.

일본은 다르다. 일본 통치자들은 유, 불, 신의 일치를 부르짖으며 이들을 하나로 묶어 통치계급의 정신적 지주로 받들었다. 그래서 일본 학자들은 유학자이면서 불교학자인 경우가 많았다.

넷째, 사회정치생활에서의 유교 역할을 볼 때 한국과 일본은 다르다.

한국에서 신흥 봉건 통치 계급은 자신의 통치 지위를 강화하고 공고히 하기 위해서 유교 사상을 많이 받아들였다. 때문에 한국의 삼국시기와 고려 중기의 유교사상은 신흥지주계급의 이익을 대표함과 동시에 패도를 반대하고 왕도를 제창하며, 폭정을 반대하고 덕치와 어진 정치를 주장하였다. 그들은 유가의 이론에 근거하여 불교의 주관적 유심주의(唯心主義)를 반대하였다. 또한, 보수세력의 백성에 대한 가혹한 착취를 반대하고, '억불양유(抑佛扬儒)'를 제창하여 객관적으로 백성과 사회발전에 유리한 역할을 하였다

일본은 사회, 정치, 생활에 있어 유교사상의 영향을 비교적 깊게 받았지만, 유가는 일본에서 줄곧 피동적 지위에 놓여있고 정치적 사상과 윤리 체계를 확립하지 못하여, 불교와 신도의 통제 아래에 놓이기 일쑤였으며, 노장의 학문과 함께 사회정치 사상에 있어 보조적인 역할을 할 뿐이었다.

송의 명리학이 전해지기 이전의 일본 유학 발전 과정을 보자면, 초기에는 주로 왕인, 단양이, 고안무 등 한국학자를 통해 궁정 내부의 황족 자제들에게 전수되었다. 중기에는 주로 불가에 의해 수당의 학자 승려들을 파견하여 전수받았다. 후기에는 중국 문학의 성행에 따라 눌렀다. 그렇기 때문에 한국에 비해 일본에서는 정통 유학의 정치사상가가 나타나지 않았다.

결과적으로, 고대(즉 송의 명리학이 일본에 전해지기 이전) 일본의 유학자는 한국의 유학자처럼 '불교를 배척하고 유교를 선양하지' 않고, 되려 불교 신자로 불교의 옹호자였다. 이것은 고대 일본 유학이 지닌 고유한 특징 중의 하나이다.

눈 여겨 볼만 한 것은, 유가 학설이 한・일 두 나라의 문화 교육 발전에 극히 중요한 역할을 했다는 사실이다. 우선 유가학설은 한・일 두 나라의 교육제도 수립에 지도적인 역할을 하였다. 둘째, 한・일 양국은 모두 한자와 유교 경전의 영향으로 자신의 문자를 창제했다. 셋째, 한문과 유학위주의 중국 선진문화 유입은 한・일 양국의 문화 예술과 과학 기술의 발전에 큰 촉진 작용을 하였다.[17)]

그러나 한국 유학이 명실상부한 정통 국학으로 자리잡게 된 것은 이조 시대의 유학인 주자학(성리학이라고도 한다)때부터이다. 고려말, 안향(1243-1306년)은 원나라로 가서, <주자 백과전서>를 필사하여 귀국한 뒤, 또다시 원나라에 사람을 파견 하여, 성인 및 칠십자(七十子)의 형상을 그림으로 그리고, 제기(祭器) 및 악기, 육경, 제자사(諸子史)를 구하여 돌아오게 하여, 한국에 주자학이 전파되기 시작하였다.[18)] 이때부터 주자학은 이씨 왕조 500여년 동안 절대적인 영향

17) 이홍순, <공자, 유교문화사상이 한국과 일본에 미친 영향과 전파에 관한 비교연구, 조선학>, <한국학론문집>. vol.6

력을 행사하게 되었다. 그리고18 세기 초부터 주자학은 급속도로 쇠퇴하게 되었지만, 놀라운 것은 전후 60여년이 흐른 지금, 이른바 동아시아 유교 문화권의 중국, 일본에서는 명실상부한 유교적 면모를 찾아볼 수 없는 이때에, 한국 에서는 공자와 맹자를 기리는 향불이 모락모락 피어 올랐다. 특히 필자가 졸업한 성균관대학교(이조 태조 8년인 1398년에 설립)의 경우, 교문에 들어서자마자 좌측에 공자사당이 있고 양현재 내에는 고대 유생들이 공부하던 명륜당, 존경각, 제기고 등 모든 것이 당시의 유교 숭상 분위기를 유지하고 있다.

4. 한중일 차(茶)문화 비교

중국 차문화는 중국이 차를 만들고 마시는 문화이다. 7가지 생활 필수품(땔감, 쌀, 기름, 소금, 간장, 식초, 차)중의 하나인 차는 고대 중국에서 매우 보편적으로 음용되었다. 중국의 차문화와 한국・일본 차문화는 차이가 매우 크다. 중국의 차문화는 매우 유구할 뿐만 아니라, 물질문화뿐만 아니라 깊은 정신문명도 내포하고 있다. 당나라 다성(茶聖)과 육우(陆羽)가 쓴 다경(茶經)은 역사적으로 중화 차문화의 시작을 알렸다. 이로부터 차문화는 왕실과 사회에 스며들었고, 중국의 시(詩)와 사(詞), 회화, 서예, 종교, 의학에도 깊은 영향을 미쳤다. 수천년 동안 중국은 대량의 찻잎 재배, 생산의 물질문화뿐만 아니라 풍부한 정신문화를 쌓았다. 이것이 바로 중국 특유의 문학로써, 문회학의 범주에 속한다.

---

18) 안향, <고려사> vol.150

중국 차의 역사와 발전은 간단한 일종의 식문화 형성 과정을 초월하여 오천년 역사를 가지고 있는 민족의 정신적 특징을 드러내 보인다. 차문화는 중화문화 교육의 중요한 구성요소이며, 역사가 유구하고 내포하는 바가 커서 사회 문명의 진보와 경제 발전에 커다란 영향을 주었다. 따라서 21세기에 들어선 후 어떻게 차문화를 한층 더 발전시켜 이 척박한 세계에서 적극적인 역할을 발휘하도록 할 것인가 또한 고려해볼 만한 중요한 과제이다.

1) 역사적 회고

1. 차의 발견에 대해서 이야기를 하면, 사람들은 자연스럽게 신농(神農)이 백초(百草)를 맛보았다는 전설을 떠올리게 되는데, 차가 최초로 이용된 것은 야생 채집 활동에서였다. 고대 전설에 따르면, '신농은 옥체가 투명하여 그의 오장육부를 볼 수 있다'고 했는데, 그 이유로, '옥체가 투명하지 않다면 하루에 약을 맛보느라 12가지 독을 만나게 되는데 이를 어찌 풀 수 있겠는가'라고 했으며, 또한, '신농은 온갖 풀을 맛보느라 하루에 열두 가지 독을 만나는데 차만이 이를 해독할 수 있다'고 한다. 이것은 모두 믿을 수 없지만, 주목해야 할 점은 오랜 식용과정에서 사람들이 차의 병을 치료하는 '약'의 용도에 주의를 기울였다는 점이다. 이것은 혼돈의 시대의 유실을 반영한다. 그러나 차(荼)가 음료로, 일종의 정신적 향유로 자리 잡았다는 실질적인 역사 기록은 서한(西漢)때로 봐야한다. 왕포(王褒)의 <동약(僮約)>에는 '차를 끓이려면 다구가 필요하다(烹荼盡具)'라는 문장과, 우양(武阳)에서 차를 구매한 기록이 있어, 당시에 차를 마시는 풍속이 형성되어 있었고 차 시장의 존재함을 증명하였다. 동진의 상거는

<화양국지 · 파지(華陽國志 · 巴志)>에서 ‘파촉지역에서 바치는 많은 공물 중에 심지어 차도 공물로 바쳤다’라고 기록하였다. 위진남북조 시기에는 ‘차로써 겸손을 기르자’는 선비들이 나타났는데, 가령, 진나라 오흥태수 육납은 찻물만 대접하는 습관을 길러 손님들에게 차를 권하였는데, 이것은 가장 좋은 예증일 것이다. 차가 약초로서의 용도에서 일상적인 음료로 바뀌면서 엄격한 의미에서의 차가 탄생하였다. 중국은 언제부터 차를 마시기 시작했는가에 대해 여러가지 설이 있는데, 서한시기에 이미 차를 마시는 문화가 있었다는 정식 문헌의 기록이 있었고, 차를 마시기 시작한 시간은 이보다 더 빨랐을 것으로 본다. 차가 문화적 면모를 나타내기 시작한 것은 한위 양진 남북조시기때 부터였다.

차문화는 넓은 의미에서 차의 자연과학과 차의 인문과학 두 가지로 나눠 볼 수 있는데, 이것은 인류사회역사의 실천과정에서 형성된 차와 관련되는 물질적 부와 정신적부의 총체를 가리킨다. 좁은 의미에서 볼 때 차에 집중하는 인문과학은 주로 정신과 사회에 대한 차의 기능을 가리킨다. 차의 자연과학은 이미 독립적인 체계를 형성하였기에 현재 흔히 말하는 차문화는 인문과학에 치우쳐 있다.

2. 당대는 중국 역사에서 번영했던 왕조이다. 육우의<다경 >은 당나라 및 그 이전의 차 생산, 음용 경험을 체계적으로 정리하고, 바른 행동과 미덕의 정신을 강조하였다. 육우 및 그 동시대의 일부 문인들은 차를 마시는 정신적 즐거움과 도덕적 규범을 매우 중시했을 뿐만 아니라, 차를 마시는 도구와 차를 끓이는 예술도 매우 중요하게 여겼기 때문에, 이로써 중국의 다도(茶道)와 다예(茶艺)가 나타났다고 말할 수 있다. 당시 집집마다 모두 마시던 민간의 차풍속에서, 호화롭고 성대한 황실의 차 연회, 문인의 차 시사와 서예, 그림 등 모두 차문

화의 형성과 발전을 잘 보여준다.

육우(733년-804년)는 자가 홍점, 한족이며, 당나라 복주 경릉(현재의 후베이 텐먼시)출신으로, 일생동안 차를 좋아하고 다도에 정통하였으며 세계 최초의 차 전문저서인 <다경>으로 세상에 널리 알려졌다. 그는 중국 차 사업 및 세계 차 사업의 발전에 큰 기여를 하여 '다선(茶仙)'으로 불리었으며, '다성(茶聖)'으로 존대 받고 '차의 신'으로 제를 올린다. 그는 시도 잘 썼지만, 그의 시는 현재 세상에 많이 남아 있지 않다. 그는 찻잎에 대한 오랜 연구로 차 재배·육종·가공 기술을 익혔고, 차의 맛을 품평하는데도 뛰어났다. 당조 상원 초년(760년)에 육우는 강남 각지에서 은거하며 주로 오늘날의 절강성 장흥현 대당공 다원을 중심으로 활동하면서 <다경> 3권을 편찬하여 세계 최초의 차 서적을 남겼다. 그 외에 <전당문>에는 <육우자전>이 있다.

육우가 저술한 <다경(茶经)>은 총 3권 10장 7,000여 자로 구성되어있다. 이것은 당나라와 당 이전에 찻잎과 관련한 과학지식과 실천 경험을 체계적으로 집결한 것으로, 육우가 지칠 줄 모르는 성실함으로 차 생산과 제조의 1차 자료를 얻은 후, 대중서적을 널리 수집하고 차 전문가들의 경험을 널리 구하여 만든 결정체이다. <다경>은 나오자마자 세상에 널리 알려졌는데 당시 사람들은 이를 학습하고 소장하였다.

<다경>에서 육우는 차 지역의 분포, 찻잎의 성장, 재배, 채취, 제조, 맛 평가를 전면적으로 서술하는 것 외에도 많은 명차를 처음으로 소개하였다. 예를 들어, 절강 만리장성(오늘의 장흥현)의 자순차의 경우 육우의 품평 이후 상품으로 평가 받아 공물로 바쳐졌다. 또한, 의흥군(오늘의 강소 의흥)의 양이차는 육우가 직접 추천하여 공물로 바

쳤다.'

장흥 고저산(顧渚山)은 육우가 <다경>을 쓴 주요 장소다. 중국 역사상 최초의 공차원(貢茶院)이 설립된 곳으로, 여기에서 생산된 자순차, 금사천은 당조의 진상품으로 채택되었다. 그밖에도, 고주산은 또한 중국 차 문화의 발상지이기도 하다.

매년 4월 저장성 장흥에서는 축제가 열리는데, 주요행사로는 광장문예, 육우제, 무아다회, 차문화 연구토론, 다성의 흔적 찾기, 사진 및 서예 대회, 투자 설명회 등이 있다.

3. 송대에 이르러서 찻잎 생산은 한층 더 발전되어 차를 마시는 문화가 더욱 보급되었으며, 건주(建州)의 용단봉병(龍團鳳餅)에 이르기까지, 진상품으로서의 차는 더욱 새로워졌다. 송태조 조광윤은 특히 차를 즐겨 궁에 다사(茶事) 기관을 설립하고 차를 다룸에 있어 등급을 나누었다. 차 의식은 이미 예절이 되었고 차를 하사하는 것은 이미 황제가 대신을 회유하고 친족에게 관심을 표하는 중요한 수단이 되었으며, 외국 사절에게도 차를 하사하였다. 차문화는 하층사회에서는 더욱 자유분방하여 이사하는 사람이 있으면 이웃에서는 차를 대접하고, 손님이 오면 원보차를 내었으며, 약혼할 때는 차를 선물하고, 합방 시에는 '합차(合茶)'를 하였다. 송휘종 황제 조사는 <대관차론(大觀茶論)>을 편찬하였는데, 이것은 중국 역사상 유일하게 한나라의 황제가 직접 쓴 차 서적이다. 그 이후 적지 않은 문인들이 잇달아 차에 관한 책을 쓰기 시작하였고, 이와 동시에 차를 마시는 예술도 한층 더 발전하였다. 차를 끓이것은 기예가 한층 더 규범화되고, 차를 우리는 경기가 성행하였을 뿐만 아니라, 불가에서도 차가 흥성하여, 차를 마시는 기예도 불교의 전파에 따라 신속히 국내외로 전해졌다.

4. 원나라 이후 차문화는 우여곡절의 시기로 접어들었다.송조 때 차문화의 사회적 차원과 문화 형태의 지평이 넓어졌으나, 다도가 번창하면서 점점 복잡하고 사치스러워져, 당대 차문화의 심오한 사상적 의의가 실추되었을 뿐만 아니라, 지나치게 섬세한 다도 문화로 인해,차문화 본연의 고결한 본질을 잃었다. 그리고 조정의 귀족, 문인들 사이에서 차를 마시는 것은 표면적 예의를 차리고, 분위기를 마시며, 놀이의 수단이 되어버렸다. 그 외에도 원나라 몽골인들이 중원으로 이주한 것은 중화민족의 전면적인 융합이 가속화되었음을 보여준다. 한편, 북방의 소수민족은 차를 좋아하지만, 주로 생활, 생리적 필요에 의해서였을 뿐, 문화적 차원에서의 차를 품평하고 달이것은 일에 대해서는 관심이 크지 않다. 다른 한편으로는, 한족의 문화인들은 고국이 패망하고 타민족의 압박을 받는 상황에서 차를 통해 자신의 마음을 표현하고, 의지를 다졌다. 이 두 가지의 다른 사상의 흐름은 차문화가 융화된 이후에도 간결하고 본연의 모습을 쫓는 방향으로 발전하였다.

5. 명청(明淸) 시대에는 잎차가 급속히 발전하였으며, 다양한 종류의 차 구도가 점차 형성되었으며, 차를 마시는 방법도 차를 끓이것은 것에서 우려 마시는 방식으로 발전하였을 뿐만 아니라, 차를 마시는 도구도 갈수록 중요해져서, 정교한 공예를 자랑하는 자사호(紫砂壺)와 뚜껑이 있는 도자기 다구 등도 생겨났다. 손님이 오면 차를 대접하는 풍조는 더욱 널리 퍼져, 도시에는 찻집들이 즐비하게 늘어서고 찻집에서 휴식을 취하고 사업 이야기를 하는 것이 일상화되어, 다방문화 교육이 발전하였다.

6. 신중국 건립 이후 중국의 차 생산량은 1949년의 7,500톤에서 1998년의 60여만 톤으로 발전하였다. 차의 물질적 부의 급격한 증가

는 중국의 차 문화 발전에 튼튼한 토대가 되었다. 1982년 항저우에 전통 차문화를 널리 알리기 위한 취지의 사회단체인 '다인의 집'이 최초로 설립되었으며, 1983년 후베이에 육우 차문화 연구회가 설립되었다. 또한, 1990년 '중국 다인 동호회'가 북경에서 설립되었으며, 1993년 '중국 국제 차문화 연구회'가 후저우에서 설립 되었고. 1991년 중국 차 박물관이 항저우 서호에서 정식적으로 개관하였다. 이 외에도 1998년 중국 국제 평화 차 문화 대학이 설립되었다. 차문화가 흥성함에 따라 각 지역에서는 다예관이 점차 많아졌으며, 차 문화의 국제 심포지엄 역시 나날이 위상이 높아져 일본, 한국, 홍공, 대만, 미국, 유럽 등 각 지역에서 참가하였다. 또한, 각 시도 및 차 생산 현에서는 '차 축제'를 개최하였는데, 푸젠성 무이시의 옌차축제, 윈난의 푸얼차 축제, 저장 장흥, 타이순, 후베이 잉산, 허난 신양의 찻잎 축제 등 셀 수 없이 많다. 이 모두가 차를 매개로 전면적인 경제 무역 발선을 촉진한 것이다.

물질 문명과 정신 문명 건설의 발전은 차문화에 새로운 영감과 활력을 불어넣어 주었고, 이 새로운 시기에 차 문화의 내용 및 표현 형식이 끊임없이 확대되고, 혁신과 발전을 이루고 있다. 새로운 시기의 차문화는 현대 과학 기술과 미디어, 시장경제와 결합하여 차문화의 가치 기능을 더욱 뚜렷하게 부각시켜, 현대화 사회에서의 역할을 한층 더 강화하였다. 차의 가치는 차문화 핵심 의식을 더욱 굳건히 확립하는 것으로, 국제교류 역시 날로 빈번해지고 있다. 새로운 시대의 차문화 전파 방식 및 형식은 대형화, 현대화, 사회화, 국제화 추세를 보이고 있으며, 그 내용 역시 급격히 풍부해지고, 영향력 또한 확대되어 주목을 받고 있다.

2) 중화 차문화의 내용과 형식 및 사회적 기능

1. 중화민족은 기나긴 역사 속에서 끊임없이 자연을 개조하여 물질적 부를 창출함과 동시에, 찬란한 문화의 꽃을 피워 세계 인류의 성장과 발전에 거대한 공헌을 하였으며, 그 의의가 매우 깊다. 차문화는 중화 문화교육의 중요한 구성부분으로서 그 내용이 다채롭고 찻잎 생산과 소비 및 인간의 정신생활에 영향을 미치는 다양한 분야를 포함한다.

2. 차 문화 교육의 표현 및 그 형식은 물질적인 것과 정신적인 것을 함께 포함한다. 물질형태로 표현된 것은 차의 역사 유물, 유적, 다서, 다화, 각종 명 차, 다관, 다구, 차 가무 및 다예 공연 등등이 있으며, 정신적 형태로 표현된 것은 다덕(茶德), 다도(茶道) 정신, 차로 손님을 대접하는 정신, 차로 청렴한 품성을 닦는 행위, 차(茶)를 통해 덕을 쌓는 행위 등이 있다.

3. 차문화는 그 내용이 매우 다채롭고 물질적이면서 정신적이다. 따라서 중화의 차문화가 발전 과정에서 발휘한 사회적 기능과 역할도 다방면일 수밖에 없다. 전통적인 차문화와 사람들의 사회생활과의 관계는 매우 밀접한 바, 역사의 문인 생활 중의 '금, 기, 서, 화, 시, 차(琴棋書畵時茶)'와 평민들의 생활 중의 '땔나무, 쌀, 기름, 소금, 간장, 식초'와 같이 차는 없어서는 안된다. 차 문화가 오늘날까지 발전해 오면서 차의 사회적 기능이 더욱 두드러졌는데, 구체적인 영향을 종합해 보자면 대략 21가지 정도 인데, 가령, 차를 통해 친구와 만나고 친목도모하며, 예의를 표하고 술을 대신하여 마시며, 청렴함과 덕을 표방하고 수양을 쌓고 제사를 지내고 시화 및 가무를 만들며 여행을 하고 음식을 만들어 연회를 열며 건강을 찾고 약을 만드는 것 등

이다.

예로부터 차를 재배하고, 제조하고, 우려내고, 맛보는 것은 모두 고도의 기예를 필요로 하는 것으로 여겨졌다. 당대에는 중국인들이 관련 기술을 다예라고 부르기 시작했다. 이와 동시에 역사적으로 언제나 차와 관련된 여러가지 예술작품들이 대량으로 나타났다.

차(茶)는 숭고한 산에서 생산되고, 천지의 영기를 흡수하는 동시에 깨끗한 샘물이 있어야만 한다.'어진 자는 산을 사랑하고 지혜로운 사람은 물을 사랑한다'는 말이 있다. 옛 사람들의 차 한 잔에는 중국의 문인과 철학사가 깊이 사랑한 천 ·지·산·수 ·인· 지가 담겨 있었다.

3) 한중일 차문화의 비교

오래된 중국의 전통 차문화는 각국의 역사와 문화, 경제 및 인문과 결합하여 영국 차문화, 일본 차문화, 한국 차문화, 러시아 차문화 및 모로코 차문화 등으로 변하였다. 영국에서 차를 마시는 것은 생활의 일부분으로써 영국사람들이 신사의 풍격을 표하는 예의이며, 영국 여왕의 생활에 없어서는 안될 절차와 중대한 사회활동에서 반드시 필요한 의정활동이기도 하다. 일본의 다도는 중국에서 기원한다. 일본의 다도는 짙은 일본 민족의 풍토와 독특한 다도 체계, 유파, 예의를 갖추고 있다. 한국사람들은 차문화가 한국민족문화의 뿌리라고 여기며, 매년 5월 24일을 전국 차의 날로 정했다. 중국의 차문화는 각국 차문화의 요람이다. 다도인은 국경, 인종, 신앙을 구분하지 않고 차문화로 전세계 사람들과 모여서 다예와 학술 교류, 경제무역에 관한 이야기를 나눈다.

중국의 역사자료에 따르면, 중국은 차문화의 발상지이다. 중국의 차문화와 차 종자는 주로 불교의 전파를 통해 일본과 한국에 전해졌으며, 일본, 한국은 중국의 차문화를 받아들이것은 과정에서 끊임없이 자국의 민족 문화를 그 속에 녹여내, 각국마다 다양한 차 음용 방식이 형성되었다. 오늘날, 일정한 형식을 갖춘 차를 우리거나 마시는 과정을 중국에서는 '다예(茶藝)', 한국에서는 '다례(茶禮)', 일본에서는 '다도(茶道)'라고 부른다. 비록 호칭은 다르지만, 차로 수양을 닦고, 차로 지조를 닦고, 차로 인생을 깨닫는 등의 정신적인 측면에서 추구하는 내용은 일치한다. 또한, 차로 친구를 만나고, 일상적으로 손님을 대접할 때, 일본 다도와 한국 다례에 비해 다도가 다양하고 재미있다는 것이 중국 다예의 특징이다. 중국은 다민족 국가인데다 차의 종류가 다양하기에 차문화가 더욱 풍부하고 다채로우며 형식이 독특해서 차를 음미하는데 무한한 즐거움을 가져다 준다.

일본의 다도

일본 다도는 일본 본토의 화(和), 경(敬), 청(淸),적(寂)에서 기원하였는데 당나라 때부터 중국의 차 마시는 풍습이 일본에 전해져 일본의 차 풍습에 스며들어 송대에는 일본에서 차나무를 심고 차를 제조하기 시작하였다. 그리하여 명대에 이르러는 독특하고 특색이 있는 진정한 일본다도가 형성되었다. 이를 집대성한 자가 센노 리큐(1522~1592)이다. 그는 '화, 경, 청, 적'을 일본 다도의 기본 정신으로 삼아 사람에게 다도실에서 차를 마시며 자신을 반성하고 생각을 공유하며, 고요함 속에서 마음속의 번뇌와 응어리를 털어버리고 화경(和敬)에 도달해야 한다고 하였다. '화 · 경 · 청 · 적'은 일본의 '4가지 다도 규율'로 불리는데, 화경(和敬)은 대인관계를 처리하는 준칙으로, 차를 마시며 친목을 도모하고 대인관계를 관리한다. 청적(淸

寂)은 환경과 분위기를 뜻하는데, 조용하고 평온한 환경과 여유롭고 고풍스러운 장식품이 여유로우면서도 뻔하지 않은 분위기를 조성하여 사람들에게 어떠한 깨달음을 준다. 하지만 일본 다도는 종교적(특히 선종) 색채가 매우 짙고 엄밀한 조직을 형성한다. '4가지 다도 규율'은 엄격하고 복잡하며 심지어 번거로울 수준의 퍼포먼스를 통해 실현되어, 여유롭고 자유로운 분위기가 부족하였다.

헤이안 시대 초기부터 일본은 차 나무를 재배하기 시작하였다. 또한, 가마쿠라 시대에 이르러는 에이사이 스님이 차의 가공 방법을 만들어내고, 양질 품종의 차를 제조하여 일본에 전파하였을 뿐만 아니라, 기원 1211년에는 일본 최초로 차 전문 저서 <홀다양생기(喫茶養生記)>를 집필하였다.

중국의 차 문화가 서민 대중의 일상적인 생활에서 기원한 것과 달리 일본의 차문화는 메이지 시대의 자본주의 개혁처럼 상류층에서 하류층으로 퍼져나가는 양상을 보였다. 또한, 가마쿠라 시대부터 사상적으로<홀다양생기>의 영향을 받아, 차를 숭상하는 분위기가 점점 더 보편화 되었다. 게다가 찻잎 재배의 빠른 발전도 차가 서민들의 일상에 스며들 수 있는 유리한 조건을 마련해 주었으며, 이 시기에 차를 마시는 문화는 사원을 중심으로 점차 민간에까지 보급되기 시작하였다.

사실상 중국은 차를 통한 양생의 발명과 의식의 규범에만 만족하지 않고, 더욱 대담하게 차를 마시는 행위가 인류 건강에 미치는 진리를 모색하고, 차와 한약 등 다양한 천연 원료를 혁신적 발상을 토대로 유기적으로 결합시켜, 의료 보건에 있어 차 마시는 습관의 중요성을 제고하여 더 큰 발전 공간을 만들었다. 이것이 바로 중국 다도의 가장 실질적인 가치이자, 오랜 세월 사랑을 받을 수 있었던 매력

포인트이다.

한국의 다도

한국은 중국과 지리적으로 가깝고, 예로부터 관계가 밀접하여, 중국 유교사상의 예절사상은 한국에 큰 영향을 미쳤다. 유교의 중용사상은 한국의 다도에 스며들어, '중정(中正)'정신을 형성하였다. '중정(中正)' 정신을 창시한 초의선사 장의순(張意恂, 1786~1866년)은 동다송(東茶頌)에서 '중정'의 다례정신을 제창하하였는데, 요는 다인은 모든 일에 과함이 있어서도, 모자람이 있어서도 안 된다는 것이다. 즉, 자신을 정확히 알고, 과하게 허영을 부려서는 안되며, 얕은 지식으로 스스로를 과시하는 것은 그 어떤 것도 얻지 못할 뿐만 아니라 많은 것을 가지고 있는 척하게 된다. 성격이 거칠고 급한 것 또한 중정 정신에 맞지 않는다. 따라서 중정 정신은 한 사람의 인격 형성에 가장 중요한 요소일 뿐만 아니라, 소극적인 생활방식에서 적극적인 생활 방식으로 바꾸어, 비관적인 생활 태도에서 낙관적인 생활 태도를 갖추게 한다. 바로 이러한 사람을 다인(茶人)이라고 말할 수 있으며, 중정 정신이 생활의 준칙이 되어야 한다.[19] 이후, 한국의 다례는 '청(清)·경(敬)·화(和)·락(乐)' 또는 '화(和), 경(敬), 검(俭), 진(真)'네 글자로 귀결되었는데, 이것은 한민족의 긍정적이고 낙관적인 생활 태도를 보여준다. 이로써 알 수 있듯이, 한국의 다례 정신은 바로 다도 정신이다.

염(廉), 미(美), 화(和), 경(敬)은 한국의 다례와 마찬가지로 중국 다도 정신과 다른 지점이 있다. 중국에는 예로부터 도(道)가 있었지만, 종교적 색채가 짙지 않고 유(儒)·도(道) 불(佛)의 사상이 함께 조화

19) 윤병상, <한국의 차문화와 새로운 가치관의 창조>, <농업고고> vol.2. 1997

를 이루어 사람들에게 선택의 여지를 남겨, 각계각층의 사람들은 자신의 상황과 취미에 따라 다른 다례형식과 사상을 선택하였고, 이를 끊임없이 재창조하고 발전시켜 엄격한 조직적 형식과 규율이 없다. 다만 1980 년대 이후, 차문화 열풍이 불면서, 많은 사람들이 중국의 다도 정신을 총체적으로 정리할 필요성을 인식하여 차를 즐기는 사람들의 기억과 방식을 정리한 것이 바로 다도이다.

중국의 다도

중국 차문화의 주체는 사람이고, 차는 사람의 객체로서 존재하며, 차는 사람을 위해 존재한다. 중국 차문화는 미의 철학이라고 불리는데, 이에는 다섯 가지 원인이 있다.

1) 중국 차문화 미학의 뿌리는 선진(先秦)과 위진 남북조로 거슬러 올라갈 수 있는데, 중국 고전 미학이론의 기초를 닦아놓은 종사(宗師)가 대철학가였다.

2) 그 이론적 기초는 몇몇 철학 명제에서 비롯된다.

3) 중국 차문화 미학은 발전과정에서 주로 불, 도, 유 3교의 철학이론을 흡수하였고 많은 사상가, 철학가들의 지지에 힘입었다.

4) 중국 차문화 미학에서 강조하는 것은 천인합일(天人合一)이다. 작은 차 주전자속에서 우주의 현묘한 이치를 찾고 은은한 찻물을 통해 인생의 온갖 맛을 음미한다.

5) 중국 차문화 미학은 철학적 측면에서도 광범위하고 깊은 영향을 미치고 있으며, 특히 사유방식, 심미적 정서, 예술적 상상력 및 인격의 형성에 지대한 영향을 주었다.

결과적으로 중국 고전철학 중의 미학이념은 중국 차문화라는 진귀한 꽃을 피워냈으며, 중국 차문화에는 불교의 원만한 아름다움뿐만 아니라 도교의 자유로운 아름다움과 유가의 우아하고 함축적인 아름다움도 있다.

5. 중국의 종합적 경제력 향상의 의미

중국의 종합적 경제력 향상의 근원에는 규모적인 측면뿐만 아니라, 기능적인 측면도 포함되며 현대산업체계 및 기초산업체계도 포함한다.

1) 규모적 측면

2010년 8월 16일, 일본 NHK는 중국의 GDP 가 일본을 제치고 세계 2위가 되었다고 보도하였다. 이것은 총체적인 국력향상의 기초적인 지표로써, 현재 중국의 경제 규모가 미국과 비교하였을 때 1:1.5이며고, 연간 GDP 성장률이장기간 미국보다 3~4% 높은 데다 위안화 환율이 상승세를 보이것은 점을 감안하면 2030년쯤 중국의 전체 경제력이 미국을 따라잡을 가능성이 크다. 세계 경제 전반의 불황, 특히 서양 선진국에서 터진 금융위기로 마이너스 성장을 하는 가운데서도 중국은 9% 이상의 고성장을 지속하고 있다. 지난해 세계 경제 전체가 1.3%의 마이너스 성장을 보이것은 상황 속에서도 중국은 전체 성장에 0.6%를 기여하였는데, 이것은 1.1%를 기록한 신흥경제권 전체의 절반을 넘는 수치다. 이처럼 중국은 세계경제 성장에 결정적인 기여를 하면서 세계경제 성장의 가장 중요한 엔진으로 자리 잡았다.

2009년, 중국의 제조업 생산액은 세계전체의 17%에 달하였고 미국의 16%를 초과하여, 미국이 100여년간 유지해온 최대 제조국의 지위를 대신하였다. 같은 해 중국의 수출입 무역 총액은 세계의 8.87%를 차지해 미국의 10.69%(2014년 중국은 미국을 제치고 세계 1위 무역국이 되었다)에 이어 두 번째로 많았다.

그 중 수출은 세계 전체의 9.75%로 미국의 8.58%를 제치고 세계 1위를 차지하였다. 2000~2009년에 걸친 10년간 세계 수출 증가율에서 중국의 기여도는 15.86%로 2위인 미국의 4.58%를 크게 앞질렀다. 또한 세계 수입 증가량에 대한 기여율은 13.18%로 역시 2위인 미국의 5.82%를 크게 앞질렀다. 이처럼 중국은 막대한 무역흑자를 자랑하지만 이것은 모두 가공무역으로 창출된 것이다. 1996년 이래로 가공무역 수출은 줄곧 전체 수출의 절반 이상을 차지해 왔지만 일반무역은 여전히 적자를 기록하고 있다. 이것은 중국의 무역구조의 조정과 개선이 시급함을 말해준다.

글로벌 금융위기 악화 속에서 2010년 중국의 실제 외자 사용액은 처음으로 1 천억 달러를 돌파한 1057억 4000만 달러로 전년보다 17.4% 늘었다. 미국에 이어 세계 2위다. 중국의 고속성장은 지속적으로 거대한 투자공간을 창조하였고 대량으로 유입되는 국제자본을 흡수하였다. 이것은 중국의 투자환경이 부단히 개선되고 정책적 우대 및 경제와 사회의 부대능력이 지속적으로 제고되었을 뿐만 아니라, 중국의 국내 시장이 한층 더 개방되고 신속히 확대되었기 때문이며, 외자 역시 중국 시장 이용을 통해 좋은 효익을 얻었다. 2017년 중국의 국내총생산은 약 12조 달러, 미국은 18조 달러에 달한다. 이처럼 격차는 점점 좁혀지고 있지만, 중국의 경제성장률이 둔화되면서 미국을 따라잡기에는 시간이 걸릴 것으로 보인다.

2) 기능적 측면

화폐 환율 상승은 한 나라의 경제 운영 효율을 크게 반영하며, 한 나라 경제의 국제적 지위는 그 화폐의 국제적 위상으로 발현된다. 위안화 환율은 세계 경제의 중요한 요소로써, 중국 경제의 국제적 영향력을 보여준다. 위안화의 국제화 추세는 중국의 국제경제 지위 상승의 척도이자 특히 현단계에 발전해가는 특징적 요소이다. 위안화 환율 변동과 국제화 수준은 갈수록 중국 경제의 국제적 영향력을 나타내는 축소판이 될 것이다.

다국적합병은 중국의 대외투자에서 중요한 지위를 차지하게 될 것이며, 따라서 관련 국가의 산업발전에도 영향을 미치게 된다. 현재 해외합병은 주로 자원에너지산업에 집중되어 있으며. 대외투자는 주로 저가 제조업의 연장선 상에 놓여있다. 산업구조 제고와 국제 분업 지위에서 봤을 때, 인수합병(M&A)을 통해 선진 기술을 들여와 중국 산업이 높은 단계로 뻗어나가게 하는 것이 해외 인수합병(M&A)의 발전 방향이다. 이것은 중국이 더욱 수월하게 자금을 축적하는데 도움이 될 것이며, 과거의 발전 성과를 발휘하게 될 것이다. 금융적 의미에서 막대한 외환보유액으로 중국은 미국 국채의 큰손(중국이 대량으로 미국 국채를 사들인 것이 미국에게는 무엇보다도 서브 프라임 모기지 사태를 크게 완화한 중요한 계기였으며, 이것이 중국에게 유리한 지는 한층 더 깊은 분석과 연구가 필요하다. 하지만 이에 대해 필자의 의견은 다르다)이 되었으며, 세계 대은행들의 중요한 자금줄이기도 하다. 중국은 미국의 중요한 자금 공급자로써, 중국의 무역흑자와 외환보유액의 확대 등 경제적 특징이 미국 경제 운영에 중요하고 적극적인 의의를 가지고 있다. 물론 중국의 투자와 금융지위는 여전히 발전 초기단계이지만, 상승 추세에 있다. 이처럼 산업기술적 의미의 투자 여력이나 금융 서비스업의 경쟁력에서 봤을 때, 아직도 선진국이 우세한 지위를 갖고 있다.

중국의 발전전략에 있어 이미 서비스업과 하이테크 산업 발전에 높은 관심을 기울이고 있으며, 이것은 중국 실물 경제의 위상을 한층 더 공고하게 다져 줄 것이다. 중국의 내수 시장이나 세계 대부분 국가의 발전 수요 모두 실체 경제의 발전에 유리한 조건을 만들어 주었고, 실물경제의 기초적 지위를 강화해 주었다. 세계 경제 운영 메커니즘의 형성과 변화 속에서 알 수 있듯이, 중국의 영향력은 나날이 향상되고 있으며, 세계적인 위기에 대응하는 과정 속에서, G20이 나타났고, G20의 핵심은 G2, 즉 중국과 미국이다. 중국이 세계 경제의 결책 중심에 들어선 것은 역사적인 변화이다. 중국으로서는 이번 위기가 역사적 전환점이었다. 중국은 성공적으로 세계적 경제위기를 막아내어, 개혁을 통하여 형성된 시장을 통한 자원 분배 체제가 긍정적인 역할을 수행하였을 뿐만 아니라, 정부가 경제 발전에 있어 보여준 계획성과 주도성 또한 중요하다는 것을 증명하였다. 중국 정부의 강력하고 효과적인 거시적 조절 및 통제는 성공적으로 위기를 극복할 수 있었던 핵심적 요소이자, 중국이 지난 30여년간 성공적으로 발전할 수 있었던 중요한 원인이다. 이것은 중국식 발전모델이 갖고 있는 역사와 현실적 가치를 여실히 보여주었다.

그러나 그 어떠한 발전 모델도 불변할 수는 없다. 중국 경제가 크게 발전하면서, 산업 구조의 업그레이드가 필요하게 되었으며, 중국 정부의 기능도 경제 발전의 수요에 따른 조정 개혁, 이른바 '경세기초가 상부구조를 결정한다'에 맞춰 진행해야 하며, 낙후하고 도태된 상부구조로 경제 발전을 속박해서는 안될 것이다. 이런 맥락에서 현재 중국은 국내 금융 시장을 한층 더 개방해야 한다. 이것은 진정한 세계 제1의 경제 대국이 되기 위한 필수적인 전제조건이기 때문이다. 그렇지 않으면 중국은 제2의 명조, 청조로 전락하고 말 것이다. 아무리 GDP가 세계 1위라고 해도, 여전히 활력이 없는 나라는 결국 도태되고 선진적인 국가에 의해 추월 당하기 마련이다. 역사는 이미 여러 번 이것을 보여주었다.

3) 현대 산업체계 측면

2011~2030년, 중국의 산업 구조는 지속적으로 업그레이드 되어, 2015년 중국의 제3차 산업의 비중이 제2차 산업비중을 넘어서 주도 산업으로 자리잡았다. 이후 제3차 산업 비중은 더욱 커져 2030년에는 제3차 산업이 절대적인 주도적 위치를 차지하여, 그 비중이 62.37% 수준에 이를 것으로 보이며, 그에 상응하는 제1 차 산업의 비중은 비교적 큰 폭으로 하락하여, 2015년의 8.31%에서 2030년의 5%로 줄어들 것으로 전망된다. 이런 산업 구조는 대체로 선진국의 농업 비중과 유사하다. 제2차 산업의 비중은 비교적 안정적으로, 표 6-1과 같이 2015년의 44.83%에서 2030년의 32.58%로 줄어들 것으로 보인다.

〈표 6-1〉 중국 3차 산업 구조(2010-2030) 단위:%

	2010	2015	2020	2025	2030
1차 산업	10.2	8.31	6.98	5.93	5.05
2차 산업	46.9	44.83	41.47	37.37	32.58
3차 산업	43.0	46.86	51.55	56.7	62.37

자료 출처: 2010년 국가통계국 데이터 인용: '중국 통계 요약'(2010), p.22. 2015-2030년 계정 데이터

산업구조의 지속적인 업그레이드가 요구되는 발전 환경에서, 미래의 제1차 산업 취업인구 비중이 비교적 큰 수준으로 하락하여, 2015년 32.1%에서 2030년에는 16.6%가 될 것으로 예상된다. 이와 대조적으로 2차, 3차 산업 취업인구 비중은 2015년의 29.0%와 38.9%에서 2030년의 31.6%와 51.8%로 상승할 것으로 예상된다.[20] 또한, 2020년까지 에너지 절약 환경산업, 차세대 정보 기술산업, 바이오산업, 첨단 장비 제조산업이 4대 국민경제 지주산업으로 자리잡을 것이며, 신에너지, 신소재, 신에너지 자동차가 3대 선도산업이 될 것이다. 중국은 경제가 지속적으로 발전할 수 있는 방식에 부합하는 산업구조를 추구하고, 지식 집약형, 자원 집약형, 생태 우호형 산업체계 형성에 박차를 가할 것이다. 그때가 되면 중국은 물질적 요소(자원, 노동력, 자본) 이 주를 이루는 경제체제에서 아이디어와 혁신 요소가 주를 이루는 경제체제로 전환되어 있을 것이다.

〈표 6-2〉 각국 및 지역의 세계 500대 기업 보유 현황(1975-2011)

	1975	1980	1990	2000	2005	2011
미국	241	217	164	179	177	133
일본	54	66	111	108	81	68
영국	49	51	43	38	35	31
독일	38	38	30	37	36	34
프랑스	29	29	30	37	39	35
캐나다	17	20	12	12	13	11
중국	0	1	1	11	21	69
중국내륙	0	0	0	10	18	57
홍콩	0	0	0	0	0	4
대만	0	1	1	1	3	8
한국	-	6	11	11	11	14
인도	2	2	6	1	5	8

자료 출처: <포춘> 데이터베이스, Fortune, Fortune Global 500 Database

20) <중국 통계 요약>, 2011. p.43

한 나라의 발전 핵심은 우수한 대기업의 굴기, 특히 세계적인 기업의 굴기에 있으며, 이를 입증하는 가장 중요한 지표는 세계 500대 기업에 진입하는 것이다. <표6-2 참조>

중국의 세계 500대 기업 수는 1995년 4개에서 69개로 증가하여 일본을 넘어 세계 2위에 올랐다. 2016년 랭크된 중국 기업은 110개로 증가하였고, 2020년까지 중국의 세계 500대 기업 수는 중국 내륙만 120개 이상이 될 것으로 예상되며, 홍콩 마카오 지역까지 포함하면, 중국의 500대 기업 수는 미국을 넘어 세계 1위에 오를 것이다.

4) 현대 인프라 체계 측면

2008년 미국 뉴욕타임스의 토마스 프리드먼은, '뉴욕 라구아디아 공항의 답답한 여객터미널에 도착해 맨하튼의 금방이라도 쓰러질 듯한 기초 인프라 사이를 운전하며 지나가다, 문득 상하이의 최신식 공항에 도착하여 시속220마일의 자기굴기열차를 탔던 경험이 떠오르자 도대체 누가 제3국에서 살고 있는 것인가 라는 의문이 들었다'라고 하였다.[21)]

만약 인프라 건설에 있어 2008년 중국 베이징, 상하이, 다롄 등 일부 부유한 지역의 현대화 정도가 미국의 부유한 지역보다 더 앞서 있다면, 20년 후에 중국은 미국을 추월할 것이다.

2030년까지 철도 노선 이외에도 중국의 주요 교통, 에너지, 정보 등 인프라는 세계 1위에 오를 것이며, 완전한 네트워크 , 구조 최적화, 상호 연결된 세계 최대의 가장 현대적인 종합교통 통신 체계를

---

21) 뉴욕타임스, 2008. 8. 27

형성하게 될 것이다.

현재 중국 고속철도 운행거리는 22000㎞로 세계 최고이며, 전세계 고속철도 운행거리의의 60% 이상을 차지하고 있다. 2030년까지 주요 도시를 연결하는 철도를 만들어, 전국의 인구20만명이상인 대부분의 도시를 망라하게 될 것이다. 그때가 되면, 고속철도의 총 길이는 10만 ㎞에 이른다.[22]

2017년 6월 중국 고속도로는 13만 ㎞로 세계 1위를 차지했으며, 전국 성과 도시로 연결되 20만 명 이상 인구를 가진 도시에 기본적으로 국가고속도로망이 개설돼 있다. 또한, 중국의 도로는 이미 세계에서 가장 긴 친환경 도로망이다. 2008년 전국 친환경 도로 길이는 168만 ㎞에 달하여, 전체 도로의 45%를 차지하였다.[23] 또한, '주체 기능구(主體功能區)' 등 전략이 제기되면서 2030년에는 중국 대부분의 도로가 친환경화될 것으로 보인다. 이 외에도 그간 중국이 주변 국가와 협력하여 건설한 고속도로 대통로 역시 아시아 도로망의 활발한 건설을 촉진시켰다.

중국은 이미 세계 최고의 항만 화물 물동량 및 컨테이너 물동량대국이 되었다. 항만 화물 물동량은 1990년 48,321만톤에서 2009년 475,481만톤으로 상승하였고, 2017년 1분기 전 세계 항만 Container 물동량 1위는 중국의 상하이항으로, 935.32만 TEU을 기록하여(미국의 모든 항만 물동량에 상당), 동기 대비 9.6% 증가했다. 2위는 싱가포르였으며, 중국 닝보산항, 중국 선전항, 중국 홍콩, 한국 부산항, 중국 칭다오항, 중국 광저우항, 중국 탠진항, 네덜란드 로테르담 항이 그 뒤를 이었다.[24] 이처럼 세계 10위권 항구 중 7곳을 중국 항구가

---

22) <중국 통계 요약>, 2017

23) <2008년 도로운수교통운송업 발전통계공보>교통수송부, 2009.2.29

차지하였다. 20년 전 외국에서 유학할 때만해도 세계 최대의 항구는 외국의 항구가 대부분이었다.

그밖에도, 2020년 중국 발전기 용기 용량은 16억 킬로와트에 달해, 세계 최고의 발전량 대국이 될 것이다. 국가전력망은 앞으로 10년 동안 스마트 그리드에 약 4조위안 이상을 투입하여 세계 최대의 통일된 스마트 그리드를 건설할 것이며, 동서남북을 망라하는 특고압 송전 루트를 구축할 것이다. 2015년에는 이미 330천KV 이상, 20만 ㎞의 송전로를 건설하여, 세계 최대 규모의 특고압 송전 네트워크를 갖추게 되었다. 2030년까지 이것은 40만 ㎞에 달할 것으로 예상된다.

결과적으로, 향후 10년은 여전히 중국 건설의 기반 시설 황금 시기로 국내 수요를 확대하는 중요한 원천이 되어, 각종 생산요소의 발전을 촉진할 것이며, 전국적으로 통일된 시장 형성에 도움을 주고, 중국의 경제적 지리를 구축하는 데 도움이 될 것이다. 즉, 경제 성장 상황에 근거하여 앞으로 10여년간 외부적으로 큰 방해가 없다면 중국 경제는 지속적으로 발전할 수 있는 충분한 여지가 있다. 이것은 중국 정부가 아시아인프라투자은행(AIIB)과 일대일로 건설을 충분히 활용할 수 있는 유리한 시기를 살펴 어떻게 중국 경제와 자본을 해외로 확대해 국내의 지속적인 경제 발전 서비스를 이룰 수 있냐에 달려있다.

디지털 실크로드

'디지털 실크로드'는 시진핑 주석이 '일대일로'에서 국제협력 정상포럼의 개막식 연설에서 비롯된 것이다. 그는 우리가 혁신을 통한 발전을 유지하고, 디지털 경제, 인공지능, 나노 기술, 양자 컴퓨터

---

24) www.portcontainer.com

등 전방 분야에서의 협력을 강화할 뿐만 아니라, 빅 데이터, 클라우드 컴퓨팅, 스마트 시티 건설을 추진하여, 21세기의 디지털 실크로드로 만들어 나아가야 한다고 지적하였다. 현재 전 세계적으로 100여 개국과 국제기구가 공동으로 참여하고 있으며, 이미 수십 개국과 국제기구가 중국과 정식으로 협력협의를 체결하여, 일대일로 건설에 관한 광범위한 국제협력 공감대를 형성하였다. 또한, 경제회랑[Economic Corridor, 經濟回廊] 건설의 안정적 추진으로 이미 초기 규모의 상호 네트워크를 형성하였으며, 무역 투자의 안정 성장과 중요 국제 협력 프로젝트의 점진적 이행으로 가시적인 조기 성과를 얻었다. 디지털 실크로드가 지나는 국가, 지역 범위가 넓고, 연관 국가 및 지역과 빅데이터 가치를 충분히 발굴해 데이터 공유와 교류를 강화하여 연관 국가의 경제 건설과 인프라 건설을 강력하게 추진할 것이다.

러시아, 카자흐스탄, 키르기스스탄, 타지키스탄, 투르크매니스탄, 우즈베키스탄, 몽골은 중국의 이웃 국가로써. 이들 나라의 GDP 와 인구는 전 세계의 3%가량에 불과하지만, 국토면적이 광활하고 광산과 에너지 자원이 풍부하게 매장되어 있으며, 이미 발견된 광산자원은 100여 종에 달하고, 특히 석유와 천연가스, 희소 금속 매장량이 풍부하다. 이 지역은 인프라시설 건설이 시급한데, 일대일로 프로젝트는 이 지역에 편리한 현대식 교통수단을 구축해줄 수 있는 동시에, 중국에 필요한 에너지와 광산자원을 제공하여 경제적으로 호혜상생 및 상호 보완 효과를 얻을 수 있다. 이들 7개국의 경제 기초가 비교적 약하고 경제구조가 단일한 까닭에, 이 지역의 경제 구조는 중국이 대량의 경공업 제품을 수출하는데 도움이 되고, 대량의 에너지와 광산물을 수입하여 중국 국가 전략자원에 중요한 공급자가 될 것이다. 따라서 중국 정부는 시기를 적절히 파악하여 수출입 무역을 확대해야 한다.

일대일로의 다른 경로의 국가 및 지역은 동남아시아 11개국이다. 라오스, 베트남, 캄보디아, 말레이시아, 싱가포르, 태국, 미얀마, 인도네시아, 필리핀, 브루나이, 동티모르 등이며, 국토 면적은 약 457만k㎡ 이다. 동남아는 해상 교통의 요충지이며, 중국 남해와 이웃하고 있고, 지정학적 정치에서 독특한 전략적 의미를 가지고 있다. 동남아는 세계 경제 부흥과 발전에 주요한 지역 중의 하나이다. 동맹과 중국 무역액이 확대되면서 일대일로 연관 국가와 지역을 목적지로 삼는 중국인들의 관광과 투자가 점점 늘어나고 있어, 중국의 해외 여행국 중 동남아는 1/5정도를 차지한다. 따라서 여행 관련 빅데이터 제품과 서비스는 동남아 지역에서 비교적 적극적으로 응용될 수 있을 것이다. 또한, 말라카 해협은 이 지역의 해상 교통 요충지로, 아시아와 태평양, 인도양의 갈림길에 위치하여, 전략적 지위가 매우 중요하다. 특히 말라카 해협 연안 국가인 태국, 싱가포르 및 말레이시아의 교통 위치가 중요하기 때문에, 수문, 기상 및 항공 데이터가 비교적 광범위하게 응용될 수 있을 것이다.

동남아시아 국가는 농업이 비교적 발달하였는데, 일대일로의 협력국인 중국이 이들 국가의 주요 농산물 수입국이다. 동남아는 경제 다양화에 있어 적잖은 어려움과 문제에 직면해 있는데, 빅데이터 서비스가 이 지역의 국가가 농업 모델을 개선하고 농산물 판매와 수출을 늘리는 데 도움이 될 것이다. 2017년 9월 중국 빅 데이터 자산운영업체인 지우츠팡(九次方) 빅 데이터와 말레이시아 쿠알룸푸르 TAR대학은 협력 협의를 체결하여, 양측의 이점 자원을 이용한 빅 데이터 관련 협력 프로젝트를 시작하였는데, 국제 연구 협력, 인재 교류, 공동 개발을 포함해 동남아 빅 데이터 대학을 공동으로 설립하고, 빅 데이터 산업 교육 기금을 만들어, 학생들의 빅 데이터 관련 공부 및 연구를 장려하였으며, 향후 중국, 말레이시아 양국은 빅 데이터 산업에서의 협력과 교류를 적극적으로 추진할 예정이다.

일대일로 건설의 또 다른 국가 지역은 남아시아다. 이 지역은 인도, 파키스탄, 아프가니스탄, 네팔, 부탄, 방글라데시, 스리랑카, 몰디브 등을 포함한다.이 지역 인구는 세계 인구의 1/5 이상을 차지하는데, 세계적으로 인구 밀도가 가장 높은 지역이자, 동시에 전 세계에서 가장 가난하고 낙후한 지역 중의 하나이다. 이 지역은 세계 인구의 23.5%를 보유하고 있지만, GDP 비중은 전 세계의 3.3%에 불과하다. 최근 몇 년 동안 글로벌 시장의 남아시아 수출 제품 수요가 늘어나 외자 유입 증가로, 남아시아 지역 국가는 비교적 빠른 경제 성장세를 보이고 있다. 외자 투입과 산업수준이 발진함에 따라 남아시아 지역에 잠들어 있던 광산자원이 빛을 보게 되면서, 광산, 지질 및 산업 관련 빅 데이터 서비스가 성장할 것이다. 또한, 스마트 농업, 클라우드 농장 등 빅 데이터를 이용해 토지 수익률을 높이것은 수단이 남아시아 지역 농업 수준을 높이것은 데 큰 도움이 될 것이다.

'일대일로' 노선 중 동유럽 국가는 폴란드, 헝가리, 체코, 슬로바키아, 슬로베니아, 크로아티아, 불가리아, 루마니아, 세르비아, 마케도니아 공화국, 몬테네그로, 보스니아 헤르체고비나, 알바니아, 에스토니아, 라트비아, 리투아니아 등 16개국이다. 지리적 위치로 보면, 중동 유럽 16개국은 일대일로 경제벨트와 21세기 해상 실크로드 확장 지역에 위치해 있다. '일대일로' 건설이 제기 되자마자 중동부 유럽 국가들의 적극적인 호응을 얻었고, '일대 일로'의 노선을 따라 60여 개국 중 동유럽 국가는 1/4를 차지하고 있으며, 글로벌 신흥시장의 중요한 판도이다. 2003년부터 지금까지 중국은 중동 유럽 국가에 대한 투자가 1억 달러에 미치지 못하였지만, 현재 50억 달러로 늘어나 있다.뿐만 아니라, 중동 유럽 국가의 중국에 대한 투자도 4억 2000만 달러에서 12억 달러로 늘었다. 중국은 중동 유럽에 대한 투자를 늘리기 위해 100억 달러의 대규모 대출을 전문적으로 과학 기술, 교육, 에너지, 인프라 건설과 금융 분야에 설립하였다. 중동 유럽 국가는 수려한 자연환경과 유서 깊은 역사와 문화로 오랫동안 중국 관광객의 사랑을 받아, 중국 해외여행 시장의 핵심 관광지로 성장하였다. 오늘날 관광객의 소비 수요는 끊임없이 진화하여 단순한 쇼핑, 관광에 만족하지 않고, 깊이 있는 현지의 풍토 및 역사문화뿐만 아니라 현지의 도시와 생활 방식을 체험하기를 원한다. 앞으로 '일대일로' 의 심층적 협력에 따라 중동 유럽으로 갈수록 많은 중국인 관광객이 몰릴 것이며, 빅 데이터 기술 기반의 개인적인 관광 서비스도 각광받게 되고, 중국의 선진적인 인터넷 기술은 중동부 유럽 국가의 인터넷 과학 기술 발전 수준을 한층 더 끌어올려 줄 것이다. 통계에 따르면, 중국과 중동부 유럽 16개국 수출입 무역은 2010년 439억 달러에서 2016년 587억 달러로 증가한 것으로 집계되었다. 쌍방 무역에서는 중동부유럽 무역액의 점유율이 지속적으로 증가하고 있는데, 중국의 값 싸고 질 좋은 경공업 제품은 중동부 유럽 국가의 환영을 받고 있고, 중국에서 열린 중동부 유럽 특색 상품전을 통해 중동부 유럽의 소, 양고기, 유제품 등 우수한 농산물과 포도주의 중국에서의 인지도가 더욱 높아졌다. 최근 2년 동안 중동부 유럽 국가의 우수 상품 대중 수출이 대폭 증가에 힘입어 중국과 중동부 유럽 국가 무역 수준이 지속적으로 높아지면서 빅 데이터 발전 수준이 높지 않은 중동부 유럽 지역도 관련 분야의 기초적 토대가 갖춰져, 중국 빅 데이터 기업이 중동부

유럽 지역의 데이터 기술을 향상시킬 수 있을 것이다.

6. 세계가 맞이하게 될 새로운 문명의 중심

인류 역사는 19세기에 접어든 이후 2차 경제 성장의 황금기를 겪었다. 소위 말하는 황금 성장기란 연속적이고 안정적인 글로벌 경제 성장 주기로써, 보통 10년 이상이다. 첫 번째는 1870~1913년 동안에 있었던 전기 혁명과 철도혁명을 특징으로한 시기이며, 미국과 서유럽 국가는 이 황금 성장기의 주도자였다. 당시 중국 청나라는 외국 열강의 침략을 당하면서 여러 차례 불평등 조약을 체결하였다. 두 번째는 1950~1973년으로, 이 시기에 세계는 제2의 황금 경제 성장기에 접어들었다. 앵거스 메디슨(Angus Madddisson)은 이 시기가 세계가 유래없는 번영을 일군 시대라고 일컸었는데, 세계 GDP 의 연평균 성장률은 4.9%, 1인당 GDP 연평균 성장률은 2.9%, 세계 수출률은 7.0%였다. 미국과 유럽은 이 시기에 적극적으로 기술을 보급하였는데, 이로써 서유럽, 남유럽과 아시아는 모두 큰 이익을 얻었다. 그 당시 중국은 '반우파' 투쟁과 '문화대혁명'으로 혼란스러운 상황이었다. 중국의 엘리트와 지식인들은 전대미문의 타격을 받았고, 국민경제는 혼돈의 정치투쟁에 잠식되었다. 주변국인 일본, 한국은 바로 제2의 세계 황금 경제 성장기에서 굴기하였다.

1990~2030년은 글로벌 경제의 제3차 황금 성장기이다. 이 시기에 세계 경제는 3.0~3.5%의 연평균 성장 속도를 유지할 전망이다.(첫 황금성장기의 참여국은 서유럽과 미국 등 20여 개국에 불과하다.

1870년의 총 참여인구는 약 4억 명으로 당시 세계 인구의 31.9%를 차지했으며, 제2차 황금성장기의 참여국은 북미, 서유럽, 아시아의 일본, 한국, 홍콩 등 40여 개국과 지역을 포함하였다. 1973년 때 총 참여인구는 약 9억 8000만 명으로, 당시 세계 인구의 25%를 차지하였다)새로운 황금 발전기에 참여한 국가와 지역은 그 숫자가 더 많고 인구 규모가 크며, 경제 글로벌화, 경제 일체화의 깊이것은 이전 두 차례의 황금 시기에 비교할 수 없을 정도다. 이 시기에 세계 200여 개국과 지역의70여 억 인구는 최장기간, 최대규모의 고속성장 시기를 형성할 예정이다.

필자는 제3세계 경제 황금성장기 이후 중국이 세계 제1의 경제국이 될 것이라 굳게 믿는다. 그때가 되면 세계는 새로운 인도자를 맞이하여, 세계의 경제, 정치, 문화가 바뀌게 될 것이며, 고대 중국인의 총명함과 지혜로 세계인들을 하나된 세계로 인도할 것이다.

경제성장의 원천에서 보면 과학기술혁신이 이끄는 전요소적 생산률 성장과 교육발전이 이끄는 인력자본 성장은 글로벌 경제 황금성장기를 지탱하는 중요한 요인이다.

인력 자본 투자는 미래의 상당히 긴 단계에서 글로벌 경제의 빠른 발전을 지탱할 것이다. 전 세계 평균교육 기간은 이미 1950년의 3.17년부터 2010년의 7.76년으로 늘어났으며, 글로벌 인력 자본 투자는 초등교육에서 중등교육으로 전향되고, 고등교육으로 진입해 고속 발전 단계에 접어들었다. 고등교육을 받은 인구수는 급격히 늘어나고, 중국만해도 전문대 이상의 학력을 보유한 인구는 2010년 1.2억에서 2030년 3억여 명으로 늘어나, 고품질 노동력이 증가할 뿐만 아니라 노동생산성도 크게 높아질 것이다.

세계적으로 전 세계 황금 성장기는 중요한 발전의 기회이다. 중국의 경우 전 세계 황금 성장기는 더더욱 중요한 전략적 기회다. 중국은 모처럼 성장할 수 있는 국제 발전 환경을 맞이했으며, 이것은 중국이 국제 평화 환경과 국제 자원을 충분히 이용하여 자체적 발전을 실현할 수 있는 좋은 기회이다. 전 세계 경제 황금 성장기는 중국 발전의 전략적 기간을 더욱 연장해 주어, 중국의 세계 시장과 세계 무대의 발전 여지가 한층 더 넓어졌다. 노벨 경제학상 수상자 포겔은 2007년 예측에서 2040년이 되면 미국 · 유럽연합(15국), 일본 · 인도 · 중국이 세계 경제에서 차지하는 비중이 각각14%, 5%, 2%, 12%, 40%일 것이라고 밝혔다.[25)]

국제적으로 보면 무역자유화는 여전히 주류의 자리를 유지하겠지만, 무역자유화와 무역보호주의의 갈등은 여전히 장기적으로 존재할 것이다.뿐만 아니라 위안화가 지속적으로 상승하면서 국내 가격과 국제가격은 상기간에 걸쳐 비슷해질 것이며, 2030년까지 중국의 세계무역과 투자 구도에서의 역할은 중대한 변화가 있을 것이다. 그 구체적 내용으로 첫째, 완전한 수출국으로부터 완전환 수입국으로 바뀌고, 둘째, 투자 유입국에서 투자 수출국으로 바뀔 것이다. 세계무역기구의 도하라운드가 심도 있게 진행되면서 국제무역질서와 환경은 전체적으로 개선될 전망이다. 중국에게 있어 국제무역체계의 기회는 도전보다 크다. 미래의 무역체계에서 수입국의 위치에 있는 자가 승리자이기 때문이다. 중국은 명백한 시장적 우위를 가지고 있으며, '중국공장'에서 '중국시장'으로 탈바꿈하여, 중국의 국제무역체계서의 지위와 영향력은 강화될 것이다. 2030년까지 중국은 세계 최대의 대외 투자국이 될 것이며, 해외 직접투자액은 4조5000억 달러

25) Robert Fogel, "Capialism and Democracy in 2040", Forecasts and Speculations, NBER Working Papar No.13184. 2007

에 달할 것으로 전망된다. 또한 미래에는 중국 GNP 가 GDP 를 넘어설 수 있다. 세계의 중국 투자는 계속될 것이며, 중국의 세계 투자도 이미 시작되었다.

하지만, 인구가 많아서 나라가 반드시 강대하지는 않을 수 있으며, 여전히 막중한 발전에 대한 부담이 있을 것이다. 따라서 인력 자본 투자를 강화하고 교육을 대대적으로 발전시켜 많은 인재를 양성해야만 진정한 강대국이 될 수 있을 것이다. 2007년 중국의 과학자 및 엔지니어 수는 전국 인구의 0.1%를 차지하였고, 미국과 유럽연합의 비율은 0.5% 와 0.3% 에 달했다. 2020년까지 중국의 과학자와 엔지니어 수는 세계 전체 비중의 30%에 달하고 미국과 유럽연합은 각각 15% 안팎을 차지할 것이다. 2006년부터 중국의 특허 총량은 이미 유럽연합과 한국을 넘어섰고, 전체적으로 중국의 특허 총량은 한국과 유럽연합의 총량과 비슷하다.(한국과 유럽연합의 합계는 12% 차지) 2011년 중국 특허 수는 이미 미국과 일본을 넘었으며, 2030년 중국 자국민 특허 신청량은 세계 특허신청 총량의 35%를 차지하여, 미국, 유럽연합과 일본의 과학 기술 전반에 근접해 질 것이다.[26]

21세기는 지식 투입 위주의 지식 경제 시대가 될 것이며, 인력 자본의 투자가 경제 발전의 주류가 될 것이다. 한 세기의 기술과 지식을 배경으로 한 인력 자본 투자의 발전 추세를 보면 인력 자본 투자는 지식 생산 자체로 전향될 것이며, 전통적인 투자 방식은 보충되고 다듬어질 것이다. 기능은 지식경제시대 인적자원개발의 관건이고 교육 자체는 지식경제의 산업이다. 인력 자본에 대한 효과적인 투자는 대학에 국한될뿐만 아니라 교육의 각 분야로 확장할 것이다. 개혁 개방 40년 동안 중국 경제는 크게 발전하였으며 2010년 중국 경제총량

---

26) World Intelllectual Property Organization, Intellectual Property Stastics 2010 edittion

은 일본을 넘어 세계 2대 경제체제가 되었다. 그러나 중국의 교육과 인력 자본 투자는 일본보다 훨씬 뒤떨어져 있다. 일본은 2조 엔(200억 달러)를 투입하여 국민 무료 유치원교육을 실현하는 데 쓴다. 제2차 세계대전 이후 일본의 모든 초등학교는 2주도 채 지나지 않아 폐허 속에서 전면적으로 개강했다. 선진국의 교육지출은 국민경제의 7% 정도를 차지하며, 일본은 정부는 지출의 절반을 교육하는데 사용하는 반면, 중국의 교육 지출은 1.9% 미만이다. 이에 대해, 롱용투(龍永圖)는 다음과 같은 중요한 세 가지 문제를 제기하였다.

첫째, 언제쯤 전 세계의 엘리트들이 그들의 자녀를 유럽이나 미국이 아닌 중국으로 유학 보낼 수 있을까?

둘째, 언제쯤 전 세계 젊은이들이 지금의 미국, 유럽의 영화와 서적, 음악을 즐겨 보듯이 중국의 영화, 문화, 서적을 즐기게 될까?

셋째, 언제쯤 전 세계 소비자들이 제품을 고를 때 중국의 브랜드를 선택하게 될까? 이 세 가지는 확실히 중국의 급소를 찌르는 문제이다. 특히 첫 번째 질문의 경우, 유럽과 미국 교육은 글로벌 인사들을 자국으로 끌어들여 글로벌 엘리트가 그들의 교육에 대한 내적 가치에 대한 공감대를 학습하고 설명하게 하고 있다. 이것은 또 다른 측면에서 보면, 중국 경제가 어떻게 몸집을 키울 것인가를 강구함과 동시에 교육을 핵심으로 하는 중국 소프트 실력을 충분히 고려해야 함을 설명해준다.

1980년대 중국은 전형적인 정보화 변방 국가였다. 90년대에 이르러 중국은 정보화 제품을 적극적으로 도입하는 정보화 참여국이 되었다. 당시 중국의 주요 ICT 사용자 지표는 미국과의 격차가 상당히 컸다. 예를 들어 모바일 사용자 수의 경우, 1990년 미국은 중국의 231배, 인터넷 사용자 수는 중국의 758배 였다. 그러다 21세기에 접어들면서 중국과 미국의 정보 사용자 수 차이는 빠르게 줄어들었다. 2009년 전화 보급률은 이미 79.9% 에 달했으며, 모바일 가입자 수는 2004년 미국을 넘어 2009년 미국의 2.6배, 고정전화 사용자는 2003년 2억 6억 가구로 세계 1위에 올랐다. 또한, 2000년 중국 컴퓨터 생산량은 세계 전체의 19.2%에 달했으며, 2005년 83.5%로 세계 최고의 컴퓨터 생산 대국이 되었다.뿐만 아니라 2007년 중국의 인터넷 사용자는 이미 미국을 넘어 2010년 12월에는 4.6억에 달했으며, 이 중 모바일 인터넷 사용자 규모는 3.03억으로 세계 1위에 올랐다. 2010~2030년 동안 중국은 정보화의 혁신 국가가 될 것이며 전 세계에서 가장 큰 정보화 인프라체계를 건설해 세계 최대의 정보화 사회와 정보화 기술을 보유하게 될 것이다.

1993년 도쿄에서 열린 국제 무선과학 연맹대회에서는 중국을 비롯한 열 개국의 천문학 학자들이 차세대 전자파 망원경을 만들 것을 제안하였다. 그들은 전 세계의 전자파 신호가 수습할 수 없을 정도로 악화되기 전에 최대한 전자파 신호 번호를 많이 획득하여 FAST 를 건설하는 것부터 시작할 수 있기를 기대하였다. 2001년 FAST 는 중국과학원의 첫 번째 대규모 혁신 프로젝트로 수립되었고, 2007년 7월 국가발전위원회는 500미터 구경의 구면 전자파 망원경의 국가 중대 과학기술 기반 시설 입안 건의서를 허가하였다. 그리고 2009년 2월 이 프로젝트의 초기 예산을 구이저우성 발전개혁 위원회가 승인하여, 2011년 3월 본격적인 건설에 돌입하여, 총 투자 예산은 6.67억 위안에 달했다. 2016년 7월 30일 FAST는 세계 최대의 천문 망원경 마지막 발사면 조립에 성공했다. FAST 천문 망원경은 세계에서 스팬이 가장 넓고 정확도가 가장 높은 prestressed cable-net구조이며, 세계 최초의 변위식 방식을 도입한 prestressed cable-net 시스템이다.

이 기술의 난이도는 FAST 의 강력한 기능을 바탕으로 은하계 안에 외계인이 존재한다면 그들의 정보를 발견할 수 있을 정도이다. 이외에도 중국'천안(天眼)'의 또 다른 과학적 목표는 우주 속의 중성수소를 관찰하는 것으로, 이로써 우주의 대척도 물리학을 연구하고 우주의 기원과 진화를 탐색할 수 있다. 이것은 중국 천문 기술과 우주 기술의 또 한 번의 비약을 상징한다. 결과적으로, 중국은 미국이 건국 이후 200여년의 시간을 들여 해낸 것을 불과30년이 채 되지 않는 기간동안 이루었다. 중국의 이러한 성과는 전세계 인류, 특히 세계 인구의 5분의 4를 차지하고 있는 개도국에게 발전방향이 되어 줄 것이다.

인류는 이미 수십만 년의 역사를 가지고 있지만, 인류가 문명에 들어서게 된 역사는 5천여년뿐이다. 그 중, 고대 문명 중심의 이동은 천년에 한 번 이뤄졌는데, 예컨대 5000년 전 인류 문명의 중심은 고대 이집트였으며, 1000년 후에는 고대 로마와 중동지역으로 옮겨 갔고, 또 1000년 후는 고대 인도지역으로 옮겨 갔으며, 지금으로부터 2000여년에는 문명의 중심이 중국(진시황에서 당송시대 약 1000년)으로 옮겨갔다. 이후 세계 문명 중심의 이동이 가속화되기 시작했고, 중세기부터는 약 100년에 한차례의 주기로, 15세기 포르투갈, 16세기 스페인, 17세기 네덜란드, 18세기 프랑스, 19세기 영국, 20세기 미국으로 옮겨갔다. 그리고 미국이 1913년 세계 문명의 중심이 된 이후 100년의 역사가 지나갔다. 인류 발전의 과정을 통해 알 수 있듯이, 모든 인류 문명의 중심국이 처한 시대도, 다르고, 문명의 중심을 차지한 시간도 다르다(네덜란드의 경우 50~60년, 영국의 경우 약 `50년). 하지만 역사 문명의 바퀴는 끊임없이 앞으로 굴러가고 있으며, 21세기 중엽은 새로운 세계 문명의 중심인 중국을 맞이하게 될 것이다.

과거 세계 문명의 중심 국가를 돌이켜 보면, 15. 16세기의 포르투갈과 스페인, 17, 18세기의 프랑스와 영국 모두, 그 국토면적과 인구가 오늘날의 미국과 중국에 비해 훨씬 작다. 물론 한 나라 인구가 많을수록 국토 면적이 커질수록 그 나라의 권력이 무조건 큰 것은 아니지만, 현재의 국제 형태를 봤을 때, 인구와 국토 면적이 좁은 나라가 세계에서 지배적인 지위를 차지하는 것은 상상하기 힘들다. 이것은 미국과 호주, 캐나다를 비교해보면 상당히 명확한 결론을 얻을 수 있다. 현재 호주의 국토면적은 769만 제곱㎞, 인구는 약 2400만명이고, 캐나다의 국토면적은 998만㎢, 인구는 약 3361만명이며, 미국의 국토면적은 약 962만㎢, 인구는 약 3.25억명이다. 즉, 미국의 국토면적은 호주와 캐나다의 중간 수준인 반면, 인구는 호주의 13.5배, 캐나다의 9.6배로, 만약 미국이 호주와 캐나다 수준의 인구 수에 그쳤다면, 미국은 결코 세계에서 가장 강한 나라가 될 수 없었을 것이다. 현재 중국의 국토면적은 960만 제곱㎞이며 인구는 약 14억, 국내총생산은 80조 위안을 넘어 약 12조 달러로 미국과 6조 달러의 차이를 보이고 있다. 또한, 현재 중국의 경제성장률이 6.5%인 것을 토대로 추산해 보면, 약 2030년쯤 중국의 국내총생산은 미국을 넘어 세계 최대의 경제국으로 자리 잡을 것이다.

국가 권력에 영향을 미치는 각종 요소들 가운데 인구, 지리적 위치, 국토 면적, 자연 자원 등 자연적 요소 외에도 민족적 성격, 국민적 소양, 국민적 사기 등 세가지 인적요소가 두드러지게 나타난다. 러시아인의 전투력과 강인한 정신, 미국인의 개인적 자발성과 창의력, 독일인의 규율성과 철저성, 프랑스인의 개인주의와 억압하지 않는 자유로운 천성 등, 모두 나타나는 특징이 각기 다르다. 그렇다면 중국인들은 어떠한 민족적 성격과 국민적 소질과 국민적 사기를 갖추고 있을까?

유네스코의 테일러 박사는, '공자 사상이 지금 세계에 시사하는 의미를 생각해 보면, 인류사회가 필요로 하는 기본적 요소가 지난 2,500여년 동안 크게 변하지 않았다는 것을 깨닫게 되어 놀란다. 우리가 얼마만큼의 성과를 이루던 지금의 성공 사회는 대부분 공자가 확립하고 논술한 많은 가치 관념에 입각하고 있으며, 이러한 가치관념은 국경과 시대를 뛰어넘을 뿐만 아니라, 중국에 속하기도, 세계에 속하기도 하며, 과거에 속하지만, 오늘날과 미래에도 참고할 가치가 있을 것이다.'라고 밝힌바 있다.[27]

2004년 12월 7일 영국 파이낸셜 타임스는 문장을 통해, '세계가 중국의 리듬에 따라 춤추고 있다. 중국의 글로벌 무역에 대한 영향력은 일부 시장의 판도를 뒤흔들 수 있을 정도다. 주목할 만한 점은, 앞으로는 세계가 어떻게 중국을 변화시키느냐 보다, 중국이 세계를 어떻게 변화시키느냐에 중점을 두게 될 것'이라고 지적하였다.

27) 맹헌생 등, <대전략전: 전체전>, 중국청년출판사, p.271

제7장
비균형 성장과 도전

1. 한당 풍격

중화민족 역사의 기원을 보면, 2차 세계대전 후, 고고학자들이 탄소 14 방사성 기술을 이용하여 기원전 4000년까지 거슬러 올라가며, 중국 신석기 시대 혹은 그보다 더 빠를 것이라고 측정하였다. 그러나 문자로 기록된 역사는 이렇게 오래까지 거슬러 올라가지는 못하고, 대략 기원전 2000년 전 쯤의 '하(夏) 왕조' 시대에 시작되었다. 현재에 이르러 고고학자들이 직접 발견한 문자 역사는 기원전 1600년 전의 '상(商) 왕조' 시대이다. 왜냐하면 '상 왕조' 시대의 두 도성과 약 열 개의 국왕 능묘가 발굴되면서 대량의 '갑골문'이 출토되었기 때문이다.[1] 그래서 우리가 일반적으로 말하는 '오천년 중화 문명'은 대략적인 견해일 뿐이다. 춘추전국 시대 전에 중국은 대략 8백개 정도의 부락 국가였다. 진시황이 중국을 통일하기 전에도 7개의 국가('전국칠웅'으로 칭함)가 남아있었다. 기원전 221년 진시황이 중국을 통일한 후, 중화민족은 진정의 의미의 하나의 총체적 국가 개념으로 2200여년을 존재해 왔다.

상(商)대 사회는 부계 사회였지만 귀족 여성은 상당한 자유를 누리

---

1) 황인우, <중국 대역사>, 삼련서점, p.5

고 이었다. 상 왕조는 비록 이미 농업에 종사했지만 여전히 어렵의 전통을 유지하고 있었다. 갑골문의 기록을 보면 상대는 세계 고대 문명 중에서 이미 몇몇 방면에서는 다른 문명보다 앞서고 있다.[2)]

첫째, 천문 역법으로, 천상을 관찰하는 체계성과 정확성을 들 수 있다. 국왕은 날씨에 극도로 관심을 기울였고, 역일을 계산하고 정하는 일 역시 왕실의 중요한 기능이었다. 상 왕조 이후 농업국으로서의 중국은 이미 전통적으로 연계되어 있었다. 이요세의 <중국과학기술사>의 평가에는 유럽의 르네상스 이전, 중국 항상 천문역법 연구에 있어 가장 체계적이고 가장 정확한 국가였다.

둘째, 농업 문명으로, 상대에는 이미 농업 위주의 사회가 구성되어, 농업 파종 기술이 이미 상당히 발달하여, '정경세작'형 농경 문명이 출현하였다.

셋째, 의학 문명으로, 현대 과학자들은 복사를 연구하여 내과, 외과, 오관과, 부인과, 소아과, 전염병 등의 기본적인 항목들이 상대에는 기본적으로 모두 갖춰져 있었고, 침구도 이미 일정 수준에 도달한 것을 발견하였다.

넷째, 문자와 미학으로, 갑골문에서 남긴 점복 자료와 상(相)대 시대 야금 자료의 선택과 제련 방면이 이미 당시 세계 최고 수준에 이르렀다. 상대 청동기는 놀라울 정도의 아름다움과 웅장함을 품고 있고, 갑골문의 서예 필법은 중국문화와 일맥상통한다.

그외, 상대 문화의 방사 면적은 북으로는 랴오닝, 남으로는 둥팅후(洞庭湖)와 양후(阳湖), 서로는 간쑤와 쓰촨, 동으로는 대해까지였다. 당시 세계 기타 고대 문명은 면적에서 상대에 많이 미치지 못하고, 이집트 바빌론, 인도의 3대 문명의 지역을 모두 합쳐도 상대의 1/10

2) 황인우, <중국 대역사>, 삼련서점, p.6

에도 미치지 못한다. 이것은 우리에게 비교적 완전한 중국 고대 왕조 사회의 시작을 보여준다.

이후의 주 왕조 시대에는 중국 초기 각종 제도가 창시되었고, 그 중 가장 창의적인 인물은 주공이었다. 그는 주문왕의 아들이자, 주무왕의 동생이었다. 주 왕조의 제도는 중국의 3000여년간 지속된 '봉건' 사회의 시작이다. 주공이 한 또다른 창조물은 봉건과 종교 관계의 일치이다. 모든 제후의 강역에는 종묘가 있다. 그것은 지역의 신성한 전당으로, 전 강역인은 그 시조에 공양을 올리고 있다. 이들은 일종의 준친족 관계를 유지하고 있다.

주 왕조 시대의 전국 경작지는 일종의 '정전제도'로 구성되어 있었다. '1정'은 약 40에이커이고, 9개 등급의 구획으로 나뉜다. 각각의 구획은 4.5에이커이고, 8개의 농가가 주변의 8개의 구획을 각각 경운하고, 그 중 한 구획인 공후 소유 토지- '공후지'를 공동 경작한다. '정전제도'는 이후 3000년 간 중국 정치에 영향을 주었다. 그것은 국가와 사회 구조가 인위적으로 창조될 수 있다는 것을 의미한다. 동시에 상층사직(上層社稷)을 이끈 형식은 하층 운영의 본질과 비교하면 훨씬 더 중요한 통치 습관이었다.[3] 후에 공자가 제창한 유교 사상의 근원이 아마도 여기서 시작되었을 것이다!

1	2	3
4	5	6
7	8	9

주 : 정전제도 설명서로, '1정'은 약 40에이커이고, 9개 등급의 구획으로 나뉜다. 각각의 구획은 4.5에이커이고, 8개의 농가가 주변의 8개의 구획을 각각 경운하고, 그 중 한 구획인 공후 소유 토지인 '공후지(공후지는 그림의 5번)'를 공동 경작한다.

3) 황인우, <중국 대역사>, 삼련서점, p.15

기원전 771년 주나라 수도 시안이 병인들에게 침범당하고 파괴되었다. 이후 수도를 동주로 옮기고, 이 때부터 정적으로 장기간 쇠퇴하였다. 주나라 영역은 진나라에 의해 병탄되었다(이전까지는 진 역시 주나라의 신하국 중 하나였다). 전통적으로 동주는 두 개의 시대로 구분한다. 즉 기원전 722년에서 기원전 481년까지는 '춘추전국시대', 기원전 403년부터 기원전 221년까지는 '전국시대'이다. 이처럼 구분되어진 것은 노나라 사서인 <춘추>와 진나라 통일 전 약 182년간의 각국 외교와 군사에 관해 집필한 책인 <전국책>, 이 두 권의 역사 서적과 관련이 있다. 이 두 시대에 중국 사회는 혁명적인 변화가 몇 세기 동안이나 발생하고 나서야 정국이 안정되었다.

기원전 5세기 전후, 즉 춘추전국시대 말기와 전국시대 초기에, 인류는 역사적으로 중요한 시기에 접어들었다. 서양 철학자들은 이 시기를 '축심시대'라고 부른다. '축심시대'라는 말은 독일 철학자 야스퍼스가 1949년 출판한 <역사 기원과 목표>라는 책에서 나온 말이다. 그는 기원전 800년부터 기원전 200년까지의 짧은 기간을 인류 문명의 '축심시대'라고 불렀다(춘추전국시대는 기원전 722년-기원전 221년으로, 축심시대는 이 시기에 해당한다). 동서양의 몇 개의 큰 문명이 창조적인 사유 집단이 왕성하게 활동하여 발생한 시대로 진입하였다. 이 시기 인류 문명은 중대한 돌파구를 찾았다. 동서양에서 동시에 위대한 사상가와 정신적 지도자가 나타났다. 노자, 장자, 공자, 맹자, 석가모니, 소크라테스, 플라톤, 아리스토텔레스 등의 전무후무한 위인들이 거의 동시에 동서양의 역사 무대에 출현하여, 공동으로 인류의 첫 번째 사상을 분담하여 책임지게 되었다. 이 인류 사상사이 신기했던 시대는 놀라운 우연과 스릴로 가득차 있었다! 야스퍼스는 '축심시대'에 대해 "인류의 정신적 기반인 동시에 중국, 인도, 페르시아와 고대 그리스에서 독립적으로 정착되기 시작하였고, 오늘날까지도 인류는 여전히 이러한 기반위에 살고 있다."고 말하였다.

'축심시대'의 사고는 세계의 여러 고대 문명이 모두 참여하였다. 이것은 일종의 공동 경운이지만, 내용적으로는 서로 다른 점을 보완한다. 예를 들어 중화민족은 사람과 사람 간의 관계를 더 많이 고려해야 하고, 인도 문명은 사람과 초월세계와의 관계를 더 많이 고려해야 한다. 그리고 그리스 문명은 사람과 자연의 질서와의 관계를 더 많이 고려해야 하는 것이다. 이렇게 서로 다른 내용에 중점을 두는 것 역시 세계 고대 문명 각각에, 향후 발전 방향에 영향을 끼쳤다. 그래서 중국, 인도, 그리스는 오늘날 현격한 차이점을 가지고 있는 것이다. 민족의 것이든 국가의 것이든 정신적인 것이든 물질적인 것이든 모두 크게 다르다.

청동기 시대가 끝나면서 중국은 즉시 정치적 통일을 이루었고, 이렇게 빨리 정치적으로 빠르게 성숙하면서 놀라운 기록을 세웠다. 이후 2000여년 간 중앙집권 통치체제를 수립하였고, 그 시초는 기원전 221년 진시황의 중국 통일이었다.[4] 그리고 직접적 혹은 간접적으로 중국은 중앙집권식, 농업정태적, 관료체계적인 체제를 적용하였고, 이상의 사상적 요소 외에 자연적, 지역환경적 요소가 더 있다.

1. 경작이 용이한 좋은 황토
2. 풍부한 강수량을 가져다줄 계절풍
3. 때로는 대를 윤택하게, 때로는 범람하여 재해를 일으키는 황허[5]

진이 멸망한 후 십년 간 새로운 왕조가 나오지 않다가, 중화문명의

---

4) 황인우, <중국 대역사>, 삼련서점, p.18
5) 황인우, <중국 대역사>, 삼련서점, p.21

요람이며, 흥성한 최초의 왕조 시대가 열렸다. 이후 수백년 간의 한(漢)나라의 통치가 지속되었고, 한나라 전성기에 관할 인구만 6,000만 명을 넘었는데, 이것은 로마 제국에 필적할 만한 숫자다. 한나라가 관할했던 지역과 존재했었던 기간 역시 로마 제국에 절대 뒤지지 않는다.

한무제는 한고조 이래로 수십년 간 축적한 국가 자원을 계승하고, 대내적으로 '파출백가, 독존유술(罢黜百家,独尊儒术, 제자백가를 배척, 폐지하고 유가를 숭상한다는 뜻)'로써 중앙집권 관료체제 운영의 이론과 방법을 정하였다. 대외적으로는 해마다 흉노 정벌과 영토 개척을 위해 파병을 하여, 대(大) 한(漢)의 위세를 널리 떨쳐 국력이 정점에 이르렀다. 한제국의 군사 행동에 따라 중국 문화는 압록강을 넘어 한국으로, 최남단으로는베트남까지 전파되었다(현재까지 중국, 한국, 베트남 3개국은 모두 설날 풍습을 가지고 있다). 기원전 139년 무제 유철은 장건을 서역으로 파견하여 흉노의 오른팔을 끊어놓았다. 이 임무를 완전히 달성하진 못했지만, 중국은 중앙아시아의 각 인도유럽어족의 국가들과 접촉하기 시작하였고, 동한 시기에 반초는 기원전 73년과 103년에 서역에 사신으로 파견되었는데, 이 때 사신단의 수는 1000여 명에 다달았다. 반초는 고명한 외교 수완으로 이웃나라의 자원을 빌려 원국(远国)을 정복하고, 카스피해까지 대한의 위세를 떨쳤다. 오랜 역사적 안목으로 보면 반초는 문화적, 상업적 공헌이 정치적 성과를 넘어섰다. 그가 개척한 영토는 영원히 유지할 수 없었기 때문에 당시 무역을 담당했던 짐말 행렬 무리는 그들의 발자취를 오랫동안 역사 속에 남겨놓았다. 대륙 무역이 활기를 띠면서 채소, 과일, 후러 등 역외 문명이 저 멀리 서역으로부터 전해져 들어왔고, 중국 문화를 더욱 살찌웠고, 이후 당대 풍격의 절반은 이로부터

왔다.

한대에서는 정교한 경작을 특징으로 하는 전통적인 농업의 주요 기술이 매우 성숙해졌다. 농기구의 발명과 사용에서 근대 쟁기의 주요 특징을 이루는 부분이 이미 발명되었고, 최초의 파종기인 쟁기가 출현하였다. 농업 기술에서는 토지 비옥도를 합리적으로 이용하는 대전이 출현하였고, 비료 사용, 토양의 수분 유지, 제충과 선종 기술 역시 상당히 성숙되었고, 선진화되었다. 동시에 농업용 수리(水利) 건설 방면 역시 크게 성숙되었다.

왕망의 왕위 찬탈의 혼란을 겪고 유수는 한제국으로 복귀하였다. 당시 서안(西安)은 여전히 농민군의 수중에 있었기 때문에, 유수는 낙양을 도읍으로 정하였고, 역사에서는 이를 동한이라 한다. 유수는 서로의 격렬한 충돌을 조정하여 피차 간에 서로 화합하기 위해 '천인합일'의 자연 조화 이념을 적극적으로 강조하여, 동한은 현재 상황을 유지하는 정치 분위기로 만연하였다. 그렇지만, 강권을 이용하여 합병한 사실이 이데올로기가 없애줄 수 있는 것은 아니다. 결국 당고의 화 이후 한제국은 쇠퇴하였다.

한제국 붕괴 후, 중국은 위진 남북조 분열 시기에 접어들어, 서기 220년부터 581년까지 수나라가 흥성하기 전까지 300여년 간 짧은 통일을 제외하고는, 장기간 혼돈과 실망의 시대가 펼쳐졌다. 혹자는 30년 전쟁으로 독일이 입은 재난 피해의 10배 이상의 피해를 보았다고 추정하고, 실제 시간상으로도 30년 전쟁의 10배에 달하기도 한다.

이러한 오랜 혼란이 지속되면서 오랜 기간 사회의 규율 역할을 했던 유교사상으로는 민심을 달래줄 수 없었고, 오히려 인도에서 전래된 불교가 고통을 겪은 사람들에게 정신적 위안을 주어, 이 시기에 불교가 크게 성행하였다. 이후 중국의 수백년 역사[6]에 깊은 영향을 주어, '불교는 중국 문화와 분리할 수 없는 일부'라고 할 수 있다. 이것은 운강 석굴, 용문 석굴과 둔황의 막고굴에서 역사적 증거를 찾을 수 있다.

오호난화로 중원이 들끓는 가운데, 선비 탁발씨 역시 기회를 틈타 장성 이남으로 넘어와 농업 기지를 세웠다. 탁발씨는 선비족으로 그들은 중국 중세기의 통일 과정에서 중요한 공헌을 하였다.[7]

서기 391년 탁발규는 흉노와의 일전에서 대승을 거두었는데, 북위의 기록에 따르면, 말 30만필, 양 400만 두를 획득하였고, 흉노 지도자 및 가솔 총 5,000명이 모두 처형되었으며, 나머지 부락민들은 모두 황하 하곡(오늘날의 포두시 부근)으로 보내져 농민으로 강제 부역을 하였다. 토지와 농기구는 모두 국가가 배급해주었다. 5세기에 이르러 같은 방법을 다른 부락에도 적용하였다. 서기 398년, 탁발씨는 또 고려와 모용민들 10만 명을 경사(오늘날의 산서 대동)로 강제 이주시켰다. 선비족이 멸망할 때, 북위는 천도하여 등록된 납세자 가구는 500만 호에 달하고, 인구는 약 2500만 명에 달했다. 이것은 동란의 시기에 대성공이라 할 수 있을 것이다. 탁발 민족의 중국 역사상 가장 큰 공헌은 균형적인 농촌 조직을 만들어 수나라 통일의 기초를 닦은 것이라고 할 수 있다.

수왕조는 민생을 돌보지 않고 뚫은 대운하로 유명하다. 각 공정이 시작될 때마다 부녀자와 아이들까지 동원하였고, 이렇게 백성들의 고통을 생각하지 않은 대운하 공사와 고려 정벌의 실패까지 더해져 수왕조의 멸망이 가속화되었다. 하지만 수나라 두 번째 황제인 양광이 운영했던 수로 교통망이 후대에 오랫동안 도움이 된 것 역시 사실

---

6) 황인우, <중국 대역사>, 삼련서점, p.83
7) 황인우, <중국 대역사>, 삼련서점, p.94

이다. 역사적인 관점으로 볼 때, 대운하는 중국 남북 교통과 무역 왕래의 통로를 열었고, 후에 중국 경제 문화 발전과 교류에 지대한 공헌을 하였다.

618년에 건국한 당왕조는 중국 전제 정권 시기 중 역사상 가장 빛났던 시대였다. 당왕조는 세계주의의 색채를 띄고 있었다. 황실 이씨는 중국 귀족 화예라고 자칭하였지만, 위진남북조 시대에 그들의 선조는 이미 다른 민족의 집안과 통혼하였고, 이러한 민족 경계를 뛰어넘는 통혼의 관습은 후대에까지 이어져 구오지존의 자리에 올라서도 끝나지 않았다. 혼혈의 요인으로 황제는 명정언순하게 '천가한'으로 되었을 가능성도 있다. 중국 황제의 위망이 가장 높았을 때, 갠지스강 유역의 인도 왕자는 그들의 종주권을 받아들였고, 세계 각국에서 사절단이 방문하였다. 특히 고려와 일본에서 많은 사절단이 왔다. 당시 세계에서 가장 강력한 군사 대국이었던 아랍 제국은 천고의 도시인 바그다드를 수도로 정하였는데, 바그다드의 웅대함도 당시 장안의 1/6 정도에 지나지 않았다. 고대 로마성은 이미 쇠락했지만, 아직까지 그 골격이 남아있는데, 그 역시 장안에 비해 1/7 수준에 지나지 않는다. 장안성의 주작대로는 폭이 155미터로 오늘날의 파리 샹젤리제 거리와 비교해도 30여 미터나 더 넓다.

중국의 도시에는 시리아인, 아랍인, 페르시아인, 토번인 등 여러 민족들이 거주하고 이었다. 국자감이었던 국립대학에 이 국가들의 유학생이 있었는데, 그 중 가장 열성적인 민족은 일필자가었다. 그들은 중국에서 수십 년을 머물다 귀국 후에는 일본 문화에 지대한 공헌을 하였다. 이들은 동전의 설계에서부터 부녀자들의 상투까지, 실내 장식에서부터 바둑까지 여러 방면에서 당풍을 모방하였고, 이후 일본의 문화재는 중국 대륙의 색채를 강하게 띄고 있다. 일본 고도인

교토는 모두 당대 수도 장안을 모방하여 만든 것이 그 실례이다. 고려와 베트남 역시 같은 추세를 보였지만, 일본처럼 깊이 빠져들진 않았다. 이로써 당대 중국 문화의 풍부한 색채를 표현할 수 있다. 당대에서는 모두가 자신의 신앙을 선택할 수 있었고, 자신의 신앙을 바꿀 수도 있었다. 모두가 각자의 사상을 존중하였지만, 맹목적으로 신봉하지는 않았다. 어떠한 상황 하에서도 자신의 독립과 자유를 지켰다. 현재 적지 않은 학자들이 문화를 정순화시키는 것을 지나치게 좋아하고 있지만, 사실 정순화 후의 문화는 필연적으로 쇠약해지기 마련이다. '당대의 중국문화는 정순하지 않아서 강했다', 이것은 하나의 국가, 민족 나아가 개인이 자기에 대한 자신이 충만했을 때에만 일체의 다른 민족의 문화를 포용할 수 있는 것과 같다. 고어에서는 '인간이 순진하면 따르지 않고, 물이 깨끗하면 물고기가 없다'고 말하고 있다. 민족적 특색이 있어야만 세계화 할 수 있다.

광휘와 충만의 역사 시대가 130여년 간 지속되었지만, 이 이상적인 국가는 지도층의 교만으로 인해 더는 지속되지 않았다. 궁중의 시종들도 관리할 수 없을 만큼 늘어났다. 8세기 중엽, 궁내 음악과 오락에 참여한 인원이 1만여 명, 궁녀가 2만여 명에 달했다. 문관들은 인원이 증가했을 뿐만 아니라 봉록도 증가하였고, 황제와 군신들은 점점 나태해지고, 부패해져 갔다. 751년, 중국 군대는 중앙아시아에서 아랍 연합군에게 패했고, 당군은 서남의 소수 민족 부락에서도 후퇴를 강요받았고, 토번 역시 역변하였다.[8] 게다가 755년 '안사의 난'이 일어나 당왕조는 이때부터 쇠퇴하기 시작하였다. 당나라는 앞선 130여년 간의 위대하고 번영했던 시기를 지나 150여년 간의 혼란과 쇠퇴의 시기로 접어들었다.

---

8) 황인우, <중국 대역사>, 삼련서점, p.109

당나라 초기에는 균전제, 조용조 제도 등으로 건국 토대를 다졌다. 또 충만한 자신감으로 다른 민족의 문화를 포용해 다채로운 대당풍격을 만들었다. 하지만 인구가 증가하고 인구 이동이 빈번해짐에 따라 상술했던 제도들이 점점 복잡해지는 지방 업무에 대응하지 못하여, 결과적으로 지방 자치의 길을 촉진하였고, 지방에 대한 중앙의 통제가 점점 약화되어갔다. 지방 권력이 증가하는 사황 하에서 중당 시기에 '안사의 난'이 터져 당나라의 쇠퇴가 가속화되었고, 마지막으로 황소의 봉기는 당나라의 중앙집권체제를 뒤엎었다. 하지만, 당나라는 후세에 물려준 정신문화는 중국 문화 보고에 영원히 보존될 것이다. 그것들이 창조한 시정화의와 자신감과 포용의 풍격은 이후 중화민족 역사에 있어 다시는 나오지 않았다. 당대 문호 여추우는 <문학>에서 베이징 대학 학생들에게 "중화문화의 위대함은 다양함이 융합된 결과이고, 이 가운데에는 많은 소수민족의 걸출한 인사들이 중요한 역할을 했다. 우리는 중화문화가 소수민족을 거쳐 세계 다른 문화와 서로 만나 결합한다는 것을 분명히 알아야 한다. 그래서 나는 여기에서 여러분들과 공감대를 나누고 싶다. 어떤 순간에도 민족주의르 내세우지 말고, 민족주의를 극단적으로 끌어올리지 말자. 다원결합은 예로부터 중국 문화의 길조였다."고 말하였다. 당 태종 이씨 왕조 자체가 각 민족 융합의 산물이었기 때문에 중국 사학계에서는 거의 언급하지 않는다. 아마 해납백천 할 수 있는 민족 자체가 강대하여 자신이 있어야만 물이 낮은 곳으로 흐르는 것처럼 각 방의 선인을 불러모을 수 있다. 당신이 강대하여 고집스럽지 않고, 거만가 하지 않다면 천지에 입신할 수 있다!

960년 송나라의 건국은 중국이 마치 현대 사회로 진입하는 것과 같은 느낌을 주었다. 물질 문화가 크게 발전하였고, 개국군주 조광윤은 중국 전통 풍격을 깨고, 실질적인 태도로 정치와 경제 개혁에 착수하였다. 화폐유통은 이전보다 더 확대 보급되었고, 화약, 화포, 나침반, 천문시계, 용광로, 수리방직기 모두 송대에 만들어졌다. 11-12세기, 중국 대도시의 생활 상황은 당시 세계 어느 도시와 비교해도 어깨를 견줄 수 있을 정도로 발달하였다.9) 경제적으로는 도시의 발흥, 내륙 수로 네트워크 건립, 조선업의 비약적인 발전 등 송나라는 중국 유사 이래 가장 두드러진 발전을 하였다. 중국 내륙과 국제 무역은 전례없는 호황을 누렸다. 동전의 유통도 신기록을 세웠고, 이후 어떤 왕조에서도 이 기록을 깨지 못했다. 송대에는 또 역사상 전무후무한 문관 제도를 세웠다. 이 시기 과거 제도는 완벽히 정비되어 가고 있었다. 송나라 때는 국가 관학 이외에도 더 많은 지방 사학들이 존재했고, 상산서원, 비산서원, 악록 서원 등 유명한 사학들도 있었다. 이것은 아마도 중화민족 문화가 정상에 진입한 후 쇠퇴로 향해 가는 분수령이 되었을 것이다. 다시 말하면, 대역사, 대좌표 상으로 보면, 어느 나라, 민족은 흥망성쇠의 변동 주기가 있다는 것이다. 전성기로의 진입은 포화와 쇠퇴의 시작을 의미한다. 송왕조는 중국 사상 문화의 절정이었던 시기였고, 이 문화가 전환점에 진입할 것이라는 의미이다.

'청명상하도'에서 보여준 풍경에서는 물질생활에 있어 북송 시기 중국은 의심할 나위 없이 이미 세계 각국보다 앞서고 있다. 남송 시기에는 남방의 대도시가 경제 무역 발전에 더 적합했기 때문에 사실상 그 번화 수준이 이미 한 세기 반 전 장택단이 그린 풍경을 넘어섰다.

송 선종 때 왕안석이 제창한 변법은 현대 금융 관리 방식으로 국사를 관리할 의도였고, 그 목적은 경제 역량으로 국방 군비를 지원하여

9) 황인우, <중국 대역사>, 삼련서점, p.138

요와 서하의 위협에 대응하기 위한 것에 지나지 않는다. 그렇지만 당시 사회 발전은 아직 이러한 개혁을 성공으로 이끌만큼의 수준이 되지 못하였고, 새로운 법은 실행되지 못하였다. 송왕조는 중국 역사상 가장 약한 왕조였다. '정강지난'의 군변을 겪고, 송 고종의 군신은 불안정한 시국 하에서 결국 금과 몽고인의 연합 공격에 멸망의 길에 들어섰다.

칭기스칸이 몽고 기병을 이끌고 동서를 정벌할 때부터 쿠빌라이 칸이 남송을 정복하고 원나라를 세울 때까지 몽고군은 싸워서 이기지 못한 적이 없었다고 해도 과언이 아니었다. 몽고인은 국제 정세에서 절대적으로 유리한 고지를 점령할 수 있었던 역사상 유일무이한 민족이었다. 당시 인구는 1백만 명 남짓 밖에 되지 않았지만, 그들은 유라시아 대륙을 무력으로 정복하였다. 칭기스칸은 1227년 서하를 공격할 때 세상을 떠났고, 그의 제국은 4부분으로 분열되었다.

1. 킵차크 한국(Golden Horde)은 모스크바와 키예프(Kiev)를 포함한 러시아 대부분의 영토를 포함하였다.

2. 일 칸국이 아프가니스탄 변방에서 이라크 국경까지 관할하였다.

3. 또 다른 칸국은 킵차크 한국과 일 칸국 사이에서 동쪽으로 뻗어, 구소련 중앙아시아 지역과 중국 신강 지역을 포함하였다. 이 세 칸국을 대카간만이 통할할 권리가 있었다.

4. 그의 영역은 북으로는 몽고 사막 지대, 남으로는 중국 남해 해변에까지 이르렀다. 당시 이것은 단지 요원한 동경이었을 뿐이었고, 세상에서 가장 위대한 정복자의 사후 50년까지 그의 손자 쿠빌라이 칸 대에 와서야 그 위대한 사업을 원만하게 완성하였다.[10)]

---

10) 황인우, <중국 대역사>, 삼련서점, p.165-167

중국은 몽고 통치 하에서 또 한 번의 기술적인 진보가 있었다. 조선 기술이 최고봉에 이르렀고, 15세기 중엽까지 이어지다가 명청 시기가 되어서야 쇠퇴하기 시작하였다. 중국은 많은 교량이 있었는데, 특히 장강 이남의 현존하는 많은 대교는 모두 원대에 건설된 것이다. 원나라 때 베이징에서 남방으로 향하는 대운하가 운영되기 시작하였고, 이러한 수로의 운송 능력이 최고봉에 다다랐다. 곽수경은 당시의 천문학자이자 수학자였으며, 수리(水利) 기술자로 당시 세계 과학자의 선구자라고 할 수 있었다. 원나라 흠정이 수정 편찬한 <농상집요>는 이후 여러 번 출판되어 1315년 인쇄 부수가 1만 부에 달하였다. 면화와 수수는 이 시기에 중국에 유입되기 시작하였다. 그것들은 무수한 중국인들의 의식(衣食)에 많은 영향을 미쳤다.[11]

하지만, 쿠빌라이 칸과 r의 계승자는 이러한 사회 환경을 지속적으로 발진시키지 않았다. 그들은 유교의 우선적 지위를 받아들이길 원하지 않았다. 그들이 보기에 유교의 부각을 중국인의 부각과 동일시했기 때문이다. 그의 통치 하의 사람들은 인종이 달랐을 뿐만 아니라, 생활 방식 역시 같지 않았다. 그는 정신적인 신앙의 힘으로 중국을 통치하려 하였다. 하지만 이 웅장한 유라시아 대륙의 제국을 어떻게 경영해야 할 지 몰랐고, 쿠빌라이 칸과 그 계승자는 여전히 '마상에서 천하를 얻는다'는 정신으로 국가를 통치하려고 하였다. 무공을 중시하였고, 문자를 경시하였으며, 제도가 궤도에 오르지 못하였고, 개혁 역시 실현되지 못하였다. 그래서 100년도 되지 않아 중국 역사상(세계 역사 포함) 공전절후한 대제국(면적 약 4천만 ㎢)에 명나라가 들어섰다.

칭기즈칸과 그 자손인 쿠빌라이 칸의 천군만마는 추풍이 낙엽을

---

11) 황인우, <중국 대역사>, 삼련서점, p.171-172

쓸어버리 듯 유라시아 대륙을 휩쓸었고, 문명을 멸망시키는 동시에 문명을 전파하기도 하였다. 유라시아 대륙의 각각의 문명들의 왕래가 가속화되기 시작하였고, 시내가 모여 세찬 파도가 되듯이 문명 변화의 역량이 쌓이고 있었다. 칭기즈칸과 그의 후계자들은 50여년간 40만도 되지 않는 군대로 40여 개국, 720개의 민족을 정복하였다. 오늘날 유행하는 말로 '용맹한 인생에는 이유가 필요없다'라고 말할 수 있을 것이다. 전쟁은 사람들의 시야를 넓혀주었다. 어떤 방법도 전쟁만큼 신속하게 그들 종족의 영토를 넓혀줄 수 없고, 거리낌없이 인적교류를 촉진시켰고, 전대미문의 편리한 국제 무역 통로를 개척했기 때문이다.

중국은 고대 경제 문화에서 세계 다른 민족 국가가 대체할 수 없는 역할을 하였고, 1500년 이전의 세계는 소위 '전현대'의 세계이다. 18세기 말 영국 산업혁명의 주요 조건을 중국에서는 일찍이 14세기에 이미 거의 다 갖추었다. 13세기 중국의 많은 도시의 번영한 모습을 본 마르코 폴로를 비롯한 당시 상업이 발달한 것으로 유명했던 베니스의 상인들 모두 놀랐다. 그는 "소주 둘레가 40리이고, 주민이 수없이 많다"라고 묘사하였다. 그리고 항주에 대해서는 "의심할 나위없이 천하에서 가장 아름답고 번화한 도시이다…… 이렇게 거대한 도시를 본 사람이라면 모두 이렇게 많은 음식을 구해와 이렇게 많은 입을 공양하는 것을 절대로 믿지 못할 것이다"라고 말하였다. 다른 작가 역시 "중국과 비교했을 때, 서양 국가는 기본적으로 모두 시골이다…… 빈곤하고, 또 발달하지도 않았다"라고 서술하였고, 이것은 14세기에 중국은 이미 세계에서 가장 개방되었고, 기술적으로 가장 진보하였고, 경제적으로 가장 발달한 고대 문명이었다는 것이다.

중국은 '전현대' 사회의 과학 성과에서 더 큰 감탄을 자아냈다.

1. 제철업 – 데이비드 랜더스는 <국가의 부와 빈곤>이라는 저서에서 '중국인은 일찍부터 석탄과 코크스를 연료로 사용하여 풍로에서 철광을 제련하였다. 11세기 말까지 중국은 이미 연 12만 5천 톤의 철을 생산했고, 700년이 지난 후에야 영국에서 이 생산량에 이르렀다'고 서술하였다.

2. 방직업 – 마왕퇴에서 출토된 문화재에서 보면 1세기 한나라 때, 왕비가 입은 실크옷은 50g 밖에 되지 않았다. 옷깃과 옷소매를 제외한 마포 부분은 18g 밖에 되지 않는다. 이러한 방직 기술은 현대 방직 기술이라도 이 수준까지 도달하기란 매우 어렵다. 중국은 12세기에 이미 수력으로 구동하는 기계로 원섬유를 제작했고, 이것은 영국 산업 혁명 시기 사용한 수력 방적기보다 500년이나 빨랐다.

3. 무역 방면 - 안드레 군더 프랭크(Andre Gunder Frank)는 그가 저술한 <리오리엔트>에서 18세기 이전까지 세계 무역은 항상 중국을 중심으로 전개되었다고 서술하였다. 중국은 비단, 자기, 수은, 찻잎 등을 수출하였고, 아연, 구리, 니켈 합금도 수출하였으며, 백은을 수입하였다. 중국의 이러한 무역의 핵심적인 지위는 공업, 농업, 수륙 운송과 무역 방면에서 보유한 절대적이고 상대적으로 훨씬 더 높은 생산력에 기인한다는 것은 분명하다.

4. 정부의 통치 능력 – 중국은 당시 가장 강력한 정부, 가장 통일적이고 가장 평화로운 주변 여건을 조성하였다. 5세기에서 15세기, 이 1,000년 중 처음 시작한 100여년과 10세기 전후의 100년 정도를 제외하면 중국은 기본적으로 통일적이고 평화로운 주변 여건을 조성하였는데, 이미 성숙한 문관 제도를 갖추고 있었고, 정부의 관리 능력은 당시 세계 제일이었다.

5. 과학기술 - <자연과학대사연표>의 기록에 따르면, 15세기 이전

세계의 중요한 발명과 중대한 과학적 성과는 약 300여 개가 있었는데, 그 중 중국에서 175개가 나와서 전세계 총갯수의 58% 이상을 차지하였다.

프랜시스 베이컨은 화약, 나침반, 제지와 인쇄술 등 4대 발명이 서구 사회가 암흑 시대에서 현대 사회로의 전환을 가속화시킨 중요한 발명이라고 보았고, 이것들은 모두 중국이 발명하였다. 조지프 니덤이 저술한 <중국 과학기술사>에서 수집한 증거 역시 최근 2. 3세기를 이외에, 역사적으로 중국은 중요한 과학 기술 분야의 대부분이 서구 사회를 줄곧 앞지르고 있다고 강하게 설명하고 있다.

어쨌든 세계 역사 발전의 거시적인 측면에서 보자면 중국은 '전현대' 시기에 찬란하게 빛을 내면서 시작하였고, 그 창조력은 1,000년 이상 지속되었다. 14세기 이전까지 중국은 이미 거대한 과학 기술과 경제 문화 성과를 얻었다. 그러나 14세기 이후, 중국은 이 분야의 선도적인 지위를 계속해서 발전시켜나갈 수 없었다. 17세기 이후, 서양 국가는 산업 혁명을 시작으로 경제가 빠르게 발전하였고, 사회 구조 변화와 수입이 빠르게 제고되던 시기에 중국은 서구 국가들에 비해 크게 뒤쳐지기 시작하였다.

당대 문호 여추우는 그의 저서 <문학>에서 이렇게 개탄하였다. "유럽은 결국 중세기의 긴 어둠에서 깨어나 여명을 느끼고 깊이 새겼다. 그래서 많은 나라들이 앞서 나아가면서 유럽은 전반적으로 진보하였다. 중국은 반대로 유럽이 중세 진보의 시대로 접어들었을 때 오히려 상반되는 행보를 걸었다. 수당(隋唐)에서 송원(宋元)까지의 찬란한 문명을 건립하면서 줄곧 암흑기를 겪어보지 못했기 때문에 여명의 흥분, 각성의 울림, 이별의 사색, 전환의 용기 역시 없었다. 비록 명대에는 많은 분야에서 나쁘지 않은 성과를 올렸지만, 국가 운영은 이미 보수, 정체, 자만, 편협, 경직된 방향으로 흘러가고 있었다. 청대에는 통치 방식이 많이 바뀌었지만, 이러한 추세는 변하지 않아서 결과적으로 유럽에 비해 낙후될 수밖에 되었다. 그 때의 세계는 이미 지리적인 '대발견' 후의 세계로 선진과 낙후에는 '철칙'이 있었다. 18세기에 이르러 중국은 과거 좋은 시절은 지나가면서, 19세기에 심각한 고난을 겪게 되었다.

1908년 11월 14일, 광서 황제가 서거했다. 이튿날 자희 태후 역시 세상을 떠났다. 그 후 3년 후, 청나라는 중원 통치 267년 만에 그 운명을 다했고, 진시황의 중국 통일 후 봉건제 시작 2132년 후, 역사 속으로 사라졌다. 참신함, 혁명적, 독립 자주적 신중국은 38년 간의 군벌 할거, 항일 전쟁, 국공 내전 등 전란의 고통을 겪은 후 탄생하였다.

2. 마오쩌둥 시대

제2차 세계대전이 끝난 후, 미국은 유럽을 패권국의 지위에서 끌어내리는 동시에 세계 최강국이 되었다. 그리고 이와 맞서는 나라는 구소련만이 남았고, 세계는 미국을 중심으로 하는 자본주의 진영과 구소련을 중심으로 하는 사회주의 진영의 대립 형국을 형성하였다. 양대 진영은 이데올로기의 기치 아래 각자 맹주의 패권을 위해 암투를 벌였다. 한편으로는 재래식 무기에서 핵무기까지, 해상과 공중에서 우주까지 과도한 군비경쟁을 벌였고, 다른 한편으로는 전면전을 벌였다. 양대 진영은 소국은 첨병으로 삼아 치열한 싸움을 벌였다. 상대적으로 안정된 양대 진영의 '냉정' 시기에 미국의 지지와 국제

무역이 자극제가 되어 독일 연방, 영국, 프랑스, 이탈리아 등 서양 국가의 경제가 20년 간 빠르게 발전하였고, 일본은 30년 간이나 고속발전하였다. 그리고 계획경제체제가 시작된 앞선 20년 간 구소련 국민총생산 연평균 성장률 역시 매우 빨랐지만, 80년대 후반에 들어서면서 계획경제의 성장은 점점 느려졌고, 점점 약화되었다.

이러한 국제 냉전 환경 하에서 1949년 10월 1일 중화인민공화국 성립 이래 중국은 1949년에서 1952년까지 3년 간의 국민경제회복시기, 1953년에서 1958년까지 '1 · 5 계획' 시기, 1958년에서 1965년까지의 '대약진' 및 조정 시기, 1966년에서 1976년까지의 문화대혁명 시기를 거쳤다. 이 시기에 중국정부는 마오쩌둥이 자신의 절대적인 영도 지위를 공고히 하기 위한 일련의 내부 투쟁 외에 냉전 상태의 국제 정세로 인해 1959년 구소련이 중국에서 일체의 기술과 경제 지원을 철수시킨 이후 중국 경제는 전대미문의 도전에 직면했다. 게다가 세 차례의 국제 전쟁에 직접 개입하여 중국 경제는 설상가상의 상황에 직면하게 되었다.

1) 한국 전쟁 : 1950년 6월 25일에서 1953년 7월 27일까지, 삼년 33일 간 남과 북의 한국 전쟁이 발발하였다. 중국은 총 300만 명의 '지원군'을 파병하여 참전하였고, 113만 명(전사 36만 명, 비전투 사망 77만 명 – 주로 동사와 아사)이 사망하였다. 이 3년 간의 전쟁에서 중국은 GDP 총량의 45%를 소모하였다. 이 때부터 중국은 미국을 비롯한 서양 세계와 20여년간 외교 관계를 단절하였고, 이로 인해 중국은 세계 정치경제 무대에서 크나큰 손실을 입었다.

그러면, 중국은 왜 참전해야 했는가? 이것은 매우 복잡하고 어려운 역사 과제이다. 하지만 간단하게 당시 중국 정부는 '항미원조, 보가위국'의 취지를 제외하고 보자면 당시 중국 중공업은 동북과 남부에 집중되어 있었고, 푸순은 최대의 탄광이었다. 본계와 안산 철강 생산량은 전국의 80% 이상이었따. 선양은 구가 기계 공업의 중심지로 약 2,000여 개의 공장이 밀집되어 있었다. 이 일대의 공업 밀집지는 압록강에서 200㎞도 안 되고, 공장 전력은 주로 압록강의 수력발전소에서 나온다. 만약 이 일대에 비행장을 개조하면 1억 근의 좁쌀에 상당하는 돈을 써야 하고, 미국과 한중 국경선에서 대치해야 한다. 동북은 적어도 8개 공항, 관내의 3개 공항을 수리해야 하고, 이것은 10억 근이 넘는 좁쌀에 해당하는 돈이다. 이 외에도 한중 국경선은 1,300여㎞에 달하는데, 미군을 방어하기 위해서는 많은 시설과 병력이 투입되어야 하기 때문에 미시적으로도 중국 정부 수뇌들은 한반도 내에서 싸우기로 결정하였다.

2) 중소 충돌 : 1969년 3월에서 8월, 중소 국경선 전바오다오 충돌로 양국은 백만 명의 변방군을 배치하면서 일촉즉발의 전쟁 위기 상황을 맞이하였다. 하지만 중국은 당시 이미 핵무기를 보유(1964년 10월 16일 중국은 첫 핵실험에 성공하였다)하고 있었기 때문에 최종적으로 전면전이 벌어지지는 않았고, 국지적인 충돌만 일어났다. 그렇지만, 쌍방의 대치로 중국의 정치, 경제 위기는 심화되었다.

3) 베트남 전쟁 : 1959-1975년까지 미국과 베트남 전쟁이 십여년이 넘게 지속되었다. 베트남 전쟁은 제2차 인도지나 전쟁이라고도 불리는데, 베트남은 베트남의 항미전쟁이라고 부른다. 중국은 비록 한국전쟁처럼 직접적으로 군대를 파견하지는 않았지만, 전쟁 기간 동안 베트남의 고급 군사 인재 양성 및 대량의 군수물자를 기본적으로 중국 측에서 무상 원조로 지원해주었다. 이 조치 역시 중국의 경제 부담을 심화시켰다.

중국은 개혁개방 전 국내외 정치 경제 환경이 개혁개방을 진행할 수 없을 정도였다고 단언할 수 있따. 1975년 제1세대 지도자들의 연이은 죽음은 개혁개방의 계기로 다가왔다.

1949년 중화인민공화국 성립 시, 전국의 공농업 총생산액은 466억 위안(RMB), 1인당 국민소득은 66위안(RMB)에 불과했다. 공농업 총생산 중 공업 총생산으 ㅣ비중이 30%, 농업 총생산 비중이 70%였고, 중공업 총생산은 공농업 총샌상 비중의 7.9%에 불과했다. 1949년 대부분의 주요 공농업 제품의 총량은 역사상 최고생산량의 절반 정도였고, 실업률이 높았을 뿐만 아니라, 인플레이션도 심각한 상황이었다. 도농 주문의 소득은 기본적으로 기초 생활 보장선 이하였고, 게다가 국제적으로 서양 주요 자본주의 국가의 봉쇄와 배척을 받고 있었다.12)

이런 국내외 상황 하에서 마오쩌둥 시대에는 계속 독립 자주, 자력갱생의 국가 발전 전략을 견지하였다. 이 시대에는 주로 4가지 정치경제 발전 단계를 겪었다.

1단계는 국민경제회복시기(1949-1952년)이다. 중국은 1911년 신해혁명부터 38년 간 군벌 혼전(混战), 북벌 전쟁, 항일 전쟁, 국공 내전 등 일련의 전쟁을 벌였다. 도탄에 빠진 인민들은 원래 천하는 이런 때부터 태평해진다고 생각했지만, 연이어진 한국전쟁으로 인민들의 삶은 설상가상으로 더욱 어려움에 처해지게 되었다. 1949년 항전 전 최고 연도와 비교하면, 공업 생산량은 절반 가량 하락하였는데, 그 중 중공업은 70%, 경공업은 30% 하락하였다. 1949년 공업 고정자산은 약 128억 위안(RMB)이었고, 공업 노동자는 300만 명 가량으로 전인구의 5.6‰밖에 되지 않았다.13)

---

12) <중국연감>, 1950

13) <중국연감>. 1952

정부는 일련의 효과적인 경제 정책을 통해 인플레이션 통제, 전쟁으로 파괴된 기반시설 복구, 취업 기회 증가와 동시에 공산당 정권의 탄생과 함께 시작했었던 토지 개혁을 지속적으로 실시하여 '경자유기전(耕者有其田)'을 실현하였다. 그리고 중국 내 제국주의의 특권을 없애고, 관료자본을 몰수하였다. 1952년에는 대부분의 전국 공농업 주요 제품 생산량이 건국 전 최고 수준을 초과하였고, 인플레이션을 억제하여 인민들에게 평안한 삶과 좋은 일터 제공의 첫걸음을 떼였다.

1952년은 1949년 공농업 총생산액 77.5% 증가하였는데, 그 중 공업 총생산액은 145.1%, 농업 총생산액은 53.5% 증가하였고, 주요 공업 제품 생산량은 역사상 최고 수준을 초과하였다.

2단계는 '1.5'계획 시기(1953-1957년)이다. 이 시기에는 공상업의 사회주의 개조가 실현되었고, 구소련이 지원 건설한 156개의 중점 항목을 집중 건설하였다. 에너지, 기계, 원자재를 주요 내용으로 한 공업은 비약적으로 발전하였다. 이러한 항목을 핵심으로, 900여 개의 중대형 항목을 중점으로 '독립 자주, 자력 갱생'의 공업 체계의 기초를 다졌다. 인프라 건설 550억 위안(RMB)이 투입되었고, 고정 자산 460억 위안(RMB)이 새로 늘려 국민 경제의 공백을 메워 약한 고리의 생산 능력을 보강하였다. 일련의 국가 자본주의 형식을 통해 민족 공상업이 사회주의 형식으로 전환되었다. 토지를 획득한 농민들은 자발적으로 조직을 구성하여 생산 상호 지원과 합작을 실현하였다. 이 시기 국민 경제는 안정적으로 발전하였고, 각 산업 간의 비중도 적당하였다. 국민 소득은 연평균 8.9%의 성장률을 달성하였고, 도농 주민 소비 수준은 평균 4.2%가 증가하며 '1.5'계획은 원만하게 완성되었다.

3단계는 '대약진' 및 조정 시기(1958-1965년)이다. 1958년에 시작된 '대약진'은 성장 지표를 과도하게 설정하였고, 행정 명령이 과학적 분석을 대체하면서 경제 성장의 정상적인 질서를 파괴하였고, 국민 경제 비중균형이 무너졌다. 중공업의 기형적인 발전에 집중하여 1958-1960년, 3년 간 중공업이 2.3배 증가하여 경공업의 47%를 훨씬 넘는 성장 속도를 기록하였고, 그에 반해 농업은 오히려 22.8% 하락하였다. 1961년 국민경제는 조정을 통하여 인프라 건설 규모를 줄이고, 중공업 발전 통제, 불균형적인 산업 구조를 조정하였다. 몇 년의 조정을 거쳐 경제가 회복하여, 농업, 경공업과 중공업이 비교적 균형 발전을 이루었고, 중요 농산물 생산량이 모두 회복되었고, 1957년 수준을 뛰어넘는 경우도 있었다.

많은 우여곡절을 겪었지만 경제 건설에서 비교적 큰 성과를 거두었다. 특히 1963-1965년, 3년 간의 조정 시기에 경중공업 생산량은 매년 각각 27%와 17% 증가하였다. 1965년 철강, 전력, 시멘트와 중형차 등 주요 제품의 생산량은 1957년의 2배보다 더 많이 증가하였다. 공업 소비품의 생산량 역시 대폭 증가했는데, 1965년 재봉틀과 자전거의 생산은 각각 1957년보다 4배와 2배로 증가하였다. 일부 신흥 공업 역시 무에서 유를 창조하여, 1965년 석유는 전년도 생산량보다 20만 배럴 초과 채굴하였고, '1.5'계획 시기에 비해 10배 이상 제고되었다. 천연가스 생산량은 11억m³에 달했는데, 이것은 '1.5'계획 기간 최고생산량을 달성했던 해보다 40배 이상 증가한 수치다. 하지만 모든 국민 경제 성장을 보면 이 시기 속도는 '1.5'계획 시기보다 한참이나 낮았다('1.5계획 시기 국민 소득 연간 성장률은 8.9%였지만, 이 시기의 연간 성장률은 3.6%에 불과했다).

이 시기에 중국의 미래 정치 경제 발전 전략에 가장 큰 영향을 준

것은 1964년 10월 16일 원자탄의 성공적인 폭발 실험이라고 할 수 있다. 이에 따라 중국은 핵대국이 됐을 뿐만이 아니라 세계 정치 무대에서 진정으로 독립적인 발언권을 가지고 됐다.

제4단계는 '문화대혁명'(1966-1976)이다. 경제, 사회, 정치와 생활 모두 무정부 상태였기 때문에 공농업 생산의 균형은 심각하게 파괴되었고, 산업 구조도 심각한 불균형 상태에 빠지게 되었다. 노동자의 적극성 역시 억제받았다. 게다가 정부는 정책 결정에 있어 '정치를 우선시, 계급투쟁을 핵심으로' 하는 실수를 거듭하여, 중국 경제 발전은 10년 후퇴하였다. 1966-1976년까지 '상산하향'으로 약 1600만 명의 지식청년들과 2000만 명에 달하는 도시 주민들이 농촌으로 하방당했다. 주로 지식인과 간부들이 농촌 혹은 소도시로 하방당해 '노동단련'을 하였다. 다른 한편으로는 엄격한 도농 호구제도로 노동력의 정상적인 이동이 극도로 제한되었고, 대중 운동은 정부 관리 하에 제한되었다. 파벌 투쟁이 치열해졌고, 사회 질서는 심각한 혼란에 빠졌으며, 모든 경제가 현대 경제 발전 규칙과는 상반되는 방향으로 운영되었다. 1976년 공농업 생산 총액 성장률은 제로였고, 절대다수의 제품 생산량은 계획 지표에 맞춰 생산하지 못하였고, 고정자산 지불 사용률은 60%도 되지 않았다. 전국 국영기업의 적자액은 180억 위안에 달하였는데, 1965년의 3배였다. 국고는 적자였고, 산업 구조 비중은 재차 심각한 불균형에 빠져 모든 구민 경제는 붕괴 위기에 처하였다. 1978년, 경제 문제가 대부분 해결되지 않았고, 전국에는 여전히 2.5억 명의 농민이 절대 빈곤 상태에 처해있었다. 모든 국가 경제 역시 도산 위기에 직면하였다.

마오쩌둥은 파란만장한 일생을 살면서, 만년에 재차 중국의 재혁명을 진행하기로 결정하였다. '문혁'의 초심은 소위 당내 '주자파'의 청산에 있었지만, 최종적으로 거대한 동란으로 변하였다. 온 나라가 거의 망가지다시피 하였다. 대학이 폐쇄되었고, 지식인들과 전문기술자들은 농촌으로 하방되었다. 아이들은 자신들의 부모를 폭로하는데 동원되었고, 홍위병들은 '홍바오슈'인 <마오 주석 어록>을 흔들며 '반혁명'에 대한 비판 투쟁을 이어나갔다. 그들에게는 거의 모든 당권자들이 '주자파'이자 반혁명'을 일삼는 불순분자들이었다.

정세가 요동치고, 신속하게 제어하지 못하다 보니 급진파와 야심가들이 기회를 틈타 전면에 등장하였다. 거의 모든 고등 학술 기구가 폐쇄되었고, 교육을 받은 모든 사람들은 노동에 투입되었다. 전국적인 공황과 무정부 상태로 국가가 마비되었고, 모든 세대가 이렇게 망가졌다. 성과가 있는 사람은 거의 모두가 시련을 겪었고, 다행히 재난을 면한 사람들의 배후에는 특별한 사정이 있었다.

"오랜 세월 동안의 공적과 과실은 누가 평가합니까?" 역사와 인민이 평가합니다!

3. 해방사상, 개혁개방

1978년 12월 18일 중국공산당 11기 삼중전회가 열리기 약 한 달 전 중앙공작회의 폐막 시, 덩샤오핑은 <해방사상, 실사구시, 단결일치로 앞을 바라본다>라는 중요한 역사적 의의를 가진 담화를 발표하였다. 이 담화는 뒤이어 열린 삼중전회의 주제 보고로 순결한 이데올로기와 계급 투쟁에서 정치 실무와 경제 성장으로 전환으로 중국 공산당의 사명을 근본적으로 바꾸었다.

이에 앞서, 루마니아와 파키스탄의 비밀 루트를 통해 폴란드 바르샤바에서 미중 대사급 회담이 몇 차례 진행된 후 미중 간의 비밀 협상이 빠르게 진행되었다. 1972년 2월 21일 미국의 닉슨 대통령은 중국에 대한 '파빙지려'를 시작하였다. 닉슨 대통령은 마오쩌둥 주석과 회견하고, 저우언라이 총리와도 회담을 진행하였다. 1975년 덩샤오핑은 이미 국무원 부총리가 되었다. 그는 <전당 전국 각 항 공작의 대강을 논하다>라는 글에서 당의 공작 핵심은 계급 투쟁에서 경제 생산으로 전환해야 한다고 주장하였다. 덩샤오핑이 마오쩌둥의 사상을 글에 담으려고 노력했음에도 불구하고 마오쩌둥은 덩샤오핑이 그의 말을 빌려 문자놀이를 하는 것에 불과하다면서, 그의 목적은 모든 국가 방향을 그가 이끄는 반대 방향으로 향하게 하고 있다고 생각하였다. 이 글은 덩샤오핑의 '심각한 범죄 행위'의 증거로 되어 발표되지 않았고, 덩샤오핑은 세 번째로 숙청당했다. 1976년 1월, 그는 저우언라이의 초도 집회에서 추도사를 낭독한 뒤 대중의 시선에서 사라졌다. 그러나 중국으로서는 덩샤오핑의 이번 파면이 마오쩌둥의 죽음으로 빠르게 끝난 것이 행운이었다.

1977년 7월 16일에서 21일, 중공 10기 삼중전회가 베이징에서 열렸다. 4인방의 실각 후 예젠잉 원수와 같은 당내 원로 모두 덩샤오핑의 복권을 강력하게 요구하였다. 모든 회의에서 <덩샤오핑 동지 직무 회복에 관한 결의>가 일제히 통과되었다. 그는 중공중앙위원, 중앙정치국 상무위원, 중공중앙 부주석, 중앙군위원회 부주석, 국무원 부총리로 복권하였고, 중국인민해방군 총참모장으로 임명되었다.

덩샤오핑이 업무에 복귀한 후 한 첫 번째 일은 바로 가오카오의 부활로, 덩샤핑이 발난반정(拨乱反正, 세상의 어지러움을 바로잡아 정상을 회복함)을 실현하는 첫 번째 시도가 되었다. 가오카오의 부활은 수천 만 가정 나아가 모든 국가 미래 발전 흐름에까지 관계된다. 이 조치는 성공을 거두었고, 광범위한 찬사를 받았고, 이것은 해방사상으로 발난반정한 최초의 돌파구였다. 당시 70여 세의 작은 거인은 마오쩌둥이 죽은 후 다시 한 번 복귀하여 중국의 역사 발전 흐름을 바꾸었다. 당시 국가주석과 당의 총서기였던 화궈펑의 '양개범시(两个凡是)'에 대해, 덩샤오핑은 '실사구시'와 '실천은 진리를 검증하는 유일한 표준'이라는 이론을 내세워 반격하였다. 덩샤오핑이 발표한 <해방사상, 실사구시는 일치단결하여 앞을 바라본다>는 특별한 이정표로 받아들여졌고, 중국 개혁개방의 시작을 상징하고, 개혁개방의 신호탄이 되었다.

중국 개혁개방의 싹은 농촌에서 시작되었다. 1978년 10월 역사적으로 중요한 의의를 가진 11기 삼중전회 개막 2개월 전, 안후이성 펑양현 샤오캉촌의 벽지 마을에서 18명의 빈곤한 농민들이 비밀회의를 열었다. 그들은 집체소유제가 계속된다면 생산이 하락할 뿐만 아니라 식량도 부족해서 모두가 굶어죽게 될 것이라고 생각했다. 그들은 인민공사 아래 생산대의 토지를 몇 개로 나누어 각자의 농가에서 경영하기로 하였다. 당시만 해도 이 결정으로 그들이 죽을 가능성도 있었다. 그래서 그들은 합의문을 혈서로 쓰고, 가정연산청부제라는 신시대를 열었다. 몇 개월 후 막 첫 걸음을 뗀 농촌 개혁이 다른 성으로 전파되기 시작하였고, 이것이 덩샤오핑의 주의를 끌었다. 그는 당시 개혁의 가능성을 타진하고 있었다. 농촌 개혁의 본질은 농민에게 시장을 자유롭게 개방하여 농민이 시장에서 경쟁하는 것이다. 연산청부제의 실시로 농민은 자신의 노동의 대가를 가질 수 있었고, 그들의 빠른 성공으로 정부 지도부는 크게 고무되었다. 당시 공산당 고위층의 많은 반대에도 불구하고 덩샤오핑은 결과적으로 정확한 판단을 내렸던 것이다. 1984년까지 중국 농촌 개혁은 큰 성과를 거두었다. 중국인은 결국 기나긴 '문화대혁명'의 그늘에서 걸어나왔다. 중화인민공화국 건국 35주년을 기념하는 국가 행사에서 천안문 광장에서 대학생과 교수들은 덩샤오핑의 안부를 묻는 현수막을 들었다. '샤오핑, 안녕하세요.'는 일반 중국 인민이 덩샤오핑에게 친근과 존경의 감정을 표현한 것이다. 개혁개방의 총설계자로서 덩샤오핑은 기적을 일으켰다. 그는 공산당의 업무 핵심을 계급 투쟁에서 경제 건설로 전환하였다.

1979년 덩샤오핑은 남방의 일부 지역에서 특수하고 유연한 정책 조치를 실시하여 외국 투자자들이 공장을 건설하고, 생산과 수출품을 생산하도록 유도하였다. 국무원은 이를 위해 두 개의 부급위원회(국가수출입관리위원회와 국가외국투자관리위원회)를 설립하여 개혁의 임무를 진행하였다. 1년 후, 첫 번째 경제 특구가 광동성 선전, 주하이, 샨터우와 복건성 시아먼에 설치되었다. 그들은 개혁개방의 모델이자 상징이었다. 경제 특구는 다른 지역에 적용하기 위한 시범 지역이자 창구이다. 특구 건립의 임무는 경제 발전과 사회 안정의 평형을 유지해야 한다. 경제특구는 반드시 외국 투자를 유치해야 하고, 그와 동시에 어떠한 경제 개혁도 사회주의의 안정과 공산당의 이익을 위협하지 않아야 한다. 정부는 경제 특구가 외국 투자금, 물자와 특허 항목의 유입 통로가 되기를 원하지만 자본주의 이데올로기의 유입 창구가 되는 것은 원하지 않는다.

예전에 주은래의 직접 지도 하에 국무원 부총리 겸 비서장을 겸임했었던 시중쉰은 1978년에서 1980년까지 광동성 위원회 제1서기장을 맡고 있었다. 그는 임기 기간 동안 광동은 반드시 한 걸음 먼저 나아가야 한다고 생각하며, 전력을 다해 개혁개방을 추진하여, 광동을 전국 개혁개방 프로세스의 교두보와 시범모델 지역으로 만들었다. 덩샤오핑에게 중국에 시장경제를 건립해야 하는 필요성을 증명하기 위해 시중쉰은 '중국은 반드시 개혁을 해야 하고, 반드시 경제 특구 설립을 계획해야 한다. 설령 우리가 혈로를 뚫고 나가야 한다는 것을 의미한다면, 나는 이에 책임지겠다'라고 하였다. 진보적이며 과감한 사상을 가진 시중쉰은 실용적인 계획과 날카로운 사고를 통해 광동의 역사적 전환점에서 핵심적인 역할을 하였다.

1987년 4월, 덩샤오핑은 처음으로 3단계(三步走)로 소강 사회를 실현하는 전략 목표를 구체적으로 세웠다. 첫 번째는 80년대 수치의 2배 증가이다. 1980년을 기수로 한 당시 1인당 평균 GDP 250달러를 500달러까지 2배로 증가시키는 것이었다. 두 번째는 20세기 말 수치를 다시 2배로 증가시키는 것으로, 1인당 평균 GDP 1,000달러 도달이다. 세 번째는 가장 중요한 단계로, 21세기 초까지 수치의 2배 증가로, 중등 국가 발전 수준에 도달하는 것이다.

요약하자면, 1978년 말 시작된 중국 경제 개혁은 미시적인 경영 체제부터 시작한 것이다. 농촌에서는 가정연산청부책임제를 실행하였고, 인민공사는 즉시 퇴출되었다. 이 신체제의 특징은 농민 가정이 토지 사용권을 획득하고, 잉여 생산품의 지배권을 갖는 것이고, 농업 생산과 경영의 기본 단위가 되는 것이다. 그리고 기존의 인민공사, 생산대대와 생산대 등 3급 집체 조직의 경영 기능 대다수는 농가로 대체되었고, 기존의 행정 3급 매커니즘은 '향, 촌, 조'로 분산된 탄성 매커니즘으로 전환되었다. 농민 생산의 적극성이 제고되면서 농산품의 생산량과 농민 소득이 대폭 증가하였고, 집체와 가정의 누적된 생산성 향상은 향진 기업의 빠른 발전을 견인하였다.

국유기업의 개혁 역시 20세기 70년대 말부터 시작되었다. 하지만 기득권자의 완강한 저항으로 인해 개혁은 힘들고 느리게 진행되었다. 방권양리 특징으로 하는 일련의 개혁, 특히 청부제, 지분제의 시행 및 비국유 경제의 허용을 통해 기업의 경쟁력이 증가하였고, 기업의 동기 부여 매커니즘과 이윤 동기를 개선하여 생산률을 제고하였고, 경제 성장 속도를 가속화시켰다. 기업 경영 자주권이 점차 회복되면서 기업은 일부 신규 자원의 지배권을 획득하였고, 업무 열의가 대대적으로 제고되어, 업무 효율도 제고되고, 경제 성장을 촉진하였다.

농촌가정연산청부책임제와 국유기업 개혁의 추진 하에 상품 유통, 상품 관리, 취업, 신용 관리와 외환 관리 체제 등의 개혁 잇달아 시작되었다. 상품 가격과 생산 요소 가격 형성 매커니즘 역시 점차 계획경제에서 시장 경제 체제로 전환되었다. 사실, 중국 경제 개혁개방 초기, 정부는 완전한 개혁 청사진이 없었다. 덩샤오핑의 말처럼 돌다리도 두드려보고 건너는 상태였다. 1980년대 중반, 개혁은 도시 경제 전반에서 전개되었다. 그 시기를 시작으로 개혁은 그제서나 진정으로 가격, 세수, 재정, 금융, 취업과 복리 체제 등에서 진행되었다.

전통 경제 체제의 이론의 기초는 사회주의 경제의 기초 특징은 공유제와 계획 경제, 노동에 따른 분배 이 세 가지를 구현하는 것이다. 하지만, 단일한 소유제는 경쟁을 억제하였고, 계획은 정책 결정 실패로 귀결되었고, 관리 감독의 어려움으로 인해 노동에 따른 분배가 사실상 평균주의 분배가 되었다. 이로 인해 이 체제 모델 실행의 결과는 필연적으로 자원 배분 효율 저하, 동기 부여 매커니즘 부족을 낳으면서 지속적인 경제 성장에 장애로 작용하였다. 이 역시 철저하게 경제 개혁을 진행하는 원인이었다. 개혁 과정에서 공유제, 계획경제와 노동에 따른 분배는 비록 당 내의 격렬한 논쟁을 거쳤지만, 최종적으로 점진적으로 도태되었다. 1992년 개최된 중공 제14차 대표대회에서 중국 경제 개혁의 목표 모델은 '사회주의 시장경제 체제 건립'이라고 공식적으로 확정하고, 이 체제는 시장이 사회주의 국가에서 거시적으로 자원 배분을 조정하는 기초적인 작용을 한다고 설명하였다. '사회주의 시장경제 체제'라는 표현은 당시 이전 10여년 간의 경제 개혁 실행에 대해 종결을 짓는 결과이지만, 그것이 내포하고 있는 의미는 개혁의 심화에 따라 더욱 부유해진다는 것이다. 이 개념의 핵심 내용을 구체적으로 보면 아래 몇 가지로 정리할 수 있다.

1. 시장 경제와 화합하는 미시적 경영 제도 건립

2. 전국적으로 통일적이고 개방된 시장 체계 건립

3. 노동에 따른 분배 허용과 자금과 토지 등 생산 요소 투입에 따른 분배 병존

4. 중국 국정에 적합하고 다층적인 사회 보장 체계 건립

중국의 경제 발전은 성장과 기복이 교대로 발생하는 과정이다. 경제의 발전과 정치는 긴밀한 관계에 놓여있다. 건국 초기에 형성된 계획경제 체제로 인해 근본적으로 시장의 작용을 배척하기 때문에 동기 부족, 효율 저하, 산업 구조 왜곡, 그리고 지속적으로 나타나는 정책 결정 실패 역시 필연적인 결과이다. 심지어 경제 성장이 안정적이고 지속적인 궤도에 오르지 못했다. '대약진'과 '문화대혁명' 기간에 형성된 손실이 가장 컸는데, 학자들들 예측에 따르면 만약 두 번의 운동이 경제 발전을 교란시키지 않았다면, 1993년 노동생산량은 실제 수준의 2.7배에 달할 것으로 추정된다. 중국은 일단은 경제 개혁이 계획경제에서 시장경제로 전환되는 목표 모델을 확립하였고, 중국 경제는 새로운 국면을 맞이하게 되었다.

4. 고전 경제학과 중국 모델

일찍이 2500년 전, 중국의 위대한 성인인 공자는 '천하대동'의 위대한 꿈을 제시하였다. 어떻게 중국 미래 발전 전망을 예측할까? 수십 년 이래 국내외 중국 경제 발전과 관련한 예측 기록은 고전경제학을 채택하든, 신고전경제학 모델을 채택하든 모두 실제 중국 경제 발전 규모와 속도를 정확히 예측할 수 없다고 명시하였다. 대다수 상황하에서 모두 중국의 경제 발전 잠재력을 과소평가하였다. 중국의 발전은 맹목적인 것이 아니라 자각적인 것이다. 자연발생적인 것이 아니라 목적성을 가지고 있다. 무질서한 것인 아니라 규칙성을 가지고 있다. 중국 경제의 발전은 이 3가지 추세의 종합적 발전이다. 중국 발전의 강점을 보면, 중국은 후발주자의 강점, 규모의 강점을 가지고 있으며, 극도로 큰 발전 잠재력을 가지고 있다. 그리고 비교적 긴 발전 전략 기회 기간과 고속 발전을 유지하는 관성과 추세를 가지고 있다. 중국은 활력과 창조력이 충만한 시장이 '보이지 않는 손'을 작동하는 강점을 가지고 있고, 장기 발전 전략과 국가발전이 '보이것은 손'을 유도하는 강점도 가지고 있다. 그래서 고전 경제학이나 신고전 경제학 모델에 근거한 중국 경제 발전을 탐구하고 예측하는 모델은 완벽하지도, 정확하지도 않다. 다음 3개의 고전 경제학과 신고전 경제학 모델의 사례로 그 일부를 볼 수 있다.

(1) 아담 스미스(Adam Smith, 1723-1790)는 위대한 영구 고전 경제학자이다. 그가 세인에게 남긴 작품은 <도덕정서론>과 <국부론> 밖에 없다. 전자는 논리학 저서로 중심사상은 동정심이 사람의 본성을 논증한다는 것으로 사람이 사심없는 방관자이며 시비곡직과 선악

미추로 구별하는 데 도움을 줄 수 있다는 내용이다. 후자는 경제학 저서로, 중심사상은 경제 성장의 규율과 경로를 밝히는 것으로, 철학 사상의 기초는 이타를 거쳐 이기에 다다른다는 논리이다. 아담 스미스의 관점에서 보면 '보이지 않는 손'이 자본주의 사회인들의 경제 활동을 지배하고 있다. 사람들의 행위는 이기심, 동정심, 자유를 향한 갈망, 정의감, 노동 습관 및 교환 성향 등 6가지 동기로부터 야기된 것이다. 그 중, 이기심과 교환 성향은 인간의 경제활동에 큰 역할을 한다. 유무상통, 상호 교환, 상호 교역의 성향은 인류의 본성이다. 그리고 이러한 교역의 성향은 이기심에서 비롯된 것이다.

인류와 기타 동물은 다르다. 기타 동물은 성년 후 일반적으로 모두 스스로 독립적으로 행동하며, 기타 동물의 도움을 필요로 하지 않는다. 하지만 인류는 이와 달리, 언제나 다른 사람의 도움을 필요로 한다. 이러한 도움은 다른 사람의 은덕과 은혜에 의지할 수 없고, 다른 사람의 이기심을 자극해 자신의 목적을 달성해야 한다. 그래서 아담 스미스는 "제가 원하는 것을 주세요. 동시에 당신 역시 당신이 원하는 것을 얻을 수 있습니다."라고 말하였다. 이 말은 교역의 정의이다. 그는 또 "우리가 매일 필요로하는 음식과 음료는 도정, 양주가 혹은 면 반죽 전문가의 은혜에서 나오는 것이 아니라 자신들의 이익에서 나오는 것"이라고 지적하였다. 이렇게 모든 사람들이 모두 자신의 이익을 추구할 뿐, 일반적으로 그들 역시 공공의 이익을 계산하지 않는다. 하지만 그것은 오히려 '보이지 않는 손'의 지시를 받아 결코 그것의 본의가 도달하려고 하지 않는 목적에 최대한 도달하려고 한다. 그것은 자신의 이익을 추구하는 것은 종종 그것이 진정으로 본의에서 나온 상황과 비교해보면 더 효과적으로 사회의 이익을 촉진시킨다. 예를 들어, 자본가는 이익 도모가 유일한 목적인데, 자본을 공업에

투입하면 결과적으로 사회에 제품을 제공하고, 사회 이익을 촉진시킨다.[14)]

아담 스미스의 '보이지 않는 손', 즉 시장 자동 조절 기능은 정부의 '보이것은 손'에 의해 대체되고, 이것은 소위 적극적 재정 정책과 온건한 화폐 정책이라는 것이다. 위안화 환율에서 정부의 적극적 간섭이 없었다면 1997년 폭발한 아시아 금융위기 때 위안화는 아시아 기타 국가의 화폐에 따라 지속적으로 흔들렸을 가능성이 크다. 현재, 미국은 계속해서 중국에게 위안화 환율의 평가 절상을 압박하고 있는데, 만약 정부가 과감한 조치를 취하지 않고 위안화를 완전히 시장에 의해 평가를 받게 조정한다면, 많은 수출 가공 기업이 도산에 직면할 가능성이 있다. 위안화가 1% 평가 절상된다는 것은 수출 가공 기업의 이윤이 1% 감소한다는 것이다. 수출 가공 기업의 이윤율은 보통 5% 내외이다.

아담 스미스의 '보이지 않는 손', 즉 시장의 기능은 아담 스미스 이후의 경제학자들에 의해 가격 메커니즘으로 발전하였다. 그것은 자유 방임의 철학과 결합하여 성숙한 시장 경제 이론이 되었다. 하지만 시장 경제는 이후 공산주의 혹은 사회주의 계획경제 이론가의 도전을 받았다. 아담 스미스는 정치가들에게 골치 아프게 사람들의 경제활동에 간섭할 필요가 없다고 권고하였다. 경제활동이 간섭을 받지 않고 자유로워야 사회가 자연적으로 발전한다는 것이다. 그래서 그는 "자본을 어떤 종류의 국내 산업에 사용하면 그 생산물이 최대 가치가 있다는 문제에 대해 모든 사람들은 그가 현지의 지위에 있는 것이 정치가, 입법가들과 비교해 분명히 훨씬 더 좋은 판단을 할 수 있다고 생각한다. 만약 정치가의 자신의 자본을 어떻게 운영할 것인지

14) 이학성, <생활 속의 경제학>, 상해인민출판사, p.133

가 지도 의도라면 그것은 가장 불필요한 문제를 스스로 걱정하는 꼴이며, 어떤 사람에게도 안심하고 위탁을 할 수 없는 것일 뿐만 아니라, 어떤 위원회 혹은 참의원의 권력에 안심하고 위임할 수 없는 것이다"라고 지적하였다. 이것 역시 국가가 개인 경제 활동에 간섭하는 것은 불필요한 것이며, 바라던 바와는 정반대의 결과가 나오는 도리이다.[15)]

'중국 특색', 그것이 수식하는 것은 사회주의이지 시장 경제가 아니다. '중국 특색'이라는 유연한 방식을 갖춤으로써 중국은 자신이 정의한 사회주의 모델을 19세기 고전 마르크스주의와 20세기 이전 소련 볼셰비키 모델과 구분되기 시작하였다. 중국과 다른 국가는 확연히 구별되는 본질적인 차이점이 있었다. 그것은 광대한 인구, 복잡한 지리조건, 다수의 소수민족뿐만 아니라 오랜 역사적 문화 전통을 가지고 있다. 이러한 차이를 감안하면 반드시 '중국 특색'을 도입할 필요가 있었다. 사실, 중국에서 발생하고 있는 일들은 다른 선진국과 개발도상국에서도 발생하고 있다. 모든 국가는 자국의 구체적 상황에 맞춰 자국의 발전 모델을 부단히 조정하고, 자국의 힘을 더 이상 정치적 범주에 놓거나 자국의 힘에 '정치적'이라는 꼬리표를 달려고 하지 않는다. 사실 모든 국가 경제는 시장의 요소를 포함하고 있고, 정부 간섭이라는 요소 역시 가지고 있다. 2008년 미국의 모기지 사건이 바로 그 예이다.

(2) 윌리엄 아서 루이스(Sir William Arthur Lewis, 1915-1991)는 경제 발전 연구 방면에서 이룩한 선구적인 업적으로 미국 경제 학자 시어도어 슐츠와 함께 1979년 노벨 경제학상을 수상하였다. 아서 루이스의 발전 경제학의 주요 공헌은 그가 최초 제기한 두 개의 개발도

15) 이학성, <생활 속의 경제학>, 상해인민출판사, p.135-136

상국 경제 문제 해석을 이용한 이원 구조 발전 모델의 제시였다. 첫 번째 이원구조발전 모델은 경제 발전의 과정과 경로를 논술하고 설명하였다. 두 번째 이원구조발전 모델은 개발도상국과 선전국의 무역 조건 결정 문제를 해석한 것이었다. 1955년 출판된 <경제 성장 이론>에서 그는 처음으로 이원경제발전의 이론 모델을 제시하였다. 이 이론 모델은 다음과 같은 3개의 가정 조건 하에서 세워진 것이다. 첫 번째, 노동력의 무한 공급, 두 번째, 이원구조, 세 번째 임금 수준 불변이다. 이런 조건 하에서 노동자의 수입 수준은 매우 낮고, 일반적으로 자신과 가정의 최저 한계 생활 수준을 유지할 뿐이다. 반대로 현대 공업 부문의 노동 생산률은 농업 부문보다 훨씬 높다. 따라서 노동자의 임금 수준 역시 농민 수입보다 훨씬 높다. 공업과 농업의 실제 수입 차이는 농촌 잉여노동력의 도시로의 이주에 거대한 흡입력을 발생시켰고, 동시에 도시 현대 공업 발전 역시 보충 노동력을 필요로 했기 때문에, 이런 농촌의 잉여노동력이 자연적으로 농업 부문에서 공업 부문으로 이동할 수 있었다. 이 과정은 공업 부문의 확대 재생산을 거쳐 '무한의 잉여노동력'을 끊임없이 흡수하며 완전히 흡수할 때까지 계속된다. 중국의 상황은 공업 부문이 계쏙해서 확대 재상산을 하지만, 농촌에 있는 약 8억 명의 방대한 인구를 수용할 수 있는 방법이 없었다. 매년 약 2억 명의 농업 노동력 이 도시와 농촌을 오가고 있지만, 이 인구를 정식으로 혹은 고정으로 산업 노동자로 흡수할 수 없다.

(3) 사이먼 쿠즈네츠(Simon Kuznets)는 1955년 미국 경제학회에서 강연할 때, 수입 분배에서 1인당 국민 생산 총액과 불균등함의 관계를 분석하여 U의 역방향 관계로 나타내었다. 즉, 1인당 소득이 증가할 때 불균등은 처음보다 더 커지고, 중등 소득 수준에서 불균등이

정점을 찍으며 최고로 악화된다. 소득 수준이 공업화 국가의 특징이 있으면 불균형은 무한으로 낮아진다.(그림 2-1 참고)

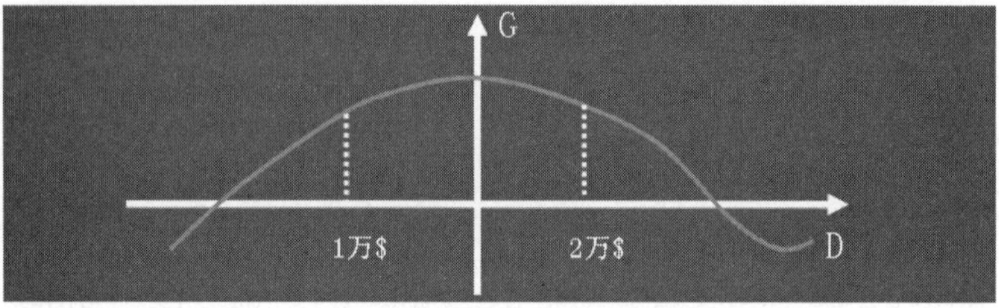

지니집중계수, G=지니계수수치로 일반적으로 0.3-0.4가 균등이다. 그 중, 중저소득 국가는 0.43이고, 중고소득 국가는 0.46, 고소득 국가는 0.34이다. 중국은 0.466으로, 1인당 GDP가 5000달러일 때, 중고소득 1.5만 달러 GDP 수준에 상당하는 빈부격차를 보인다.

현재 중국 1인당 GDP는 8000달러 전후로 개발도상국에 속하지만, 총 GDP는 이미 세계 2위에 올라와 있다. 5천만 명의 빈곤 인구가 있고, 부유층 역시 5천만 명이 있다. 다시 말하면, 중국 1인당 GDP는 비록 중등 소득 수준(1인당 GDP 1-2만 달러)에 도달하지 못했지만, 빈부격차는 오히려 중등 소득 국가에 상당하다는 것이다. 국정 역시 쿠즈네츠의 모델의 부합하지 않는다.

이에 따라, 중국 경제는 전통 고전 경제 이론과 신고전 경제 모델로 해석하기가 매우 어렵고, 정치, 역사, 문화 등 종합적인 방법을 이용해야만 그 발전 모델을 전부 해석할 수 있다.

1) 제1보 : 개혁개방의 실험기지 - 몇 가지 선택

중국의 개혁개방은 농촌에서 시작되었다. 1978년 안휘성 평양현

샤오캉촌의 18명의 혈수(血手) 도장으로 가정연산청부의 신시대를 열었다. 1983년 '일대이공'의 체제가 철저히 깨졌고, '포간도호(包幹到戶), 포산도호(包産到戶)' 등 다원 경쟁 농업 생산 체제가 확립되었다. 1978년 농산품의 94.3%가 국가에서 통일적으로 지정한 가격에 공급되었지만, 1998년에는 79%의 농산품 가격이 시장에서 결정되었다. 1980년 8월 26일, 선전, 주하이, 산터우, 시아먼 등 4개의 특구를 비준하였고, 1983년 추가로 하이난을 특구로 지정하면서 중국 정부는 몇 개의 지점을 개혁개방의 시험 기지로 삼았다. 이 시기의 핵심은 기업의 자주권을 확대하여 전통 체제의 경제에 동기 부여 작용을 하는 실험성 혁신의 증가였다. 순이익 프로세스, 실적 보너스, 국유기업에게 국가 계획 외의 생산 허용, 수출 기업의 외환 일부 보류 허용, 수입 자유할당 등이 이러한 조치에 포함되어 있다.

몇 가지 지점을 선택하여 실험 기지로 삼는 이유는 당시 정부가 개혁개방에 충분한 자신이 없었고, 많은 당내 저항이 있었기 때문이었다. 그래서 실험이 실패해도 중국 전체 경제에 많은 영향을 주지 않는 선전, 주하이와 같은 남부 가장자리의 작은 어촌 마을을 선택한 것이었다. 또한 홍콩과 마카오를 이웃하고 있어 해외 화교 자본의 직접 투자에 용이한 지역이기도 하다.

이 때부터, 중국인들은 마침내 개인 숭배를 타파하였고, 사상을 해방하여 개혁개방의 서막을 열었다.

2) 제2보 : 개혁개방의 확대 – 연해 14개 도시의 개방

1984년 1월, 덩샤오핑은 처음으로 경제특구를 방문하였고, 특구 시찰을 끝낸 후 친필로 "선전의 발전과 경험은 우리가 경제특구를 건립한 정책이 옳았다"라고 적었다.

그 후, 중국 정부는 상하이, 텐진, 다롄, 친황다오, 옌타이, 칭다오, 롄윈강, 난통 등 14개 연해 항구 도시를 추가로 개방하고, 특구에 버금가는 경제 기술 대외 자주권을 부여하였다. 1985년 2월 주장삼각주, 창장삼각주, 하이난다오 등, 이 지역의 61개의 현과 시를 연해 경제 개발구로 지정하였다. 1988년 하이난다오는 최대 특구가 되었다.

이 시기의 핵심은 국유 기업의 정부의 경제 책임에 대한 규범화와 시장 환경 접촉으로 전환되었다. 1987년 가을 장쩌민은 상하이시위원회 서기로 승진했고, 주룽지는 상하이시 시장이 되었다. 잘 알려지지 않았던 주룽지 시장은 엄격하고 신속하게 일을 처리하였다. 상하이의 가장 큰 까다로운 문제는 관료주의적 풍조가 만연해있다는 것이었다. 해외 투자를 받은 합자 기업이 심사를 통과하려면 126개의 도장을 받아야 했는데, 이 과정에 15개월의 시간이 걸렸고, 14개 부서, 19개의 사무실을 거쳐야 했다. 그래서 이와 같은 일을 처리하기 위해 새로운 전담 부서를 설립하였다. 주룽지의 지도 하에, 이 위원회는 500만 달러에서 3,000만 달러 사이의 어떠한 합자 항목의 투자든 상관없이 비준할 권한을 가지게 되었다. 이 서비스는 '원패스(一个窗口,一个图章)'로 인식되었으며, 주룽지 역시 '朱一敲'라고 불리우며 찬양받았다.

1983년부터 정부에 대한 이윤 상납이 정부가 기업에게 이윤세를 징수하는 것으로 바뀌었다. 1984년 정부는 국유기업의 판매생산계획 이외의 생산품에 대한 가격 협상을 허용하였고, 국유기업은 그에 상응하여 생산 계획을 자체적으로 수립할 수 있었다. 이로써 쌍궤 가격 체계가 구축되었다. 이렇게 투명한 기업 경영의 권한과 의무의 청부책임제가 형성되기 시작하였고, 광범위하게 채택되었다.

그런데 왜 연해 항구 도시를 선택했을까? 연해발전전략을 확대한 이유는 연해 항구 도시의 공업기지가 비교적 탄탄하고, 교통이 상대적으로 편리하였기 때문이다. 당시의 중국 공업 분야에서 도입한 국외 수입 설비는 전체 생산 라인으로, 면적이 크고, 중량이 많이 나가 그 장비를 내륙으로 운송하기는 당시 교통 조건에서는 불가능했다.

3) 제3보 : 덩샤오핑의 남순강화 - 푸동을 중심으로 하는 동부 내륙지역의 개방

1980년대 말과 90년대 초, 국내외 정세가 매우 심각하고, 복잡한 국면이 나타났다. 국제적으로 각종 모순이 복잡하게 섞이고, 종잡을 수 없이 변화하였다. '8.19' 사건이 발생하면서 구소련은 빠르게 해체되었다. 동유럽 국가는 기조의 격변으로 사회주의 국가가 잇달아 해체되고, 국제 공산주의 운동은 일시에 침체 상태에 빠져들었다. 국내에서는 사람들이 우려할만한 상황이 벌어졌다. 서양 국가가 중국에 대해 제제, 봉쇄와 고립 정책을 실시하였다. 외상투자가 끊기고 관망 상태로 변하였고, 경제적으로는 정비 조치로 인해 지령식 계획과 행정 명령 위주의 조치가 나타났다. 긴급 명령, 강한 압박, 거기에다 다른 요소의 영향으로 경제는 하락을 거듭하였다. 정치사상 방면에서는 좌파 사상이 부활하였다. 1990-1991년 전후, 일부 지방에서는 시장 경제를 비판하면서 '평화 변혁 반대'를 외치는 좌경 사상이 나타났다.

이러한 국내외 정세 하에서 개혁개방을 한층 더 강화하는 것은 중국 정부 앞에 놓여 있는 큰 과제였다. 1992년 1월 17일 한밤중, 덩샤오핑은 베이징에서 남하하여 18일 우창에 도착하였다. 1월 19일 오전 8시, 전용열차가 천천히 선전 기차역으로 들어섰다. 덩샤오핑의 6주 간의 남방 여행 후 신화사는 이 사건을 보도하고, 1면 헤드라인으로 덩샤오핑의 '우리는 반드시 더욱 대담하게 개혁개방을 해야 한다'는 지시를 보도하였다. 1992년 10월, 중공 14차 대회가 열렸다. 이번 대회에서 세 가지 의미 있는 결정을 내렸다.

첫 번째로, 덩샤오핑의 '중국특색 사회주의 건설' 이론을 당의 지도적 지위에 올리는 것을 확정한다.

두 번째로, 중국 경제 체제 개혁의 목표는 사회주의 시장경제 체제 건립에 있다는 것을 명확히 한다.

세 번째로, 전당은 기회를 놓치지 말고, 발전을 촉진하고, 경제 건설 향상에 집중할 것을 요구한다. 결의에서는 '중국 경제 체제 개혁의 목표는 사회주의 시장경제 체제의 건립이며, 생산력을 더욱 더 해방시키고 발전시키는 것'이라고 밝혔다.

1992년 이후, 연해, 연변, 연강의 성회 도시는 더욱 개방되었고, 특히 덩샤오핑의 남순강화 이후 푸동신구개발을 중심으로, 모든 중국 동부 지역이 전위방, 다층적, 중점적으로 대외개방 구도를 맞이하였다. 이 단계에서 중국 동부 지역은 대량의 외국인 직접 투자를 유치하여 급격하게 발전하였다.

이 시기 국유기업은 이미 현대기업제도를 도입하여 개혁의 매 단계마다 정부의 간섭이 점차 약해지고 있었다. 국유기업은 점점 더 많은 자주권을 획득하였다. 1992년 덩샤오핑의 '남순강화' 이후로부터 중국의 개혁개방은 새로운 단계에 진입하였다. 푸동신구의 개발 전략은 중국 전면 개방의 이정표가 되었다. 1993년 주룽지의 직접적인 지도 하에서 재정세무 제도 개혁, 금융 체제 개혁과 외환 체제 개혁 등 몇 가지 유기적이고, 구체적이며, 대담한 개혁 방안이 제정되었다.

이러한 개혁들은 모두 총체적 개혁이다. 중앙 정부의 비준 후, 1994년 1월 1일부터 동시에 실시하기로 결정하였다. 이 몇 가지 개혁은 시장경제 체제에 대해 모두 기초적인 의미를 가지고 있고 전면적으로 유기적인 관계를 가지고 있다.

재정세무 체제 개혁은 우선 세제를 개혁하였고, 기존의 매우 많았던 거래세를 통일하여 부가가치세로 만들었다. 통일된 부가가치세를 시해한 이후, 모든 기업의 경쟁 조건이 같아졌고, 공평한 경쟁 환경이 마련되었다.

1993년 6월, 중앙에서는 주룽지를 중국인민은행 행장에 임명하였다. 그는 금융 질서를 정돈하기 시작하여 인민은행을 진정한 중앙은행으로 만들 것을 제안하였다. 그는 <중국인민은행법> 초안을 잡고, 인민은행의 기능을 주로 화폐 정책, 거시 조정, 금융 관리감독 등으로 역할을 제한하고 직접 대출을 할 수 없도록 거시 조정 역할에만 국한하도록 규정하였다. 그의 지도 하에 증권감독관리위원회, 은행감독관리위원회를 설립하여 금융 기구에 대한 감독관리를 분업화하였다. 1994년 1월 1일부터 환율도 일원화하기 시작하였다. 중국 시장경제체제 초기의 일부 중대한 개혁에 주룽지가 중앙의 결정을 실시하거나 관철하지 않았던 것은 매우 성공하기 어려운 것이었다.

1997년 이전, 중국 경제의 주도 원칙은 민영 성분 반드시 국유 경제의 '보충' 부분이 되어야 한다는 것이었다. 장쩌민은 민영경제를 국가 경제의 '중요 구성 부분'이라고 확정할 것을 건의한 후, 국가는 반드시 여러 소매업, 경공업 등의 영역에서 철수해야 하지만, 자연자원과 인프라 건설 등 중요 업종에 대한 통제는 유지해야 한다고 주장하였다. 더욱더 역사적 의의를 갖는 것은 장쩌민은 이미 중국의 많은 경제학자에게 국유기업의 희망은 지분제에 있다고 한 것이다.

1990년대 말기의 전략계획은 약 500개의 가장 크고, 가장 중요한 국유기업만 국무원 국유자산감독관리위원회에 귀속시켜 감독관리할 것은 규정하였다. 기타 30만 개의 국유기업은 지분제 혹은 기타 형식으로 바꾸었고, 2008년 중앙의 국자위가 관리하는 기업은 130개 정도로 줄었다. 1998년 주룽지는 국무원 총리에 임명된 후 더욱 대대적으로 기구를 간소화시켰다. 적어도 11개 부서와 위원회가 폐쇄, 합병 혹은 지주회사로 개조되었는데, 이러한 부서와 위원회는 중앙계획경제시대의 산물로서 시장경제 개혁의 발전에 장애가 되었다. 이처럼 약 3.3만 개의 일자리를 감축하였고, 각성의 일급정부와 지방정부에서 동참하여 실행한 간소화 작업까지 합치면 감축한 일자리가 50만 개에 달한다.

국유기업 개혁에서 가장 중요한 것은 국유기업 인원 감축으로 인한 효율 증가이다. 그래서 이 목표를 실현하려면 정부는 반드시 사회보장체계를 건립하여 퇴직 노동자들을 보호해야 한다. 이 과정에서 많은 진통이 따랐지만, 결국 점차적으로 실현되었다. 과거 계획경제 체제에서는 국유기업이 직공과 그 가족들에게 퇴직금과 의료뿐만 아니라 주택, 자녀교육, 심지어 묘지까지 포함한 일체의 필수품과 사회보장을 책임졌다. 만약 국유기업이 인원을 감축하고 폐쇄까지 한다면, 이러한 서비스는 누가 제공할까? 이것은 중국의 시장경제로의 전환 중에 대두된 중요한 문제이다. 중국의 경제개혁은 어렵고 복잡한 교체 발전 과정이다. 이전의 정권 체제와 비교하면 정부는 더욱 절실한 부국강민의 염원으로 최대치의 지원능력 및 정책 결정 실수를 바로잡는 제도 보장을 가지고 있다. 그렇기 때문에 전체적으로 관찰해 보면 이 시기는 분명히 중국 역사상 경제 성장이 가장 빠른 시기라고 볼 수 있다. 1978년부터 2000년까지 국내총생산은 매년 평균 9.3%

씩 성장하였는데, 이것은 중화인민공화국 성립 이래 가장 빠른 발전 시기였고, 중국은 현재 전세계에서 가장 빠른 경제 성장을 이룬 국가이다. 이 성장 속도는 동기 대비 1인당 국내총생산이 매년 평균 8.1% 성장한 것이고, '동아시아의 기적'을 이룬 '아시아 4룡'보다 더 빠른 속도이다. 특히 국토면적과 인구는 '이시아 4룡'에 비해 각각 5배와 4배이고, 연해 5개 성은 연속해서 10% 이상의 고속 경제 성장을 유지하고 있다. 연해 5개 성은 '이사아 4룡'이 예전에 이룩한 경제성장의 최고 기록을 넘었다.

4) 제4보 : 21세기 전면 개방 시대를 맞이하며 - 서부대개발

1999년 9월 정식으로 제기된 서부대개발 전략의 기본 목표는 국가가 서부대개발 전략을 실시하여 중서부 지역은 자신의 조건에서 출발, 비교적 우세한 산업과 선진 기술을 가진 기업을 발전시켜, 산업구조의 최적화 업그레이드를 촉진하여, 지역 경제의 조화 발전을 실현하는 것이다.

서부대개발은 주로 5개 중점 내용이 있다. 인프라 건설, 생태 환경보호 및 건설, 발전 우위 산업과 하이테크 산업 발전, 과학기술과 교육 발전, 광범위한 대외 개방이다.

21세기 초 중국 내륙성의 1인당 국내총생산은 전국 평균 수준의 2/3에 불과했고, 동부 지역 평균 수준의 1/3에 못 미쳤다. 이런 경제적 격차를 줄이기 위해 중국 정부는 서부대개발 전략을 제기하였고, 2001년 1월1일부터 실시하기로 발표하였다. 서부 지역은 12개의 성, 자치구를 포함하고 있꼬, 중국 국토의 71.4%, 전국 인구의 28.8%를 차지하고 있다.

2001년부터 '10.5' 계획이 시작되었고, 중국 정부는 중서부 지역에 대해 전방위적인 개방 정책인 서부대개발 전략을 실시하였다. 그 중 비교적 유명한 공정을 보면 다음과 같은 것들이 있다.

1) 삼협 공정 : 총 300억 달러 이상(실제 투자는 260억 달러)의 투자를 계획한 삼협 수리 공정은 지금에 이르기까지 전세계 최대 규모의 단일 프로젝트 수리 공정이다.(발전량 1천억킬로와트 시) 이 공정은 동부 공업 지역의 녹색 전력 부족을 완화하고, 평균 8-9년에 한 번씩 발생하는 장강의 홍수 문제를 해결하기 위한 것이다. 삼협 공정 완료하면 매년 5천만 톤의 석탄을 절약할 수 있는데, GDP 총량의 8%를 차지한다. 이 공정에 중국 정부는 수백만 명의 인구를 이민시켰다. 이것은 민주주의가 고도로 발달한 자본주의 국가에서는 상상할 수 없는 일이다. 예를 들어, 미국의 오스틴시에서 경전철 철로를 검토하고자, 매년 주민 투표를 했는데 현재까지 20년이 지났지만 아직도 착공을 하지 못하고 있다. 베이징, 상하이 같았으면 철로 벌써 몇 개나 건설되었을 것이다. 이 역시 민주 방식은 잘못을 방지하는데 효과적이며, 창업에는 저효율적이고, 전쟁과 변화에는 위협적이라는 것이다. 중국 개혁개방의 진정한 발명은 중용이 아니라 구역 경쟁실험이며, 사후에 다시 다른 지역에서 모방이든 선행자의 경험을 수정하든 결정한다.

2) '서기동수' 공정으로, 2001년 신장 타리무 사막 아래의 천연 가스를 동부 연해 도시로 운송하는 관로 공정을 시작하였다. 관로의 총 길이는 4000㎞가 넘는다. 이것은 상하이 시민이 현재 연료로 사용하는 도시가스가 4000㎞ 밖의 신장 사막에서 운송되어 온 것이라고 할 수 있다. 이 공정은 동서부 지역의 부와 자연자원의 교환으로, 효과적인 이용과 조화로운 발전이라는 의미가 크다. 2008년 2월 22일부

터 제2기 공정이 시작되었다. 관로는 총 9,202㎞로 모든 화동 지역에 천연가스망을 형성한다.

3) '남수북조' 공정, 즉 장강 유역의 물을 북쪽의 황하 유역으로 끌어올리는 거대한 공정이다. 이 공정은 2001년에 시작하여 2020년에 완공된다. 총 투자 5,000억 위안(약 800억 달러) 이상이 투입된다. 이 공정은 21세기 만리장성 공정이라고 할 수 있다. 중국 북부 지역의 가뭄을 완화시킨다는 것은, 인간이 만든 인간이 조성한 자연환경으로 중국 북쪽의 가뭄과 남쪽의 홍수를 완벽히 해소하겠다는 것이다. 하지만 반드시 생태 환경의 파괴 문제를 충분히 고려해야 한다.

당의 11기 삼중전회 이후 중앙은 기존의 경제 구획 이념을 바꾸어 지역 간의 경제 협력을 장려하고, 규범화된 입법과 정책 체계를 세우기 시작하였다. 이러한 배경 하에서 많은 지역에서 자주적인 상호호혜를 기초로 각급의 경제협력구, 연합회 등을 건립하기 시작하였다. 그 결과 10년 만에 전국에 100개의 규모가 불균등하고, 형식이 상이한 경제 구획조직이 나타났다. 이러한 경제구역은 확실히 지방 시장을 활성화시키고, 지역 간의 상품 교환과 기술합작을 촉진하는 등 구역 경제 발전에 긍정적인 역할을 하였따. 하지만 이 시기 지방의 자율적 경제 구획 작업이 한창 진행되고 있었지만 전국의 통일된 규획과 지도가 없었다. 중국 종합 경제 구획 준수의 보편적 원칙은 지역 전문화와 종합 발전 상호 결합, 경제중심과 흡수 범위의 상호 결합, 경제 구획과 행정구획의 상호 조화이다. 우선, 지역 전문화는 지역의 결제 우위를 충분히 발휘하여 특색있는 전문화 생산 영역을 형성하는 것이다. 동시에 그 지역의 종합 경쟁력과 전국 노동 지역 분업 체계의 지위를 제고하기 위해 전문화된 생산 영역이 지속적이고 안정적인 발전이 보장되어야 하고, 적합한 산업 구조의 건립이 필요하다.

즉 경제 구역의 종합 발전 능력이 있어야 한다는 것이다. 하지만 어떤 각급 경제 구획 전문화 생산 영역을 확정하는 데에 있어 일반적으로 구체적인 범주가 없다. 결과적으로 지역 경제가 스스로 체계를 세울뿐만 아니라 중복 건설이 심각한 지경에 이르렀고, 경제 효율이 저하되면서 국가 자원의 거대한 낭비를 초래하였다. 동시에, 이 역시 전국 통일 시장 형성과 지역 경제 조화 발전에 도움이 되지 않는다. 다음으로 경제 중심 규모, 성질의 확정이 불명확하고, 흡수 범위 역시 범주가 일정하지 않아 경제구 구분 체계에 혼돈을 초래하였따. 한 도시가 비교적 낮은 일급 경제구의 중심이 될 수도 있고, 비교적 높은 일급 경제중심이 될 수도 있어 경제와 관련한 구체적 확장에 영향을 미친다. 또, 경제구와 행정구의 갈등과 연계는 오랫동안 연구자들과 정책 결정자들의 난제였다. 양자 모두 통일할 수도 없고, 대립할 수도 없다. 전국적인 통일성, 권형적인 종합 구획 방안이 부족했기 때문에 당시 각종 경제구는 단지 단기 이익만을 쫓아 건립되었고, 근본적으로 이익 균형 매커니즘이 형성되지 않았다. 합작 중 갈등과 충돌이 수시로 교차하고, 효과적인 조화를 이루기가 어려웠다. 그래서 이러한 점들은 모두 경제구의 역할과 효과에 영향을 미쳤고, 앞으로 통일적인 규획과 정책 결정이 요구된다.

서부대개발은 30년 간, 주로 3단계로 진행된다.

제1단계(2001-2010년)는 인프라 건설 시기이다. 이 시기는 주로 정부 투자 위주로 인프라 건설 보완, 환경 보호 전개 가속화, 인재 배양 촉진, 중요 자원 개발 지원 등의 정책을 실시한다. 한 편으로는 지역 경제 발전의 외부 자본을 지불하고, 다른 한 편으로는 외부 자금 집중 투입을 통해 지역 발전을 위해 새로운 경제 성장점을 제공한다.

제2단계(2010-2020년)는 산업 발전 단계이다. 이 시기는 도시화, 산업 구조 재구성, 연해 주변 대외개방 위주의 단계이다. 주요 역할은 관제 완화, 산업 진입 장벽 완화, 토지 및 광산 자원의 이용 자본 인하 등의 조치를 통해 지역 경제의 내외 분업, 자원 집중, 구조 최적화로 양호한 상태를 만드는 것이다.

제3단계(2021-2030년)는 사회 전면 발전 시기이다. 이 시기는 제도 건설, 자원 유동과 재산권의 시장화 위주의 단계이다. 주요 역할은 국유 자산 배치 영역의 전략적 조정, 시장화 투자 주체의 육성, 재산권 시장의 발육 등의 조치를 통해 시장화의 제도 환경을 점차 형성해 나가서 시장 매커니즘이 자원 배치의 주요 기능을 담당하는 것이다. 1993년까지 5개 경제 특구의 23개 현과 시, 14개 연해 개방 도시, 260개의 연해 경제 개방시와 현을 잇달아 건립한 후 정부는 중서부 지역에 6개의 연강(沿江) 개방 도시(城市), 18개 성회(인민정부소재지) 개방 도시, 13개 연강 개방 도시(城镇) 및 13개 접경 경제합작구를 비준하였다. 이로써 개혁개방은 연해 지역에 국한되지 않고, 전국적인 정책이 되었다.

2000년, 국가는 '10.5'계획 제정에 착수하였는데, 중앙 정부는 또 서부지역 대개발 전략을 제기하였다. 즉 중앙 정부의 재정 지출과 서부에 치중한 투자 중점을 통해 서부 지역의 인프라 건설, 생태 환경 보호와 건설을 가속화시켜 지역 자원 발전 우위 산업 이용을 독려하고, 이 지역 과학기술과 교육에 대한 투자를 강화하여 대외개방을 더욱 확대한다. 이 전략을 실시하는 것은 대외개방이 더 이상 연해 지역만 독차지하는 특수 정책이 아니라는 것을 의미하고, 이 정책을 서부 지역으로 확장할 때 국가는 또 재정 지출 정책을 통해 서부 지역에 더 많은 물질적인 지원을 해줄 수 있다. 대외개방은 이미 중국 경제 발전의 기본 원칙이 되었다고 볼 수 있다.

1974-1976년까지 통계에 따르면 사인방의 방해과 파괴 훼손으로 전국 공업 총생산이 약 1000억 위안, 철강 생산량은 28000만 톤, 재정 수입은 400억 위안의 손실을 입었다. 한 나라에서 대학 휴강, 공장 휴업, 노동자와 농민 태업, 파괴와 횡행 등 여러가지 사건이 한꺼번에 발생하면서 사회 질서가 극도로 혼란스러웠다. 이런 난장판 같은 상황에 직면하여 11기 삼중전회에서 당의 업무 핵심을 경제 건설로 전환한다고 단호히 결정하였다. 그리고 이 결정의 가장 근본적인 개혁은 첫째가 해방사상이고, 둘째가 정치 분권이다.

첫째, 해방사상은 11기 삼중전회 전 1978년 5월 11일, <광명일보>에서 특별 평론위원 글인 <실천은 진리를 검증하는 유일한 표준>을 발표하였다. 이것은 하나의 논리가 객관적인 실제를 정확하게 반영하는지의 여부, 진리의 여부는 사회 실천을 통해서 검증할 수밖에 없다고 명확히 제기하였다. 무릇 실천하여 증명된 것이 잘못된 것 혹은 실제와 부합하지 않는 것은 반드시 바꾸어야 하며, 더 이상 견지해서는 안 된다. 그것은 사람들의 사상을 제한한 금역을 뚫고 나가라고 호소하고 있다. 이 글은 사회에 큰 파장을 일으켜, 온 사회의 진리 표준 문제와 관련한 대토론을 일으켰다. 해방사상은 중국 개혁개방에서 세 차례 큰 돌파구가 되었다. 첫 번째는 1978년의 '양개범시'와의 사상 대결에서 승리하였다. 개인 숭배를 돌파한 것이다. 두 번째는 1992년 '덩샤오핑의 남순강화'이다. 이것은 계획 경제 숭배를 돌파한 것이다. 세 번째는 1997년 중공 15차 전국대표대회이다. 소유제 숭배를 돌파한 것이다.

둘째로 정치 분권이다. 11기 삼중전회에서는 '중국 경제 관리 체계의 심각한 단점은 권력이 지나치게 집중되어 있는 것이므로 반드시 단계적으로 대담하게 하방해야 한다. 국가의 통일적 계획의 지도 하에 지방과 공농기업에게 더 많은 경영 관리 자주권을 주어야 한다. 당의 일원화 지도 하에 당, 정, 기업의 구분없이, 당이 정을 대신하고, 정이 기업을 대신하는 현상을 해결하는데 노력을 기울여야 한다. 중앙 부문, 지방, 기업과 노동자 개인 등 4개 영역에서 능동성, 적극성, 창조성이 충분히 발휘되어야 한다'고 지적하였다. 정치 분권은 주로 정부 경제 관리 권한을 나누는 것이다. 그래서 이것은 주로 다음과 같은 내용을 포함한다.

1. 중국 경제 개혁은 농촌에서 시작되었다. 안휘, 사천 등지에서의 농촌 개혁의 실천은 현 체제와 법률의 틀을 위반하고 돌파하는 상황 하에서 진행된 것이다. 이것은 권력이 과도하게 집중된 체제에서 첫 번째 출구를 찾은 것이고, 각 지방은 특유의 구체적 상황에 따라 일정한 수준의 분권 개혁을 시도하고 있다는 뜻이다.

2. 분권의 두 번째 추진 작용은 재정 도급 체재의 시행이다. 1980년 2월, 국무원은 <수입과 지출 구분, 분별 도급 시행의 재정관리 체제에 관한 임시 규정>을 발표하였다. 이것은 '분조흘반'이라고 불리는 재정 체계로 그 핵심은 재정 권한의 하방이다. 1993년을 기준으로 중앙 대 지방의 세수 반환 액수를 확정하였다. 재정 분권의 임시적이고 과도적인 체계는 분세제로 인한 규범화, 제도화 때문이다.

3. 분권의 세 번째 추진 작용은 동남 연해 지역의 개방이다. 1980년 8월 26일, 5회 중화인민공화국 상무위원회는 광동성 선전, 주하이, 샨터우와 복건성 시아먼에 4 개의 경제특구를 건립하기로 비준하였다. 이후 1984년 다롄, 톈진, 친황다오, 옌타이, 칭다오, 롄윈강, 상하이 등 14개 연해 항구 도시를 더 개방하고 특구에 버금가는 경제 기술 대외 자주권을 부여하였다. 1992년 덩샤오핑의 '남순강화' 이

후, 푸동을 핵미으로 하는 동부 연해, 연변, 연강, 성회 도시가 한층 더 개방되어 동부 지역은 전방위, 다층적, 중점적으로 대외개방 국면을 형성하였다. 중국의 개혁개방은 점진적, 점선면의 개방이라는 뜻이다. 그것은 구소련과 동유럽의 '충격요법'과는 달리, 풍부한 중국 철학 문화 이념을 가지고 있다.

중국 특색 발전 모델을 살펴보면 사회주의는 중국 스스로도 1950년대의 미성숙, 극도의 미발전 단계, 1960-70년대 동요 단계, 1980년대 개혁 단계, 1990년대 비상 단계를 거쳐 현재에 이르러서야 비교적 성숙하고, 사회 발전에 적응하는 단계에 이르렀다. 하지만 아직 불완전하고, 불균형하다. 앞으로 더 성숙하고, 더 공평한 단계로 발전해 나가야 한다. 중국 각 단계의 발전 수준을 보면 중국 정부가 제정한 '점, 선, 면, 전면'의 경제 발전 전략은 성공적이다. 제1보(1978-1990년)는 절대 빈곤에서 원바오 수준, 제2보(1990-2000년)는 원바오에서 샤오캉 수준, 제3보(2000-2020년)은 샤오캉 수준에서 샤오캉 사회, 제4보(2020-2030년)는 샤오캉 사회에서 공동 부유 사회로 나아간다. 국력(GDP)으로 봤을 때, 1990년 중국은 총체적인 국력이 세계 10위이고, 2000년 세계 5위, 2010년 세계 2위를 달성하였고, 2025년에는 세계 최강국이 될 것이다. 중국의 '동아시아 병부'에서 '동방의 거인'이라는 발전 자체는 독창적인 중국 발전 노선, 즉 중국 특색 발전 모델이다. 그것은 전 인류에게 이전에는 없었던 새로운 국가 발전 노선을 밝혀주었다.

5. '일국 5세'론 (10여년 전 저자가 제시한 독창적 이론)

1) 역사와 자연 조건으로 발생한 지역 차이

텅충–헤이허선

중국 국토에는 보이지 않는 선이 하나 있는데, 그것은 때때로 사람들의 생활에 영향을 끼친다. 이 선 북쪽은 흑룡강성의 헤이허이고, 서남으로는 운남의 텅충까지 뻗어 있다. 1935년 국립중앙대 지리학과 주임 후환융은 수만 개의 데이터를 통해 지도상에서 이 선을 발견했고, 연구를 통해 후 교수는 중국 국토 면적의 64%의 토지에 겨우 4%의 인구만이 거주하고 있고, 선의 다른 측인 36%의 국토에 96%의 인구가 거주하고 있다는 사실을 발견하였다. 이 선의 북서쪽은 '대막장하고연(大漠长河孤烟)'이다. 이 선의 동남쪽은 '소교유수인가(小桥流水人家)'이다. 이것은 번화한 지역이 인적이 드문 경계선으로 변한 것이지만, 사람들은 종종 이 점을 의식하지 못하고, 그것의 존재를 무시했다. 왜냐하면 그것은 보이지 않는 경계선이기 때문이다.

이 선은 현재 '호환융선'이라 불린다. 2009년 지리학계가 '중국 지리 백년 대발견' 중주목랑마봉 측정에 버금가는 위대한 성과로 평가하며 2위에 올렸다. '호환융선'은 비록 이미 천년 가까이 존재하였다. 이것은 다시 말해 진한 시대부터 송원 전까지 이 선은 존재하지 않았고, 송원 시대 처음 글로벌 기후 변동으로 변하게 되었다는 것이다. 서북 지역 기온이 낮아지고, 비가 적어지면서 이 선은 전국 400밀리미터 강수량선과 거의 일치했다. 이 역시 중국 반건조지역과 반습윤지대의 분계선이자, 중국 고대 유목지역과 농경 문명의 분계선이다.

말하면서도 이상한 것은 중화인민공화국 성립 이래부터 대규모 삼선 건설, 상산하향,개혁개방, 서부대개발 등 국가 정부 행위를 진행했음에도 불구하고, '호환융선'의 인구 비율은 조금도 변하지 않았다는 것이다. 80여년 간의 상전벽해르 ㄹ지나 중국 국토 면적은 대략 150만 ㎢가 줄었다. 그래서 이 분할선 양측의 면적 비율 역시 57%대 43%로 변하였따. 중국 인구 역시 4억 명에서 14억 명이 되었지만 '호환융선' 양측의 인구 비율은 1.8%만 이동해서 80년 전의 4% 대 96%에서 현재 5.8% 대 94.2%의 인구 분포로 바뀌었다. 어떤 사람은 이 선이 현재 무슨 의미냐고 물을 수도 있다. 이 역사의 현황은 중국은 고대 이래로 인구 분포가 매우 분균형하고, 자연 자원의 보유 역시 극도로 불균형하며, 한쪽은 인구가 많고 자원이 적고, 다른 한쪽은 인구가 적고 자원이 많다는 것을 우리에게 명확히 알려주고 있다. 그러나 이러한 분포는 중국 GDP에 대한 공헌에도 영향을 미쳤다. 중국 북서 지역은 GDP에 대한 공헌이 단지 4.3% 정도이지만, 동남 지역은 95%이상을 기여하였다. 이것은 경제학적 시각에서 보면 충분한 분석을 진행해야 한다.

그 분석은 아래와 같다.

경제학 연구는 개인과 조직과 사회가 희소한 자원의 조건 제약 하에서 자원을 최고의 용도로 선택하고, 분석하고, 자원 배치의 형식을 설계하여 한 국가의 경제를 연구하여 우선 그 자원의 성질과 배치 현황을 이해해야 하는 것이다. 생산 과정과 직접적으로 관련된 경제 자원은 일반적으로 생산요소라고 한다. 그것은 자연자원, 자본과 노동력을 포함한다. 다른 국가와 비교하면 중국의 지리적 특징은 다음과 같다.

1. 지역이 광활하고, 폭이 넓어 세계 국토 면적 제3위국이다.

2. 육지 판상 면적이 최대인 북반구의 동반부에 위치해 있다.

3. 남북 경관이 커서(열대, 아열대, 난온대, 온대, 한온대 등을 포함), 기후와 자연자원이 다양하다. 세계 1. 2위의 러시아와 캐나다는 비록 국토 면적은 중국보다 크지만, 기후 다양성은 중국보다 많지 않다.

중국은 아시아 동부와 중부에 윛해 있으며, 국토 면적은 960만 ㎢(한국의 97배)에 달한다. 서쪽으로는 파미르 고원, 동쪽으로는 태평양, 북쪽으로는 헤이룽장 모허, 남쪽으로는 남사군도와 접해 있다. 남북 간의 길이는 5500㎞이다. 지형 특징을 보면, 중국의 지세는 서고동저이고, 계단식 분포가 나타난다. 거시적으로 보면 중국의 지모는 3대 구역으로 나눌 수 있다. 즉 유수 작용 위주의 동부 계절풍 온난습윤 지대, 풍력 건조, 침식과 유수 작용이 병존하는 서북 건조 지대, 서리 작용 위주의 칭짱 고원 지대이다.

자원 성질 구조는 경제 체계의 자연 자원, 자본과 노동력의 상대적 비중을 가리키는 것이다. 자연 자원은 일반적으로 사전에 지정되어 있는 것으로, 그 상대적인 희소성은 인구와 관계있다. 자본 축적의 국가 간의 차이도 거대하다. 만약 이러한 차이가 비교적 오랜 시간 지속된다면, 국가 간의 자본 성질 차이는 점점 더 커질 수도 있다. 노동력의 수량은 인구의 규모에 의해 결정되는데 장기적인 인구 증가율의 결과는 국가 간에 큰 차이가 있을 수 있다.

예로부터 중국의 지리 조건과 자원 성질은 근본적으로 변화하지 않았다. 하지만 경제 발전은 여러 번 큰 기복이 있었다. 대체적으로 같은 자연조건으로 중국은 일찍이 세계 물질 문명의 최고봉(한당 시기)에 오른 적이 있었고, 세계 진보의 발걸음(근대 19세기 후반기에서 20세기 전반기)에 뒤떨어진 적도 있었다.

중국 지역 간 차이의 형성은 자연 성질의 요소이자, 역사 문화의 영향이다.

첫 번째, 중국 동부 연해 지역은 상대적으로 양호한 지리 조건을 가지고 있다. 토지가 비옥하고, 수자원이 풍부하고, 긴 해안선이 있고, 농업 발전에 유리한 천연 기후를 가지고 있어, 남에서 북까지 1년 3모작 혹은 2모작을 할 수 있다. 이 지역은 우월한 자연 조건을 충분히 이용하여 비교적 높은 경제 발전 수준을 이룰 수 있었다. 반대로, 중서부 내륙 지역은 비록 풍부한 광산과 에너지 자원 및 풍부한 노동력 자원을 가지고 있지만, 그 우위를 이용하여 빠른 발전을 이루지 못하였다.

두 번째로, 송, 원 이래로 중국의 경제 중심은 동부에 있다. 근대 사회 진입 이후 서양의 문명 역시 연해에 자리 잡아 동부 지역 발전 개발의 발걸음을 가속화시켰다. 하지만 중서부 지역은 문명 사회와 연결된 역사적 기회를 잃어버렸다. 게다가 개혁 개방 이래 편향적인 국가 발전 전략으로 인해, 동부와 중서부 경제 발전 격차는 한층 더 커졌다.

세 번째, 지역 경제 발전과 지역 문화 수준은 직접적인 관련이 있다. 중국의 교육, 문화, 과학 기술 중심은 줄곧 동부 지역에 위치해 있었다. 과학 기술 문화는 이 지역 경제를 급속히 발전시킨 엔진이 되었다. 그뿐만 아니라, 동부 지역은 다양한 장점으로 국내외 투자를 유치하여 이 지역 우위 발전을 촉진하였다.

중국과 같은 넓은 국토를 가진 국가는 경제 총량이나 평균 수준을 단순히 묘사할 수 없을 뿐만 아니라 실제 경제 발전 수준을 개괄하기도 힘들다.사실상 역사든 현실이든 중국 경제는 극심한 지역 격차가 표출되고 있다. 그리고 이러한 지역 경제 격차, 특히 지역 간의 수입 격차의 확대와 축소는 정부가 시행하는 경제 발전 전략과 직접적으로 관련이 있다.

행정 구획에 따라 현재 중국 대륙은 일급 단위인 성이 31개가 있다. 성은 4개의 직할 시, 베이징, 상하이, 텐진, 충칭, 5개의 자치구, 네이멍구자치구, 신장웨이우얼자치구, 닝샤후이주자치구, 시짱자치구, 광시좡족자치구 및 22개의 성으로 구성되어 있다. 넓은 국토 면적으로 인해 각 지역 간의 지리 조건, 자원 성질, 경제와 사회 발전 수준에서 큰 격차가 존재하고 있다. 조건이 비슷한 성 일급 단위를 분류하기 위해 관습적으로 중국 대륙을 31개의 성급 단위를 3개의 지역으로 나누었다. 즉 동부, 중부, 서부 지역이다. 동부 지역에는 베이징, 텐진, 상하이, 랴오닝, 허베이, 산동, 장쑤, 저장, 푸젠, 광동, 광시, 하이난 등 12개의 연해 성급 단위가 있다. 중부 지역에는 네이멍구, 산시, 헤이롱쟝, 지린, 허난, 안후이, 장시, 후베잇, 후난 등 9개의 성급 단위가 있다. 서부 지역에는 충칭, 쓰촨, 윈난, 구이저우, 샨시, 간쑤, 닝샤, 칭하이, 신장, 시짱 등 10개의 성급 단위가 있다. 21세기에 시행하기 시작한 서부대개발 전략에서 중앙 정부는 광시와 네이멍구도 서부 지역으로 편입하기로 결정하였다.(예 : 중국 지역 분포도)

역사적으로 중국의 근대 공업의 주요 분포 지역은 동부 연해 지역이었다. 교통 등 인프라가 발달하지 않아 공업화 과정에서 중서부 지역은 발전이 느렸다. 중화인민공화국 성립 이전, 중국 공업의 70% 이상은 동부 연해 지역에 분포되어 있었다. 또 공농업 제품 간, 완제품과 일차 제품 간의 부등가 시장 교환으로 인해 중서부 지역은 빈곤의 악성 순환에 빠져들었다. 중화인민공화국 성립 이후, 정부는 이런 지역의 불균형 구도를 바꾸려고 중서부 지역에 공업 투자를 강화하였다. 하지만 이러한 편향성 투자는 대부분 군사 공업 위주인 중공업 분야였고, 일자리 확대과 현재 경제 전체 발전을 이끄는 기능은 약했다. 그래서 개혁개방을 앞두고 동부 지역과 중서부 지역의 발전 격차는 개선되지 않았다.

2) 개혁개방으로 인한 지역 격차의 심화

일찍이 아담 스미스 시대에 인간은 이미 각국의 경제 발전이 완전히 독립적으로 진행되는 것이 불가능하다는 것을 파악하였다. 공업화와 현대화를 먼저 실현한 대부분의 국가의 경험 역시 한 국가의 경제 발전 과정을 세계 경제에 놓는 것이 성공적인 경제발전을 촉진하는 중요 보증이었다는 것을 증명한다. 경제 글로벌화의 추세가 심화될면서 어떠한 국가도 세계 경제와의 관계에서 떠나 독립적으로 발전할 수 없다. 대외 무역과 외자 유치 규모의 확대에 따라, 중국 역시 글로벌 경제의 하나의 구성 성분이 되었다. 현재 단언컨데, 중국 경제가 지속적이고 안정적인 발전을 할 수 있을지의 여부는 대외 개방과 글로벌 경제 융합 정도에 따라 결정된다.

지역 간의 경제 성장이 뚜렷한 차이를 갖고 있는 것처럼 중국의 대외 개방의 추이와 수준 역시 지역에 따라 상이하다. 한 지역의 대외 개방 정도는 한편으로는 그 지역의 산업 구조, 지리적 위치와 관련 인프라에 달려있고, 다른 한 편으로는 국가와 지방의 정책에 달려있다. 중국 경제 발전은 지역마다 차이가 있기 때문에 대외 개방에 대한 하드웨어 환경 역시 차이가 존재한다. 대외개방의 소프트웨어 환경의 지역 격차는 주로 국가와 지방의 관련 정책에 따라 결정된다. 1980년대 초에서 1990년대 초, 중국의 대외개방은 주로 연해 지역에 집중되었다. 그로 인해 연해 발달 지역이 우선 개방의 구도를 형성하였다.

1980년대 중반부터 시작하여 중국 지역 경제 발전은 시장 매커니즘을 도입하였다. 그로부터, 지역 경제의 지역 발전은 다른 변화가 나타났다. 연해 지역은 시장 네트워크 건립 후, 줄곧 빠른 경제 발전 속도를 기록하였다. 경제 성장이 전국 상위권에 위치한 성급 단위는 주로 상하이, 저장, 장쑤, 광동, 푸젠, 산동 등으로 중국 동부 연해의 '신흥 공업성이 형성되었다. 이러한 지역의 경제 발전의 공통점은 개혁개방의 역량이 크고, 시장이 건전하고, 다양한 소유제가 공존하고, 주식 협력제느 비교적 일찍 시작되어 현대 기업 제도의 건립이 비교적 빨랐다. 동시에, 국내외의 시장, 자원을 적극적으로 이용하여 기회를 놓치지 않고 빠른 발전을 이루었다. 기존의 노후 공업 기지들과 중서부 일부 성에서는 산업 구조 노후화되었고, 시장이 비교적 늦게 건설되었기 때문에 경제 성장 속도가 동부 연해 각 성시보다 늦다. 그래서, 중국 지역 격차의 현황에 대해서는 이미 공감대가 형성되었다. 3대 지역은 동부, 중부, 서부를 포함한다.

개혁개방 이후 연해 지역은 우선 4개의 경제 특구, 5개의 연해 경제 개발구와 14개 연해 개방 도시를 설립했다. '7.5' 계획 시기, 중국 국민 경제 분포는 객관적으로 동부, 중부, 서부 3대 경제 지역가 존재하고 있고, 발전 방향에 있어 점차 동부에서 서부로 변화하는 추세가 나타났다. 이렇게 동부, 중부, 서부의 차별화 발전을 강조하는 비균형 발전 전략은 중국의 구체적인 국정을 종합적으로 고려하여 제정한 최적화 발전 전략이다. 연해 지역 최적화 발전 전략으로 이 지역 2억 여명의 인구는 내지보다 더 빠른 발전을 이룰 수 있었다. 이 전략 구상이 초기 단계에서 실시된 후 연해 지역과 중서부 지역 발전 격차가 한층 더 커졌다. 통계에 따르면 1978년 동부 지역 GDP는 전국 GDP의 비중 52.61%, 1990년 이 비중은 54.02%로 상승하였고, 1999년 또 상승하여 58.66%의 비중을 차지하였다. 2002년 동부 지역 GDP는 이미 전국 GDP의 59.94%를 차지하였다. 1인당 평균 GDP의 전국 9위권 내의 성급 단위를 보면 차례대로 상하이, 베이징, 텐진, 저장, 광동, 푸젠, 장쑤, 랴오닝, 산동의 순서였다. 이 9개 성은 모두 동부 연해 지역에 위치하고 있다.[16] 동부 우선 발전 전략은 중국의 경제발전을 성공적으로 이끌었지만, 이 과정에서 지역 간의 격차 문제와 지역 충돌 문제는 갈수록 심화되었다. 이러한 배경 하에서, 중국 정부는 그제서야 서부대개발 발전전략추진을 결정하였다.

2002년 동부, 중부, 서부 3개 지역의 GDP는 전국 GDP 비중이 각각 59.95%, 26.59%, 13.46%였다. 전국 제2차 기본 단위 조사 수치를 보면 총 영업 소득이 주로 동부에 분포되어 있다. 동부 기본 단위 총 영업 소득의 비중은 72.84%에 달하지만, 중부와 서부는 각각 19.77%, 10.05%밖에 되지 않는다. GDP와 영업 소득 지표는 모두 중국 경제 산출이 주로 동부에 집중되어 있고, 중부가 그 다음, 서부가 가장 적다는 것을 보여주고 있다. 경제 산출은 동에서 서로 갈수록 점점 줄어드는 현황을 보이고 있다.[17]

경제 산출 비중은 단지 특정 지역의 총체 경제 산출 능력만 보여줄 뿐이고, 그 지역의 경제 발전 수준을 반영할 수는 없다. 1인당 GDP, 1인당 영업 수익 지표를 이용하면 그 지역 경제의 발전 정도를 더 명확하게 볼 수 있다. 2002년, 동부, 중부, 서부 3대 지역 내의 1인당 GDP는 각각 13334.67위안, 6978.32위안, 5388.69위안이었다. 3대 지역의

16) 국가통계국, <중국통계요약 2003>

17) 국가통계국, <중국통계요약 2003>

1인당 영업 소득 비율은 대략 40:11:10이었고, 1인당 영업 소득은 중요한 경제 구조의 특징인 지역의 불균형성을 명확히 보여주고 있다. 1인당 GDP, 1인당 영업 소득의 수치는 중국의 현재 경제 구도가 동부 경제 발전 수준은 중부와 서부보다 훨씬 높다는 것을 나타내고 있다.

경제 발전 수준의 지역 구조적 특징은 양적 지표를 체현할 뿐만 아니라 산업구조, 주요 기여성 업종 등 경제의 품질을 반영하는 지표도 체현한다. 따라서 산업 구조 지표의 지역 성 특징을 한층 더 분석할 필요가 있는데, 표 7-1과 같다.

〈표 7-1〉 동부, 중부, 서부 3대 지역 산업 구조 특징(단위:%)

	제조업	전력, 가스 및 수산업과 공급업	건축업	지질조사, 수리 관리업	교통운송, 보관 및 우편통신업	도매 및 소매, 음식업	금융및 보험업	부동산업	사회 서비스업
동부	46.20	4.15	6.35	0.11	5.04	25.06	6.71	3.26	3.10
중부	43.25	6.13	9.44	0.19	6.39	23.40	7.72	1.81	1.67
시부	36.24	5.56	12.20	0.24	7.13	26.42	6.78	3.35	2.08

자료 출처 : 제2차 전국 기본 단위 조사, 영업 수익 계산으로 각 업계 비중 산출.

데이터 결과를 보면 제조업은 모든 지역의 생산 주체이며, 그 다음이 도매와 소매 및 음식업이다. 금융보험업은 동부 영업소득 비중 3위를 차지하는 산업이고, 건축업은 중서부 영업 소득 비중 3위이다. 그밖에 동부의 제조업 비중은 3대 지역 중 가장 높다. 이것은 동부가 제조업에 대한 의존이 비교적 크다는 것을 의미한다. 서부의 중이 가장 낮은데, 이것은 서부 제조업은 각 업종의 지위에서 동부의 지위만큼 두드러지지 않다는 것을 의미한다.뿐만 아니라, 동부에는 주로 기술력이 비교적 높은 업종이 집중되어 있는 반면, 중부와 서부는 그 지역 자원을 활용하는 자원형 업종을 대규모로 발전시켰다. 동시에,

중서부의 현재 업종 구조에는 3선 건설의 흔적이 뚜렷하게 남아있다. 이 지역 교통 교통 운송 설비 제조업의 비중은 상대적으로 높은 편인데, 그 중 많은 기업이 기존 국방 공업에서 탈피하였다.

3) 외국인 직접 투자로 인한 동부, 중서부 간의 격차 심화

중국 개혁개방 중 외국인 직접 투자는 중국 경제발전 촉진에 중요한 역할을 하였다. 중국의 외자 사용 총액 중 외국인 직접 투자의 비중이 가장 많다. 1985년 중국이 실제 이용한 외국인 직접 투자액은 16.58억 달러이고, 1992년 100억 달러, 1996년 400억 달러를 돌파하였다. 그 후 다소 변동은 있었지만, 줄곧 400억 달러 안팎을 유지하였다. 2001년에는 468.78억 달러 달했고, WTO 가입 후, 중국이 실제 이용한 외국인 직접 투자는 지속적으로 증가하여 2002년에는 527.43억 달러에 달해 처음으로 500억 달러를 돌파하여 세계에서 외국인 직접 투자를 가장 많이 유치한 국가가 되었다. 중국 경제의 빠른 성장 및 투자 환경이 끊임없이 개선되면서, 협의든 실제 이용 외자 투자 금액이든, 외국인 직접 투자가 차지하는 비중은 계속 높아지고 있다. 협의 외자액으로 보면, 1979-1983년 외국인 직접 투자가 차지하는 비중은 32.3%였고, 1984-1991년 45.7%, 1992-1999년 86.7%, 2000-2002년 94.07%에 달했다. 또 실제 이용 외자액으로 보면 1979-1983년 외국인 직접 투자 비중이 12.5%, 1984-1991년 33.1%, 1992-1999년 74.4%, 2000-2002년에는 85.6%로 올라갔다. 그래서, 이러한 외자의 주요 특징은 기본적으로 중국이 외자를 도입하는 특징을 반영할 수 있다.[18]

---

18) 국가통계국, <중국통계요약 2003>

(1) 중국의 외국인 직접 투자는 대부분 경제 선진국 국가와 지역에서 한 것이다. 현재 전 세계 130여 개국과 지역이 중국에 대해 직접 투자를 하고 있다. 1984년 중국 외국인 직접 투자원 중 중국 홍콩, 마카오 지역이 차지하는 비율이 52.7%, 미국이 18.1%, 일본이 15.8%, 영국이 6.9%였다. 이 시기 몇 개 국가와 지역이 중국에 대한 직접 투자에서 차지하는 외국인 총투자의 93.5%를 차지하였다. 1990년대 이래, 중국 홍콩과 마카오 지역, 일본과 미국의 직접 투자가 여전히 큰 비중을 차지하고 있었지만, 대만, 한국, 싱가포르 및 유럽 미주 기타 국가의 투자가 증가함에 따라, 중국 외국인 직접 투자는 다원화 추세가 나타났다. 상무부가 제공한 자료에 따르면 2002년 말까지, 중국 실제 이용 외자액은 4479.66억 달러이고, 그 중 홍콩 45.73%, 미국 8.9%, 일본 8.1%, 대만 7.39%, 버진 제도 5.4%, 싱가포르 4.79%, 한국 3.39%, 영국 2.39%, 독일 1.78%, 프랑스가 1.24%를 차지하였다. 이 1개 국가와 지역의 직접 투자액을 합치면 3995.07억 달러이고, 총투자의 89.16%를 차지하고 있다. 통계에 따르면, 2001년 중국에 대한 직접 투자 가 가장 많은 10개 국가와 지역은 차례대로, 홍콩, 버진 제도, 미국, 일본, 대만, 한국, 싱가포르, 독일, 케이맨 제도와 영국이다. 이들 국가와 지역의 중국에 대한 직접 투자는 중국 실제 이용 외국인 직접 투자 총액의 87.8%를 차지하였다.

(2) 외국인 직접 투자의 국내 지역 분포 역시 집중되어 있는 편이다. 1984년, 동부 지역이 유치한 외국인 직접 투자 및 기타 투자는 전국 총투자의 96.73%를 차지하였다 반면에 중부와 서부 지역의 각각 1.19%, 2.08%에 불과했다. 1980년대 중반 이래로 대외개방이 계속해서 심화되면서 동부 지역 외국인 투자가 차지하는 비중은 다소 낮아졌고, 중부 지역이 차지하는 비중은 조금 올라갔지만, 총체적으로

보면, 서부 지역 외국인 투자 비중은 오히려 6.81%에서 2.75%로 거의 4% 가량 하락하였다. 1999년 중국 정부는 서부대개발 전략을 반포한 후, 다방면의 정책 조치를 취해 홍콩, 마카오, 대만과 외국 자본의 중서부 지역으로의 투자를 유도하였다. 이러한 정책의 지지 하에 동부 연해 지역 외국인 직접 투자 비중은 1983-1991년의 90.60%에서 1992-2002년의 87.70%로 감소하였고, 같은 기간 중부 지역은 5.12%에서 9.28%로 빠르게 상승하였다. 그렇지만, 서부 지역은 오히려 4.28%에서 3.02%로 감소하였다. 이것은 강력한 국가 정책의 추진에도 불구하고, 홍콩, 마카오, 대만과 외국인 투자의 공간 확산도 한계가 있다는 것을 의미한다. 주로 조건이 좋은 중부 지역으로 확산되었고, 특히 연해를 이웃한 장강 중하류 지역으로 확산되었다. 특히 서부대개발 전략 실시와 중국의 WTO 가입 후 외국인 직접 투자는 사람들이 예측했던 것처럼 서부 지역으로 빠르게 유입되지 않았고, 오히려 연해 지역, 특히 장강삼각주 지역으로 집중되었다. 2000-2002년, 서부 지역이 실제 이용한 외국인 직접 투자의 전국 비중은 3.0%에서 2.6%로 감소하였다. 이것은 WTO 가입과 서부대개발 추진 이후 중국에 대한 외국인 직접 투자가 동부 연해에서 중부 일부 지역(충칭, 청두 등)으로 이동하는 추세를 나타내고 있지만, 서부 지역 외국인 투자 비중은 증가하기는 커녕 오히려 감소 추세를 보였다.

2001년 중국이 실제 이용한 외국인 직접 투자 총액은 463.67억 달러로 그 중 87.1%가 동부 연해 지역, 8.8%가 중부 지역에 투자되었고, 4.1%만이 서부 지역에 투자되었다. '9.5' 계획(1996-2000년) 기간, 각 성급 단위가 이용한 외국인 직접 투자 총액을 보면, 동부지역이 차지한 비율은 85.6%, 중부 9.5%, 서부 4.9%였다.

(3)외국인 직접 투자의 세 번째 특징은 제조업에 집중되어 있다는

것이다. 1990년대 이래, 중국 대외개방 영역의 끊임없는 확대 및 투자 환경의 점진적 개선에 따라 외국인의 중국 제조업 투자가 점점 증가하고 있다. 투자 산업 구조는 다원화 추세가 나타났다. 2002년 중국이 실제 이용한 외국인 직접 투자 총액 중 부동산이 점유한 비중은 10.7%로 하락하였고, 제조업이 점유한 비중은 69.8%로 상승하였다. 만약 채굴업 및 전력, 가스의 생산과 공급을 더하면, 공업이 점유한 비중은 73.5%에 달한다. 2001년 실제 이용한 외국인 직접 투자 총액 중 65.95%는 제조업에 투자되었다.

이런 투자 구조와 중국의 비교 우위 산업의 변화가 일치한다. 즉 노동 집약형 제조업 제품은 최고의 비교 우위를 가지고 있기 때문에 국제 경쟁력 역시 높은 편이다.

이것은 외국인 직접 투자의 지역 분포와 중국 경제 발전 수준의 순위가 기본적으로 일치하는 것으로 보인다. 중국 동부 연해 지역이 1980년대 후반에 다른 지역의 경제 성장 수준이 다른 지역보다 높은 것은 외국인 직접 투자를 유치한 비율이 다른 지역보다 높은 것과 밀접한 관계가 있다고 할 수 있다. 이렇게 동부와 중서부 지역 간의 기존의 경제 발전 격차는 점점 더 심화되었다. 현재 중국이 유치한 외국인 직접 투자구도와 중국의 비교 우위 현황, 지역 발전 수준 및 투자 환경, 투자 정책과 업종 보호 등 일련의 요소는 서로 관련이 있다. 중국 비교 우위의 변화와 지역 발전 전략의 전환 및 WTO 참여로 진행된 개혁개방의 심화에 따라 상술한 조건 역시 변화할 수 있고, 이미 변화가 진행되고 있다. 외국인 투자의 구도 역시 점차 변화할 것이다. 2013년 한국의 삼성전자가 서안에 50억 달러를 투자하여 삼성전자공단 건설을 시작한 것 역시 하나의 예로 볼 수 있다. 이것은 동부 지역 노동력 원가의 상승 및 국가의 서부에 대한 지원 강화에 따라 이후 제조업이 점차 서부로 이동하고, 특히 신실크로드 건설 및 개통으로 중국 내륙과 아시아 대륙의 경제 무역 왕래와 동부 연해의 항구 무역이 동시에 비상하여 중서부 지역에 대대적으로 경제활력을 불어넣을 것이다.

4) 세계 유일무이의 '일국 5세'

'점, 선, 면'의 점진적 개혁개방은 중국의 비균형 발전 상황을 초래하였다. 필자가 2000년 제기한 '일국 5세'론은 사람들이 중국 지역 소득 격차를 일목요연하게 파악하기 위해 설정한 것이다. 그것은 매우 과학적이고 정확한 구분 방법이 아니라 단지 세계 500대 기업과 국외 대학 MBA, EMBA 강의 중, 중국 지역 간의 비균형 발전 상황을 비교적 직관적으로 설명하기 위해 설계한 모델이다.

제1세계는 다음 지역을 포함한다.

1) 상하이를 중심으로 한 장강삼각주 지역

2) 광주, 선전을 중심으로 한 주강삼각주 지역

3) 베이징을 중심으로 한 수도 경제권

이 지역의 1인당 GDP는 이미 1만 달러를 돌파하였다.

제2세계는 동부 연해 항구 도시이다. 이 지역 1인당 GDP는 7000-8000달러이다.

제3세계는 동부 근해 지역으로, 랴오닝성의 남부, 산동성 동부, 허베이성 동부, 푸젠성 동부, 저장성, 장쑤성의 대부분 지역 및 광동성 남부 지역을 포함한다. 이 지역의 1인당 GDP는 500-6000달러이다.

제4세계는 광대한 중서부 지역으로 중국 국토 면적의 70%, 인구는 40%를 점유하고 있다. 이 지역의 1인당 GDP는 500-5000달러로 불균등하다. 이 지역의 성회 도시와 충칭 같은 직할시는 다른 지역과 같이 중서부에 포함되어 있지만, 1인당 GDP는 이 지역 다른 도시들보다 훨씬 높기 때문이다.

제5세계는 홍콩, 마카오, 대만 등 특수 지역이다. 이 지역의 1인당 GDP는 2000달러 정도이다.

이런 구분 역시 중국 각 지역 인류 발전지수에 기본적으로 부합한다.

〈부록〉 각 지역 인류 발전 지수: 1980–2030년

	1980	1990	2000	2005	2010	2020	2030
베이징	0.598	0.650	0.744	0.777	0.819	0.880	0.909
톈진	0.565	0.602	0.690	0.733	0.788	0.849	0.874
허베이	0.390	0.472	0.583	0.632	0.691	0.751	0.767
산서	0.401	0.483	0.559	0.616	0.683	0.742	0.773
네이멍구	0.347	0.467	0.560	0.623	0.704	0.763	0.818
랴오닝	0.493	0.560	0.634	0.664	0.727	0.786	0.828
지린	0.398	0.504	0.598	0.637	0.709	0.769	0.808
헤이룽장	0.443	0.514	0.602	0.632	0.688	0.747	0.795
상하이	0.650	0.667	0.752	0.783	0.824	0.885	0.907
장쑤	0.424	0.518	0.622	0.655	0.718	0.778	0.807
저장	0.400	0.511	0.626	0.670	0.725	0.785	0.804
안후이	0.301	0.423	0.521	0.567	0.644	0.703	0.740
푸젠	0.333	0.476	0.602	0.623	0.683	0.745	0.757
장시	0.330	0.424	0.524	0.575	0.648	0.707	0.748
산동	0.368	0.492	0.601	0.646	0.708	0.768	0.792
허난	0.336	0.440	0.550	0.605	0.670	0.729	0.765
후베이	0.376	0.470	0.563	0.600	0.676	0.735	0.769
후난	0.357	0.448	0.549	0.549	0.669	0.728	0.777
광동	0.420	0.536	0.627	0.662	0.717	0.777	0.806
광시	0.309	0.430	0.530	0.579	0.653	0.712	0.754
하이난	0.325	0.476	0.567	0.598	0.668	0.727	0.749
충칭	0.315	0.415	0.558	0.597	0.676	0.735	0.794
쓰촨	0.320	0.427	0.524	0.567	0.643	0.701	0.739
구이저우	0.216	0.349	0.427	0.490	0.576	0.633	0.683
윈난	0.253	0.390	0.478	0.518	0.587	0.644	0.683

시장	0.225	0.278	0.378	0.450	0.520	0.579	0.588
샨시	0.342	0.445	0.538	0.592	0.673	0.732	0.773
간쑤	0.336	0.397	0.482	0.533	0.604	0.662	0.703
칭하이	0.325	0.406	0.482	0.538	0.614	0.672	0.705
닝샤	0.347	0.437	0.523	0.579	0.659	0.718	0.773
신장	0.348	0.463	0.558	0.605	0.663	0.722	0.768
전국	0.368	0.460	0.567	0.616	0.663	0.739	0.776

주: 본 표의 인류 발전 지수 는 유엔개발계획서에서 2010년 발표한 새로운 방법으로 계산했다.
계산 데이터 원본: UNDP, Human Development Report 2010, 유엔개발계획서: <중국인류발전보고서(1997)>, <중국인류발전보고서(2005)>, <중국인류발전보고서(2008)>, <중국인류발전보고서(2010)>, <신중국60년통계자료총집>, 제3차, 제4차, 제5차, 제6차 전국인구센서스 관련 데이터, <중국 통계 연감(2011)>

빈부격차는 중국에 실제로 존재하는 것으로 부인할 수 없다. 도시와 농촌 간의 소득 비율은 1990년대 말 2.6:1에서 2007년 3.3:1로 확대되었따. 지금 베이징과 상하이의 거리에서는 젊은이들이 벤츠, BMW, 페라리와 같은 고급차를 모는 것을 쉽게 볼 수 있지만, 거리 양쪽에서는 수천 명의 농민공이 비싼 의료비와 아이들의 기초 교육비를 지불하기 위해 일자리를 찾고 있다. 국무원이 발표한 공식 보고서에 따르면 2005년 말까지 2,365만 명의 농촌 인구가 극빈 생활을 하고 있다. 일반적으로 1인당 하루 생활비가 1달러가 되지 않는다면 빈곤선 이하인 것으로 보고 있다. 만약 이 정의에 따르면 중국의 빈곤 인구는 2억 명이 넘을 것이다. 이 숫자는 현재 대량으로 도시에 유입되는 농민공의 숫자와 일치한다. 농민공의 대량 유입은 다음과 같은 사실을 의미한다.

1. 정부가 인구 이동 제한 정책을 완화하였다.(개혁개방 전, 중국 정부는 인구 자유 이동을 엄격하게 금지하였다.)

2. 농업 소득이 도시 노동 소득보다 훨씬 낮다.

3. 개혁은 농업생산률을 제고하였고, 잉여노동력을 낳았따.

4. 도시에서 빠르게 성장한 제2차 산업에는 대량의 노동력 보충이 필요하다.(이 역시 루이스 2원 경제 모형과 부합한다.)

지역 발전 불균형의 결과에서 보면, 결국 과학기술 발전 수준과 인력자본 성질에 의한 지역 격차이다. 서부대개발 전략을 실시하면서 국가는 가종 과학기술 기금을 건립하였고, 각종 과학발전 지원 자금을 모아 서부 지역에 집중 투입하였다. 인력자본의 양성 방면에서 국가는 중서부 지역의 교육 위생 사업에 대해 중점적으로 투자하였다. 각종 전문 사업 자금 설립 후 집중 투입을 통해, 중서부 지역 인문 발진 수준을 제고하였다. 우리는 중서부 개발전략이 심화됨에 따라 동부 연해 지역과 중서부 지역의 비균형 발전은 점차 개선될 것이라고 믿는다. 특히 아시아인프라투자은행(AIIB)과 '일대일로' 건설을 통해 동서 빈부격차가 점차 줄어들 것이다.

중국의 빈부격자가 커졌다. 2013년 지니계수는 0.5-0.6 사이였다. 이것은 국제경계선 0.4와는 차이가 크다. 일반 주민 소득은 국민 경제1차 분배 비중에서 지속적으로 하락하였고, 사회보장은 심각한 수준이다. <금화시보> 2013년 1월 19일 보도에 따르면, 1990-2007년 중국 노동자의 보수는 GDP 비중 53.4%에서 39.4%로 14% 하락하였다. 게다가 생활 기본 재료인 식품 가격은 일반 주민들의 생활을 압박하고 있다. <신경보> 2010년 11월 12일 보도에 따르면, 야채 가격은 31%, 과일 가격은 17.7% 상승하였다. 이러한 현상을 초래한 원인은 복잡하고 다양하다. 그 중 가장 눈에 띄는 것은 과다한 화폐 공급량과 기정 상품과 노무량이 화폐 평가 절하, 물가 상승을 초래하였다.

많은 사람들이 자신의 돈이 너무 석다고 한탄하며, 수백만의 재산을 가진 부자 역시 더 많은 돈을 벌기 위해 머리를 짜낸다. 기업 역시 마찬가지다. 여러 가지 이유로 은행에서 대출을 받기도 하고, 심지어 돈을 인쇄하는 정부도 돈이 부족해서 불안해하기도 한다. 만약 모두가 돈이 필요하다면, 정부가 필요한 돈을 찍어내면 되지 않을까? 그렇지만 돈이 부족해서 돈을 마음대로 찍어낸다면 사회 전체에 심각한 결과를 초래할 수도 있다. 지폐를 대량으로 발행하면 인플레이션이 발생할 수 있다. 제2차 세계대전이 종식한 후 얼마되지 않아 심각한 인플레이션으로 독일의 음식점에서는 고객이 음식을 먹기 전에 돈을 지불하라고 요구하였다. 식사를 하면서 음식값이 증가할 수 있었기 때문이다. 그래서 이렇게 난감한 상황이 발행하였다. 비슷한 상황은 상하이에서도 발생한 적이 있다. 1948년 상하이의 법비(1953년 이후 국민당 정부가 발행한 지폐)의 화폐 가치가 떨어져서 사람들은 자루에 돈을 넣어 메고, 차에 돈을 실어 날라야만 생필품을 살 수 있었다.

사실 인플레이션은 광범위하게 존재하는 현상이지만, 일반적으로 사람들은 그 진정한 의미를 알지 못한다. 인플레이션을 언급하면 사람들은 종종 그것을 물가 상승과 연관시킨다. 하지만 인플레이션은 단순히 물가 상승만이 아니라 일반 물가 수준이 비교적 오랜 기간 동안 지속적으로 높은 인상폭으로 물가가 상승하는 경제 현상이다. 인플레이션 정도를 측정하는 지표는 인플레이션율이다. 인플레이션율은 또 물가지수를 통해 반영된 것이다. 일반적으로 물가지표는 소비가격지수, 도매가격지수와 GNP 환산수치를 포함한다. 그중 소비가격지수는 인플레이션율을 나타내는 방법으로 항상 채용된다. 실제 생활에서 우리는 가격지수를 도출하는 방법으로 전체 가격 수준, 즉 소비 가격 혹은 생산 재료 가격의 평균치를 판단한다. 이론적으로 소위 가격 수준이라고 하는 것은 어떤 경제 체제 하의 상품과 서비스

가격의 가중 평균치이다.

최근 한동안, 세계 주요 경제체 경제가 모두 불경기였다. 물가가 상승하는 스태그인플레이션으로 각국 정부는 혼란에 휩싸였다. 이런 현상의 발생을 예방하려면 정부는 반드시 시장의 화폐 유통량, 즉 통화량을 통제해야 한다. 이것은 각국 중앙은행이 책임져야 한다. 그러나 통화량을 적당한 수준으로 통제하는 것은 쉬운 일이 아니다. 심지어 어떤 국가는 계획적으로 통화량을 늘이기도 한다. 일본의 아베노믹스는 엔화 유통량을 증가시켜 자국의 소비를 자극하고, 불황 탈출을 촉진하는 경제정책이다. 현재, 일본 아베노믹스에 자극받아, 세계 주요 경세체는 국내 통화공급량을 늘이것은 추세이다. 이것으로 우리는 경제학의 상식을 알아볼 필요가 있다.

M1(통화)는 현금과 은행 예금 중 언제든 인출할 수 있는 당좌예금 혹은 보통예금 등 현금예금을 합한 돈의 총량이다.

M2(총통화)는 M1보다 더 확대된 개념이다. MCT는 M2와 양도성 예금증서(CD)와 은행금전신탁을 합한 돈의 총량이다.

M3(총유동성)은 M2에 증권, 보험, 단자, 은행신탁 등 제2금융권의 각종 예금을 모두 합한 넓은 의미의 통화지표이다. 최근 이러한 통화지표 중 MCT는 중심통화지표로 사용되고 있다.

중국인민은행과 중앙정부는 이를 기초로 중국 국정에 적합한 통화량을 책정하여 공개시장 조절 정책, 적극적인 재정 정책, 온건한 화폐 정책 등의 조치를 통해 인플레이션의 압력을 완화하여 국민경제의 안정적인 발전을 유지해야 한다.[19)]

한 국가 사회 소득 분배 평등 상황을 판단하는 지표는 주로 로렌츠 곡선, 지니계수, 쿠즈네스 지수와 알루왈리아 지수가 있다. 로렌츠

19) 이학성, <생활 속의 경제학>, 상해인민출판사, p63-67

곡선(Lorrenz Curve)은 그래프로 소득 분배 상황을 나타내고, 수입과 재산에 대한 분석에 광범위하게 운용된다. 이 곡선은 비교적 직관적이고 구체적이다. 지니계수는 소득자의 상대 비율과 기타 소득 수입자의 상대 비율을 이용하여 계산하는 것이다. 지니계수가 클수록 사회 소득 분배 불합리가 커지고, 반대도 마찬가지다. 쿠츠네즈 지수와 알리왈리아 지수는 모두 일정 백분위 인구의 소득 점유율을 이용하여 다른 시기의 소득 상황을 나타낸다.

더 공평한 소득과 재산분배는 경제성장과 인류 발전을 상호 촉진하는 중요한 요소이다. 어느 곳의 소득과 재산분배가 지극히 불공평하다면, 그곳의 비교적 높은 GDP 성장율이 국민 생활의 개선으로 전환되기가 굉장히 어렵다. 오늘날, 중국의 교수와 과학연구원이 처한 경제와 사회 지위는 여전히 사회적 기여와는 큰 차이를 보이고 있다. 우문원 선생이 유엔개발계획서 <인류발전보고서>에서 지적한 바와 같이 인류의 발전은 반드시 인간의 능력 개발과 인간의 잠재력 개발을 핵심 위치에 두고, 사람의 자연 능력 속성과 인간의 사회적 능력 속성을 사람의 기술과 지능의 전면적 발전에 종합적이고 구체적으로 반영해야 한다. 체능이란 한 사람의 생리와 심리가 가지고 있는 건전한 신체와 정신을 가리킨다. 기능은 한 사람이 생존과 발전에 있어 반드시 익혀야할 기술 수단을 가리킨다. 지능은 한 사람의 다른 영역에서의 혁신과 돌파 능력을 가리킨다. 일반적으로 사회 지불의 비용은 체능, 기능과 지능의 획득을 1:3:9의 비율로 나눈 것이다. 이것은 건전한 신체와 정신의 지불 비용이 1을 유지할 경우, 기능 개발의 상대적 비용은 3. 지능의 상대적 비용은 9라는 것이다. 사회적 공헌에서 비교해보면, 체능, 기능과 지능의 비율은 1:10:100이다. 건장한 체능을 가진 사람이 사회에 대한 공헌이 1일 경우, 기능을 가진 사람의 상대적 공헌은 체능을 가진 사람의 10배이고, 지능을 가진 사람의 상대적 공헌은 100배라는 말이다. 상술한 2열 등비수열은 사람의 능력 개발에 대한 거대한 의미를 명확하게 제시하였다. 이에 따라 중국은 지능 직업에 종사하는 사람의 재산 분배 불균형 현상에 대해 정부가 고도로 주시해야 한다. 그렇지 않다면 중국의 지속가능한 발전 전략은 심각한 장애물을 맞닥뜨리게 될 것이다.

6. 지속가능한 발전과 도전

중국은 7%의 경작지, 8%의 담수로 세계 21%의 인구를 먹여살렸다. 중국 삼림 복구 면적은 11.34억 헥타르로 전국 면적의 13.92%를 차지한다. 한 나라의 삼림 복구율이 20%보다 낮다면 목재를 자급할 수 없을 뿐만 아니라 토지도 안전을 보장하기 어렵다. 통계에 따르면, 중국 사막과 토지 면적은 262.2만 ㎢로, 국토 면적의 27.3%를 차지한다. 전국 사막화 토지 면적은 168.9만 ㎢로 국토 면적의 17.6%이다. 최근 몇 년 간, 사막화 토지는 매년 평균 2460㎢의 속도로 확대되고 있으며, 전국 담수 면적은 건국 초기보다 약 140만 헥타르 감소하였다. 파양호, 동정호의 두 대호수의 면적은 50년대에 비해 29만 6900헥타르가 줄어 31.2% 감소하여, 홍수 조절 능력이 감소하였고, 호수 주변 홍수와 침수 피해가 늘어났다.

중국 건축업은 매년 20억m2의 건축물을 완성하여 전세계 연간 건축량의 50% 가량을 차지하였다. 상하이에 매년 신축되는 건축물은 유럽연합의 1년 간의 건축 면적에 해당한다. 건축 시공 중 물, 토지,

시멘트 철강 등의 에너지 소모는 선진국보다 50% 이상 높고, 고체 연료, 온실 효과 등은 40-50% 높다. 새 건축물 에너지 절약 달성률 역시 10-15%에 불과하다. 중국의 에너지 중, 석탄의 경우 전세계 평균 수준의 50% 가량, 석유는 25%, 천연가스도 25%를 차지하고 있고, 삼림, 경작지는 더 적다. 중국인 1인당 석유 소모량이 미국 현재 수준에 상당한다고 하면 지구 3개 분량의 에너지가 있어야만 중국의 수요를 만족시킬 수 있을 것이다.

인구, 에너지, 환경, 저탄소가 지속가능한 문제와 얽혀있다는 것을 고려한다면, 새로운 발전 사고와 발전 전략을 탐구하는 것은 절대 선진국의 전유물이 아니라, 대다수 개발도상국에게도 매우 절실한 문제로 다가온다. 현재 중국 경제개혁과 발전수준의 단계는 인구, 에너지, 환경을 서로 조화시켜 저탄소 배출의 전제 하에 경제성장의 지속가능성을 어떻게 유지하고 제고시켜나가야 할 지 고민하는 단계이다.

인구 에너지, 환경과 지속가능한 의제와 중국 경제 발전은 상당히 밀접한 관계가 있다. 중국 경제 성장이 직면한 에너지와 환경 제약은 한편으로는 중국 인구와 에너지 간의 긴장 관계에서 비롯되었고, 다른 한편으로는 전통적으로 고성장을 추구하여 발생하는 에너지 절약과 환경을 보호하는 생산 방식의 소홀에서 비롯되었다.

사람들은 인류의 생산 자원과 생활 환경이 경제 성장과 사회 발전의 지속가능하고, 중요한 보장이라는 것을 분명하게 인식하고 있다. 공업화의 과정을 보자면 중국은 후발 국가이고, 동시에 경제 성장과 구조 변화 속도가 매우 빠른 국가이다. 이것은 심각한 에너지와 환경 문제를 피할 수 없는데, 중국 경제의 21세기 지속적인 고속성장 유지 여부의 제약이 되었다.

2008년 11월 중국 금속학 및 재료과학 태두로 불리우는 중국 과학원 원사, 중국 공정원 원사 사창서는 "세계적으로 석유, 천연가스 및 석탄은 각각 40년, 65년, 162년 후에는 거의 소모될 것으로 예상된다고"고 지적하였다. 위기 앞에 많은 조직 설립은 어떤 의제를 둘러싸고 있는데, 조직 성립 초기의 취지는 의제를 전개하여 미세한 부분으로 들어가, 문제를 해결하고, 문제를 점진적으로 해결하여 위기를 해결하는 것이다.[20]

사실 중국 경제의 지속가능한 발전은 에너지 위기, 환경 위기뿐만 아니라 구조적 위기에도 직면해 있다. 마광원 선생이 지적한 바와 같이 중국은 지난 40년 간의 성장 이야기는 동아시아의 빠르게 성장한 경제체와 다름없이 투자와 수출에 의존하고 있다. 중국을 동아시아의 빠르게 성장하는 경제체로 본다면, 중국은 가장 성공한 국가는 아니다. 1인당 GDP의 성장에 따라 평가한다면, 한국, 일본은 모두 30년이 되지 않는 시간에 '중등 소득 함정'을 탈출하여 선진 경제체가 되었고, OECD 행렬에도 합류하였다. 중국은 개혁개방 40년 간, 총 GDP의 규모가 커서 세계 2위에 위치해있지만, 1인당 GDP로 얻은 성취는 한국, 일본 등 경제체에 한참 뒤떨어진다. 특히 중국의 경제구조는 불합리하고, 국유기업과 민영기업을 봤을 때 중국의 국유기업의 일부가 에너지의 70%를 점유하고 있고, 30%가 되지 않는 GDP를 창출하였다. 이것은 중국의 민영기업이 30%의 에너지만으로 70%의 GDP를 창출했다는 의미이다. 중국 경제 성장으로 얻은 성취는 대부분 민영기업의 증량 덕분이다. 중국 정부는 민영기업의 각종 제도 제약 요인을 아직 전면적으로 개방하지 못하고 있지만, 한층 더 조정될 것으로 기대된다. 중국 경제 발전 모델 혹은 특색이라고 하는 것은 사실 시장화와 개방 정책에 달려있다.

20) 채척 편저, <글로벌 문제와 신흥정치>, 천진인민출판사, p.235

1) 중국 경제가 직면한 엄준한 도전 - 정책 문제

1. 내수 활성화 : 어느 나라에서 내수 활성화의 길을 걸어가더라도 총 수요의 하락을 가져올 것이다. 내수 시장은 한계가 있고, 외부 시장은 내부 시장의 유기적 연계를 통해서만 경제 성장을 이끌어나갈 수 있기 때문이다. 세계 경제 발전사는 우리들에게 1495년 이래 국제 무역이 한 국가의 흥망을 결정했다고 알려준다. 누군가 국제시장 점유율을 더 많이 차지할수록, 그 누군가는 더 빨리 흥한다. 15세기 포르투갈부터 16세기 스페인까지, 17세기의 네덜란드부터 18세기 프랑스까지, 다시 19세기 영국부터 오늘날의 미국까지, 무역에 의존하여 굴기하지 않은 국가는 하나도 없고, 동아시아의 일본과 한국 역시 '무역 입국(贸易立国)'의 길을 걸었다. 중국은 명대 이래 '쇄국정책'의 길을 걸었다. 정화의 원정조차도 금지되었다. 그후 중국 경제는 무역 기회를 잃어버렸고, 경제 성장의 기회도 잃어버렸다. 중국은 '독립 자주, 자력갱생', '심알동, 광적량(굴을 깊이 파고, 도처에 식량을 비축하다)'하였지만, 중국 백성들은 하루하루 나기가 점점 힘들어졌다. 이것은 무엇 때문인가? 이것은 사실 매우 간단한 이치이다. 농민은 비임금근로자이기 때문에 자급자족의 경향이 있다. 한 국가의 농촌 인구가 많아질수록, GDP에서 소비가 점하는 비중은 낮아진다. 이것은 구조적 문제이다. 경제 발전을 통해서만 해결할 수 있다. 무엇보다 소비 자체가 경제 성장의 동력이 아니라 경제 성장의 결과이다. 이것은 우리가 현재 많은 소비로 경제 성장을 이끈다는 정책이 잘못되었다는 것이다. 이것은 경제 성장의 후퇴만 가져올 것이다. 왜냐하면 그것은 총수요의 하락을 가져오기 때문이다.

2. 오늘날 중국은 구조조정을 추진하고 있는데, 이 산업정책은 시

장을 통하는 것이 아니라 정부를 통한 강제 집행이다. 이것은 '관제효과'를 가져올 수도 있다. 즉 시장진입으로 발생하는 결과는 필연적으로 총공급의 하락이다. 총공급이 하락하면 경제성장은 후퇴할 것이다. 중국 개혁개방의 과정이든 다른 선진국의 경제발전의 길이든, 무릇 시장경제 발전의 길을 견지하고, 자원 배치의 권력을 시장으로 조정하면, 단기간 내에 주기적인 경제 위기나 파동이 생기더라도 장기적인 경제 후퇴는 없을 것이다. 현재 중국의 이른바 '산업구조조정'은 시장에 의한 배치가 아니라, 정부 주도의 정책성 배치에서 시작되었다. 그 결과로 2개의 위험이 나타날 수 있다. 첫 번째는 중국 도시가 중등 소득의 함정에 빠질 수 있다는 것이고, 두 번째는 농촌이 맬서스 함정에 빠질 수 있다는 것이다. 이것은 중국의 개혁개방이 불과 30여년의 시간 밖에 되지 않았고, 반면, 유럽의 공업화는 근 300여년의 시간이 걸렸기 때문이다. 농경 문명에서 공업 문명으로의 전환은 많은 도시와 대도시를 조성하는 것을 의미한다. 도시와 대도시의 출현은 필연적으로 산업 노동자의 출현을 동반한다. 그리고 이 거대한 군집에서 사회 소득의 격차로 부유층, 중산층 및 저소득층이 형성된다. 중국은 개혁개방의 시간이 짧아서, 일부 사람들을 우선 부유하게 하는 정책을 채택하였다. 이로 인해 중산층이 생기기 어렵고, 중산층이 있어도 인구 중에서 매우 적은 비율만 차지하고 있다. 선진국의 비율을 보면 우리는 중산층이 50%이상이어야 규모의 효과가 나타난다는 것을 알 수 있다. 거대한 중산층이 있어야만 중등 소득 함정에 빠지는 것을 피할 수 있다. 중산층의 사회 소득이 없다면 양극화로 나아가기 쉽기 때문이다. 중국의 현재 상황이 이와 같다. 이렇게 되면 사회가 불안정해지고, 더욱 중요한 것은 중산층의 소멸은 전사회의 평균 소득 수준이 하락할 수 있다는 것이다. 중국은 현재 인구의 50% 이상이 농촌 인구이다. 전통적인 농경 문명에서 공업 문명으로 나아가려면 반드시 농촌 인구에서 공업 인구로 이동하는 과정이 있을 것이다. 즉 소위 말하는 루이스 모형(곡선)이라는 것이다. 중국이 맬서스 함정을 피하려면 반드시 우선 인구의 자질을 제고시켜야 한다. 인구의 질은 한 나라의 생산력, 학습 능력 및 지식 축적 정도를 결정했다. 그리고 중국 농촌 인구가 도시로 이동하는 과정에서 체계적인 공업화 교육을 받지 못했다. 이것은 도시 인구 자질의 하락을 야기한다. 농경 문명에서 중시하는 것은 소비이고, 공업 문명에서 중시하는 것은 투자와 생산이기 때문이다. 농경 문화의 특징은 역사에 대해 편년을 진행하면 해석을 하지도 않고, 창조도 부족하고, 이 문화의 인구가 도시로 유입되어 도시의 '농촌화'를 조성한다는 것이다(루이스 전환점 분석).

농촌 인구의 자질은 낮고, 문화는 없고, 우매하며, 자연 환경에서도 차이가 난다. 사실 그 원인은 크게 보면 주류 사회에서 설계된 불합리 제도이다. 우리는 아래 두 가지 사례에서 그것을 알 수 있다.

사례 1

나는 어떤 지역의 한 마을에 도착하였다. 그 마을에는 15,000명이 거주하고 있었고, 주로 주석, 구리, 철광을 생산하였다. 매일 이 마을에서 생산되는 광물 가격은 약 50만 위안이다. 광산을 운영하는 사람들은 장쑤와 절강 일대의 사장들이다. 그들은 매년 향정부에 50만 위안 미만의 세금을 내지만, 운송 차량으로 인해 도로가 훼손되어 매년 도로 복구에 쓰는 자금이 최소 100만 위안이다. 광산 운영 후 환경이 심각하게 파괴되었다. 광부는 기본적으로 현지 농민공을 고용하였다. 광부 임금음 매달 500 위안이 채 되지 않는다. 만약 당신이 현지 광산에 가서 한 번 본다면, '이 광부들은 가축들과 별 차이 없구나'라는 감정이 첫 번째로 들것이다. 소와 말처럼 지쳐 쓰러져 죽을지언정, 굶어죽는 것은 안된다는 것이다. 이 광부들은 어떠한 생명 보험도 없이 하루하루 살아가고 있다.

사례 2

내가 간 빈곤현의 원시삼림은 1990년대 벌채를 시작하였다. 벌채할 때 어떠한 보상도 없었는데, 주류 사회 사람들은 삼림은 국가의 것이며, 삼림 벌채는 당연히 현지인들과 무관한 일이라고 말했기 때문이다. 삼림 벌채를 하지 않았을 때는 현지인들은 주로 사냥을 생업으로 하고, 보조로 간단한 농사를 지으며 비교적 편안한 생활을 하고 있었지만, 삼림 벌채가 끝난 후, 현지인들은 다시는 사냥으로 가족들을 부양하지 못하고, 어쩔 수 없이 산을 개간하여 농사를 지어 가족을 부양하였다. 그리고 최근 몇 년간, 정부는 환경 보호와 수토 유실 방지를 위해 정부는 현지인들에게 경작지의 삼림으로의 환원을 강제하였고, 삼림 벌채의 보상을 하지 않았다. 고생하여 개간한 계단식 논을 일구는 그들에게 공문을 내려 그들에게 매년 300근의 식량을 주고, 7-8년 간 일거리를 주었다. 많은 사람들이 환경을 보호하자고 이야기할 때 더없이 자비롭게 표현하지만, 약자가 된 동포를 직면할 때는 오히려 정의롭고 늠름하다.

이상 두 개의 사례를 통해 우리는 근본적으로 원인을 찾아야 한다. 우선, 위 두 가지 사례는 모두 재산권 제도와 관련있다. 관산 자원은 국유에 속하는데, 국유는 누가 있는 건가? 누가 광산 자원 개발을 심사 비준할 권리가 있으면 그가 국가를 대표하겠는가? 국민이 세금을 함께 나누면 누가 국가를 대표하여 세금을 징수할까? 세금 징수 후의 돈은 또 누구에게 지불될까? 1톤의 석탄이 30-40위안의 세금을 거두어 들이지만, 1대에는 10톤을 싣는데 5톤만 계산하고, 낮에는 10대에 세금을 부과하고, 저녁에는 100대가 세금을 내지 않는데, 세금을 거둔 셈친다. 현지 백성은 또 어떻게 징수한 세금 수익을 공유할 권리를 실현할 것인가? 만약 삼림, 광산 자원이 국가의 것이라고 한다면, 가난한 사람들은 수익을 나누지 못하면 그만이지만, 원래는 가난한 사람들의 재산에 대해 소수가 국가를 대표하여 점유한다. 예를 들면 농민들이 자금을 모아 만든 도로, 교량, 수리 시설 재산권은 모두 농민에게 속하지 않는다. 만약 농민이 투자하여 만든 전력, 교통, 에너지 등의 인프라를 모두 농민에게 재산권과 수익으로 공유하면, 농민 역시 그렇게 빈곤하지도, 교양이 없지도, 자질이 낮지도 않았을 것이다.

또 하나의 사례가 있는데, 1980년대 후기까지, 국가는 농민들이 식량 가공 공장, 목재 가공 공장, 농산물 가공 공장 등을 운영하는 것을 장려했는데, 당시 '인민공사 경영 기업'이라고 불렀다. 한 가공공장은 적게는 수십만, 많으면 수백만, 심지어 천만위안이 넘는 금액까지 투자한다. 90년대에 이르러 국가에서 공문을 내려 농민들이 인민공사 경영 기업을 운영 못하도록 하였다. 국가는 어떤 책임도 지지 않고 농민에게 막대한 손실만 안겨주었다. 이와 같은 정책은 일일이 다 셀 수 없다. 이러한 모든 것들 것 우리가 재산권 제도, 재정제도, 사회보장제도, 금융제도, 세금제도, 자원 배치제도, 사회보험제도, 교육 의료제도, 취업 임금제도, 토지제도 등을 종합적으로 고려해야만 시스템, 과학적 해결 방안을 얻을 수 있다.

전국 10만여 ㎞의 고속도로 중 90% 이상이 요금을 받는다. 전문가들이 추정하기로 전국 고속도로는 4천억 위안 이상의 요금을 받는데, 고속도로를 '인초기'라 부르는 이유이다. 현지 정부가 대출금을 아직 갚지 못한 이유는 무엇일까?

사례 1

광저우-선전은 광저우와 선전을 잇는 중요한 길목으로, 2013년 통행료 수입이 31.69억 위안에 이른다. 수년 연속 요금 인하 건의를 제기한 광동성 인대대표 린후이것은 광저우-선전 고속도로는 당초 114억원을 투자했으며 2012년 누적 요금 440억원을 기록했다고 설명하였다. 수입이 투자의 3배에 이른다.

사례 2

산동성 교동부가 공개한 데이터에서는 2013년 정부는 고속도로에서 총 104억 위안의 통행요금을 거두어들였다고 나온다. 이것은 약 40%을 차지하는 경영성 도로의 요금은 포함하지 않은 수치였다. 선전 고속, 산동 고속 , 청위 고속의 기업 이윤은 모두 30% 이상으로 집계됐다. 이 이윤은 금융과 부동산 업계를 훨씬 넘는 수준이다. 도로 자원은 특허경영 범주에 속하고, 도로 교통 인프라의 경영 기능은 원금 손실이 없을 정도의 적은 이익만을 보장받는다. 이것은 전 세계 모든 국가가 따르는 기본 이념이지만, 중국은 매우 특수하다. 한편으로는 중국 고속도로 요금 기준이 총체적으로 높기 때문에 매 ㎞ 가격이 여러 선진국보다 높은 편이다. 다른 한편으로는 당시 요금 설계 시 오늘날처럼 이만큼 자동차 유동량이 많을 줄은 예상하지 못했다.

2) 사회보장체계 문제

유럽과 미국처럼 시장이 성숙한 국가에서는 일반 가정 재산의 구성 중 부동산은 일반적으로 30%를 넘지 않고 남은 것은 모두 금융자산이지만, 중국은 오히려 반대로 '역 3:7'의 비율을 보이고 있다. 금융자산이 가정 재산의 70%를 차지한다는 것은 이 사회와 기업이 활력이 넘치며, 사회에 충분한 신용이 있으며, 모두들 기금, 주식, 채권 등을 사기 위해 대담하게 돈을 사용하는데, 이것은 결국 돈을 기업에 투자한다는 의미이다. 중국의 '역 3:7'은 기업 생존의 어려움과 사회적 신용의 상실을 설명하고 있다. 중국이 진정으로 부흥하려면 '정 3:7'의 가정 재산 비율을 실현시켜야 한다.

그러나 중국의 사회 보장 체계는 여전히 심각한 도전에 직면하고 있다.

첫 번째 도전은 중국은 심각한 취업난에 직면해 있다. 개혁개방 이후 특히 1990년대 이후 중국 노동연령 인구의 비중이 안정적으로 소폭 증가했다. 16-60세 연령의 인구 비중은 1990-1996년 동안 61-62%를 맴돌았고, 1999년에는 63.2%로 높아졌다. 인구 전망에 따르면 이런 추세는 한동안 지속될 것이다. 고령화 추이것은 인구 연령 구조에 대한 효과가 이런 추세를 넘어서야만 노동연령 인구의 비중이 하락할 것이다. 취업 압력은 중국 정부를 장기간 괴롭힐 것이다.

두 번째 도전은 인구 노령화로 인한 양로보장에 대한 절실한 요구이다. 1990년대 이후, 중국 고령화 속도가 빨라지고 노령인구의 규모가 커서 양로 부담이 매우 가중되었고, 중국 경제에 적합하지 않다. 전통 국유 기업 관리 모델에서 상응하는 근로자 양로기금을 쌓아놓지 않아, 퇴직 근로자 수가 급증하고 기업 양로에서 사회 양로 체제로의 개혁의 전환 시기에 비교적 심각한 보장 공백이 발생할 수도 있다.

세 번째 도전은 실업, 퇴직 현상이 날로 심각해지고, 일부 퇴직 근로자들이 제때에 연금을 받을 수 없어, 도시 일부 사람들이 빈곤상태에 빠진 것이다. 사회 보장 제도의 기능에 따라 이런 현상은 완벽하고 효과적인 최저생활 보장제도로서 이 사람들의 기본 생존 유지가 절실하게 요구된다.

또 위생보건체제에 있어서 인구가 급격히 고령화되는 추세는 큰 도전으로 다가왔다. 인구가 점차 노령화되면서 그에 맞는 질병과 전염병의 돌발은 정부가 관련 상황을 응용 메커니즘을 이용해 적절히 처리해야 해야 한다.

가장 가혹한 도전은 2억 여명의 농민공 문제다. 2007년 통계 데이터에 따르면 농업은 중국 GDP 총액의 11.3%를 차지했으나, 오히려 농민은 노동인구의 41%를 차지했으며, 1인당 GDP도 도시와 농촌에서 비교적 크게 차이난다. 2007년 도시와 농촌의 인구 비율은 44.9:55.1로, 이것은 55.1%의 인구가 그 해 GDP 의 11.3% 밖에 창출하지 못한 것이다. 현재 중국의 '농촌 농민과 농업' 문제는 구조적 문제이다. 도시와 농촌의 분화는 매우 복잡하고 바꾸기 어려운 문제이다. 이런 분화는 중국 특유의 호구제도와 사회복지의 격차로 더욱 두드러진다. 특히 교육, 문화와 의료 방면에서는 전국 80%의 수리하지 않은 교사(校舍)가 농촌에 있고, 60%의 농촌 병원은 X-ray 장비 등 설비를 교체해야 한다. 도시와 농촌 인민 생활의 질적 격차가 계속해서 커지면서(1978년에는 2.57:1. 2005년에는 이미 3.32:1에 다다랐다) 농촌 인프라, 위생보건 및 교육과 문화 수준이 도시에 비해 훨씬 낙후되어 있다. 이러한 문제를 해결하기 위해 중국 정부는 일련의 개혁 방안을 제시하였다.

1. 농촌 수리 공사 건설을 강화하고, 농업 관개 용수를 제고하고, 농촌 주민 음료 안전을 보장한다.

2. 도로를 건설하여, 농민 생산 및 생활에 편리를 제공한다. 2006-2010년 농촌 도로 건설에 정부가 1000억 위안 투자하고, '11.5' 규획 종료 시, 기본적으로 모든 향진에 도로를 연결한다.

3. 농촌 전력망 건설을 완료한다. 2006년에도 여전히 2000여 만 명의 농촌 주민들이 전기를 사용하지 않았지만, 2010년에는 이미 1000여만 명이 전기를 사용할 수 있었다. 나머지는 조만간 해결될 것이다.

'사회주의 신농촌'을 건설하는 과정에서 중앙은 재정을 대거 투입하여 농업세 감면, 무상 교육, 농촌 신형 합작 의료, 최저생활 보장 등의 조치를 취했다. 중국 농촌은 지금 '신농촌' 운동 바람을 일으키고 있다.

3) 글로벌 경제 발전 불균형 문제

1만년 전의 농업의 생성과 발전은 제1차 경제 혁명이다. 사람들이 농촌과 시골에 정착하기 시작하면서 경제성장과 문명의 출발점을 형성하였다. 농업은 생산성 잠재력과 인류의 진보의 잠재력을 극도로 제고시켰다. 지금으로부터 200년 전의 제2차 경제혁명, 즉 19세기 과학의 시스템은 물리학, 화학, 유전학 및 생물학 등의 과학이 발전하기 시작하였다. 이번 혁명은 모든 현대 경제 생활의 방식과 인류 생활과 교류의 방식을 완전히 바꾸었다. 일찌감치 1776년 아담 스미스는 <국부론>에서 부유국과 빈곤국의 차이는 노동분업과 시장 규모에 있다고 지적했다. 그는 근로자 한 명이 당시 조건 하에서 매일 20개의 바늘을 만들 수 있다고 추정했으나, 그는 같은 수공 공구로 이 과정을 많은 사람들이 전문적인 개별 소공정으로 나누었을 때, 즉 노동분업으로 10명이 하루에 4.8만 개의 바늘을 제조, 즉 평균 1인당 4800개의 바늘을 만들 수 있으며, 이것은 노동분업 전 보다 240배 높은 효율을 보였다. 물론 그것의 실현은 큰 시장을 전제로 한다. 10명의 노동자를 고용하는 공장이 1년에 최소한 150만 개 이상의 바늘을 팔아야만 유지가 가능하기 때문이다. 이와 같이 산업 분업은 생산 효율을 높였으나, 그와 동시에 시장 규모의 확대도 필요하다. 세계화 발전의 핵심 고리는 국가와 국가 간의 경제 활동, 무역, 투자 등의 집합 성장에서 답을 찾을 수 있다.

1960년대부터 세계 총생산액 증가율은 3-4% 사이이며, 국제무역의 성장률은 세계 GDP 성장률의 2배 이상을 기록하였고, 직접 투자 성장률(1980년대 상반기 제외) 역시 10% 이상의 속도를 유지하고 있다. 이런 국제 경제 활동의 증가는 객관적으로 세계 시장 규모의 확대를 촉진시켰고, 이에 따라 국제산업 분업도 더욱 세분화되고 있다. 선진국은 산업 분업으로 발생한 절대다수의 수익을 점유하고 있으며, 많은 개발도상국은 총체적으로 여전히 국제산업 분업에서 '세계의 공장' 역할을 하고 있다.

어쨌든 전 세계 경제의 불균형에 영향을 미치는 요소는 많고 복잡하지만, 세계화 과정에서 중요한 역할을 했다는 점은 의심할 나위가 없다. 유엔이 2000년에 발간한 <인류발전보고서>에서는 '지금까지 세계화는 불균형적이었고, 가난한 나라와 부유한 나라, 가난한 자와 부자 간의 격차가 더욱 심해졌다.'고 지적하였다. 세계를 부유한 나라와 가난한 나라로 구분하는 것은 근대에 들어서 발생한 현상이다.

예전에는 모든 나라가 똑같이 '생존'을 위한 수준에 머물러 있었다. 200년 전 영국 산업혁명이 시작되었을 때 국가 간 생활 수준의 절대적인 차이는 크지 않았을 것이다. 오늘날 대부분의 개발도상국의 1인당 평균 소득 수준은 19세기 하반기에서 20세기 초의 1인당 평균 소득 수준 정도이다. 사실 선진국과 개발도상국 간의 소득 차이는 대부분 최근 1세기 동안 생긴 것이다. 만약 우리가 1850년 전 5000년 간의 인류 문명을 1일로 간주한다면 최근 1세기는 반 시간밖에 되지 않았지만, 이 30분 동안 선진국에서 생산한 실제 생산은 이전 1일의 생산을 넘어섰다. 다시 말하면, 최근 100년의 총생산은 과거 5000년 간의 인류 총생산을 훨씬 넘어섰다는 것이다.

앵거스 매디슨의 역사적, 경제적 추산과 평가에 따르면, 기원전 1000년부터 1800년까지, 이 2800여년 동안 동방도 서양국가 1인당 GDP 는 기본적으로 크게 변화하지 않았지만, 다만 14-15세기의 베니스, 16세기 네덜란드와 17세기의 영국만이 조금씩 성장하기 시작했다. 1820년대 이후 발생한 현대시장 경제와 산업혁명 이후, 영국 등 유럽 국가와 미국이 최초로 현대의 경제성장을 일으켰다. 각 국가의 경제 성장을 촉진한 것은 주로 공업과 과학기술 혁명 및 현대 시장경제의 형성이다. 인류가 현대 사회에 진입한 후 서양 각국은 두 차례 빠른 경제 성장 시기를 겪었다. 하나는 1차 산업혁명과 제2차 산업혁명 이후, 즉 1820년부터 1913년까지이다. 이 기간, 대영제국이 굴기했을 때의 경제는 겨우 2% 가량이었다. 이후 제1차 세계 대전 이후 '영국병'의 침체 시기로 들어섰다. 중간에 1873년부터 1896년까지 첫 번째 세계대공황도 겪었다. 같은 시기, 프랑스의 GDP는 평균 1.5% 가량 증가했다. 독일은 통일 이후 비교적 늦게 굴기했지만, 영국과 프랑스에 비해 상대적으로 높은 증가 속도를 기록하였는데, 평균 GDP의 연간 증가 속도는 2.5%를 초과하였다. 그러나 독일의 경제 성장은 2차 세계대전의 패전으로 중단되었다. 1차와 2차 산업혁명을 거치는 동안, 짧은 시간이나마 4%가 넘는 상대적 고속성장을 한 나라는 미국과 캐나다밖에 없다. 인류 근대 역사와 당대 역사로 볼 때, 일정 기간 1인당 평균 GDP가 8%가 넘는 초고속 경제성장은 주로 후에 굴기한 추월형 국가와 경제체에서 발생하였다. 1950-1973년 일본의 연평균 경제 성장 속도는 9.27%였으며, 한국은 1971-1996년까지 25년 간 9.1%가 넘는 고속 성장을 기록했다. 주목할 만한 현상은 아시아, 특히 동아시아의 추월형 경제체는 20-30년의 고속경제 성장을 겪으며 각자의 공업화 이후 거의 예외 없이 경제성장 속도 하강의 과정을 겪었다는 점이다. 일본은 1993-2009년까지 GDP의 연평균 성장 속도는 0.85%였고, 한국은 1997-2012년까지 연평균 성장 속도가 4.3% 정도까지 감소하였다.[21)]

쁘리제트가 추정한 바와 같이 가장 부유한 국가와 가장 가난한 국가의 1인당 평균 소득 비율은 1870년 11배에서 1960년 38배, 1985년의 52배까지 증가하였고, 현재 100배가 훨씬 넘는 것으로 추정된다. 세계화는 자원 배치를 최적화하는 동시에 빈부 분화를 심화시켰다는 것이다. 다윈의 생물진화론처럼 우승열패와 적자생존이다. 미래의 세계화 과정 중 일부 부락 문명은 이 과정에 적응하지 못하고 지구상에서 영원히 사라질 것이다.

더글러스 노스는 제도경제학 이론으로 미국과 서유럽이 200년 전 저소득의 농업사회가 고소득의 현대사회로 발전한 이유를 설명했다. 노스는 동아시아의 경제적 성공은 적절한 정부 행위가 유효시장을

---

21) 위삼, "세계 역사의 큰 배경에서 미래의 중국 경제의 성장 전망", 온라인 웨이신: 교수시점, 2015.04.06

빨리 창조할 수 있는 과정이라고 생각한다. 동아시아의 후발국으로서 빈곤선 인구가 급격히 감소하였는데, 이 성과는 주로 세계화에 적응, 즉 개혁개방, 대외무역을 통해 외자, 기술을 도입하는 것이다. 미래의 세계화 과정에서 중국 앞에 놓인 세계화 메커니즘을 지속적인 심화 외에 가장 중요한 것은 체제 변화와 현재의 경제 발전 수준의 불균형을 바꾸는 것이다.

7. 제4차 산업 혁명과 우리의 선택

1) 제1차 산업 혁명(1760–1850년) - 기계화

1765년 방직공 하그리브스가 제니방직기를 발명하면서 제1차 산업혁명의 서막이 올랐다. 1785년 와트가 개량형 증기 기관을 투입하여 사용하여 기계의 보급과 발전을 촉진하면서 인류는 증기기관 시대에 진입하였다.

1807년 미국인 풀턴은 증기 기관을 동력으로 하는 증기 기선을 제작하여 시항에 성공하였다. 1814년 영국인 스티븐슨이 증기자동차를 발명하였다. 1825년 스티븐슨은 기차를 발명하였다. 인류는 증기를 동력으로 하는 시대에 진입하였고, 공장의 출현은 공업화 생산의 가장 중요한 조직 형태가 되었다.

17세기 이전 만장인류 사회에서는 인류가 더딘 행보를 보였다고 말할 수 있다. 18세기에 이르러 유럽은 빠르게 변화하기 시작하였는데, 과학적으로나 이데올로기적으로 동시에 매우 중요한 진전이 있었다. 앞에서 이야기한 과학 기술 혁명 외에 몽테스키외는 사법, 행정, 입법 삼권 분리 학설을 창립하였고, 루소는 천부인권 학설을 창립하였다. 1776년 미국은 독립을 선언하고, 세계에서 처음으로 왕을 세우지 않고, 국민들이 대통령을 선출한 국가가 되었다. 1789년, 프랑스 혁명이 발발로, <인권 선언>을 발표하여, 루소 학설이 전파되고 실천되기 시작하였다.

이 시기 중국은 국내외 전쟁이 한창 중이었고, 4백 여만 ㎢의 토지를 중국의 영역으로 편입하였다(얼마 지나지 않아 러시아, 일본 등의 열강에 의해 분할됨). 과학과 민주에 대해서는 알지 못하였고, 반이성적인 공포에 휩싸여 문호를 봉쇄하였으나, 시를 쓰는 상상력조차 없었다. 이와는 반대로, 탐관오리가 계속 나왔고, 1799년, 건륭제가 죽고, 화신은 체포되어 사형을 당했는데, 재산이 9억 냥에 이르렀다. 그 당시 1년 국고의 총 수입이 8천만 냥 밖에 되지 않았으니 화신이 20년 긴 권력을 집고 있던 기간 동안 받은 뇌물 금액이 12년 간의 국가 총수입에 상당하였으니 세인들이 놀랄 만하다.

2) 제2차 산업 혁명(1870–1900년) - 전기화

1866년 독일인 지멘스는 발전기를 만들었고, 1870년대, 실제 사용 가능한 발전기를 출시하였다. 19세기 70, 80년대, 전기 시대에 진입하여, 전등, 전보, 전화, 전차, 기선, 타자기, 축음기, X-ray 등이 잇따라 출시되면서 제2차 산업 혁명의 시작을 알렸다. 내연 기관의 발명은 석유 채굴업의 발전과 석유화학 공업의 생산을 촉진하였다. 1870-1900년까지. 석유는 신에너지로써 생산량이 80만 톤에서 2000만 톤으로 증가하여 제2차 산업 혁명의 발전을 촉진하였다. 이 시기

유럽과 미국은 새로운 과학과 민주, 인성 존중 추구 등의 세계로 진입하고 있었고, 또 외부로의 확장이라는 광풍이 부는 변혁의 시대로 접어들었다. 의회 민주 정부는 빠르게 퍼져나가 절대 전제 정부와 무한 권력의 군주 제도는 갈수록 쇠퇴하였다.

중국은 1840년 이전, 상술한 신 문물에 대해 알지 몰했고, 여전히 대국이 중심이라는 오만에 빠져 안주하고 있었다. 일체의 진보 사상과 과학 기술 성과를 거절하면서 거대한 중국은 휘황찬란한 정상에서 세계의 광대로 전락하였다. 계속된 전쟁 패배, 끊임없는 영토 할양과 전쟁 배상, 19세기가 끝났을 때, 중국은 이미 열강의 의한 영토 분할이라는 운명에 직면하였다. 위재조석(危在旦夕)라고 했던가. 러시아는 총 한 발 쏘지도 않고 1,610,000㎢의 국토를 분할해 갔고, 과거 조공을 바치던 소국이었던 일본 역시 갑오 전쟁에서 중국에게 이기고, 중국은 치욕적인 <시모노세키 조약>을 체결하결하였다. 이 때부터 중국은 자포자기하여, 대암흑 시대는 날로 악화되어갔다.

여기에서 강조할 것은 청나라 초기 강건성세 때, 중국은 세 번째 황금시대를 맞이하였다. 총 890만 ㎢의 여토를 개척하여 중국 영토는 1240만 ㎢에 달하였는데. 이것은 명나라 때 350만 ㎢의 3배 가까이 되는 영토이다. 여기서 중국인들은 만주족들에게 감사해야 한다(중국의 첫 번째 황금시대는 기원전 5세기에서 기원전 1세기이고, 두 번째 황금시대는 7-8세기이다). 당연히, 명나라 초기 주체가 매 원정 때마다 2-3만 명을 동원하여 정화를 7차례 서양으로 원정 보낸 것은(1405-1433) 콜롬버스(1492)보다 87년이나 빠르고, 규모 역시 수십 배는 더 컸다. 그러나 결과는 완전히 다르다. 왜일까?

3) 제3차 산업혁명(1950-2010) - 자동화

1945년, 미국은 원자탄 시험 제작에 성공하였고, 1954년 소련은 첫 번째 원자력 발전소를 건설하였다. 1946년, 1세대 전자식 컴퓨터, 1959년 2세대 트랜지스터 컴퓨터, 1964년 3세대 집적회로 컴퓨터, 1970년 4세대 대규모 집적회로 컴퓨터가 개발되었다.

1957년, 소련은 세계 제1호 인공위성을 쏘아올리면서 공전의 과학기술 발전의 신기원을 열었다. 1958년 미국 역시 인공위성을 쏘아 올렸다. 1961년, 소련 우주비행사 가가린은 가장 먼저 우주에 진입하였고, 1969년, 미국인 암스트롱은 인류 달탐사의 꿈을 실현하였다. 중국은 1964년 10월 16일 첫 번째 원자탄 실험에 성공하였고, 1970년 첫 번째 인공위성을 쏘아올렸다.

제3차 산업혁명은 간단한 기계에 국한되지 않고, 전자 컴퓨터, 원자력, 항공우주기술, 인공재료, 유전자 공학 등 고급 과학기술이 포함된 제품과 기술이 발전하고 응용되면서 인류는 한 번도 겪어보지 못한 속도로 고속 발전하고 있는 중이다.

4) 제4차 산업혁명(2010년 시작) - 지능화

제4차 산업혁명의 시기는 다소 모호하다. 2010년 7월, 독일은 <하이테크 전략 2020>을 통과시켰는데, 그 중 향후 10-15년 동안 생산자동화 실현을 목표로 확정하였다. 클라우스 슈밥의 저서 <제4차 산업혁명>에 따르면, 이번 혁명은 이전에 없었던 형태로 우리를 강타하고 있고, 그것은 디지털 기술, 물리 기술, 생체공학 기술을 융적으로 융합하여 강력한 역량을 폭발시켜 우리 경제와 사회에 영향을 주고 있다고 보고 있다.

구체적으로 사물 기반 인터넷, 블록체인, 빅 데이터, 3D 프린트, 로봇, 이식 기술, 인공지능, 스마트 도시, 생명 과학 등의 기술 변혁을 포함하고 있고, 이러한 기술들은 우리 사회 생산에 많은 영향을 주었다. '무인공장' 등 하이테크 로봇은 인류 사회 생산에 영향을 주었는지, 우리는 진지하게 연구하고 정책 결정을 할 필요가 있다.

어떤 학자는 5G 사물 인터넷은 제4차 산업혁명이라고 했는데, 만약 정말 그렇다면 중국은 이미 신세계에 진입하였다. 화웨이의 5G는 노키아, 에릭슨보다 2-3년 앞섰지만, 원가는 오히려 30-40% 낮다. 미국은 아직 5G가 없다. 또 어떤 학자는 제4차 산업 혁명은 다음과 같은 내용이 포함되어야 한다고 생각한다.

1. 신재료 : 실로콘 웨이퍼는 전자 제품을 사용함에 있어 이미 한계상황에 도달했기 때문에, 그래핀(새로운 전자 제품 재료)을 사용한다.
2. 유전자 공학
3. AI 즉 인공지능
4. 양자공학
5. 핵융합

나는 여기서 굉장히 중요한 문제 하나를 강조하고 싶다. 우리는 이번 세대에 각별히 경험을 했다. 우리는 인류 사회의 4세기(18, 19, 20, 21세기) 동안의 과학기술 혁명을 경험했다. 이것은 우리가 중국에서 태어났기 때문에, 농업 문명에서 공업 문명까지 경험했고, 다시 정보 문명, 제4차 산업 혁명을 경험한 시대를 살고 있다는 것이다. 즉 1960-1980년에 우리는 기계화를 경험했는데, 이것은 영국이 일찍이 제1차 산업 혁명(1760-1850년) 시기의 사회 모습이다. 1980-1990년 우리는 전기화를 경험했는데, 이것은 독일이 먼저 실현한 전기화 시대인 제2차 산업 혁명(1870-1900년) 시기이다. 1990-2000년에 우리는 자동화 시대를 체험하고, 참여하고 있다. 이것은 제3차 산업 혁명(1950-2010년) 시기이다. 현재 제4차 산업 혁명은 이제 막 시작되었는데, 우리는 세계 2위권에 속해 있으며, 그 그룹 중 선두권에 위치하고 있다. 나는 이 시대에 태어나서 무한한 영광이고 자랑스럽다. 부모님에게 감사드린다.

2위권에서 중국은 위성항법 시스템, 우주비행, 통신, 고속철도, 항만 기계 자동화, 무인기, 핸드폰 등 여러 분야에서 절대 우위를 점하고 있다. 고속철도, 항만 기계 자동화 등의 일부 영역에서는 1위권에 있는 미국을 넘어서기도 한다. 전체적으로 보자면, 미국은 현재 칩과 조작 시스템 같은 하이테크 기술 영역에서 독점적인 지위에 있다. 하드웨어, 소프트웨어 양대 산업은 미국이 선두 지위에 있으면서 큰 공헌을 하였다.

인터넷과 인공지능은 제4차 과학기술 혁명의 핵심 요소이다.

세계 10대 인터넷 기업 중 6개는 미국에 있고, 4개는 중국에 있다.

네트워크는 한계 수익이 점차 늘고 있다. 네트워크는 인구와 기술을 핵심 요소로 하고, 하나라도 없으면 안된다. 미국과 중국은 인구 보너스와 기술 보너스를 효과적으로 이용하였다. 서양 선진국인 영국, 프랑스, 독일과 일본 등의 국가는 기술은 가지고 있지만 인구가 부족하고, 인도, 인도네시아 등의 국가는 인구는 많지만 기술은 부족하다.

OECD 일부 국가는 기술은 있지만 사용할 수 없는데, 며칠 전 한국 택시 기사들은 파업을 하였다. 한국 역시 모바일을 통한 차량 콜 서비스를 시작했는데, 한국은 노동조합이 선진 기술 도입을 허용하지 않았다. 택시 생업에 영향이 있기 때문이라고 하는데 얼마나 어이없는 일인가!

10년 후의 중국과 미국

과거 30년 간 선진 기술의 90%는 미국이 제공했다고 할 수 있다.

현재 세계는 새로운 전환점을 맞아 새로운 시기로 접어들고 있다. 상술했던 바와 같이 미국은 이미 백여년 간 세계의 중심이었지만, 미국의 시대는 이미 막을 내리기 시작하였다. 중국이 세계 중심이 되는 시기의 도래가 임박하였다! 이것은 이 시대의 중화 자손들의 신성한 사명이다.

1953년 중국의 조강, 강철, 생철 생산량은 각각 177만 톤, 147만 톤, 223만 톤이었지만, 20년 간 고군분투하여 생산량이 안정적으로 1,000만 톤 이상을 유지하였다. 1990년 대 말부터 시작하여 중국의 강철 공업은 굉장히 빠르게 발전하기 시작하였다. 1995년 생철 생산량은 1억 톤을 돌파하였고, 2006년 생철 생산량은 4억 톤을 돌파하였다. 1998년 강재 생산량은 1억 톤을 돌파하였고, 2009년 강재 생산량은 7억 톤을 돌파하였다. 2002년에서 2009년까지 중국 강재 생산량은 연평균 20%가 넘는 속도로 증가하였고, 2009년부터 중국 조강, 생철, 강재 생산량은 세계 1위를 꾸준히 유지하고 있다. 이것은 전세계 생산량의 50% 이상을 점유하고 있는 물량이지만, 이것 역시 국가의 엄격한 생산량 통제 하에 생산된 양이다.

중국 자동차 산업은 늦게 시작되었다. 1950년 대에 시작하여, 20세기가 되어서야 산업 시스템이 형성되기 시작하였다. 하지만 발전 속도가 빨라 2013년부터 4년 연속 생산량이 2,000만 대를 초과하여,

전세계 1위(2009년 중국 자동차 생산량이 전세계 1위에 올랐음)를 차지하였고, 현재 중국 자동차 생산량은 전세계의 약 30% 가량을 점유하고 있다.

10년 이상 유지 가능한 중국 인구 보너스와 엔지니어 보너스

1998년 중국은 대학생을 확대모집하기 시작하여 현재 재학 중인 대학생은 약 3천만 명 정도로, 그 중 4백여만 명이 이공계생이다. 이것은 역사적으로 고등 교육을 받는 인구가 가장 많은 시기이다.

미국은 1천 4백만 명의 재학생이 있고, 44만 명 만이 이공계생이다. 그 중 52%는 외국 유학생이다.

미국은 수학 올림피아도에서 2회 연속 우승하였지만, 상위 5위 모두 중화권 인물로, 4명은 상하이, 1명은 푸젠인이다.

중국은 165만명의 과학기술 전공 인재가 있고, 미국은 140만 명이 있다.

10년 후에는 중국의 과학기술 투자와 생산물은 모두 미국을 제칠 것으로 예상된다.

과학기술은 현대 국가 역량의 중심 – 미중 무역 전쟁

미국 4대 핵심 아이템 : 하이테크 기술, 군사력, 달러, 할리우드

이것은 미국이 세계를 제어하는 4대 핵심 아이템이다.

과거 미군은 7169억 달러를 소비하였고, 이것은 2-15위 국가의 총합에 상당한다.

중국은 1999년 5월 8일부터 군사 건설 강화를 시작하였다.

나는 중국군대의 실력이 ㅎ녀재 세계 2위라고 생각한다.

핵탄두는 러시아가 7350기, 미국이 6950기, 중국은 몇 기? 시신핑은 알고 있을 것이다.

나는 500여 기만 있으면 1번에 대국을 파괴하는 데 충분하다고 생각한다.

재래식 전쟁은 이미 제2차 세계대전과는 다르다.

미국은 800여 기의 위성이 있고, 러시아는 150기, 중국은 400여기 이상이 있다.

미국은 러시아, 중국, 북한, 중동, 남미 등을 감사해야 하지만, 중국은 미국만 감시하면 된다. 위성 레이더가 발달하고, 데이터링크를 러시아에 수출한다.

재래식 무기의 신은 탄도로, 중국이 세계 1위이다.

1987년 12월 8일 미국과 러시아는 <중거리 핵전력 협정(INF)>을 체결하였다.

과정 : 미국과 소련 양국은 중단거리 미사일을 감축하기로 협정을 맺었다.

500-1000㎞ 지상발사 단거리 미사일과 1000-5500㎞의 중거리 미사일을 감축하기로 하였다.

하지만 중국은 이 시기에 미사일 제조에 몰두하여, 그 숫자에 구애받지 않아, 약 5000여 기 이상을 보유하였다.

이것은 15%의 제조 능력만을 동원한 결과이고, 국경절 열병식 때 선보였다.

공군 젠20은 이미 미국 F22와 F35에 비견할만큼의 성능을 가지고 있으며, 백㎞ 내에 타격 능력을 보유하고 있다.

중국 정부 데이터에 따르면 10800억 위안을 군사력에 투자하고 있고, 약 1588억 달러 정도이다. 이것은 미국 군사력 투자의 22% 정도인데, 중국의 GDP는 미국의 70%에 지나지 않는다. 이러한 비율로 따지자면 중국은 약 5018억 달러를 군사력에 투자해야 한다.

미중 관계는 과거 40여년 간 비교적 성공적으로, 협력과 경쟁의 비율이 7:3 정도였다.

현재에는 3:7로 반대가 되었다.

미국은 갱년기에 접어들었고, 중국은 과도한 자신감에 차있다.

게다가, 일본, 인도, 베트남의 도발로 위험한 상황이다.

미국은 60여 개의 군사 동맹국이 있지만, 중국은 1개만 있다.

스티븐 바이러는 미국이 중국을 압박할 수 있는 시간은 5년 밖에 남지 않았다고 하였다.

향후 10년 간 미중 무역 전쟁은 일상화되고, 부딪히지 않아야 중국에게 유리하다.

향후 10년 간 중국은 2개의 함정을 피해야 한다. 중등 소득 함정과 투키디데스 함정이다.

'투키디데스 함정'은 새롭게 떠오르는 대국은 반드시 현존하는 대국에 도전해야 하는데, 현존하는 대국 역시 필연적으로 이러한 위협에 반응한다. 이것은 피할 수 없는 전쟁이다. 그리스 철학자 투키디데스는 <펠레폰네소스 전쟁사>에서 그렇게 서술하였다. 아테네 국력의 증강으로 스파르타인은 공포에 떨었고, 펠레폰네소스 전쟁의 야기하였다. 미중 관계는 어느 정도 '투키디데스의 함정' 양상을 띄고 있다. 만약 중국이 계속해서 지속가능한 발전의 길을 걷게 된다면, 더 부강해질 것이다. 하지만 서양 자유민주국가로 변하는 것은 아니다. 그러면 현재 혹은 가까운 미래에 미국과 중국은 더는 간단한 무역전쟁이 아닌, 공개적이거나 혹은 위험한 대치 나아가 충돌을 하게 될 것이다.

예로부터 맏이깃은 둘째의 골기를 무시워힌다. 고대 아테네는 국력의 증강으로 스파르타에 도전하였고, 스파르타인에게 전쟁을 도발하였다. 여기서 나는 현재까지의 역사는 예외없이 모두 전쟁을 통해서 해결했다는 점을 강조하고 싶다. 단지 현재 미국과 중국은 모두 핵무기를 보유하고 있어서, 어떤 사람은 전쟁을 피할 수 있다고 이야기한다. 하지만 나는 반드시 그렇게 간단하지만은 않다고 생각한다. 인류 역사는 전쟁은 피할 수 없는 것이라고 증명하고 있고, 게다가 재래식 전쟁에 핵무기를 소형화하여 투입할 수 있기 때문이다.

1894년 갑오전쟁 시, 미국은 세계 1위였고, 1914년도 또한 그러하다.

1895년 미국은 영국을 라틴아메리카에서 몰아내었다. 조부를 쫓아낸 것이다.

이후, 독일, 소련, 일본, 유럽연합 등 둘째는 잇따라 미국에게 밀려났다.

유럽연합 GDP가 미국 제조업 GDP의 80%인 것을 제외하고, 나머지 4개 국가는 모두 70%가 되지 않는다.

하지만 중국은 5-6년 후, 총 GDP에서 미국을 따라잡을 것이다.

10년 후, 중국 GDP는 미국의 130%가 될 것이다.

구매력평가설인 PPP는 미국의 2배가 될 것이다.

제조업 GDP는 미국의 3배가 될 것이다

제조업은 2010년 미국을 뛰어넘었고, 2016년에는 미국과 일본의 총합, 2018년에는 미국과 일본, 독일의 총합이었다.

10년 후, 제조업에서 중국이 전세계 50%이상을 점유할 것이다.

그 때가 되면, 세계 제조업은 하나는 중국, 다른 하나는 외국 이렇게 두 부류만 남을 것이다.

나는 그 때가 되면 미국 역시 세계 2위를 인정하게 될 것이라고 생각한다. 관건은 현재와 향후 10년이다.

나는 저서 <21세기의 대국과 한반도>에서 세계 문명의 중심은 근대로 진입하면서 평균 백년에 한 번씩 바뀐다고 언급하였다. 15세기 포르투갈, 16세기 스페인, 17세기 네덜란드, 18세기 프랑스, 19세기 영국, 20세기 미국이 바로 당대 세계 문명의 중심이었다. 당연히 이것은 역사의 대체적 추세일 뿐이고, 정확한 것은 아니다. 이것은 일본 미츠토모 유아사가 제기한 세계 과학 중심 전환과 여러모로 비슷하다. 유아사는 한 개 국가의 과학 성과량은 세계 과학 총량의 25%를 점유하고 있어, 세계 과학의 중심이라고 불릴 만하다고 제기하였다. 그 나라들은 차례대로 이탈리아(1540-1610년), 영국(1660- 1730년), 프랑스(1770-1830년), 독일(1810-1920년), 미국(1920년 이후)이다. 이러한 현상을 소위 '유아사 현상'이라고 한다.

결국, 세계 문명 중심의 전환이 좋든, 세계 과학 중심의 전환이 끝나든, 역사 발전의 발걸음은 멈추지 않았고, 현재 세계인들에게 이야기하고 있다. 미국의 시대는 저물기 시작했고, 중국의 시대는 서막이 오르고 있다고! 이 역시 내가 다음에 쓰는 <일대일로와 한반도 평화 발전의 길>의 서언의 머리말에 쓸 내용이다. 이것은 미국 최대의 고민이고, 현재 미국이 미중 무역 전쟁을 도발한 근원이기 때문이다.

중국이 '중국제조 2025' 계획을 제기했을 때부터 미국은 <스페셜 301조 보고서>를 발동하여, 무역보호주의의 명목으로 중국 경제 굴기와 산업 업그레이드에 검을 겨눴다. 이것은 명백히 미국이 중국의 전략을 억제하고 '사냥'하려는 의도를 나타낸 것이다.

여기에서 화제와 동떨어진 이야기를 한 마디 해보자. 우리는 현재 계속해서 해방사상, 개혁개방을 심화해야 한다고 이야기하고 있다. 사상 시장보다 더 개방된 것은 없기 때문에 더 사상을 해방할 수 있는 것이다. 하지만 현재 책 한 권 출판하기도 쉽지 않고, 해방사상을 이야기하는 것도 마찬가지이지만, 당신은 이야기해야만 한다. 출판사 편집자가 민감한 문제를 이야기하면 우리는 출판할 엄두가 나지 않는다. 그러면 민감하지 않은 문제면 무슨 의의가 있겠는가? 기억해야 할 것은 마거릿 대처는 그녀의 저서 <국가경영>에서 이렇게 말한 적이 있다. "중국은 초강대국이 될 수 없다. 오늘날의 중국 수출품은 TV이지, 사상 관념이 아니기 때문이다." 나는 중국이 진정한 사상 해방의 시기까지 기다리면 우리의 문명사상 역시 수출할 수 있고, 그때가 되면, 중국은 세계의 리더가 될 수 있다고 생각한다.

제8장

일대일로와 한반도 평화 발전의 길

인류가 21세기에 들어선 이후, 글로벌화는 이미 전세계적으로 전개되고 있다. 1989년 베를린 장벽의 붕괴와 1991년 소련 사회주의 국가의 해체를 지표로, 전후 46년 간의 길고 긴 냉전시대 국면의 종식을 선언했다. 이후 1991년 12월 유럽공동체 정상회에서 <마스트리히트조약>을 체결하여 "유럽 경제와 통화 연합"을 성립하였고, 1999년 1월 1일 정식으로 유럽 단일 통화인 유로화를 발행하였다.

글로벌화라는 명칭을 공식적으로 사용한 것은 1992년 10월 24일 당시 갈리 유엔 사무총장이 "유엔의 날" 연설 도중 "진정한 첫 글로벌화 시대가 이미 도래하였다"고 엄숙히 선언하였다. 이후 1993년 11월 아시아태평양경제협력체, 즉 APEC에서 제1차 비정식 정상회담을 개최하여, 매년 이런 회의를 개최하여 지역 경제 협력을 추진하기로 결정하였다. 1995년 1월 1일 글로벌 무역기구인 WTO가 성립되었고, 전세계 자유 무역 원칙을 상품 무역에서 서비스 무역 및 무역 관련 투자까지 확대하였다. 그 이후, 글로벌화는 전세계적으로 전개되었다.

1. 세계화와 지역 경제 정치의 일체화

글로벌화란 생산요소가 전세계에서 자유롭게 이동하고, 배치가 최적화되어 글로벌적으로 통일된 대(大)시장이 형성되는 것을 말한다. 본질적으로 경제활동은 종횡으로 혹은 폭과 심도에서 전세계적으로 극도로 확장되고 있다. 글로벌 각국 및 지역과 경제가 융합되고, 상호의존하는 경제 체계를 이루고 있다. 그래서 소위 글로벌화란 우선적으로 경제 글로벌화를 일컫는다. 글로벌 무역을 선도하는 것이 바로 경제 글로벌화의 핵심 내용이다. 경제 글로벌화는 사람들의 고유관념 중 객관적 요소가 자유롭게 이동하는 데 방해되는 걸림돌을 끊임없이 제거하여, 글로벌 체제에 융합하도록 한다. 이것 역시 글로벌 경제가 오늘날까지 발전한 필연적인 결과이며, 글로벌적으로 생산력이 고도로 발달할 수 있도록 한 객관적 존재이기도 하다.

글로벌화의 정의에 대해 사람들은 다른 관점에서 다른 서술을 하지만, 그것의 핵심 내용은 경제 글로벌화에서 떠날 수 없다. 가장 간단한 정의도 바로 각 나라 경제의 일체화이다. 각 나라의 경제는 다시는 이 세상에서 독립적인 생존이 불가능해졌고, 그런 폐쇄적이고, 자급자족의 경제 형태는 영원히 사라졌다. 경제 글로벌화의 주요 핵심에는 다음 내용들이 포함되어 있어야 한다.

1. 경제 글로벌화는 주로 무역, 투자, 금융 등의 경제 활동이 전세계적으로 자유롭게 이동하는 것을 표현한다. 글로벌 각국은 생산, 분배, 소비 등의 방면에서 경제 활동의 일체화 추세가 나타나고 있다.

2. 경제 글로벌화는 생산, 무역, 투자, 금융 등 경제 행위가 전세계적인 범위에서 대규모로 이루어지는 활동이자, 생산 요소가 전세계

적인 범위에서 배치와 재편성되는 활동이고, 글로벌 각국 경제의 고도화된 상호의존과 융합의 표현이다.

3. 경제 글로벌화는 국경을 넘어 이동하는 상품, 서비스, 생산 요소와 정보의 규모와 형식이 부단히 증가하고, 게다가 국제 분업을 통해 글로벌 시장에서 자원의 배치와 효율이 제고되어, 각국 간의 경제 상호의존도가 갈수록 심화되는 추세를 가리킨다.

여기서 우리는 단순히 경제 글로벌화라고만 할 수 없는데, 글로벌화의 주요 핵심과 형식은 글로벌 경제의 글로벌화일지라도 글로벌화는 경제 글로벌화 이외 정치, 사회 문화 등의 글로벌화 추세까지 영향이 미치기 때문이다. 글로벌 경제와 국제 무역 및 네트워크 정보가 고도로 발전함에 따라 이런 추세는 점점 뚜렷해지고 있으므로, 글로벌화는 경제 글로벌화뿐만 아니라 다음과 같은 것도 포함되어야 한다.

1. 글로벌화는 생산력과 사회 관계가 시간과 공간 차원에서 글로벌적으로 확산된다. 글로벌화는 인류가 첨단기술 성과를 이용하여 자연계가 만든 객관적 제한을 극복하여 진행한 글로벌 정보 전달과 교류이고, 각종 글로벌 네트워크의 구축과 재편성이다.

2. 글로벌화는 또한 다른 문화의 상호 침투와 융합을 가리키는 데, 이것은 다른 문명의 글로벌 통합이고, 신지식체계의 글로벌 교류와 전파이다.

3. 글로벌화는 민족국가와 국가간 체계의 최후 형식이고, 세계의 새로운 구성의 전략적 구현이다. 글로벌화는 모든 세계 경제가 고도의 자본주의화로 나아가는 집중화된 구현이다.

글로벌화는 현시대 인류사회 생활이 국가와 지역의 제한을 뛰어넘어, 글로벌 범위의 전방위적 소통, 연계, 의존의 객관적인 과정이자 추세이며, 세기의 인류 사회가 전환을 시작하면서 국제 사회에서 글로벌 사회로 나아가는 발단이 되었다. 글로벌화는 경제활동이 전세계에서 "네 안내 내가 있고, 내 안에 네가 있다"라는 상호의존의 글로벌 경제 형성을 촉진시켰다. 글로벌 시장의 형성은 글로벌 자원 배치와 분업을 형성하였다. 글로벌 경제의 정체성과 일체화는 전례없는 발전을 이룩하였다. 글로벌화와 더불어 초래된 정보통신, 교통운수 등의 선진기술로 인류는 자연지리, 국가 구경 등의 요소의 제한을 극복하였고, 전세계에서 인력, 물자와 정보가 자유롭게 이동하였다. 인류의 시공 관념과 사회 관념은 글로벌화 경향을 띄기 시작하였다. 세계는 "지구촌'의 시대를 맞이하고 있는 것이다.

우리는 한 공업 사례를 통해 글로벌화 시대가 도래했다는 사실을 알 수 있다. 제너럴 모터스사의 1만 달러 가치의 자동차가 있다면, 그 중 3천 달러는 한국 자동차 조립 근로자, 1750달러는 일본 자동차 부품상, 750달러는 독일 디자인 엔지니어, 400달러는 싱가폴 · 대만 및 일본의 자동차 부품상, 250달러는 영국의 광고회사 및 판촉 사원, 나머지 4000달러는 디트로이트의 자동차 개발상, 뉴욕의 변호사와 은행가 및 보험회사와 제너럴 모터스사의 주주에게 분배된다.[1)]

1492년 콜럼버스가 신대륙 발견을 시작으로 글로벌화는 사실상 이미 시작되었다. 신대륙 발견 이전에 인류는 생존을 위해 지구 곳곳의 오지로 흩어졌고, 각자 상호 격리된 상태에서 자신들의 문화를 발전시켰다. 콜럼버스가 신대륙을 발견한 이후에야 비로소 인류는 서로의 존재를 알았고, 지구가 둥글어서 대륙과 대륙을 오갈 수 있다는

---

1) 왕일주, <당대 국제 정치 분석>, p.26

사실을 깨닫기 시작하였다. 인류의 교류는 크게 확대되기 시작하였고, 일체화된 다원성에서 다원화된 일체화로 발전하였다. 비록 500여년의 역사에서 인류는 각종 충돌, 전쟁과 식민지 수탈이 있었지만, 일체화를 향한 발전 추세가 시종 주류를 이루고 있다.

공업문명은 이미 자신의 소회가 초래한 무거운 부담을 감당할 수 없게 되었다. 인류는 일종의 지속 가능한 발전으로의 문명으로 전환하기 시작하였다. 그것은 생태의 지속가능한 발전, 또한 사회와 인류 자신의 지속가능한 발전 역시 포함한다. 인류 역사상 웨스트팔렌 체제를 기초로 한 국제 사회 질서가 수립된 이후 점점 현대 사회의 발전 속도에 적응하지 못하고 있다. 인류 사회는 이미 웨스트팔렌 체제를 아득히 뛰어넘었고, 분산된 국제 사회는 집중된 글로벌화 사회로 전환하고 있다. 현대 인류사회가 직면한 일련의 국가와 지역 경계를 초월한 인류 생존과 발전의 중대한 문제는 이미 특정 민족 국가만으로는 해결될 수 없고, 단일 국가 문제 역시 국제 사회의 동참과 해결이 필요하다. 이번 한반도 핵문제가 바로 전형적인 사례이다. 핵문제는 비록 한국의 한국에서 나온 문제로, 단순히 보면 한반도 내부의 남북정치, 군사, 안보문제에 국한될 것 같지만, 주변 국가들이 이를 좌시하지 않을 것이다. 이것은 지정학적인 정치 문제일 뿐 아니라, 글로벌화의 고도 발전으로 인해 한반도 핵 문제는 한중 · 한미 · 한일 · 한북 · 중한 · 미중 관계 등등 국제관계에까지 영향을 미친다.

하지만, 글로벌화는 세계가 모두 대동으로 이어진다는 의미는 아니다. 모겐소(Morgenthau)는 "모든 사람이 생존하기를 원한다. 그래서 생명을 유지하기 위한 필수품을 필요로 한다. 모든 사람은 모두 자유를 향해 나아간다. 그래서 모두 그들의 특정 문화가 표방하는 자아 표현과 자아 발전의 기회를 획득하기를 원한다. 모든 사람은 권력을 추구한다. 그래서 똑같이 그들 각자의 특정한 문화 패턴으로 결정되는 사회적 명망 획득을 모색하고, 따라서 그들이 그들의 동포를 리드하고, 군림하도록…… 만약 사람들이 그들의 생존 획득, 자유 추구, 권력 획득을 만족시킨다면 바라는 조건은 세계 각지가 모두 비슷할 것이고, 만약 이러한 바람이 만족을 충족시키지 못하여 사람들이 반드시 만족을 구하는 값을 지불해야 할 때, 이 역시 직면하는 조건이 세계 각지가 비슷한 건 마찬가지이다. 이러한 신념, 관념과 바람은 아마도 사람들이 공통으로 갖고 있을 것이다. 만약 상황이 정말 이렇다면, 모든 사람들은 사람들이 무엇을 찾는지, 무엇을 획득할 수 있는지, 무엇을 획득할 수 없는지, 반드시 왜 해야만 하는지에 관해 투쟁하여 얻은 공통된 경험은 호가실히 신념, 관념과 바람으로 구성된 공동체를 창조할 수 있고, 이 공동체는 세계 여론으로써 하나의 공통된 평가 기준을 제공할 수 있다."고 말했다.

그렇지만 현실은 절대 모겐소의 말과 같이 되지 않는다. 그것은 가정일 뿐 현재 세계 각국의 생활 수준은 천차만별이기 때문에 설사 같은 OECD 국가라도 이탈리아, 스페인 등의 국가의 복지와 생활 수준은 북유럽국가와 비교해 너무나도 부족한 게 현실이다. 개발도상국이라도 별반 다르지 않다. 중국은 비록 개발도상국의 지위에 있지만 국내총산산액은 이미 세계 제2위에 올라와있다. 중국은 세계 경제 발전과 국제 무역 성장에 중요한 작용을 하고 중요한 지위에 올라 있다. 개발도상국이지만, 세계 경제에 미치는 영향은 EU보다 더 크다.

우리가 사는 이 시대는 이미 정보 네트워크 시대에 진입하였다. 국제 무역이든 세계 경제든지 간에 각국 간의 상호 관계는 한층 더 긴밀해지고, 국가 간의 상호 영향은 점점 더 확대되고 투명해지고 있다. 1628년 <베스트팔렌조약>이 종교 전쟁을 끝내고, 영토국가가 근대

국가 시스템의 토대가 되었을 때, 이러한 기본 국제법 원칙이 이미 확립되었다. 1628년 그로티우스의 <전쟁과 평화의 법>은 초기 국제법 시스템이 편찬한 고전 작품이다. 그것을 토대로 18세기와 그 후 20세기에 위엄있는 국가법 빌딩을 세우기 시작했다. 그것은 국제적십자회, 국제법원, 세계보건기구(WHO), 유네스코, 국제통화기금(IMF) 등 각종 국제기구이다. 여기서 우리가 반드시 알아야 할 것은 전쟁을 일으킬 수 있는 국제분쟁을 해결하고 세계가 평화로 나아가는 첫걸음이 바로 국제 공동체의 창립이고, 이것이 전세계 국가의 기초가 된다. 국제 공동체 창립의 전제는 다른 국가 구성원들이 연합을 촉진하여 얻는 이익이 그들의 분열로 얻는 이익보다 커서 국제 충돌이 완화되고 최대한 감소하는 것이다. 인류의 상호 관계의 심층적인 차원에서 경제 글로벌화는 분산 상태의 웨스트팔렌 체계의 전환을 촉진하여, 세계의 상호의존은 갈수록 심화되었다. 세계 경제 글로벌화는 세계 경제 발전의 주류로 자리잡았다. 이에 앞서 인류의 다국적 경제 활동은 이미 경제구역화의 발전단계로 진입하였다. 바꾸어 말하면, 인류의 경제 활동은 점차 각국 간의 상호 교류으로부터 전 지역의 상호 왕래와 침투, 최종적으로 오늘날의 세계 경제 글로벌화로 나아갔다.

경제구역화는 일반적으로 구역 내 국가가 각종 경제 협력과 약속 혹은 구축을 통해 일정한 형식의 경제 협력 조직의 구역 내에서 상품 유통과 요소 유통의 자유화 및 생산 분업의 최적화를 실현하고, 최종적으로 경제체제와 경제정책이 세계 경제 차원에서 어느 정도 일치하는 것을 가리킨다. 그것은 자유무역지대, 공동 시장, 관세 동맹, 경제와 통화 동맹 등을 포함한다. 예를 들면 유럽 경제 공동체는 상술한 각종 요소를 기본적으로 완성하였고, 비교적 완전한 구역 경제 일체화를 형성하였다. 유럽 경제 공동체는 인류 역사상 첫 번째로 비교적 완전한 구역 경제 일체화 모델이다. 1999년 유럽의 단일통화와 유럽중앙은행체계의 건립은 유럽 경제 공동체의 정치, 경제 일체화를 상징한다.

세계 경제 글로벌화의 급속한 성장에 따라, 특히 금융 글로벌화의 고도 발전으로 자본 유동 방식에 근본적인 변화가 발생하였다. 금융 기구 글로벌화, 금융 시장 글로벌화 및 금융 혁신, 그 중 금융 경영 관리 시스템, 시장 자금 교역 시스템, 금융 상품 공급과 조직 기구 방식 등을 포함한 혁신은 금융 업무를 다기능, 복합화 방향으로 발전시켰다. 각국이 금융 관리를 점차 개방함에 따라 금융 자유화, 금융 글로벌화는 발전의 주류가 되었다. 이것은 국제 금융 시장 경쟁을 심화시키고, 글로벌 자본 유동 속도를 한층 더 가속화시키며, 규모를 한층 더 확대시키고, 새로운 금융 파생수단을 끊임없이 발생시켜, 비트코인, 석유코인, 가상화폐와 같은 온라인 거래수단이 속속 등장하고 있다. 금융시장이 급격히 팽창하고, 투기 자본과 가상 자본이 국제금융 시장에서 급속히 성장하는 것이 각국의 금융시장에 거대한 리스크라는 것은 의심할 나위가 없다. 1994년의 멕시코 금융위기, 1997년 동남의 금융위기 및 그 후의 러시아 금융위기 등이 그 예로 볼 수 있다.

이 같은 위험과 도전에 적절히 대처하기 위해서는 동아시아 국가들이 지역 동맹 기구를 만들어야 한다. 2000년 말에 중국 정부는 아세안 10개국과 자유무역지대 구축을 제의하고 아세안 각국의 적극적인 호응을 얻어냈다. 2002년 11월 중국과 아세안 정상들은 <중국과 아세안의 전면적인 경제협력기본협정>에 정식으로 조인하고, 2010년 중국-아세안 자유무역지대를 건설하였다. 일본과 아세안 10개국 정상들도 2002년 11월에 <일본과 아세안의 전면적인 경제협력

동반자관계>라는 공동 성명을 채택하였다. 이후 한국 역시 비슷한 협상을 진행하였고, 아세안과 2010년 전까지 단계적으로 상품 관세를 인하하기로 하였다.

아세안 10개국(브루나이, 인도네시아, 말레이시아, 필리핀, 싱가포르, 태국, 베트남, 라오스, 캄보디아, 미얀마)과 한국, 중국, 일본은 1997년 개최한 정상들 비공식 회의에서 중국과 아세안 정상들이 발표한 <연합선언>을 계기로 "10+3" 협력 시스템을 구축하여 선린, 상호 신뢰 동반자 관계를 맺었다. 2002년 중국과 아세안이 서명한 <전면적 경제협력 기본협정>은 2010년 자유무역지대 건립을 목표로 하고 있다. 이후, 이 시스템은 한층 더 공고해지고, 발전하였다. 본인은 2005년 중국-아세안 비즈니스 정상(북해) 포럼에서 발표한 <동아시아와 아세안 자유무역지대-동아시아 지역 협력 영향력 강화>라는 글에서 세 가지 문제를 중점적으로 다루었다.

1. 왜 동아시아 지역 협력을 추진해야 하는가?

2. 어떻게 효과적인 동아시아 지역 협력 시스템을 구축할 것인가?

3. 동아시아 지역 협력 시스템을 발전시켜 글로벌 영향력을 강화해야 한다.

1997년 동아시아 금융위기는 동아시아 정부에 경종을 울렸다. 글로벌화는 역내 협력에 촉매제 역할을 하는 동시에 역내 금융위험도 증가시켰다. 세계 경제가 날로 글로벌화 되어가면서 동아시아 경제 일체화도 이미 임박해있다. 하지만 역사적, 정치적인 여러가지 이유가 아시아 지역 협력에 장애가 되고 있다. 아시아 각국의 비교적 낮은 관념적 동질성, 다자간 협력 경험이 부족하며, 선도 국가의 부재 등의 요소로 인해 유럽과 북미의 지역 경제 협력에 비해 아시아 지역 협력의 출발점이 늦고, 해결해야 할 일이 산적해 있어 아직은 갈 길이 멀다. 중국이 세계 2위의 경제 대국이 됨에 따라 중국은 이 같은 중책을 짊어질 필요가 있다. 역사적으로나 현실적으로나 중국은 아시아 경제공동체의 주역이 되어야 한다. 유럽 경제 공동체의 주역이 독일과 프랑스이고, NAFTA의 주역이 미국인 것처럼 말이다.

그러면 동아시아는 왜 아직 진정한 경제 협력 기구를 구성하지 못했을까?

일본은 이미 1960년대 '환태평양 경제협력'을 구상했지만, 역사적, 정치적인 여러 가지 이유로 실현되지 못했다. 이후 '환발해 경제권', '환동해 경제권' 및 '동북아 골든트라이앵글 무역지대" 등 역시 똑같이 좌초되었다. 동아시아 지역은 1967년 아세안이 창설된 후 이 지역의 지역 경제 협력을 적극적으로 추진하였다. 특히 1990년 마하티르 모하마드 말레이시아 총리가 제창한 '동아시아 경제 핵심 포럼 EAEC' 구상을 일본이 먼저 적극적으로 지지하였으나, 후에 미국의 반대로 무산되었고, 이후 1990년대 중반 일본은 동앙시아 각국과 호주와 뉴질랜드를 포함한 지역의 협력을 구상하였지만, 서양국가의 참여를 꺼려한 동아시아 각국의 반대로 수포로 돌아갔다. 1995년 아세안 국가는 아세안 10개국에 한중일 3국을 더한, 즉 '10+3' 협력 구상을 제시하였지만, 여전히 뚜렷한 효과는 없었다. 1997년 아시아 금융위기가 터진 후, 동아시아 국가는 그제서야 그간의 실패를 뼈저리게 후회하며 '10+3' 대화와 협력' 시스템을 가동하였다. 이 시스템의 구축은 동아시아 협력 과정의 중요한 돌파구이며, 2010년에 구축한 '아세안+중국'의 '10+1' 자유무역지대의 건설은 동아시아 경제일체화에 중요한 이정표를 세웠다.[2)]

필자가 '2005년 중국-아세안 비즈니스 정상 포럼'에서 지적했듯이

---

2) 이학성, "글로벌 시대의 중 · 일 · 한 경제통합 문제", 사회과학, 2003.9, p.31

동아시아 역내 경제통합 방은 네 단계로 나누어 진행되어야 한다.

첫 번째 단계로, 이 지역 쌍무적 경제 협력과 다자간 경제 협력을 촉진하기 위해서 먼저 이 지역의 생산 부문 분야의 협력을 강화하고, 시장화를 위한 산업구조조정을 진행하며, FTA의 형식으로 우선 한중, 중일, 한일 혹은 3국 중 어느 한 나라와 아세안이 경제협 무역 협력 협정을 체결하여 3개의 쌍무적 경제 협력 협정을 맺어야 한다(Economic Partnership Agreement).

두 번째 단계로, 중국 · 홍콩 · 대만 · 일본 · 한국을 포함한 자유무역지대, 즉 '3+2 자유무역지대'를 만든다.

세 번째 단계로, 이 지역의 공동 시장을 구축하여, 제도화된 동아시아 자유무역지대, 즉 중국 · 홍콩 · 대만과 일본 · 한국 그리고 아세안을 포함한 자유무역지대인 '3+2+10 자유무역지대'를 형성하는 것이다.

네 번째 단계로, 이를 바탕으로 북한 · 몽골 · 러시아 3국을 흡수하여 광범위하고, 진정한 의미의 동아시아 자유무역지대를 건설한다.[3)]

중국은 이 토대 위에서 지정학적으로 유리한 자신의 장점을 충분히 발휘하여 '상하이 협력기구' 등 국제 지역 기구를 이용하여 지역 및 국제적 영향력을 더욱 강화할 수 있다. 2001년 6월 15일 '상하이 협력기구(중국 · 러시아 · 카자흐스탄 · 우즈베키스탄 · 키르기스스탄 · 타지키스탄)'가 출범한 지 17년 만에 상하이 협력기구는 가장 많은 인구, 가장 넓은 지역, 거대한 잠재력을 지닌 복합적 지역기구로 발전해 왔다. 이 시기에 '상하이 협력기구'는 안보 협력, 경제 무역 협력, 인재 교류 등의 방면에서 많은 성과를 거두었다. 2017년 이 기구는 인도와 파키스탄을 상하이 협력기구 회원국으로 가입시켰고,

---

3) 이학성, "동북아시아와 아세안 자유무역지대", 아시아자본포럼, 2005. p.86

이 외 4개의 옵서버국과 6개의 대화파트너가 있다. 이 기구는 인구가 31억 명이 넘고, 육지 면적은 3400만㎢를 초과하고, 총 GDP는 16조 달러가 넘는다. 조만간 중국의 국내총생산의 증가에 따라 2025년 전후(중국이 제1위 경제대국이 될 것)에 이 기구는 세계에서 가장 많은 인구, 가장 넓은 면적, 경제 파급력이 가장 강력한 지역 협력 기구가 될 것이다.

상하이 협력기구는 창설 이래로 600여 건의 테러 활동을 저지, 2000여 명의 국제 테러 조직원들을 체포, 50여 톤의 폭발물, 1만여 정의 총기, 100여만 발의 실탄을 압수하였으며, 500여 곳의 무장 괴한들의 훈련기지를 파괴하였다.

2018년 3월 말까지 회원국에 대한 중국의 각종 투자보유량은 840억 달러이고, 각 회원국의 중국 투자 누적액은 21억 달러이다. 현재 중국은 이미 우즈베키스탄, 키르기스스탄, 타지키스탄 등의 국가에게는 제1의 투자유치국으로 부상하였다. 중국과 중앙아시아 국가 간의 항공편 편수도 10여년 전보다 최소 10배 이상 늘었다. 2017년 러시아로 간 중국관광객은 170만 명, 러시아에서 중국으로 간 관광객은 230만 명에 이른다. '일대일로' 건설이 본격적으로 진행되면서 상하이 협력기구 회원국 사이의 경제・무역・문화・교육 등의 교류도 급성장하고 있다. 중국은 상하이 협력기구 회원국에게 주로 자동차, 기계 설비, 휴대전화, 가전제품, 의류 등의 상품을 수출하고 있고, 상하이 협력기구 회원국들은 중국에게 주로 원유・천연가스・밀・각종 광물을 수출하고 있다. 중국은 이미 상하이 협력기구 회원국에 21개의 경외경제무역협력지대를 설립하였다.

21세기에 진입하여, 글로벌화 추세에 직면하여 세계 각국은 모두 지역 협력을 가속화하여 더 효과적인 평화와 발전의 역시적 기회를 잡아 온갖 위험과 도전을 이겨냈다. 한반도는 역내 최후의 냉전 전초기지로 자신이 맞닺뜨린 위험과 도전을 명확히 인식할 필요가 있고, 국가와 민족이 강대국에 좌지우지되지 않기 위해서는 반드시 다자간 협력이 필요하고, 국가 전략 계획에 있어 다원화된 플랫폼을 준비해야 한다. 한국과 북한은 상하이 협력기구, 아시아 인프라 투자은행, 일대일로 등 이 지역 각종 협력 기구에 적극적으로 참여해야 할 것이다.

여기에는 마르크스 주의의 인류사회 제도의 변천 과정이 필요한데, 즉 자본주의와 사회주의는 글로벌화의 이론적 범주의 속한다는 것이다. 사회주의는 봉건주의도 이니고, 고도로 발달된 자본주의의 사회형태도 아닌 더 개방되고, 더 글로벌화 되어야 한다. 그리고 여느 국가들들이 폐쇄적인 것처럼, 폐쇄적이고, 낙후된 글로벌화되지 않은 사회주의는 존재할 수가 없다. 마르크스주의 창시자는 비록 모든 국가가 사회주의로의 세제 운영에 있어 모두 자본주의 제도의 고난을 겪지는 않지만, 자본주의 제도가 얻은 긍정적인 성과를 흡수할 수는 없다고 지적한다. 덩샤오핑이 "사회주의가 자본주의와의 비교에서 우세를 점하려면 현재 자본주의 선진국을 포함한 세계 각국의 현대 사회 생산 법칙을 반영한 선진 경영 방식과 관리 방법을 흡수하고 참고해야 한다.4)

지역 경제 일체화는 글로벌화 발전을 촉진한다. 바꾸어 말하면, EU, 아세안 등의 지역 경제 일체화 기구가 먼저 창설되어야 글로벌화 혹은 글로벌 경제 일체화가 된다. 그래서 아시아 지역 경제 일체화는 이제 더 이상 할지 안 할지의 문제가 아닌, 어떻게 발전의 가속화 하느냐의 문제이다.

---

4) <등소평 선문집> vol.3. 인민출판사, 1993. p.373

2. 세계화 시대의 국가 안전 문제

국가 안전 연구의 이론 분석 중 유명한 이론은 1980년 대 로버트 저비스가 기존의 공포론의 기초에서 제기한 이성 공포론(RDT)이다. 저비스는 기존 공포론은 군사 공포 수단을 강조했지만, 이성 공포론은 구도, 전술, 심리적 요인과 이론을 선택 결합한 것으로 국가 안전 연구를 위해 일종의 새로운 이론 분석 틀을 설계하였고, 이것이 새로운 이론 분석 영역이 되었다. RDT가 강조하는 것은 국제관계나 구조주의의 분석이 이미 전쟁의 근원을 해석할 방법이 없으니 반ㄷ싀 인지 방면의 문제를 중시해야 한다는 것이다. 그에게 있어 현실주의와 게임법칙은 서로 보충하는 것이고, 구조적 · 전략적 · 합리적인 특징을 가지고 있어, 협력과 충돌, 정치와 경제의 결합에 유리하다. 그 외, 존 미어셰이머(John J. Mearsheimer)의 재래식 억제이론은 미국이 대(對 소련 핵 억제 전략을 구축한 것에 대해 경시할 수 없는 작용을 일으켰다.

인류는 제2차 세계대전에서 피의 교훈을 얻은 후, 재래식 무기는 민족 국가의 운명에 대해 상당한 한계성이 있다고 판단하였다. 그래서 일부 능력 있는 국가들은 우선 핵무기를 개발하였고, 수십년 간의 발전을 거쳐 미국, 러시아, 중국 등의 세계 주요 국가는 모두 핵무기를 보유하게 되었다. 수송 수단을 포함한 이들 국가의 핵무기 수량과 품질은 많은 크게 발전하였고, 그들은 모두 제2차 핵타격 능력을 가지고 있으며, 상대방을 수십차례 살상할 수 있는 핵전력을 갖고 있다. 전문가들은 세계 핵무기의 핵전력은 지구를 열 번 이상 파괴시킬 수 있다고 추산한다. 핵무기의 출현은 인류에게 핵무기를 함부로 사용하면 인류에게 심각하고 상상하지 못했던 파멸의 결과를 가져다 줄 것이라고 경고하고 있다. 핵무기의 역할은 이미 군사적 영역을 초월하였다.

모건소는 "핵무기가 생긴 후 정치 목표와 현실 폭력 간의 전통적인 관계는 이미 근본적으로 바뀌었다", "이것은 아마도 유사 이래 외교 정책에 있어 최초의 진정한 혁명일지도 모른다.", "핵무기와 핵전쟁은 본질적으로 다르다. 공간과 시간의 양면을 철저히 파괴하기 위한 수단이기 때문에 역사가 무기와 전쟁에 부여하는 기능을 수행할 수 없다."라고 지적한다.[5] 핵무기의 파괴력은 인류에 지구에 있어서는 치명적이다. 그것은 비이성적 외교 정책의 숙명이다. 핵대전은 어떠한 국가 목표라도 파괴해 버릴 것이기 때문에 전쟁 쌍방도 승패를 운운할 수가 없다. 키신저 박사는 핵무기 파괴 능력의 공포가 커질수록 이런 능력을 사용할 가능성은 실제로는 오히려 적어진다고 보았다. 핵무기는 파괴성을 가지고 있는 동시에 억제력도 발생시킨다. 핵무기의 억제력은 무제한적인 폭력행위를 대체할 수 있고, 무력의 사용 역시 일정한 제약을 받게 되는데, 이렇게 되면 전쟁 억제 작용을 할 수 있다. 그 결과로 강국 간의 대규모 전쟁을 방지하는 요소가 되었고, 전면적 핵전쟁을 방지하였고, 핵전쟁으로 번질 수도 있는 재래식 전쟁도 방지하였다.

모건소는 "핵무기의 통제는 적어도 이론 상으로 가능한 이유는 주요 핵강국이 파괴의 최적치를 확보하는 능력을 가지고 있어, 이 최적치를 넘어서는 것이 이성적이지 않기 때문…… 최악의 경우에도 미래의 적에게 열 차례 이상 타격을 할 수 있는 능력을 가진 나라도 계

---

5) 한스 모건소, <국가 종횡책론-강권을 다투고 평화를 추구하다>, 상하이번역출판사, 1995. p.520-521

속해서 강력한 핵능력을 증가시키고 있지만 군사상으로도 아무 소득이 없다…… 일단 이 양국이 파괴의 최적치에 도달하게 되면 그들 역시 사용 가능한 핵능력이 평등해진다. 일정한 한도 내에서 수량 상의 차이는 품질 상의 평형에 영향을 미치지 않는다."고 지적했다.[6]

이것으로 보아 세계의 평화와 발전이 대세인 국제 환경에서 단기적으로나 장기적으로 분석해 보아도, 어느 국가든 핵무기를 사용하기 전에 핵무기의 거대한 파괴력을 고려해야 한다. 왜냐하면 국가 간의 게임 법칙은 국가 이익의 최대화일 뿐이지만, 핵무기의 사용은 얻을 수 있는 이익도 다 사라지고, 최종적으로 양패구상, 동귀어진할 뿐이기 때문이다. 특히 한반도와 같이 토지 면적이 협소한 국가(한반도 면적 약 22만㎢ 중 북한 면적은 약 12만 22만㎢)라면 핵무기를 연구・보유해서는 안된다. 핵무기의 사용은 그 지역 국민들에게 파멸을 가져다 줄 것이다.

중국의 경우 어떤 강국도 중국에 대해서 대규모의 핵전쟁 혹은 재래식 전쟁을 일으킬 가능성이 갈수록 적어지고 있지만, 세계 정치 역사로 볼 때, 굴기하는 강국은 필연적으로 이미 존재하고 있는 패권국을 위협하게 된다. 세계 패권 국가는 새로 부상한 국가들의 패권 도전을 용납하지 않을 것이다. 그래서 미국은 중국에 대해 전방위적인 억제 정책을 펴고 있고, 경제적으로 이미 미중 무역 전쟁이 시작된 것 외에 통화 전쟁, 금융 전쟁, 상품 전쟁 등이 펼쳐지고 있다. 지정학적으로 보아도 중국은 미국에 포위, 봉쇄되어 있다.

우선, 미국은 이미 태평양 사령부를 인도양-태평양 사령부로 이름을 바꿨다. 이것은 현재 미국이 아태의 전략적 구도를 재조정하여 인도를 끌어들이고 중국을 억제하는, 중국과 인도가 상호 전략적 소모

---

6) 한스 모건소, <국가 간의 정치>, 북경대학출판사, p.448~449

를 촉진시켰다는 것을 쉽게 알 수 있다. 인도는 과거 상대의 뒷통수를 치는 전략을 굉장히 잘 사용하였는데, 그 예로 1950년 한국 전쟁과 중국 군대가 아직 티벳에 진입하지 않은 기회를 타서 돌연히 티벳 남쪽 지역을 점령하였다. 2017년에는 미국이 중국에 대한 전략적 포위를 강화하는 것을 보고 국경을 넘어 중국 영토를 점령하였다. 게다가 미국이 인도가 중국의 서부에서 일으킨 전쟁을 통해 동서 양쪽에서 중국을 뒤흔들어 중국의 군사 안전 자원의 배치를 어렵게 하고 있다. 미국의 이 전략 조정은 중국과 인도, 인구 10억이 넘는 이 두 나라로 하여금 장기적으로 상호간에 전략적 소모를 유도함으로써 중국을 억제하고 인도의 발흥을 막는 일거양득의 조치였고, 세계적으로 두 개의 개발도상 대국의 상호 간의 소모전은 최종적으로 미국의 국가 전략 이익을 충족시켰다.

둘째, 파키스탄 지역에서 탈레반 테러 공격을 구실로 중국의 투자를 억제하고 있다. 중국의 과다르 항구 투자에 대해 미국은 이 항구가 중국의 인도양 진출 통로가 되는 것이 아닌지 계속 의심하고, 과다르 항구에서 히말라야 산맥을 넘어 중국으로 향하는 송유관을 온갖 방법을 다하여 차단하고 있다. 미국의 아프가니스탄에서의 소위 반테러 전쟁, 그 전략적 의의가 이와 같다.

마지막으로 미국과 일본은 몽골에서 친서양 정부가 들어설 때까지 경제 원조와 군사 훈련에 아낌없는 지원을 하고 있다. 미국은 북한이 중국 주변 국가들 중 유일하게 발붙일 수 없는 지역임을 확인했지만, 북한은 계속 핵무기를 개발하고 있는데 이것의 근본적인 목표는 아마도 미국일 것이다. 왜냐하면 북한은 미국과의 직접 대화를 빌어 북미관계를 발전시키려는 의도를 가지고 있기 때문이다. 미국은 북한의 이러한 의도를 보고, 한미, 미일, 한미일의 군사 훈련을 끊임없이 진행하여 북한을 압박하여 북한이 거리낌없이 핵개발을 하도록 하였다. 그렇게 되면 한국과 일본은 미국의 의지에 따라 미국의 전략적 의도를 긴밀하게 따르고, 끊임없이 북한을 압박하게 된다. 미국은 동북아의 한미, 미일 군사 동맹을 강화할 수 있을 뿐만 아니라(유엔 안보리의 이름을 빌어) 북한을 자극하여 중국에게 압력을 가하고, 중국에 대한 압박을 통해 북한을 제제하고 있다.

미국의 전략 의도는 한미일 군사 동맹으로 유라시아 대륙에 대한 동쪽 포위망을 공고히 하기 위해서는 긴장 상태의 한반도 형세가 필요하다는 것이다. 시시각각으로 중국의 북한에 대한 제제로 북한 정부의 반감을 살 때까지 기다리면, 북한을 미국 측으로 끌어들여 중국의 동북부에 빈틈을 뚫어놓을 수 있다. 싸우지 않고 이기는 방법으로 한반도를 장악했을 뿐만 아니라 중국 동북부에 전략적 교도부와 전략적 예비대를 세웠다. 만약 냉전시기에 미국이 대(對 중국 전략적 포위가 제1열도와 제2열도 뿐이었다면, 오늘날 미국은 기존의 방어선에서 수세에서 공세로 태세전환을 했을 것이고, 제1전선을 인도양과 남태평양, 중앙아시아와 서아시아, 동북아시아까지 확대하여 대(對) 중국 C형 전략 포위망을 구축했을 것이다. 미국의 이 방법은 현대 국제 정치 이론의 현실판이다. 왜냐하면 기존 패권 국가는 다른 세계의 패권 국가가 자신의 전략적 지위에 도전하는 것을 결코 용납하지 않을 것이기 때문이다. 서양 현실주의 학파는 일찍이 "세계 정치는 패권이 있으면 안정되고 패권이 없으면 혼란스럽다"고 지적했다. 미국은 줄곧 세계 패권을 쥐고 있으면서 중국의 굴기를 허용하지 않을 것이다. 중국의 외교 전문가와 학자들은 이러한 현실을 명확히 인식해야 하고, 그저 미국과 중국이 윈윈하는 상황만 강조해서는 안된다. 윈윈(win-win)은 물론 가장 이상적이지만, 현실은 냉혹하다.

중국 정부는 반드시 충분히 전략 준비를 하여 미국의 도전을 맞이해야 할 것이다.

21세기에 진입한 이래 미중 관계는 미국이 마치 미중 관계의 정립을 국제 질서의 미중 분업 문제로 전환한 것처럼 보인다. 즉 미국은 정치, 군사 주도국이고, 중국이 경제 주도국을 맡고 있다는 것이다. 이것은 아마도 미국의 일방적인 계산일 것이다. 중국은 거대한 인구와 자연 자원을 가지고 있으며, 사십년(1978-2018) 간의 개혁개방을 거쳐 시장 주도의 소위 '중국식' 발전 노선을 채택하였다. 이 노선은 이미 유사 이래로 가장 장기적인 고도의 경제 성장 모델을 창조하였다. 그리고 중국의 굴기는 절대 15세기 포르투갈, 16세기 스페인, 17세기 네덜란드, 18세기 프랑스, 19세기의 영국과 같지 않다. 왜냐하면 이들 국가들은 당시 인구가 겨우 수백만 명, 많아봤자 수천만 명이었지만, 중국은 14억에 육박하는 인구를 가진 대국이다. 이뿐만 아니라 중국은 오천년의 문명 역사를 지니고 있고, 1880년대 미국이 영국을 대신하여 '세계의 공장'이 된 후, 미국은 자신보다 더 큰 경제 몸집을 가진 상대와의 경쟁을 해보지 못했고, 이러한 잠재력이 있는 전략 상대를 만나보지 못했다. 새뮤얼 헌팅턴은 "19세기 이래 모든 강대국의 행위 방식은 모두 비슷하다. 즉 독단 전횡이며, 종종 파괴성을 지닌다."고 지적하였다. 그는 "영국, 프랑스, 독일, 일본, 소련과 미국은 고도의 공업화와 경제 성장을 경험한 동시에 대외 확장을 진행하였다."고 지적하였다. 새뮤얼은 중국에 대해서도 1990년대 초에 이미 "중국 역시 의심할 여지 없이 앞으로 숫비년 동안 이러한 단계를 밟아나갈 것이다."라고 예언하였다. 이 말은 정치학자 존 미어스하이머(John Mearsheimer)의 예언과 다르지 않다. 그는 "그 힘을 지속적으로 강화하다보면, 중국은 이웃 국가, 나아가 모든 지역의 지배를 모색하게 될 것이다. 게다가 만약 가능하다면 전 세계를 제패할 것이다. 중국은 마치 모든 잠재적 패권국처럼 맹렬하게 맹주 지위를 노릴 것이다."라고 지적하였다.

3. 아시아 지역 협력과 아시아 신질서의 수립

아시아는 세계에서 가장 큰 대륙이다. 세계 4대 문명국 중 3개국을 포함하고 있고, 현대 문명의 발상지이다. 이 유구하면서도 현대적인 아시아의 광활한 영토에는 현재 49개 국가와 지역이 있고, 지리적으로 아시아를 동북아, 동남아, 남아시아, 서아시아, 중앙아시아 등으로 구분한다. 이 지역의 면적은 지구 대륙 면적의 약 1/3 정도이고, 인구는 전세계 인구의 3/5 정도로 그야말로 세계 제1의 대륙이라고 할 수 있다. 아시아에는 풍부한 자연자원이 매장되어 있는데, 그 중 석유, 철, 주석, 마그네슘 등의 광물 매장량은 세계에서 가장 많다. 수리자원도 전세계의 1/3 정도, 어장은 전세계 어장 면적의 40%를 차지하고 있다. 아시아는 세계 문명, 과학기술 진보에 뛰어난 공헌을 하였다. 세계는 아시아의 문명이 없었으면 상상할 수 없었다고 해도 과장이 아니다. 고대 과학발명 대다수는 동방에서 서양으로 전해진 것이고, 4세기에서 11세기까지 유럽의 암흑 시기에, 문명의 발전은 더디었고, 동방 특히 중국의 많은 중요한 발명들은 모두 이 시기에 탄생했다. 영국의 황실 과학원 원사 조셉 박사는 "영국 문학가 베이컨은 인쇄, 화약과 나침반은 인류의 중요한 발명들인데, 문학, 전쟁과 항해에 대해 지극히 중요한 역할을 하였다. 베이컨은 죽기까지도 이러한 기술이 모두 중국에서 서양으로 전해진 것을 모르고 있었다는 것이 아쉬울 뿐이다."고 지적하였다.

이뿐만 아니라 아시아는 세계 경제 발전사에 있어서도 많은 공헌을 하였다. 통계에 따르면, 1820년 세계 경제 총량은 약 6950억 달러로, 프랑스, 영국, 미국이 각각 5.4%, 5.2%, 1.8%를 점유하였는데, 중국과 인도가 각각 28.7%와 16%를 점유하였다. 그러나 현대 산업 혁명과 함께 서구 열강은 아시아에 대해 대규모 침략과 식민지 확장을 진행하여 1900년까지 오세아니아의 100%, 남양 각 섬의 98.9%, 아프리카의 90.4%, 아시아의 56.6%, 미국의 27.2%가 서양 국가의 식민지로 선락하었나.7)

제2차 세계 대전 종식 이후, 아시아는 거의 매 시대마다 도약식 발전을 하는 국가와 지역이 출현하였다. 발전 과정을 살펴보면 대체로 4차례의 고도 성장기로 나눌 수 있다.

첫 고도 성장기는 1950-60년내로, 일본이 진쟁의 폐허 위에 세계 경제의 기적을 창조하여 1980년대 미국에 이은 세계 제2의 경제대국에 올랐다.

제2차 고도 성장기는 1960-70년대로, 한국, 싱가포르, 대만과 홍콩이 일본 산업 구조 조정에 편승하여 미국과 일본의 자금과 기술을 이용하여 정부 주도 형태의 경제 발전 모델의 추진 하에 수출 지향형 경제로 크게 발전시켜 고속 발전을 이루어 국제 사회에서 '신흥 공업 경제체(NIES)', '아시아의 4룡'이라고 불렸다.

제3차 고도 성장기는 1980-80년대로, 아세안 국가인 말레이시아, 태국, 인도,네시아, 필리핀 등이 이룩하였다. 그들 역시 아시아의 신흥 공업 경제세로 떠올랐으며, 아시아 국가의 굴기에 일정한 공헌을

---

7) <레닌 전집> vol.2. 인민출판사, 1995년, p.639

하였다.

제4차 고속 성장기에 대해서 덩샤오핑은 다음과 같이 말하였다. "중국과 인도 양국이 발전하지 않으면 아시아의 세기는 오지 않는다. 진정한 아태 세기 혹은 아시아 세기는 중국, 인도, 기타 모든 이웃 나라들이 발전해야 올 것이다"[8] 인도는 1991년에 경제개혁과 개방 정책을 실시하여 경제발전의 기초를 닦아놓았다. 1990년대 이전 5년간 연평균 경제 성장률 3%의 전통적인 상승선을 돌파하여 점점 경제 성장의 속도가 빨라졌다. 1990년대 이후 5년 간 인도 연평균 경제 성장률은 6% 안팎로 상승하였고, 현재 연평균 7% 안팎의 경제성장률을 기록하며 아시아의 기타 신흥 경제체를 추격하고 있다. 중국 경제 성장 모델은 앞 글에서 이미 언급하였으니 여기서 다시 언급하지는 않겠다. 중국과 인도 양국의 평화 발전은 역사의 복귀로써, 세계 경제의 기존 판도와 국면을 점점 변화시킬 것이고, 아시아의 위용을 다시 떨치는 데 있어 중요한 역할을 할 것이다. 아시아와 인도의 지속적인 경제성장은 아시아 제4차 고속 경제 성장기로, 아시아의 시대가 도래했음을 예고하고 있다.

아시아의 평화발전은 기존 유럽의 평화발전 역사 배경과는 달리 다원 문화의 공동 발전, 공동 존재, 공동 번영, 공동 융합의 산물이며 글로벌화 조건 하에서의 평화 발전이다. 특히 주목할 점은 글로벌화를 배경으로 한 아시아의 일체화이다. 유럽・미주 등 기타 대륙과 상호 교차, 공동 추진하는 과정으로, 아시아의 평화 발전은 다른 대륙의 재난을 의미하지는 않는다.

2004년 12월 미국 국가정보위원회의 <비전 2020년 글로벌 미래 청사진>의 전망 보고에서는 "향후 15년 간 중국과 인도의 평화 발전

---

8) <등소평선문집> vol.3. 인민출판사, 1993년, p.282

은 19세기 독일과 20세기 미국에 필적할만큼 지정학적 충격을 줄 것이다."라고 지적하였다. 미국 <비즈니스 위크>는 세계 인구의 1/3을 차지하는 국가가 동시대에 평화롭게 발전하는 것을 본 적이 없으며, 중국과 인도는 21세기 세계 경제를 바꿀 실력과 활력을 가지고 있다고 평가했다.[9] 하버드대 총장인 로렌스 서머스는 2006년 1월 다보스 세계경제 포럼에서 "중국과 인도의 평화 발전은 문예 부흥, 산업 혁명과 함께 과거 1천년의 3대 중요 경제 사건이 될 가능성이 있다."라고 말하였다.

하지만 본인은 절대로 그렇게 보지 않는다. 현재 많은 학자들이 인도를 좋게 보고, 또 어떤 사람들은 인도가 중국을 추월할 수도 있다고 말한다. 본인은 최근 30-40년 내, 인도는 중국을 추월할 가능성이 없다고 본다. 인도의 경제 현황을 정확히 알려면 먼저 종교부터 이야기해야 한다. 인도의 제1종교는 힌두교로, 교인이 약 9억 명 정도이다. 인도의 제2종교는 이슬람교로 교인 수는 인도 총인구의 13% 안팎으로 약 1.5억 명이다. 힌두교와 이슬람교의 종교 충돌은 역사적으로 지속되어 온 문제로 현존하는 문제이기도 하다. 예를 들면, 인도-파키스탄 분할 통치지역은 바로 힌두교와 이슬람교의 모순 때문에 생겨난 곳이다. 이 밖에, 인도는 또 2000여만 명의 기독교 신자들이 있는데 주로 남부의 여러 주에 분포해 있다. 그리고 2000여만 명의 시크교도들은 주로 펀자부주에 집중되어 있다. 여기에서 힌드교의 카스트 제도를 반드시 언급해야 한다. 그것은 사람을 다섯 개의 등급으로 나눈다. 그 중 마지막 천민 등급은 인간성을 상실한다. 왜냐하면 많은 하층 교도가 자기 포기의 상태에 처해 있고, 인생에 있어 아무런 희망이 없으며 단지 먹으며 죽기만 기다리고 있기 때문이

9) <중국과 인도의 평화 발전>, 비즈니스 위크(미), 2005.8.22

다. 인도의 상당수 젊은이들이 그런 상태에 놓여있다. 중국 개혁개방의 기적은 기본적으로 인구보너스가 있었기 때문이다. 중국은 많은 부지런한 젊은이들이 오늘날의 중국의 기적을 만들어냈는데, 인도는 이러한 토대가 부족하다. 인도는 몇십 년 동안 카스트 제도를 폐지했지만, 그 여독은 여전히 현대인들에게 영향을 주고 있다. 역사적으로 봤을 때, 인도 본토인은 전투력과 반항 정신이 부족하다. 어떤 사람은 이것이 바로 중국의 한족과 비슷한 점이라고 하지만, 중국의 한족은 수백년 동안 이민족의 침략 통치를 겪으면서, 마지막에 이민족의 통치에 동화되었지만, 이것은 인도에서는 불가능한 것이다.

정치체제에서 보면 인도는 연방 공화국으로 인도의 대통령은 국가원수이다. 하지만 그 직책은 상징적이며 권력은 총리와 내각 각료 회의가 장악하고 있다. 인도는 서양의 자유 행정 체제를 참고했지만, 인도의 각 주는 강한 통제력을 갖고 있어 중앙의 의지가 전달되는 것이 매우 어렵기 때문에, 중국과 같이 선전 특구, 상해 푸동 특구, 서부대개발 등의 국가급 대규모 개발 계획을 진행하는 것은 상상할 수 없다. 그렇기 때문에 정치적으로나 역사적으로나 인도는 중국 경제를 추월하기 위해서는 30-40년 내에는 불가능한 일이다. 국가 인프라 건설에 있어 중국과 인도와 격차가 더 커지는 것은 더 말할 필요도 없다. 물론 이것은 필자의 관점이다.

글로벌화의 추진 하에서 아시아 지역 협력 기구는 규모 확대와 상호 융합의 추세가 나타났고, 아세안은 이미 동남아 10개국을 포함하여 작은 아세안에서 큰 아세안으로 변해버렸다. 상해 협력 기구 역시 인도, 파키스탄, 몽골, 이란 4개국을 협력국으로 받아들였다. 제1차 동아시아 정상회의도 '10+3'에서 '10+3+X' 체제로 바뀌었다. 아시아 지역 협력은 정부 주도로 기업과 시장이 주체가 된 지역 일체화 과정이다. 지역 경제 일체화는 아시아 지역 내에 거대한 이익을 가져다 줄 것이다. 국제 컨설팅 업체인 맥킨지의 한 연구에서는 아세안이 경제 공동체를 이루면 모든 지역의 국민총생산이 10% 증가하고, 비즈니스 활동 자본이 20% 감소할 것으로 보고 있다. 이것은 아세안 전체의 국민총생산액이 연간 500억 달러 가량 늘어난다는 말이다. 아시아 지역 협력은 전통적 지역주의에서 신 지역주의로 전환하고 있다.

전통적 지역주의는 일반적으로 지역 경제 협력을 가리키는 것으로써, 순수하게 상업활동을 하고, 참여국의 권리는 평등하며, 협력은 완전한 상호이익을 기반으로 한다. 하지만 사실상 대국과 소국이 경제규모, 시장규모, 산업 구조의 차이로 인해 외부의 충격을 흡수하는 능력이 크게 다르다. 소위 신 지역주의는 문화, 안전, 경제 정책과 정치 제도 등을 포함한 각 방면에서 내재되어 있는 이질에서 동질까지의 융합과정이다. 바꾸어 말하면, 지역 협력 기구 혹은 메커니즘의 기능이 무역 투자에서 전면적인 협력으로 바뀐다는 것이다. 아세안과 같이 어떤 지역 협력 기구는 일찍부터 경제 협력을 중심으로 정치와 안보 협력을 첨가했다. 그리고 상해 협력 기구와 같은 지역 협력 기구는 초기 안보 협력 중심에서 경제 협력을 첨가하여 점점 전면적인 융합으로 나아가고 있다. 경제 글로벌화와 지역 경제 일체화 추세의 발전에 따라 일부 국가에서는 지역 일체화 과정도 서두르고 있다. 중국의 경우 장강 삼각주 경제권, 주강 삼각주 경제권, 징진지 수도 경제권 등이 있고, 이 지역들은 중국 경제 발전을 지탱하는 힘이 되고 있다.

경제 글로벌화의 추진 하에 종합 안보는 신세기 안전 문제의 기본 특징이 되기 시작하였고, 안전 문제는 날이 갈수록 다국적성, 종합성의 성격이 두드러지게 나타나고 있다. 한 나라의 안전 이익은 같은 지역 나아가 전 세계 안전 정세와 상호 관련성이 더 긴밀해지고 있다. 안전의 범주 역시 전통적인 범주에 국한되지 않고 군사와 정치, 사회와 경제, 환경과 위생 등 비전통적인 영역의 안전의 범주로까지 확대되어 날이 갈수록 각국이 고도로 관심을 기울이것은 문제가 되었다. 최근, 아시아 국가와 지역 협력 기구는 비전통 안전 영역에서 적극적이고 효과적인 협력을 전개하였다. 아세안과 한주일은 금융과 국제범죄 소탕, 조류 독감 예방, 테러, 마약 판매 등의 영역에서 효과적으로 협력 활동을 전개하였다.

아시아 지역 협력 기구의 발전이 비교적 빠르게 성공했음에도 불구하고 이 지역 특유의 가혹한 도전에 직면해 있기도 하다. 아시아에서 장기간에 걸친 발전 변화과정에서 다른 지역 국가와 민족은 다른 경제, 정치, 문화, 종교 신앙과 발전 모델을 형성하였다. 이러한 아시아 지역의 다양한 특징 때문에 그 지역, 차지역 협력이 기타 대륙의 지역 협력과는 차이가 발생한다. 예를 들어 정치체제 방면에서 중국, 베트남, 라오스는 사회주의 정치체제로 인민대표대회 제도를 실시하고, 캄보디아, 태국, 말레이시아는 군주 입헌제, 싱가포르는 의회 공화제, 인도네시아와 필리핀은 의회 대통령제를 실시한다. 종교와 문화신앙 방면으로는 불교, 기독교, 이슬람교가 3대 종교로 병존하고 있는데, 태국과 인도차이나 반도 3국에서는 불교문화가 주류이며, 인도네시아와 미얀마는 불교, 이슬람교, 기독교가 병존하는 국가이며, 필리핀은 93%의 국민이 기독교 신자이며, 브루나이와 말레이시아의 대다수는 이슬람교를 신봉하고, 한국은 불교, 기독교, 천주교가 병존하고 있다. 이 밖에 경제 발전 차원에서 보자면, 일본, 한국, 싱가포르 등과 같은 아시아에서 현존하는 고도로 발달된 OECD국가는 1

인당 소득이 약 3만 달러 이상이다. 신흥 공업 국가도 있는데 1인당 소득이 1-2만 달러 사이이고, 그보다 더 낙후된 개발도상국도 많다. 이러한 다양성은 아시아 지역 협력에 있어 다양한 정치 체제, 사회 제도, 종교 문화, 경제 체제와 경제 발전 수준에 대한 광범위한 포용성을 형성하였다. 아시아는 유럽 연합과 같은 공동체를 형성하여 강력한 역내 안전 협력 체제를 구축해야 한다. 중국은 경제가 빠른 성장기에 있는 역내 최대 경제체로써 책임과 의무를 가지고 아시아 지역 건설의 길잡이와 주역을 맡아 아시아의 새로운 질서를 건립하여 대국으로써의 공헌을 해야 한다. 이번 한반도 핵문제 해결은 중국이 아시아 역내 대국을 담당하고 있다는 것을 알릴 중요한 기회이다.

대국은 전쟁이 없다. 핵무기 시대에 대국 간에 대규모 전쟁이 발생한 가능성은 점점 낮아지고 있다. 중국은 40년의 개혁개방을 통해 전세계 경제체제에서 이미 상당히 중요한 지위를 가지고 있다. 특히 아시아에서 중국은 이미 절대 다수의 아시아 국가들의 제1 무역 파트너이다. 중국 경제의 지속가능한 발전의 여부는 아시아 각국의 경제 발전에 직접적으로 영향을 준다. 이로 인해, 중국은 이미 아시아의 신질서를 건립할 능력을 가지고 있지만, 이것은 중국이 과거 봉건시대의 추앙, 즉 중국이 중심이 되는 등급 구조의 아시아의 신질서를 건립한다는 것은 아니다. 글로벌화 시대에 중국은 더 민주적이고 평화적인 새로운 아시아의 신질서를 찾아야 할 것이다. 중국은 구소련의 노선을 걸어가서는 안 되고, 미국식 패권주의 국가도 되지 말고, 세계에 글로벌 공익을 제공하는 동시에 국가 이익도 최대화해야 한다. 중국의 국제 신질서는 국제 정치 신절서와 국제 경제 신질서 두 가지를 포함하는데, 그 핵심은 국가 주권 수호의 원칙과 타국 내정불간섭의 원칙이고, 목표는 초강대국이 세계를 지배하고 있는 국면을 바꾸어 패권주의와 강권 정치를 종결함으로써 각국이 평화 공존의 5개 원칙으로 국가 간의 관계를 정리하는 것이다. 세계 모든 국가는 크든 작든 평등한 주권으로, 공정, 민주적인 협상을 통해 국제 문제를 해결하고, 국제 신질서를 건립하는 과정에서 유엔이 그 역할을 충분히 발휘해야 하며, 동시에 중국이 주장하는 국제 신질서가 세계의 다양성과 주권 국가의 평등을 전제로 진정한 공정성, 평등, 합리성 있는 국제 신질서를 실현하여 국제 정치, 경제 방면의 노력 외에 현대적인 국제법 기본 원칙을 수호, 발전시켜야 한다. 그리고 국가 주권 원칙 및 이로 인해 파생된 내정불간섭 원칙, 무력 사용 및 무력 위협을 먼저 하지 않는다는 원칙 등을 포함한 유엔 헌장을 대표로 하는 국제법 기본원칙을 견지해야 한다.

유엔 밀레니엄 정상회담에서 회담 마지막에는 <천년 선언> 중 '자유, 평등, 단결, 용인, 자연 존중과 공동 책임'을 21세기 국제관계의 기본 가치관으로 삼자는 중국 대표단의 건의가 받아들여졌다. 유엔 헌장의 취지와 원칙은 '영구적이고 보편적 적용'이라는 점을 강조하였고, 또 이러한 공동 가치관과 원칙을 실현하기 위해 반드시 발휘해야할 역할과 목표를 제시하였다. 유엔 헌장은 유엔의 3가지 기본 임무를 명시하고 있다. 기본 임무는 즉 '국제 평화와 안전 수호, 국제적으로 국민 평등 권리 존중 및 자각 원칙을 근본으로 한 우호적인 관계 발전과 국제 협력 촉진…… 그리고 인류 전체의 인권 및 기본적 자유에 대한 존중을 촉구한다'이다.

중국은 세계에서 가장 큰 개발도상국이자 세계 제2의 경제체로, 아시아의 공정하고 합리적인 국제 신질서를 설립할 필요가 있으면 또한 그렇게 해야 한다. 중국이 국제 사회에서 좋은 대국이란 이미지를 만들면서 국제 문제에서의 위상와 역할이 날로 두드러지면서 이번 북한 핵문제에서도 중국은 매우 중요한 역할을 했다. 비록 미국과 북한은 북한 핵문제의 주연으로 미국은 북한 핵문제에서 중국을 배제하고, 한국과 북한 양측과 단독으로 핵위기를 해결하려고 했지만, 북미회담의 결과 미국은 중국이 제가한 '투트랙(two track)'을 인정하지 않았지만 미국, 북한, 싱가포르 회담 결과 중국이 주장한 '투트랙'을 실시하였다. 당연히 이번 북핵 문제에서는 중국이 소외될 위험이 있지만, 김정은이 세 차례나 중국을 방문함으로써 중국은 핵문제에서 수동적에서 주동적으로 역할이 바뀌었다. 이것은 김정은이 중국이 핵문제에서 주역이 되는 데 크게 기여했다고 볼 수 있다. 중국도 중요한 시기에 기회를 놓치시 않고 북한을 적극 지지하면서 북미회담에 중요한 협상카드를 내밀 수 있었다.

폐쇄적인 국가는 아무리 강력한 군사력과 경제력을 가지고 있더라도 유리한 국제 환경에 직면하면 다른 구가에 중대한 영향을 끼치기 어렵다. 중국은 1978년 대외개방을 기본 국책으로 실시한 후 세계 경제 정치 체계의 발전과정에 적극 참여하였고, 주변 국가 및 아시아-태평양의 절대 다수의 국가와 양호한 상호 협력 관계를 구축함으로써, 아시아-태평양 지역과 세계 다른 나라에 대한 영향력을 확연히 증가시켰다. 특히 AIIB(아시아인프라투자은행)와 '일대일로' 건설은 중국의 영향력을 유라시아 대륙 전체로 확대시켰다. 중국은 개발도상국의 대국으로서 개발도상국과의 공동의 이익과 입장을 가지고 있으며, 선진국과도 전략적 협력 관계를 가지고 있다. 그래서 이번 한반도 남북 관계 문제에 있어서 한국의 문재인 대통령과 정상 간의 긴밀한 관계를 유지하고, 북측의 김정은 위원장과도 양국 간 전통적인 친선을 강화하여 남북 평화 회담에 좋은 분위기를 제공한 것처럼 아시아-태평양 지역의 남북 모순 속에서 독특한 조정 역할을 할 수 있다. 이 모든 사실들은 중국이 아시아 신질서의 주역을 맡아 아시아 신질서에 기여할 수 있음을 증명하고 있다.

한 민족의 문화는 민족 특징, 민족 성격과 민족의 전통에 중대한 영향을 끼친다. 장기적으로 형성된 이런 민족 문화는 국가의 민족 응집력의 강약을 결정하는 중요한 요소이다. 문화의 유구한 역사는 민족의 자부심을 만들고, 문화의 통일성은 민족 전체의 국제 행위 능력과 사회 응집력을 키워준다. 그래서 문화 요소가 국가의 종합 국력을 구성하는 기본 요소의 하나가 된다. 문화는 한 나라의 국제적 지위를 가늠하는 중요한 평가 요소가 되었다.

4000~9000년 전의 신석기 시대 때, 중국은 이미 황하 유역과 장강 중하류 유역에서 앙소 문화, 대문구 문화, 하모두 문화, 용산 문화와 마가병 문화 등을 포함하는 선사 문화 구역을 형성하였다. 기원 전 21세기에 이르러 화화 민족은 중국 역사에서 첫 번째 왕조인 하(夏)를 건국하였는데, 이것은 중국 문화의 탄생을 상징한다. 그 후 상 왕조와 주 왕조의 문화는 중국문화의 순도를 더욱 정련하였고, 점차 낙양을 중심으로 하는 법령 창성의 정교 시스템을 형성하였다. 춘추 전국 시기 백가쟁명에 이르러, 학술은 전례없이 번영하였고, 중국문화는 새로운 단계에 올라서 봉건 사회의 문화 종지(宗旨)가 되었다(반대로 중국인들의 사상 교육을 크게 속박하였다). 중국 문화는 미래를 개척하는 중요한 시기에 접어들었다. 이 시기에 중국 고전 문화 및 하상주 삼대 왕조 시기의 학술집대성 사업의 핵심과 기초가 이미 다져져 화화 문화의 정점에 이르렀다. 미국의 저명한 역사학자 폴 케네디 예일대 교수는 <강대국의 흥망>이란 저서에서 '근대 이전의 모든 문명 중 중국 문화보다 더 발달하고 앞선 나라는 없다. 중국은 많은 인구와 찬란한 문화를 가지고 있고, 특히 기름진 토양 및 11세기부터

하나의 운하로 연결된 시스템, 관개 자원이 있는 평원, 그리고 양호한 교육을 받는 관리 체계, 통일된 등급제 행정기관이 있다. 이 모든 것이 중국 사회가 많은 경험이 있고, 응집력을 가지고 있다는 것을 의미한다. 이것은 외국 방문객의 부러움을 사고 있다.', '유럽 문화와 과학 유산의 상당 부분은 이슬람 세계에서 빌려온 것이다. 마치 무슬림 사회가 통상, 정벌, 식민의 매개체를 중국 사회로부터 빌려 온 것처럼 말이다.[10]

앞의 글에서 언급했듯이, 아시아는 세계에서 가장 큰 대륙으로, 전세계 인구의 60%이상을 차지하고 있고, 대륙 면적 역시 전세계의 1/3 정도를 차지하고 있어 아시아는 규모가 거대하고 잠재력이 무한히 큰 시장이다. 게다가 최근 몇 년 간 아시아 경제의 고속 성장으로 인하여 아시아 내부에서의 상품과 자금의 유동이 가속화되었을 뿐만 아니라 세계 각지의 상품과 자금도 흡수하였다. 크게 보면 상품과 자금의 흐름이 문화의 흐름을 대표하고 있다고 말할 수도 있다. 경제 글로벌화로 인구의 유동속도가 빨라지고, 세계와 아시아 문화의 교류도 촉진되었다. 아시아 국가들은 경제 발전을 위해 개방 정책을 실행하는데, 이것은 자국의 경제, 사회와 문화가 외부 세계와의 결합와 융합을 촉진하는 데 유리할 뿐만 아니라 각 지역 간의 인적 교류도 촉진시켰다. 다국적 회사의 공장 투자, 관광 경제의 고속 발전 등으로 인적 왕래가 빈번한 가운데에서 세계 각 민족의 문화가 교류하고 융합되었다. 세계는 더 이상 순수하고 단일 문화 현상이란 없다. 소위 아시아에서 가장 순수한 민족인 조선족의 문화도 다원성을 지니고 있다. 역사적으로 한반도가 중국에서 받아들인 문화는 오랫동안 한국의 주류 문화였다. 후에 서양의 기독교, 천주교, 이슬람교가 모

10) 폴 케네디, <강대국의 흥망>, 실용출판사 한문판, 1988년 1월, p.4. p.7

두 한국에 전해지면서 그 영향을 많이 받았다. 민족주의와 민족 갈등이 다원화 문제를 불러왔다는 이야기이다. 한반도 내부의 민족 갈등은 두드러지지 않는다. 그래서 다원화 문제 역시 두드러지게 나타나지 않는다. 왜냐하면 한반도 내부에는 다른 소수민족의 거의 없기 때문이다.

냉전이 종식된 후 국제 의식 형태는 점점 약화되고, 각기 다른 문화들이 세계적으로 교류 · 융합되면서 문화 글로벌화 추세는 글로벌화 과정의 중요한 원동력이 되었다. 정보 혁명이 직접 글로벌화를 추진하여, 문화 전파와 무화 교류의 신시대가 열리면서, 사람들은 인류가 공동으로 원하는 문화를 선택할 수 있게 되었다. 그리고 이러한 추세는 문화에 대한 공동체 의식 및 세계의 문화에 대한 조정을 통해 세계 정치의 글로벌화를 추진해야 한다. 인류가 직면한 세계적인 문제들은 계속해서 증가하고 있지만, 인류는 많은 문제들을 공동으로 인식하여 다른 문화 시스템과의 융합을 진행하고, 공동체 의식을 가지면서 인류 문명은 점점 더 많은 영역에서 공통점을 찾았다. 게다가 공동의 가치 기준을 적용해 인류가 낳은 공동의 행위 규칙, 가치관 및 도덕 규범을 가지고 있어, 인류 공동 운명의 글로벌 인식 및 국제 협조 시스템의 형성을 추진하였다. 문화는 냉전 이후 국제 교류와 협력의 중요 루트가 되었다. 문화 교류는 문화의 동질감을 배양하고, 공동의 심리적 기초를 형성하는데 유리하여, 세계의 평화와 안정을 수호하는 데 유리하다.

냉전이 종식될 즈음, 세계 구도에 근본적인 변화가 발생하였다. 미국이 적을 잃고 망연자실한 상태에 빠지자, 미국 학자 새뮤얼 헌팅턴은 '문명충돌론'을 답안으로 제시하였다. 헌팅턴은 냉전 후 문명 내부 및 문명 간에 발생하는 국부적 충돌을 결론으로 제시하였다.

'1980년대 말 공산주의 세계의 붕괴에 따라 냉전 상태의 국제 체제가 역사로 남게 되었다. 탈냉전의 세계에서는 사람들 간에 가장 중요한 구별은 이데올로기적, 정치적 혹은 경제적인 부분이 아니라 문화의 구별이다. 신세계에서의 지역 정치는 종족의 정치이고, 글로벌 정치는 문명의 정치이다. 문명의 충돌은 초강대국의 경쟁을 대체하였다.[11])

그러나 세상은 헌팅턴의 말대로 되지는 않았다. 오늘날 세계 문명의 충돌과 차이는 객관적으로 존재하고 있고, 그것이 오늘날 불안정하고, 평화롭지 않은 세계를 구성하는 요소 중 하나이지만 그것이 근본 원인은 아니다. 현재 각국 간의 충돌은 이전과는 구별되지만, 이익 충돌은 오늘날 세계의 모든 충돌을 일으키는 근본 원인이다. 인류는 위풍당당하게 글로벌화의 평화 발전 시기로 접어들었다. 인류 문명 전환의 새로운 역사 시기에 세계가 아시아 지역의 평화와 발전, 협력과 안전의 지역 문명 발선 추세를 인식하면서, 세계는 한 가지 중요한 사실을 깨닫게 되었다. 즉 고대 문명 발원지의 아시아 고대 국가인 중국과 인도가 각성하고 굴기하고 있다는 것이다. 지난 세기 인도의 천재 시인 타고르가 처음 중국에 방문했을 때, " 나는 당신들이 위대한 미래를 품고 믿는다. 나는 당신 나라가 일어서 자신의 정신을 표현할 때 아시아 역시 위대한 미래를 품고 있다고 믿는다."고 말했다.

아시아 역내 안전 협력은 냉전 이후 국제 공공 관계 발전의 전략적 추세이다. 이러한 추세에 따라 아시아 지역은 안전 협력 기구를 시급히 만들어 지역의 안전과 평화 발전을 수호하였다. 특히 아시아 금융위기, 사스 위기, 인도양 쓰나미 등 아시아 지역에서 끊임없어 발생

---

11)(미)새뮤얼 헌팅턴, <문명의 충돌과 세계 질서의 재편성>, 신화출판사, 1999, p. 6-7

하는 각종 위기를 거쳐, 아시아 지역 사람들에게 본 지역민들과 국가 안전에 걸맞는 지역 연맹을 수립해야 한다고 부단히 일깨워주었다. 아시아 강대국 중 중국과 일본, 중국과 인도 간에는 아직 역사적으로 이어져온 많은 문제들이 있다. 중국과 일본 간의 조어도 문제, 중국과 인도 간의 9만여m2에 달하는 영토 분쟁(이곳은 한국 국토 면적에 필적한다)이 그것이다. 1962년 중국과 인도 전쟁 이후, 인도는 중국을 최대의 라이벌로 삼아 왔다. 2018년 초 인도 군대가 주둔지를 넘어 국경을 침범한 것 역시 이 같은 현상의 재현이다. 설사 이렇다하더라도 아시아 지역 역시 반드시 공동의 아시아 위기 의식을 강화해야 하고, 역외 국가가 아시아 지역에서 맺고 있는 미국-필리핀, 미국-일본-오스트레일리아, 미일, 한미 등의 군사 동맹은 이 지역의 안전을 보장해 줄 수 없다. 이것은 명백히 아시아인들의 안전관과 부합하지 않는다. 현재 아세안 '10+1', '10+3', 아세안 지역안보포럼, 아태 안전 협력 이사회 등은 모두 그 지역의 새로운 안보관을 수립하려는 시도이다. 그렇지만 아시아의 다양성, 다차원성에 근거를 두고 성숙한 국제 조직 혹은 국제 기구를 설립하는 것은 그렇게 쉬운 일이 아니다. 이 지역 각국의 공동 노력을 통해서 일정한 규범을 갖춘 조직 형식을 설립하여 대화와 협상을 강화해야만, 아시아 안보 시스템을 구축해 나갈 수 있을 것이고, 최종적으로 아시아의 평화와 발전을 수호할 수 있을 것이다.

인류 문명 발전의 새로운 추세에 맞춰 유럽은 유럽 일체화 전략, 미국은 미국 글로벌화 전략을 가지고 있다. 그러면 아시아 지역 역시 자신의 일체화 조직을 구축하여 글로벌화의 도전을 맞이해야 한다. 경제 글로벌화, 지역 경제 일체화는 아시아의 공동 가치관, 근본적인 지역 이익관을 수호하고, 아시아 지역 및 회원국에서 자연재해와 사회 재해가 발생할 경우 조기 경보 체계를 전면 강화하여, 이 지역 안보 협력 시스템을 수호하며, 아시아 지역 간의 정치, 경제, 문화, 과학기술 협력을 촉진하여 역내 민주와 법제 건설을 발전시키고 공고화한다. 아시아 지역 안전 정책의 조화와 통일은 회원국 주권의 핵심 영역이 아시아화, 글로벌화로 향해 나아가기 시작했다는 것을 의미한다.

중국은 글로벌 제2의 경제체로서, 아시아 역사 문화 문명의 발상지의 하나로서 아시아 정치 경제 일체화 동맹을 책임져야할 인도자의 책임과 의무가 있다. 역사적으로 봤을 때, 중국은 농경 기술을 기초로 한 화화 문명을 동아시아 지역에 널리 전파하였다. 중국에서 동남아시아에 이르는 '해상 실크로드'는 5세기 전후 이미 개통되었고, 8세기 전후에 당대 장안을 기점으로 시작한 육상 '실크로드'는 유라시아 대륙을 가로질렀다. 중국은 오늘날 역사 문명의 잇는 고리가 된 것이다. 8세기에 당대를 중심으로 형성된 동아시아 세계는 하나의 문화권(동아시아 유교 문화권)일 뿐만 아니라 정치, 경제, 군사, 문화 각 방면을 모두 망라한 지역 공동체이다.

송대에 이르러 중국 경제 중심이 남으로 이동함에 따라 중국 경제는 또 새로운 발전을 거두었다. 명대, 중국은 남양과 서양에 대한 우호 통상 활동을 대규모로 전개하였다. 정화는 7차 항해로 통해 중국과 동남아시아 국가의 무역 통상 왕래를 더욱 촉진시켰다. 1597-1820년까지 223년 간, 중국에서 동남아시아로 향한 원양 선박 수량은 137척에서 295척까지 늘어났다.[12] 선박의 증가 속도가 그리 빠르지 않았지만 역내 무역관계가 증가했다는 것을 나타내 주고 있다. 진래 선생은 "7세기부터 17세기까지 동아시아 지역에서는 이미

12) 전여강, <중국 범선무역과 대외관계사론>, 절강인민출판사, 1987, p.40

매우 큰 공통점을 가진, 상당히 안정된 문화 시스템을 형성하였다. 기물부터 정신적 차원까지 확장해서 보면 동아시아 문화의 동질성은 순차적으로 줄어든다. 즉 동아시아 지역의 전통 문화는 기물, 공예 방면에서 비교적 높은 동질성을 가지고, 국민성 방면은 비교적 많은 차이를 보이고 있다. 하지만 각 국가의 문화 성격에 차이가 있다고 해도, 제도, 정신 문화 등의 방면에서는 확실히 일종의 공통된 문화적 성질을 형성하였다. 이러한 이유로 동아시아를 하나의 문화 공동체(문화권)이라고 보아야 한다."고 지적하였다.[13)]

이것은 아시아 지역 내 동아시아에서는 이미 하나의 거대한 문화권이 형성되었다는 것이고, 이 거대한 문화권은 인종, 서면 문자 시스템, 가정 구조, 생산 방식, 생활 방식, 정치 문화 등의 방면에 상관없이 모두 역사적으로 형성된 공통점과 연관성이 있다. 서양의 기독교 문화권 혹은 서아시아, 북아프리카의 이슬람 문화권과 비교하면 뚜렷한 독특함을 가지고 있다. 이 독특함은 동아시 지역 각 민족들의 생활에 장기적으로 많은 영향을 주었고, 동아시아 발전의 각 역사 시기에 사람들의 보편적인 가치관이 되었다.

모건은 "문자의 사용은 문명 초기의 가장 정확한 표시다"라고 말하였다. 한자의 탄생과 광범위한 사용은 동아시아 한자 문화권에서 언어가 시간과 공간의 국한성을 깨고, 동아시아 문화를 기록하고, 형성하고 전파하였다. 게다가 1980년대에 시작된 새로운 동아시아 지역화 과정에서 중요한 역할을 하였다. 세계에는 한자, 고이집트 문자, 고소미어 문자, 고바빌론 문자, 고마야 문자, 고인카 문자 등 몇몇 고대 문자가 존재했었는데, 그 중 한자는 유일하게 남아서 현재까지 사

13) 진래(계선림, 장광린 편저), <유가사상과 현대동아시아세계>, <동서양문화논집>, 경제일보출판사, 1997, p.491

용하고 있는 문자이다. 한자의 시작은 신석기 시대 후기로 거슬러 올라가는데, 앙소 문화 유적에서 출토된 각인 부호는 지금으로부터 약 6500여년 전으로 현재까지 해독은 못 했지만, 최초의 한자이며, 세상에서 가장 오래된 문자로 보아야 한다. 앙소 문화 도기 각인 부호는 상대 말기 갑골문으로 발전하였고, 서주에 이르러 청동기에 새긴 명문인 금문으로 발전하였다. 진대 리스는 문자를 정리하여, 갑골문, 금문과 일맥상통하는 진전, 즉 소전이 대전을 대체하도록 추진하였다. 대전이 소전으로 대체되어 문자의 통일을 실현하였고, 문자의 간화도 진행되었고, 이것은 중국 문자 발전사에 있어 전무후무한 사건이었다. 문자의 통일과 신보는 문자 발전의 중요한 전제이다. 진대에는 서동문 정책을 실시하여 '언어 이성, 문자 이형'의 상황을 종결지었다. 한승진제는 예서의 개혁과 정형에 큰 공헌을 하였다. 예서의 출현으로 한자는 진정한 정방형 문자로서의 발전 노선을 걷게 되었다. 이후 예서가 점차 해서로 바뀌고, 해서가 점점 정형화되면서 한자 문화는 역대 민족과 국가의 의식형태를 뛰어넘어, 단절없이 계승되어 왔다.

한자가 생긴 이후 중국을 중심으로 주변 국가에 널리 전파되었고, 한자 문화권이 형성되었다. 대만 학자 허개린은 "한자 문화권은 한문자(漢文字)를 매개로 하고, 공통 가치 시스템을 가진 세계가 중국의 대륙에서 같은 표기법을 기초로 한 문화 지역으로 발전하면서, 한자의 표기법이 고대에서 현대로 이어져오면서 끊임없이 발전하여 문화 단절이 없다…… 한자, 한학과 관련된 법령 제도, 예를 들어 국가 개념, 산업, 생활 문화 등은 광활한 면적이라는 장애를 극복하고, 중국 중원에서 동북의 북한, 동방의 일본, 남방의 베트남으로 전파되었다. 중국의 장구한 역사를 넘어, 한자는 중국과 주변 국가의 문화를 문자

로 연결하였다.[14)]

지역 그룹이 인정한 문화는 지역 국가의 통합, 지역 조직의 발전 및 지역과 국제체계의 관계에 중대한 영향을 미쳤다. 동아시아 지역처럼 모든 지역 조직이 문화적 인식 작용을 가지고 있고, 각자의 지역 문화 특징, 선호하는 문화 가치관이 있다. 만약 문화를 이해하지 못하면 각 지역의 발전 요구와 행위 규범을 이해하기 힘들며, 이 지역이 국제관계에서 어떤 지위를 가지고 있고, 어떠한 공헌을 했는지 인지할 수 없다. 동아시아 지역의 분석은 특히나 부분적 관찰만으로 전체를 추측한다.[15)]

문화는 어떤 사회와 어떤 사회 집단 특유의 정신과 물질, 지혜와 감정이 다른 특징의 총화이다. 문화는 문학과 예술 외에도 생활 양식, 생존 방식, 가치 체계, 전통과 신앙을 포함한다. 상호 신뢰와 이해의 분위기에서, 문화의 다양성, 관용, 대화 및 협력을 존중하는 것이 국제 평화와 안전을 위한 최적의 보장임을 확인하고, 세계화 발전을 하고 있는 지구가 시대 문화의 다양성을 제한하고 있다는 것을 인정하고, 인류가 통일된 전체와 문화 간 교류 발전의 기초 위에서 더욱 광범위한 상호 협력을 전개하는 것이 인류 발전의 기본 추세임을 인지하였다.

현재 문화는 새로운 정보와 전파 기술의 신속한 발전으로 적극적으로 추진하고 있는 글로벌화 과정이 문화의 다양성에 있어 일종의 도전으로 받아들여지고 있지만, 각종 문화와 문명 간에 진행하고 있는 새로운 대화로도 조건을 만들고 있다. 문화의 다양성은 교류, 혁신과 창조의 원천이며, 인류에게는 생물의 다양성이 생물의 균형을

---

14) 허개린, '한자문화권의 구상', http://www.japanresearch.org.tw/china/dirtor.htm

15) 악후성, <문화군사전략(중)>, 신화출판사, p.1165

유지하는 것처럼 없어서는 안 된다.

문화의 다원화와 민족 제도는 굉장히 밀접하다. 그것은 문화 교류와 대중 생활에 충실할 수 있는 창작 능력의 발휘에 유리하다. 문화의 다양성은 모든 사람들의 선택의 기회를 증가시켰다. 그것은 발전된 원천 중 하나이다. 그것은 경제 성장을 촉진시키는 요소일 뿐 아니라 만족스러운 지능, 감정, 도덕 정신 등 사람들에게 생활의 수단을 누리도록 해준다. 문화는 민족, 국가, 세계, 문명과 모든 인류의 운명을 결정하고 있다. 인류 문화의 자각은 행복 아니면 고통일지라도, 전쟁 아니면 평화일지라도, 평온 아니면 광희일지라도 모든 발전은 사람들의 문화, 주관적 소원이 남긴 직접적인 결과이다. 문화 직감이 가져온 것은 효율이 가장 높고, 비용이 가장 낮고, 성장하기 가장 쉬운 역량이다. 인류의 대규모 전쟁과 혁명은 문화 관념과 문화 방식으로 깊이 자각된 결과이다. 만약 인류가 전쟁 혹은 혁명에 대해 보편적으로 깊이 각인된 문화 공동체 의식이 없다면 어떤 전쟁이나 혁명도 모두 힘든 환각이다. 인류의 평화 발전과 조화 세계 구축으로 최종적으로 체현된 것은 인류의 절대적인 문화 자각이다.

20세기 말 이래 인류의 문화에 대한 재정의와 인식은 인류가 한 내재된 세계를 발견한 것과 같다. 그 의의는 인류가 자연과 우주를 발견한 것 못지 않고, 인류의 과학 체계 발전에 못지 않다. 미래에 인류의 세계 전쟁은 인류의 이데올로기 문명에서 발생하여 최종적으로 인류 문명의 문화 구축으로만 전쟁을 억제하고 종결할 수 있을 것이다. 인류 역사상 가장 유명한 전쟁은 이데올로기를 이유로 발생한 것이지만, 이데올로기를 명목으로한 전쟁은 모두 경제 이익을 최종 목적으로 두고 있다. 인류 전쟁 발발자는 이데올로기를 표면적으로 내세우고 경제적 이익을 감추는 데 익숙한 것 같다. 모든 전쟁은 의의가 없다. 의의를 위해 발생한 전쟁들은 모두 시간이 지나면 의의가 사라지고, 단지 전쟁에 대한 기억만이 남게 된다. 만약 전쟁에 무슨 의미가 있는지 꼭 말해야 한다면, 그것은 단지 전쟁 중에 사람이 죽어 나간다라는 것에 의의를 둔다고 하겠다. 전쟁을 일으킨 이유가 이데올리기이든 경제 이익이든, 전쟁의 본질적 의의는 '사망', 단지 이 두글자로 이야기할 수 있을 것이다.

인류의 초월 정신은 각 대문명 중 종교로 모아지고 체현되어, 종교는 그들의 영혼이 된다. 이것이 그들을 '도교 문명, 유교 문명, 불교 문명, 기독교 문명, 이슬람교 문명, 유대교 문명, 동정교 문명 등으로 칭하는 이유이다. 종교는 그 본질이 동태적인 힘이기에 영원히 변화하고 자아 갱신한다.

신앙, 혁명과 권력은 인류 사회를 구성하는 이런 상징적 구조와 권력 상징성이 기초를 실현하는 기본적인 동력이다. 권력 상징적 구조는 그 중에서도 핵심이다. 권력 공모 혹은 신앙 공유의 정신적 개념은 권력 상징적 구조의 내핵이다. 권력, 싱앙, 질서는 인류 미래 사회의 상징적 구조 및 권력 상징성 실천의 기초와 기본 동력을 구성하였다. 당대 글로벌화에 상당하는 인류 사회의 개혁과 변천을 살펴보면, 개인 정신 권력의 독립, 제도와 종교의 전문화와 사회화는 이러한 상징적 권력의 전환을 촉진시킬 것이다. 종교 신앙이 개인 정신 권력이 되었을 때, 국가 권력 이성화 세계 종교 진실성 과정은 기본적으로 일단락될 수 있다. 인생은 생명의 과정이다. 인류 생활은 다른 동물과 다른 인류의 생명 과정이며, 모든 물성과 인성의 실현 과정이다. 이 과정은 인류의 자기중심성의 거대한 위협을 받고 있다. 자기중심성은 사람이 물질적 의미에서 죽음을 초래할 수 있을 뿐만 아니라 사람이 정신적 의미에서까지 죽음을 초래할 수 있다. 집단의 자기중심성은 인류 사회의 일부분과 기타 부분을 대립시키기 시작하였고, 집단 자기중심성은 인성을 위협하고 있으며, 생명을 위협하고 있다. 인류의 상호의존성은 갈수록 강해지는 동시에 개인 자기중심성과 집단 자기중심성에 체류하고 있다. 서로 대립한 인류는 전체를 고려하는 글로벌주의가 필요하다. 인류 생활은 거대한 위협에 직면했기 때문에 생존을 위해서는 행동해야 하고, 행동하기 전에는 사상이 필요하다. 이러한 사상은 깊은 의미를 가진 인류의 문화이다.[16)]

미국 조세프 할레비는 2002년 <월간 평론>에서 "일본과 미국은 아시아의 중심을 중국에 내어주는 것이 두려워서 줄곧 아시아 경제 공동체의 건립을 원하지 않았고, 현재까지 아시아 지역 경제 공동체를 형성할 수 없었다"고 말하였다. 이 관점은 다소 편파적이지만 아시아 경제의 일체화가 지지부진한 이유는, 아시아 각국 사회 경제 문화의 비교적 큰 문화적 차이, 역사적 이유 등의 요소를 제외하고는 확실히 일부 강대국, 특히 미국과 일본이 중국의 굴기를 원하지 않고 있고, 아시아 경제 일체화의 주역 자리를 중국에게 내어주는 것을 달가워하지 않는다는 데 있다. 그렇지만, 글로벌화의 물결을 막을 수 없다. 아시아 경제가 만약 제때 글로벌화의 물결을 타지 않는다면 아시아 각국에게 불필요한 심각한 손실을 가져다 줄 것이다. 아시아 경제 일체화는 아시아 더 나가아 글로벌 경제에 모두 이득이 된다.

우선, 아시아에서는 아시아 각국의 자연환경, 인력자원, 과학기술 수준, 자금 분포의 심각한 불균형의 이유로, 경제 일체화를 통해 자원의 합리적인 재배치, 장점의 상호 보완을 실현할 수 있고, 역내 경제 발전에 유리하다. 게다가 각종 경제, 금융 위기를 회피할 수 있다. 이번에 아시아 각국이 미국과 같은 국가에 과도하게 의존하여 자국

16) 악후성, <문화군사전략(상)>, 신화출판사, p.1-5

이 불필요한 경제적 손실을 입을 수 있다는 점을 분명히 인지해야 한다. 트럼프는 "미국 경제 개조"를 위해 세계 주요 무역 국가와 주요 무역 상품에 관세를 대폭 올렸다. 이것 역시 아시아 각국에 경고를 울리고 있는 것이다. 만약 아시아 각국이 지역 경제 일체화를 빨리 실현하지 않는다면 미국과 같은 국가의 견제와 지배를 받게될 것이다. 아시아 경제 일체화는 역내 경제에 경제 이익을 가져다 줄뿐만 아니라 글로벌 경제 성장에 엔진 역할을 할 수도 있다. 중국 고전에서 말한 '원교근공'은 글로벌 시대의 중국 대외 전략에는 적합하지 않아 보인다. 범아시아는 지리적 의미에서의 모든 국가와 아시아와 밀접한 정치경제와 문화와 지연 관계의 러시아, 호주의 소수민족까지 포함하고 있는데, 중국은 고급 형식의, 광범위한 내용의 범아시아 경제 공동체 사상을 구축하여, 이 지역 경제 활력을 촉진하는 범아시아 경제 공동체를 구축해야 한다.

만약 과거 중국에 이러한 사상 혹은 건의가 있었다면 주변 강대국의 중요성을 불러일으키지 못했을 수도 있지만, 지금의 중국은 과거에 비할 바가 아니다. 2010년 중국은 총 GDP가 일본 GDP를 넘어선 후, 중국 경제는 지속적으로 성장해 현재 세계 제2의 경제체이자 세계 최대의 수출입국이 되었다. 2017년 미국의 총 GDP는 18.6조 달러이고, 중국은 12.3조 달러, 일본은 4.17억 달러, 인도는 2.38억 달러, 한국은 1.45억 달러로, 아시아에서 세계 GDP 10위에 오른 국가가 이미 4개 국가이고 중국의 GDP는 일본, 인도, 한국 3개국 GDP 총합의 1.53배이다. 중국 경제의 지속적인 성장에 따라 2025년 정도에는 중국이 세계 제1의 경제체가 될 것이다. 그 때가 되면 아시아 다른 국가의 경제 총량과 중국의 격차는 한층 더 벌어질 것이다. 이것은 범아시아 경제 공동체의 건립이 다시는 중국이 그 주역이 되어야 하는지 아닌지가 아닌 반드시 범아시아 경제 공동체를 이끌어야 한다는 것을 의미한다. 유럽 연합, NAFA 이후 제3의 경제 공동체로 되고, 그 때가 되면 아시아 경제 공동체는 세계 최대 경제 공동체가 될 것이다. 그것은 세계 인구의 55%이상, 세계 대륙 면적의 약 1/3을 차지하는 세계 최대 경제 규모의 공동체이다. 중국은 세계 경제 평화, 정치와 경제, 사회 보장을 안정적으로 제공(즉 글로벌 공익 제공)하기 위해 세계 최대 경제 공동체를 인도할 책임과 의무가 있다. 이런 의미에서 보면 미국의 시대는 이미 막을 내리고 있고, 중국의 시대는 이미 그 서막을 시작되었다고 말할 수 있다.

하지만, 아시아 지역 일체화는 화폐 일체화를 진행하는 것처럼 그렇게 간단하지 않다. 아시아 지역 화폐 일체화와 금융 안전은 중국이 전략 핵무기보다 더 엄격하게 주시하고 있는 중요한 영역이기 때문이다. 금융 안전 감시 시스템을 구축하기 전에 중국 금융업을 무분별하게 전면 개방하는 것은 위험이 따르기 때문이다. 중국의 금융 시스템을 공격하는 것은 의심할 바 없이 글로벌화가 발전하고 있는 지구유한 시대의 금융 대국의 가장 중요한 일이다. 중국에게 손을 쓰는 것은 할 수 있느냐 없느냐의 문제가 아니고, 시간과 어떻게 하는지 방식의 문제이다. 이 점에서 어떤 요행의 생각이 재난급 결과를 낳을 수 있다. 그들이 취할 수 있는 전략전술과 일본의 금융업 타격은 많은 유사성이 있다.

우선 중국의 슈퍼 자산 거품 발생이다. 중국의 경제는 그들의 도움하에 1985~1990년의 일본처럼 몇 년 간 큰 번영의 시기가 올 것이다. 그 후에 그들은 원거리 비접촉식 금융핵 타격을 실시하고, 세계가 중국 경제에 가지는 믿음을 무너뜨리고, 국제와 국내 자금을 유출시켜, 최종적으로 중국의 핵심 자산을 덤핑 판매하여 중국 경제를 철저히 해체하고, 세계를 통일하는 과정에서 가장 어렵운 한 걸음을 완성할 것이다. 중국 금융 개방 위험 문제가 연구할 때 대다수 학자와 정책 결정권자들이 주시하는 것은 전술 측면의 위험이다. 사실 금융 개방의 최대 위험은 전략 측면에서 나온다. 즉 금융 개발의 본질은 사실상 화폐 전쟁이다. 전쟁의 의미와 준비가 부족하다는 것이 현재 중국의 가장 큰 위험이다. 당연하게도 금융 영역의 개방을 일반적인 업종을 개방하는 것으로 이해하는 것은 극도로 위험하다. 화폐는 일종의 상품이며 그것은 기타 일체의 상품과는 달리 일종의 사회의 모든 업종, 모든 기구, 모든 사람이 필요로 하는 상품이다. 화폐 발행에 대한 통제는 모든 독점 행위의 최고 형식이다. 중국의 화폐 발행은 국가가 통제하고 있으며, 국가가 화폐를 통제해야만 사회 구조의 기본적인 공정함을 보장할 수 있다. 외자 은행이 중국에 진출한 후 중국의 화폐 발행권은 위험한 지경에 처했다. 보통 사람은 중국의 화폐는 인민폐 지폐이고, 국가만이 화폐를 인쇄, 발행할 수 있는데, 외자은행이 어떻게 인민폐를 찍어낼 수 있을까라고 생각할 수 있다. 사실 외자은행은 근본적으로 인민폐를 찍어낼 수 없고 화폐 공급만 할 수 있다. 그들은 사람들을 혼란스럽게 하는 '혁신' 금융 제품을 대량으로 도입하여 각종 방식으로 채무 수단을 창조하여 화폐화한다. 이러한 금융 화폐는 실체 경제 영역 화폐의 구매력을 완전히 갖추고 있다. 이 의미는 외자은행은 중국 인ㅁ니폐의 화폐 발행에 참여할 것이며, 외자은행이 '창조'한 인민폐 신용 총량이 국유 상업은행을 초과할 때, 그들은 사실상 중국의 중앙은행을 허수아비로 만들고, 중국 화폐 발행권을 통제할 수 있다. 그들 악의적인 의도로 화폐 공급 파동을 일으킨다면, 우선 통화 팽창, 그 후 통화 긴축으로 중국 인민의 재화를 긁어모을 것이다. 역사적으로 반복된 경제위기 처럼 말이다…… 상품

사회에서는 돈에 대한 면역력을 가지고 있는 사람이 없다. 독일 작가 한스 잭슨의 말처럼 "금전은 세상의 세속적인 신이다." 하지만 이 세속적인 신은 가치를 가지고 있지 않고, 사실상 실질적인 목적도 없다. 그래서 금전이 정신세계를 통할할 때, 평균화 수단으로 목적성을 가진 모든 물건의 가치를 떨어뜨려 사무 특유의 가치를 손상시켰다.

외국 은행 세력이 중국에 진입한 후, 투자를 통해 중국의 전신, 석유, 교통, 항공, 군수 산업 등 국유 독점 업종을 통제할 것이고, 외자 은행이 일단 중국 국유 독점 업종의 주요 자금 제공자가 된다면, 그들은 이러한 중국의 핵심 자산의 명맥을 제어할 것이다. 외자 은행은 이러한 중요 기업의 자금연계를 수시로 차단하여, 중국 핵심 산업 분야의 마비를 초래할 수도 있다.[17)]

역사와 현실은 모두 우리에게 경고를 보내고 있다. 구소련의 해체, 루블의 평가절하, 아시아 금융위기, 아시아 4마리 용의 성장 둔화, 일본 경제의 부진 등등… 이게 다 우연의 일치일까? 만약 아니라면 누가 진정한 추진자인가? 누가 다음 음모의 목표가 될 것인가? 현실적인 면에서 중국 인민폐는 빠르게 평가절하되고 있으며, 관련 국가들은 중국에게 금융시장을 개방하라고 촉구하고 있다. 하지만 중국은 현재 이러한 금융 전문 인재를 축적하고 있을까? 금융 공격을 방비할 수 있는 이론을 가지고 이것을 실천할 수 있을까? 금융 상식은 다음과 같은 사실을 사람들에게 알려준다. 누군가가 어떤 상품의 공급을 독점하면 그 누군가가 거대한 이윤을 얻을 수 있다는 사실을… 화폐는 사람들이 모두 필요로 하는 상품이다. 만약 누군가가 한 나라의 화폐 발행을 독점할 수 있다면, 그 누군가는 아무런 제한이 없는 거대한 이윤을 얻을 수 있는 수난을 가지고 있다는 사실을 말이다. 국

---

17) 악후성, <문화군사전략(하)>, 신화출판사, p.1536

제 은행가는 거대한 특수 이익 집단이다. 그들은 일정한 역사적 단계에서 달러와 미국의 역량을 이용한다. 하지만 그들의 준비 작업이 궤도에 오른 후에는 수시로 달러를 공격할 수 있고, 세계적 범위에서 1929년 제1차 세계 경제대공황 수준의 경제위기를 조장하였고, 심각한 위기 촉진과 위협으로 각국 정부는 더 많은 주권을 방치하였고, 지역 화폐와 지역 정부 제도를 실시하였다.[18]

중국이 아시아 경제 일체화를 주도하여 아시아 지역 화폐 협력 시스템을 추진하고, 아시아 화폐 주권 구축은 글로벌화 평화 발전 시대의 객관적 정세의 전략적 선택이다. 장기적인 평화, 공동 번영을 누리는 조화로운 아시아를 구축하기 위해서 중국은 지역 강대국으로서의 공헌을 해야할 책임과 의무가 있다. 현재 상황으로 보자면 아시아 지역 협력은 이미 중요한 시기에 접어들었고, 중국의 아시아인프라투자은행과 '일대일로' 건설은 아시아 지역과 유라시아 대륙에서 안정적으로 추진되고 있다. 중국 주도의 아시아 공동체 건설은 이미 중요한 시기에 접어들었다. 하지만 다들 알고 있다시피 한반도 '판문점 선언'과 북미 싱가포르 회담의 종결로 미국은 다시 한반도 정세를 이용하여 중국을 억제하거나 협박할 수 없다. 그래서 세계 화폐 발행자의 신분으로서 중국에게 한층 강화된 금융시장 개방, 인민폐 압력을 강요하고, 미중 무역을 통해 중국의 수입 관세 증가 등의 조치를 취해 중국에게 통제에 순종을 강요한다. 중국 정부는 현재의 국제 금융과 무역 형세를 직시하고, 과거 소련과 일본의 경제 위기를 역사적 교훈으로 삼아, 일본 경제 거품과 구소련의 해체의 전철을 경계해야 할 것이다. 중국이 '중등 소득 함정'에 빠지는 것을 막기 위해서는 중국 산업 구조를 조정해야 한다. '일대일로' 건설과 아시아투자은행 조직

18) 송홍병 편저, <화폐전쟁>, 중신출판사, 2007. 6

구조를 한층 더 강화, 조정하여, 중국이 아시아 지역 경제 일체화와 아시아 화폐 일체화를 조속히 실현할 수 있도록 준비를 해야한다.

4. 일대일로와 한반도 평화 발전의 길

제2차 세계대전이 끝난 후 미국와 소련은 세력 균형의 필요로 북위 38도를 경계로 하여 일명 '38선'으로 한반도를 남북으로 양단하였다. 반도 이북은 조선 민주주의 인민 공화국, 38선 이남은 대한민국이다. 남북은 정치 제도와 이데올리기가 극도로 대립해 있다. 1950년 6월 25일에서 1953년 7월 27일까지 진행된 6·25 전쟁 후 양측의 더욱 심각하게 대립하였고, 냉전 기간 동안 38선 양측의 군사 충돌이 끊이지 않고 발생하였다. 1년에 1번씩 진행되는 한미 연합 군사 훈련은 남북 쌍방의 긴장 관계를 더욱 악화시켰다.

냉전 종식 후 한반도 정세는 완화되고, 2000년 6월 남북 정상 회담 후, 남북 관계는 한 동안 화해의 국면이 나타났다. 하지만 이런 상황은 오래 가지 않았고 북한 핵문제가 한반도 정세를 풍운 속으로 몰아갔다. 특히 9·11 사건 후, 미국은 또 북한을 '악의 중심축'으로 정의하여 남북 관계가 냉각되었다. 2007년 10월 4일 남북 정상은 제2차 회담 후, 남북 양측은 공동으로 <남북 관계 발전과 평화 번영 선언>을 발표하였다. 선언의 내용은 다음과 같다.

"양측은 현재의 정전 체제를 끝내 평화 체제를 구축하고, 이와 직접적 관계가 있는 3자 혹은 4자 정상은 한반도에서 전쟁 종결을 선언하고 협력을 추진하기로 결정하였다." 중국은 동북아 지역의 강대국이며 북한 정전 협정의 중요한 체약자로서, 한반도 평화 체제와 관련한 문제에 당연히 지역 강대국으로서 중요한 역할을 해야 한다. 특히 최근 2018년 4월 27일 남북이 판문점에서 <판문점 선언>을 발표한 이후 한반도는 영구 평화 발전 체제로 나아가기 위한 기초를 다졌다. 나아가 동북아 지역의 지속적인 평화 발전과 안정을 실현하기 위해서 다야야한 외교 플래폼을 구축하였다.

하지만 한반도 문제 자체는 다중적 요소를 가진 모순체이다. 그것은 역사적, 현실적으로, 쌍방 그리고 다자간, 외교적으로나 군사적으로나 이러한 모든 것들이 상호 연계, 상호 견제의 복잡한 요인이다. 북핵 문제는 절대로 하루 아침에 해결될 문제가 아니고, 필자는 북미 싱가포르 정상회담 후, 쌍방 모두 의외로 만족하고 있는데, 사실 문제의 해결은 절대 그렇게 쉽지 않다고 생각한다.

우선, 미국은 절대로 북한이 그렇게 핵을 완전히 포기한다는 사실을 쉽게 믿을 수 없을 것이다. 반드시 모든 국제 역량을 동원하여 철저히 핵사찰을 진행할 것이다.

다음으로, 북한 입장에서는 국제 핵사찰에 대비해 미리 충분한 준비를 마쳤고, 핵사찰 기간에 북한은 그에 상응하는 경제적 보상에 대한 요구를 제기할 것이다. 북한은 12만m2의 땅이 모두 고산대천이며, 북측은 백두산 원시림에 몇 기 혹은 몇십 기의 원자탄과 수소폭탄을 숨겨놓으면 그것을 찾기란 절대로 쉽지 않다. 북한은 일부 핵무기를 국제 핵사찰 기구 앞에서 소각 혹은 제3국에 보관하도록 할 것이다. 하지만 미국을 대표로 하는 핵사찰 위원에게 모든 핵무기를 소각 혹은 보관을 맡기진 않을 것이다.

마지막으로 북한은 시소게임에서 북한이 일부 핵무기를 소각한 후 미국이 만약 상응하는 경제 원조 혹은 보상을 진행하지 않는다면, 북한은 재차 국제 핵확산금지 기구를 탈퇴하고, 반격 조치를 취할 가능성이 높다.

그래서 북핵 문제의 근본 해결에는 긴 과정이 필요하다. 중국은 지역 강대국으로서 문제의 복잡성과 난폭함과 지난함을 명확히 인지하고, 중국이 가지고 있는 건설적 역할을 계속해서 발휘하여 중국이 북핵 문제에서 외교 전략의 주도적 지위를 확보하여 준비를 할 필요가 있다.

여기서 필자가 강조하고자 하는 바는 북한은 생존과 지속적인 발전을 위해서는 반드시 글로벌화 과정에 참여해야 한다는 것이다. 북한은 한반도 국가로서 현재 중국의 '일대일로'와 한국의 '한반도 신경제구상'에 참여하면 북한 국내 공업 경제 발전에 유리하다.뿐만 아니라, 글로벌화 과정에 참여하면 상응하는 경제적 보답을 얻을 수 있기 때문이다. 러시아의 천연가스관과 석유관을 한국과 일본으로 연결하려면 반드시 북한을 거쳐야 하는 것과 같은 경제적 보답을 말이다. 북한은 스스로 가스관, 석유관을 확충하고 있는데, 현재 어려움을 겪고 있다. 하지만 한국과 일본의 기술을 이용하면 국내에 석유, 가스관을 부설하면 공정(工程)의 과정에서 경제적 이득을 얻을 수 있고, 매년 9천 만 달러에서 1억 2천만 달러에 이르는 국경 통과 비용을 획득할 수 있다. 이것은 동북아의 에너지 공급에 유리할 뿐만 아니라, 북한의 에너지 문제 해결에도 유리하고, 나아가 최종으로 북핵 문제를 해결할 수 있다. 하지만 본인은 최종적인 북핵 문제 해결에 대해서 의견을 보류한다. 왜냐하면 필자가 보기에는 북한의 핵 보유는 국가의 기정 방책이고, 강대국과의 대화 조건으로 핵무기를 보유해야만 강대국과 대화할 수 있으며 남북 관계에서도 발언권을 가질 수 있다. 북한의 재래식 무기는 이미 한국의 재리식 무기에 대항할 수 없기 때문이다.

2018년 초반 한반도 정세에 중대한 변화가 발생하였다. 김정은은 신년 축사에서 한국 평창에서 열리는 동계올림픽에 북한 대표단을 파견하겠다고 밝혔다. 2018년 2월 9일 북한의 고위급 대표단이 한국 평창 동계올림픽 개막식에 참여하였다. 특사로 파견된 김여정은 문재인 대통령에게 김정은 위원장의 친필 서한을 전달하였다. 2018년 3월 5-6일, 한국 특사단이 평양에 도착했고, 김정은은 부인인 이설주와 함께 대표단을 위해 성대한 만찬을 열어주었다. 이튿날 한국 특사단이 한국으로 귀환하여 남북 양측은 금년 4월 말 판문점 한국측의 '평화의 집'에서 정상 회담을 개최한다고 선언하였다. 3월 8일 한국 청와대 안보실 정의용 실장은 미국 방문 후 김정은 위원장이 한국측 그가 최대한 빨리 미국 트럼프 대통령과 회담할 의향이 있다고 발표하였다. 트럼프 역시 5. 6월에 김정은과의 회담에 동의하였다. 3월 18일 북한 외무성 최강일 국장은 핀란드에 도착하여 한국과 미국 책임자와 회담을 하였고, 3월 25-28일 김정은 위원장은 갑자기 중국에 비공식으로 방문였고, 회담 중 양측 지도자는 국제와 한반도 정세에 심도깊은 의견을 나누었다. 4월 10일 트럼프는 그가 북한 최고위 지도자인 김정은과 5월 혹은 6월에 회담을 진행한다고 선언하였고, 폼페이오 국무장관은 비밀리에 북한으로 출국해 김정은 위원장과 회담을 진행하였다. 4월 27일 오전 김정은은 38선을 넘어 처음으로 한국 영토를 밟았고, 한국측 판문점에서 문재인 대통령과 역사적 회담을 진행하고, <판문점 선언>에 서명하였다. 6월 12일 김정은 위원장과 트럼프 대통령은 싱가포르에서 6·25전쟁 이래 양국 재임 대통령의 첫 역사적 회담을 진행하였고, 북미 역사상 재임 대통령의 첫 번째 악수이기도 했다. 게다가 북미가 연합하여 성명을 발표하였다.

1. 미국과 북한은 완전히 새로운 북미 고나계를 수립하여, 양국 국민들의 평화로의 지향을 만족시키는 데 최선을 다한다.

2. 미국과 북한은 북한반도를 지속적인 안정과 평화 체제 수립에 공동 노력한다.

3. 북측은 2018년 4월 27일 서명한 <판문점 선언>의 내용을 재차 확인하고 북한반도의 전면 비핵화를 위해 노력한다.

4. 미국과 북한은 전시 포로와 실종자들의 유해를 되찾기 위해 노력하고, 이미 확인된 유해는 즉시 환송한다.

2018년 6월 12일 북미 연합 성명을 싱가포르에서 발표했는데, 김정은과 트럼프는 이 같은 4가지 조항에 합의했다. 그 중 북측은 완전 비핵화를 약속하고, 미국은 북한에 안전보장을 약속하였다. 성명에서는 미국 대통령 트럼프와 북한 최고 지도자 김정은이 새로운 북미 관계를 수립하고, 한반도의 장기적이고 안정적인 평화 시스템 수립을 위한 전면적이고, 심도있게, 솔직한 의견을 교환하였다고 밝히고 있다. 트럼프는 합의에 서명한 후 오늘의 정상회담이 매우 자랑스럽고 만족스럽다고 밝혔다. 그는 "나는 북한 및 북한반도와의 관계가 앞으로 과거와는 완전히 달라질 것 같다고 생각한다. 우리는 모두 이를 위해 노력하였고, 이렇게 할 수 있을 것이다. 우리는 매우 특별한 우정을 나누었고, 이것으로 다른 사람들이 우리를 새로운 시각으로 볼 것이다. 매우 기쁘다. 우리는 이 세상을 위해 매우 크고, 매우 엄중한 문제를 해결할 수 있을 것이다"라고 말하였다. 김정은은 서명 직전에 "오늘 우리는 역사적 의의를 갖는 회담을 진행하였고, 과거는 뒤로 묻어두기로 했다. 우리는 이 역사석 문시에 서명할 것이고, 전 세계는 중대한 변화를 보게 될 것이다. 그리고 또 이번 회담 열어준

트럼프 대통령에게 감사를 표한다"라면서, 북미가 성명을 채택하면 새로운 시작을 맞이할 것이라고 말하였다.

북미 한미 싱가포르 정상회담이 끝난 후 한반도 비핵화 과정 역시 새로운 역사적 분기점으로 접어들 것이다. 하지만 이것은 결코 한반도 비핵화가 이미 시작되었다는 의미가 아니가 아니고, 지속적인 협상과 대화, 힘겨루기가 막 시작되었음을 예고하는 것이다. 역사적으로 한반도 비핵화 과정은 우리 매체 혹은 학자, 외교 실무자들이 인식하는 것처럼 간단하지 않다. 왜냐하면 한반도 비핵화를 실현하려면 한반도의 영구 평화 시스템을 확립하여 한반도 남북 관계를 추진해야 하는데 이 과정에서 많은 저항을 만나게 될 것이다. 한반도 비핵화 과정을 추진하는 과정에서 우리는 다음과 같은 내용을 반드시 인지해야 할 것이다.

우선, 한반도 비핵화 과정을 어떻게 정의할 것인가? 즉, 북한은 어떻게 국제 사회에서 핵폐기를 검증받고, 어떤 수단으로 북한에 핵이 없다는 사실을 인증받을 것인가? 한반도 북방의 고산대천에서 북한은 몇 기 혹은 몇십 기의 원자탄과 수소폭탄을 숨길 능력이 있기 때문이다.

그 다음으로 한반도 비핵화 과정에서 한국 역시 핵무기를 영구보존 하지 않고, 제조하지 않으며, 보유하지 않겠다는 대답 여부에 따라 상황이 바뀔 것이다. 즉 한국은 핵무기를 개발하지는 않지만, 미국으로부터 들여오는 핵무기, 소위 미국의 '핵우산'이 바로 한국의 핵보유 루트이다. 당연하게도 한국 역시 핵무기 제조 능력을 가지고 있다.

마지막으로 한반도 비핵화 과정 중 현재 정부는 이미 한반도 비핵화 목표를 명확히 밝히고 있지만, 장기적인 관점에서 보면 반도 비핵화 협의를 지속적으로 유지하는 것이 가장 관건이다. 미국, 한국, 북한 모두 국가 정상이 교체될 때마다 이전에 정상들이 했었던 협정의은 그 유효성을 보장할 수 없기 때문이다. 북측이 걱정하는 것처럼 일단 북한이 핵을 폐기한 후 미국이 국가의 안전에 위협을 야기할 것인가의 여부 역시 핵심 사안이다.

이에 따라 본인은 한반도 핵문제 연구의 한정적인 경험으로 판단하건데, 북한이 완전히 핵을 폐기할 가능성은 매우 낮다. '핵을 보유한 북한'이어야 미국 등의 강대국과 대등한 회담과 협상을 할 수 있지, 그렇지 않다면 북한은 더 이상의 협상 조건이 없기 때문이다. 북한의 국가 성격과 이데올리기로 판단하건데, 북한 제3대 지도자가 1.2세대 지도자들의 국가 전략 국책을 완전히 버릴 가능성은 극도로 미미하다. 한편으로 미국과 한국의 친미 세력 역시 북한이 핵폐기 후 북한에 대해 '평화통일'을 하지 않겠다고 장담할 수 없다.

그래서 한반도 비핵화는 많은 도전과 과제에 직면해 있다.

우선, 한반도 비핵화 과정에서 어느 국가가 한반도 비핵화 과정에 참여할 것인가? 왜냐하면 과거 한반도 비핵화는 '3자 회담, 4자 회담, 6자 회담'을 했었고, 이 참여국들은 남북한을 비롯해, 중국, 미국, 일본, 러시아 모두 각자가 한반도 문제를 둘러싼 국가 이익과 국제 전략을 이미 구상해놓았다.

그 다음으로, 한반도는 영구 평화 시스템을 어떻게 수립하든, 그 평화 구상과 보장이 비교적 약할 것이다. 왜냐하면 한반도 평화 시스템은 남북한 쌍방이 결정하고 보장하는 것이 아니라, 한반도를 둘러싼 중국, 미국, 일본, 러시아 등의 강대국 간의 게임이기 때문이다.

마지막으로 한반도 정전협성에서 종전협정(한반도 영구 평화 시스템)까지 효과적인 국제적 한반도 비핵화 시스템 구축이 필요하다.

그것은 장기적인 국가 이익을 고려하고 각국 국제 전략의 총괄적 안배가 필요하다. 그렇기 때문에, 그것은 단기간에 실현할 수 있는 목표가 아니라 비교적 장기적이고, 국제적이며, 합법적인 룰이 필요하며, 특히 한반도 주변 강대국 간의 전략적 눈치 싸움 후, 최종적으로 한반도 영구 평화 시스템이 구축될 것이다.

한반도가 평화 발전과 통일을 실현하려면, 최종적으로 남북한에서 위대하고, 국제주의사상을 갖춘 민족 영웅이 탄생해야 한다. 그는 개인적, 협의국가의 이익 범주가 아닌 민족 통일 대업을 인생의 사명으로 하여 한반도 평화통일 사업을 추진해야만 최종적으로 국제 사회의 인정을 받을 수 있다. 왜냐하면 한반도 통일은 최종적으로 자기 민족 국가의 통일이기 때문이다.

2018년 4월 27일 한반도 양측 정상은 판문점에서 한반도 평화 발전의 길을 여는 중요한 회담을 열었다. 한국 연합 통신 서울 4월 30일자에서 한국 청와대 핵심 인사는 문재인 대통령이 당일 주최한 청와대 수석 비서관과 보좌관 회의에서 그가 남북 정상 회담 시에 한반도 관련 경제 구상의 그림과 동영상 자료를 김정은 북한 국무위원회 위원장에 전달했다고 밝혔다. 사실 소위 한반도 신경제구상은 필자가 한국측 고위층 인사와의 교류 중 상세히 알게 되었는데, 그 주요 내용은 다음과 같다.

1. 한국의 부산, 울산항에서 출발해 북한을 거쳐, 원산, 함흥, 청진을 거치고, 러시아의 블라디보스톡-모스크바-상트페테르부르크 항구에 이르는 동부 선로

2. 한국의 여수, 목포, 인천에서 북한의 남포, 평양, 신의주를 거쳐 중국의 단둥, 베이징, 시안, 우루무치, 다시 동유럽, 중유럽을 거쳐 네달란드 로테르담 항에 이르는 서부 선로

3. 가로로 삼팔선을 따라 한국의 인천에서 북한의 개성을 거쳐 한국의 강릉, 북한의 원산에 이르는 경로

한반도 신경제구상의 기본 구조는 H형 철도 교통망과 고속도로 교통망과 연결된 중요 항구 도시 및 주요 대도시에 공동으로 형성된 경제, 정치, 물류망이다. 한반도 매체는 최근 2018년 5월 27-28일, 남북 양측 교통부 장관이 판문점에서 서울-평양을 잇는 고속도로 부설을 위한 업무 회담을 열어, 오랫동안 단절된 남북한 철도망을 연결할 것이라고 보도하였다.

한반도 신경제구상은 실행 의의가 비교적 강하지만, 구체적으로 실시하기에는 남북한, 북미 및 주변 강대국의 힘겨루기의 결과를 지켜보아야 한다. 특히 남북한 양측 정상의 실행 의지가 중요한 역할을 할 것이다.

통일의 선택

한반도 평화 발전의 길

초판1쇄 발행 2021년 10월 25일

지은이 이학성
펴낸이 이길안
펴낸곳 세종출판사

주소 부산광역시 중구 흑교로 71번길 12(보수동2가)
전화 051－463－5898, 051－253－2213~5
팩스 051－248－4880
전자우편 sjpl5898@daum.net
출판등록 제02-01-96

ISBN 979-11-5979-465-0 93340

정가 39,000원